Ex Libris Bibliothecæ quam
Illustrissimus Ecclesiæ Princeps
D. PETRUS DANIEL HUETIUS
Episcopus Abrincensis Domui Professæ
Paris. PP. Soc. Jesu integram vivens donavit
Anno 1692

XXVIII. I

[illegible handwritten notes]

O. 1610.

HISTOIRE
NATURELLE ET MORALE
DES
ILES ANTILLES
DE L'AMERIQUE.

Enrichie de plusieurs belles figures des Raretez les plus considerables qui y sont décrites.

Avec vn Vocabulaire Caraïbe.

Par le S.' de Rochefort ministre a Rotterdam, et auparavant Religieux Carme.

A ROTERDAM,
Chez ARNOULD LEERS,

M. DC. LVIII.

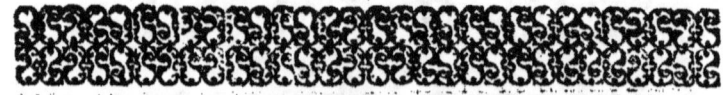

A MESSIRE
IAQVES
AMPROUX
SEIGNEUR DE LORME

*Conseiller du Roy en ses Conseils d'Etat & Privé,
& Intendant de ses Finances.*

ONSIEUR,

Il y a tant de bouches qui publient vos loüanges & qui exaltent vos vertus, qu'il ne se faut pas étonner si la renommée en a volé jusques au nouveau monde, & si les Peuples les plus Barbares se sou-

met-

EPISTRE.

mettent volontairement à rendre hommage à tant de qualitez éminentes que l'on voit reluire en vous. C'est Monsieur, ce qui oblige ces pauvres Americains à venir du bout de l'Vnivers pour vous ofrir leurs respects, au nom de toutes les Iles que leurs Ancêtres ont possedées autrefois dans l'Ocean de l'Amerique. Ils se promettent que l'obscurité de leur origine, la rudesse de leur langage, la Barbarie de leurs mœurs, leur étrange façon de vivre, la cruauté de leurs guerres, leur ancienne pauvreté, ni l'inconstance de leur fortune, n'empécheront pas que selon vôtre generosité ordinaire, vous ne leur fasiez l'honneur de

EPISTRE.

de les acueillir favorablement. Que si vous leur acordez la grace de leur laisser dérober sans crime, quelques uns de ces precieus momens que vous employez avec tant de gloire, aus afaires les plus serieuses & les plus importantes de l'Etat, pour jetter les yeus sur l'Histoire de leurs Antilles, Ils esperent, Monsieur, que vous n'y trouverez pas seulement une agreable diversité, qui delassera vôtre veuë, mais même, (s'il m'est permis de le dire) assez de sujets capables d'exciter vôtre admiration. Ie n'ose en dire davantage, crainte de faire tort à l'impatient desir que nos Caraïbes témoignent de vous la pre-

EPISTRE.

preſenter. Ils vous l'ofrent icy Monsieur, avéque toute l'humilité & toute la ſoumiſsion, dont leur ruſticité eſt capable, étant perſuadez que ſi elle n'eſt enrichie d'autres ornemens que de ceus de la nature, elle n'en paroitra pas moins fidéle, ni moins acõplie. Recevez-la donc s'il vous plait dans ſa naïveté naturelle, comme ils vous en ſuplient par la bouche de leur Truchement, qui forme mille vœus pour vôtre proſperité, & qui prend la hardieſſe de ſe dire.

MONSIEUR

Votre tres-humble & tres-obeïſſant ſerviteur,

C. DE ROCHEFORT.

Messire IAQVES AMPROVX Seigneur de
L'orme. Conseiller du Roy en ses Conseils
et Intendant de ses Finances.

PREFACE.

Nous avons le malheur dans les Relations que l'on nous donne des païs lointains, que souvent elles sont écrites par des personnes interessées, qui par de certains motifs, & pour de certaines considerations, déguisent la verité, & nous representent les choses d'un autre air, & sous une autre couleur, qu'elles ne sont en éfet. Quelques fois aussi nous rencontrons des Ecrivains qui de sang froid & de gayeté de cœur, nous en font acroire, & prènent plaisir à imposer à nôtre credulité. Les uns & les autres ont l'assurance de mentir, & croyent qu'ils le peuvent faire impunément, parce qu'ils viennent de loin selon que porte le proverbe. Et par fois enfin, nous sommes sujets à recevoir des pieces de cette nature, de la main de gens simples & grossiers, qui n'ont ni étude ni esprit pour nous donner rien d'exact ni d'assuré : & dans les Ecrits desquels on ne trouve pas où assoir de certitude ni de fondement, parce qu'en plusieurs sujets ils ont pris le blanc pour le noir, & que faute d'avoir, ou bien compris ou bien retenu les choses, ils ne nous les raportent pas dans leur naïve verité : quoy qu'au reste leur intention ne soit pas de nous tromper. Mais au contraire, c'est un grand avantage, quand de tels Ouvrages sont composez par des Auteurs, où l'on peut reconnoitre tout ensemble ces trois conditions, d'être desinteressez, de ne pas faire jeu de la verité, & d'avoir de la memoire & de l'intelligence pour former leurs Relations.

Ceus qui prendront la peine de jetter les yeus sur l'Histoire que nous leur presentons en ce volume, y doivent esperer cèt

PREFACE.

avantage, sans choquer les lois de la bienseance ni de l'humilité, nous pourrions bien nous atribuer à nous-mêmes les deus premieres de ces conditions que nous venons d'établir, c'est à dire en un mot, la sincerité, veu que c'est une loüange qu'il semble que chacun se peut donner innocemment, à moins que sa propre conscience le demente. Mais pour les qualitez de l'esprit que nous avons representées comme la troisième condition, il est certain que nous n'en saurions prendre l'eloge sans faire un trait de vanité. Cependant nous osons bien recommander icy notre Histoire par cette derniere perfection : Car nous n'y avons gueres contribué que la forme & l'assemblage, ayant travaillé sur les fideles & les curieus Memoires, qui nous ont été fournis par des témoins oculaires, desinteressez & dignes de foy, & qui n'ont pas la memoire moins forte & moins heureuse, ni le jugement moins vif & moins éclairé, que leur ame est belle & sincere.

C'est-pourquoy nous avons aporté un soin diligent & scrupuleus à ne rien ajouter du notre, dans ce qui est essenciel, que l'ordre & les liaisons qui ne se trouvoient pas en des pieces détachées. Et nous n'avons fait à parler proprement, que prêter la main à ces nobles Voyageurs, pour décrire & arranger leurs narrations, sans en alterer le sens : & pour enchasser & mettre en œuvre fidélement, les precieus materiaus qu'ils nous avoient confiez. Aussi seront ils en toute rencontre les garens autentiques de nos Relations ; n'y ayant rien en tout cêt Ouvrage qu'ils n'ayent veu, qu'ils nayent examiné, qu'ils n'ayent même corrigé, s'il en a été besoin, & où, en un mot, ils ne donnent une pléne aprobation : Veu qu'en éfet, ce Livre n'est presque qu'une copie de leurs riches Originaus.

Le

PREFACE.

Le premier plan de cêt Ouvrage fut dressé à Paris il y a dèja plus de set ans, & jugé digne de la lumiere par des personnes intelligentes qui le virent alors. Et qui nous firent la grace de le lire soigneusement, & de nous honorer de leurs remarques. Et dès lors nous l'eussions mis sous la presse, si des voyages necessaires, & d'autres occupations plus importantes, ne nous en eussent détournez jusques à present. Mais si le public reçoit quelque satisfaction de cette Histoire, il n'aura pas sujet de se plaindre de son retardement: veu que nous la luy donnons & plus enrichie, & plus exacte qu'il ne l'eut euë en ce tens-là. Car outre qu'il nous est venu d'ailleurs & des avis & des Memoires, nous avons beaucoup profité dans notre entretien familier avéque le P. Raimond, sur tout pour l'Histoire Morale des Antilles. En êfet qui nous en auroit pu donner plus de connoissance que luy, qui ayant demeuré tant d'annèes dans ces Iles, & frequenté si long tens les Caraibes de la Dominique, est l'homme du monde qui sait le mieux le langage, les mœurs, & les coutumes les plus particulieres de cette Nation: Ce qui fait que l'on auroit juste sujet de luy en demander une Histoire de sa propre main. Mais à ce defaut, comme il est courtois & obligeant, il nous a fait part de ses lumieres & de ses trêsors: & c'est à luy seul que nous devons entre autres choses, le Vocabulaire qui se trouve à la fin de ce Volume.

Nous osons nous promettre que le titre d'Histoire Naturelle & Morale, que nous mettons sur le front de cêt Ouvrage, à l'imitation de celuy que l'excellent Iosef Acosta donne à son Histoire, ne semblera ni trop fastueus ni

b 2   *trop*

PREFACE.

trop vaste, a ceus qui daigneront le confronter avec le corps de la piéce. Au moins avons nous tasché de proportionner la grandeur de l'edifice à la magnificence du portail. Ce n'est pas que nous nous vantions icy d'avoir compris dans ce Livre, tout ce que l'on pourroit écrire sur le sujet des Antilles. On trouveroit assez de matiére pour en amplifier de beaucoup l'Histoire Naturelle, & même la Morale: Mais quoy qu'il en soit, il nous semble que nous avons satisfait en quelque sorte, à ce que le frontispice du Livre fait esperer aus Lecteurs: Et que si chaque partie du Nouveau Monde, étoit examinée aussi particulierement par les Historiens, l'ancien monde en seroit mieus informé qu'il ne l'a êté jusqu'à present

Nous avons êté obligez à toucher en quelques endroits, des sujets dèja traitez par d'illustres Ecrivains, & connus d'une infinité de personnes: non certes en intention, ou de grossir nôtre Volume, ou de nous élever au dessus de ces grans Auteurs: mais parce que sans cela nôtre Histoire eut êté defectueuse. Tout de même qu'une Carte de la France seroit imparfaite, si son Auteur y avoit obmis quelques places considerables, sous ombre que d'autres Geografes les auroient marquées en des Cartes particulieres de chaque Province du Royaume. Et neantmoins nous nous sommes retranchez en ces matieres, autant qu'il nous a êté possible: comme en la description du Cocos, de l'Ananas, & de plusieurs autres choses.

A l'exemple de Lery & de Lescarbot, & d'autres Historiens, & par le conseil & les invitations de quelques uns de nos amis, nous avons parsemé cet Ouvrage de paraleles & d'opositions empruntées de divers Païs & de divers Peuples. Si quelcun trouve que c'est interrompre le fil de l'Histoire,

alon-

PREFACE.

alonger le parchemin, & amuser le tapis, nous nous flatons dans la créance qu'il y en aura d'autres à qui ces petis enrichissemens ne seront pas desagreables. Et s'ils ne les considerent pas comme des traits apartenans au dessein essenciel du tableau, ils les pourront regarder avec quelque plaisir, comme des bordures de fleurs, de fruits, & d'oiseaux, pour l'ornement de la piéce.

Pour ne pas fatiguer le Lecteur, en luy faisant faire de trop grandes traites tout d'une halène & pour ne pas lasser ses yeus par une trop longue & trop uniforme tissure de périodes & de discours, nous avons divisé notre Histoire en autant de Chapitres & d'Articles que nous avons estimé le pouvoir faire raisonablement & avec grace. Mais en quelques endrois la contexture & la liaison de la matiere ne nous ayant pas laissé la liberté de faire des pauses, & de couper nôtre récit, comme nous l'eussions voulu, cette contrainte nous servira d'une excuse suffisante.

Le discours est l'image de la pensée. Mais le portrait represente la chose même. C'est pourquoy nous ne nous sommes contentez de simples paroles dans cette Histoire. Nous y avons ajouté un grand nombre de figures & de tailles douces, selon les sujets qui nous l'ont permis, pour en imprimer plus puissamment l'idée dans les esprits, par une demonstration sensible & palpable. Et nous n'avons pas creu que les celebres Auteurs qui ont excellemment representé une partie des mêmes choses par le burin de leurs Graveurs, comme entr'autres Charles de L'écluse & de Iean de Laet nous en dussent détourner; veu que par ces aides nous facilitons l'intelligence des matieres, & nous divertissons nos Lecteurs, en même tens que nous embélissons & que nous enrichissons nôtre

PREFACE.

Histoire. Si la main du Graveur, qui a tasché de suivre le crayon du Peintre, n'a pas bien conduit tous ses traits, nonobstant les soins & les adresses de ceus qui en ont formé les desseins, il s'en faudra prendre seulement à sa foiblesse & à son inadvertence, & non pas rejetter la faute sur les Directeurs de l'Ouvrage.

AVER-

AVERTISSEMENT
AU LECTEUR.

Cette Histoire, ayant été imprimée en un païs où nôtre langue est étrangere, ce n'est pas merveille qu'il s'y trouve plusieurs fautes. Et il y a plutôt sujet de s'étonner qu'il ne s'y en rencontre pas davantage. Il y a plusieurs é aigus où il n'en faut pas, & souvent il n'y en a pas où il en faut, selon la regle d'aujourduy. On trouvera en quelques endroits des Lettres qui ne sont point necessaires suyvant la Pronontiation & l'Ortografe qui ont cours, & en d'autres il en faudroit ajouter pour eviter des incongruitez. Nous aurions fait un Errata de toute ces fautes que nous condamnons les premiers si nous n'eussions craint qu'il eut étonné par sa longueur.

Pour les manquemens de ce Livre, qui peuvent estre venus de nous mêmes, sans que le scribe ni l'Imprimeur y ayent rien contribué, nous n'aurons point de honte de les reconnoitre, & nous nous garderons bien de les défendre, quand on nous les aura montrez, sachant assez qu'elle est la foiblesse & de la memoire & du jugement de tous les hommes du monde. Seulement nous suplions ceus qui les auront remarquez, de s'appliquer à eus-mêmes ce dire fameus :

Homo sum, humani à me nihil alienum puto.

C'est à dire, de se souvenir qu'ils sont sujets à se meprendre, & à se tromper comme toute autre personne. Qu'au lieu donc de reprendre severement & avec rigueur ce qu'ils n'aprouveront pas dans nôtre Histoire, ils nous en avertissent doucement & en charité : & nous y deferons autant que la raison nous le pourra persuader. Ainsi bien loin de nous en plaindre, nous leur en aurons de l'obligation, & le public en recevra de l'utilité, si ce Livre est mis un jour en lumiere pour une seconde fois.

Nous avoüons déja par avance, qu'une Histoire qui est ornée de plusieurs autres figures moins necessaires pour l'intelligence des matieres qui y sont contenuës, devoit aussi estre enrichie des Cartes des Antilles en general, & de celles des Iles les plus celebres qui y sont comprises : mais parce que cette piece avoit déja langui fort long tens sous la presse, & que nous ne luy pouvions procurer ces embelissemens, sans l'exposer à de nouveaus delays, nous avons creu qu'il falloit les reserver pour une autre edition.

Avertissement au Lecteur.

Pour ce qui est de l'elegance & des enrichissemens du langage, comme cela n'est pas de l'essence de l'Histoire, les esprits solides & raisonnables rechercheront plus icy les choses que les mots, & la verité que les ornemens. Nous confessons que pour nous estre arrêtez un peu trop scrupuleusement aus propres termes des memoires qui nous sont venus de diverses mains, nous avons employé quelques mots qui ne sont plus de mise, & quelques expressions, qui ne sont pas du bel usage. Nos Lecteurs les suporteront s'il leur plait, puisque si ces fautes sont tort à la pureté de la diction, & à l'elegance du stile qui est a present reçeu, elles ne corrompent point le sens, & ne changent point les choses.

Ce n'est pas pour obliger cette Province tres-renommée en laquelle cette Histoire a été imprimée, que nous avons toujours employé le terme d'Hollandois pour exprimer toute cette Florissante Nation qui releve de la Souveraineté de Messieurs les Etats Generaus des Provinces Vnies: mais seulement pour nous rendre intelligibles à nos François, en nous accommodant au stile communement reçeu parmy eus, qui comprend sous ce mot, tous les Habitans des Provinces Vnies.

Nous citons souvent avec honneur plusieurs personnes de merite, de toute sorte de conditions & qualitez, qui habitent dans les Colonies, que les Nations étrangeres ont formées aus Antilles. Nous avons estimé que nous en devions user de la sorte pour autorizer par ce moyen nos Relations & leur procurer plus d'éclat & plus de certitude. Nous avons aussi produy ces illustres & irreprochables Têmoins, pour desabuzer plusieurs Européens, qui sont si mal informez de ces Iles, qu'ils se persuadent, qu'elles ne servent, pour la plupart, que de retraite aus banqueroutiers, & aus gens de mauvaise vie. Le contraire étant neantmoins tres-averé, assavoir qu'elles sont habitées par une infinité d'honnestes familles, qui y vivent civilement, & en la crainte de Dieu.

HISTOI-

HISTOIRE
NATURELLE & MORALE
DES
ILES ANTILLES
DE
L'AMERIQUE.

LIVRE PREMIER.
Comprenant l'Histoire Naturelle.

CHAPITRE PREMIER.
De la situation des Antilles en general : De la Temperature de l'air ; De la nature du païs ; & des Peuples qui y habitent.

NTRE le Continent de l'Amerique Meridionale, & la partie Orientale de l'Ile de Saint Jean Porto-Rico, il y a plusieurs Iles, qui ont la figure d'un arc, & qui sont disposées en telle sorte, qu'elles sont une ligne oblique au travers de l'Ocean.

Elles sont communément appellées les *Antilles de l'Amerique*. Que si l'on demande la raison de ce nom là, il est à croire qu'elles ont été ainsi nommées, parce qu'elles sont comme une barriere au devant des grandes Iles, qui sont appellées les Iles de l'Amerique : Et ainsi il faudroit écrire, & prononcer proprement *Antiles*, ce mot étant composé de

A celuy

celuy d'Ile, & de la particule Gréque *ri*, qui signifie à l'opposite. Neantmoins l'usage a obtenu, que l'on écrive & que l'on prononce *Antilles*. On les nomme aussi les Iles *Caraibes* ou *Cannibales*, du nom des Peuples qui autréfois les possedoient toutes, & quelques uns les appellent aujourduy, *Iles Camerçanes*.

CHRISTOFLE COLOMB, fut le premier qui les decouvrit, sous le regne de Ferdinand & Isabelle, Roys de Castille & de Leon, l'an mille quatre cens quatre-vints douze.

On en conte en tout vint-huit principales, qui sont sous la Zone Torride, à prendre depuis l'onziéme degré de l'Equateur, jusques au dix-neuviéme, en tirant vers le Nord. Quelques uns, comme Linscot en son Histoire de l'Amerique, prenant le nom d'Antilles en une signification plus generale, le donnent aus quatre grandes Iles, l'Espagnole, ou Saint Domingue, Cube, Jamaique, & Porto-Rico, aussi bien qu'a ces Vint-huit.

L'air de toutes ces Iles est fort temperé, & asses sain, quand on y est accoutumé. La Peste y étoit autréfois inconnuë de même qu'en la Chine, & en quelques autres lieus de l'Orient: Mais il y a quelques années que la plûpart de ces Iles furent affligées de fiévres malignes, que les Medecins tenoient pour contagieuses. Ce mauvais air, y avoit été apporté par des Navires qui venoient de la coste d'Afrique: Mais aujourduy, on n'entend plus parler de semblables maladies.

Les chaleurs, n'y sont pas plus grandes qu'en France aus mois de Juillet & d'Aout: Et par le soin de la Divine Providence, entre les huit, & neuf heures du matin, il se leve un petit vent d'Orient, qui dure souvent jusques sur les quatre heures du soir, & qui raffraichit l'air, & rend la chaleur plus supportable. Josef Acosta dit, qu'aus grandes Iles de l'Amerique, on ne sent ce raffraichissement que vers le midy. Et c'est ainsi que presque sous toute l'enceinte de la Zone Torride, le sage Maitre du monde, a ordonné des vens frais, & reguliers, pour temperer les ardeurs du Soleil.

Il ne fait jamais de froid aus Antilles. Aussi la glace n'y est point connuë, ce seroit un prodige que d'y en voir.

Et

Chap. I DES ILES ANTILLES

Et jamais en ces bords de verdure embellis
l'Hyver ne se montra, qu'en la neige des lys.

Mais les nuits y sont extrémement fraiches, & si l'on demeure découvert pendant ce tems-là, on est sujet à s'enrumer, & à gagner de grands & dangereus maus d'estomac: Et on a remarqué, que tous ceus qui s'exposent à midi à cette delicieuse fraicheur, s'ils ne sont saisis de maus d'estomac, du moins ils deviennent pâles, jaunâtres, & boufis, & perdent en peu de tems, tout ce qu'ils avoient de couleur vive & vermeille. Il est vray que d'autres attribuent ces effets, à la nourriture de la Cassave, que l'on mange ordinairement en ces Iles au lieu de pain, & qui peut estre, a quelque qualité contraire à la constitution naturelle des Habitans de nos climats. On éprouve la même temperature durant la nuit, au Perou, & dans les Maldives. Et ceus qui ont fait le voyage de Jerusalem, & de tous les païs chauds, rapportent qu'autant que les chaleurs y sont grandes pendant le jour, autant les nuits y sont froides. Ce qui arrive, à cause des grandes vapeurs que le Soleil éleve sur le jour, & qui venant à se condenser la nuit, & à tomber en rosée, raffraichissent l'air merveilleusement.

L'Equinoxe, dure en ces Iles prés de la moitie de l'année, & le reste du tems, les plus grands jours sont de quatorze heures, & les plus courtes nuits de dix. Et c'est ainsi que la Divine sagesse, a donné aus terres qui sont plus exposeés aus ardens rayons du Soleil, des nuits fort longues & fort humides, pour reparer & remettre en vigueur, ce que cet astre si voisin, y a flétry & desséché durant le jour.

On n'y peut point diviser l'année en quatre égales & diverses parties, comme nous le faisons en l'Europe. Mais les pluyes, qui y sont fort frequentes dépuis le mois d'Auril, jusques à celuy de Novembre, & les grandes sécheresses qui dominent le reste du tems, font la seule difference qu'on peut remarquer entre les saisons.

Que si on demande, comment on doit appeller ces deus diverses Constitutions & Temperatures de l'air ; C'est en cet endroit ou les opinions se trouvent fort partagées. Les uns veulent, que de même que les jours n'y ont presque point

A 2 de

de ces heures qu'on nomme Crepuscule, qui tiennent le milieu entre le jour & la nuit, qu'aussi il n'y ait point de Printems ni d'Automne, qui fassent la liaison de l'Eté, & d'une espece d'Hyver qu'ils y admettent. Les autres maintiennent au contraire, qu'il n'y a aucune juste raison, qui puisse obliger à faire porter le nom d'Hyver à l'une de ces saisons, à cause que la terre n'y est jamais couverte de glace, ni de neige, qui sont les tristes productions de l'Hyver, mais toujours revêtuë d'une agreable verdure, & presque en tout tems couronnée de fleurs & de fruits, quoy qu'en une differente mesure. D'où ils concluënt que le Printems, l'Eté, & l'Automne, y partagent l'année en trois diverses & égales portions, encore qu'on ne les puisse pas discerner si aysément, qu'en plusieurs autres endroits du monde.

Mais le sentiment des Peuples, qui ont formé des Colonies en ces Iles, ne s'accorde pas avec cette division, parce qu'ils prenent le tems des pluyes pour l'Hyver, & celuy des sécheresses, qui est beau, riant & serein, pour l'Eté. Il est vray qu'Acosta au Chapitre troizieme du deuzieme Livre de son Histoire, querelle les Espagnols qui parlent de la sorte, & qui prenent pour Hyver ces mois pluvieus. Il soutient que le tems sec, & serein, est le vray Hyver dans toute la Zone Torride, parce qu'alors le Soleil est le plus éloigné de cette Region; & qu'au contraire la saison des pluyes & des brouillars y doit estre nommée l'Eté, à cause de la proximité de cet Astre. Mais bien qu'à parler proprement & à la rigueur, il se falut icy ranger au sentiment d'Acosta, neantmoins puis que non seulement les Espagnols, mais tant d'autres Nations sont accoutumées à tenir un autre langage, il nous sera bien permis d'user de leurs termes, en une chose de si petite importance.

Au reste quelque pluvieuse que puisse estre la saison dans les Antilles, ceus qui y ont demeuré plusieurs années assurent, qu'il ne se passe presque aucun jour, que le Soleil ne s'y fasse voir. Et c'est ce que l'on dit aussi de l'Ile de Rhodes: A cause dequoy toute l'antiquité la dediée au Soleil, croyant qu'il en avoit un soin particulier.

Le flus & reflus de la Mer, est reglé en ces païs comme aus costes de France: mais il ne monte que trois ou quatre pieds au plus.

La plus grand' partie de ces Iles, est couverte de beaus bois, qui estant verds en toute saison, font une agreable perspective, & representent un Eté perpetuel.

La terre y est en plusieurs lieus aussi belle, aussi riche, & aussi capable de produire qu'en aucun endroit de France. En effet toutes celles de ces Iles qui sont cultivées, donnent en abondance dequoy vivre aus Habitans qui y demeurent: En quoy elles sont bien differentes de ces païs de la nouvelle France, ou les pauvres sauvages ont tant de peine à trouver leur nourriture, que leurs enfans en sortant le matin de la Cabanne, & eus au milieu de la campagne où ils font leur chasse, ont accoutumé de crier à haute voix, *Venez Tatous venez Castors, venez Orignacs;* appellant ainsi au secours de leurs necessité, ces animaus, qui ne se presentent pas à eus si souvent qu'ils en auroient besoin.

Ces mêmes Iles habitées, sont pourvëues de bonnes sources d'eau douce, de fontaines, de lacs, de ruisseaus, de puits ou de cisternes: & quelques unes d'entre elles ont aussi de belles rivieres, qui arrosent la terre fort agreablement. Il y a même en plusieurs lieus des eaus minerales, dont on use avec heureus succés pour la guerison de divers maus. Le soulfre, se tire en plusieurs endroits du sein des montagnes, & les paillettes luisantes & argentées que les torrens & les rivieres charrient au tems de leurs débordemens parmy le sable, & l'écume de leurs eaus, sont des Indices certains qu'il s'y forme du Cristal, & qu'il y a aussi des mines de ces precieus metaus, qui sont tant recherchez de la plû-part des hommes.

Les eaus courantes, qui meritent de porter le nom de riviere, n'y tarissent jamais dans les plus grandes sécheresses, & sont fort fecondes en poissons, qui sont pour la plûpart, differens de ceus qui se voient en Europe: Mais il s'en trouve en telle abondance aus costes de la Mer, que les Habitans ne s'amusent pas souvent à pescher dans les rivieres.

La Vigne vient fort bien en ces Iles, & outre une espece de vigne sauvage qui croist naturellement parmy les bois,

& qui porte de beaus & gros raisins, l'on voit en toutes celles qui sont habitées de belles treilles, & même en quelques endroits des Vignes cultivées comme en France, qui portent deus fois l'année, & quelquéfois plus souvent, selon la taille & la culture qu'on leur donne, ayant égard à la Lune & à la saison convenable. Le raisin en est fort bon, mais le vin que l'on en tire n'est pas de garde, & ne se conserve que peu de jours; c'est pourquoy on ne s'amuse pas à en faire.

Quant au Blé, qui vient en la neuve Espagne aussi bien qu'en lieu du monde, il croist seulement en herbe aus Antilles, & ne peut servir qu'à faire de la sauce verte, à cause que le froment veut estre hyverné, & que la terre estant trop grasse en ce païs, elle pousse trop d'herbe au commencement, & il ne reste pas assés de force à la racine pour passer au tuyau, & former un épy. Mais s'y on avoit essayé d'y semer de l'Orge, du seigle, & d'autres grains qui veulent le chaud, il est croyable qu'ils y croistroient en perfection. Il est vray, que quand tous ces grains y pourroient venir en maturité, les Habitans, qui ont presque sans peine le Manioc, les Patates, le Mays, & diverses espéces de legumes, ne voudroient pas prendre le soin qu'il faut pour les cultiver.

Tous les vivres naturels de ces Iles sont legers & de facile digestion. Dieu l'ayant ainsi permis, à cause que le païs étant chaud, on n'y doit pas tant charger son estomac, que dans les contrées froides. De la vient qu'on conseille aus nouveaus venus, de manger peu & souvent, pour se bien porter. Les vivres, n'y sont pas aussi beaucoup de sang, ce qui est cause que les Chirurgiens y saignent fort peu.

Pour ce qui regarde les Habitans de ces Iles. Elles sont peuplées de quatre Nations differentes: Dont la premiere qui en est Originaire, & qui les possede de tems immemorial, est celle des Caraibes, ou Cannibales, déquels nous entreprenons de parler au long au deuziéme Livre de cette Histoire. Les autres trois sont les François, les Anglois, & les Hollandois. Ces Nations étrangeres, ne se sont établies en ce Païs, que dépuis l'An. mille six cens vint-cinq. Et dépuis ce tems, elles s'y sont tellement accruës, que la Françoise & l'Angloise nommément y
sont

sont aujourduy un tres-grand peuple : Comme il se verra plus particulierément dans la suitte de cette Histoire.

CHAPITRE SECOND.

De chacune des Antilles en particulier.

POur observer quelque ordre, en la description que nous ferons de chacune des Antilles en particulier, nous les distribuerons toutes en trois classes, dont la premiere comprendra les Iles qui approchent plus du midy, & qui sont les plus voisines de la ligne. La seconde celles qui s'étendent plus vers le Nord, & la derniere, celles qu'on nomme ordinairement les Iles de dessous le vent, qui sont au couchant de l'Ile de Saint Christofle, la plus renommée de toutes les Antilles.

ARTICLE I.

De l'Ile de Tabago.

LA premiere, & la plus Meridionale de toutes les Iles Antiles, est *Tabago* ou *Tabac*, distante de la ligne Equinoctiale vers le Nord, d'onze degrez & seize scrupules. Elle a environ huit lieuës de longueur, & quatre de largeur. Il y a plusieurs belles & agreables montagnes, d'où prennent leur source dixhuit fontaines ou petites rivieres, qui apres avoir arrosé les plaines se vont décharger en la mer. On tient que l'air y seroit bon, si les arbres étoient abbatus, & que la terre fut bien découverte.

Les grands bois de haute futaye, qui croissent jusques au sommet des montagnes, témoignent la fertilité de la terre. On trouve en cette seule Ile, les cinq espéces d'Animaux à quatre pieds, dont on voit pour le plus une ou deus aus autres Iles. 1. une espéce de Porcs, qui ont peu de poil, & un évent sur le dos, 2. des Tatous, 3. des Agoutis, 4. des Opassums, 5. des Rats musqués, que nous décirons tous chacun en son lieu. Outre les Ramiers, les Tourtes, les Perdris, & les

Perro-

Perroquets, qu'on y voit communément, il y a une infinité d'autres Oiſeaus, qui ne ſont point connus en Europe.

La mer qui environne cette Ile eſt tres-abondante en toutes ſortes de bons poiſſons. Les Tortuës de mer viennent par troupes cacher leurs œufs dans le ſable, qui eſt ſur les rades. Au Couchant & au Nord, il y a des bayes qui ont de bons ancrages pour les navires.

Une Compagnie de Bourgeois de l'Ile d'Oüalcre en Zelande, y avoit fait paſſer deus cens hommes il y a environ ſeize ans, pour y établir une colonie, ſous les auſpices de Meſſieurs les Eſtats des Provinces Unies, & avoient nommé l'Ile, *la Nouvelle Oüalcre*. Mais les Indiens Caraibes habitans naturels du païs, redoutant le voiſinage de ces étrangers, en maſſacrerent une partie, ce qui obligea les autres, qui étoient travaillez de maladies, & qui apprehendoient un pareil traittement que leurs Compagnons, à ſe retirer ailleurs. De ſorte, que cette terre a eſté long tems deſtituée d'habitans, qui y fuſſent fermement arrêtez : & n'eſtoit frequentée que des Caraibes, qui y deſcendoient en allant & en retournant de leurs guerres, pour y prendre les raffraichiſſemens qui leur étoient neceſſaires. & de quelques François des Iles de la Martinique, & de la Gardeloupe, qui y alloient faire peſche de Lamantin, & tourner la Tortuë en quelque ſaiſon de l'année.

Mais à preſent, les Zelandois s'y ſont rétablis ; & il y a environ trois ans que Monſieur Lampſen, Ancien Bourguemaiſtre de la Ville de Fleſſingue, & Deputé de ſa Province en l'Aſſemblée de Meſſieurs les Etats Generaus, a pris à cœur de peupler de nouveau cette Ile. Il y a déja fait paſſer dans ſes propres vaiſſeaus, pluſieurs braves hommes, qui travaillent à la défricher, & qui ſecondent les genereus deſſeins qu'il a, de relever glorieuſement les ruines de la Colonie, que ſes Compatriotes y avoient dreſſée.

Cette Ile, étant la plus voiſine du Continent de l'Amerique Meridionale, eſt tres-propre pour entretenir un commerce avec les Aroüagues, les Calibis, les Caraibes, & pluſieurs autres Nations Indiennes, qui y habitent en grand nombre, & pour y faire une aſſemblée conſiderable de vaillans tans hommes, qui pourront aifément paffer en cette terre ferme, & y jetter les fondemens d'une puiffante Colonie.

ARTICLE II.

De l'Ile de la Grenade.

CEtte Ile, qui eft fituée fur la hauteur de douze degrez, & feize fcrupules au deçà de la Ligne, commence proprément le demy cercle des Antilles. On luy donne ?r lieues de longueur, fur une largeur inégale, elle s'étend Nord & Sud en forme de Croiffant. Les François s'y font placez il y a environ fix ans. Ils eurent à leur arrivée beaucoup à démefler avec les Caraïbes, qui leur en contefterent quelques mois par la force des armes, la paifible poffeffion. Mais enfin Monfieur du Parquet, Gouverneur pour le Roy de l'Ile de la Martinique, qui avoit entrepris à fes frais cet établiffement, les obligea à luy laiffer la terre libre par la confideration de leurs propres Interefts, fondez principalement fur le grand avantage qu'ils receuroient du voifinage des François, qui les affifteroient en tous leurs befoins.

La Terre, y eft tres-propre à produire toute forte de vivres du païs, des Cannes de fucre, du Gingembre & d'excellent Tabac: Elle jouyt d'un air bien fain. Elle eft pourveüe de plufieurs fources d'eau douce, & de bons moüillages pour les Navires. Il y a auffi une infinité de beaus Arbres, dont les uns portent des fruits delicieus à manger, & les autres font propres à bâtir des maifons. La pefche eft bonne en toute la cofte, & les Habitans fe peuvent étendre tant pour la pefche, que pour la chaffe, en trois ou quatre petits Ilets, qu'on nommé les *Grenadins* qui font au Nord-Eft de cette terre. Monfieur le Comte Capitaine de la Martinique a efté le premier Gouverneur de cette Ile. Monfieur de la Vaumeniere, luy a fuccedé en cette charge. Il a fous fa conduite plus de trois cens hommes bien aguerris, qui pour la plupart ont déja demeuré en d'autres Iles, & qui s'entendent parfaitement à faire cultiver la terre, & à manier les armes, pour repouffer au befoin les efforts des fauvages,

B &

& de tous ceus qui voudroient troubler le repos dont ils jouyssent en cette aimable demeure.

Monsieur le Comte de Seryllac, ayant entendu le recit avantageus qu'on faisoit à Paris & ailleurs, de la bonté & beauté de cette Ile, là fait achéter dépuis peu de Monsieur du Parquet. Ce qui donne tout suiet d'esperer que dans peu de tems cette Colonie, qui est tombée en de si bonnes mains, sera considerable pour le nombre de ses Habitans, & pour la quantité des Marchandises qu'elle fournira.

ARTICLE III.

De l'Ile de Bekia.

Ette Terre, est distante de la ligne de douze dégrez & vint-cinq scrupules. Elle a dix ou douze lieües de circuit, & elle seroit asses fertile si elle étoit cultivée. Il y a un fort bon Havre pour les Navires qui y peuvent estre à l'abry de tous vens, mais à cause qu'elle est dépourveüe d'eau douce, elle est peu frequentée, si ce n'est de quelques Caraibes de saint Vincent, qui y vont quelquefois faire pesche, ou cultiver des petis jardins qu'ils y ont ça & là, pour leur divertissement.

ARTICLE IV.

De l'Ile de Saint Vincent.

Ette Ile, est la plus peuplée de toutes celles que possedent les Caraibes. Elle est sur la hauteur de seize degrez au Nord de la ligne. Ceux qui ont veu l'Ile de Ferro, qui est l'une des Canaries, disent que cellecy est de même figure. Elle peut avoir huit lieües de long & six de large. La terre est relevée de plusieurs hautes montagnes, au pied desquelles se voyent des plaines, qui seroyent fort fertiles si elles étoient cultivées. Les Caraibes y ont quantité de beaus Villages ou ils vivent delicieusement, & dans un profond repos. Et bien qu'ils soient toujours dans la méfiance

des

des Etrangers, & qu'ils se tiennent sur leurs gardes quand il en arrive à leur rade, ils ne leur refusent pas neantmoins du pain du païs, qui est la Cassave, de l'eau, des fruits, & d'autres vivres qui croissent en leur terre, s'ils en ont besoin: pourveu qu'en échange, ils leur donnent quelques coignées, serpes, ou autres ferremens dont ils font état.

ARTICLE V.

De l'Ile de la Barboude.

L'Ile que nos François appellent la *Barboude*, & les Anglois *Barbade*, est située entre le treiziéme & le quatorzieme degré, au Nord de l'Equateur, à l'Orient de Sainte Aloufie & de Saint Vincent. Les Anglois, qui y ont mené des l'an mil six cens vint-sét la Colonie qui l'habite encore à present, luy donnent environ vint-cinq lieuës de tour. Elle est d'une figure plus longue que large. Il n'y a qu'un seul ruisseau en cette Ile, qui merite de porter le nom de Riviere: Mais la terre y étant presque par tout platte & unie, elle a en plusieurs endroits des Etangs, & des reservoirs d'eau douce, qui suppléent au defaut des fontaines & des rivieres. La plupart des maisons, ont aussi des Cisternes, & des puits, qui ne tarissent jamais.

Du commencement qu'on cultiva cette terre, on tenoit qu'elle ne promettoit pas beaucoup: Mais l'experience a verifié le contraire, & elle s'est trouvée si propre à produire du Tabac, du Gingembre, du Cotton, & particulierément des Cannes de sucre, qu'apres l'Ile de Saint Christofle, elle est la plus frequentée des Marchands, & la plus peuplée de toutes les Antilles. Des l'an mil six cens quarante six, on y contoit environ vint mille Habitans, sans comprendre les Esclaves négres, que l'on tenoit monter à un nombre beaucoup plus grand.

Il y a plusieurs places en cette Ile, qui portent à bon droit le nom de Villes: parce-qu'on y voit plusieurs belles, longues & larges ruës qui sont bordées d'un grand nombre de beaus edifices, ou les principaus Officiers & Habitans de cette celebre Colonie font leur demeure: Mais à confiderer toute cette Ile en gros, on la prendroit pour une feule grande Ville, à caufe que les maifons ne font pas fort éloignées les unes des autres: Qu'il y en a un grand nombre de bien bâties à la faffon de celles d'Angleterre; que les boutiques & les magazins y font fournis de toutes fortes de Marchandifes: qu'on y tient des foires & des marchez: Et que toute l'Ile, à l'imitation des grandes Villes, eft divifée en plufieurs Parroiffes, qui ont chacune une belle Eglife, ou les Pafteurs qui y font en grand nombre font le fervice Divin. Tous les plus confiderables Habitans de cette Ile s'y font fermément établis, & s'y trouvent fi bien, qu'il arrive rarément qu'ils la quittent pour aller en un autre.

Cette Ile eft renommée par tout, à caufe de la grande abondance d'excellent fucre, qu'on en tire dépuis plufieurs années. Il eft vray, qu'il n'eft pas fi blanc que celuy qui vient d'ailleurs, mais il eft plus eftimé des Raffineurs, par ce qu'il a le grain plus beau, & qu'il foifonne davantage, quand on le purifie.

ARTICLE VI.

De l'Ile de Sainte Lucie.

LEs François appellent communément cette Ile *Sainte Aloufie*, elle eft située fur le treiziéme degré & quarante fcrupules au deça de la ligne. Elle n'eftoit par cy devant frequentée que par un petit nombre d'Indiens, qui s'y plaifoient à caufe de la pefche qui y eft abondante. Mais les François de la Martinique, font venus dépuis peu leur tenir compagnie. Il y a deus hautes montagnes en cette Ile, qui font extrémément roides. On les apperçoit de fort loin, & on les nomme ordinairement, les *Pitons de Sainte Aloufie*; Au pied de ces montagnes, il y a de belles & agreables vallées, qui font couvertes de grands arbres, & arrofées de fontaines. On tient que l'air y eft bon, & que la terre y fera fertile quand elle fera un peu plus découverte qu'elle n'eft à prefent.

Mon-

Monsieur de Rosselan, a étably cette Colonie Françoise, sous les ordres de Monsieur du Parquet, qui l'avoit choisy pour y estre son Lieutenant : & étant decedé en l'exercice de cette charge de laquelle il s'aquittoit dignement, Monsieur le Breton Parisien a esté mis en sa place.

ARTICLE VII.

De l'Ile de la Martinique.

Les Indiens, appelloient cette Ile *Madanina* ; mais les Espagnols luy ont donné le nom qu'elle porte à present. Elle est sur la hauteur de quatorze degrez & trente scrupules au deça de la ligne. C'est une belle & grande terre, qui a environ seize lieuës en longueur, sur une largeur inegale, & quarante cinq de circuit. C'est aujourduy l'une des plus celebres, & des plus peuplées des Iles Antilles.

Les François, & les Indiens occupent cette terre, & y ont vécu long tems ensemble en fort bonne intelligence. Monsieur du Parquet, neveu de feu Monsieur Desnambuc, qui donna le commencement aus Colonies Françoises qui sont répanduës en ces Antilles, comme nous le dirons cy apres, en est Gouverneur pour le Roy, & dépuis quelques années il en a áquis la Seigneurie.

C'est la plus rompuë des Antilles, c'est à dire la plus remplie de montagnes, qui sont fort hautes, & entre-coupées de rochers inaccessibles. Ce qu'il y a de bonne terre, est composé en partie de Mornes, qui sont des eminences presque rondes, ainsi nommées au païs : de côtaus qui sont parfaitement beaus, (on les appelle Côtieres au langage des Iles :) Et de quelques plaines ou valons, qui sont extremément agreables.

Les montagnes, sont tout à fait inhabitables, & servent de repaire aus bestes sauvages, aus serpens, & aus couleuvres, qui y sont en fort grand nombre. Ces montagnes sont couvertes de beaus bois, d'ont les arbres, surpassent de beaucoup, & en grosseur, & en hauteur les nôtres de France ; &

produisent des fruits, & des graines, d'ont les sangliers & les oiseaus se repaissent.

Pour ce qui est des Mornes & des côtaus, la plupart sont habitables, & d'un bon terroir, mais fort penible à cultiver: Car on en voit qui sont si hauts & si droits, qu'à peine y peut on travailler sans danger, ou du moins, sans estre obligé à se tenir d'une main à quelque souche de Tabac, ou à quelque branche d'arbre, afin de travailler de l'autre.

Le Tabac qui croist dans ces lieus élevez, est toujours meilleur, & plus estimé, que celuy qui croist es vallées, & en des fonds, qui ne sont pas de si prés favorisez de l'aimable presence du Soleil, c'est a dire en des habitations placées en des fonds, ou sur des lieus tout entourez de bois. Car le Tabac qui se cueille en ces endroits, est toujours plein de taches jaunâtres, comme s'il étoit brûlé, & n'est ni de bon goût, ni de bonne garde. Ces lieus étoufés sont aussi fort mal-sains, ceus qui y travaillent deviennent de mauvaise couleur, & les nouveaus venus, qui ne sont pas acoûtumez à cet air, y gagnent plûtot qu'ailleurs le mal d'estomac, qui est si commun en ces Iles.

Comme il y a deus sortes de Nations differentes en cette terre, aussi est elle partagée entre l'une & l'autre, c'est à dire entre les Indiens habitans naturels du païs, & les François, qui jetterent les fondemens de cette Colonie au moys de Juillet de l'an mil six cens trente cinq, sous la sage conduite de Monsieur Desnambuc, qui les fit passer de l'Ile de Saint Christofle, les mit en la paisible possession de cette terre, & apres les avoir munis de tout ce qui étoit necessaire pour leur subsistence, & pour leur seureté, leur laissa Monsieur du Pont, pour commander en qualité de son Lieutenant.

La partie de l'Ile, qui est habitée par les Indiens, est toute comprise en un quartier, qui se nomme la *Cabes-terre*, sans autre distinction.

Pour ce qui est du païs occupé par les François, & que l'on nomme la *Basse-terre*; il est divisé en cinq quartiers, qui sont la Case du Pilote, la Case Capot, le Carbet, le Fort Saint Pierre, & le Prescheur. En chacun de ces quartiers il y a une Eglise, ou du moins une Chapelle, un Corps de garde,

&

& une place d'Armes, autour de laquelle on a bâty plusieurs beaus & grands Magazins, pour serrer les Marchandises qui viennent de dehors, & celles qui se font dans l'Ile.

Le quartier de la Case du Pilote, est ainsi appellé, à cause d'un Capitaine sauvage qui y demeuroit autréfois, & qui tenoit à gloire de porter ce nom de Pilote, que nos François luy avoient donné. Il étoit grand amy de Monsieur du Parquet, & c'étoit luy qui l'avertissoit continuellement, de tous les desseins, que ceus de sa Nation formoient alors contre nous.

Au quartier de la Case Capot, il y a une Fort belle Savanne, (on appelle ainsi aus Iles les prairies & les lieus de pâturage) laquelle est bornée d'un costé d'une riviere nommée la Riviere Capot, & de l'autre de plusieurs belles habitations.

Le quartier du Carbet, a retenu ce nom, des Caraibes, qui avoient autréfois en cette place l'un de leurs plus grands Villages, & une belle Caze qu'ils appelloient *Le Carbet*, nom qui est encore à present commun à tous les lieus où ils font leurs assemblées. Monsieur le Gouverneur a honoré un fort long tems c'et agreable quartier de sa demeure, laquelle il faisoit en une maison qui est bâtie de briques, guéres loin de la rade, pres de la place d'armes, en un beau vallon, qui est arrosé d'une assez grosse riviere, qui tombe des montagnes. Les Indiens qui n'avoient point encore veü de bâtiment de pareille figure, ni de matiere si solide, le consideroient au commencement avec un profond étonnement, & apres avoir essayé avec la force de leurs épaules s'ils le pourroient ébranler, ils étoient contrains d'avoüer, que si toutes les maisons étoient bâties de la sorte, cette tempeste qu'on nomme *Ouragan*, ne les pourroit endommager.

Cette maison, est entourée de plusieurs beaus jardins, qui sont bordez d'arbres fruitiers, & embellys de toutes les rarétez, & curiositez du païs. Monsieur le Gouverneur a quitté cette demeure depuis environ deus ans, à cause qu'il ne se portoit pas bien en ce quartier où elle est située, & en a fait present aus Jesuistes, comme aussi de plusieurs belles habitations qui en dépendent, & d'un grand nombre d'Esclaves négres qui les cultivent.

Le Fort Saint Pierre, est le quartier où demeure presentement Monsieur le Gouverneur. Il y a une fort bonne batterie de plusieurs grosses pieces de Canon, partie de fonte verte, & partie de fer. Ce Fort commande sur toute la rade. A un jet de pierre du logement de Monsieur le Gouverneur, est la belle Maison des Jesuistes, située sur le bord d'une agreable riviere, que l'on appelle pour cette raison, *la Riviere des Iesuistes*. Ce rare edifice est bâty solidement de pierres de taille & de briques, d'une structure qui contente l'œil. Les avenuës en sont fort belles; & aus environs on voit de beaus jardins, & des vergers remplis de tout ce que les Iles produisent de plus delicieus, & de plusieurs plantes, herbages, fleurs & fruits qu'on y a apportez de France. Il y a même un plan de Vignes, qui porte de bons raisins, en assés grande abondance, pour en faire du vin.

Le quartier du Prescheur, contient un plat païs fort considerable pour son étenduë; & plusieurs hautes montagnes, à la pente déquelles on voit un grand nombre de belles habitations, qui sont de bon rapport.

Entre la Cabes-terre & la Basse-terre, il y a un cul-de-sac, où il se trouve beaucoup de bois propre à monter le Tabac. On y va prendre aussi des roseaus qui servent à palissader les Cases, & du Mahot-franc, dont l'écorce sert à plusieurs usages de la ménagerie.

La plupart des maisons de cette Ile, sont de charpente, fort commodes, & d'une montre agreable. Les plus considerables sont bâties sur ces eminences, que les Habitans appellent Mornes. Cette situation avantageuse contribuë beaucoup à la santé de ceus qui y demeurent, car ils y respirent un air plus épuré que celuy des vallées; Et elle releve merveilleusement la beauté de tous ces agreables edifices, leur fournissant une perspective fort divertissante.

La meilleure rade de cette Ile, est entre le Carbet, & le Fort Saint Pierre. Elle est beaucoup plus assûrée que celle des Iles voisines, étant à-demy entourée de montagnes assés hautes, pour la mettre à couvert des vens, & tenir les vaisseaus en seureté.

Entre

Entre la Case du Pilote, & ce sein qu'on nomme ordinairement *le Cul-de-sac des Salines*, il y a un rocher une demye lieuë avant en mer, que l'on appelle le *Diamant*, à cause de sa figure, qui sert de rétraite à une infinité d'Oiseaus, & entre autres aus Ramiers, qui y font leurs nids. L'accés en est difficile : mais on ne laisse pas de le visiter quelquefois en passant, pendant le tems que les petis des Ramiers sont bons à manger.

Le Crénage est situé du même costé que ce Diamant ; c'est un lieu en forme de Cul-de-sac, ou de sein, où l'on mene les Navires pour les r'affraichir, & pour les reparer en les tournant sur le costé, jusques à ce que la quille apparoisse à decouvert. La mer y est toujours calme : mais ce lieu n'est pas en bon air, & les matelots y sont ordinairement pris de fievres, qui pourtant ne sont pas fort dangereuses, puis qu'elles quittent le plus souvent en changeant de lieu.

Outre les Torrens, qui au tems des pluyes coulent avec impetuosité parmy toutes les ravines de cette Ile, on y conte jusqu'à neuf ou dix rivieres considerables, qui ne tarissent jamais. Elles prenent leurs sources à la pente, ou au pied des plus hautes montagnes, d'où elles roulent leurs eaus entre les vallons, & apres avoir arrosé la terre, elles se déchargent en la mer. Leur voisinage est souvent incommode & dangereux, à cause que lors qu'elles se debordent, elles deracinent les arbres, sappent les rochers, & desolent les champs & les jardins, entrainant bien souvent dans les precipices les maisons qui sont en la plaine, & tout ce qui s'oppose a cette extraordinaire rapidité de leur cours. C'est aussi ce qui a convié la plupart des Habitans de cette Colonie, de choisir leurs demeures au sommet de ces petites montagnes, d'ont leur Ile est richement couronnée : car elles les parent contre ces inondations.

Mais ce qui est de plus considerable en cette terre, est la multitude des Habitans qui la possedent, & la cultivent, qu'on dit estre à present de neuf ou dix mille personnes, sans y comprendre les Indiens, & les Esclaves négres, qui sont presque en aussi grand nombre. La douceur du Gouvernement, & la situation avantageuse de cette Ile, contribuent beaucoup à l'entretien, & à l'accroissement de cette grande affluance de Peuple. Car présque tous les Pilotes des Navires François & Hollandois qui voyagent en l'Amerique, ajustent le cours de leur navigation en telle sorte, qu'ils la puissent reconnoitre, & aborder avant toutes les autres, qui ne sont pas si bien sur leur route : & si-tost qu'ils ont jetté l'ancre à la rade de cette terre, pour y prendre les rafraichissemens qui leur sont necessaires, ils y font descendre leurs passagers, s'ils ne sont expressément obligez de les conduire encore plus loin. Il est même arrivé souvent, que des familles entieres, qui étoient sorties de France, en intention de passer en d'autres Iles, qui sont au dé-là de celle-cy, & qui ne luy cedent en rien, ni en bonté d'air, ni en fertilité de terroir, étans fatiguées & ennuyées de la mer, s'y sont arrêtées, pour ne point s'exposer de nouveau, à tant de dangers, de dégouts, & d'autres incommoditez, qui accompagnent inseparablement, ces longs & penibles voyages.

Parmy cette grande multitude de peuple, qui compose cette Colonie, il y a plusieurs personnes de merite, & de condition, qui apres avoir signalé leur valeur, dans les armées de France, ont choisy cette aimable retraitte, pour estre le lieu de leur repos, apres leurs honorables fatigues. Monsieur de Courcelas, Lieutenant General de Monsieur le Gouverneur, s'y est rendu recommandable entre tous ; sa sage conduite, son affabilité, & son humeur obligeante, luy ont áquis les affections de tous les Habitans de l'Ile, & les respects de tous les étrangers qui y abordent. Monsieur le Comte, & Monsieur de L'Oubiere, y sont considerez entre les principaus Officiers. Monsieur du Coudré, y a exercé un fort long-tems la charge de Juge Civil & Criminel, avec beaucoup d'approbation.

Au commencement de la description de cette Ile, nous avons dit à dessein, que les François & les Indiens, y ont vêcu long tems ensemble en bonne intelligence : Car nous apprenons des memoires, qui nous ont esté envoyez dépuis peu, touchant l'Etat de cette Ile, qu'il y-a environ quatre ans, que les Caraibes sont en guerre ouverte avec les nôtres ; que depuis ce tems-là, ces Barbares ont fait plusieurs ravages en

nos

nos quartiers; & que ni les hautes montagnes, ni la profondeur des precipices, ni l'horreur des vastes & affreuses solitudes, qu'on avoit tenuës jusques alors pour un mur impenetrable, qui separoit les terres des deus Nations, ne les ont pû empescher de venir fondre sur nos gens, & de porter jusques au milieu de quelques-unes de leurs habitations, le feu, le massacre, la desolation, & tout ce que l'esprit de vengeance leur à pû dicter de plus cruel, pour contenter leur rage, & pour assouvir la brutalité de leur passion.

On parle diversement des sujets de cette rupture. Les uns l'attribuent au déplaisir que quelques Caraibes ont conçeu, de ce que Monsieur du Parquet, a établi contre leur gré, des Colonies Françoises aus Iles de la Grenade, & de Sainte Alousie. Les autres disent, qu'ils ont esté incitez à prendre les armes, pour venger la mort de quelques uns de leur Nation, Habitans de l'Ile de Saint Vincent, qu'ils tiennent estre periz, apres avoir beû de l'eau de vie empoisonnée, qui leur avoit esté apportée de la Martinique.

Incontinent que cette guerre fut declarée, & que les Caraibes eurent fait par surprise, selon leur coûtume, quelques dégats en l'un de nos quartiers: ceus qui sont envieus de la gloire de nos Colonies, & de leur progrez & affermissément en ces Iles, faisoient courir le bruit, que nos gens ne pourroyent jamais domter ces Barbares; que ceus de cette même Nation qui habitent à la Dominique, & à Saint Vincent, avoient ébranlé tous leurs alliez du Continent, pour nous faire la guerre à forces unies; que pour faciliter ce dessein, & grossir leur party, ils avoient même traitté de paix avec les Arovagües leurs anciens ennemis; & qu'ils avoyent engagé si avant tous ces Sauvages en leur querelle, qu'ils étoient resolus de se jetter d'un commun effort sur nous, & de nous accabler de leur multitude.

L'On ne sait pas au vray, si cette ligue dont on nous menaçoit à esté projettée: mais il est constant qu'elle n'a point paru, & qu'apres les premieres courses, que les Caraibes de la Martinique firent sur nos terres avec quelque avantage, ils ont dépuis si mal reussy dans leurs entreprises, & ils ont esté si souvent poursuivis & repoussez des nôtres, avec perte de leurs principaus Chefs, qu'ils ont efté contrains depuis deus ans ou environ d'abandonner leurs Villages, & leurs Jardins à leur difcretion, & de fe r'enfermer dans l'epaiffeur des bois, & parmy des montagnes & des rochers qui font préfque inacceffibles. De forte que ceus qui connoiffent la valeur, l'experience, & le bon ordre de nos François qui habitent cette Ile, font entierement perfuadez, que fi ces Barbares, ont encore l'affurance de fortir de leurs tanieres, pour experimenter le fort des armes, & pour fecoüer cette profonde confternation en laquelle ils vivent, ils feront contrains par neceffité, ou de leur quitter l'entiere poffeffion de cette terre, ou d'accepter toutes les conditions fous lefquelles ils voudront traitter de paix avec eus, & renouveller l'ancienne alliance, qu'ils ont trop legerement rompuë.

CHAPITRE TROISIÉME.

Des Iles Antilles qui s'étendent vers le Nord.

Toutes les Iles dont nous ferons la defcription en ce Chapitre, étans fituées plus au Nord que les precedentes; joüiffent par confequent d'une temperature un peu plus douce. Elles font auffi plus frequentées que celles de Tabago, de la Grenade, & de Sainte Aloufie; à caufe que les Navires qui fe font rafraichis à la Martinique, & qui defcendent à Saint Chriftofle, les peuvent vifiter les unes apres les autres, fans fe detourner de leur route.

ARTICLE I.

De l'Ile de la Dominique.

Cette Ile, eft fur la hauteur de quinze degrez & trente fetupules. On l'eftime avoir en longueur environ tréze lieuës, & en fa plus grande largeur un peu moins. Elle a en fon centre plufieurs hautes montagnes, qui entourent un fonds inacceffible, où l'on voit du haut de certains rochers, une infinité de Reptiles, d'une groffeur & d'une longueur effroyable.

Les

Les Caraïbes, qui habitent cette Ile en grand nombre, ont fort long-tems entretenu, ceus qui les alloient visiter, du conte qu'ils faisoient, d'un gros & monstrueus serpent, qui avoit son repaire en ce fonds. Ils disoient qu'il portoit sur sa teste une pierre éclatante comme une Escarboucle, d'un prix inéstimable. Qu'il voiloit pour l'ordinaire ce riche ornement, d'une petite peau mouvante, comme la paupiere qui couvre l'œil : mais que quand il alloit boire, ou qu'il se joüoit au milieu de ce profond abysme, il le montroit à decouvert, & que pour lors les rochers, & tout ce qui étoit à l'entour, recevoit un merveilleus éclat du feu, qui sortoit de cette precieuse couronne.

Le Cacique de cette Ile, étoit autréfois des plus considerez entre les autres de la même Nation. Et quand toutes leurs troupes marchoient en bataille, contre les Aroüagues leurs ennemis du Continent, celuy-cy avoit la conduite de l'avantgarde, & étoit signalé par quelque marque particuliere, qu'il avoit sur son corps.

Quand il passe de Navires François prés de cette Ile, on voit aussi-tôt plusieurs canots, en chacun déquels il y a trois ou quatre Indiens au plus, qui viennent convier les Capitaines de ces Vaisseaus, d'aller moüiller aus bonnes rades qu'ils montrent : Ou du moins, ils presentent des fruits de leur terre, qu'ils ont apportez, & apres avoir fait present de quelques uns des plus beaus aus Capitaines, & aus autres Officiers, ils offrent ce qui leur reste, en échange de quelques hameçons, de quelques grains de cristal, ou d'autres menües bagatelles qui leur sont agreables.

ARTICLE II.

De l'Ile de Marigalante.

ON la met ordinairément sur la hauteur de quinze degrez & quarante scrupules. C'est une terre assez platte & remplie de bois, qui témoignent qu'elle ne seroit pas infeconde, si elle étoit cultivée. Elle a toujours été frequentée des Indiens, tant pour la pesche, que pour l'entretien de quelques petis jardinages qu'ils y ont.

Les derniers avis, qui nous sont venus des Antilles, portent, que Monsieur D'Hoüel, Gouverneur de la Gardeloupe, a nouvellement fait peupler cette Ile, & qu'il y a fait bâtir un Fort, pour reprimer quelques Indiens, qui vouloient s'opposer à ce dessein, & qui y avoient tué vint hommes qu'il y avoit envoyez par avance, pour découvrir peu à peu la terre: Et qu'à cause de cet accident, il y en a fait passer environ trois cens, qui se retiroient la nuit en un grand vaisseau qu'ils avoient à la rade, jusques à ce que la fortification fut en defense. Les Caraibes de la Dominique, pour entretenir l'amitie qu'ils ont avec les Habitans de la Gardeloupe, qui sont leurs plus proches voisins, disent qu'ils sont innocens de ce massacre, & en ont fait excuse à Monsieur D'Hoüel, l'imputant à ceus de leur Nation, qui habitent aus autres Iles.

ARTICLE III.

Des Iles des Saintes, & des Oiseaus.

ENtre la Dominique, & la Gardeloupe, il y a trois ou quatre petites Iles, fort proches les unes des autres, qu'on nomme ordinairement *les Saintes*. Elles sont sur la même hauteur que Marigalante, au couchant de laquelle elles sont situées, & jusques à present, elles sont desertes & inhabitées.

l'Ile *aus Oiseaus*, est encore plus occidentale que les *Saintes*. On la range sur la hauteur de quinze degrez, & quarante cinq scrupules. Elle est ainsi nommée à cause de la multitude d'Oiseaus, qui y font leurs nids jusques sur le sable, & au bord de la mer. Ils sont pour la plûpart fort faciles à prendre à la main, parce que ne voyant pas souvent des hommes, ils n'en ont nulle crainte. Cette terre est fort basse, & à peine la peut-on appercevoir, que l'on n'en soit bien prés.

ARTICLE IV.

De l'Ile de la Defirade.

Elle est ainsi nommée, parce que Christofle Colomb la découvrit la premiere de toutes les Antilles, en son second voyage de l'Amerique. Et comme la premiere terre de ce Nouveau Monde, fut appellé par luy, *San Salvador*, au lieu qu'elle se nommoit auparavant *Guanahani*, qui est une des Lucayes, sur la hauteur de vint-cinq degrez & quelques scrupules; ainsi, il nomma celle-cy *la Desirée*, à cause de l'accomplissement de son souhait. Elle est éloignée de dix lieuës de la Gardeloupe, en tirant vers le Nord-Est: & de la ligne, de seize degrez, & dix scrupules. Il y a assez de bonne terre en cette Ile, pour y dresser plusieurs belles habitations: c'est pourquoy on espere, qu'elle ne sera pas long-tems sans estre peuplée.

ARTICLE V.

De l'Ile de la Gardeloupe.

Cette Ile est la plus grande, & l'une des plus belles, de toutes celles que les François possedent aus Antilles. Elle étoit cy devant appellée par les Indiens *Carucueira*: mais les Espagnols luy ont donné le nom qu'elle porte à present. Les uns la mettent precisément au seizième degré, & les autres y ajoustent seize scrupules. Elle a environ soixante lieuës de circonference, sur neuf ou dix de largeur aus endroits ou la terre s'étend d'avantage. Elle est divisée en deus parties par un petit bras de mer, qui separe la Grand'terre, d'avec celle qu'on nomme proprement la Gardeloupe. La partie plus Orientale de celle-cy, est appellée, *Cabes-Terre*, & celle qui est au Couchant, *Basse-Terre*.

Ce qu'on nomme la Grand'Terre, a deus Salines, ou l'eau de la mer se forme en sel, comme en plusieurs autres Iles, par la seule force du Soleil, sans aucun autre artifice.

La partie qui est habitée, est relevée en plusieur endroits, & particuliérement en son centre, de plusieurs hautes montagnes, dont les unes sont herissées de rochers pelés & affreus, qui s'élevent du sein de plusieurs effroyables precipices, qui les entourent; & les autres sont couvertes de beaus arbres, qui leur composent en tout tems une guirlande agreable. Il y a au pied de ces montagnes plusieurs plaines de grande étenduë, qui sont rafraichies par un grand nombre de belles rivieres, qui convioient autréfois les flottes qui venoient d'Espagne, d'y venir puiser les eaus, qui leur étoient necessaires pour continuer leurs voyages. Quelques unes de ces rivieres, en se débordant roulent des bâtons ensoufrez, qui ont passé par les mines de soulfre, qui sont dans une montagne des plus renommées de l'Ile, qui vomit continuellement de la fumée, & a laquelle on a donné pour ce sujet le nom de *Soulfriere*. Il y a aussi des fontaines d'eau boüillante, que l'experience a fait trouver fort propres à guerir l'hydropisie, & toutes les maladies qui proviennent de cause froide. Il y a deus grands seins de mer, entre ces deus terres, d'où les Habitans de l'Ile qui se plaisent à la pésche, peuvent tirer en toute saison des Tortuës, & plusieurs autres excellens poissons.

Cette terre commença d'estre habitée par les François, en l'an mil six cens trente cinq. Messieurs du Plessis, & de L'Olive, y eurent les premiers commandemens avec égale autorité. Mais le premier étant mort le septiéme mois apres son arrivée, & Monsieur de l'Olive étant devenu inhabile au gouvernément par la perte qu'il fit de la veuë, les Seigneurs de la Compagnie des Iles de l'Amerique, prirent à cœur de soûtenir cette Colonie naissante, qui étoit extremément desolée, & de la pourvoir d'un chef doué de courage, d'experience, & de toutes les qualitez, qui sont requises en un homme de commandement. A cet effet ils jetterent les yeus sur Monsieur Auber l'un des Capitaines de l'Ile de S. Christofle, qui étoit pour lors à Paris. Le tems à amplement verifié, que ces Messieurs ne pouvoient pas faire un meilleur choiz. Car cette Colonie doit sa conservation, & tout le bon état auquel elle a été du dépuis, à la prudence, & à la sage
con-

conduitte de ce digne Gouverneur, qui signala son entrée en cette charge par la paix qu'il fit avec les Caraibes, & par plusieurs bons ordres qu'il établit, pour le soulagement des Habitans, & pour rendre l'Ile plus recommendable, comme nous le deduirons au Chapitre deusiéme du second Livre de cette Histoire.

Monsieur d'Hoüel est aujourduy Seigneur & Gouverneur de cette Ile : & depuis qu'il y a été étably, elle a pris encore une toute autre face, qu'elle n'avoit auparavant, car elle s'est accruë en nombre d'Habitans, qui y ont bâty plusieurs belles maisons, & y ont attiré un si grand commerce, qu'elle est a present l'une des plus considerables, & des plus florissantes des Antilles.

On y voit de belles plaines, sur lesquelles on fait passer la charruë pour labourer la terre; ce qui ne se pratique point aus autres Iles : Apres quoy le Ris, le Mays, le Manioc dont on fait la Cassaue, les Patates, & même le Gingembre, & les Cannes de sucre, viennent le mieux du monde.

Les Jacobins Reformez, possedent une partie de la meilleure terre de cette Ile, sur laquelle ils ont fait plusieurs belles Habitations, qui sont d'un bon rapport. Elles doivent le bon état auquel elles sont, aus soins incomparables du R. P. Raymond Breton, qui les a conservées à son Ordre, parmy plusieurs difficultez.

La partie de l'Ile qu'on nomme la basse terre, est enrichie d'une petite Ville qui s'acroist tous les jours. Elle a déja plusieurs ruës qui sont bordées d'un grand nombre de beaus edifices de charpente, qui sont pour la plûpart à deus étages, & d'une structure commode, & agreable à la veuë. Elle est aussi embellie de l'Eglise Parroissiale; des Maisons des Jesuistes, & des Carmes, que Monsieur le Gouverneur y a appellez dépuis peu; & de plusieurs amples Magazins, qui sont fournis de toutes les provisions & Marchandises, qui sont necessaires pour la subsistence de cette aimable Colonie.

Monsieur le Gouverneur fait sa demeure en un Chateau, qui n'est pas fort éloigné de la Ville. Il est bâty bien solidément, à quatre faces. Les coins sont munis d'éperons, & de redoutes, de massonnerie d'une telle épaisseur, qu'elle peut soûte-

soûtenir la pesanteur de plusieurs pieces de Canon de fonte verte, qui y sont posées en batterie. Un peu au delà de ce Chateau, il y a une fort haute montagne, qui le pourroit incommoder: Mais Monsieur le Gouverneur, qui n'oublie rien de tout ce qui peut contribuer à l'ornement & à la seureté de son Ile, y a fait monter du Canon; & afin qu'un ennemy ne se puisse emparer de cette place, il y a fait une espéce de Citadelle, qui est en tout tems pourveuë de vivres, & de munitions de guerre. Il y a aussi fait bâtir des logémens, qui sont capables de tenir à couvert les Soldats qui la gardent, & de servir au besoin de retraite asseurée aus Habitans. La Cabes-Terre, a aussi un Fort qui est bien considerable. Il est bâty en un lieu qu'on nommoit autrefois la Case au borgne. Il contient tout ce quartier-là en asseurance. On l'appelle *le Fort de Sainte Marie*.

Plusieurs personnes de condition, se sont retirées en cette Ile, & y ont fait dresser un grand nombre de Moulins à sucre. Monsieur de Boisseret, y est Lieutenant General de Monsieur le Gouverneur. Monsieur Hynselin, Monsieur du Blanc, Monsieur de Mé, Monsieur des Prez, & Monsieur Postel, y sont estimez entre les principaus Officiers, & les plus honorables Habitans. Monsieur d'Aucourt, personnage d'un rare savoir, & d'une conversation fort douce, y exerce la charge de Lieutenant Civil & Criminel, avec beaucoup de Loüange.

ARTICLE VI.

De l'Ile D'Antigoa.

CEtte Ile, est sur la hauteur de seize degrez & quarante scrupules, entre la Barbade & la Desirée, sa longueur est de six ou sept lieuës, sur une largeur inegale. Elle est de difficile accés aus navires, à cause des rochers qui l'environnent. L'on tenoit cy-devant, qu'elle étoit inhabitable, parce qu'on croyoit qu'il n'y avoit poit d'eau douce: mais les Anglois, qui s'y sont placez, y en ont trouvé & y ont encore creusé des puits, & des cisternes, qui suppléeroient à ce défaut.

Cette

Cette Ile est abondante en poissons, en gibier, & en toute sorte de bétail domestique. Elle est habitée par sét ou huit cens hommes, & il y a comme en toutes les autres, qui sont entre les mains de cette Nation, de bons & de savans Pasteurs, qui ont un grand soin des troupeaus qui leur sont commis.

ARTICLE VII.

De l'Ile de Mont-serrat.

LEs Espagnols, ont donné à cette Ile le nom qu'elle porte, à cause de quelque ressemblance qu'il y a, entre une montagne qui y est, & celle de Mont-serrat, qui est prés de Barcelonne, & ce nom luy est demeuré jusques à present. Elle est sur la hauteur de dix sét degrez de latitude septentrionale. Elle a trois lieuës de long, & presque autant de large, de sorte qu'elle paroit d'une figure ronde. La terre y est tres-fertile. Les Anglois la possedent & y sont fort bien logez. On tient qu'il y a environ six cens hommes.

Ce qui est de plus considerable en cette Ile, est une belle Eglise, d'une agreable structure, que Monsieur le Gouverneur & les Habitans y ont fait bâtir : la chaire, les bancs, & tout l'ornement du dedans, sont de menuiserie, de bois du païs, qui est precieus, & de bonne odeur.

ARTICLE VIII.

Des Iles de la Barbade & de Redonde.

L'Ile, que les François nomment *Barbade*, & les Anglois *Barboude*, est sur la hauteur de dix-sét degrez & trente scrupules. C'est une terre basse, longue d'environ cinq lieuës, située au Nord-Est de Mont-serrat. Les Anglois, y ont une Colonie de trois à quatre cens hommes, & y trouvent dequoy subsister commodément. Elle à cecy de fâcheus & de commun avec les Iles d'Antigoa, & de Mont-serrat, que les Caraibes de la Dominique & d'ailleurs, y font souvent de grands

grands ravages. L'inimitié que ces Barbares ont conceuë contre la Nation Angloise est si grande, qu'il ne s'écoule presque aucune année, qu'ils ne fassent une ou deus descentes à la faveur de la nuit, en quelcune des Iles qu'elle possede: & pour lors, s'ils ne sont promtément découverts & vivément repoussez, ils massacrent tous les hommes qu'ils rencontrent, ils pilent les maisons & les brûlent, & s'ils peuvent se saisir de quelques femmes ou de leurs enfans, ils les font prisonniers de guerre, & les enlevent en leurs terres, avec tout le butin qui leur agrée.

l'Ile qu'on appelle *Redonde* ou *Rotonde*, a cause de sa figure, est sur la hauteur de dix sèt degrez & dix scrupules. Elle est petite, & ne paroit de loin que comme une grosse tour: & selon une certaine face, on diroit que ce seroit un grand Navire, qui est sous la voile. On la peut facilément aborder de toutes parts, à cause que la mer qui l'entoure est profonde, & sans rochers ou écueils, qui puissent mettre en danger les Navires.

ARTICLE IX.

De l'Ile de Nieves.

C'Est une petite terre, qui est située sur la hauteur du dixsettiéme degré & dixneuf scrupules vers le Nord. Elle n'a qu'environ six lieuës de tour, & dans son milieu, une seule montagne qui est fort haute, & couverte de grands bois jusques au sommet. Les habitations sont tout à l'entour de la montagne, à commencer depuis le bord de la mer, jusques à ce qu'on arrive au plus haut, où l'on peut commodément monter. On fait aisément & par eau & par terre, tout le circuit de cette Ile. Il y a plusieurs sources d'eau douce, dont quelques-unes sont assez fortes pour porter leurs eaus jusques à la mer. Il y a même une fontaine, dont les eaus sont chaudes & minerales. On a fait des bains tout proche de la source, qui sont frequentez avec heureus succés, pour la guerison des mêmes maladies, qui demandent l'usage des eaus de Bourbon.

Les

Les Anglois qui s'y sont établis en l'an mil six cens vint-huit, habitent cette Ile au nombre d'environ trois mille hommes, qui y subsistent honorablement par le trafic qu'ils y font de Sucre, de Gingembre, & de Tabac.

Cette Ile, est des mieus policées de toutes les Antilles. La Justice s'y administre avec grande sagesse, par un Conseil, qui est composé des plus notables, & des plus anciens Habitans de la Colonie. Les juremens, les larcins, l'yvrognerie, la paillardise, & toutes sortes de dissolutions & de desordres, y sont punis severément. L'an mil six cens quarante neuf, Monsieur Lake y commandoit. Depuis Dieu l'a appellé à soy. Il étoit homme craignant Dieu, & savant; qui gouvernoit avec grande prudence, & grande douceur.

Il y a trois Eglises, qui sont simplement bâties; mais en recompense elles sont commodément disposées pour y faire le Divin service. Pour la seureté des vaisseaus qui sont à la rade, & pour empescher la descente que pourroit faire un Ennemy, on y a bâty un Fort, où il y a plusieurs grosses pieces de Canon, qui commandent sur la mer. Il tient aussi en assurance les Magazins publics, dans lesquels on décharge toutes les Marchandises qui viennent de dehors, & qui sont necessaires pour la subsistence des Habitans. Et c'est de-là, qu'elles sont puis apres distribuées à tous les particuliers qui en ont besoin, pourveu que ceus qui ont cette commission, les jugent capables de les payer, au jour nommé, & au prix, que Monsieur le Gouverneur & Messieurs du Conseil y ont mis, selon leur prudence, & equité.

Ce qui rend encore cette Ile recommandable, est qu'elle n'est separée que par un petit bras de mer, de celle de *Saint Christofle*, la plus belle & la plus renommée de toutes les Antilles, dont elle est la Capitale. Décrivant donc assez briévement la plupart des autres Iles, il est juste de nous étendre un peu davantage sur cellecy. Et c'est pourquoy nous en ferons un Chapitre à part, comme le sujet le merite bien.

CHAPITRE QUATRIÉME.

De l'Ile de Saint Christofle en particulier.

L'Ile de *Saint Christofle*, fut ainsi appellée par Christofle Colomb, qui la voyant si agreable voulut qu'elle portast son nom. A quoy Il fut aussi couvié par la figure d'une des montagnes qui sont en cette Ile, laquelle porte sur sa croupe, comme sur l'une de ses épaules une autre plus petite montagne; de même que l'on peint Saint Christofle, comme un Geant, qui porte nôtre Seigneur sur les siennes, en forme d'un petit enfant. L'Ile est sur la hauteur de dixsêt degrez, & vint cinq Scrupules.

C'est le siege des Gouverneurs Generaus des François & des Anglois, qui possedent la plus grand'-part des Antilles: MONSIEUR LE CHEVALIER DE POINCY, Baillif & Grand-Croix de l'Ordre de Saint Jean de Jerusalem, Commandeur d'Oysemont & de Coulours, & Chef d'Escadre des Vaisseaus du Roy en Bretagne, Gentil-homme de fort ancienne Maison, qui porte le nom de POINCY, exerce tres-dignement cette charge pour sa Majesté, depuis environ dix-neuf ans. Et l'on trouve en sa personne, toute la prudence, toute la valeur, toute l'experience & en un mot toutes les hautes qualitez, qui sont necessaires pour achever un grand Capitaine. C'est aus soins & à la sagesse de ce brave Seigneur, que l'on doit aujourduy le bon Etat de cette Ile: Car l'ayant trouvée comme un desert, il l'a enrichie de plusieurs beaus edifices: Il la remplie de toutes les choses necessaires à la vie: Il y a attiré une grande multitude de personnes de toute condition qui y vivent doucément & en repos: & il y a formé la plus noble & la plus ample Colonie, que nôtre Nation ait eüe jusqu'à present, hors des limites de la France. Il maintient cette Colonie par de bonnes lois politiques, & militaires. Il rend une fidele justice à tous ceus de son gouvernement, ayant éstably pour cet effet un Conseil de gens de consideration. Il prend un soin charitable des pauvres, des malades & des orfelins: En general il soulage & aide au besoin

tous

tous les habitans de l'Ile, subsistant de ses propres biens, par son bon ordre, & par son œconomie, sans estre à charge à personne. Il traitte splendidement les Etrangers qui le viennent visiter, & fait un accüeil favorable à tous ceus qui abordent en son Ile. Sa maison est conduite avec un ordre qu'on ne sauroit assez priser. Dans la paix même on y voit faire les exercices de la guerre : Et en tout tems elle est une école de civilité, & de toutes sortes de vertus. Il fait observer exactement la discipline militaire pour tenir l'Ile en defense, donner de la terreur à l'ennemy, & préter au besoin secours aus alliez. Il est l'Arbitre de tous les differens qui surviennent entre les Nations voisines, & par sa sage conduite, il demeure toûjours en parfaite intelligence avec les Anglois, & il les porte à l'honorer & à deferer à ses sentimens. Il peut mettre sur pied en un instant plusieurs Compagnies de Cavalerie & environ huit à neuf mille hommes de pied. Enfin il a eu soin d'étendre le nom François en plusieurs Iles, ou il a étably des Colonies qui sont a present florissantes : Il à aussi envoié en la terre ferme de l'Amerique, en un endroit appellé *Cap de Noid*, des hommes qui entretiennent un commerce avec les Indiens, & qui peuvent donner le fondement à une ample Peuplade, par ce que ce lieu là, ouvre l'entrée d'un grand & bon Païs. Il étoit impossible de passer plus outre, sans arréter quelque tems nos yeux sur un si digne General. Poursuivons maintenant la description de Saint Christofle.

l'Ile a environ vint-cinq lieües de tour. La terre en étant legere, & sablonneuse, est tres-propre à produire toutes sortes de fruits du païs, & plusieurs de ceus qui croissent en Europe. Elle est relevée au milieu, par de tres-hautes montagnes, d'où coulent plusieurs ruisseaus, qui s'enflent quelquefois si promtément, par les pluïes qui tombent sur les montagnes, sans qu'on l'apperçoiue à la pente, ni aus plaines ; que l'on est souvent surpris de ces torrens, qui debordent tout à coup.

Toute l'Ile est divisée en quatre Cantons : dont il y en a deus, qui sont tenus par les François, & les autres deus, par les Anglois : mais en telle sorte que l'on ne peut traverser d'un quartier à l'autre, sans passer sur les terres de l'une ou de
l'au-

l'autre Nation. Les Anglois, ont en leur partage plus de petites rivieres que les François : Mais en recompense, ceux-cy ont plus de plat-païs, & de terres propres à estre cultivées. Les Anglois sont aussi en plus grand nombre que les nôtres : mais ils n'ont point de si fortes places de defense, & ils ne sont pas si bien armez. Les François ont quatre Forts, munis de quantité de Canons, qui portent loin en mer, d'ont celui qui est à la pointe de sable, à des fortifications regulieres comme une Citadelle. Le plus considerable apres celui là, est à la rade, ou au mouïllage qu'on appelle de la Basse-terre. Il y a jour & nuit en l'un & en l'autre des Compagnies de Soldats qui font bonne garde. Pour contenir aussi les quartiers en seureté, & prevenir les desordres, qui pourroient survenir entre deus peuples differens, chaque Nation tient aus avenuës de ses quartiers, un corps de garde, qui se renouvelle par chacun jour. Les Anglois, ont aussi de leur costé deus places fortes, l'une qui commande sur la grande rade, & l'autre sur une autre descente, qui est joignant la pointe de sable.

Cette Ile est pourveüe d'une belle Saline, qui est sur le bord de la mer, dans un sein, que les habitans appellent ordinairement Cul-de-sac. Guéres loin de-là, il y a une pointe de terre, qui s'avance si pres de l'Ile de Nieves, que le traict de mer qui separe ces deus places, n'a qu'un petit quart de lieuë, de sorte qu'ils s'est trouvé des hommes, qui l'ont autrefois passé à la nage.

On tient qu'il y une Mine d'argent à Saint Christofle : mais comme les salines, les bois, les rades, & les Mines sont communes aus deus Nations, personne ne se met en peine d'y regarder. Joint qu'il faut une grande puissance, & un prodigieus nombre d'Esclaves pour une telle entreprise. La vraïe Mine d'argent de cette Ile, c'est le Sucre.

On fait aisément par terre, le tour de toute cette Ile : mais on ne peut traverser le milieu, à cause de plusieurs grandes & hautes montagnes, qni enferment en leur sein d'effroyables precipices, & des sources d'eaus chaudes. Et même on y trouve du soulfre, qui a donné le nom de Soufriere à l'une de ces montagnes. Depuis le pied des montagnes. En prenant la Circonferance au dehors, toute la terre de cette Ile

s'étend

s'étend par une pente douce jufques au bord de la mer, d'une largeur inégale, felon que les montagnes pouffent plus ou moins avant leurs racines, du cofté de la mer ; où que la mer s'avance, & referre la terre contre les montagnes. Toute l'etenduë de bonne terre qui eft cultivée, jufques à la pente trop roide des montagnes, eft divifée préfque par tout en plufieurs étages, par le milieu defquels paffent de beaus & larges chemins tiréz en droite ligne, autant que les lieus le peuvent permettre. La premiere de ces lignes de communication, commence environ cent pas au deffus du bord de la mer : l'autre trois ou quatre cens pas plus haut, & ainfi en montant jufques au troiziéme ou quatriéme étage, d'où l'on voit les habitations de défous, qui forment un afpect fort agreable.

Chaque étage, qui fait comme une ceinture ou plus grande ou plus petite à l'entour des montagnes felon qu'il en eft ou plus ou moins éloigné, a auffi fes fentiers, qui comme autant de ruës traverfantes, donnent le libre accez à ceus qui font où plus haut ou plus bas : Et cela avec une fy belle fymmetrie, que lors que l'on fait par mer le tour de l'Ifle, il n'y a rien de plus agreable que de voir cette divertiffante verdure de tant d'arbres qui bordent les chemins, & qui font aus lizieres, & font les feparations de chaque habitation. La veuë ne fe peut laffer de confiderer cette terre. Si elle fe porte en haut, elle fe trouve terminée, par ces hautes montagnes, qui font couronnées d'une verdure eternelle, & revétuës de bois precieus. Si elle fe refléchit plus bas, elle apperçoit les Jardins, qui prenant leur naiffance dés le lieu où les montagnes font acceffibles, s'étendent de là par une douce & molle defcente jufques au bord de la mer. Le beau vert naiffant du Tabac planté au cordeau, le Jaune pâle des Cannes de Sucre qui font en maturité, & le vert brun du Gingembre & des Patates, font un païfage fi diverfifié, & un émail fi charmant, qu'on ne peut fans faire un effort fur fon inclination, retirer la veuë de deffus. Ce qui recrée encore d'avantage les yeux, eft qu'au milieu de chaque habitation ou Jardin, on remarque plufieurs belles maifons, de differente ftructure. Celles nommément qui font couvertes de tuile rouge ou plombée, don-

E   nent

nent un grand lustre à cette aimable perspective : Et par ce que L'Ile va toujours en montant, l'étage inferieur ne derobe pas la veüe de celui qui est plus avant en la terre, mais en un instant on voit tous ces beaus compartimens, tous ces chemins qui sont comme autant d'allées de vergers ; toutes ces bordures de differentes sortes d'arbres ; tous ces jardins plantez à la ligne de diverses espéces de fruits ; & tous ces jolis edifices qui ne sont distans le plus souvent que de cent pas, ou environ, les uns des autres : Et en un mot tant d'agreables objets se presentent aux yeux en même tems, que l'on ne sait à quoy s'arréter.

Il est necessaire pour la plus grande commodité des habitans, & la facilité de leurs employs, que leurs maisons soient separées les unes des autres, & placées au milieu de la terre qu'ils cultivent : Mais les François outre leurs demeures qui sont ainsi écartées ont encore bâty en leur quartier de la basse terre une agreable ville, qui s'augmante tous les jours, & d'ont les edifices sont de brique & de charpente. Elle est prés de la rade où les vaisseaus ont coutume de moüiller. Tous les plus honorables Habitans de l'Ile, & les Marchands étrangers y ont leurs Magazins.

On y trouve chez les Marchands François & Hollandois, qui font là leur residence, d'excellent vin, de l'eau de vie, de la biere, toutes sortes d'étoffes de soye & de laine, qui sont propres pour le païs, & generalement tous les rafraichissemens qui ne croissent point en l'Ile, & qui sont necessaires pour l'entretien des habitans. L'on a de tout à un prix raisonnable, en échange des Marchandises qui croissent en cette terre. C'est en ce même lieu, où demeurent les artisans, qui s'occupent en divers métiers, qui sont utiles pour maintenir le commerce, & la societé civile. On y voit de plus un Auditoire pour rendre la Justice, & une belle Eglise qui peut contenir une fort nombreuse assemblée. Tout cet edifice est de charpante elevée sur une baze de pierre de taille. Au lieu de vitres & de fenestres, il n'y a que des balustres tournez. Le comble du couvert est à trois faistes, pour ne point donner tant de prise au vent, & la couverture est de tuile rouge.

Les

Les Capucins, ont eu quelques années la conduite de cette Eglise, & la charge des ames parmy les François de l'Ile: mais en l'an mil six cent quarante six, ils furent dispensez de cet employ du commun avis des habitans, qui les congedierent civilement, & receurent en leur place des Jesuistes & des Carmes, qui y ont à present, par les soins & la liberalité de Monsieur le General & des Habitans, de belles Maisons, & de bonnes habitations, qui sont cultivées par un grand nombre d'esclaves qui leur appartiennent, & qui leur fournissent dequoy subsister honorablement. Le R. P. Henry du Vivier à esté le premier Superieur de la Mission des Jesuistes. Sa douceur, & son aimable conversation, luy ont aquis le cœur de tous ceus de nostre Nation qui demeurent en cette Ile.

Monsieur le General, a aussi fait bâtir un bel Hôpital en un lieu fort sain, où les malades qui n'ont pas le moien de se faire guerir en leurs maisons, sont servis, & nourris, & visitez des Medecins & des Chirurgiens jusqu'à leur convalescence. Les Etrangers qui tombent malades dans l'Ile y sont aussi receus. Il a encore mis ordre que les Orfelins soient placez en des maisons honorables, où ils sont instruits & nourris à ses fraiz.

Entre les beaus, grands, & solides edifices que les François & les Anglois ont bâty, en plusieurs endroits de cette Ile, le Chateau de Monsieur le General de POINCY excelle sans contredit, & surpasse de beaucoup tous les autres; c'est pourquoy nous en ferons une description particuliere.

Il est placé en un lieu frais & sain, sur la pente d'une tres-haute montagne couverte de grands arbres, qui par leur verdure perpetuelle, luy donnent une ravissante perspective. Il est éloigné du bord de la mer, d'une bien petite lieuë de France. L'on trouve au chemin qui y conduit, & qui monte insensiblement, les agreables maisons de quelques-uns des principaus Officiers & Habitans de l'Ile : & dés qu'on à costoyé une petite eminence qui le couvre, en venant de la basse terre, on y est conduit par une droite & large allée, bordée d'Orangers & de Citroniers qui servent de pallissade, & qui recréent merveilleusement l'odorat & la veüe : Mais ce beau Palais presentant à l'œil une face extremément charmante, à péne la peut on jetter ailleurs.

E 2   Sa

Sa figure est présque quarrée, à trois étages bien proportionez, suivant les régles d'une exquise Architecture, qui y a emploié la pierre de taille, & la brique, avec une belle symmetrie. La face, qui se presente la premiere, & qui regarde l'Orient, a au devant de son entrée un large escalier, à double rang de degrez, avec un beau parapet au dessus; & celle qui a l'aspect au Couchant, est aussi embellie d'un escalier tout pareil au premier, & d'une belle & grosse source d'eau vive, qui étant receüe dans un grand bassin, est de là conduite par des canaus sou-terrains en tous les offices.

Les salles & les chambres sont bien percées; les planchers sont faits à la Françoise, de bois rouge, solide, poly, de bonne odeur, & du crû de l'Ile. Le couvert, est fait en plate forme, d'où l'on a une veüe des plus belles, & des plus accomplies du monde.

Les fenestrages sont disposez en bel ordre: les veües de devant s'étendent le long de l'avenuë, & percent dans de beaus vallons, plantez de Cannes de Sucre, & de Gingembre. Celles du Couchant, sont terminées par la montagne, qui n'en est éloignée qu'autant que la juste proportion le requiert, pour relever par le riche fonds qu'elle presente, la grace & les perfections de ce Palais. Quant aus veües du Midy & du Nord, elles découvrent une partie considerable de l'Ile, & les courts & les bâtimens, où sont tous les offices necessaires pour l'accomplissement d'une si belle maison.

Dans l'espace qui est entre ce Chateau, & la montagne voisine, on a ménagé un beau jardin, qui est curieusement entretenu. Il est fourny de la plu-part des herbes potageres qui se voient en France, & enrichy d'un parterre rempli de fleurs rares & curieuses, qui sont arrosées d'une claire fontaine, qui prend sa source à la pente de la montagne, & sans beaucoup d'artifice fait un gros jet, qui reiallit au milieu du Jardin.

Ce riche bâtiment est si bien placé, & rafraichy si agreablement des dous vens qui coulent de la montagne, & de celuy d'Orient, qui est le plus ordinaire du païs, qu'aus plus grandes chaleurs de l'été, on y jouyt d'une aimable temperature.

C'est

C'est une chose divertissante au possible, quand aus jours de rejouissance publique, on fait en l'Ile des feus de joye, pour les nouvelles de quelque heureus succés des armes victorieuses de sa Majesté Tres-Chrestienne. Car alors les Clairons, & les Hautbois font ouir leur son éclatant du haut de la platte-forme de ce Palais, en telle sorte que les montagnes voisines, les côtaus & les bois qui les couvrent, retentissent à ce bruit pénétrant, & forment un aimable éco qui s'entend par toute l'Ile, & bien avant en mer. Alors on voit aussi pendre du haut de la Terrasse, & des fenestres de l'etage le plus élevé, les enseignes semées de fleurs de Lis, & les drapeaus & étendars que Monsieur le General a remportez sur les ennemis.

A l'un des côtez de cette maison, il y a une belle & grande Chapelle, fort proprement ornée, où les Aumosniers de Monsieur le General font le service. Les Offices & les logements des domestiques vont en suitte, & sont compris en deus corps de logis, qui sont aussi bâtis de brique. A l'autre côté, mais un peu plus loin, sur une petite eminence, on voit le quartier des Esclaves Négres, qui occupent plusieurs petites maisons de bois, & de brique. On a donné à ce lieu le nom de la Ville D'Angole.

Cette Maison n'est pas seulement recommandable pour estre située en bon air, pour estre parfaitement bien bâtie, & pour les claires sources d'eaus qui la raffraichissent, les beaus Jardins qui l'entourent, les droites & spacieuses avenuës qui y conduisent, les commodites des divers offices qui l'accompagnent, & pour tous les autres riches ornemens qui l'embellissent: Mais aussi pour estre fortifiée de redoutes, & munie de grosses pieces de Canon de fonte verte, & d'un Arsenal où toutes sortes d'armes, & de provisions de poudre, de mésche, & de balles, se trouvent en abondance.

Ce ne seroit pas même assés pour la perfection de ce magnifique Hostel, qu'il eut tous ces rares avantages de la nature & de l'art, que nous venons de décrire, si apres tout cela il étoit situé en un lieu desert, aride, & instructueus, & qu'il falust mandier d'ailleurs que de la terre qui l'environne, les moyens necessaires pour son entretenément. Aussi n'a-til point

point ce defaut, & la beauté s'y trouve jointe avec l'utilité, par un merveilleus assemblage. Car de ses fenestres on voit dans la bassecourt trois machines, ou moulins propres à briser les Cannes de Sucre, qui apportent à leur maistre un profit, & un revenu asseuré, & qui va du pair avec celuy des plus nobles & meilleures Seigneuries de France. Quant à la matiere pour entretenir les moulins, assavoir les Cannes de Sucre, elle se recueille des chams qui sont aus environs, & qui les produisent à merveille. Plus de trois cens Négres, qui appartiennent à Monsieur le General, cultivent ces terres, & sont employez au service de ces Moulins, & à la fabrication de diverses autres Marchandises, que cette Ile produit heureusement, comme nous le dirons au second Livre de cette Histoire.

Tout se fait en cette maison, & en ses dépendances, sans confusion, & sans empressement. Ce grand nombre d'Esclaves Négres est si bien policé, conduit & reglé, que chacun se rend à l'exercice & à l'employ qui luy est assigné par le Maitre des ouvrages, sans s'ingerer dans les offices & dans les occupations des autres.

Outre cette sorte de gens qui sont nez à la servitude, Monsieur le General a environ cent Domestiques François de Nation, qui sont gagez pour le service de sa maison, dont la plûpart sont de diverses professions, & de divers métiers necessaires en la société Civile, sur tous lesquels, l'intendant de la maison a une inspection particuliere.

Monsieur le General, a encore les Gardes de sa personne, qui l'accompagnent lors qu'il est necessaire, sous la conduite d'un Capitaine, plutôt pour representer la Majesté du Roy, de qui il a l'honneur d'estre Lieutenant, que par aucun besoin qu'il en ait, estant aimé, & chery de tous les François, & reveré des Etrangers.

A l'exemple de Monsieur le General, plusieurs Nobles & honorables Familles, qui sont venuës de France, estant attirées par la douceur de son Gouvernement, se sont fermement établies dans cette Ile, & y ont bâty de belles & agreables maisons. Les plus remarquables sont celles de Messieurs de Poincy, de Tréval, & de Benevent, qui sont trois braves
Gen-

Gentils-hommes, Neveus de Monsieur le General : le premier desquels, est Gouverneur particulier de Saint Christofle, sous Monsieur son Oncle, & les deus autres, sont Capitaines de leurs quartiers.

Feü Monsieur Giraud, entre ses autres Maisons en avoit aussi fait bâtir une pres de l'Hostel de Monsieur le General, & une autre à Cayonne, qui sont des plus accomplies. Ce personnage, qui étoit de grand merite, & qui par sa sage conduite, s'étoit acquis l'amitie de tous les Habitans des Iles, portoit la qualité de Sergent de bataille de Saint Christofle, & autres Iles de dessous le vent, c'est à-dire de S. Martin, de Saint Bartelemy & de Sainte Croix, qui sont au Couchant, au dessous de S. Christofle.

Entre les maisons considerables parmy nos François, on doit encore mettre celle de Monsieur Auber, qui a esté Gouverneur de la Gardeloupe. Elle est d'une belle structure, de bois solide & en bon fonds, & de plus elle a un bois de haute fûtaye, qui n'est pas encore abbatu, & de la terre nette pour occuper cinquante Esclaves, qui travaillent au Sucre, & au Gingembre. Mais ce qui luy donne plus de lustre, est qu'elle est placée, au plus haut étage des Habitations du quartier de la montagne Plateau, & relevée sur une eminence, d'où l'on découvre plusieurs belles demeures qui sont au desous, & autant loin en mer, que la force de l'œil se peut étendre. Monsieur de la Roziere à present Major de l'Ile, Monsieur de Saint Amant, Monsieur de l'Esperance, Monsieur de la Roche, qui sont Capitaines, tous les Officiers en general, & tous les plus anciens Habitans, sont bien logez.

Les Anglois, ont aussi fait bâtir en leurs quartiers, plusieurs grands & beaus edifices, qui relevent merveilleusément la beauté naturelle de cette Ile. Les plus considerables sont ceus de Feü Monsieur Wäernard, premier Gouverneur General de cette Nation : de Feü Monsieur Riche, qui fut son Successeur, de Monsieur Eüret, qui exerce aujourduy cette charge avec grande loüange, & de Monsieur le Colonel Geffreson, qui sont tous si accomplis, qu'ils doivent à bon droit estre nommez, entre les plus belles, & les plus commodes maisons des Antilles.

On

On conte aussi, jusques à cinq belles Eglises, que les Anglois ont fait bâtir en cette Ile. La premiere, qu'on rencontre en sortant du quartier des François, est à la pointe des Palmistes ; la seconde pres de la grande rade, au dessous de l'Hostel du Monsieur leur Gouverneur ; la troisiéme à la pointe de Sable ; & les deus autres, au quartier de Cayonne. Les trois premieres, sont d'une agreable structure selon le païs, ornées en dedans de belles chaires, & de sieges de menuiserie, & de bois precieus. Les Ecclesiastiques, qui font le service Divin, étoient autréfois envoyez par l'Archevesque de Cantorbery, qui y avoit pour son grand Vicaire Monsieur le Docteur Fiatley, Chapelain du Feü Roy d'Angleterre, & Pasteur de l'Eglise de la pointe des Palmistes, en la même Ile. Mais à present ils reçoivent leur ordination des Compagnies Synodales, qui ont l'autorité Episcopale.

CHAPITRE CINQUIÉME.

Des Iles de dessous le vent.

Toutes les Iles, qui sont au Couchant de celle de Saint Christofle, sont ordinairement appellées, les *Iles de dessous le vent*; par ce que le vent qui souffle presque toujours aus Antilles, est un vent d'Orient, qui participe quelquéfois un peu du Nord, & que ce n'est que bien rarément un vent du Couchant, ou du Midy. On en conte en tout neuf principales desquelles nous traitterons en ce Chapitre, selon l'ordre à peu prez qu'elles tiennent en la Carte.

ARTICLE I.

De l'Ile de Saint Eustache.

Cette Ile est au Nord-Ouest de Saint Christofle, sur la hauteur de dix-sét degrez, & quarante minutes. Elle est petite, & ne peut avoir en tout, qu'environ cinq lieuës de tour. Ce n'est à proprement parler qu'une montagne, qui se leve au milieu de l'Ocean, en forme de pain de Sucre: qui est la même

même figure que représente le mont de Tabor, & le Pic de Tenerife: sinon que ce dernier, est incomparablement plus haut.

Elle releve de la Souveraineté de Messieurs les Etats des Provinces Unies, qui en ont concedé la Seigneurie, & la proprieté fonciere, à Monsieur Van Réc, & à ses Associez Honorables Marchands de Flessingues en Zelande, qui y ont établyune Colonie, composée d'environ seize cens hommes, qui y sont proprément accommodez, sous le doux Gouvernement de la Nation Hollandoise.

Cette Ile, est la plus forte d'assiette de toutes les Antilles: car il n'y a qu'une bonne descente, qui peut estre facilement defenduë, & où peu d'hommes pourroient arrêter une armée entiere. Outre cette fortification naturelle, on y a bâty un bon Fort, qui commande sur la meilleure rade, & bien avant en mer, par la portée de son Canon.

Les Habitans sont tous commodément logez, & proprément meublez, à l'imitation de leurs compatriotes d'Hollande. Il n'y a plus que le haut de la montagne, qui soit couvert de bois: tout le tour est défriché. Et l'on ne sauroit croire qu'à péne, la grande quantité de Tabac, qu'on en a tiré autrefois, & qu'on en tire encore journellement.

Bien-qué le sommet de la montagne de cette Ile paroisse fort pointu, il est neantmoins creus, & a en son centre un fonds assez vaste, pour entretenir quantité de Sauvagine, qui se plait dans cette profonde retraitte. Les Habitans, sont soigneus de nourrir sur leurs terres, toutes sortes de volailles, & même des Pourceaus, & des Lapins, qui y foissonnent à merveille.

Il n'y a point de Fontaines en cette Ile; mais il y a presentement fort peu de maisons, qui n'ayent une bonne Citerne, pour suppléer à ce manquement. Il y a aussi des Magazins, si bien fournis de toutes les choses, qui sont necessaires à la vie, & à l'entretien des Habitans, qu'ils en ont souvent assez, pour en faire part à leurs voisins.

Quant aus personnes qui composent cette Colonie, il y a plusieurs familles honorables, qui y vivent Chrétiennément & sans reproche, & qui n'ont jamais été flétries des

F   crimes,

crimes, que quelques-uns leur imposent. Ceus qui ont vécu parmy ces gens-là, y ont remarqué beaucoup d'ordre, & beaucoup moins de dereglement qu'en diverses autres Iles.

Il y a aussi une belle Eglise, qui est gouvernée par un Pasteur Hollandois. Monsieur de Graaf, qui est a present Pasteur de l'Eglise de Trévers, en l'Ile d'Oualcre, en a eu autrefois la conduite. Il y preschoit en un même jour, & en une même chaire, en François, & en Flamand; pour edifier les Habitans de l'une & de l'autre langue, qui demeurent en cette Ile. Monsieur de Mey celebre Predicateur de l'Eglise de Mildebourg, qui entre autre écrits, a donné au public un docte & curieus commentaire, sur les lieus les plus difficiles des cinq livres de Moyse, ou il est traitté des choses naturelles, succeda a Monsieur de Graaf, & dépuis qu'il a été rappellé pour servir en son Païs, Messieurs les Directeurs de cette Colonie, ont toujours esté fort soigneus de demander au Synode de leur Province, de bons & de fideles ouvriers pour estre employez, en cette petite portion de la vigne du Seigneur.

ARTICLE II.

De l'Ile de Saint Bartelemy.

L'Ile de *Saint Bartelemy*, est au Nord-Est de Saint Christofle, sur le dixséttiéme degré. Elle a peu de terre propre à estre cultivée, bien qu'elle soit d'un assez grand circuit. Monsieur le Bailly de Poincy, Gouverneur General des François, l'a fait habiter à ses dépens, il y a environ quinze ans. L'on y trouve plusieurs beaus arbres fort estimez, une infinité d'oiseaus de diverses especes, & de la pierre tres-propre à faire de la chaux, qu'on y va querir des autres Iles. Elle est de difficile accez pour les grands Navires; à cause qu'elle est entourée de plusieurs rochers. Ceus qui se plaisent à la Solitude, n'en s'auroient desirer une plus accomplie.

ARTICLE III.

De l'Ile de Saba.

Elle est située au Nord-Ouest de Saint Eustache, sur la hauteur du dixséttiéme degre, & trente-cinq scrupules. On croiroit à la voir de loin, que ce ne seroit qu'une roche : Mais la Colonie de Saint Eustache, qui y a fait passer des hommes pour la cultiver, y a trouvé une agreable vallée, & assez de bonne terre pour employer plusieurs familles, qui vivent contentes, en cette aimable retraitte. Il n'y a point de moüillage à la coste, que pour des chaloupes. La pesche y est abondante. Et les soins que Monsieur le Gouverneur de Saint Eustache, a pris jusqu'à present de cette Peuplade, font que les refraichissemens necessaires n'y manquent point.

ARTICLE IV.

De l'Ile de Saint Martin.

Cette Ile, est sur la hauteur de dixhuit degrez & seize scrupules. Elle a environ sét lieuës de long, & quatre de large. Il y a de belles Salines, qui avoient obligé l'Espagnol à y bâtir un Fort, où il entretenoit une Garnison, pour s'en conserver la proprieté. Mais il y a environ neuf ans, qu'il démolit le Fort & abandonna l'île. Ce qui ayant esté apperceu par Monsieur de Ruyter, qui commandoit l'un des grands Navires, que Monsieur Lampsen, envoye d'ordinaire en Amerique, & qui pour lors costoyoit cette Ile de Saint Martin, il fut à Saint Eustache lever des hommes, qu'il y amena pour l'habiter, & en prendre possession, au nom de Messieurs les Estats des Provinces Unies.

La nouvelle, de la sortie des Espagnols de cette terre, étant venuë au même tems à la connoissance de Monsieur le General des François, il equippa promtement un Navire, & y mit un nombre de braves hommes, pour relever le droit & les pretensions de nôtre Nation, qui avoit possedé cette

Ile avant l'usurpation de l'Espagnol. Depuis les François, & les Hollandois, ont partagé cette terre à l'amiable, & ils y vivent ensemble, en fort bonne intelligence.

Les Salines, sont au quartier des Hollandois: mais les François en ont l'usage libre. Monsieur le General, établit pour son Lieutenant en cette place Monsieur de la Tour. Et a present, c'est Monsieur de Saint Amant qui y commande. Il a sous soy environ trois cens hommes, qui cultivent la terre, & font tous les dévoirs possibles, pour la mettre en reputation.

Les Hollandois, y sont en aussi grand nombre que les François. Monsieur Lampsen, & Monsieur van Rée, sont les principaus Seigneurs, & Directeurs de cette Colonie. Ils ont en leur quartier de belles Habitations, de grands Magazins, & un nombre bien considerable de Négres, qui leur sont serviteurs perpetuels.

Il n'y a point d'eau douce en cette Ile, que celle, qui au tems des pluïes est recuëillie en des cisternes, qui y sont assez communes. Il y a plusieurs Ilets à l'entour de cette terre, qui sont tres-commodes, pour les menus divertissemens des Habitans. Il y a aussi des Etangs d'eau salée, qui s'avancent bien avant entre les terres, où l'on pesche une infinité de bons poissons, particulierement des Tortuës de mer. On trouve dans les bois des Porceaus sauvages, des Ramiers, des Tourtes, & des Perroquets sans nombre. On y voit plusieurs arbres, qui distilent diverses sortes de gomme: mais le Tabac qui y croist, étant plus estimé que celuy des autres Iles: c'est ce qui rend son commerce plus considerable.

Les François & les Hollandois, ont leurs Eglises particulieres, es quartiers de leur Jurisdiction. Monsieur des Camps, qui est à present Pasteur de l'Eglise Hollandoise, y fut envoyé en cette qualité, au mois de Septembre de l'an mil six cens cinquante cinq, par le Synode des Eglises Wallonnes des Provinces Unies, qui a cette Colonie, sous son Inspection spirituelle.

ARTI-

ARTICLE V.

De l'Ile de l'Anguille.

ELle porte ce nom, à cause de sa figure : car c'est une terre fort longue, & fort étroite, qui s'étend en serpentant prés de l'Ile de Saint Martin, d'où on l'apperçoit à découvert. Il ne s'y trouve aucune montagne, la terre, y est par tout plattes & unie. A l'endroit où elle a plus de largeur, il y a un étang, autour duquel, quelques familles Angloises se sont placées dépuis sét ou huit ans, & où elles cultivent du Tabac, qui est fort prisé de ceus qui se connoissent à cette Marchandise. On met cette Ile sur la hauteur de dixhuit degrez & vint scrupules, au deça de la ligne.

ARTICLE VI.

Des Iles de Sombréro, d'Anegade, & des Vierges.

LA premiere de ces trois Iles, est située au milieu des Bancs, qui bordent le Canal par où passent les Navires, qui veulent retourner en Europe. Elle est sur le dixhuitiéme degré, & trente scrupules. Les Espagnols, l'ont nommée *Sombrero*, à cause qu'elle a la figure d'un chapeau. Elle est inhabitée.

Anegade, qui est sous le même dégré que *Sombrero*, est aussi deserte, & de dangereus abord.

Les Vierges grandes & petites, comprenent plusieurs Iles qui sont marquées en la carte sous ce nom. On en conte en tout douze ou treize. Elles s'étendent au Levant de l'Ile de Saint Jean de Porto-Rico, sur la hateur de dixhuit degrez au Nord de la ligne. Entre ces Iles, il y a de fort bons moüillages, pour mettre en seureté plusieurs flottes. Les Espagnols les visitent souvent pour la pesche, qui y est abondante. Il y a aussi une infinité de beaus Oiseaus de mer & de terre. Il y a si peu de bon terroir, qu'apres l'avoir essayé, & visité en toute son étenduë, on a trouvé, qu'il ne meritoit pas d'avoir des Habitans.

ARTICLE VII.

De l'Ile de Sainte Croix.

LA derniere de toutes les Antilles, qui sont au dessous du Vent, est celle, qui porte le beau nom de *Sainte Croix*. Elle est sur la hauteur de dixhuit dégrez & quelques scrupules. Les Caraibes, qui en furent chassez par les Espagnols, la nommoient *Ayay*. Elle étoit fort estimée parmy eus : à cause que c'étoit la premiere Ile que cette Nation avoit occupée aus Antilles, en venant du Nord chercher une habitation commode, pour jetter les fondemens de leurs Colonies, comme nous le representerons particulierement au second Livre de cette Histoire, au Chapitre de leur Origine.

La terre de cette Ile, rend avec beaucoup d'usure, tout ce qu'on y seme. On y voit de belles & spacieuses plaines de terre noire & facile à labourer. Il y a aussi plusieurs arbres fort beaus, & precieus, qui sont propres à la teinture, & à la menuiserie. L'air y est bon; mais les eaus n'y sont pas beaucoup saines, si on les boit incontinent qu'elles ont esté puisées. Pour leur ôter la mauvaise qualité qu'elles ont, on les laisse reposer quelque tems en des vaisseaus de terre, ce qui les rend bonnes, & qui donne sujet de croire qu'elles ne sont mauvaises qu'à cause de leur limon, comme celles du Nil.

Cette Ile, est maintenant en la possession des François, qui en ont relevé glorieusement le débris. Apres les divers changémens de Maitres, qui y étoient survenus en peu d'années, comme nous le dirons au Chapitre premier du second Livre de cette Histoire. Monsieur le General des François, qui la fait peupler à ses frais, luy a donné un nouveau lustre, qui fait naître l'esperance d'une ample Colonie.

Elle peut avoir neuf ou dix lieuës de long, & presque autant, en sa plus grande largeur. Les montagnes n'y sont point si hautes, ni si pressées les unes contre les autres, que l'on ne puisse monter au dessus, & qu'il n'y reste beaucoup de bonne terre, propre pour employer plusieurs milliers d'hommes.

CHA-

CHAPITRE SIXIÉME.

Des Arbres qui croissent en ces Iles, dont on peut manger le fruit.

Entre les Arbres, qui se trouvent en ces Iles, les uns portent de bons fruits qui aident à la nourriture des Habitans, les autres sont propres à faire des bâtimens, ou bien ils servent à la menuiserie, ou à la teinture. Il y en a aussi, qui sont employez avec heureus succés en la Medecine, & quelques autres qui recréent seulement l'odorat par leur senteur agreable, & la veüe par la beauté de leur feüillage, qui ne flétrit jamais.

De ceus qui portent des fruits bons à manger, & qui se voyent en l'Europe, on n'y rencontre que les *Orangers*, les *Grenadiers*, les *Citroniers*, & les *Limoniers*, dont la grosseur, & la bonté, surpasse celle des mêmes espéces qui croissent ailleurs.

ARTICLE I.

Des Orangers, Grenadiers, & Citroniers.

Quant aus Oranges, il y en a de deux sortes aus Antilles; elles sont toutéfois de même figure & on ne les peut discerner que par le goût. Les unes sont douces, & les autres aigres, les unes & les autres extremément delicates; les aigres apportent une grande commodité au ménage, car on s'en sert au lieu de verjus & de vinaigre, mais les douces excellent en bonté. Il est vray que quelques uns nomment les Oranges de la Chine, *Les Reynes des Oranges*, & de vrais muscats sous la figure & la couleur d'Oranges. Mais quelque estime que l'on fasse de l'agreable douceur de ces Chinoises, il y en a qui preferent le goût excellent & relevé de nos Americaines.

Les

Les *Grenadiers* croissent aussi en perfection en toutes ces Iles, & y portent des fruits beaus à voir & agreables au goût. Ces Arbrisseaus servent en plusieurs endroits de Palisade aus courts, & aus avenuës des maisons, & de bordure aus jardins.

Pour les *Citrons*, il y en a de trois espéces differentes en grosseur, que l'on ne nomme pas pourtant toutes Citrons. La premiere sorte, qui est la plus belle & la plus grosse, est appellée *Lime*. Elle n'est guére bonne qu'à confire, n'ayant presque point de jus, mais étant confite elle est excellente. La seconde espéce est le *Limon*, de la même grosseur que les Citrons qui nous sont apportez d'Espagne: mais il a peu de jus à proportion de sa grosseur. Le *petit Citron* qui fait la troiziéme espéce est le meilleur & le plus estimé. Il n'a qu'une tendre pellicule, & est tout plein de suc extrémement aigre, qui donne bon goût aus viandes, & sert à assaisoner plusieurs ragouts. Il est particulier à l'Amerique. Quelques curieus, ont aussi en leurs jardins des Citrons parfaitément dous, tant en leur écorce qu'en leur suc, qui ne cedent ni en grosseur, ni en saveur à ceus qui croissent en Portugal.

Tous les autres Arbres des Antilles, ont la feüille les fleurs, le fruit, & l'écorce d'une figure, d'une saveur, & d'une couleur differente de ceus de nos contrées.

ARTICLE II.

Du Goyavier.

POur commencer par les Fruitiers, on fait état du *Goyavier*, qui approche de la forme d'un Laurier, horsmis que ses feüilles sont plus molles, d'un vert plus clair & qu'elles sont cottonnées par dessous. L'écorce de cet Arbre est fort deliée & unie. Il pousse plusieurs rejettons de sa racine, qui font à la fin, si on ne les arrache, un bois épais sur toute la bonne terre voisine. Ses branches qui sont asses toufuës, sont chargées deus fois l'an de petites fleurs blanches, qui sont suivies de plusieurs pommes vertes, qui deviennent jaunes & de bonne odeur, lors qu'elles sont meures.

Ce fruit, qui se nomme *Goyave*, est orné au dessus d'un petit bouquet en forme de couronne, & au dedans sa chair est blanche ou rouge, remplie de petis pepins comme est la Grenade. Ce qui fait que les Hollandois l'appellent *Grenade douce*. Il est de la grosseur d'une pomme de Rénette, & il meurit en une nuit.

Sa qualité est de reserrer le ventre estant mangé vert : dont aussi plusieurs s'en servent contre le flus de sang ; Mais étant mangé meur, il a un effet tout contraire.

ARTICLE III.

Du Papayer.

LE Papayer, est un Arbre qui croist sans branches, de la hauteur de quinze à vint pieds, gros a proportion, creus & spongieus au dedans, d'où vient qu'on l'employe à conduire par tout ou l'on veut, les ruisseaus des fontaines. Il y en a de deus sortes, l'une qui se voit communément dans toutes

toutes les Iles. Ses feüilles sont divisées en trois pointes, à peu pres comme la feüille du Figuier, elles sont attachées a de longues queües, qui sont grosses comme le pouce, & creuses au dedans ; Elles sortent de la cime de l'Arbre, d'où estant recourbées, elles couvrent plusieurs fruits ronds de la grosseur d'une poyre de Coin, qui croissent à l'entour du tronc, auquel ils demeurent attachez.

L'autre espéce de *Papayer*, se trouve particulierement en l'Ile de Sainte Croix. Elle est plus belle & plus chargée de fueïlles que l'autre. Mais ce qui la fait estimer d'avantage, c'est son fruit qui est de la grosseur d'un Melon, & de la figure d'une mammelle, d'où vient que les Portugais l'ont nommé *Mamao*.

Ces Arbres, ont cecy de particulier, qu'ils donnent de nouveaus fruits chaque mois de l'année. La fleur de l'une & de l'autre espéce est de bonne odeur, & approchante de celle du Jasmin. Mais on met entre les regales des Iles le fruit de la derniere, à cause que quand il est arrivé à sa perfection, il a une chair ferme, qui se couppe par tranches comme le Melon, &

& qui eſt d'un goût delicieus. Son Ecorce eſt d'un Jaune meſlé de quelques lignes vertes, & au dedans il eſt remply d'une infinité de petis grains ronds gluans & mollaſſes, d'un goût picquant, & qui ſent l'epice. Ce fruit fortifie l'eſtomac, & aide à la digeſtion.

ARTICLE IV.

Du *Momin*.

LE *Momin*, eſt un Arbre qui croiſt de la groſſeur d'un Pommier, & porte un gros fruit de même nom que luy. Il eſt vray que les inſulaires l'appellent ordinairement *Coraſol*, à cauſe que la graine de ceus qui ſe voyent parmy eus, à eſté apportée de Coraſol, qui eſt une Ile tenüe depuis un long tems par les Hollandois, qui y ont un bon fort, & une ample Colonie, qui s'eſt étendüe en pluſieurs autres Iles voiſines de celle là. Ce fruit reſſemble à un petit Cocombre qui n'eſt point meur. Il a la peau toujours verte, & émaillée de pluſieurs petis compartimens, en forme d'écailles. Si on le cüeille en ſa maturité il eſt blanc au dedans comme de la Créme, & d'une douceur relevée par une petite aigreur, qui luy donne une pointe fort agreable. Ce fruit, eſt raffraichiſſant au poſſible, & delicieus au goût. Il porte ſa ſemence au milieu, qui eſt de la groſſeur, & de la figure d'une Féve extremément polie, & de la coûleur d'une pierre de touche, ſur laquelle on auroit tout fraichément éprouvé une piece d'or; car elle paroit émaillée de petites veines d'orées.

ARTICLE V.

Du Iunipa.

LE *Iunipa* ou *Genipa*, qui est le même Arbre que les Bresiliens nomment *Ianipaba*, & les Portugais *Ienipapo*, croist de la grosseur d'un Chataignier, ses rameaus se recourbent pres de terre, & font un ombrage agreable. ses feüilles sont longues comme celles du Noyer. Il porte des fleurs pareil-

les à celles du Narcisse, qui sont de bonne odeur. Son bois est solide, de couleur de gris de perle. Les Habitans des Iles couppent les troncs de ces Arbres quand ils sont encore jeunes, pour faire des afuts de fusils & de mousquets, parce que ce bois étant mis facilement en œuvre, peut estre poly en perfection. Chaque mois il se revest de quelques feüilles nouvelles. Il porte des pommes qui étant meures, semblent estre cuites au four, elles sont de la grosseur d'une pomme de Rambour. En tombant de l'Arbre elles font un bruit pareil

à celuy

à celuy d'une arme à feu : Ce qui vient, de ce que certains vens ou esprits, qui sont contenus en de petites pellicules qui couvrent la semence, étant excitez par la cheute, se font ouverture avec violence. D'où il y a raison de se persuader, que c'est le même fruit, qu'en la nouvelle Espagne les Indiens appellent d'un nom fort barbare, *Quant la lazin.*

Si on mange de ces pommes de Junipa, sans ôter cette petite peau qui est au dedans, elles reserrent le ventre d'une étrange façon. Ce fruit est recherché des chasseurs à cause qu'étant aigrelet il étanche la soif, & fortifie le cœur de ceus qui sont fatiguez du chemin. Son suc teint en violet fort brun, encore qu'il soit clair comme eau de roche, & quand on en veut mettre jusques à deus fois sur la même place du corps que l'on veut teindre, la seconde teinture paroit noire. Les Indiens s'en servent pour se fortifier le corps, & le rendre plus souple, avant que d'aller à la guerre. Ils croient aussi, que cette couleur les rend plus terribles à leurs ennemis. La teinture de ce fruit ne se peut effacer avec le savon : mais au bout de neuf ou dix jours elle disparoit d'elle même. Au tems que ce fruit tombe, les pourceaus qui en mangent ont la chair & la graisse entierement violette, comme l'experience le témoigne. Il en est de même de la chair des perroquets, & des autres oiseaus lors qu'ils s'en nourrissent. Au reste on peut faire avec ces pommes un bruvage assés agreable, mais qui n'est gueres en usage que parmy les Indiens, & les Chasseurs qui n'ont point de demeure arrétée.

ARTICLE VI.

Du Raisinier.

LE *Raisinier* que les Caraibes nomment *Ouliem*, croist de moyenne hauteur & rampe presque par terre au bord de la mer : Mais dans une bonne terre il devient haut, comme un des plus beaus Arbres des Forets. Il a les feüilles rondes, épaisses, entre-mêlées de rouge & de vert. Sous l'écorce du tronc apres qu'on a enlevé un aubel blanc de l'épaisseur de deus pouces, on trouve un bois violet, solide,

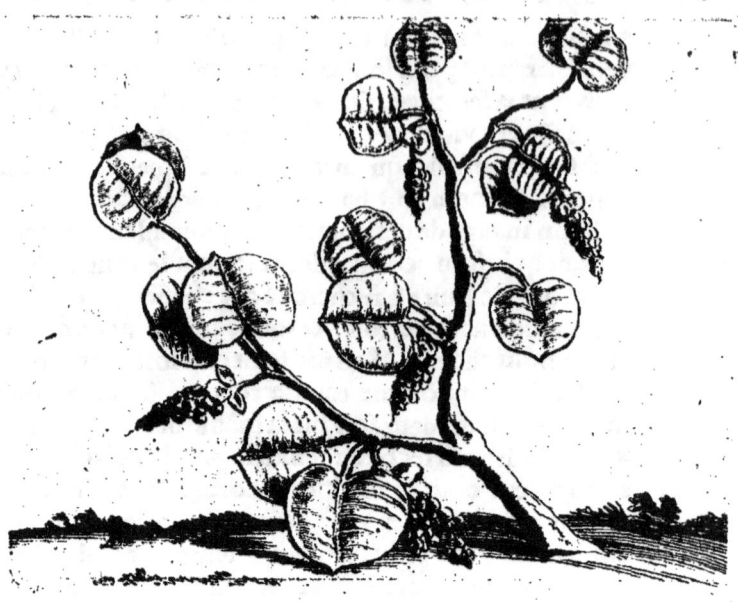

& fort propre à faire d'excellens ouvrages de menuiserie. Il produit en ses branches des fruits qu'on prendroit quand ils sont meurs, pour de gros Raisins violets: Mais au lieu de pepins, chaque grain a sous une tendre pellicule, & sous fort peu de substance aigrette, raffraichissante, & d'assez bon goût, un n'oyau dur comme celuy des prunes.

ARTICLE VII.

De l'Acajou.

D· Nouv· Orb· Joh· de Laet,
libr· 15· cap· 7·
b· in fr· p· 67·

IL y a trois sortes d'Arbres qui portent le nom D'*Acajou*; mais il n'y a que celuy que nous décrivons icy qui porte du fruit. C'est un Arbre de moyenne hauteur, qui panche ses branches jusques à terre. Ses feüilles sont belles & larges, arrondiés par devant, & rayées de plusieurs veines. Il porte des fleurs qui sont blanches, lors qu'elles s'épanoüissent nouvellement, puis apres elles deviennent incarnates, & de couleur
de

Chap. 6   DES ILES ANTILLES.   55

de pourpre. Elles croissent par bouquets & elles exhalent une si douce odeur, qu'on n'a point de péne à discerner l'Arbre qui les porte. Ces fleurs ne tombent point jusques à ce qu'elles soient poussées par une espece de Chataigne faite en

forme d'oreille, ou de rognon de lievre; Quand cette chataigne a pris son accroissement, il se forme au dessous une belle pomme longuette, qui est couronnée de cette creste, qui devient en meurissant d'une couleur d'Olive, pendant que la pomme se revest d'une peau delicate & vermeille au possible. Elle est remplie au dedans de certains filamens spongieux qui sont imbus d'un suc tout ensemble doux & aigre, qui desaltere grandement, & que l'on tient estre tres-utile à la poitrine, & aus défaillances de cœur, étant temperé avec un peu de Sucre. Mais s'il tombe sur quelque linge il y imprime une tâche rousse, qui demeure jusques à ce que l'Arbre fleurisse de nouveau.

    Les Indiens font un bruvage excellent de ce fruit, lequel étant gardé quelque jours, a la vertu d'enyvrer aussi promtement tément que feroit le meilleur vin de France. La nois qui est au dessus étant brulée, rend une huile caustique, de laquelle on se sert heureusement pour amollir, & même pour extirper ces duretez qui croissent aus pieds, & que l'on nomme Cors. Que s'y on la casse, on trouve au dedans un pignon couvert d'une tendre pellicule, laquelle étant ôtée est d'un tres-bon goût, & a la vertu déchauffer & de fortifier merveilleusement l'estomac.

Cet Arbre, ne porte du fruit qu'une fois l'an d'où vient que les Bresiliens content leur âge avec les nois qui croissent sur cette pomme, en en reservant une par chacune année, laquelle ils conservent avec grand soin, dans un petit panier qui n'est destiné qu'à cet usage. S'y on fait une incision au pied de cet Arbre, il jette une gomme claire & transparente, que plusieurs ont pris pour celle qui vient d'Arabie. La semence de l'Arbre est en la nois, qui produit aisément étant mise en terre.

ARTICLE VIII.

Des Prunes D'Icaque

L'Icaque, est une espece de petit prunier qui croist en forme d'un buisson ; les branches sont en tout tems chargées de petites feüilles longuettes, elles sont deus fois l'an émaillées d'une infinite de belles fleurs blanches, ou violettes, qui sont suivies d'un petit fruit rond, de la grosseur d'une Prune de damas, & qui étant meur devient blanc ou violet de même qu'étoit sa fleur. Ce fruit est fort dous, & tellement aimé de certains Sauvages qui demeurent pres du Golfe d'Hondures, qu'on les appelles *Icaques*, à cause de l'état qu'ils font de ce Prunes, qui leur servent de nourriture. Ceus qui ont voyagé parmy ces Peuples, ont remarqué que lors que ces fruits sont en leur maturité, ils sont fort soigneus de s'en conserver la proprieté ; & que pour empescher leurs voisins, qui n'en ont point en leur

contrée, d'y venir faire aucun dégaſt, ils tiennent durant tout ce tems-là aus avenuës de leur terre, des Corps-de-garde, compoſez de l'elite de leurs meilleurs Soldats, qui les repouſſent vivement avec la fléche & la maſſuë, s'ils ont l'aſſeurance de ſe preſenter.

ARTICLE IX.

Des Prunes de Monbain.

LE *Monbain*, eſt un Arbre qui croiſt fort haut, & qui produit auſſi des Prunes longues & jaunes, qui ſont d'aſſez bonne odeur: Mais le noyau étant plus gros que tout ce qu'elles ont de chair, elles ne ſont gueres eſtimées, ſi ce n'eſt de quelques uns qui les meſlent dans les bruvages du *Oüicou* & du *Maby*, pour leur donner un meilleur goût. Les Pourceaus, qui vivent dans les bois, ſont toujours gras, lors que ces fruits ſont en maturité, par ce qu'il en tombe une grande quantité ſous les Arbres à meſure qu'ils m'euriſſent, qui ſont

H recüeil-

receüillis avidément de ces animaus. Cet Arbre jette une gomme jaune, qui rend une odeur encore plus penetrante que celle du fruit. Les branches étant mises en la terre, prenent aisément racine, ce qui fait, qu'on l'employe ordinairement à fermer les parcs où l'on nourrit le bétail.

ARTICLE X.

Du Courbary.

LE *Courbary*, croist d'ordinaire plus haut, plus touffu, & plus gros, que le *Monbain*. Il porte un fruit dont la coque est fort dure à casser, & qui a environ quatre doigts de long, deus de large & un d'épais. Dans la coque il a deus ou trois noyaus, couverts d'une chair fort pâteuse, qui est jaune comme du Safran. Le goût n'en est pas mauvais : mais on n'en peut faire d'excés, que l'estomac n'en soit extrémément chargé & que la gorge n'en soit empeschée. Les Sauvages, en cas de necessité en font une sorte de bruvage, qui n'est pas desagreable étant bien preparé, c'est à dire lors qu'il a bien boüilly avec l'eau. Son bois est solide de couleur tirant sur le rouge. l'Arbre étant vieil rend de la gomme, qui s'endurcit au Soleil, & qui demeure toujours claire, transparente comme l'ambre jaune, & de bonne odeur. Quelques Indiens en forment des boutons de diverse figure, dont ils font des Bracelets, des Colliers, & des pendans d'oreille, qui sont beaus, luisans, & de bonne senteur.

ARTICLE XI.

Du Figuier d'Inde.

ON voit en la plûpart de ces Iles, un gros Arbre, que les Européens ont nommé *Figuir d'Inde*, à cause qu'il porte un petit fruit sans noyau, qui a la figure, & le goût approchant des figues de France. D'ailleurs il ne ressemble de rien à nos Figuiers ; car outre que la feüille est de differente figure, & beaucoup plus étroite, il croist en des lieus, si demesurément furément gros, qu'il s'en rencontre qu'à peine plusieurs hommes pourroient embrasser, parce que le tronc qui le plus souvent n'est pas uny en sa circonference, pousse à ses costez, depuis la racine jusques à l'endroit où les branches prenent leur naissance, certaines arestes, ou saillies, qui s'avancent jusques à 4 ou 5 pieds aus environs, & qui forment par ce moyen de profondes cannelures, enfoncées comme des niches. Ces saillies, qui sont de la même substance que le corps de l'Arbre, sont aussi envelopées de la même écorce qui le couvre, & elles sont de l'épaisseur de sét à huit pouces, à proportion de la grosseur du tronc qu'elles entourent. Le bois de cet Arbre, est au dedans blanc & mollasse, & l'on couppe ordinairement de ces longues pieces qu'il pousse hors de son tronc, pour faire des planches, des portes, & des tables, sans crainte que l'Arbre meure. Car il recouvre en peu de tems si proprement de son écorce la bréche qui a esté faite, qu'à peine peut on appercevoir que l'on en ait rien enlevé. Tous ceus qui ont demeuré en l'Ile de la Tortüe, qui est située au costé septentrional de l'Ile Espagnole, ont veu au chemin qui conduit des plaines de la montagne, au village que nos François ont nommé Milplantage, un de ces Arbres, qui peut facilement tenir à couvert deus cens hommes sous L'ombre de ses branches, qui sont toujours chargées de plusieurs feüilles fort toufués.

ARTICLE XII.

Du Cormier.

IL y a en ces Iles une espéce de *Cormier* bien different du Cormier que l'on voit en France. Car il est d'une hauteur excessive fort beau à voir, & orné de belles feüilles, & de plusieurs branches qui les accompagnent. Il porte un fruit agreable, rond comme une Cerise, qui est de couleur jaune, tacheté de petites marques rouges, & qui tombe de soy même lors qu'il est meur. Il a le goût de la Corme, & c'est ce qui est cause, qu'on luy a donné le même nom. Il est fort recherché des Oiseaus.

ARTICLE XIII.

Du Palmiste Epineux.

TOutes ces Iles ont des Palmes, & quelques-unes en ont jusques à quatre sortes toutes differentes. L'une se nomme *Palmiste Epineux*. Cet Arbre porte justement ce nom, car il est tout Herissé, ayant en sa tige, en ses branches, & en ses

feüilles de grandes épines extremement aiguës & si dangereuses, que quand quelcun en est piqué, il court risque d'en estre long tems incommodé, s'y l'on n'y apporte un promt remede. Celles qui entourent le tronc de l'Arbre sont plates, longues comme le doigt, de la figure d'un Cure-dent, polies, & d'une couleur tannée tirant sur le noir. Les Négres avant que de s'en approcher mettent le feu à l'entour du pied de l'Arbre, pour bruler toutes les Epines qui l'arment & luy servent de defense. Son fruit consiste en un gros bouquet qui est composé de plusieurs noix grisâtres, dures, & rondes, qui

resser-

resserrent des noyaus qui sont bons à manger. C'est aussi de cette espece de Palmes, que quelques Négres tirent du vin, par le moyen des incisions qu'ils font au dessous de ses branches. Il y a apparence que c'est le même Arbre, que les Bresiliens nomment *Ayri*.

ARTICLE XIV.

Du Palmiste Franc,

LA seconde espece est nommée *Palmiste Franc*. C'est un grand Arbre droit & d'une hauteur demesurée. Les racines de cette espece de Palmier, s'elevent hors de terre tout autour de la tige, de la hauteur de deus ou trois pieds, & de la grosseur d'un baril. Ces racines sont petites, a proportion

de la hauteur de l'Arbre qu'elles soutiennent: mais elles sont entrelacées si étroitement, & si confusément les unes dans les autres, qu'elles luy servent d'un solide appuy. Cet Arbre a cecy de particulier, qu'il est ordinairement plus gros par le

H 3   haut

haut que par le bas. Quand il est encore jeune, il a l'écorce tendre, de couleur grisâtre, & marquée de pied en pied d'un cercle, qui donne à cognoistre à peu prés, combien, il y a d'années qu'il occupe la terre : Mais quand il a pris sa consistence, il devient par tout si solide & si uny, qu'on n'y peut plus rien remarquer. Son sommet est orné de plusiers belles branches cane1ées & polies, qui sont accompagnées de part & d'autre, d'une infinité de feüilles vertes, longues, étroites, & deliées, qui leur donnent une merveilleuse grace. Les plus tendres de ces branches, qui ne sont pas encore épanovyes, s'élevent directement au milieu de l'Arbre, pendant que les autres qui sont courbées tout autour, luy composent une riche & agreable couronne.

Cet Arbre se décharge par chacun mois de quelcune de ses branches, & d'une écorce, qui se détache de dessous, laquelle est longue de quatre ou cinq pieds, large de deus ou environ, & de l'épaisseur d'un cuir preparé. Les Habitans des Iles, nomment cette écorce *Tache*, & ils l'employent pour la couverture de leurs Cuisines, & des autres petis offices de leurs Habitations, de même qu'ils se servent des feüilles, tressées, & cordonnées proprément à l'un des costez des branches, pour faire celle de leurs maisons.

Nous avons à dessein, rangé les Palmistes à la fin des Arbres fruitiers qui se trouvent en ces Iles, à cause qu'ils contribuent tous, horsmis le Latanier, à la nourriture des hommes. Car si le Palmiste épineus, lequel nous avons décrit en l'article precedent, fournit du vin, celuy-cy porte au Sommet de son tronc, & comme en son cœur, une moëlle blanche, tres-tendre, & tres-savoureuse qui a le goût de Noisette, étant mangée cruë, & étant boüillie & assaisonnée avec plusieurs feüilles deliées, & blanches au possible, qui l'entourent, & luy servent comme de chemise, elle peut tenir un rang considerable, entre les plus delicieus mets des Antilles. Les François, appellent cette substance moëlleuse, & les feüilles qui l'enveloppent, *Chou de Palmiste*, parce qu'ils en mettent au potage, au lieu de chous ou d'autres Herbes.

Si l'on fend en deus le tronc de cet Arbre, & qu'on enleve comme il se peut faire aisément, une certaine matiere fillasseuse feufe & mollaffe qui eft au dedans, ce bois qui refte ainfi creufé, & qui eft épais d'un bon pouce, fournit de belles & longues goutieres, qui font de durée. On s'en fert pour couvrir d'une feule piece le faite des Cazes, & pour conduire les eaus par tout ou l'on veut. Les Tourneurs & les Menuyfiers font auffi avec ce bois, qui eft préfque noir, & qui fe polit aifément, plufieurs beaux & rares ouvrages, qui font naturellement marbrez.

Pline, fait des Arbres fi prodigieufement hauts, qu'une fléche n'en peut atteindre le Sommet quand elle eft tirée; Et l'Auteur de l'Hiftoire generale des Indes, parle d'un Arbre de telle hauteur, qu'on ne s'auroit jetter une pierre à plein bras par deffus. Mais encore que le Palmifte que nous decrivons furpaffe de beaucoup tous les autres arbres des Antilles, nous n'oferions pas dire qu'il foit d'une hauteur fi demefurée, puifque du pied de l'arbre, on remarque facilément une belle panache, qui fortant du plus haut du tronc, eft toujours tournée au foleil levant; Elle fe renouvelle par chacune année, & quand elle eft fortie de fon étuy, elle eft émaillée d'une infinité de petites fleurs jaunes, en forme de boutons dorez, qui venans à tomber font fuivis de plufieurs fruits ronds, & de la groffeur d'un petit œuf de poule. Ils font attachez en un feul bouquet, & afin que ces fleurs & ces fruits, foient confervez contre les injures du tems, ils font couverts par deffus d'une écorce épaiffe, dure & grisâtre par le dehors, & d'un vermeil doré par le dedans, qui aboutit en pointe. Ce precieus parafol, n'eft autre chofe que l'étuy qui referroit les fleurs avant qu'elles fuffent épanouyes, & qui s'étant entre-ouvert par deffous, s'élargit en une figure creufe au milieu, & pointuë aus extremitez, pour mieus couvrir & les fleurs & le fruit.

D'autant que cette efpece d'Arbres, n'a point d'épines, on le nomme *Palmifte Franc*. Il y en a encore une autre forte, qui ne croift pas fi haut que celle-cy, qui porte une petite graine ronde, que les Négres font foigneus de recueillir, à caufe qu'elle fert à faire de beaus Chapelets qui font marbrez, & polis à merveille.

ARTI-

ARTICLE XV.

Du Latanier.

LA troiziéme espece de Palme est nommée *Latanier*. Cet arbre éleve sa tige assez haut ; mais il ne croist pas beaucoup en grosseur. Au lieu de branches il n'a que des longues feüilles, qui étant épanouyes sont rondes par le haut, & pli-

cées par le bas à la façon d'un Eventail. Elles sont attachées à de grandes queuës, qui sortent de certains filamens, qui entourent la teste du tronc, comme une grosse toile rousse & fort claire. Ces feüilles étant liées par petis faisseaus, servent à couvrir les cazes, & la peau qu'on enleve de dessus les queuës, est propre à faire des cribles, des paniers, & plusieurs autres petites curiositez, que les Indiens tiennent entre leurs meubles plus precieus. Ils font aussi du bois de cet arbre, & de celuy du Palmiste Franc, des arcs, des massués, dont ils se servent en leurs combats au lieu d'épées, des Zagayes, qui

font

font de petites lances aigues, qu'ils d'ardent avec la main contre leurs ennemis, & ils en muniſſent la pointe de leurs fléches, qui font par ce moyen auſſi penetrantes, que s'y elles étoient d'acier.

ARTICLE XVI.

Du Cocos, & du Cacao.

LA quatriéme eſpece de Palme, & la plus excellente de toutes, eſt celle qui porte le nom de *Cocos*, ce fameus fruit dont les Hiſtoriens diſent tant de merveilles. Mais il faut remarquer, que les Cocos qui ſe trouvent aus Indes Occi-

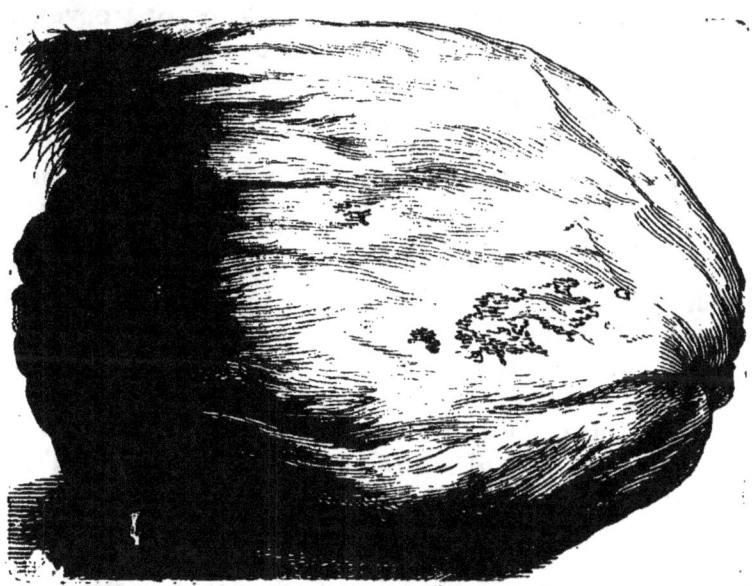

d...tales, ne croiſſent pas à beaucoup-pres ſi hauts, que ceus de l'Orient, le tronc pour l'ordinaire n'excedant pas vint, ou vint-cinq pieds en hauteur, étant au reſte d'une groſſeur bien proportionnée. Il eſt beaucoup plus chargé de branches & de feüilles, que le Palmiſte Franc. Les Iles de la *Monaque* & de *Roatam*, qui ſont au Golfe d'Hondures, ſont renommées pour l'abondance de ces Arbres. L'Ile de Saint Bartelemy entre les Antilles en est aussi ornée, & c'est de là, qu'on en a apporté en celle de Saint Christofle.

Le fruit, croist sur le tronc même, au pied des branches. Il a la forme d'une noix : mais sans faire de comparaison pour la grosseur : car un seul pese quelquefois environ dix livres. Dépuis que l'Arbre a commencé de porter, on ne le trouve jamais sans fruit ; car il en pousse de nouveaus par chacun mois de l'année. La coque est si dure & si épaisse, qu'on la peut polir, & y graver diverses figures pour enrichir les coupes, les bouteilles, & plusieurs autres vaisseaus, qu'on en fait pour le service ordinaire du ménage : elle est entourée d'une grosse envelope, qui est toute de filamens.

Quand on a ouvert cette noix de Cocos, on trouve premierement une chair blanche comme neige qui est nourrissante au possible, & qui a le goût de l'Amande. Cette substance moëlleuse est en si grande quantité en chaque fruit, qu'on en peut remplir un plat ; Elle est attachée fermement au dedans de la Coque, & en son milieu, elle contient un grand verre d'une liqueur claire & agreable, comme du vin muscat ; de sorte qu'une personne se pourroit bien contenter de l'un de ses fruits pour son repas. C'est cette eau seule, qui se convertit en germe, & qui entre ses autres vertus, a la propriété d'effacer toutes les rides du visage, & de luy donner une couleur blanche & vermeille, pourveu qu'on l'en lave aussi-tost, que le fruit est tombé de l'Arbre.

Qui desirera d'apprendre toutes les particularitez du Cocos, & les grands usages qu'il a tant en la Medecine, qu'en la Ménagerie, lira s'il luy plait, la belle & ample description que François Pyrard en a fait, en son traitté des Animaus, arbres & fruits des Indes Orientales.

Quelques-uns, à cause de la ressemblance des noms, confondent quelquefois le *Cocos*, avec le *Cacao*, qui croist en la Province de Guatimala, pres la neuve Espagne, qui est aussi un fruit tres-renommé en toute l'Amerique, pour estre le principal ingredient, qui entre en la composition de la *Chicolate*, ou *Chocolate*, d'ont on fait un bruvage souverain pour fortifier la poitrine, dissiper toutes les humeurs malignes qui s'y attachent,

chent, chasser la gravelle, & tenir le corps frais & dispos, pourveu qu'on le prene moderément.

Ce *Cacao*, qui se trouvoit aussi aus Antilles, en l'an 1649, dans le Jardin d'un Habitant de l'Ile de Sainte Croix, laquelle étoit alors entre les mains des Anglois, est un Arbre presque semblable a l'Oranger, sinon qu'il ne croist pas du tout si haut, & qu'il a les feüilles un peu plus étenduës. On le plante ordinairement en des lieus ombrageus, & même sous d'autres arbres, qui le puissent defendre de l'ardeur du Soleil, qui flétriroit ses feuilles. Son fruit qui est de la grosseur, & d'une figure approchante de celle d'un Gland, ou d'une moyenne Olive, se forme dans de grosses cosses longuettes, qui sont rayées, & divisées par les costez.

CHAPITRE SÉTTIÉME.

Des Arbres qui sont propres à bâtir; ou qui servent à la menuyserie; ou à la Teinture.

NOus avons jusques icy representé plusieurs beaus Arbres qui portent des fruits qui contribuent à la nourriture, ou au raffraichissement des Habitans des Antilles, & en ce Chapitre nous nous proposons de traitter des principaus, qu'on peut employer utilement tant à batir des maisons, qu'à les orner, par le moyen des beaus meubles de menuyserie qu'on en peut faire; Puis apres nous considererons tous les autres Arbres de diverses couleurs, qui sont propres à la Teinture.

ARTICLE I.

De deus sortes d'Acajou.

IL y a fort peu d'Iles, ou l'on ne trouve de beaus Arbres qui sont trespropres à bâtir des maisons, & à faire divers ouvrages de menuyserie. On fait particulierement état de l'*Acajou*, qui croist d'une hauteur & d'une grosseur si excessive,

Vid. supr. p. 54.

I 2 que

que les Caraibes tirent souvent d'un seul tronc, ces grandes Chaloupes, qu'ils appellent *Pyrangües*, qui sont capables de porter cinquante hommes. Il pousse plusieurs branches, qui sont fort toufuës, à cause de la multitude de feüilles d'ont elles sont chargées, l'ombrage de cet arbre est fort agreable: Et même quelques uns tiennent qu'il contribuë à la santé de ceus qui se reposent dessous.

Il y a deus sortes d'Acajou qui ne sont differens qu'en la hauteur de leur tronc, & en la couleur de leur bois. Celuy qui est le plus estimé, a le bois rouge, leger, de bonne senteur, & fort facile à estre mis en œuvre. On a remarqué par experience que le ver ne l'endommage point; qu'il ne se pourrit point dans l'eau, quand il a été coupé en bonne Lune; Et que les coffres & les aumoires qui sont faites de ces bois, donnent une bonne odeur aus habits & qu'ils les contregardent de toutes les vermines qui s'engendrent, ou se glissent aisément dans les coffres qui sont faits d'une autre matiere. Ces proprietez sont cause que quelques-uns ont creü que cet arbre étoit une espece de Cedre. On en fait aussi de l'Escente pour couvrir les maisons. Les Capitaines de Navires, qui trafiquent aus Antilles apportent souvent des planches de ce bois qui sont si longues & si larges, qu'il n'en faut qu'une pour faire une belle & grande table.

L'autre sorte d'Acajou est de pareille figure quant au dehors, que celuy que nous venons de décrire; mais il ne croist pas du tout si haut, & quand on a levé l'écorce & l'aubel, on trouve que le bois est blanc. Il est aussi fort facile à mettre en œuvre quand il est fraichement couppé; mais si on le laisse a l'air il se durcit en telle sorte, qu'on a bien de la péne a s'en servir. Les Habitans des Iles ne l'employent qu'à faute d'autre, à cause qu'il est sujet aus vers, & qu'il se pourrit en peu de tems. Si on fait des Incisions au tronc de ces arbres, ils jettent une grande abondance de gomme, qui pourroit avoir quelque bon usage, si on en avoit fait l'essay.

ARTI-

ARTICLE II.

De L'Acomas.

CEt Arbre, est bien aussi gros & si haut que l'Acajou, & n'est pas moins prisé des Architectes, & des Menuysiers. Ses feüilles sont polies, & asses longues. Il porte un fruit de la grosseur d'une prune, qui étant venu en sa maturité est de couleur jaune, & beau à voir, mais il est trop amer pour estre recherché des hommes. Les Ramiers s'en engraissent en une saison de l'année, & pendant ce tems là, leur chair est de même goût que le fruit qu'ils ont mangé. Il a l'écorce cendrée & raboteuse, le bois pesant & aysé à polir, & selon les lieus où il croist, son cœur est rouge, ou jaunâtre, ou tirant sur le violet. Si on ouvre l'écorce, il en sort une liqueur laiteuse, qui se durcit en forme de Gomme.

ARTICLE III.

Du Bois de Rose.

IL faut avoüer que si les Habitans des Antilles avoient dessein de s'y établir fermement, ils y pourroient trouver, non seulement les choses qui sont necessaires à l'entretien de la vie, mais encore les delices & les curiositez, tant pour ce qui concerne la nourriture, & le vétement, que pour ce qui regarde la structure de leurs maisons, & leur embellissement interieur. Mais les douces pensées du retour au païs de leur naissance, que la plu-part conservent en leurs cœurs, leur font negliger tous les rares avantages que ces Iles leur presentent, & passer legerement, par dessus la riche abondance des choses precieuses qu'elles produisent, sans en tirer aucun profit. Car pour ne rien dire presentément, de la grande facilité qu'ils ont de faire des etoffes du Cotton qui y croist, de nourrir en leurs parcs toutes sortes de volailes, & de bétail domestique, qui y foisonne autant qu'en lieu du monde; ils pourroient sans doute recevoir beaucoup d'emolumens, de

plu-

plusieurs bois precieux, qui seroient de grand usage non seulement pour les loger, & les meubler commodément : mais aussi pour en faire du Commerce avec l'Europe. Les descriptions que nous ferons de quelques uns de ces rares Arbres tant au reste de ce Chapitre qu'au suivant, justifieront cette proposition.

Le Bois de Rose, étant propre non seulement à la charpente, mais aussi à la Menuyserie, doit tenir le premier rang. Cet arbre croist d'une hauteur bien proportionnée à sa grosseur ; Son tronc est ordinairément si droit, que c'est l'un des plus agreables ornémens des forests des Antilles ; Il est couvert de plusieurs belles branches, qui sont accompagnées de feüilles molles, veluës d'un costé, & longues à peu pres comme celles du Noyer. En la saison des pluyes il porte des fleurs blanches, de bonne odeur, qui croissent par bouquets, & qui relevent merveilleusement la grace naturelle de cet arbre. Ces fleurs sont suivies d'une petite graine noirâtre & polie. L'écorce de son tronc est d'un gris blanc. Son bois est au dedans de couleur de feüille morte, & quand le Rabot & le Polissoir ont passé par dessus, on y remarque plusieurs veines de differentes couleurs, qui sont comme des ondes, qui luy donnent un éclat marbré, & un lustre merveilleus. Mais la douce odeur qu'il exhale lors qu'on le met en œuvre, & qu'on le manie, est, ce qui le fait priser d'avantage, & qui luy donne le beau nom qu'il porte : Quelques-uns ont même estimé que cette douce senteur, qui est encore plus agreable que celle de la Rose, luy devoit donner le nom de bois de Cypre, & par effet ils le font passer sous ce titre, en quelques-unes des Antilles. Cet arbre, croist dans toutes les Iles de même fasson, quant à la figure exterieure ; mais son bois est marbré de diverses couleurs, selon la difference des terroirs, où il a pris sa naissance.

ARTI-

ARTICLE IV.

Du Bois D'Inde.

CEt Arbre precieus & de bonne senteur, se trouve en si grande abondance dans l'Ile de Sainte Croix, & en plusieurs autres, qu'il y en a des forests présque toutes entieres. Il va du pair avec le Bois de Rose, mais il croist beaucoup plus gros & plus haut lors qu'il rencontre une bonne terre. Son tronc prend de profondes racines, & s'éleve fort droit. Son écorce est deliée, douce & unie par tout, sa couleur est d'un gris vif & argenté, & en quelques endroits elle tire sur le jaune, ce qui fait remarquer cet Arbre entre tous les autres. Il fleurit une fois l'an, au tems des pluyes, & pour lors, il renouvelle une partie de son feüillage. Son bois est tressolide, & pesant au possible, d'où vient qu'il souffre d'estre poly, & que quelques sauvages en font leurs massuës. Apres qu'on a levé un aubel vermeil, qui est sous l'écorce: on apperçoit le cœur de l'arbre qui est extrémément dur, & d'une couleur violette, laquelle le fait beaucoup estimer des curieus.

La bonne odeur de cet Arbre reside particulierement en ses feüilles. Elles sont de pareille figure que celles du Goyavier, & quand on les manie elles parfument les mains d'une senteur plus douce, que celle du Laurier. Elles donnent à la viande & aus sauces un goût si relevé, qu'on l'attribueroit plutôt à une composition de plusieurs sortes d'épiceries qu'à une simple feüille. On s'en sert aussi dans les bains, que les Medecins ordonnent pour fortifier les nerfs foulez, & pour désseicher l'enflure, qui reste aus jambes de ceus, qui ont esté travaillez de fievres malignes.

ARTI-

ARTICLE V.

De plusieurs Bois Rouges qui sont propres à bâtir, & des Bois de fer.

OUtre l'Acajou, dont nous avons parlé au commencement de ce Chapitre, il y a encore en ces Iles plusieurs beaus arbres, qui ont le bois rouge, solide, & pesant, qui resiste aus vers, & à la pourriture. Ils sont tous tres-propres à bâtir des maisons, & a faire de beaus ouvrages de Menuyserie.

Mais on fait particulierement état, du *Bois de fer*, qui porte ce nom, à cause qu'il surpasse en solidité, pesanteur, & dureté, tous ceus que nous avons d'écrits jusques à present. Cet Arbre qui doit estre mis entre les plus hauts, & les mieus proportionez des Antilles, est revêtu de beaucoup de branches. Il porte de petites feüilles, qui aboutissent en pointe, & sont divisées prés de la queüe. Il fleurit deus fois l'année, assavoir aus mois de Mars & de Septembre. Ses fleurs, qui sont de couleur de violette, sont suivies d'un petit fruit, de la grosseur d'une Cerize qui devient noir étant meur, & est fort recerché des Oiseaus. L'écorce du tronc est brune. Le Bois est d'un rouge bien vif, lors qu'il est nouvellement coupé; mais il se ternit étant mis à l'air, & perd beaucoup de son lustre. Le cœur de l'Arbre est d'un rouge fort obscur, comme le bois de Bresil, & d'une telle dureté, que l'on doit avoir des coignées bien trenchantes, & qui soyent à l'épreuve pour le pouvoir abbatre: Mais son bois étant beau, solide, facile à polir, & plus incorruptible que le Cedre & le Cyprés, il recompense abondamment par toutes ces bonnes qualitez, la péne qu'il donne, avant qu'on s'en puisse servir.

Il y a encore un autre Arbre qui porte le même nom de *Bois de fer*, mais il n'est pas comparable au precedent. Il ne porte que de petites feüilles, & quand il fleurit il est chargé d'une infinité de Bouquets, qui s'élevent sur toutes ses branches, comme autant de pannaches, qui les parent fort avantageusement. Il est d'une belle hauteur; & il a l'aubel jaune ou blanc,

selon

selon les lieus ou il croist. Tout le bois de cet arbre, horsmis le cœur qui est fort petit, fort dur, & tirant sur le noir, est sujet aus vers, ce qui fait qu'on ne le met pas volontiers en œuvre, si ce n'est à faute d'autre.

ARTICLE VI.

De plusieurs Arbres dont le Bois est propre à la Teinture.

ENtre les Arbre qui croissent aus Antilles il y en a plusieurs qui servent à la Teinture. Les plus estimez, & les plus connus, sont, le Bois de Bresil, le Bois Jaune, l'Ebéne verte, & le Roucou.

Le Bois de Bresil, est ainsi nommé, à cause que le premier qui a esté veü en Europe, avoit esté apporté de la Province du Bresil, ou il croist en plus grande abondance, qu'en aucun autre endroit de l'Amerique. Cet arbre est rare aus Antilles, & on n'en trouve qu'en celles, qui sont le plus herissées de rochers secs & arides. Son tronc n'est pas droit comme celuy des autres arbres; mais il est tortu, raboteus, & plein de nœuds à peu prez comme l'Epine blanche. Lors qu'il est chargé de fleurs il exhale une douce senteur, qui fortifie le Cerveau. Son bois est recherché des Tourneurs; mais son principal usage, est en la Teinture.

L'Ile de Sainte Croix, est renommée parmy toutes les autres, pour avoir une infinité d'Arbres rares & precieus. On fait particulierément état d'un qui s'éleve fort haut & dont le bois qui est parfaitement jaune, sert à la Teinture. Lors que les Anglois tenoient cette Ile, ils en envoyoient beaucoup en leur païs. On le nomme *Bois Iaune*, à cause de sa couleur.

L'ébene Verte, est ordinairement employée à faire plusieurs excellens ouvrages de Menuyserie, par ce qu'elle prend aisément la couleur, & le lustre de la vraye Ebéne: mais son meilleur usage est en la Teinture, laquelle elle rend d'un beau vert naissant. L'arbre qui porte ce bois, est fort touffu, à cause que sa racine pousse une grande quantité de rejettons, qui l'empeſchent de croiſtre ſi haut & ſi gros qu'il feroit, ſi ſa force étoit ramaſſée en un ſeul tronc. Ses feüilles ſont polies, & d'un beau vert. Sous l'écorce il a environ deus pouces d'aubel blanc, & le reſte du bois juſques au cœur, eſt d'un vert ſi obſcur, qu'il approche du noir; mais quand on le polit, on découvre certaines veines jaunes, qui le font paroiſtre marbré.

ARTICLE VII.

Du Roucou.

C'Eſt le même Arbre que les Braſiliens nomment *Urucu* : Il ne croiſt pas plus haut qu'un petit Oranger. Ses feüilles qui ſont pointuës par l'un des bouts, ont la figure d'un

cœur.

cœur. Il porte des fleurs blanches meflées d'Incarnat ; Elles font compofées de cinq feüilles qui ont la forme d'une Etoile, & la largeur d'une Rofe. Elles croiffent par bouquets aus extremitez des branches. Ces fleurs font fuivies de petites filiques, qui referrent plufieurs grains de la groffeur d'un petit pois, qui étans parvenus à maturité font couverts d'un vermillon le plus vif, & le plus éclatant qu'on s'auroit defirer ; Cette riche Teinture, qui eft enfermée en cette écoffe, eft fi mollette, & fi gluante, qu'elle s'attache aus doigts auffi-tôt qu'on la touche.

Pour avoir cette precieufe couleur, on s'écouë dans un vaiffeau de terre les grains fur lefquels elle eft attachée, on verfe deffus de leau tiede, dans laquelle on les lave jufques à ce qu'ils ayent quitté leur vermillon. Et puis quand on à laiffé repofer cette eau, on fait feicher à l'ombre le marc, ou la lie épaiffe qui fe trouve au fonds du vaiffeau, & l'on en forme des Tablettes ou de petites boules, qui font fort eftimées des Peintres, & des Teinturiers, lors qu'elles font pures, & fans aucun mélange, comme font celles que nous venons de décrire.

Le bois de cet Arbre, fe brife facilement ; il eft tres-propre pour entretenir le feu, & s'il eft entierément éteint & qu'on en frotte quelque tems deus pieces l'une contre l'autre, elles jettent des étincelles comme feroit un fufil, qui allument le Cotton, ou toute autre matiere fufceptible de feu, que l'on à mife auprez pour les recevoir. Son écorce fert à faire des cordes qui font de durée. Sa racine donne un bon goût aus viandes, & quand on en met dans les fauces, elle leur communique la couleur, & l'odeur du Safran.

Les Caraibes ont de ces Arbres en tous leurs Jardins, ils les entretiennent foigneufement & les prifent beaucoup ; à caufe qu'ils en tirent ce beau vermillon dont ils fe rougiffent le corps. Ils s'en fervent auffi à peindre, & à donner du luftre aus plus belles vaiffelles de leur petit ménage.

On pourroit auffi mettre au rang des Arbres qui font propres à la Teinture, la plûpart de ceus qui diftilent des gommes : car ceus qui ont efté curieus d'en faire l'effay, ont re-

K 2   mar-

marqué, qu'eſtant meſlées dans la Teinture, elles relevent les couleurs les plus ſombres & les moins claires, par un certain éclat, & un fort beau luſtre, qu'elles leur donnent.

CHAPITRE HUITIÉME.

Des Arbres qui ſont utiles à la medecine; Et de quelques autres dont les Habitans des Antilles peuvent tirer de grands avantages.

Dieu ayant ordonné à tous les Peuples les bornes de leur habitation, n'a laiſſé aucune contrée dépourveuë de moyens neceſſaires pour y faire ſubſiſter commodément les hommes qu'il y a placez; & pour étaler devant leurs yeux les richeſſes infinies de ſon adorable Providence, il a donné à la terre la vertu de produire, non ſeulement les vivres qui ſont neceſſaires pour leur nourriture; mais encore divers antidotes, pour les munir contre les infirmitez, dont ils peuvent étre acuëillis; & pluſieurs remedes ſouverains pour les en delivrer lors qu'ils y ſont tombez. Pour ne rien dire des autres endroits du monde, les Antilles poſſedent ſans contredit tous ces rares avantages en un degré fort conſiderable : Car elles ne fourniſſent pas ſimplement à leurs Habitans une agreable varieté de fruits, de racines, d'herbages, de legumes, de gibier, de poiſſons, & d'autres delices pour couvrir leurs tables; mais elles leur preſentent encore un grand nombre d'excellens remedes pour les guerir de leurs maladies. C'eſt ce que le Lecteur judicieus pourra facilement remarquer en la ſuitte de cette Hiſtoire Naturelle, & particulierement en ce Chapitre ou nous décrirons les Arbres qui ſont d'un grand uſage en la Medecine.

ARTI-

ARTICLE I.

Du Caßier ou Canificier.

CEt Arbre croiſt de la groſſeur, & preſque de la même figure qu'un Peſcher, ſes feüilles ſont longuettes & étroites : Elles tombent une fois l'an pendant les ſechereſſes, & quand la ſaiſon des pluyes retourne, il en pouſſe de nouvelles.

Elles ſont precedées de pluſieurs beaus bouquets de fleurs jaunes, auquelles ſuccedent de longs tuyaus, ou de longues ſiliques, qui viennent de la groſſeur d'un poulce, ou environ, & ſont quelquefois d'un pied & demy, ou de deus pieds de long. Elles contiennent au dedans, comme en autant de petites cellules, cette drogue Medecinale ſi connuë des Apoticaires,

caires, que l'on appelle *Caſſe*. Nos François nomment l'Arbre *Caſſier*, ou *Caniſicier*, & les Caraibes *Mali Mili*. Tandis que le fruit groſſit & s'allonge, il eſt toujours vert, mais quand il a pris ſa conſiſtance, il devient en meuriſſant, brun, ou violet, & demeure ainſi ſuſpendu à ſes branches.

Quand ce fruit eſt meur & ſec, & que les Arbres qui le portent ſont agitez de grands vens, on entend de fort loin le bruit qui eſt excité par la colliſion de ces dures & longues ſiliques les unes contre les autres. Cela donne l'éſpouvante aus Oiſeaus, qui n'en oſent approcher; & pour les hommes qui ne ſavent pas la cauſe de ce ſon confus, s'ils ne voyent les Arbres mêmes émeus, & choquans leurs branches & leurs fruits, ils s'imaginent qu'ils ne ſont pas loin du bord de la mer, de laquelle ils croyent entendre l'agitation: ou bien ils ſe perſuadent que c'eſt le Chamaillis de pluſieurs ſoldats, qui ſont aus mains. C'eſt la remarque de tous ceus qui ont viſité le ſein, ou comme on le nomme ordinairément le *Cul-de-ſac*, de l'Ile de Saint Domingue, où l'on voit des plaines entieres, & de fort longue étenduë, qui ne ſont couvertes d'aucuns autres Arbres. C'eſt auſſi de-là, ſelon toute apparence, qu'on a apporté la ſemence de ceus qui croiſſent aus Antilles. Au reſte ces bâtons de Caſſe, qui viennent de l'Amerique, ſont plus pleins & plus peſants, que ceus qu'on apporte du Levant, & la drogue qui eſt dedans, a tous les mêmes effets.

Les fleurs du Caſſier étant confites en ſucre, purgent benignement, non ſeulement le ventre, mais auſſi la veſſie. Les bâtons du Caſſier lors qu'ils ſont confits verts, ont auſſi la même proprieté. Mais la poulpe étant extraite du fruit meur, fait une operation plus prompte, & beaucoup plus loüable. Pluſieurs des Habitans du Païs ſe trouvent bien d'en uſer chaque mois, un peu avant le repas: & ils ont remarqué que ce dous Medicament leur conſerve merveilleuſement leur bonne conſtitution.

Chap. 8　DES ILES ANTILLES.　79
ARTICLE II.
Des Nois de Medecine.

LEs *Nois de Medecine* qui font si communes en toutes ces Iles, croissent sur un petit Arbre d'ont on fait le plus souvent les separations des Jardins & des habitations. S'y l'on n'empesche sa juste croissance, il monte à la hauteur d'un figuier ordinaire, duquel il a aussi la figure, son bois est fort tendre & moelleus, il produit plusieurs branches qui rampent confusément à l'entour du tronc. Elles sont chargées de feüilles asses longues, vertes & mollasses, qui sont rondes par le bas, & se terminent en trois pointes.

Le bois & les feüilles de cet Arbre, distilent un suc laiteus, qui tâche le linge: Même il n'y à pas de plaisir de s'en approcher

cher en tems de pluie parce que les gouttes d'eau qui tombent de deſſus ſes feüilles ont un tout pareil effet que le ſuc. Il porte pluſieurs fleurs jaunes compoſées de cinq feüilles, qui ont la figure d'une étoile quand elles ſont épanoüyes les fleurs venant à tomber quelques unes ſont ſuivies de petites nois, qui ſont vertes au commencement, puis elles deviennent jaunes, & enfin noires, & un peu ouvertes lors qu'elles ſont meures; Chaque Nois, reſerre trois ou quatre noyaus en autant de diſtinctes cellules, qui ont l'écorce noirâtre de la groſſeur & de la figure d'une Féve. L'écorce étant levée, on trouve dans chacun un pignon blanc, d'une ſubſtance huileuſe qui eſt enveloppé & my-party d'une deliée pellicule. Ces pignons ont un goût aſſez agreable, qui eſt approchant de celuy des Noiſettes: Mais s'y l'on n'obſerve quelque regle en les mangeant, ils excitent un étrange devoyément par haut & par bas, particulierement s'y on avalle la petite peau qui les enveloppe, & celle qui les ſepare par la moytie. Pour temperer leur force, & pour en uſer avec un heureus ſuccés, on les purge de ces peaus, & on les fait paſſer legerement ſur les charbons, puis étant battus, on en prent quatre ou cinq, qu'on méſle dans un peu de vin, pour leur ſervir de vehicule & de correctif.

Les rameaus de cet Arbre étant couppés & mis en terre prenent facilement racine. Les Portugais tirent de l'huile des pignons, qui eſt eſtimée en la ménagerie, & qui peut auſſi avoir ſon lieu en la Medecine.

ARTICLE III.

Du Bois de Canelle.

L'Arbre qui porte cette eſpece de Canelle qui eſt ſi commune en toutes les Iles, peut tenir place entre ceus qui ſervent à la Medecine, puiſque ſon écorce aromatique eſt recherchée de tous ceus qui ſont travaillez d'affections froides, & employée pour décharger l'eſtomac des humeurs gluantes & pituiteuſes qui l'oppreſſent. La bonne odeur, & la verdure perpetuelle de ce bel Arbre, ont perſuadé a quelques uns

que

que c'étoit une sorte de Laurier ; Mais il croît beaucoup plus haut, son tronc est aussi plus gros, ses branches sont plus étenduës & ses feüilles qui ne sont pas du tout si longues, sont de beaucoup plus douces, & d'un Vert plus gay. Son écorce qui est cachée sous une peau cendrée est plus épaisse, & d'une couleur plus blanche que la Canelle qui vient du levant; Elle est aussi d'un goût plus acre & plus mordicant ; Mais étant séchée à l'ombre, elle donne une saveur tresagreable aux viandes.

Les Iles de Tabago, de la Barbade, & de Sainte Croix, sont estimées entre toutes les autres, pour avoir plusieurs bois que l'usage a rendus recommendables en la Medecine. Car on y trouve du Sandale, du Gayac, & même du Safafras, qui sont assez connus, sans qu'il soit besoin d'en faire des descriptions particulieres.

ARTICLE IV.

Du Cottonnier.

IL y a encore plusieurs autres Arbres assez communs par toutes les Antilles, dont les Habitans peuvent tirer de grandes commoditez. Le Cottonnier, que les Sauvages appellent *Manoulou-Akecha*, doit tenir le premier rang, comme étant le plus utile. Il croît de la hauteur d'un Pescher : Il a l'écorce brune, les feüilles petites, divisées en trois. Il porte une fleur de la grandeur d'une Rose, qui est soutenuë par le bas, sur trois petites feüilles vertes, & piquantes, qui l'enferrent. Cette fleur est composée de cinq feüilles, qui sont d'un jaune doré, elles ont en leur fonds de petites lignes de couleur de pourpre, & un bouton jaune, qui est entouré de petis filamens de même couleur. Les fleurs sont suivies d'un fruit de figure ovale, qui est de la grosseur d'une petite noix avec sa coque. Quand il est parvenu à sa maturité, il est tout noir par dehors, & il s'entrouve en trois endroits, qui font voir la blancheur du Cotton qu'il resserre sous cette rude couverture. On trouve dans chaque fruit, sét petites féves, qui sont la semence de l'Arbre.

Il y a une autre espéce de Cottonnier, qui rampe sur la terre, comme la vigne destituée d'appuis: c'est celle-cy, qui produit le Cotton le plus fin & le plus estimé. On fait de l'un & de l'autre des toiles, & plusieurs petites étoffes, qui sont d'un grand usage en la ménagerie.

ARTICLE V.

Du Savonnier.

IL y a deus sortes d'Arbres dont les Insulaires se servent au lieu de Savon, l'un à cette qualité en son fruit, qui croist par grappes, rond, jaunâtre, & de la grosseur d'une petite prune, qui a aussi un noyau noir & dur qui se peut polir. On le nomme communément *Pomme de Savon*. L'autre a cette vertu en sa racine, qui est blanche & mollasse. L'un & l'autre rendent l'eau blanche & écumeuse, comme feroit le Savon même ; Mais si on usoit du premier trop souvent, il bruleroit le linge. L'on appelle ces Arbres *Savonniers*, à cause de la proprieté qu'ils ont de blanchir.

ARTICLE VI.

Du Paretuvier.

Voy la Vallé Tom. 3. p. 575.
dans la description de l'arbre

C'Est Arbre ne se plait qu'aus marécages, & aus bords de la mer. Il a la feüille verte, épaisse, & assez longue. Ses branches qui se recourbent contre terre, ne l'ont pas si tost touchée, qu'elles prennent des racines, & poussent un autre Arbre, qui entrelasse ordinairement sa tige & ses branches si prés à prés, & à tant de réplis, avec tout ce qu'il peut joindre, que ces Arbres gagnent & occupent en peu de tems tout ce qu'ils trouvent de bonne terre, qui est par ce moyen renduë si difficile à défricher, que l'on n'en peut attendre aucun profit. C'est sous ces Arbres, que les Sangliers, & autres bestes Sauvages tiennent leur fort. Ils servent aussi en quelques
lieus

Chap. 8   DES ILES ANTILLES.

lieus de rempart aus Habitans des Iles, qui sont asurez que personne ne les surprendra de ce costé là. Ils sont encore tresutiles, en ce que n'y ayant point de Chesne en ces Iles, leur écorce est propre à tanner les cuirs.

ARTICLE VII.

Du Calebaßier.

IL ne faut pas oublier le *Calebaßier*, qui fournit la plus grande partie des petits meubles du ménage des Indiens, & des Habitans étrangers qui font leur demeure en ces Iles. C'est un Arbre, qui croist de la hauteur, de la grosseur, & de la forme d'un gros Pommier. Ses branches sont ordinairément fort touffuës. Ses feüilles qui sont longuettes, étroites, & rondes

rondes par le bout, font attachées par bouquets aus branches, & en quelques endroits du tronc. Il porte des fleurs & des fruits presque tous les mois de l'année. Les fleurs sont d'un gris meflé de vert, & chargé de petites taches noires, & quelquéfois violettes. Elles sont suivies de certaines pommes, dont à peine en peut-on trouver deus, qui soient de pareille grosseur, & de même figure. Et comme un potier fait paroitre l'adresse de sa main, en faisant sur une même roüe, & d'une même masse de terre des vaisseaus, d'une forme & d'une capacité differente: Ainsi la nature montre icy son industrie merveilleuse, en tirant d'un seul Arbre, des fruits divers en leur forme, & en leur grosseur, encore qu'ils soient tous attachez à un même Arbre, & produits d'une même substance.

Ces

Ces fruits ont cecy de commun, qu'ils ont tous une écorce dure, ligneuse, d'une épaisseur & d'une solidité requise pour s'en pouvoir servir au lieu de bouteilles, de bassins, de coupes, de plats, décuelles, & de tous les autres petis vaisseaus, qui sont necessaires au ménage. Ils sont remplis d'une certaine poulpe, laquelle étant bien bien meure devient violette, de blanche qu'elle étoit auparavant. On trouve parmy cette substance, certains petis grains plats, & durs qui sont la semence de l'Arbre. Les Chasseurs des Iles, se servent de ce fruit pour étancher leur soif au besoin, & ils disent qu'il a le goût de vin cuit: mais qu'il reserre un peu trop le ventre. Les Indiens polissent l'écorce, & l'émaillent si agreablement avec du Roucou, de l'Indigo, & plusieurs autres belles couleurs, que les plus delicats peuvent manger & boire sans degoût, dans les vaisselles qu'ils en forment. Il y a aussi des Curieus, qui ne les estiment pas indignes, de tenir place entre les raretez de leurs cabinets.

ARTICLE VIII.

Du Mahot.

IL y a deus sortes d'Abres qu'on appelle *Mahot*, assavoir le *Mahot franc*, & le *Mahot d'herbe*. Le premier est le plus recherché, parce qu'il est plus fort. Il ne devient pas fort grand, mais il produit plusieurs branches qui rampent contre terre. L'écorce en est fort epaisse, & fort aisée à lever de dessus l'Arbre. On en fait de longues éguillettes, qui sont plus fortes que les cordes de Teil, d'ont on se sert en plusieurs endroits. On les employe ordinairement à monter les rouleaus du Tabac, & à attacher plusieurs choses qui sont necessaires au ménage. Pour ce qui est du Mahot d'herbe, on s'en sert au défaut du premier; mais il pourrit facilement, & n'egale en rien l'autre pour la force.

Enfin il y a dans ces Iles plusieurs autres Arbres, qui ne se voyent point en l'Europe, dont les uns recréent seulement la veuë, tels que sont, celuy qu'on appelle *Mappou*, & plusieurs

sieurs sortes de *Bois Epineux* : Et les autres contentent l'odorat par leur bonne senteur : ou même ont des qualitez venimeuses, comme l'*Arbre laiteux* : celuy dont la racine étant broyée, & jettée dans les rivieres enyvre les Poissons : le *Mancenilier*, lequel nous décrirons en son lieu, & une infinité d'autres, qui ont tous le bois blanc, mol, & de nul usage, & qui n'ont encore point de nom parmy nos François.

Avant que de passer outre, nous mettrons icy la figure du *Papayer Franc*, dont nous avons fait la description en l'Article troisiéme du sixiéme Chapitre, page 50.

Nous insererons aussi en ce lieu la figure d'une branche de *Cacao*, duquel nous avons parlé en l'Article seiziéme du même Chapitre, page 66.

CHA-

CHAPITRE NEUVIEME.

Des Arbrisseaus du Païs, qui portent des fruits, ou qui pousset des racines, qui sont propres à la nourriture des Habitans, ou qui servent à d'autres usages.

Dieu ayant fait de la terre un seul Element, la separée en diverses Contrées, à chacune desquelles il a donné quelque avantage & quelque commodité, qui ne se trouve point aus autres, afin que dans cette agreable varieté, sa Providence se puisse tant plus distinctément reconnoître. Mais il faut avoüer, qu'en la distribution que cette Divine Sagesse a fait de ses biens, les Antilles ont esté fort richement partagées: Car pour nous arrêter seulement à la matiere que

nous

nous traittons, non seulement les grands Arbres, que nous avons décrits aus Chapitres precedens, contribuent au logément, à la nourriture, au vétemens, à la conservation de la santé, & à plusieurs autres dous accommodémens des hommes qui y habitent, mais il y croist encore plusieurs Arbrisseaus qui poussent des racines, ou qui portent des fruits qui servent aus mêmes usages, comme il se pourra remarquer par la lecture de ce Chapitre.

ARTICLE I.

Du Manyoc.

LEs Habitans des Iles, se servent au lieu de blé de la racine d'un Arbrisseau, qui se nomme *Manyoc*, & que les

Toupinambous appellent *Manyot*, & d'autres *Mandioque*, de laquel-

laquelle on fait un pain assez delicat, que l'on appelle *Cassave*. Cette racine est si feconde qu'un arpent de terre qui en sera planté, nourrira plus de personnes que n'en pourroient faire six qui seroient ensemencez du meilleur froment. Elle jette un bois tortu de la hauteur de cinq à six pieds, qui est tres-facile à rompre & remply de petis nœuds. Sa feüille est étroite & longuette. Au bout de neuf mois la racine est en sa maturité. On dit même qu'au Bresil il ne luy faut que trois ou quatre mois pour croistre grosse comme la cuisse. Si la terre n'est point trop humide, la racine s'y peut conserver trois ans sans se corrompre: si bien qu'il ne faut point de grenier pour la serrer, car on la tire de la terre à mesure qu'on en a besoin.

Pour faire venir cette racine, il faut prendre de ce bois, & le couper par bâtons de la longueur d'un pié ou environ. Puis faire des fosses dans le jardin avec une hoüe, & fourrer trois de ces bâtons en triangle dans la terre que l'on a tirée de ces fosses, & dont on a fait un petit monceau relevé. On appelle cela *planter à la fosse*. Mais il y a une autre sorte de planter le Manioc, que l'on nomme planter au Piquet, qui est plus pronte & plus aysée, mais qui ne produit pas de Manioc si beau, ni si estimé. Cela ne consiste qu'à faire un trou en terre avec un piquet & à y planter tout droit le bois de Manioc. Mais il faut prendre garde en le plantant, de ne pas mettre les nœuds en bas, parce que les bâtons ne pousseroient point. Les Indiens n'y font point d'autre fasson: mais pour l'avoir en saison, ils observent le decours de la Lune, & que la terre soit un peu humectée.

Il y a plusieurs sortes de ces Arbrisseaus, qui ne sont differens qu'en la couleur de l'écorce de leur bois, & de leur racine. Ceus qui ont l'écorce, grise, ou blanche, ou verte, font un pain de bon goût, & ils croissent en peu de tems: mais les racines qu'ils produisent ne sont pas de si bonne garde, & elles ne foisonnent point tant que celles du Manyoc rouge ou violet, qui est le plus commun, le plus estimé, & le plus profitable en la ménagerie.

Le suc de cette racine est froid comme la ciguë; & c'est un poison si puissant, que les pauvres Indiens des grandes Iles, étant

étant persécutez à feu & à sang par les Espagnols, & voulant eviter une mort plus cruelle, se servoient de ce venin pour se faire mourir eus mêmes. On voit encore aujourduy en l'Ile de Saint Domingue, un lieu nommé la Caverne des Indiens, où se trouvent les ossemens de plus de quatre cens personnes, qui s'y donnerent la mort avec ce poison, pour échaper des mains des Espagnols. Mais au bout de vintquatre heures que ce suc si venimeus pour toutes sortes d'animaus, est tiré de sa racine, il perd sa qualité maligne & dangereuse.

ARTICLE II.

Du Ricinus ou Palma Christi.

IL y a dans les Antilles une infinité de ces Arbrisseaus que l'on nomme *Palma Christi*, ou *Ricinus*. Et ils croissent si hauts, & si gros en quelques lieus, qu'on les prendroit pour une espece differente de ceus que l'on voit en Europe. Les Négres en amassent la graine & en expriment l'huile, de laquelle ils se servent pour frotter leurs cheveus, & se garentir de la vermine. Les qualites que luy donnent Galien & Dioscoride, répondent bien à l'usage qu'en tirent ces Barbares. La feüille de cet Arbrisseau est aussi souveraine, pour la guerison de quelques ulceres, parce qu'elle est fort attractive.

ARTICLE III.

Des Bananiers, & Figuiers.

IL croist en toutes ces Iles deus sortes d'Arbrisseaus, ou plutôt de gros Roseaus spongieus au dedans, qui viennent volontiers en terre grasse, pres des ruisseaus, ou dans les vallées, qui sont à l'abry des vens. On les nomme ordinairement *Bananiers*, ou *Planes* & *Figuiers*, ou *Pommiers de Paradis*. Ces deus especes d'Arbrisseaus ont cecy de commun entre eus, 1. Qu'ils croissent de pareille hauteur, assavoir de douze ou de quinze pieds hors de terre: 2. Que leurs tiges qui sont

vertes,

vertes, luisantes, spongieuses & remplyes de beaucoup d'eau, sortent d'un gros oignon en forme d'une poire, qui est muny de plusieurs petites racines blanches, qui le lient avec la terre: 3. Qu'ils poussent proche leur pié des rejettons, qui produisent des fruits au bout de l'an : 4. Que quand on a coupé une des tiges pour avoir le fruit, la plus avancée succede en la place, & ainsi l'Arbrisseau se perpetuë, & se multiplie, tellement qu'il occupe avec le temps, tout autant de bonne terre qu'il en rencontre : 5. Que la substance de l'un & de l'autre est mollasse, qui se resout en eau, laquelle étant claire au possible, a neantmoins la qualité de teindre le linge, & les étoffes blanches en couleur brune. 6. Que leurs fruits sont au sommet de chaque tige, en forme de grosses grappes, ou de gros bouquets : 7. Et que leurs feüilles qui sont grandes d'environ une aulne & un quart, & larges de dixhuit pouces, peuvent

M 2 servir

servir de nappes & de serviettes, & étant séches tenir lieu de matelas & de lits, pour coucher mollement.

Ces deus Arbrisseaus sont encore semblables en cecy, que de quelque sens que l'on coupe leur fruit lors qu'il est en maturité, la chair qui est blanche comme nége, represente en son milieu la figure d'un Crucifix: cela paroit particulierement quand on le coupe par roüelles delicates. C'est pourquoy les Espagnols croiroient faire un crime d'y mettre le couteau, & se scandalisent fort de le voir trancher autrement qu'avec les dens.

Mais le *Bananier* a cecy de particulier: 1. Son fruit est long de douze à tréze pouces, un peu recourbé vers l'extremité, gros à peu prés comme le bras; au lieu que celuy du *Figuier* est de la moitié plus petit, de la longueur de six pouces. 2. Le *Bananier*, ne produit en son bouquet que vintcinq ou trente Bananes pour le plus, qui ne sont point trop serrées les unes auprés des autres; Mais le *Figuier*, a quelquefois jusques a cent ou six vint figues, qui sont tellement unies & pressées les unes contre les autres, qu'on a de la peine à les en détacher. 3. Les Bananes ont la chair ferme & solide, propre à estre cuite, ou sous la cendre, ou au pot avec la viande, ou confite, & séchée au four, ou au Soleil, pour estre gardée plus facilement. Mais la Figue, ayant une substance mollace, ne peut servir à tous ces usages.

Pour avoir ces fruits, on coupe par le pié les Arbres, qui ne portent qu'une seule fois en leur vie, & on soutien avec une fourche la grosse grappe, de peur qu'elle ne se froisse en tombant. Mais on n'y met pas volontiers la serpe, que quand on apperçoit qu'il y a quelques uns des fruits de chaque bouquet, qui ont la peau jaune; Car c'est un signe de maturité: & lors étant portez à la maison ceus qui étoient encore verts meurissent successivement, & l'on a chaque jour du fruit nouveau.

La Grappe, qui est nommée *Regime* par nos François, est ordinairement la charge d'un homme: & quelquefois il la faut mettre sur un levier, & la porter à deus sur les épaules, comme la grappe de raisin, que les Espions rapporterent de la terre de Canaan. Quelques uns, ont trouvé ce fruit si beau

&

& si delicat, qu'ils se sont imaginez que cét celuy du Paradis terrestre, dont Dieu avoit defendu à Adam & a Eve de manger. Aussi ils le nomment *Figuier D'Adam*, ou *Pommier de Paradis*. La feüille de ces Roseaus, se trouvant de la grandeur que nous avons dit, étoit du moins bien propre à couvrir la nudité de nos premiers parens. Et pour ce qui regarde la figure du Crucifix, que le fruit represente au dedans lors qu'il est coupé, cela peut fournir une ample matiere de profondes speculations, à ceus qui se plaisent à spiritualiser les secrets de la Nature.

Il y en a qui disent que la figure d'une Croix est aussi marquée dans la semence de l'herbe que l'on nomme Ruë. La petite *Gentiane* ou *Cruciata*, a les feüilles disposées en forme de Croix sur sa tige: & il faut avoüer, que la nature comme en se jouant, s'est pluë à representer de cette sorte diverses figures, dans les plantes & dans les fleurs. Ainsi il y en a qui se rapportent à la forme des cheveus, d'autres à celle des yeus, des oreilles, du nez, du cœur, de la langue, des mains & de quelques autres parties du corps. Et ainsi il y a encore diverses plantes fameuses, qui semblent representer plusieurs autres choses, comme des Aigles, des Abeilles, des serpens, des pattes de chat, des crestes de coq, des oreilles d'Ours, des bois de cerf, des fléches, & semblables ; dont par fois même à cause de cette ressemblance, ces plantes-là portent le nom. Nous ne les specifions pas icy parce que tous les Livres en son pleins.

ARTICLE IV.

Du Bois de Coral.

IL y a encore en plusieurs Iles, un petit Arbrisseau, qui porte une graine rouge comme du Coral. Elle croist par bouquets à l'extremité de ses branches, qui en reçoivent un grand lustre. Mais ces petits grains ont une petite marque noire à l'un des bouts, qui les défigure, & leur fait perdre leur prix, selon l'advis de quelques uns. Les autres disent tout au contraire,

traire, que cette bigarrure de couleurs, ne les rend que plus agreables. On s'en fert à faire des Braſſelets.

ARTICLE V.

Du Iaſmin & du Bois de Chandelle.

LEs Arbriſſeaus, que nos François ont nommé *Iaſmin*, & *Bois de Chandelle*, doivent eſtre mis entre ceus qui ſont conſiderables en ces Iles. Car le premier porte une petite fleur blanche, qui parfume toute la circonference de ſa bonne odeur; & c'eſt ce qui luy a acquis le nom qu'il porte. Et quant à l'autre, il exhalé une ſi agreable & ſi douce ſenteur lors qu'on brule ſon bois ſec, il eſt auſſi ſi ſuſceptible de feu, & il rend une flamme ſi claire, à cauſe d'une certaine gomme aromatique d'ont il eſt Imbu, que c'eſt avec raiſon qu'il eſt recerché des Habitans pour l'uſage & l'entretien de leurs feus, & pour leur tenir lieu de chandelle, & de flambeau pendant la nuit.

CHAPITRE DIXIÉME.

Des Plantes, Herbages, & Racines de la terre des Antilles

APres avoir repreſenté dans les Chapitres precedens, les Arbres & les Arbriſſeaus, dont la terre des Antilles eſt richément couverte: il nous faut maintenant entrer en la conſideration, de pluſieurs rares Plantes, Herbes, & Racines dont elle eſt auſſi tres-abondamment pourveuë.

ARTI-

ARTICLE I.

De trois sortes de Pyman.

LA Plante, que nos François appellent *Pyman* ou Poyure de l'Amerique, est la même que les naturels du païs nomment *Axi* ou *Carive*. Elle croist touffuë, comme un petit buisson sans épines. Sa tige est couverte d'une peau cendrée,

elle porte plusieurs petis rameaus, qui sont chargez d'une multitude de feüilles longuettes, dentelées, & de couleur de vert naissant. Il y en a de trois sortes qui ne sont en rien différentes, qu'en la figure de l'écosse, ou du fruit qu'elles portent. L'une ne produit qu'un petit boutton rouge, longuet comme un clou de Girofle, qui a au dedans une semence déliée deliée beaucoup plus chaude que les épices, qui viennent du Levant, & présque caustique, qui communique facilement cette qualité picquante, à tout ce à quoy on l'employe.

L'autre Espéce, a une écosse beaucoup plus grosse, & plus longue, qui devient parfaitement vermeille étant meure, & si l'on s'en sert aus saukes, elle les jaunit comme feroit le Safran.

La Troiziéme a encore une écosse plus grosse, qui est asses épaisse, rouge comme du plus vif Coral, & qui n'est pas également unie. La graine qui n'est point si acre, ni si épicée que celle des autres, est suspenduë au milieu. C'est l'un des plus beaus fruits, que lon s'auroit voir, lors qu'il est meur. On en a apporté de la graine en France & ailleurs, qui est venuë en perfection. Mais le fruit ne vient pas du tout si gros, qu'en l'Amerique. On se sert de cette écosse, & de la graine qui est dedans, au lieu de poyvre, parce que ce fruit donne un goût relevé qui approche de celuy de cette épice. Les effets neantmoins n'en sont pas si loüables ; Car apres qu'il à un peu piqué la langue, & enflammé le palais par son acrimonie, au lieu de fortifier, & déchauffer la poitrine, il l'affoiblit, & y cause des froideurs ; Ou plutost, selon le sentiment des Medecins, il ne l'échauffe que trop, & il l'affoiblit par sa vertu caustique, n'y causant de froideur que par accident, entant qu'il dissipe l'humide radical, qui est le siege de la chaleur. Cet pourquoy on remarque dans les Iles, que ceus qui s'en servent ordinairement en leur manger, sont sujets à des maus d'estomac, & à contracter une couleur jaune.

ARTICLE II.

Du Tabac.

LA plante de *Tabac*, ainsi appellé à cause de l'Ile de *Tabago*, où selon l'opinion de quelques uns, elle a esté premierement découverte par les Espagnols, est aussi nommé *Nicotiane*, du nom de Monsieur *Nicot* Medecin, qui la mit le premier en usage en l'Europe, & qui l'envoya de Portugal en France.

Chap. 10   DES ILES ANTILLES.

France. On la qualifie encore *Herbe à la Reyne*, parce qu'estant apportée de l'Amerique, elle fut presentée à la Reine d'Espagne comme une plante rare, & de merveilleuse vertu. Les Espagnols luy donnent de plus de nom *d'Herbe Sainte*, pour les excellens effets que l'experience leur en a fait sentir, comme temoigne Garcilasso, au 25 Chapit. du 2 Livre de son commentaire Royal des Yncas du Perou. Enfin on l'apelle *Petun*, bien que Jean de Lery s'en mette fort en colere, soutenant que la plante qu'il a veuë au Bresil, & que les Taupinambous nomment *Petun*, est tout à fait differente de nostre *Tabac*. Les Caraibes le nomment en leur langue naturelle *Youly*. On ne connoissoit autréfois dans les Iles d'autres Plantes de Tabac, que celles que les Habitans nomment ordinairement *Tabac vert*, & *Tabac à la langue*, à cause de la figure de sa feüille : Mais depuis qu'on y a apporté de la terre ferme, de la semence de celles qu'on appelle *Tabac de Verine*, & Tabac des Amazones, on les a aussi divisées en ces quatre sortes. Les deus premieres sont de plus grand rapport : Mais les deus autres sont plus estimées, à cause de leur bonne odeur.

Toutes ces sortes de plantes de *Tabac*, croissent aus Iles de la hauteur d'un homme & d'avantage, lors qu'on n'empéche point leur croissance, en coupant se sommet de leurs tiges. Elles portent quantité de feüilles vertes longues, veluës par dessous, & que l'on diroit estre huilées lors qu'on les manie. Celles qui croissent au bas de la plante, sont plus larges & plus longues, comme tirant plus de nourriture de l'humeur de la racine. Elles poussent au sommet de petits rameaus, qui portent une fleur en forme de petite clochette, laquelle est d'un violet clair. Et quand cette fleur est séche, il se forme un petit bouton en la place, dans lequel est conténuë la semence, qui est de couleur brune & extrémement deliée.

Quelquefois on trouve sous les feüilles, & sous les branches de cette Plante, des nids de ces petis oiseaus que l'on apelle *Colibris*, & que nous décrirons en leur lieu.

N   ARTI-

ARTICLE III.

Du l'Indigo.

LA matiere d'ont on fait cette Teinture violette qu'on appelle *Indigo*, se tire d'une Plante, qui ne s'éleve hors de terre qu'un peu plus de deus pieds & demy. Elle a la feüille petite, d'un vert naissant qui tire sur le jaune quand

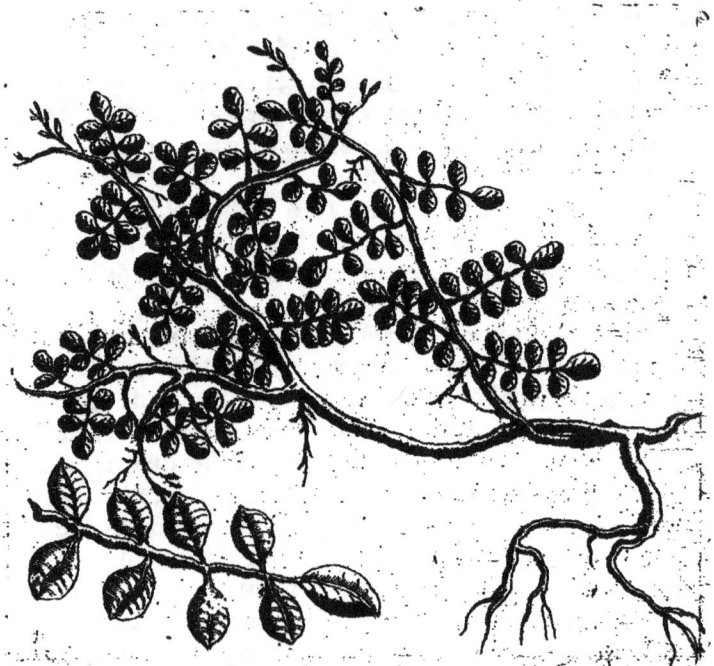

elle est meure. Sa fleur est rougeâtre. Elle vient de graine, que l'on seme par sillons en droite ligne. Son odeur est fort desagreable, au contraire de cette espece d'Indigo que l'on trouve en Madagascar, qui porte de petites fleurs d'un pourpre meslé de blanc, qui s'entent bon.

Chap. 10 DES ILES ANTILLES.

ARTICLE IV.

Du Gingembre.

ENtre toutes les Epiceries du levant, qu'on à essayé de faire croistre en l'Amerique, il ny en a aucune qui ait reüssi que le *Gingembre*, qui y vient en abondance, & en sa perfection. C'est la racine d'une Plante, qui ne s'eleve pas

beaucoup hors de terre, qui a les feüilles vertes & longuettes, comme celles des roseaus, & des cannes de sucre. Sa Racine se répand non en profondeur mais en largeur, & est couchée entre deus terres, comme une main qui a plusieurs doigts étendus aus environs. D'où vient aussi qu'on l'appelle *Patte*, entre les habitans des Iles. Cette plante se peut

N 2 pro-

100 HISTOIRE NATURELLE, Chap. 10

provigner de semence, ou comme il se pratique plus ordinairement de certaines petites racines, qui croissent comme filets, autour de la vieille tige & des plus grosses racines, tout ainsi qu'aus Chervis. Elle croist facilement en toutes les Antilles & particulierement à S. Christofle. Aussi depuis que le Tabac est devenu à si-vil prix, plusieurs Habitans de cette Ile, ont fait trafic de Gingembre, avec un heureux succés.

ARTICLE V.

Des Patates.

LA *Patate*, que quelques uns appellent *Batate*, est une racine qui est presque de la figure des *Trufes* des jardins, que

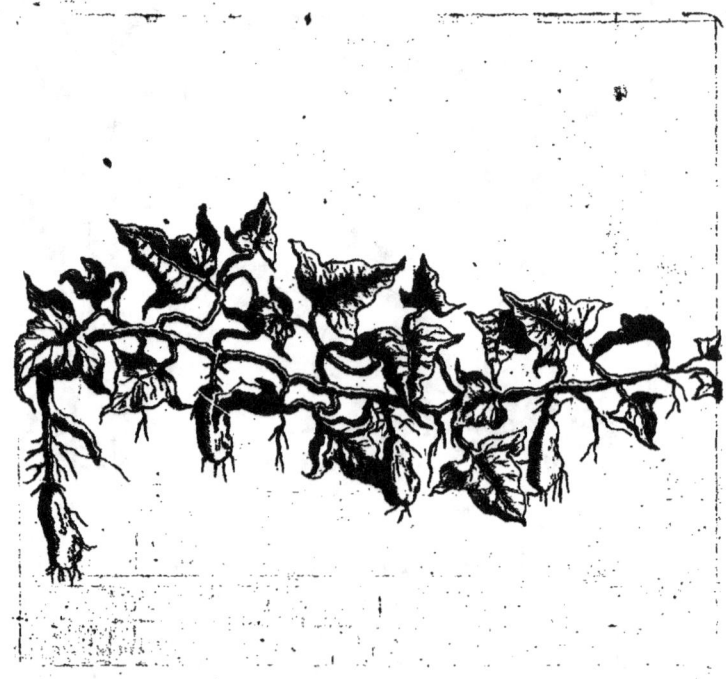

l'on nomme *Toupinambous ou Artichaus d'Inde*, mais d'un goût beaucoup plus relevé, & d'une qualité beaucoup meilleure pour la santé. Nous

Nous prendrons icy occasion de dire en passant par forme de digression, que ces *Toupinambous* qui sont aujourd'huy non seulement fort commun en ces quartiers, mais fort vils & fort méprisez, & qui ne sont guéres que la viande des pauvres gens, ont esté autréfois entre les plus rares delices. Car aus superbes festins, qui se firent a Paris par les Princes, à quelques Ambassadeurs en l'an mil six cens seize, on en servit comme d'un mets precieus & exquis. Retournons à nostre *Patate*.

Elle croit en perfection dans une terre legere, moyenement humide, & un peu l'abourée. Elle pousse quantité de feüilles mollasses, d'un vert fort brun, qui ont une figure approchante de celles des Epinars. Elles sortent de plusieurs pampres qui rampent sur terre, & qui remplissent incontinent au long & au large toute la Circonference; Et si la terre est bien preparée, ces pampres forment en peu de tems diverses racines, par le moyen de certains fibres ou filamens blanchâtres, qui se poussent de dessous les nœuds, & qui s'insinuent facilement en la terre. Elle porte une fleur de la couleur à peu-prés qu'est la racine, & en forme de clochette, au defaut de laquelle se forme la graine. Mais ordinairement pour provigner ce fruit, on prend seulement de ces pampres qui s'éparpillent par tout comme nous avons dit, & on les couche dans une terre labourée, où au bout de deus ou trois mois ils ont produit leur racine: Laquelle a aussi cette vertu qu'étant coupée par roüelles & mise en terre, elle produit sa racine & sa feüille, comme si elle avoit sa semence en chacune de ses moindres parties.

Ces Racines sont de couleur differente, & dans un même champ on en tirera quelquefois de blanches, qui sont les plus communes, de violettes, de rouges, comme les Bettes-raves, de jaunes, & de marbrées. Elles sont toutes d'un goût excellent. Car pourveu qu'elles ne soient point remplies d'eau, & qu'elles soient creües en un terroir moyennement humide & sec, qui participe de l'un & de l'autre, elles ont le goût des Chataignes, & sont d'une meilleure nourriture que la Cassaue, qui desséche le corps. Car elles ne sont pas si arides. Aussi plusieurs Anglois se servent de ces racines au lieu de pain

pain & de Caſſaue, & les font cuire pour cet effet ſous la cendre, ou ſur les charbons. Car étant ainſi preparées, elles ſont de meilleur goût, & elles perdent cette qualité venteuſe qu'ont la pluſpart des racines. Mais pour l'ordinaire, on les fait cuire dans un grand pot de fer, au fond duquel on met tant ſoit peu d'eau: Puis on étouppe ſoigneuſement avec un linge l'orifice & l'environ du couvercle, afin qu'elles cuiſent par cette chaleur étouffée. Et c'eſt là le mets plus ordinaire des ſerviteurs & Eſclaves du Païs, qui les mangent ainſi ſortant du pot, avec une ſauce compoſée de Pyman, & de ſuc d'Orange, que nos François appellent *Pymantade*.

Il faut avoüer, que ſi cette racine n'étoit pas ſi commune, elle ſeroit beaucoup plus priſée. Les Eſpagnols là mettent entre leurs delices, & ils l'aprétent avec du beurre, du ſucre, de la muſcade, ou de la Canelle. Les autres la reduiſent en boüillie, & y ajoûtant force graiſſe, & du poyure ou du Gingembre, trouvent que c'eſt un excellent manger. Mais la plûpart des Habitans des Iles n'y font pas tant de façon: Quelques uns auſſi cüeillent la tendre extremité des pampres, & apres les avoir fait boüillir, ils les mangent en ſalade, en forme d'Aſperge, ou d'Houblon.

ARTICLE VI.

De l'Ananas.

L'*Ananas*, eſt tenu pour le fruit le plus delicieus, non ſeulement de ces Iles, mais de toute l'Amerique. Il eſt auſſi ſi beau & d'une odeur ſi douce, qu'on diroit que la nature ait déploié en ſa faveur, tout ce qu'elle reſerroit de plus rare, & de plus precieus en ſes treſors.

Il croiſt ſur une tige haute d'un bon pied, qui eſt revétuë d'environ quinze ou ſeize feüilles, qui ſont de la longueur de celles des Cardes, de la largeur de la paume de la main, & de la figure de celles de l'Aloes. Elles ſont pointuës par le bout, de même que celles du Glayeul, un peu cavées par le milieu, & armées des deus côtés de petites épines, qui ſont fort pointuës.

Chap. 10   DES ILES ANTILLES.   105

Le fruit qui croist entre ces feüilles, & qui est élevé sur cette tige, est quelquefois de la grosseur d'un Melon. Sa forme est à peu prés semblable à une pomme de Pin. Son écorce, qui est relevée de petits compartimens en forme d'écailles, d'un vert pâle, bordé d'incarnat, couchez sur un fonds jaune, est chargée en dehors de plusieurs petites fleurs, qui selon les divers aspects du Soleil, se revétent d'autant de differentes couleurs qu'on en remarque en l'arc en Ciel. Ces fleurs tombent en partie, à mesure que le fruit meurit. Mais ce qui luy donne plus de lustre, & ce qui luy a acquis le titre de Roy entre les fruits, c'est qu'il est couronné d'un gros bouquet, tissu de fleurs & de plusieurs feüilles, solides & dentelées, qui sont d'un rouge vif & luisant, & qui luy donnent une merveilleuse grace.

La chair, ou la poulpe qui est contenuë sous l'écorce, est un peu fibreuse; mais elle se resout toute en suc dans la bouche. Elle a un goût si relevé, & qui luy est si patticulier, que ceus qui l'ont voulu parfaitement décrire, ne pouvans le faire sous une seule comparaison, ont emprunté tout ce qui se trouve de plus delicat, en l'Auberge, en la fraise, au Muscat, & en la Rénette, & apres avoir dit tout cela, ils ont esté contrains de confesser, qu'elle a encore un certain goût particulier, qui ne se peut pas aisément exprimer.

La vertu, ou le germe, par lequel ce fruit se peut perpetuer, ne consiste pas en sa racine, ou en une petite graine rousse, qui se rencontre souvent en sa poulpe: Mais en cette guirlande dont il est couvert. Car si-tôt qu'elle est mise en terre, elle prend racine, elle pousse des feüilles, & au bout de l'an elle produit un fruit nouveau. On voit souvent de ces fruits, qui sont chargez de trois de ces bouquets, qui ont tous la vertu de conserver leur espece. Mais chaque tige ne porte du fruit qu'une seule fois.

Il y en a de trois ou quatre sortes, que les habitans des Iles ont distingués ou par la couleur, ou par la figure, ou par la saveur, assavoir *l'Ananas blanc*, *le Pointu*, & celuy qu'ils appellent *la Rénette*. Ce dernier est plus estimé que les deus autres, à cause que quand il est bien meur, Il possede pour le goût toutes ces rares qualitez que nous avons dites; Il a
aussi

aussi une odeur plus agreable que les autres, & il agace moins les déns.

Les Indiens naturels du Païs, & nos François qui demeurent aus Iles, composent de ce fruit un tres-excellent bruvage, qui approche fort de la Malvoisie, quand il est gardé quelque tems. On en fait aussi une confiture liquide, laquelle est l'une des plus belles, & des plus delicates, de toutes celles que l'on apporte des Indes. On coupe aussi l'écorce en deus, & on la confit à sec avec une partie des feüilles les plus deliées, puis apres on là rejoint proprement selon l'art & on l'encroûte d'une glace sucrée, qui conserve parfaitement la figure du fruit & de ses feüilles, & qui fait voir en ces heureuses contrées, nonobstant les chaleurs de la zone torride, une douce image des tristes productions de l'hyver.

On a mangé assés long tems de ce fruit, sans remarquer les rares usages qu'il a dans la Medecine; Mais à present l'experience à fait connoistre que son suc a une vertu admirable pour recréer les esprits, & relever le cœur abbatu, on l'employe aussi heureusement pour fortifier l'estomac, chasser les dégouts, & rétablir l'appetit. Il soulage aussi merveilleusement ceus qui sont affligez de la gravelle, ou de suppression d'Urine, & même il détruit la force du poison. Au defaut de ce fruit, sa racine produit les mêmes effets. L'eau que l'on en tire par l'Alambic, fait une operation plus promte & plus puissante; mais à cause qu'elle est trop corrosive, & qu'elle offense la bouche, le palais & les vaisseaus uretaires, il en faut user en bien petite quantité, & par l'avis d'un savant Medecin, qui s'aura donner un correctif à cette acrimonie.

ARTICLE VII.

Des Cannes de Sucre.

LE Roseau, qui par son Suc delicieus fournit la matiere dont on compose le Sucre, porte les feüilles semblables aus autres roseaus, que l'on voit aus marais & au bord des étangs; mais elles sont un peu plus longues, & un peu plus trenchantes. Car si on ne les empoigne avec adresse, elles

cou-

coupent les mains comme un rasoir. On le nomme *Canne de Sucre*, & il croist de la hauteur de cinq à six pieds, & de la grosseur de deus pouces en circonference. Il est divisé par plusieurs nœuds, qui sont ordinairement éloignez de quatre ou cinq pouces les uns des autres. Et d'autant plus que cette distance est grande, d'autant plus aussi les Cannes sont estimées estre plus propres à faire le Sucre.

La tige pousse comme un buisson de longues feüilles vertes & touffuës, du milieu desquelles s'éleve la canne, qui est aussi chargée en son sommet de plusieurs feüilles pointuës, & d'un panache dans lequel se forme la semence. Elle est entierement remplie d'une moëlle blanche & succulante, de laquelle on exprime cette douce liqueur, dont se forme le Sucre.

Elle vient en perfection dans une terre grasse, legere, & moyennement humide. On la plante en des sillons, qu'on fait en égale distance avec la houë, ou avec la charrüe, & qui sont profons d'un demy pied. On y couche des Cannes qui sont meures, on les couvre de terre, & peu de tems apres chaque nœud forme une racine, & pousse sa feüille & la tige, qui produit une nouvelle Canne. Si tost qu'elle sort de terre, il faut estre fort soigneuz de sarcler tout aus environs, afin que les méchantes Herbes ne la suffoquent: Mais dez qu'une fois elle a couvert la terre, elle se conserve d'elle même comme un bois taillis, & elle peut durer cinquante ans sans estre renouvellée, pourveu que le fonds soit bon, & que le ver ne la corrompe, car en ce cas le meilleur est d'arracher au plûtost toute la plante, & de la faire toute nouvelle.

Encore que les Cannes soient meures au bout de neuf ou dix mois, elles se conservent bonnes sur le pied deus ans, & quelquefois trois ans entiers, apres quoy elles deperissent. Mais le plus seur & le meilleur est, de les couper tous les ans, prez de terre, & au defaut du dernier nœud.

Lors que ces Cannes sont en leur maturité & que l'on marche sur les chams, on trouve ce dous raffraichissement, & on en suce avec plaisir le jus qui est excellent, ayant le même goût que le sucre. Mais si l'on en prend trop, on se met en danger d'un cours de ventre, & particulierement les nouveaus venuz; car ceus qui sont naturalisez dans le païs n'y sont pas si sujets.

Il y a encore en quelques unes de ces Iles, de ces belles & precieuses Cannes, qu'on porte à la main par ornement, & qui sont naturellement marbrées & émaillées de diverses figures. Le bord des Etangs, & tous les endroits marécageus sont aussi pourveus de gros Roseaus fort hauts & fort droits, dont les Habitans font ordinairement les parois & les separations de leurs maisons, & les lattes de leurs couvers. Les Indiens se servent aussi du sommet de ces roseaus, pour faire la plûpart de leurs fléches.

CHAPITRE UNZIÉME.

De quelques autres rares productions de la terre des Antilles, & de plusieurs sortes de Legumes & de Fleurs qui y croissent.

Nous avons déja representé au Chapitre precedent, plusieurs Plantes, Herbages & Racines qui croissent aus Antilles, & qui sont considerables en leurs feüilles, en leurs fruits, & en leurs merveilleuses proprietez. Mais d'autant que cette matiere est extrémément feconde & agreable, nous sommes persuadez que le lecteur curieus aura pour agreable, de voir encore sous un titre particulier, un grand nombre de rares Productions de cette terre, qui sont pour la plûpart inconnuës en l'Europe.

ARTICLE I.

Des Raquettes.

CE que nos François appellent *Raquettes*, à cause de la figure de ses feüilles; Est un gros buisson épineus, qui rampe sur la terre, ne pouvant s'élever guére haut, parce que sa tige, qui n'est autre chose qu'une feüille qui s'est grossie par succession de tems, ne monte qu'environ demy pied hors de terre. Et quoy qu'elle soit assez grosse elle ne paroit point, & on ne la peut appercevoir qu'en soulevant les feüilles vertes, lourdes grossieres & épaisses d'un pouce, qui l'entourent, & qui sont attachées les unes aus autres. Elles sont armées d'aiguillons extrémement perçans & deliez ; Et sur quelques unes de ces feüilles longues & herissées, il croist un fruit de la grosseur d'une Prune Datte, qui a aussi sur sa peau plusieurs menuës & deliées épines, qui percent vivement les doits de ceus qui le veulent cuëillir. Quand il est meur il est rouge dedans & dehors comme de vermilon. Les Chasseurs des Iles le trouvent fort delicat & fort rafraichissant. Mais il a cette proprieté, qu'il teint l'urine en couleur de sang aussi tost apres qu'on en a mangé, de sorte que ceus qui ne savent pas ce secret, craignent de s'estre rompu une veine. Et il s'en est trouvé qui aians apperçeu ce changement, dont ils ignoroient la cause, se sont mis au lit, & ont creu estre dangereusement malades. On dit qu'il y a au Perou une espece de Prunes, qui produit le même effet. Et quelques uns assurent l'avoir aussi remarqué, apres avoir mangé de la gelée de groseilles rouges.

Ceus qui ont décri le *Tunal*, qui est si prisé à cause de la precieuse teinture décarlatte qu'il nourrit sur ses feüilles, le font tout pareil à la plante d'ont nous venons de parler, horsmis qu'ils ne luy donnent point de fruit. Quelques autres l'ont mise au rang des Chardons qui portent des figues, à cause que le fruit en a la figure, & que quand il est ouvert au lieu de noyau, il n'a que des petits grains tout pareils à ceus de la figue.

Il y en a encore d'une autre espece, dont le fruit est blanc, & d'un goût beaucoup plus dous, & plus savoureus que le rouge, dont nous venons de parler. Et même il s'en trouve une autre qui est sans doute une espece de *Tunal*, sur laquelle on a veu des vermisseaus semblables en couleur à un rubis : qui teignent en tres-belle & tres-vive écarlate le linge, ou le drap sur lequel on les écrase.

ARTI-

ARTICLE II.

Du Cierge.

LE *Cierge*, qui est ainsi nommé par nos François à cause de sa forme, est appellé par les Caraibes *Akoulerou*. C'est aussi une espece de gros Chardon, qui croist comme un gros buisson touffu, & herissé de toutes parts d'épines extremement pointuës & deliées. Il pousse en son milieu neuf ou dix tiges sans branches ni feüilles, qui sont hautes de neuf à dix pieds, droites & canelées comme de gros Cierges. Elles sont aussi munies de poignantes épines, comme d'aiguilles fines, & perçantes au possible, qui ne permettent pas, qu'on le puisse toucher de quelque costé que ce soit. L'écorce & le dedans sont asses molasses & spongieus. Chaque Cierge porte en une saison de l'année, entre les rayes canelées de sa tige, des fleurs jaunes ou violettes, ausquelles succede un fruit en forme de grosse figue, qui est bon à manger, & asses delicat. Les oiseaus en sont fort frians, mais ils ne les peuvent béqueter qu'en volant, parce que les aiguillons qui le conservent de toutes parts, ne leur souffrent pas de s'arrester sur ce buisson, ni sur ses tiges. Les Indiens en détachent le fruit, avec de petites perches fenduës par le bout.

ARTICLE III.

De plusieurs sortes de Lienes.

IL y a plusieurs espéces de bois rampans par terre, & qui s'attachent aus Arbres, & empeschent souvent de courir facilement par les forets. Les Habitans des Iles les nomment *Lienes*. Les unes sont en forme de gros Cable de Navire. Les autres portent des fleurs de diverses couleurs. Et même il s'en voit qui sont chargées de grosses siliques tannées, longues d'un bon pied, larges de quatre ou cinq pouces & dures comme l'écorce du chesne, dans lesquelles sont contenus ces fruits curieus qu'on appelle *Chataignes de mer*, qui ont la

figure

figure d'un cœur, & dont on se sert souvent apres qu'on les a vuidez de leur poulpe, pour conserver du Tabac pulverisé, ou quelque autre poudre de bonne senteur. Ce que les Habitans des Iles appellent *Pommes de Lienes*, est un fruit qui croist sur une sorte de Vime, qui s'attache aus gros Arbres comme le Lierre, Il est de la grosseur d'une bale de jeu de paume, & couvert d'une coque dure, & d'une peau verte, qui contient au dedans une substance, laquelle estant meure a la figure, & le goût des Groseilles.

ARTICLE IV.

Des Herbes toujours vives.

ON trouve dans ces Antilles plusieurs espéces d'Herbes toujours vives dont les unes croissent sur le tronc des vieus Arbes, comme le Guy sur le Chesne : les autres croissent en terre & sur des Rochers. Elles ont tant d'humidité naturelle, que bien qu'elles soient arrachées, & suspenduës la racine en haut, au milieu des chambres, où on les conserve par ornement, & pour recréer la veuë, elles ne quittent point leur verdure.

ARTICLE V.

Des Plantes sensibles.

IL y a à Tabago une espece d'Herbe toujours vive, qui d'abondant est sensible. Elle croist haut d'un pied & demy, ou environ la tige est entourée d'une grande multitude de feüilles longues d'un bon pied, larges de trois doits, dentelées à peu prés comme celle de la Fougere, aus extremités de couleur verte entremélée de petites tâches brune & rouges. En la saison des fruits il croist du milieu de cette plante une fleur ronde, composée de plusieurs feüilles, qui sont rangées en même ordre que celles du Soucy. Mais elles sont d'un violet clair, & ont asses bonne odeur estant maniées. La nature de cette Plante est telle que si quelcun arrache de ses feüilles, ou s'il les touche seulement, toute la Plante se flétrit,

Chap. II DES ILES ANTILLES. 111

flétrit, & laisse tomber ses autres feüilles contre terre, comme si on l'avoit foulée aus pieds. Et selon le nombre des feüilles que l'on en a arrachées, elle demeure plus ou moins de temps à se redresser.

Il en croist une semblable à Madagascar que les habitans appellent *Haest-vel*, c'est a dire *Herbe ayant vie*. Mais ce n'est pas la même espece qui se voit icy à Paris au jardin du Roy, car elle a la feüille beaucoup plus petite, & qui n'est ni tachetée ni dentelée: Et qui plus est elle ne produit point de fleurs. Outre que ses feüilles estant touchées se resserrent en dedans par quelque sorte de contraction. Au lieu que celle que nous décrivons, laisse tomber les siennes à terre en dehors.

On voit encore autre espece de Plante vive & sensible, en plusieurs autres Iles. Elle croist quelquéfois de la hauteur d'un d'un Arbrisseau. Elle est revetuë de beaucoup de petites branches qui sont chargées en tout tems d'une infinité de feüilles longuettes & étroites, qui sont émaillées en la saison des pluyes, de certaines menuës fleurs dorées, qui résemblent à de petites étoiles. Mais ce qui fait que cette Plante est estimée l'une des plus rares & des plus merveilleuses du monde, est qu'aussi-tôt qu'on là veut empoigner, elle retire ses feüilles, & les recoquille sous ses petis rameaus, comme s'y elles étoient flétries, puis elle les épanoüit de nouveau, quand on retire la main & qu'on s'en éloigne.

Il y en à qui nomment cette Plante *l'Herbe Chaste*; parce qu'elle ne s'auroit souffrir qu'on la touche, sans s'en offencer. Ceus qui ont passé par l'Isthme depuis Nombre de Dios jusques à Panama, racontent qu'il y a des bois entiers d'un Arbre nommé *Sensitif*, auquel si tost que l'on touche, les branches & les feüilles s'élevent avec grand bruit, & font ensemble la figure d'un Globe.

On voyoit a Paris au jardin du Roy il y à quelques années, un Arbrisseau sensitif, estimé de grand prix. Mais quelcun s'estant avisé de donner l'invention de le mettre au fonds d'un puits, pour le conserver contre le froid, & les rigeurs de l'hyver, il y mourut miserablement, au grand regret des Curieus.

ARTICLE VI.

De plusieurs sortes de Pois.

La terre y produit par tout des legumes, tels que sont les pois & les feves, de plusieurs sortes: Les Sauvages Antillois les appellent en general *Manconti*.

Pour les Pois, ils sont presque tous de même espece que ceus qui croissent en l'Europe, excepté ceus que l'on cueille sur un petit Arbrisseau, qui est de la hauteur du Genest & a les feüilles petites, vertes, & étroites. Il porte des Pois dans des gousses, ou siliques, qui sont attachés à ses branches. Ils sont verts & plus petis que les ordinaires, d'un goût relevé, & si faciles à cuire, qu'il ne leur faut qu'un bouïllon. On les

nomme

nomme aus Iles, *Pois d'Angole*, parce que la semence en est venuë de ce païs là, comme il est à croire.

Il y en à d'une autre sorte, que l'on nomme *Pois*, mais qui neantmoins ont la figure de Feves. Ils sont asses petis. Et de cette espece il y en a de blans, de noirs, de rouges, ou tannés, qui sont tous excellens, & qui viennent à maturité en trois mois. On les nomme à Saint Christofle *Pois Anglois*.

ARTICLE VII.

Des Feves, & Fascoles.

ENtre les *Feves & Fascoles*, il en croist aus Antilles de plusieurs espéces qu'on ne voit point en France. Les plus communes sont des blanches, à qui les premiers Habitans ont donné un nom mal honneste à cause de leur figure. Elles produisent leur fruit qui est bon à manger six semaines aprés avoir esté plantées. Les autres sont diversifiées de plusieurs belles & differentes couleurs, comme celles que l'on nomme *Féves de Rome, ou de Lombardie*.

Mais les plus considerables pour leur rareté, sont celles qu'on nomme *Féves de sét ans*, parce qu'une même tige porte sét ans entiers sans se lasser, & s'étend sur les Arbres, sur les rochers & par tout ou elle peut atteindre. Et ce qui est merveilleus, c'est qu'en tout tems il y a du fruit en fleur, du fruit en vert, & du fruit en maturité. De sorte qu'on y peut admirer :

Le printems & l'Automne en un même rameau.

On dit la même chose, d'un certain Arbre d'Egipte nommé *Figuier de Faraon*, où l'on voit toujours du fruit meur, du fruit prest à meurir, & du fruit naissant. Les Orangers ont un semblable avantage.

P   ARTI-

ARTICLE VIII.

Des Plantes & herbes qui peuvent avoir leur usage en la Medecine ou au ménage.

Quant aus plantes qui peuvent avoir leur usage en la Medecine. Il y en a plusieurs en ces Iles, desquelles les proprietés ne sont pas encore bien connuës, & quelques autres qui se trouvent aussi ailleurs. Telles que sont, la scolopandre, une espece d'Aloes, & plusieurs sortes de Capillaires. Il y en a aussi quelques unes dont on a déja fait l'experience, & qui sont recognuës pour estre douées de grandes vertus, entre lesquelles les plus prisées sont, le *Jonc de senteur*, le *Balisier*, & *l'Herbe aus fléches*.

Le Jonc de senteur, est tout semblable aus autres joncs qui croissent aupres des étangs & des rivieres ; mais il pousse une racine ronde de la grosseur d'une noisette, qui rend une odeur fort douce comme celle de l'Iris, & qui étant séchée à l'ombre, & reduite en poudre, a une merveilleuse vertu pour aider les femmes qui sont en travail d'enfant, si on leur en donne une petite prise.

Le Balisier, croist de differente grosseur & hauteur selon les terroirs où il se trouve, il se plait particulierément dans des lieus humides. Ses feüilles sont si grandes & si larges, que les Caraibes en couvrent au besoin leurs petites cabanes; Elles sont aussi employées pour adoucir les inflammations des playes, & pour faire des bains à ceus qui ont des nerfs foulés, ou quelque autre debilité. Sa fleur, qui croist comme une pannache, qui est composée de plusieurs petites coupes jaunes ou rouges, est suivie de boûtons, qui sont remplis d'un grand nombre de grains gros comme des pois, qui sont si polis & si dûrs qu'on en peut faire des Chapelets.

L'Herbe aus fléches, est une espece d'herbe triste, car pendant le jour ses fleurs sont toujours fermées, & durant la nuit elles sont epanoüyes. Ses feüilles qui sont d'un beau vert, sont longues de six ou sét pouces & larges de trois. Sa racine étant

pilée

pilée a la vertu déteindre tout le venin des fléches enpoifonnées étant appliquée fur la playe.

La plûpart des Herbes potageres que nous avons en France, croiffent auffi en ces Iles. Il eft vray qu'il y en a quelques unes, comme font les Chous & les Oignons, qui ne portent point de graine. On n'en manque pas toutefois pour cela; Car quant aus Chous, lors qu'ils font en maturité ils produifent plufieurs rejettons, que l'on transplante, & qui en pouffent d'autres, qui deviennent auffi gros & auffi beaus que s'ils venoient de graine. Et pour ce qui eft des Oignons, les Navires y en apportent quantité, qui produifent beaucoup de vert, dont on fe fert ordinairement dans le potage, & dans les pois.

Il y a auffi beaucoup de Melons communs, dont la graine a efté portée de ces quartiers; Mais a caufe de la chaleur du païs, ils meuriffent là plus facilement, ont la chair plus ferme, & de meilleur goût, & font d'une plus foveüe odeur. Et ce qui eft l'excellence, eft que l'on en a, en toutes les faifons de l'année.

ARTICLE IX.

Des Melons d'eau.

IL croift en ces païs là une autre efpece de Melons, qui font communs en Italie; Mais qui font fans comparaifon meilleurs en Egypte, & au levant. Il en croift auffi en quelques endroits de France, mais il ne valent rien. On les nomme *Melons d'eau*, parce qu'ils font remplis d'une eau fucrée, qui entrelaffe leur chair, qui eft pour l'ordinaire vermeille, & rouge comme du fang aus environs du cœur, où font contenus les grains de leur femence, qui font auffi de même couleur, & quelquesfois noirs. Leur écorce demeure toujours verte & fans odeur, de forte que c'eft à la tige plutoft qu'au fruit, qu'il faut difcerner leur maturité. Ils croiffent fouvent plus gros que la tefte, d'une forme ronde ou en Ovale. On les mange fans fel, & bien que l'on en

mange en quantité, ils ne nuisent point à l'estomac: Mais en ces païs-là qui sont chauds, ils raffraichissent beaucoup, & provoquent l'appetit.

On y cultive encore *du Mays* qu'on nomme autrement Blé d'Espagne, ou de Turquie, de toutes sortes de *Mil*, des *Concombres*, des *Citroüilles*, des Bettes raves & d'autres *Racines*, qui ont toutes le goût excellent.

ARTICLE X.

Des Lys des Antilles.

ET parce qu'il y en à qui pourroient outre tout cela, demander des fleurs. Il y en croist aussi de tres-belles, & de tres-bonne odeur. Entre autres il s'y voit une espece de
Lys

Lys blanc d'une merveilleuse senteur: Car ils ont une odeur pareille à celle du Jasmin, mais si penetrante, qu'il n'en faut qu'une fleur pour parfumer une chambre. L'Oignon & la feüille sont semblables à celles des Lys de France, mais la fleur a ses feüilles éparpillées & divisées par petis Lambeaus, comme si elles avoient esté découpées par plaisir avec des cizeaus. Il y a encore d'autres *Lys*, qui sont de tout point pareils à nos Lys jaunes, ou orangers.

ARTICLE XI.

De Deus sortes de fleurs de la Passion.

ON voit aus Antilles une Plante tres-renommée pour la beauté de ses feüilles, la douce odeur de ses fleurs, & la bonté de son fruit. Les Espagnols l'appellent *Grenadile*, les Hollandois *Rhang Appel*, & nos François la fleur de la Passion, à cause qu'elle porte cette rare fleur, en laquelle on remarque avec admiration, une partie des instrumens de la passion de nôtre Seigneur, qui y sont representez. Il est vray que quelques curieus qui l'ont considerée attentivement, avoüent, qu'ils y ont bien reconnu quelque ressemblance de la couronne d'épines, des foüets, des clous, du marteau, & de la Colomne: mais ils ajoûtent aussi, que la plûpart de ces chôses y sont figurées à peu prés en la même façon, que les Vierges, les Lions, & les Ours le sont par les Constellations celestes ; tellement que pour trouver toutes ces enseignes de la passion dans ces fleurs-là, ils disent apres Acosta au 27 Chapitre du Livre quatriéme de son Histoire, qu'il est besoin de quelque pieté qui en fasse croire une partie.

Il y en a de plusieurs sortes, qui ont toutes cecy de commun : que s'y elles ne rencontrent quelque arbre pour l'embrasser, & se soutenir, elles rampent sur la terre comme fait le lierre : que leurs fleurs s'epanoüissent apres le lever du Soleil, & se referment avant qu'il se couche ; & qu'elles produisent un fruit delicat & raffraichissant au possible. Mais les feüilles, les fleurs, & les fruits de quelques-unes sont si differens en leur forme exterieure, qu'il ne se faut pas s'étonner

de ce que les Auteurs qui ont traitté de cette Plante, & qui ont crû qu'il n'y en avoit qu'une seule espece, ne se sont pas accordez dans les descriptions qu'ils nous en ont données. Les Habitans du Bresil en content jusques à sét sortes: mais aus Antilles, l'on n'en connoît que les deus, dont nous avons icy fait mettre les figures. L'une a les feüilles assez larges, qui sont partagées en cinq fleurons, dont celuy du milieu est rond par le haut, & les quatre autres se terminent en pointe. Sa fleur étant épanoüye est plus ample qu'une rose. Elle est enserrée prés du pied, dans trois petites feüilles vertes; son corps est composé de plusieurs autres belles feüilles, dont les unes sont d'un bleu celeste, qui est parsemé de petites pointes rouges, qui ont la figure d'une couronne, & les autres sont de couleur de pourpre. Toute cette belle fleur est entourée d'une infinité de menus filamens ondez, qui sont comme les rayons de ce petit Soleil entre les fleurs; ils sont émaillez de blanc, de rouge, de bleu, d'incarnat, & de plusieurs autres vives couleurs, qui leur donnent une merveilleuse grace. L'autre sorte a aussi les feüilles divisées en cinq parties comme la premiere: mais sa fleur qui a la figure d'une petite coupe, bordée par le haut de petits filets blancs & rouges, n'est point si étenduë; le dedans est orné de feüilles blanches, qui se terminent en pointe. Ces deus espéces de fleur de la Passion, poussent de leur cœur une petite Colomne ronde, qui a sur son chapiteau un bouton chargé de trois grains, qui ont la forme de clous: cette colomne est accompagnée de cinq filets blancs, qui supportent de petites languettes jaunes, semblables a celles qu'on voit dans la couppe des Lys; & c'est ce qu'on dit representer les cinq playes de nôtre Seigneur.

Ces fleurs, qui sont d'une douce odeur venant à tomber, le bouton qui est sur la colomne se grossit tellement, qu'il s'en forme un beau fruit jaune, poly, & de la grosseur d'une pomme mediocre. Son écorce est aussi épaisse que celle d'une Grenade, & elle est remplie d'un suc delicieus au goût, parmy lequel il y a un grand nombre de pepins noirs & durs au possible. On ordonne ce fruit, comme un souverain rafraichissement à ceus qui ont la fievre, & l'experience a fait connoître, qu'il a une singuliere vertu pour reveiller l'appetit,

recreer

recreer les esprits vitaus, & reprimer les ardeurs de l'estomac ; Les Habitans du Bresil entretiennent soigneusement cette Plante de laquelle ils se servent comme d'un singulier ornement pour couvrir les berceaus & les cabinets de leurs jardins, car ses feüilles & ses fleurs leur fournissent un agreable ombrage ; & ils composent avec le fruit un syrop cordial qui est fort estimé parmy eus, à cause qu'outre les proprietez que nous avons déja dites, il a encore cette qualité bien remarquable, de ne laisser aucun dégoût à ceus qui ont accoutumé d'en user. L'écorce de ce fruit & ses fleurs étant confites produisent tous les mêmes effets que le suc.

ARTICLE XII.

De l'Herbe de Musc.

IL y a aussi une Herbe que l'on nomme *Herbe de Musc*. Elle porte sa tige asses haut, & elle croist touffuë, comme un petit buisson sans épines. Ses feüilles sont assez longues & rudes, ses fleurs sont jaunes fort belles à voir, en forme de calice ou de clochette, qui se forment apres en un bouton assez gros, qui devient étant meur, d'un blanc satiné en dedans, & de couleur de musc en dehors. La graine qu'en ce bouton reserre, est aussi de cette même couleur brune : Elle sent parfaitement le Musc, quand elle est nouvellement cueillie. Dont aussi elle est nommée *Graine de Musc*, & elle conserve long tems cette odeur, pourveu qu'on la tienne en lieu sec, & dans quelque vaisseau où elle ne sévente pas.

Ainsi plusieurs autres Herbes, plusieurs Arbrisseaus, & même la pluspart de ces vimes ou *Lienes*, qui rampent parmy les buissons, & qui sélevent sur les Arbres qui croissent dans les Antilles, portent des fleurs aussi belles & agreables à la veuë, qu'elles sont douces & soveües à l'odorat. De sorte que bien souvent en allant par la campagne, on passe en des lieus, où lair en est tout parfumé.

CHA-

CHAPITRE DOUZIÉME.

De cinq sortes de Bestes à quatre pieds, qu'on a trouvé en ces Iles.

Avant que les Espagnols & les Portugais eussent dressé des Colonies en l'Amerique, on n'y voyoit ni Chevaus, ni Bœufs, ni Vaches, ni Moutons, ni Brebis, ni Chévres, ni Pourceaus, ni Chiens. Mais pour faciliter leurs navigations, & raffraichir leurs vaisseaus dans le besoin, ils jetterent de tous ces animaus en divers lieus de ce nouveau Monde; où ils ont tellement multiplié, qu'a present ils y sont plus communs, qu'en aucun endroit de l'Europe.

Outre ce Betail étranger, il a eu de tout tems dans les Antilles quelques Bestes à quatre pieds, telles que sont, *l'Opassum*, le *Iavaris*, le *Tatau*, l'*Agouty*, & le *Rat musqué* dont nous ferons les descriptions en ce Chapitre.

ARTICLE I.

De L'Opassum.

L'*Opassum* qui est le même animal que les Bresiliens nomment *Carigueya*, est de la grosseur d'un Chat. Il a le museau pointu, la machoire d'en bas plus courte que celle de dessus, comme le pourceau, les oreilles, longues, larges & droites, & la queüe longue pelée par le bout, & recourbée par en bas. Il est couvert sur le dos d'un poil noir entremélé de gris, & sous le ventre & sous le col il est jaunâtre. Il a des ongles extremement pointus, avec lesquels il grimpe legerement sur les arbres. Il se nourrit d'oiseaus, & il fait la chasse aus poules comme le Renard, mais au defaut de proye, il se nourrit de fruits.

Ce qui est de particulier en cet Animal, est, que par une singularité bien remarquable, il a une bourse de sa peau même repliée sous le ventre, dans laquelle il porte ses petis, lesquels

Garcilass. Tom. 1. p. 38.

quels il lasche sur terre quand il veut, en desserrant cette bourse naturelle. Puis quand il veut passer outre, il l'à r'ouvre, & les petis rentrent dedans, & il les porte ainsi par tout. La femelle les allaitte sans les poser à terre ; car ses mammelles sont cachées dans cette bourse, qui est en dedans couverte d'un poil beaucoup plus mollet, que celui qui paroit en dehors. La femelle produit ordinairement six petis. Mais le masle qui a aussi un pareil sac naturel sous le ventre, les porte à son tour, pour soulager la femelle, quoy qu'il ne les puisse pas allaitter. Ces Animaus sont communs dans la Virginie, & dans la Nouvelle Espagne. La Baleine, n'ayant pas receu de la nature la commodité d'un tel sac, a l'industrie à ce que dit Filostrate de cacher ses petis dans sa gueule. Et la Belette aime tant ses petis, que craignant qu'on ne les luy dérobe, elle les prend aussi dans sa gueule, & les remuë de lieu en autre.

ARTICLE II.

Du Iavaris.

IL y a aussi en quelques unes de ces Iles, comme a *Tabago*, une espece de Pourceaus sauvages, qui se voient pareillement au *Bresil*, & en *Nicaragua*. Ils sont presque en tout semblables aus sangliers de nos forests. Mais ils ont peu de lard. Les oreilles courtes, presque point de quëue, & ils portent leur nombril sur le dos. On en voit de tout noirs, & d'autres qui ont quelques taches blanches. Leur grongnément, est aussi beaucoup plus effroyable, que celuy des Pourceaus domestiques. On les nomme *Iavaris*. Cette venaison est d'assez bon goût : Mais elle est difficile à prendre, à cause que ce Sanglier ayant un évent sur le dos, par lequel il respire & rafraichit ses poulmons, il est presque infatigable à la course, & s'il est contraint de s'arréter, & qu'il soit poursuivy des Chiens, il est armé de defenses si pointuës & si trenchantes, qu'il déchire tout ceus qui ont l'assurance de l'approcher.

ARTI-

ARTICLE III.

Du Tatou.

LEs Tatous, qui se trouvent aussi a *Tabago*, sont armés d'une dure écaille, de laquelle ils se couvrent & se parent comme d'une cuirasse. Il ont la teste d'un Cochon, le museau de même avec quoy ils foüillent la terre. Ils ont aussi en chaque patte, cinq ongles fort pointus, dont ils se servent pour renverser promtément la terre, & découvrir les racines, dont ils s'engraissent pendant la nuit. On tient que leur chair est delicate à manger, & qu'ils ont un petit oiselet à la queüe qui guerit la surdité. L'on a experimenté qu'il soulage le bourdonnement, & qu'il appaise la douleur d'oreille, le laissant dedans enveloppé dans du cotton. Il y en a qui sont gros comme des Renards, mais ceus qui sont à Tabago sont beaucoup plus petis.

Quand ces Animaus sont poursuivis, & quand ils prenent leur repos, ce qu'ils font ordinairement durant le jour, ils se mettent en forme de boule, & ils ramassent si bien leurs pieds, leurs teste, & leurs oreilles sous leurs écailles dures & solides, qu'il n'y a aucune partie de leur corps, qui ne soit à couvert sous cette curasse naturelle, qui est à l'épreuve des armes des chasseurs & des dens des chiens; & s'ils sont prés de quelque precipice, ils se laissent rouler du haut en bas sans creinte de se faire mal. L'Inscot recite qu'aus Indes Orientales, en la Riviere de Goa fut pris un Monstre Marin tout couvert d'écailles dures à l'égal du fer; & qui lors qu'on le touchoit, se retiroit ainsi en une pelotte.

ARTICLE IV.

De l'Agouty.

L'*Agouty*, est de couleur brune tirant sur le noir. Il a le poil rude, clair, & une petite queüe sans poil. Il a deus dens en la machoire den haut, & autant en celle d'en-bas.

Il tient son manger en ses deus pattes de devant, comme l'Escurieu. Il jette un cry comme s'il disoit distinctement *Coüyé*. On le poursuit avec les chiens parce que sa chair, quoy qu'elle sente un peu le sauvagin, est estimée de plusieurs, autant que celle du Lapin. Quand il est chassé il se sauve dans le creus des Arbres, d'où on le fait sortir avec la fumée, apres qu'il a crié étrangement. S'y on le prend jeune, il s'aprivoise aisément, & lors qu'on le met en colere, le poil de dessus son dos s'herisse, & il frappe la terre de ses pattes de derriere, comme font les lapins. Il est aussi de même grosseur. Mais ses oreilles sont courtes & rondes, & ses dens sont trenchantes comme un rasoir.

ARTICLE V.

Des Rats Musqués.

LEs *Rats Musqués*, que nos François appellent *Piloris*, font le plus souvent leur retraitte dans les trous de la terre comme les Lapins, aussi ils sont presque de la même grosseur, mais pour la figure, ils n'ont rien de different de celle des gros Rats qu'on voit ailleurs, sinon que la pluspart ont le poil du ventre blanc comme les Glirons, & celuy du reste du corps noir ou tanné. Ils exhalent une odeur Musquée qui abbat le cœur, & parfume s'y fort l'endroit de leur retraitte, qu'il est fort aisé de le discerner.

La Terre ferme de l'Amerique nourrit plusieurs bestes à quatre pieds, qui ne se trouvent en aucune de ces Iles.

CHA-

Chap. 12 DES ILES ANTILLES. 125

CHAPITRE TREIZIÉME.

Des Reptiles qui se voyent en ces Iles.

APres avoir representé au Chapitre precedent les Beftes à quatre pieds qui se sont trouvées aus Antilles lors que les Colonies étrangeres s'y sont établies: nous devons à present traitter des Reptiles qui y sont aussi en grande abondance: car ces animaus qui sont naturellement ennemys du froid, se multiplient merveilleusement dans ces pays chauds: Joint que les grands bois, & les rochers de ces Iles, contribuent beaucoup à leur production, car ils leur servent de retraitte asseurée.

ARTICLE I.

De plusieurs especes de Serpens & de Couleuvres.

IL y a fort peu de Bestes venimeuses dans les Antilles. Il est vray qu'il y a beaucoup de *Serpens* & de *Couleuvres* de differente couleur & figure. Il s'en voit de neuf à dix pieds de long, & de la grosseur du bras & de la cuisse. On y a même une fois tué une de ces Couleuvres, qui avoit dans son ventre une Poule entiere avec la plûpart de plus d'une douzaine d'œufs, ayant surpris la poule comme elle couvoit. Il s'en est trouvé une autre, qui avoit englouty un chat. D'où l'on peut aisément juger, de la grosseur de ces Bestes.

Mais quelques prodigieuses qu'elles soient, elles n'ont aucun venin en la plûpart de ce Terres. Et même plusieurs habitans en ayans sur la couverture de leurs maisons, qui est faite le plus souvent des feüilles de Palme, ou de Cannes de Sucre; ils ne les en chassent pas, à cause qu'elles dénichent & devorent tous les Rats. Mais il faut tout dire, elles font aussi la guerre aus Poulets. On a encore remarqué, que quelques unes ont l'adresse de garder une poule lors qu'elle couve, sans luy faire aucun mal pendant ce tems-là : Mais si tost que

Chap. 13   DES ILES ANTILLES.   127

que les œufs sont éclos, elles mangent les petis poussins, & du moins suffoquent la poule, s'y elles ne sont pas assez puissantes pour l'engloutir.

Il y en a d'autres qui sont parfaitement belles & agreables à voir: car elles sont entierement vertes, horsmis sous le ventre qu'elles sont d'un gris blanc. Elles sont longues d'une aulne & demye & quelquefois de deus: Mais elles sont fort deliées à proportion, n'estant pour le plus, que de la grosseur du poulce. Elles ne vivent que de grenoüilles, qu'elles épient prés des ruisseaus, ou d'oiseaus qu'elles guettent sur les Arbres, & dans leurs nids, lors qu'elles y peuvent atteindre. Ainsi cette espece de Couleuvre est noble par dessus les autres: Car elle ne vit que de pésche & de chasse. Quelques Habitans qui sont acoûtumez à voir toutes ces sortes de Couleuvres, les manient sans crainte, & les portent en leur sein. Ceus qui ont voiagé en Asie & en Afrique, disent qu'ils y ont trouvé quelque chose de semblable. Car ils rapportent qu'en la grande Tartarie, il y a des montagnes où se nourrissent des Serpens d'une grosseur prodigieuse, mais nullement venimeus, & tresbons à manger: Et qu'au Royaume de Syr ils ont veu de ces Bestes se joüer avec des enfans, qui leur donnoient des morceaus de pain. On dit aussi que dans les Provinces des Antes au Royaume du Perou, il y a d'effroyables Couleuvres, longues de vintcinq à trente pieds, qui ne font mal à personne.

Quant aus Iles de la *Martinique*, & de *Sainte Alousie*, il n'en est pas de méme qu'aus autres Antilles; Car il y en a qui ne sont point dangereuses, & d'autres qui le sont beaucoup. Celles qui ne le sont pas, sont plus grosses, & plus longues que les autres. C'est pourquoy ceus qui ne les connoissent pas, en ont plus de peur, que de celles qui sont veritablement à craindre. Neantmoins elles ne sont aucun mal: au contraire dez qu'elles aperçoivent une personne, elles s'enfuyent avec diligence. Ce qui est cause qu'on les appelle *Couveresses*. Elles ont aussi des taches noires & blanches sur le dos, qui servent à les faire reconnoitre plus aisément.

Les

Les Couleuvres dangereuses, sont de deus sortes. Les unes sont grises sur le dos & fort veloutées. Les autres sont toutes jaunes, ou rousses & effroyables à voir à cause de cette couleur, bien qu'elles ne soient pas plus dangereuses, & peuteftre encore moins, que les premieres. Les unes & les autres ayment fort les Rats, aussi bien que celles qui n'ont point de venin; Et lors qu'il y en a beaucoup en une case, c'est merveille s'il ny a aussi des Couleuvres. Elles sont de differente grosseur & longueur, & l'on tient que les plus courtes, sont celles qui sont le plus à craindre. Elles ont la teste platte & large, la gueule extremement fenduë, & armée de huit dens, & quelquefois de dix; dont les unes sont crochuës comme un croissant, & tellement pointuës, qu'il est impossible de s'imaginer rien de plus. Et comme elles sont toutes creuses, c'est par ce petit canal qu'elles font couler subtilement leur venin, qui est renfermé dans de petites bourses, aus deus costés de leur gueule, à l'endroit precisement où répondent les racines de leurs dens. Elles ne machent jamais les alimens dont elles se nourrissent: mais les avalent tout entiers, apres les avoir pressez & aplatis, s'ils sont trop gros. Quelques uns disent que si elles employoient leurs dens à les mâcher, elles s'empoisonnéroient elles mêmes, & que pour obvier à cela, elles couvrent leurs dens de leurs gencives, lors qu'elles prenent leur nourriture.

Ces Animaus sont si venimeus dans ces deus Iles que quand ils ont piqué, s'y l'on n'a recours promtément, à quelque puissant remede, la blessure se rend incurable, en moins de deus heures. Ils ont cecy de bon, qu'ils ne vous mordent jamais, pourveu que vous ne les touchies pas, ni rien sur quoy ils se reposent.

ARTICLE II.

De Lezars.

IL y a plusieurs sortes de *Lezars* dans ces Iles. Les plus gros & les plus considerables, sont ceus que quelques Indiens ont nommé *Iguanas*, les Bresiliens *Senembi*, & nos Caraibes

raibes *Ouáyamaca*. Quand ils ont pris leur juste consistence, ils ont environ cinq pieds de longueur, à mesurer dépuis la teste, jusques à l'extremité de la queüe, qui est bien aussi longue que le reste du corps: Et pour leur grosseur elle peut estre d'un pied en circonference. Selon les divers terroirs où ils se nourrissent, ils ont aussi la peau de differente couleur. Et c'est peuteste pour ce sujet que les Portugais les ont nommé *Cameleons*, & se sont persuadez que s'en estoit une espece. En quelques Iles, les femelles sont couvertes d'un beau vert, qui est marqueté de blanc & de noir, & les mâles sont gris: En d'autres ils sont noirs, & les femelles son d'un gris clair, rayé de noir & de vert, il y a même des lieus, où les males & les femelles ont toutes les petites écailles de leur peau, si éclatantes, & si chamarrées, qu'on diroit à les voir de loin, qu'ils soient couverts d'une riche toile d'or, ou d'argent. Ils ont sur le dos des épines en forme de créte qu'ils dressent & couchent quand ils veulent, & qui vont toujours en amoindrissant dépuis la teste jusque au bout de la queüe. Ils sont portez sur quatre pieds, qui ont chacun cinq griffes, qui sont munies d'ongles fort pointus. Ils sont fort legers à la course, & ils grimpent des mieus sur les arbres. Mais soit qu'ils aiment de considerer les hommes, ou qu'ils soient d'un naturel stupide, & peu apprehensif, quand ils sont apperçeus du chasseur, ils attendent patienment le coup de fléche ou de fusil sans branler. Et même ils souffrent qu'on leur mette au col un las coulant qui est attaché au bout de la perche, dont on se sert asses souvent pour les tirer de dessus les Arbres où ils reposoient. Quand ils sont en colere, ils enflent un grand gosier qui leur pend sous le col & qui les rend epouvantables, ils ont aussi la gueule fort fenduë, la langue épaisse, & quelques dents assez pointuës. Ils ne demordent pas aisément ce qu'ils ont une fois serré: mais ils n'ont point de venin.

Les Femelles ont des œufs qui sont de la grosseur de ceus des Ramiers, mais ils ont la coque molle. Elles les posent assez profond dans le sable, qui est au bord de la mer, & les laissent couver au Soleil, d'où est venu que quelques Auteurs, les ont mis entre les animaus amfibies. Les Sauvages ont

R   aprins

aprins aus Europeens le moyen de prendre ces Lezards, & la hardiesse de les manger à leur exemple. Ils sont tres-dificiles à tuer. De sorte qu'à quelques uns l'on a donné jusques à trois coups de fusil, & emporté une partie des entrailles, sans qu'ils fussent abbatus. Cependant en leur mettant un petit bois dans le nez, ou une épingle entre les deus yeus, y aiant là un petit trou, où l'épingle entre aisément, on les fait mourir aussi-tôt. Les Caraibes, sont fort adroits à les prendre avec un laqs coulant qu'ils leur passent subtilement sur le cou, ou bien les aiant attrapés à la course, ils les saisissent d'une main par la queüe laquelle étant fort longue, donne une belle prise : & avant qu'ils se puissent retourner pour les mordre, ils les prenent sur le chinon du col : Et puis ils leur tournent les pattes sur le dos, ils les lient, & les conservent ainsi en vie plus de quinze jours sans leur donner à manger. Leur chair est blanche, & en des endroits couverte de graisse. Ceus qui en usent la trouvent fort delicate, lors nommement qu'on a relevé un certain goût fade qu'elle a naturellement, par de bonnes épices & quelque sauce piquante. On ne conseille pas neantmoins d'en manger souvent, à cause qu'elle deséche trop le corps, & lui fait perdre tout son embon-point. Les œufs sont sans glaire, & n'ont au dedans que du jaune qui rend le potage aussi excellent que nos œufs de poule.

 Outre ces gros Lezars, on en voit en ces Iles de quatre autres sortes qui sont de beaucoup plus petis, on les nomme. *Anolis*, *Roquets*, *Maboujats*, & *Gobe-mouches*.

ARTICLE III.

Des *Anolis*.

LEs *Anolis* sont fort communs en toutes les habitations. Ils sont de la grosseur & de la longueur des Lezars qu'on voit en France : Mais ils ont la teste plus longuette, la peau jaunâtre & sur le dos ils ont des lignes rayées de bleü, de vert & de gris, qui prenent depuis le dessus de la teste, jusques-au bout de la queüe. Il font leur retraitte dans les trous de la terre, & c'est de-là que pendant la nuit ils font un bruit beaucoup

coup plus penetrant, & plus inportun que celuy des Cygales. Le jour ils font en perpetuelle action, & ils ne font que roder aus environs des Cafes, pour chercher dequoy se nourir.

ARTICLE IV.

Des Roquets.

LEs *Roquets* font plus petis que les *Anolis*. Ils ont la peau de couleur de feüille morte, qui eſt marquée de petis points jaunes, ou noirâtres. Ils font portez ſur quatre pieds, dont ceus de devant font aſſes hauts. Ils ont les yeus étincelans & vifs au poſſible. Ils tiennent toujours la teſte élevée en l'air, & ils font ſi diſpos qu'ils ſautelent ſans ceſſe comme des oiſeaus, lors qu'ils ne veulent pas ſe ſervir de leurs aiſles. Leur queüe eſt tellement retrouſſée ſur le dos, qu'elle fait comme un cercle & demy. Ils prenent plaiſir à voir les hommes, & s'ils s'arrétent au lieu ou ils font, ils leur jettent à chaque fois des œillades. Quand ils font un peu pourſuivis ils ouvrent la gueule, & tirent la langue comme de petits ch ns de chaſſe.

ARTICLE V.

Des Maboujas.

LEs *Maboujas* font de differente couleur. Ceus qui ſe tiennent dans les arbres pourris, & aus lieus marécageus, comme auſſi dans les profondes & étroites vallées où le Soleil né penetre pas, font noirs & hideus tout ce qui ſe peut, & c'eſt ſans doute ce qui a donné occaſion de les appeller du même nom, que les Sauvages ont impoſé au Diable. Ils ne font gros pour l'ordinaire qu'un peu plus que le pouce, ſur ſix ou ſet de longueur. Ils ont tous la peau comme huilée.

ARTICLE VI.

Des Gobe-mouches.

CEus que nos François nomment *Gobe-mouches* à cause de leur exercice le plus ordinaire, & les Caraïbes *Oulleouma*, sont les plus petis de tous les Reptiles qui sont en ces Iles. Ils ont la figure de ceus que les Latins nomment *Stelliones*. Il y en a qui semblent estre couverts de brocatel de fin or, ou d'argent, d'autres qui sont de vert doré, & de diverses autres ravissantes couleurs. Ils sont si familiers, qu'ils entrent hardiment dans les chambres, où ils ne font aucun mal; mais au contraire les purgent de mouches, & de pareille vermine. Ce qu'ils font avec une telle dexterité & agilité, que les ruses des chasseurs ne sont pas à priser, en comparaison de celles de cette petite Beste. Car elle se tapit, & se met comme en sentinelle sur quelque planche, sur la table, ou sur quelques autres meubles, qui soyent plus élevés que le pavé, où elle espere que quelque mouche se viendra poser. Et appercevant sa proye elle la suit par tout de l'œil, & ne la quitte point de veuë, faisant de sa teste autant de differentes postures, que la mouche change de places. L'on diroit quelquefois qu'elle se lance à demy corps en l'air. Et se tenant sur ses pieds de devant, halétant apres son gibier, elle entr'ouve sa petite gueule assez fenduë, comme si déja elle le devoroit & l'engloutissoit par esperance. Au reste bien que l'on mene du bruit en la chambre, & que l'on s'approche d'elle, elle est si attentive à sa chasse, qu'elle n'abandonne point son poste; & ayant enfin trouvé son avantage, elle s'elance si droit sur sa proye, qu'il arrive rarément qu'elle lui échappe. C'est un divertissement bien innocent, que de considerer l'attention, que ces petites Bestes apportent, à chercher leur vie.

Au reste elles sont si privées qu'elles montent sur la table quand on mange; & si elles apperçoivent quelque mouche, elles la vont prendre jusques sur les assietes de ceus qui mangent, & même sur les mains & sur les habis. Elles sont d'ailleurs si polies & si nettes qu'elles ne donnent point d'aversion

ni

ni de dégoût pour avoir passé sur quelque viande. Pendant la nuit elles tiennent leur partie en cette musique que font les Anolis, & les autres petis Lezars. Et pour se perpetuer, elles font de petis œufs gros comme des pois, qu'elles couvrent d'un peu de terre, les laissant couver au Soleil. Si tost qu'on les tuë, ce qui est fort aisé à cause de l'attention qu'elles apportent à leur chasse, elles perdent incontinent tout leur lustre : L'or & Lazur, & tout l'éclat de leur peau se ternit, & devient pâle & livide.

Si quelqu'un de ces petis Reptiles que nous venons de décrire, devoit estre tenu pour une espece de Cameleon, se devroit estre ce dernier ; à cause qu'il prend volontiers la couleur, de tout ce surquoy il fait sa residence plus ordinaire. Car ceus qu'on voit à l'entour des jeunes Palmes, sont entierement verts comme les feüilles de cet arbre. Ceus qui courent sur les orangers sont jaunes comme leur fruit ; Et même il s'en est trouvé, qui pour avoir esté familiers dans une chambre, où il y avoit un tour de lit de taffetas changeant, produisirent une infinité de petis, qui avoient tout le corps émaillé de diverses couleurs, toutes semblables à l'ornement du lieu où ils avoient accés. On pourroit peuteêtre attribuer cet effet à la force de leur petite imagination : mais nous laissons cette speculation aus curieus.

ARTICLE VII.

Des Brochets de terre.

IL y a encore en plusieurs de ces Iles des *Brochets de terre*, qui ont l'entiere figure, la peau, & la hure de nos Brochets de Riviere. Mais au lieu de nageoires, ils ont quatre pieds, qui sont si foibles qu'ils se trainent sur la terre en rampant, & en serpentant comme les Couleuvres, ou pour demeurer en nôtre comparaison, comme des Brochets qui sont hors de leau. Les plus grands ne peuvent avoir que quinze pouces de long, sur une grosseur proportionée. Leur peau est couverte de petites écailles, qui sont extrémément luisantes,

& de couleur de gris argenté. Quelques curieus, en ont de petis en leurs Cabinets qu'on leur a fait passer pour des Salemandres.

Pendant la nuit, ils font un bruit effroyable de déssous les rochers, & du fonds des cavernes où ils se tiennent. Le son qu'ils rendent est beaucoup plus fort, & plus desagreable que celuy des Grenoüilles & des Crapaus, & il se change & se diversifie, suivant la varieté des lieus où ils sont cachez. Ils ne se montrent présque point qu'à l'entrée de la nuit, & quand on en rencontre de jour, leur mouvément, qui est tel que nous avons dit, donne de la frayeur.

ARTICLE VIII.

Des Scorpions & d'une autre espece de dangereus Reptiles.

IL y a aussi des *Scorpions*, qui ont la même forme, que ceus qu'on voit en France: mais ils n'ont pas un venin si dangereus, ils sont jaunes, gris, ou bruns, selon les differens terroirs où ils se trouvent.

En foüillant dans les lieus marécageus pour y faire des Puits, ou des reservoirs d'eau, on trouve souvent une sorte de Lezars hideus au possible. Ils sont de la longueur de six pouces ou environ. La peau de leur dos est noire, & parsemée de petites écailles grises, qui semblent estre huilées, tant elles sont luisantes. Ils ont le déssous du ventre écaillé comme le dos: mais la peau qui le couvre est d'un jaune pâle. Leur teste est petite & pointuë. Leur gueule est assez fenduë: elle est armée de plusieurs dens, qui sont extrémément trenchantes. Ils ont deus petis yeus, mais ils ne peuvent supporter la lumiere du jour, car aussi tôt qu'on les a tirez de la terre ils tachent incontinent de faire un trou avec leurs pattes qui ont chacune cinq ongles durs & crochus, avec quoy ils se font ouverture de même que les Taupes, pour penetrer par tout ou ils veulent. Ils font un grand ravage dans les jardins, rongeant les racines des Arbres & des Plantes. Leur morsure est aussi autant venimeuse que celle du plus dangereus Serpent.

Chap. 13   DES ILES ANTILLES.   135

Gros Lezart nommé Iguanes

Anolis

Rocquet

Gobe mouches

Brochet de terre

CHAPITRE QUATORZIÉME.

Des Insectes qui sont communs aus Antilles.

Non seulement les cieus, & les autres plus vastes & plus relevez corps de la nature, racontent la gloire du Dieu fort: mais même les plus petites & les plus ravalées de ses productions, donnent aussi à connoitre l'ouvrage de ses mains, & fournissent à tous ceus qui les considerent avec attention, une riche & abondante matiere pour exalter sa puissance, & sa Majesté Souveraine. C'est pourquoy nous croyons que ceus qui se plaisent de mediter les secrets de la nature, & de contempler les merveilles de Dieu, qui a tiré de ses inépuisables tresors, tant de riches ornemens, de proprietez occultes, & de rares beautez, pour en revêtir les moindres de ses creatures: auront pour agreable que nous donnions ce Chapitre à la consideration de quelques Insectes qui se voyent communément aus Antilles, & qui ont tous quelques qualitez particulieres, comme d'autant de rayons de gloire, qui soutiennent & relevent avec éclat, leur foiblesses & leur bassesse naturelle.

ARTICLE I.

Des Soldats, & des Limaçons.

Entre les Insectes qui sont en abondance en ces païs chauds, il y a une espece d'Escargots, ou de Limaçons, que les François appellent *Soldats*, parce qu'ils n'ont point de coquilles qui leur soyent propres & particulieres, & qu'ils ne les forment pas de leur propre bave, comme le Limaçon commun: mais que si tost qu'ils sont produits de quelque matiere corrumpuë, ou autrement, ils ont cet instinct, pour mettre la foiblesse de leur petit corps à couvert des injures de l'air, & de l'atteinte des autres Bestes, de chercher une maison étrangere, & de s'emparer de tel coquillage qu'ils trouvent

vent leur estre propre, dans lequel ils s'ajustent & accommodent, comme les Soldats qui n'ont point de demeure arrêtée; mais qui font toujours leur maison de celle d'autruy, selon la rencontre & la necessité.

On les voit plus ordinairement en des coques de Burgaus, qui sont de gros Limaçons de mer, qu'ils rencontrent à la coste, à laquelle ils sont poussez, quand le poisson qui en étoit le premier hoste est mort. Mais on trouve aussi de ces petis Soldats, en toutes sortes d'autres coquillages, même en des coques de noix de Liénes, & quelques uns qui s'étoient fourrez dans des pieds de grosses Crabes mortes. Ils ont encore cette industrie, qu'à mesure qu'ils grossissent, ils changent de coquille, selon la proportion de leur corps, & en prennent une plus ample, dans laquelle ils entrent quittant la premiere. De sorte qu'on en voit de differentes fassons & figures, selon la diversité des coquillages qu'ils empruntent. Il y à apparence que c'est de ces *Soldats* que Pline parle sous le nom d'une espece de petite Ecrevisse, à qui il attribue le même. Ils ont tout le corps fort tendre, horsmis la teste & les pattes. Ils ont pour pied & pour défense un gros mordant, semblable au pied d'un gros Cancre, duquel ils ferment l'entrée de leur coquille, & parent tout leur corps. Il est dentelé au dedans, & il serre si fort ce qu'il peut attraper, qu'il ne démord point, sans emporter la piece. Cét Insecte va plus viste que le Limaçon commun, & ne salit point de sa bave l'endroit où il passe.

Quand on prend ce *Soldat* il s'en fasche, & fait du bruit. Pour luy faire rendre la maison qu'il a prise, on en approche le feu : & aussi tôt il sort de la place. Si on là luy presente pour y rentrer, il s'y remet par le derriere. Quand il s'en rencontre plusieurs, qui veulent quitter en même tems leur vieille maison, & s'emparer d'une nouvelle, qui leur agrée à tous : c'est alors qu'ils entrent en une grande contestation, & qu'apres s'estre opinâtrez au combat, & avoir joüé de leurs mordans, les plus foibles sont enfin contrains de ceder au victorieux, qui se saisit aussi tôt de la coquille, de laquelle il joüit en paix, comme d'une precieuse conqueste.

Quelques uns des habitans en mangent, comme on fait en quel-

quelques endroits les Escargots: Mais ils sont plus propres à la Medecine, qu'à la nourriture. Car étans ôtez de leur coquille, & mis au Soleil, ils rendent une huyle qui est fort profitable à la guerison des goutes froides, & qui s'employe aussi heureusement pour amollir les duretez, & les callus du corps.

Il y a encore deus sortes de petis *Limaçons* qui sont fort beaus. Les uns sont plats comme les bonnets de Basques, & de couleur brune. Les autres sont pointus, & tournez en forme de vis de pressoir, ils sont aussi rayez de petites bandes rouges, jaunes & violettes, qui les font estimer des Curieus.

ARTICLE II.

Des Mouches Lumineuses.

ON voit en ces Iles plusieurs especes de grosses *Mouches* de differentes figures & couleurs. Mais il faut donner le premier lieu, à celles que les François appellent *Mouches Lumineuses*, que quelques Sauvages nomment *Cucuyos*, & les Caraibes *Coyouyou*, d'un nom approchant. Cette Mouche n'est point recommendable pour sa beauté, ou pour sa figure, qui n'a rien d'extraordinaire : mais seulement pour sa qualité lumineuse. Elle est de couleur brune, & de la grosseur d'un Hanneton. Elle a deus ailes fortes & dures, sous lesquelles sont deus ailerons fort deliez, qui ne paroissent que quand elle vole. Et c'est aussi pour lors que l'on remarque, qu'elle a sous ces ailerons une clarté pareille à celle d'une chandelle, qui illumine toute la circonference. Outre qu'elle a aussi ses deus yeus si Lumineus, qu'il n'y a point de tenebres par tout où elle vole pendant la nuit, qui est aussi le vray tems qu'elle se montre en son lustre.

Elle ne fait nul bruit en volant, & ne vit que de fleurs, qu'elle va cueillir sur les arbres. Si on la serre entre les doits, elle est si polie & si glissante, qu'avec les petis efforts qu'elle fait pour se mettre en liberté, elle échappe insensiblement, & se fait ouverture. Si on la tient captive, elle reserre toute

Chap. 14   DES ILES ANTILLES.   139

la lumiere qu'elle a sous ses ailerons, & n'éclaire que de ses yeus, & encore bien foiblement au prix du jour qu'elle donne étant en liberté. Elle n'a aucun aiguillon, ni aucun mordant pour sa défense. Les Indiens, sont bien aises d'en avoir en leurs maisons, pour les éclairer au lieu de lampes. Et d'elles mêmes elles entrent la nuit dans les chambres, qui ne sont pas bien closes.

Il y a de certains *Vers luisans* en ces Iles, qui volent comme des Mouches. Toute l'Italie & tous les autres païs du Levant en sont aussi remplis. Le fameus Auteur de Moyse sauvé en fait mention dans la preface de son ouvrage. Et sur la fin du Poëme, cét illustre Poëte en parle ainsi, dans la description qu'il nous donne d'une nuit :

Les heures tenebreuses
Ornoient le firmament de lumieres nombreuses
On decouvroit la Lune & de feus animez
Et les champs & les airs étoyent déja semez
Ces miracles volans, ces Astres de la terre
Qui de leurs rayons d'or font aus ombres la guerre,
Ces tresors où reluit la divine splendeur
Faisoient déja briller leurs flammes sans ardeur :
Et déja quelques uns en guise d'escarboucles
Du beau poil de Marie avoient paré les Boucles.

Mais quelques Lumineus que puissent être ces petis Astres de l'Orient, toujours ne sont ils que comme une petite étincelle, au prix du grand feu que jettent ces flambeaus volans de l'Amerique. Car non seulement on peut, à la faveur de leur clarté, voir son chemin pendant la nuit : mais à l'aide de cette lumiere, on écrit facilement, & on lit sans peine le plus menu caractere. Un Historien Espagnol recite, que les Indiens de l'Ile de Saint Domingue, se servoient de ces petites Mouches attachées à leurs mains & à leurs pieds, comme de chandelles, pour aller la nuit à la chasse. On dit aussi, que quelques autres Indiens expriment la liqueur Lumineuse, que ces Mouches ont en leurs yeus & sous les aîles, & qu'ils s'en frottent le visage & la poitrine en leurs réjouïssances nocturnes : Ce qui les fait paroitre au milieu des tenebres, comme s'ils étoient couverts de flamme, & comme des spectres affreus, aus yeus de ceus qui les regardent.

On prend aisément ces *Mouches* durant la nuit. Et pour cet effet, il faut seulement remüer en l'air un tison allumé. Car incontinent que celles qui sortent du bois à l'entrée de la nuit, apperçoivent ce feu, croyant que ce soit de leurs compagnes, elles volent droit au lieu où leur paroit cette lumiere, & on les abbat avec le chapeau, ou bien se venant jetter d'elles mêmes contre le tison, elles tombent étourdies a terre.

Ce sera sans doute icy une chose divertissante de rapporter ce que Monsieur du Montel Gentil-homme François, personnage aussi sincere & aussi digne de Foy qu'il est Docte & Curieus, & à la genereuse liberalité duquel nous devons beaucoup de belles & rares remarques qui enrichissent cette Histoire, a nouvellement écrit sur ce sujet à l'un de ses amis.

„ Voicy donc ce qu'il en dit. Etant en l'Ile Hispaniola ou Saint
„ Domingue, je me suis souvent arrêté à l'entrée de la nuit
„ au devant des petites cabanes que nous y avions dressées
„ pour y passer quelques jours, en attendant que nôtre Na-
„ vire fut reparé : Je me suis dis-je souvent arrêté, à consi-
„ derer l'air éclairé en plusieurs endrois de ces petites étoiles
„ errantes. Mais sur tout c'étoit une chose des plus belles
„ à voir, lors qu'elles s'approchoient des grands arbres, qui
„ portent une espece de Figues, & qui étoyent joignant nos
„ huttes. Car elles faisoient mille tours, tantost aus environs,
„ tantost parmy les branches de ces arbres toufus, qui ca-
„ choient pour un tems la lumiere de ces petis astres, & les
„ faisoient tomber en éclypse : & au même tems nous ren-
„ doient cette lumiere, & des rayons entrecoupez au travers
„ des feüilles. La clarté venoit à nos yeus tantost oblique-
„ ment, & tantost en droite ligne, & perpendiculairement.
„ Puis ces Mouches éclattantes se d'eveloppant de l'obscuri-
„ té de ces arbres, & s'approchât de nous, nous les voyions sur
„ les Orangers voisins, qu'ils mettoient tout en feu, nous ren-
„ dant la veüe de leurs beaus fruits dorez que la nuit nous
„ avoit ravie, émaillant leurs fleurs, & donnant un coloris si
„ vif

,, vif à leurs feüilles, que leur vert naturellement agreable,
,, redoubloit encore & rehaussoit notablement son lustre par
,, cette riche enluminure. Je souhaitois alors l'industrie des
,, Peintres pour pouvoir representer une nuit éclairée de tant
,, de feus, & un paisage si plaisant & si lumineus. Ne trou-
,, vez pas mauvais, que je m'arreste si long tems à l'Histoire
,, d'une Mouche, puisque du Bartas luy a autréfois donné
,, place entre les Oiseaus, au cinquiéme jour de sa premiere
,, sémaine; & en a parlé magnifiquement en ces termes.

,, *Déja l'ardent Cucuyes es Espagnes nouvelles*
,, *Porte deus feus au front, & deus feus sous les ailes*
,, *L'aiguille du brodeur au rais de ces flambeaus*
,, *Souvent d'un lit royal chamarre les rideaus:*
,, *Aus rais de ces brandons, durant la nuit plus noire*
,, *L'ingenieus tourneur polit en rond l'yvoire;*
,, *A ces rais l'usurier reconte son tresor*
,, *A ces rais l'ecrivain conduit sa plume d'or.*

,, S'y l'on avoit un vase de fin cristal, & que l'on mit cinq ou
,, six de ces belles Mouches dedans, il n'y a point de doute
,, que la clarté qu'elles rendroient, pourroit produire tous
,, les admirables effets, qui sont icy d'écrits par cét excellent
,, Poëte, & fourniroit un flambeau vivant & incomparable.
,, Mais au reste dés que ces Mouches sont mortes elles ne re-
,, luisent plus. Toute leur lumiere s'éteint avec leur vie.
C'est là l'agreable recit de nostre digne Gentil-homme.

ARTICLE III.

Des Falanges.

POur venir aus autres espéces de grosses *Mouches* qui se voient aus Antilles, & que quelques uns nomment *Falanges:* outre les *Cucuyos*, il y en à qui sont de beaucoup plus grosses, & d'une étrange figure. Il s'en trouve, qui ont deus trompes pareilles, à celle de l'Elefant: L'une recourbée en haut, & l'autre en bas. Quelques autres ont trois cornes, une naissant du dos, & les deus autres de la teste. Le reste du corps aussi bien que les cornes, est noir & luysant comme du jayet. Il y en a qui ont une grande corne longue de quatre pouces, de la fasson d'un bec de Beccasse, lissée par dessus, & couverte d'un poil folet par dessous, laquelle leur sort du dos, & s'avance tout droit sur la teste, au haut de laquelle il y a encore une autre corne semblable à celle du Cerf volant, qui est noire comme ébéne, & claire comme du verre. Tout le corps est de couleur de feüille morte, poly & damassé. Elles ont la teste & le museau comme un Singe, deus gros yeus jaunes & solides, une gueule fendüe, & des dens semblables à une petite scie. Ecoutons encore icy ce que rapporte à ce sujet nostre fidele & curieus voyageur.

,, J'ay veu dit il une espece de ces grosses Mouches, belle
,, en perfection. Elle étoit longue de trois pouces ou envi-
,, ron. Elle avoit la teste azurée, & de la fasson de celle d'une
,, Sauterelle, sinon que les deus yeus étoient verts comme
,, une émeraude, & bordez d'un petit filet blanc. Le dessus
,, des ailes, étoit d'un violet luisant, damassé de divers com-
,, partimens de couleur incarnate, rehaussée d'un petit fil
,, d'argent naturel. Au reste ces compartimens étoient
,, d'une Symmétrie si bien observée, qu'il sembloit que
,, le compas & le pinceau y eussent employé toutes les ré-
,, gles de la perspective, & les adoucissemens de la peinture.
,, Le dessous du corps étoit de même couleur que la teste,
,, horsmis qu'il y avoit six pieds noirs repliez proprement
,, contre le ventre. Si on epanoüissoit les ailes, qui étoient
,, dures & solides, on appercevoit deus aîlerons, qui étoient
,, plus deliez que de la toile de soye, & rouges comme écar-
,, late. Je la vis en l'île de Sainte Croix, entre les mains d'un
,, Anglois & j'en couchai à l'heure même la description sur
,, mes tablettes. Je croiois au commencement qu'elle étoit
,, artificielle, à cause de cet incarnadin si vif, & de ce filet d'ar-
,, gent ; mais l'ayant maniée, je reconnus que la nature
,, étant sans doute en ses plus gayes humeurs, s'étoit di-
,, vertie à parer si richement, cette petite Reine entre les
,, Insectes.

ARTI-

ARTICLE IV.

Des Millepieds.

CEt Infecte est ainsi nommé, à cause de la multitude presque innombrable de ses pieds, qui herissent tout le dessous de son corps, & qui luy servent pour ramper sur la terre avec une vitesse incroiable, lors notamment qu'il se sent poursuivy. Il a de longueur six pouces, ou environ. Le dessus de son corps est tout couvert d'écailles tannées, qui sont fort dures, & emboittées les unes dans les autres, comme les tuiles d'un toit: mais ce qui est de dangereus en cet animal, est, qu'il a des mordans en sa teste & en sa queüe dont il pince si vivément, & glisse un si mauvais venin en la partie qu'il a blessée; que l'espace de vint-quatre heures, & quelquéfois plus long tems, on y ressent une douleur fort aiguë.

ARTICLE V.

Des Araignées.

ON voit en plusieurs des Antilles, de grosses *Araignées*, que quelques uns ont mises au rang des Falanges, à cause de leur figure monstrueuse, & de leur grosseur si extraordinaire, que quand leurs pattes sont étenduës, elles ont plus de circonference, que la paume de la main n'a de largeur. Tout leur corps est composé de deus parties, dont l'une est platte, & l'autre d'une figure ronde, qui aboutit en pointe, comme un œuf de pigeon. Elles ont toutes un trou sur le dos, qui est comme leur nombril. Leur gueule ne peut pas facilément estre discernée à cause qu'elle est présque toute couverte sous un poil d'un gris blanc, qui est quelquefois entreméle de rouge. Elle est armée de part & d'autre de deus crochets fort pointus, qui sont d'une matiere solide, & d'un noir si poly & si luisant, que les Curieus les enchassent en or, pour s'en servir au lieu de Curédens qui sont fort estimez

de

de ceus, qui connoiſſent la vertu qu'ils ont, de preſerver de douleur, & de toute corruption, les parties qui en ſont frottées.

Quand ces Araignées ſont devenuës vieilles, elles ſont couvertes par tout d'un duvet noirâtre, qui eſt auſſi dous, & auſſi preſſé, que du velours. Leur corps eſt ſupporté par dix pieds, qui ſont velus par les côtez, & heriſſez en deſſous de petites pointes, qui leur ſervent pour s'accrocher plus aiſément par tout où elles veulent grimper. Tous ces pieds ſortent de la partie de devant: Ils ont chacun quatre jointures, & par le bout, ils ſont munis d'une corne noire & dure, qui eſt diviſée en deus comme une petite fourche.

Elles quittent tous les ans leur vieille peau comme les ſerpens, & les deus crochets qui leur ſervent de dens & de defenſe; ceus qui rencontrent ces precieuſes dépoüilles, y peuvent remarquer la figure entiere de leur corps, telle que nous l'avons fait dépeindre à la fin de ce Chapitre. Leurs yeus ſont ſi petis, & ſi enfoncez, qu'ils ne paroiſſent que comme deus petis points. Elles ſe nourriſſent de mouches, & de ſemblables vermines, & on a remarqué qu'en quelques endroits, elles filent des toiles qui ſont ſi fortes, que les petis oiſeaus qui s'y embarraſſent ont bien de la péne de s'en développer. On dit le même des Araignées qui ſe trouvent communément dans les Iles Bermudez qui ſont habitées par les Anglois; il eſt auſſi fort probable, qu'elles ſont d'une même eſpece.

ARTICLE VI.

Du Tigre volant.

ON a donné à cet Inſecte, le nom de *Tigre volant*, à cauſe qu'il eſt marqueté par tout ſon corps de taches de diverſes couleurs, de même que le Tigre. Il eſt de la groſſeur d'un Cerf volant. Sa teſte eſt pointuë, & embellie de deus gros yeux, qui ſont auſſi verts, & auſſi brillans qu'une Emeraude. Sa gueule eſt armée de deus crocs durs, & pointus au poſſible, avec leſquels il tient ſa proye pendant qu'il en tire

le

le suc. Tout son corps est revêtu d'une croute dure & brune, qui lui sert comme de cuirasse. Ses ailes, qui sont aussi d'une matiere solide, couvrent quatre ailerons, qui sont aussi deliez que de la toile de soye. Il a six pattes, qui ont chacune trois jointures, & qui sont herissées de plusieurs petites pointes. Durant le jour, il s'occupe continuellement à la chasse d'autres Insectes, & pendant la nuit il se perche sur les arbres, d'où il fait un bruit tout pareil au chant des Cigales.

ARTICLE VII.

Des Abeilles, & de quelques autres Insectes.

LEs *Abeilles*, qu'on voit aus Antilles ne sont pas de beaucoup differentes de celles, qui se trouvent en l'Amerique Meridionale : mais les unes & les autres, sont plus petites que celles de l'Europe. Il y en a qui sont grises, & d'autres, qui sont brunes, ou bleuës : ces dernieres sont plus de cire & de meilleur miel. Elles se retirent toutes, dans les fentes des rochers, & dans le creus des arbres. Leur cire est molle, & d'une couleur si noire, qu'il n'y a aucun artifice, qui soit capable de la blanchir : mais en recompense leur miel est beaucoup plus blanc, plus dous & plus clair, que celuy que nous avons en ces contrées. On les peut manier sans aucun danger, parce qu'elles sont presque toutes dépourveües d'éguillons.

On trouve encore dans ces Iles, plusieurs *Cerfs volans*, & une infinité de *Sauterelles*, & de *Papillons*, qui sont beaus à merveille. Il s'y voit aussi & sur la terre, & en l'air divers Insectes fort importuns & dangereus, qui travaillent grandement les Habitans : mais nous parlerons de ces incommoditez, & de quelques autres, dans les deus derniers Chapitres de ce premier Livre.

146   Histoire Naturelle,   Chap. 14.

Solla.

Le Ver.

Mouche Cornue.

Araignée Monstrueuse.

CHAPITRE QUINZIÉME.

Des Oiseaus les plus considerables des Antilles.

Toutes les œuvres de Dieu sont magnifiques, il les a toutes faites avec sagesse, la terre est pleine de ses biens: mais il faut avoüer, qu'entre toutes les Creatures, qui n'ont rien au dessus de la vie sensitive; les Oiseaus publient plus hautement qu'aucunes autres, les inépuisables richesses de sa bonté & de sa providence: Et qu'ils nous convient, par la douce harmonie de leur chant, par l'activité de leur vol, par les vives couleurs & par toute la pompe de leur plumage, de loüer & glorifier cette Majesté Souveraine, qui les si avantageusement parez, & embellis de tant de rares perfections. C'est aussi pour nous animer à ces sacrez dévoirs, qu'aprés avoir traitté des Arbres, des Plantes, des Herbages, des Bestes à quatre pieds, des Reptiles & des Insectes, dont la terre des Antilles est couverte, nous décrirons en ce Chapitre tous les plus rares Oiseaus, qui peuplent l'air de ces aimables Contrées, & qui enrichissent la verdure eternelle, de tant d'Arbres precieus, dont elles sont couronnés.

ARTICLE I.

Des Fregates.

Des qu'on approche de ces Iles, plusieurs Oiseaus qui frequentent la mer, viennent à la rencontre des Navires, comme s'ils étoient envoiez pour les reconnoitre. Si tost que les nouveaus passagers les apperçoivent, ils se persuadent qu'ils verront incontinent la terre: Mais il ne se faut pas flatter de cette esperance, jusques à ce qu'on les voie venir par troupes. Car il y en a une espece qui s'écarte souvent en pleine Mer, de plus de deus cens lieües loin de terre.

Nos François les nomment *Fregates*, à cause de la fermeté & de la legereté de leur vol. Ces Oiseaus ont bien autant de chair qu'un Canart ; mais ils ont les ailes beaucoup plus grandes, aussi ils fendent l'air avec une telle vitesse & rapidité, qu'en peu de temps on les a perdu de veuë. Ils ont le plumage different : car les uns sont entierement noirs : & les autres sont tout gris à la reserve du ventre, & des ailes qui sont mélées de quelques plumes blanches. Ils sont fort bons pescheurs : Et quand ils apperçoivent un poisson à fleur d'eau, ils ne manquent pas comme en se joüant, de l'enlever, & d'en faire curée. Ils ont sur tout une adresse merveilleuse à se saisir des poissons volans ; car si tost qu'ils apperçoivent que cette delicate proye fait herisser les eaus, & qu'elle s'en va estre contrainte de prendre l'essor, pour eviter les cruelles poursuites de ses ennemis de mer. Ils se placent si bien du costé où ils doivent faire leur saillie, que dez qu'ils sortent de l'eau, ils les reçoivent en leur bec, ou en leurs serres : Ainsi ces innocens & infortunes poissons, pour eviter les dens d'un ennemy tombent souvent entre les griffes d'un autre, qui ne leur fait pas une meilleure composition.

Les rochers qui sont en mer, & les petites Iles inhabitées servent de retraitte à ces Oiseaus. C'est aussi en ces lieus deserts, où ils font leurs nids. Leur chair n'est point tant prisée : mais on recüeille fort soigneusement leur graisse, à cause qu'on a experimenté, qu'elle est trespropre pour la guérison de la Paralysie, & de toutes sortes de gouttes froides.

ARTICLE II.

Des Fauves.

LEs Oiseaus, que nos François appellent *Fauves*, à cause de la couleur de leur dos, sont blancs sous le ventre. Ils sont de la grosseur d'une poule d'eau ; mais ils sont ordinairement si maigres, qu'il ny a que leurs plumes qui les fasse valoir. Ils ont les pieds comme les Cannes, & le bec pointu comme les beccasses. Ils vivent de petis Poissons de même que les *Fregates*, mais ils sont les plus stupides de tous les Oiseaus de mer & de terre, qui sont aus Antilles ; car soit
qu'ils

qu'ils se lassent facilement de voler, ou qu'ils prenent les Navires pour des rochers flottans ; aussi tôt qu'ils en apperçoivent quelcun, sur tout si la nuit approche, ils viennent incontinent se poser dessus: Et ils sont si étourdis qu'ils se laissent prendre sans peine.

ARTICLE III.

Des Aigrettes & de plusieurs autres Oiseaus de Mer & de Riviere.

ON voit aussi prés de ces Iles, & quelquefois bien loin en Mer, des Oiseaus parfaitement blancs, qui ont le bec & les pieds rouges comme du Coral ; Ils sont un peu plus gros que les Corneilles. On tient que c'est une espéce d'*Aigrette*, à cause qu'ils ont une queüe qui est composée de deus plumes longues & precieuses, qui les fait discerner entre tous les autres Oiseaus qui frequentent la Mer.

Entre les Oiseaus de Rivieres & d'étangs: Il y a des *Pluviers*, des *Plongeons*, des *Poules d'eau*, des *Cannars*, des *Oyes Sauvages* ; une espece de petites *Cannes*, qui sont blanches comme la neige par tout le corps, & ont le bec & les pieds tout noirs, & des *Aigrettes* d'une blancheur du tout admirable, de la grosseur d'un Pigeon, & qui ont le bec semblable à celuy de la Becasse, & vivent de poisson aimant les sables & les rochers. Elles sont particulierement recherchées, à cause de ce precieus bouquet de plumes fines & deliées comme de la soye, dont elles sont parées, & qui leur donne une grace toute particuliere. Mais parce que tous ces Oiseaus de Mer & de Riviere, sont communs ailleurs, il n'est pas besoin de les décrire.

ARTICLE IV.

Du Grand Gosier.

IL y a encore un gros Oiseau en toutes ces Iles, qui ne vit que de poisson. Il est de la grosseur d'une grosse Canne, &

d'un

d'un plumage cendré & hideus à voir. Il a le bec long & plat, la teste grosse, les yeus petis & enfoncez, & un col assez court, sous lequel pend un Gosier si demesurement ample & vaste, qu'il peut contenir un grand seau d'eau. C'est pourquoy nos gens l'appellent *Grand Gosier*. Ces Oiseaus se trouvent ordinairement sur les arbres, qui sont au bord de la mer, ou ils se tiennent en embuscade pour épier leur proye. Car si tost qu'ils voient quelque poisson à fleur d'eau & à leur avantage, ils se lancent dessus & l'enlevent. Ils sont si goulus, qu'ils avallent d'assez gros poissons tout d'un coup, & puis ils retournent à leur sentinelle. Ils sont aussi si attentifs à leur pésche, que ne detournant point la veuë de dessus la mer, d'où ils attendent leur proye; on les peut facilement tirer de la terre sans qu'ils se donnent garde du coup. Ils sont songearts & melancoliques, comme il convient à leur employ. Leurs yeus sont si vifs & si perçans qu'ils découvrent les Poissons bien loin en Mer, & plus d'une brasse de profondeur: mais ils attendent que le poisson soit présque à fleur d'eau, pour se ruer dessus, leur chair n'est point bonne à manger.

ARTICLE V.

Des Poules d'eau.

LEs Iles qu'on nomme les Vierges, sont recommendables entre toutes les Antilles pour avoir une infinité de beaus, & de rares Oiseaus de mer & de terre. Car outre tous ceus dont nous venons de parler qui y sont en abondance. On y voit une espece de petites Poules d'eau qui ont un plumage ravissant. Elles ne sont pas plus grosses qu'un pigeon: mais elles ont le bec plus long de beaucoup, de couleur jaune, & les cuisses plus hautes, qui de même que les pieds, sont d'un rouge fort vif. Les plumes du dos & des ailes, & de la queüe, sont d'un Incarnat luisant, entre-mélé de vert & de noir, qui sert comme de fons pour relever ces éclatantes couleurs. Le dessous des ailes & du ventre, est d'un jaune doré. Leur col & leur poitrine, sont enrichis d'une agreable mélange de tout autant de vives couleurs, qu'il y en à en tout

leur

leur corps : & leur teste qui est menuë, & en laquelle sont enchassez deus petis yeus brillans, est couronnée d'une huppe tissuë de plusieurs petites plumes qui sont aussi émaillées de diverses belles couleurs.

ARTICLE VI.

Des Flammans.

LEs étangs & les lieus marécageus qui ne sont pas souvent frequentez nourrissent de beaus & grands Oiseaus, qui ont le corps de la grosseur des Oyes sauvages, & de la figure de ceus que les Hollandois nomment *Lepelaer*, à cause de la forme de leur bec, qui est recourbé en fasson d'une cüeilliere. Car ils ont le bec tout pareil, le col fort long, & les jambes & les cuisses si hautes, que le reste de leur corps est elevé de terre d'environ trois pieds. Mais ils different en couleur, d'autant qu'ils ont le plumage blanc quand ils sont jeunes ; puis apres à mesure qu'ils croissent, il devient de couleur de Rose, & enfin quand ils sont âgez il est tout incarnat. Il y a apparence que c'est à cause de cette couleur, que nos François les ont nommés *Flammans*. Il se trouve de ces mêmes Oiseaus prés de Montpélier, qui ont seulement le dessous des ailes & du corps incarnat, & le dessus noir. Il s'en voit aussi aus Iles, qui ont les ailes mélées de quelques plumes blanches & noires.

On ne les rencontre rarement qu'en troupe, & ils ont loüye & l'odorat si subtils ; qu'ils éventent de loin les chasseurs, & les armes à feu. Pour eviter aussi toutes surprises, ils se posent volontiers en des lieus découverts, & au milieu des marécages, d'où ils peuvent appercevoir de loin leurs ennemis, & il y en a toujours un de la bande, qui fait le guet, pendant que les autres foüillent en l'eau, pour chercher leur nourriture : Et aussi tost qu'il entend le moindre bruit, ou qu'il apperçoit un homme, il prend l'essor, & il jette un cri, qui sert de signal aus autres pour le suivre. Quand les chasseurs, qui frequentent l'Ile de S. Domingue, veulent abattre de ces Oiseaus, qui y sont fort communs, ils se mettent au
dessous

deſſous du vent, afin que l'odeur de la poudre ne leur ſoit ſi facilément portée, puis ils ſe couvrent d'un cuir de Bœuf, & marchent ſur leurs mains, pour contrefaire cette beſte, juſques à ce qu'ils ſoient arrivez en un lieu d'où ils puiſſent commodement tirer leur coup : & par cette ruſe, ces Oiſeaus qui ſont acoutumez de voir des Bœufs ſauvages, qui deſcendent des montagnes, pour venir aus abreuvoirs, ſont faits la proie des chaſſeurs. Ils ſont gras & ont la chair aſſez delicate. On conſerve leur peau, qui eſt couverte d'un mol duvet, pour eſtre employée aus mêmes uſages, que celles du Cygne & du vautour.

ARTICLE VII.

De l'Hirondelle de l'Amerique.

IL y a quelques années qu'il fut aporté de ces Iles, à un curieus de la Rochelle, un Oiſeau de la groſſeur d'une Hiron-

delle, & tout ſemblable, excepté que les deus grandes plumes

mes de la queuë étoient un peu plus courtes, & que son bec étoit crochu comme celuy d'un Perroquet, & ses pieds comme ceus d'une Canne. Le tout parfaitement noir, si ce n'est le dessous du ventre, qu'il avoit blanc comme celuy des Hirondelles; enfin il leur ressembloit si fort, horsmis cette petite difference, que nous ne le s'aurions mieus nommer qu'*Hirondelle d'Amerique*. Nous luy avons à dessein donné place apres les Oiseaus de Mer & de Riviere, à cause que la forme de ses pieds donne assez à connoistre qu'il vit dans les eaüs. Et parce qu'il est si rare qu'aucun Auteur n'en a jamais parlé que nous sachions, nous en donnons icy la figure fidelement tirée sur l'original. Renvoyans celles des autres Oiseaus plus remarquables que nous avons déja décrits, ou que nous allons décrire, à la fin de ce Chapitre.

ARTICLE VIII.

De plusieurs Oiseaus de terre.

OUtre tous ces Oiseaus de Mer, de Rivieres, & d'étangs; on trouve en ces Iles une tresgrande abondance de *Perdris*, de *Tourtes*, de *Corneilles*, & de *Ramiers*, qui menent un étrange bruit dans les bois. On y voit trois sortes de Poules, les unes sont *Poules communes*, semblables à celles de ces quartiers; les autres sont de celles que nous nommons *Poules d'Inde*: Et celles de la troisiéme sorte, sont une espece de *Faisans*, que les François à l'imitation des Espagnols appellent *Poules Pintades*, parce qu'elles sont comme peintes de couleurs blanches, & de petis points qui sont comme autant d'yeus, sur un fonds obscur.

Il y a aussi plusieurs *Merles*, *Grives*, *Ortolans* & *Gros becs*, presque tout semblables aus nôtres de même nom.

Quant aus autres Oiseaus, qui sont particuliers aus forests des Antilles, il y en a de tant de sortes, & qui sont si richement, & si pompeusement couverts: qu'il faut avoüer que s'ils cedent à ceus de l'Europe pour le chant, Ils les surpassent de beaucoup en beauté de plumage. Les descriptions que nous

nous allons faire de quelques uns des plus confiderables, confirmeront suffisamment la verité de cette propofition.

Nous commencerons par les Perroquets, qui felon leur differente groffeur font diftinguez en trois efpeces. Les plus grands font nommes *Arras*, *Canides* ou *Canivés*, les moindres *Perroquets communs*, & les plus petis *Perriques*.

ARTICLE IX.

Des *Arras*.

LEs *Arras* font des Oifeaus beaus par excellence, de la groffeur d'un Faifan : mais quant à la figure du corps, ils font femblables aus Perroquets. Ils ont tous la tefte affés groffe, les yeus vifs & affûres, le bec crochu, & une longue queuë, qui eft compofée de belles plumes, qui font de diverfes couleurs, felon la difference des Iles où ils ont pris leur naiffance. On en voit qui ont la tefte, le deffus du col, & le dos de bleü celefte tabizé, le ventre & le deffous du col & des ailes de jaune pâle, & la queuë entierement rouge. Il y en a d'autres, qui ont prefque tout le corps de couleur de feu, horsmis qu'ils ont en leurs ailes, quelques plumes, qui font jaunes, azurées & rouges. Il s'en trouve encore qui ont tout le plumage meflé de rouge, de blanc, de bleü, de vert & de noir, c'eft à dire de cinq belles & vives couleurs qui font un tresagreable émail. Ils volent ordinairement par troupes. On jugeroit à leur pofture qu'ils font fort hardis & refolus : car ils ne s'étonnent point du bruit des armes à feü, & fi les premier coup ne les a bleffez, ils attendent fans bouger du lieu où ils font une deuziéme charge : mais il y en a plufieurs qui attribuent cette affurance à leur ftupidite naturelle, plutôt qu'a leur courage. On les apprivoife affez aifément : on leur apprend auffi à prononcer quelques paroles, mais ils ont la langue trop épaiffe, pour fe pouvoir faire entendre auffi bien que les *Canides*, & les plus petis *Perroquets*. Ils font fi ennemis du froid, qu'on à bien de la peine à leur faire paffer la mer.

ARTI-

ARTICLE X.

Des Canides.

ON estime beaucoup les *Canides* qui sont de même grosseur que les precedens, mais d'un plumage encore plus ravissant. Témoin celuy que Monsieur du Montel qui a fait plusieurs voyages en l'Amerique, & qui a soigneusément visité toutes les Iles, a veu en celle de Coraçao, & dont il nous „ donne cette exacte relation. Il meritoit, dit il, de tenir
„ rang entre les plus beaux Oiseaux du monde. Je le conside-
„ ray de si prez, & le maniay si souvent étant en ce lieu là, que
„ j'en ay encore les idées toutes fraiches. Il avoit tout le
„ plumage sous le ventre, sous les ailes & sous le col de cou-
„ leur d'aurore tabizée : Le dessus du dos, & de la moitié
„ des ailes d'un bleü celeste, & vif au possible. La queüe &
„ les grandes plumes des aîles étoient entremélées d'un in-
„ carnadin éclatant à merveilles, diversifié d'un bleü comme
„ le dessus du dos, d'un vert naissant, & d'un noir luisant, qui
„ rehaussoit & faisoit paroître avec plus d'éclat, l'or & l'azur
„ de l'autre plumage. Mais ce qui étoit le plus beau, étoit sa
„ teste, couverte d'un petit duvet de couleur de Rose, mar-
„ queté de vert, de jaune, & de bleü mourant qui s'étendoit
„ en ondes jusques au dos. Ses paupieres étoient blanches,
„ & la prunelle de ses yeux jaune & rouge, comme un rubis
„ dans un chaton d'or. Il avoit sur la teste, comme une toque
„ de plumes d'un rouge vermeil, étincelant comme un char-
„ bon allumé, qui estoit bordée de plusieurs autres plumes
„ plus petites, de couleur de gris de perle.

„ Que s'il étoit merveilleus pour cette riche parure, il n'é-
„ toit pas moins à priser pour sa douçeur ; Car bien qu'il eût
„ le bec crochu, & que les ongles, ou serres de ses pieds, d'ont
„ il se servoit comme de mains, tenant son manger, & le por-
„ tant au bec, fussent si perçantes & si fortes, qu'il eut pû em-
„ porter la piece, de tout ce qu'il empoignoit : neantmoins
„ il étoit si privé qu'il joüoit avec les petis enfans sans les bles-
„ ser : Et quand on le prénoit il resserroit si bien ses ongles,

„ que

,, que l'on n'en fentoit aucunement les pointes. Il l'échoit
,, comme un petit chien avec fa langue courte & épaiſſe ceus
,, qui l'amadoüoient, & luy donnoient quelque friandiſe, joig-
,, noit ſa teſte à leur joües pour les baiſer & careſſer, & té-
,, moignant par mille ſoupleſſes ſa reconnoiſſance, il ſe laiſ-
,, ſoit mettre en telle poſture qu'on vouloit, & prenoit plaiſir
,, à ſe divertir de la ſorte, & à faire paſſer le tems à ſes amis.
,, Mais autant qu'il étoit dous & traittable, à ceus qui luy fai-
,, ſoient du bien; autant étoit il mauvais & irreconciliable,
,, à ceus qui l'avoient offenſé, & il les s'avoit fort bien diſcer-
,, ner entre les autres, pour leur donner quelques atteintes
,, de ſon bec & de ſes ongles, s'il les trouvoit à ſon avantage.
,, Au reſte il parloit Hollandois, Eſpagnol, & Indien : Et
,, en ce dernier langage il chantoit des airs comme un Indien
,, même. Il contrefaiſoit auſſi toutes ſortes de volailles, &
,, d'autres animaus domeſtiques. Il nommoit ſes amis par
,, nom & par ſurnom, accouroit à eus, & voloit ſur eus ſi toſt
,, qu'il les apperçevoit notamment quand il avoit faim. Que
,, s'ils avoient eſté abſens, & qu'il ne les eut veus de long
,, tems, il faiſoit paroîrre la joie qu'il avoit de leur retour, par
,, des cris de jouïſſance. Quand il avoit bien folâtre & joué,
,, & que l'on étoit ennuyé de ſes careſſes, il ſe retiroit au faîte
,, du couvert de la caze de ſon nourriſſier, qui étoit un Cava-
,, lier de la même Ile : Et de la il parloit, chantoit, & faiſoit
,, mille ſingeries, ſe mirant en ſon plumage qu'il agençoit &
,, paroit, nettoyoit & poliſſoit avec ſon bec. On n'avoit
,, point de peine à le nourrir. Car non ſeulement le pain
,, dont on uſe en cette Ile, mais tous les fruits & toutes les
,, racines qui y croiſſent luy étoient agreables. Et quand on
,, luy en avoit donné plus qu'il n'en avoit beſoin, il cachoit
,, ſoigneuſement le reſte ſous les feüilles de la couverture de
,, la caze, & y avoit recours dans la neceſſité : Enfin je n'ay
,, jamais veu d'oiſeau plus beau ni plus aimable. Il étoit digne
,, d'étre preſenté au Roy, ſi on euſt pû le paſſer en France.
C'eſt la ce qu'en rapporte ce noble & veritable Témoin, qui
ajoûte qu'il avoit été apporté des Antilles à Monſieur Ro-
denborck, qui étoit alors Gouverneur du Fort, & de la Colonie Hollandoiſe, qui eſt en l'Ile de Coraçao.

ARTI-

ARTICLE XI.

Des Perroquets.

ON voit quaſi par toutes les Antilles des *Perroquets* que les Indiens habitans du païs appellent en leur langue *Koulehuec*, & qui vont par trouppes comme les Etourneaus. Les chaſſeurs les mettent au rang du gibier, & ne croient pas perdre leur poudre ni leur peine de les mettre bas. Car ils ſont auſſi bons & auſſi gras, que le meilleur poulet: ſur tout quand ils ſont jeunes, & pendant le tems des graines, & des fruits de pluſieurs Arbres dont ils ſe nourriſſent. Ils ſont de differente groſſeur & de different plumage, ſelon la difference des Iles. De ſorte que les anciens habitans s'avent reconnoître le lieu où ils ſont nez, à leur taille & à leur plume.

Il y en à d'une admirable ſorte en l'une des Iles qu'on appelle *Vierges*. Ils ne ſont pas plus gros que l'Oiſeau que les Latins nomment *Hupupa*, & ils ont preſque la même figure. Mais ils ſont d'un plumage chamarré d'une ſi grande varieté de couleurs qu'ils recréent merveilleuſement la veuë. Ils aprenent parfaitement bien à parler, & contrefont tout ce qu'ils entendent.

ARTICLE XII.

Des Perriques.

LEs plus petis Perroquets ne ſont pas plus gros qu'un Merle, il s'en trouve même qui n'ont pas plus de corps qu'un paſſereau. On les nomme *Perriques*. Elles ſont couvertes d'un plumage, qui eſt entierement vert, horsmis que ſous le ventre & aus bords des ailes & de la queüe, il tire ſur le jaune. Elles aprenent auſſi à parler & à ſiffler. Mais elles retiennent toujours quelque peu du Sauvagin. Ce qui fait qu'elles pincent bien fort, quand elles ne ſont pas en bonne humeur. Et ſi elles peuvent avoir la liberté, elles gagnent les bois, où elles meurent de faim. Car ayant eſté nourries de jeuneſſe en la cage, où elles trouvoient leur nourriture preparée, elles ne ſavent pas choiſir les Arbres ſur léquels il y a des graines qui leur ſont propres.

ARTICLE XIII.

Du Tremblo.

IL y à en quelques Iles, particulierement à la Gardeloupe, un petit Oiſeau que l'on nomme *Tremblo*, parce qu'il tremble ſans ceſſe principalement des ailes qu'il entr'ouve. Il eſt de la groſſeur d'une caille, ſon plumage eſt d'un gris un peu plus obſcur que celuy de l'Aloüette.

ARTICLE XIV.

Du Paſſereau de l'Amerique.

LEs Iles de Tabago & de la Barboude, comme étant les plus Meridionales des Antilles, ont beaucoup de rares Oiſeaus, qui ne ſe voient pas en celles, qui ſont plus au nord. Il s'y en rencontre entre autres un, qui n'eſt pas plus gros qu'un Paſſereau, & qui a un plumage raviſſant : Car il a la teſte, le col, & le dos, d'un rouge ſi vif & ſi éclatant, que lors qu'on le tient ſerré en la main & qu'on ne fait paroiſtre que le col, ou le dos, on le prendroit même de fort prez, pour un charbon allumé. Il a le deſſous des ailes & du ventre d'un blëu celeſte, & les plumes des ailes & de la queüe d'un rouge obſcur, marqueté de petis points blancs, diſpoſez en égale diſtance, qui ont la figure de la prunelle de ſon œil. Il a auſſi le bec, & le ramage, d'un Paſſereau; et pour ce ſujet on le nommé à bon droit, *Paſſereau de l'Amerique*.

ARTICLE XV.

De l'Aigle D'Orinoque.

IL passe aussi souvent de la terre ferme en ces mêmes Iles, une sorte de gros Oiseau, qui doit tenir le premier rang entre les Oiseaus de Proye, qui sont aus Antilles. Les premiers habitans de Tabago le nommerent, *Aigle D'orinoque*, à cause qu'il est de la grosseur & de la figure d'une Aigle, & qu'on tient que c'et Oiseau qui n'est que passager en cette Ile, se voit communement en cette partie de l'Amerique Meridionale qui est arrosée de la grande Riviere d'Orinoque. Tout son plumage est d'un gris clair, marqueté de taches noires, horsmis que les extremités des ses aîles & de sa queüe, sont bordées de jaune. Il a les yeus vifs & perçants. Les aîles fort longues, le vol roide & promt, veu la pesanteur de son corps. Il se repaist d'autres Oiseaus, sur léquels il fond avec furie, & apres les avoir atterrez, il les dechire en pieces, & les avale. Il a neantmoins tant de generosité, qu'il n'attaque jamais ceus qui sont foibles & sans defense. Mais seulement les Arras, les Perroquets, & tous ceus qui sont armez comme lui, de becs forts & crochus, & de griffes pointuës. On a même remarqué, qu'il ne se ruë point sur son gibier tandis qu'il est à terre, ou qu'il est posé sur quelque branche: mais qu'il attend qu'il ait pris l'essor, pour le combattre en lair, avec un pareil avantage.

ARTICLE XVI.

Du *Mansfeny*.

LE *Mansfeny*, est aussi une espece de petite Aigle qui vit aussi de Proye, mais il n'a pas tant de cœur, que celle dont nous venons de parler, car il ne fait la guerre qu'aus Ramiers, aus Tourtes, aus poulets, & aus autres petis Oiseaus qui ne lui peuvent resister.

Il y a encore en ces Iles une infinité d'autres Oiseaus de toutes sortes d'éspeces, & dont la plûpart n'ont point de noms.

ARTICLE XVII.

Du Colibry.

POur couronner dignément l'Histoire des Oiseaus de nos Antilles, nous finirons par l'admirable *Colibry*, admirable pour sa beauté, pour sa petitesse, pour sa bonne odeur, & pour sa fasson de vivre. Car étant le plus petit de tous les Oiseaus qui se voient il verifie glorieusement le dire de Pline, que *Natura nusquam magis quam in minimis tota est*. Il se trouve de ces Oiseaus, dont le corps est si petit, qu'ils ne sont guéres plus gros qu'un Hanneton. Il y en a qui ont le plumage si beau, que le col les aîles & le dos representent la diversité de l'arc-en-ciel, que les Anciens ont appellé *Iris* fille de l'admiration. L'on en voit encore qui ont sous le col un rouge si vif, que de loin on croiroit que ce seroit une escarboucle. Le ventre & le dessous des aîles est d'un jaune doré ; les cuisses d'un vert d'Emeraude ; les pieds & le bec noirs comme ebene polie ; & les deus petis yeus sont deus diamans enchassez en une ovale de couleur d'acier bruny. La teste est d'un vert naissant qui lui donne tant d'éclat qu'elle paroit comme d'orée. Le masle est enrichy d'une petite Hupe en forme d'aigrette, qui est composée de toutes les differentes couleurs, qui emaillent ce petit corps, le miracle entre les Oiseaus, & l'une des plus rares productions de la nature. Il abbaisse & leve quand il lui plait cette petite creste de plumes, dont l'Auteur de la nature la si richement couronné. Tout son plumage est aussi plus beau, & plus éclatant, que celuy de la femelle.

Que si cet Oiseau est merveilleus en sa taille, & en son plumage ; il n'est pas moins digne d'admiration en l'activité de son vol, qui est si vite & si precipité, qu'à proportion les plus gros Oiseaus ne fendent point l'air avec tant de force, & ne font pas un bruit si resonnant, que celuy qu'excite cet aimable

ble petit Colibry par le battement de ses aîles : Car on diroit que ce soit un petit tourbillon émeu en l'air, & qui siffle aus oreilles. Et parce qu'il se plait à voler prés de ceus qui passent, il surprend quelquéfois si inopinément, que bien souvent il donne une subite, & innocente frayeur, à ceus qui l'entendent plûtost qu'ils ne le voient.

Il ne vit que de rosée, laquelle il succe sur les fleurs des Arbres avec sa langue, qui est beaucoup plus longue que le bec, & qui est creuse comme un petit chalumeau, de la grosseur d'une menuë aiguille. On ne le voit que fort rarement sur terre, ni même perché sur les arbres : mais suspendu en l'air auprés de l'arbre, où il prend sa nourriture. Il se soutient ainsi par un dous battement d'ailes, & en même tems il tire la rosée, qui se conserve le plus long-tems au fond des fleurs à demy épanoüies. C'est en cette posture qu'il y a du plaisir à le considerer. Car épanovissant sa petite hupe, on diroit qu'il aye sur la teste une couronne de rubis & de toutes sortes de pierres precieuses. Et le Soleil rehauffant toutes les riches enluminures de son plumage, il jette un éclat si brillant qu'on le pourroit prendre pour une rose de pierrerie animée & volante en l'air. Aus lieus où il y a plusieurs Cottonniers on voit ordinairement quantité de Colibris.

Bien que son plumage perde beaucoup de sa grace quand il est mort, si est ce qu'il est encore si beau, que l'on a veu des Dames en porter par curiosité pour pendans d'oreilles. Ce que plusieurs ont trouvé leur estre mieus seant, que tous les autres.

Ce merveilleus Oiseau n'a pas seulement la couleur extraordinairement agreable : mais il y en a d'une sorte, qui apres avoir recréé la veuë, rejouit encore & contente l'odorat par sa soüeve odeur, qui est aussi douce, que celle de l'ambre & du musc les plus fins.

Il bâtit le plus souvent son nid sous une petite branche de quelque Oranger ou Cottonnier, & comme il est proportioné à la petitesse de son corps, il le cache si bien parmy les fueilles, & le met si industrieusement à l'abry des injures de l'air, qu'il est présque imperceptible. Il est si bon architecte, que pour n'estre point exposé aus vens du levant & du Nord, qui soufflent d'ordinaire en ces païs-là, il place son nid au midy. Il le compose au dehors de petis filets d'une Plante que l'on nomme *Pite*, & dont nos Indiens font leurs cordes. Ces petis filamens sont deliez comme des cheveus, mais beaucoup plus forts. Il les lie & les entortille avec son bec si serrément à l'entour de la petite branche fourchuë qu'il à choisie pour y perpetuer son espece, que ce nid étant ainsi parmy les feüilles, & suspendu sous la branche, se trouve comme nous avons dit & hors de la veuë, & hors de tout peril. L'ayant rendu solide & remparé au dehors par ces filamens, & par quelques brins décorces & de menuës herbes, entrelacez les uns dans les autres avec un merveilleus artifice, il le pare au dedans du plus fin cotton, & d'un duvet de petites plumes plus molles que la soye la plus deliée. La femelle ne fait communément que deus œufs, qui sont en ovale, & de la grosseur d'un pois, ou si vous voulés d'une perle de conte.

Nôtre brave voiageur ne se taira pas sur cette matiere. Elle est trop digne de ses observations curieuses. Voicy donc ce qu'il en écrit entr'autres choses à son amy en ses relations „ familieres. On trouve par fois des nids de Colibry sous „ les branches de quelques unes de ces plantes de tabac, qu'on „ laisse croître aussi haut qu'elles peuvent, pour en avoir la „ graine. Je me souviens qu'un de nos Negres m'en montra „ un, qui étoit ainsi fort proprément attaché sous une de ces „ branches. Même comme j'étois à Saint Christofle, à la „ pointe des Palmistes, un Anglois m'en fit voir un, qui te- „ noit à l'un des roseaus, qui soutenoit la couverture de sa „ case à Tabac, comme on parle aus Iles. J'ay veu aussi un „ de ces nids avec les œufs, qui étoit encore attaché à la „ branche, qui avoit esté couppée pour l'ornement du cabi- „ net d'un curieus, lequel avoit de plus encore le masle & la „ femelle secs, & conservez en leur entier. Et c'est là où je „ consideray attentivement & le nid & l'oiseau. Et aprés „ avoir admiré l'œuvre de Dieu en cette petite creature, je „ dis étant tout ravy à la veuë de ce nid qui étoit de la gros- „ seur d'une nois,

Que

»   *Que la matiere ou la figure*
»   *Se fasse icy considerer*
»   *Rien ne se doit accomparer*
»   *A cette exquise Architecture*
»   *Vne solide dureté*
»   *S'y mesle avec la beauté*
»   *Par un singulier artifice*
»   *Car un bec est tout l'instrument*
»   *Qui donne à ce rare edifice*
»   *Son plus precieux ornement.*

Au reste, il se voit de ces Oiseaus presque en toutes les Antilles, mais selon la diversité des Iles ils different & de grosseur & de plumage. Les plus beaus & les plus petis de tous se trouvent en l'Ile d'*Aruba* qui releve de la Colonie Hollandoise, qui est à *Coraçao*.

On pourroit peuteftre desirer icy que nous parlassions du chant de cet Oiseau, & qu'aprés avoir ravy la veuë, & satisfait merveilleusement l'odorat, il contentast encore l'oüie par l'harmonie de son chant. Quelques uns disent qu'en effet il y en a d'une espece qui chante en quelque saison de l'année. Mais il y a grande apparence, que ce qu'on appelle le chant du Colibry, n'est autre chose qu'un petit cry semblable à celuy de la Cygale, qui est toujours d'un même ton. Mais quand il ne chanteroit pas, il possede sans cela, assez d'autres rares avantages de la nature, pour tenir rang entre les plus beaus, & les plus excellens Oiseaus.

Ceus qui ont demeuré au Bresil, nous rapportent constanment, qu'il y a un petit Oiseau nommé *Gonambuch*, d'un blanc luisant, qui n'a pas le corps plus gros qu'un Frelon, & qui ne doit rien au Rossignol pour le regard du chant clair & net. Peuteftre que c'est une espéce de *Colibry*, comme quelques uns le posent. Mais toujours n'est il pas comparable, ni en beauté de plumage, ni en odeur, & autres ravissantes qualitez à celuy que nous venons de décrire.

Ceus là ont mieus rencontré, qui ont dit que ce chef d'œuvre de nature, est une espéce de ces petis Oiseaus que quelques Indiens appellent *Guaraciaba*, ou *Guacariga*, c'est à dire *Rayon du Soleil*, & *Guaracigaba*, c'est à dire *Cheveu du Soleil*. Les Espagnols les nomment *Tomineios*, par ce que quand on en met un avec son nid dans un trébuchet à peser l'or, il ne pese ordinairement que deus de ces petis poids, que les mêmes Espagnols appellent *Tominos*, c'est à dire vint-quatre grains.

Quelques uns ont mis en avant, qu'une partie de ces admirables *Colibris*, sont premierement des Mouches, qui puis apres se transforment en Oiseaus. D'autres ont écrit que les Antillois appelloient ces Oiseaus des Rénez, parce qu'ils dorment la moitié de l'année comme les L'oirs, & qu'ils se reveillent au Printems, renaissant comme de nouveau, avec cette agreable saison. Même il y en à qui disent, que lors que les fleurs viennent à tomber ils poussent leur petit bec dans le tronc des arbres, & y demeurent fichez immobiles & comme morts durant six mois, jusques à ce que la terre vienne à estre couverte, d'un nouveau tapis de fleurs. Mais nous n'avons garde de mesler tous ces contes, à la veritable Histoire de nôtre *Colibry*, & nous ne les faisons que toucher du doigt en passant.

Nous fermerons ce Chapitre, par une chose bien digne d'être remarquée, & qui ne se voit point ailleurs, si ce n'est peuteftre en la Guinée comme l'Infcot le rapporte. C'est le merveilleus instinct, que Dieu a donné à tous les petis Oiseaus de l'Amerique, pour conserver leur espece. En ce qu'y ayant parmy les bois une sorte de grandes couleuvres vertes & menuës, qui rampent sur les Arbres, & qui pourroient s'entortillant de branche en branche, aller manger les œufs des Oiseaus, d'ont elles sont fort avides: Pour empescher ces larronesses d'atteindre à leurs nids, tous les petis Oiseaus qui n'ont pas le bec assez fort pour se defendre contre leurs ennemis, font leurs nids au bout fourchu de certains petis filamens, qui comme le lierre croissent à terre, s'élevent à la faveur des Arbres, & s'étant poussez jus-

qu'à

qu'à leur sommet, ne pouvant aller plus outre, retombent en bas, quelquesfois deus ou trois brasses au dessous des branches. C'est donc au bout de ces ligamens nommés *Lienes* par nos François, que les Oiseaus attachent fortement leurs nids avec une telle industrie, que lors qu'on les rencontre dans les bois, comme il y en a grand nombre, on ne peut assez admirer, ni la matiere, ni l'ouvrage de ces petis edifices branlans. Pour ce qui est des Perroquets, & des autres Oiseaus qui sont plus forts, ils font leur nids dans les creus des arbres, ou sur les branches, comme ceus de par deçà : Car ils peuvent rechasser avec le bec & les ongles, les Couleuvres qui leur font la guerre.

On trouvera en la page suivante, les figures des Oiseaus les plus rares & les plus considerables que nous venons de décrire : mais il faut confesser que le burin, ni même les pinceaus les plus delicas, ne leur s'auroient donner la grace, les traits, ni toutes les vives couleurs, dont ils sont naturellement parez.

166 HISTOIRE NATURELLE, Chap. 15

CHAPITRE SEIZIÉME.

Des Poiſſons de la Mer, & des Rivieres des Antilles.

NOus ne pretendons pas de traitter l'Hiſtoire des Poiſſons des Antilles, avec toute l'exactitude que cette
ample & feconde matiere le pourroit deſirer : mais
puis qu'apres avoir conſideré juſques icy, toutes les plus precieuſes richeſſes dont Dieu a fort avantageuſement pourveu
les terres de ces heureuſes contrées, l'ordre requiert que
nous parlions à preſent des productions de la Mer qui les entoure, & des Rivieres qui les arroſent : nous nous propoſons
ſeulement de décrire briévement dans ce Chapitre les plus
excellens Poiſſons, qui s'y trouvent en abondance, & qui ſervent à la nourriture de l'homme, afin que cette conſideration
nous porte à recomnoître que ſa tres-ſage Providence a dé-
ployé ſes merveilles ſur les profondes eaus, avec autant d'éclat
& de liberalité que ſur le ſec, & par conſequent qu'il eſt juſte
que les Cieus & la terre le loüent, la Mer & tout ce qui ſe remuë en icelle.

ARTICLE I.

Des Poiſſons volans.

IL y en a qui tiennent pour un conte fait a plaiſir, ce que
l'on dit des *Poiſſons volans*, bien que les relations de pluſieurs fameus voiageurs en faſſent foy. Mais quelque opinion
qu'en puiſſent avoir ceus qui ne veulent rien croire que ce
qu'ils ont veu, c'eſt une verite tresconſtante, qu'en navi-
geant, dés qu'on a paſſé les Canaries, juſques à ce que l'on
approche des Iles de l'Amerique, on voit ſortir ſouvent de la
Mer de groſſes trouppes de Poiſſons qui volent la hauteur
d'une pique, & pres de cent pas loin, mais pas davantage,
par ce que leurs ailes ſe ſéchent au Soleil. Ils ſont preſque
ſemblables aus Harans, mais ils ont la teſte plus ronde, & ils
ſont plus larges ſur le dos. Ils ont les ailes comme une Chau-
ve-ſou-

ve-souris, qui commencent un peu au dessous de la teste, & s'étendent presque jusques à la queüe. Il arrive souvent qu'ils donnent en volant contre les voiles des Navires, & qu'ils tombent même en plein jour sur le tillac. Ceus qui en ont fait cuire, & qui en ont mangé les trouvent fort delicas.

Ce qui les oblige à quitter la mer, qui est leur élement le plus ordinaire, est qu'ils sont poursuivis de plusieurs grands Poissons qui en font curée. Et pour esquiver leur rencontre, ils prennent une fausse route, faisant un bond en l'air, & changeant leur n'ageoires en ailes pour eviter le danger, mais ils trouvent des ennemis en l'air aussi bien que dans les eaus. Car il y a de certains Oiseaus marins qui ne vivent que de proye, lesquels leur font aussi une cruelle guerre, & les prennent en volant ; comme nous l'avons déja dit au Chapitre precedent.

Il ne sera peuteître pas desagreable à ceus qui liront l'Histoire de ces Poissons ailés du nouveau monde, de nous y voir ajoûter pour enrichissement les paroles de ce grand Poëte qui dans son Idyle Heroique nous témoigne qu'avec plaisir il a

veu mille fois sous les cercles brulans
Tomber comme des Cieux de vrais poissons volans :
Qui courus dans les flots par des monstres avides,
Et mettant leur refuge en leurs ailes timides
Au sein du pin vogueur pleuvoient de tous cotez
Et jonchoient le tillac de leurs corps argentez.

ARTICLE II.

Des Perroquets de Mer.

IL y a aussi en ces quartiers là des Poissons qui ont l'écaille comme la Carpe, mais de couleur verte comme la plume d'un Perroquet : d'ou vient aussi que nos François les nomment *Perroquets de Mer*. Ils ont les yeus beaus & fort étincelans, les prunelles claires comme du Cristal, qui sont entourées d'un cercle argenté, qui est enfermé dans un autre qui est d'un vert d'émeraude comme les écailles de leur dos, car celles de dessous le ventre sont d'un vert jaunâtre. Ils n'ont point de dents, mais ils ont les machoires d'enhaut & d'enbas d'un os solide qui est extrémément fort, de même couleur que leur écailles, & divisé par petis compartimens beaus à voir. Ils vivent de Poissons à Coquille, & cet avec ces du-

res

res machoires, qu'ils brifent comme entre deus meules, les Huitres les Moules, & les autres coquillages afin de fe repaître de leur chair. Ils font excellens à manger, & fi gros, qu'il s'en voit qui pefent plus de vint livres.

ARTICLE III.

De la Dorade.

LA *Dorade* que quelques uns nomment *Brame de Mer*, y eft encore commune. Elle a ce nom de Dorade, parce que dans l'eau fa tefte paroit d'un vert doré & tout le refte de fon corps jaune comme or, & azuré comme le ciel ferain. Elle fe plait à fuivre les Navires, mais elle nage d'une telle viteffe, qu'il faut eftre bien adroit pour la pouvoir atteindre avec la gaffe ou foine, qui font des inftrumens avec lefquels les Matelots ont de coutume de prendre les gros Poiffons: auffi il s'en voit peu qui ait une plus grande difpofition naturelle à fendre les flots que celuy-ci; car il'à le devant de la tefte fait en pointe. Le dos heriffé d'épine qui fétendent jufques à la queüe qui eft fourchuë, deus nageoires au defaut de la tefte, & autant fous le ventre, les écailles petites, & tout le corps d'une figure plus large que groffe; Ce qui luy donne un merveilleus empire dans les eaus. Il s'en trouve qui ont environ cinq pieds de longueur. Plufieurs eftiment que leur chair qui eft un peu féche, eft auffi agreable au goût que celle de la Truitte où du Saulmon; pourveu que fon aridité foit corrigée par quelque bonne fauce. Lors que les Portugais voient que ces Dorades fuivent leur Navire, ils fe mettent fur le beau pré avec une ligne à la main, au bout de laquelle il y a feulement un morceau de linge blanc au haut de l'hameçon, fans autre apas.

ARTI-

ARTICLE IV.

De la Bonite.

IL y a un autre Poiſſon qui ſuit ordinairement les Navires. On le nomme *Bonite*. Il eſt gros & fort charnu, & de la longueur de deus pieds ou environ. Sa peau paroit d'un vert fort obſcur, & blanche ſous le ventre. Il n'a poin d'écailles ſi ce n'eſt aus deus coſtés ou il en a deus rangs de fort petites, qui ſont couchées ſur une ligne jaunâtre qui s'étend de part & d'autre, à commencer depuis la teſte juſques à la queüe qui eſt fourchuë. Il ſe prend avec de gros hameçons, que l'on jette aus environs du Navire. Tout en avançant chemin, & ſans caller les voiles on fait cette peſche. Ce Poiſſon eſt goulu comme la Moruë, & ſe prend avec toute ſorte d'amorces, même avec les tripailles des Poiſſons qui ont eſté eventrez. On le rencontre plus ſouvent en pleine mer qu'és coſtes. Il eſt bon étant mangé frais ; mais il eſt encore plus delicat lors qu'il a demeuré un peu dans le ſel, & dans le poivre avant que de le faire cuire. Pluſieurs tiennent que ce Poiſſon eſt le même, que celuy que nous appellons *Thon*, & qui eſt commun en toutes les coſtes de la Mer Mediterranée.

ARTICLE V.

De l'Eguile de Mer.

L'*Eguille* eſt un Poiſſon ſans écailles qui croiſt de la longueur de quatre pieds ou environ. Il a la teſte en pointe, longue d'un bon pied, les yeus gros & luiſans qui ſont bordez de rouge. La peau de ſon dos eſt rayée de lignes de bleü & de vert, & celle de deſſous ſon ventre, eſt d'un blanc meſlé de rouge. Il a huit Nageoires qui tirent ſur le jaune, & une queüe fort pointuë qui a peuteſtre donné l'occaſion de luy donner le nom qu'il porte, de même que la figure de ſa teſte a convié les Hollandois de l'appeller *Tabac-Pype*, c'eſt a dire *Pipe a Tabac*.

ARTICLE VI.

De pluſieurs autres Poiſſons de la Mer &
des Rivieres.

LEs Cotes de ces Iles ont auſſi des *Carangues* des *Mulets* qui entrent quelquefois en l'eau douce, & ſe peſchent dans les Rivieres, *des Poiſſons de roche* qui ſont rouges, & de diverſes autres couleurs, & ſe prennent auprés des Rochers ; *Des Negres ou diables de Mer*, qui ſont de gros Poiſſons qui ont l'écaille noire, mais qui ont la chair blanche & bonne au poſſible, & une infinité d'autres Poiſſons, qui ſont pour la pluspart differens de ceus qui ſe voient en Europe, & qui n'ont encore point de noms parmy nous.

Pour ce qui eſt des Rivieres ; elles fourniſſent une grande abondance de bons Poiſſons aus Habitans des Antilles, & s'il eſt permis de comparer les petites choſes aus grandes, elles ne cedent point à proportion de leur etenduë en fécondité, à la Mer. Il eſt vray qu'elles ne produiſent point de Brochets, de Carpes, ni de ſemblables Poiſſons qui ſont communs en ces quartier cy : mais il y en a grande quantité d'autres, qui ne ſont connus que des Indiens, & dont quelques uns approchent de la figure des nôtres.

Chap. 16 DES ILES ANTILLES. 173

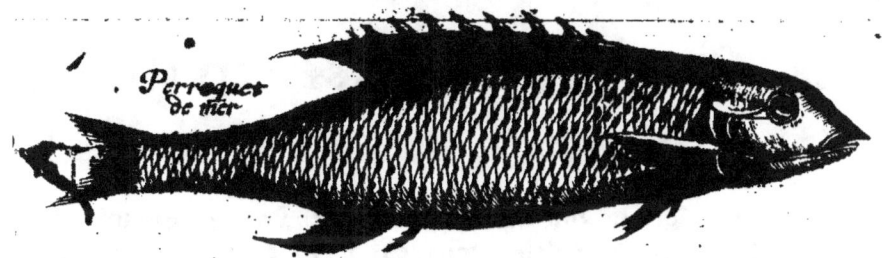

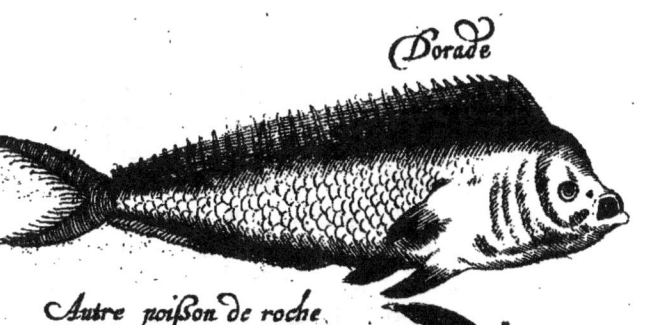

CHAPITRE DIXSEPTIÉME.

Des Monstres Marins qui se trouvent en ces quartiers.

Ceus qui ont décry l'Histoire des Poissons ont mis au rang des Baleines tous ceus qui sont d'une grosseur extraordinaire, de même qu'ils ont compris sous le Titre des Monstres, tous ceus là qui ont une figure hideuse ou qui vivans de proye font des ravages dans les eaus, comme les Lions, les Ours, les Tigres, & les autres bestes farouches en font sur la terre. Nous devons parler dans ce Chapitre des uns & des autres c'est à dire de tous ceus qui sont d'une grosseur prodigieuse, ou qui sont effroyables pour leur forme hideuse à voir, & redoutables à cause de leurs défences. Et ainsi nous descendrons pour un peu de tems dans les abysmes de cette grande & spacieuse Mer, où comme dit le Saint Roy qui a composé les Sacrez Cantiques d'Israël, il y a des Reptiles sans nombre de petites bestes avec des grandes, & apres y avoir contemplé les œuvres du Seigneur, nous en remonterons incontinent, pour celebrer sa benignité & ses merveilles envers les fils des hommes.

ARTICLE I.

De l'Espadon.

Entre les Monstres Marins on remarque particulierement celuy que nos François nomment *Espadon*, à cause qu'il a au bout de sa machoire d'enhaut une defense de la largeur d'un grand Coutelas, qui a des dens dures & pointuës des deus costés. Il y a de ces Poissons qui ont ces defenses longues de cinq pieds, larges de six pouces par le bas, & munies de vintset dens blanches & solides en chaque rang, & le corps gros à proportion. Ils ont tous la teste plate & hideuse, de la figure d'un cœur, ils ont prés des yeus deus soupiraus par où ils rejettent l'eau qu'ils ont avallée. Ils n'ont point d'écaild'écailles, mais ils sont couverts d'une peau grise sur le dos, & blanche sous le ventre, qui est raboteuse comme une lime. Ils ont sét nageoires, deus à chaque costé, deus autres sur le dos, & puis celle qui leur sert de queüe. Quelques uns les appellent *Poissons à Scie*, ou *Empereurs*, à cause qu'ils font la guerre à la Baleine, & bien souvent la blessent à mort.

ARTICLE II.

Des Marsoüins.

LEs *Marsoüins* sont des *Pourceaus de Mer*, qui vont en grande troupe, & se joüent sur la Mer, faisant des bonds, & suivant tous une même route. Ils s'approchent volontiers assez prés des Navires ; Et ceus qui sont adroits à les harponner en accrochent souvent. La chair en est assez noirâtre. Les plus gros n'ont qu'un pouce ou deus de lard. Ils ont le museau pointu, la queüe fort large, la peau grisâtre, & un trou sur la teste par où ils respirent & jettent l'eau. Ils ronflent présque comme les Porceaus de terre. Ils ont le sang chaud, & les Intestins semblables à ceus du Pourceau, & sont presque de même goût: mais leur chair est de difficile digestion.

Il y a une autre espece de *Marsoüins*, qui ont le groin rond & moussu comme une boule. Et a cause de la ressemblance de leur teste avec le Froc des Moines. Quelques uns les appellent. *Testes de Moine*, & *Moines de Mer*.

ARTICLE III.

Du Requiem.

LE *Requiem*, est une espece de *Chien* ou de *Loup de Mer*, le plus goullu de tous les Poissons, & le plus avide de chair humaine. Il est extremément à craindre quand on se baigne. Il ne vit que de proye, & il suit souvent les Navires pour se repaitre des immondices que l'on jette en Mer. Ces monstres paroissent de couleur jaune dans l'eau. Il y en a qui
sont

sont d'une grandeur & d'une grosseur demésurée, & qui sont capables de couper tout net un homme en deus. Leur peau est rude, & l'on en fait des limes douces, propres à polir le bois. Ils ont la teste plate, & n'ont pas l'ouverture de leur gueule tout au devant de leur museau, mais dessous. Ce qui fait que pour prendre leur proye, il faut qu'ils se retournent le ventre presque en haut. Ils ont les dents trenchantes fort aiguës & fort larges, qui sont dentelées tout autour, comme les dents d'une scie. Il y en a tels, qui en ont trois & quatre rangs en chaque machoire. Ces dents sont cachées dans les gencives; mais ils ne les font que trop paroistre quand ils veulent.

Ces cruels *Dogues Marins* sont le plus souvent escortez de deus ou trois petis Poissons, & quelquefois d'avantage qui le precedent avec une telle vitesse & un mouvement si mesuré, qu'ils s'avancent & s'arrestent plus ou moins, selon qu'ils apperçoivent que les Requiéms s'avancent ou s'arrestent. Quelques uns les nomment *Rambos*, & *Pelgrimes*. Mais nos Matelots les appellent les *Pilotes du Requiem*, par ce qu'il semble que ces petis Poissons le conduisent. Ils n'ont qu'un bon pied ou environ de longueur, & ils sont gros à proportion. Mais au reste ils ont l'écaille parsemée de tant de belles & vives couleurs, que l'on diroit qu'ils soient entourez de chaines de perles, de corail, d'émeraude, & d'autres pierreries. On ne s'auroit se lasser de les considerer en l'eau.

C'est ainsi que la Baleine ne marche jamais qu'elle n'ait au devant elle un petit Poisson semblable au Goujon de Mer, qui s'appelle pour cela la Guide. La Baleine le suit, se laissant mener & tourner aussi facilement que le timon fait tourner le Navire, & en recompense aussi, au lieu que toute autre chose, qui entre dans l'horrible Câos de la gueule de ce Monstre, est incontinent perdu & englouty, ce petit Poisson s'y retire en toute seureté, & y dort. Et pendant son sommeil la Baleine ne bouge, mais aussitost qu'il sort elle se met à le suivre sans cesse. Et si de fortune elle s'ecarte de luy, elle va errant çà & là, se froissant souvent contre les rochers, comme un vaisseau qui n'a point de gouvernail. Ce que Plutarque témoigne qu'il a veu en l'Ile d'Anticyre. Il y a une pareille societé entre le petit Oiseau qu'on nommé le Roytelet

&

& le Crododyle. Et cette Coquille qu'on appellé la Nacre, vit ainsi aussi avec le Pinnothere, qui est un petit animal de la sorte d'un Cancre. C'est ce que recite Michel de Montagne au second Livre de ses Essais, Chapitre 12.

Au reste la chair du Requiem n'est point bonne, & l'on n'en mange qu'en necessité. On tient toutéfois que quand ils sont jeunes il ne sont pas mauvais. Les curieus recüeillent soigneusement la Cervelle qui se trouve dans la teste des vieus, & apres l'avoir fait sécher ils la conservent, & ils disent qu'elle est tres-utile à ceus qui sont travaillez de la pierre, ou de la gravelle.

Quelques Nations appellent ce Monstre *Tiburon* & *Tuberon*. Mais les François & les Portugais luy donnent ordinairement ce nom de *Requiem*, c'est à dire *Repos*, peuteftre par ce qu'il a accoutumé de paroître lors que le tems est serain & tranquille, comme font aussi les Tortuës: ou plûtot par ce qu'il envoye promtément au repos ceus qu'il peut attraper; qui est l'opinion la plus commune entre nos gens qui l'appellent de ce nom. Son foye étant boüilly rend une grande quantité d'huyle qui est tres-propre pour entretenir les lampes, & sa peau est utile aus Menuysiers pour polir leur ouvrage.

ARTICLE IV.

De la Remore.

OUtre ces *Pilotes* dont nous avons parlé: les *Requiems*, sont bien souvent accompagnez d'une autre sorte de petis Poissons que les Hollandois appellent *Suyger*, par ce qu'ils s'attachent sous se ventre des Requiems comme s'ils les vouloient succer. Nos François tiennent que c'est une espece de *Remore*, & ils leur ont donné ce nom, à cause qu'ils se collent contre les Navires comme s'ils vouloient arréter leur cours. Ils croissent environ de deus pieds de long, & d'une grosseur proportionée. Ils n'ont point d'écailles, mais ils sont couverts par tout d'une peau cendrée qui est gluante comme celles des Anguilles. Ils ont la Machoire de deſſus un peu plus courte que celle de deſſous, au lieu de dens, ils ont de petites eminences qui ſont aſſez fortes pour briſer ce qu'ils veulent avaller. Leurs yeux ſont fort petis de couleur jaune. Ils ont des Nageoires & des Empennures comme les autres Poiſſons de Mer, mais ce qu'ils ont de particulier, eſt qu'ils ont la teſte relevée d'une certaine piece faite en ovale, qui leur ſert de couronne. Elle eſt platte, & rayée par deſſus de pluſieurs lignes qui la rendent heriſſée; C'eſt auſſi par cet endroit que ces Poiſſons s'attachent ſi fermement aus Navires & aus Requiems, qu'il faut ſouvent les tuer avant que de les pouvoir ſeparer. On en mange, mais c'eſt au defaut d'autres Poiſſons qui ſont plus delicats.

ARTICLE V.

Du Lamantin.

ENtre les Monſtres Marins qui ſont bons à manger, & que l'on reſerve en proviſion, comme on fait en Europe le Saumon & la Moruë, on fait ſur tout état aus Iles du *Lamantin* ſelon nos François, ou *Namantin* & *Manaty* ſelon les Eſpagnols. C'eſt un Monſtre qui croiſt avec l'âge d'une grandeur ſi étrange, qu'on en a veu qui avoient environ dixhuit pieds de long, & ſét de groſſeur au milieu du corps. Sa teſte a quelque reſſemblance à celle d'une Vache, d'où vient que quelques uns l'appellent *Vache de Mer*. Il a de petis yeus, & la peau épaiſſe de couleur brune, ridée en quelques endroits & parſemée de quelques petis poils. Eſtant ſeiche elle s'endurcit de telle ſorte, qu'elle peut ſervir de rondache impenetrable aus fléches des Indiens, Auſſi quelques Sauvages s'en ſervent pour parer les traits de leurs ennemis lors qu'ils vont au combat. Il n'a point de Nageoires, mais en leur place il a ſous le ventre deus petis pieds, qui ont chacun quatre doits fort foibles pour pouvoir ſupporter le fais d'un corps ſi lourd & ſi peſant : Et il n'eſt pourveu d'aucune autre defenſe. Ce Poiſſon vit d'herbe qui croiſt auprés des Roches, & ſur les baſſes qui ne ſont couvertes que d'une braſſe ou environ, d'eau de Mer. Les femelles mettent leur fruit

hors,

hors, à la faſſon des Vaches, & ont deus tétines avec léquelles elles allaitent leurs petis. Elles en font deus à chaque portée, qui ne les abandonnent point, juſques à ce qu'ils n'ayent plus beſoin de lait, & qu'ils puiſſent brouter l'herbe comme leurs meres.

Entre tous les Poiſſons, il n'y en a aucun qui ait tant de bonne chair que le *Lamantin*. Car il n'en faut ſouvent que deus ou trois pour faire la charge d'un grand Canot, & cette chair eſt ſemblable à celle d'un animal terreſtre, courte, vermeille, appetiſſante, & entre-meſlée de graiſſe, qui étant fondüe ne ſe rancit jamais. Lors qu'elle a eſté deus ou trois jours dans le ſel, elle eſt meilleure pour la ſanté que quand on la mange toute fraiche. On trouve plus ſouvent ces Poiſſons à l'embouchure des Rivieres d'eau douce, qu'en pleine Mer. Les curieus fond grand état de certaines pierres qu'on trouve en leur teſte, à cauſe qu'elles ont la vertu eſtant reduites en poudre de purger les reins de gravelle, & de briſer même la pierre qui y ſeroit formée. Mais à cauſe que ce remede eſt violent, on ne conſeille à perſonne d'en uſer ſans l'avis d'un ſage & bien experimenté Medecin.

ARTICLE VI.

Des Baleines & autres Monſtres de Mer.

CEus qui voyagent en ces Iles, apperçoivent quelquefois ſur leur route des *Baleines* qui jettent l'eau par leur évent de la hauteur d'une pique, & qui ne montrent pour l'ordinaire qu'un peu du dos, qui paroit comme une Roche hors de l'eau.

Les Navires ſont auſſi par fois eſcortez aſſez long tems par des Monſtres qui ſont de la longueur, & de la groſſeur d'une Chalouppe, & qui ſemblent prendre plaiſir à ce montrer. Les Matelots les nomment *Morhous* ou *Souffleurs*, par ce que de tems en tems ces prodigieus Poiſſons mettent une partie de leur teſte hors de l'eau, pour reprendre haleine. Et alors ils ſoufflent & font écarter l'eau de devant leurs muſeaus pointus. Quelques uns diſent, que c'eſt une eſpece de gros Marſoüins.

ARTICLE VII.

Des Diables de Mer.

AUs costes de ces Iles, il tombe quelquefois sous la Varre des Pescheurs un Monstre que l'on met entre les especes de *Diables de Mer*, à cause de sa figure hideuse. Il est long d'environ quatre pieds, & gros à proportion. Il porte une bosse sur le dos, couverte d'aiguillons pareils à ceus d'un Herisson. Sa peau est dure, inegale, & raboteuse comme celle du Chien de Mer, & de couleur noire. Il a la teste platte, & relevée par dessus de plusieurs petites bosses entre lesquelles on voit deus petis yeus fort noirs. Sa gueule qui est demesurément fenduë, est armée de plusieurs dens extremément perçantes, dont il y en à deus qui sont crochuës & annelées, comme celles d'un sanglier. Il a quatre nageoires & une queüe assés large qui est fourchuë par le bout. Mais ce qui luy à fait donner le nom de *Diable de Mer*, est qu'au dessus des yeus il a deus petites cornes noires assés pointuës, qui se recoquillent sur son dos comme celles des Beliers. Outre que ce Monstre est laid au possible, sa chair qui est mollasse & filaseuse est un vray poison, car elle cause des vomissemens étranges, & des defaillances qui seroient suivies de la mort, s'y elles n'étoient promptement arrétées par une prise de bon Teriac ou de quelque autre contrepoison. Ce dangereus animal n'est recherché que des curieus, qui sont bien aises d'en avoir la d'épouïlle dans leurs cabinets. Ainsi ce *Diable* qui n'a porté jamais d'utilité aus hommes pendant sa vie, repaist au moins leurs yeus après sa mort.

Il y a encore une autre sorte de *Diables de Mer*, qui ne sont pas moins hideus que les precedents, encore qu'il soient d'une autre figure. Les plus grands de cette espece n'ont qu'un pied ou environ depuis la teste jusques à la queüe. Ils ont presque autant de largeur, mais quãd ils veulent ils s'enflent d'une telle sorte qu'ils paroissent ronds comme une boule. Leur gueule qui est assés fenduë est armée de plusieurs petites dens extremément pointuës, & au lieu de langue ils n'ont qu'un petit

os,

os, qui est dur au possible. Leurs yeus sont fort étincelans, & si petis & enfoncez en la teste qu'on a peine de discerner la prunelle. Ils ont entre les yeus une petite corne qui rebrousse en arriere, & au devant d'icelle un filet un peu plus grand, qui est terminé par un petit bouton. Outre leur queüe qui est comme le bout d'une rame, ils ont deus empennures, l'une qui est sur le dos, laquelle ils portent droite & relevée, & l'autre sous le ventre. Ils ont aussi deus nageoires qui repondent de chaque costé du milieu du ventre, & qui sont terminées en forme de petites pattes qui ont chacune huit doits qui sont munis d'ongles assez piquans. Leur peau est rude & herissée par tout, comme celle du Requiem, horsmis sous le ventre. Elle est d'un rouge obscur, & marquetée de taches noires qui font comme des ondes. Leur chair n'est point bonne à manger. On les peut écorcher aisément, & apres avoir remply la peau de cotton, ou de feüilles séches, on luy donne place entre les raretez des cabinets ; Mais elle perd beaucoup de son lustre lors que le Poisson est mort.

ARTILCE VIII.

De la Becune.

ENtre les Monstres goulus & avides de chair humaine, qui se trouvent aux costes de ces Iles, *la Becune* est l'un des plus redoutables. C'est un Poisson qui est de la figure d'un Brochet, qui croist de sét à huit pieds en longueur, & d'une grosseur proportionée. Il vit de proye, & il se lance de furie comme un chien carnassier sur les hommes qu'il apperçoit en l'eau. Outre qu'il emporte la piece de tout ce qu'il peut attraper, ses dents ont tant de venin, que leur moindre morsure devient mortelle, si on n'a recours au même instant à quelque puissant remede, pour rabattre & divertir la force de ce poison.

ARTICLE IX.
De la Beccasse de Mer.

IL y a encore une autre sorte de *Becunes* que nos François ont nommée *Beccasse de mer*, à cause de la figure de son bec, qui est presque pareil à celuy d'une Beccasse, excepté que la partie d'enhaut est plus longue de beaucoup que celle d'enbas, & que ce Poissõ remuë l'une & l'autre machoire avec une egale facilité. On en voit de si gros & de si longs, qu'on peut mesurer 4 bons pieds entre queuë & teste, & 12 pouces en la largeur de chaque costé qui répond aus ouïes. Sa teste a presque la forme de celle d'un Pourceau, mais elle est éclairée de deus gros yeux qui sont extrémement luysans. Il a la queuë divisée en deus, & des nageoires aus costes & au dessous du ventre, & une empennure haute & relevée par degrez comme une créste, qui commence au sommet de la teste, & s'étend tout le long du dos jusques prés de la queuë. Outre le bec long & solide qui le fait remarquer entre tous les Poissons, il a encore deus espeçes de cornes dures, noires, & longues d'un pied & demy qui pendent au dessous de son gosier, & qui luy sont particulieres, il les peut cacher aisément dans une enfonçure qui est sous son ventre, & qui leur sert de gaine. Il n'a point d'écailles : mais il est couvert d'une peau rude, qui est noirâtre sur le dos, grise aus costez, & blanche sous le ventre. On en peut manger sans peril, encore que sa chair ne soit pas si delicate que celle de plusieurs autres Poissons.

ARTICLE X.
De l'Herisson de Mer.

L'*Herisson de Mer* qui se trouve aussi en ces côtes, porte à bon droit ce nom là. Il est rond comme une boule, & tout revétu d'épines fort piquantes, qui le rendent redoutable. D'autres le nomment *Poisson armé*. Quand les pescheurs en prennent, ils les font sécher pour les envoyer aus curieus, qui les pendent par rareté en leurs cabinets.

CHA-

Chap. 17   DES ILES ANTILLES.   183

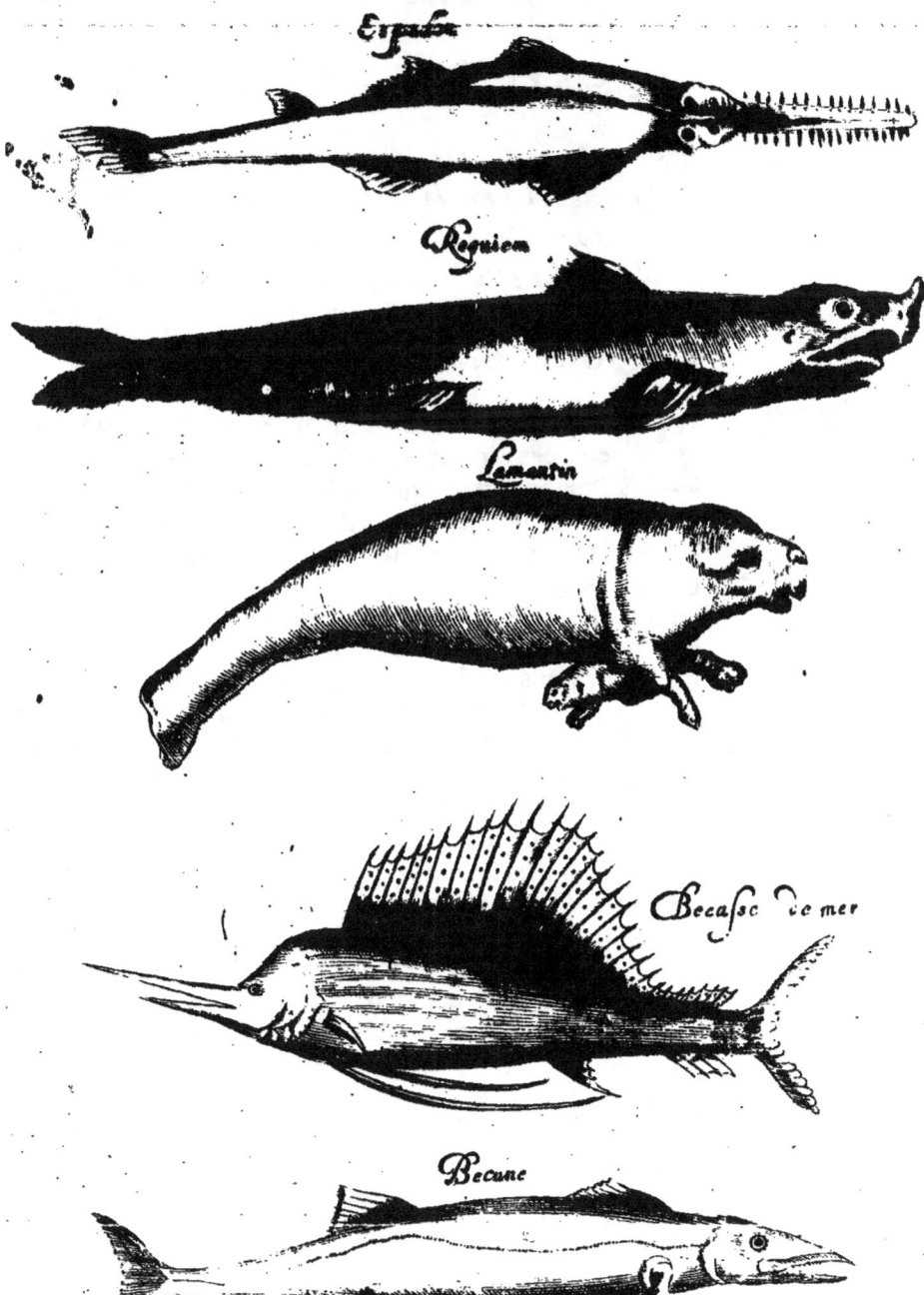

CHAPITRE DIXHUITIÉME.

Description particuliere d'une Licorne de Mer, qui sechoua à la rade de l'Ile de la Tortuë en l'an 1644. Avec un recit curieus par forme de comparaison & de digression agreable, touchant plusieurs belles & rares cornes qu'on a apportées depuis peu du détroit de Davis; & la qualité de la terre, & les meurs des Peuples qui y habitent.

Relat. du Groenland pag. 144 et suiv.

Nous ne pouvons mieus finir ce que nous avions à dire des Monstres marins, que par la description d'un Poisson si remarquable & si merveilleus, qu'il merite bien d'avoir un Chapitre particulier. C'est la *Licorne de mer*, qui se rencontre quelquefois en ces quartiers. Il s'en échoüa en l'an 1644 une prodigieuse au rivage de l'Ile de la Tortuë, voisine de l'Ile Hispaniola, ou Saint Domingue. Monsieur du Montel en ayant une connoissance exacte comme Témoin oculaire, nous en donne cette curieuse description. Cette „ Licorne, dit il, poursuivoit une Carangue, ou un autre „ Poisson mediocre, avec une telle impetuosité, que ne s'ap„ percevant pas qu'elle avoit besoin de plus grande eau qu'el„ le pour nager, elle se trouva la moitie du corps à sec, sur „ un grand banc de sable, d'où elle ne put regagner la grande „ eau, & ou les habitans de l'Ile l'assommerent. Elle avoit „ environ dixhuit pieds de long, étant de la grosseur d'une „ Barrique au fort du corps. Elle avoit six grandes nageoi„ res, de la fasson du bout des rames de galere, dont deus „ étoient placées au defaut des ouyës, & les quatre autres à „ côté du ventre en égale distance: elles étoient d'un rouge „ vermeil. Tout le dessus de son corps étoit couvert de „ grandes écailles de la largeur d'une piece de cinquante huit „ sols, lesquelles étoient d'un bleu qui paroissoit comme par„ semé de paillettes d'argent. Auprés du col ses écailles „ étoient plus serrées, & de couleur brune, ce qui luy faisoit „ comme un collier. Les écailles sous le ventre étoient jau„ nes:

„ nes : la queuë fourchuë : la teſte un peu plus groſſe que
„ celle d'un Cheval, & presque de la même figure ; Elle étoit
„ couverte d'une peau dure & brune : & comme la Licorne
„ a une corne au front, cette *Licorne* de mer en avoit auſſi
„ une parfaitement belle au devant de la teſte, longue de neuf
„ pieds & demy. Elle étoit entierement droite, & depuis le
„ front où elle prenoit ſa naiſſance, elle alloit toujours en di-
„ minuant juſques à l'autre bout, qui étoit ſi pointu, qu'étant
„ pouſſée avec force, elle pouvoit percer les matieres les
„ plus ſolides. Le gros bout qui tenoit avec la teſte avoit
„ ſeize pouces de circonference, & dés-là juſques aus deus
„ tiers de la longueur de cette merveilleuſe corne, il étoit en
„ forme d'une vis de preſſoir, ou pour mieus dire, faſſonné
„ en ondes, comme une colomne torſe, horsmis que les en-
„ fonçures alloient toujours en amoindriſſant, juſques à ce
„ qu'elles fuſſent remplies & terminées par un agreable adou-
„ ciſſement, qui finiſſoit deus pouces au deſſus du quatriéme
„ pied. Toute cette partie baſſe étoit encroutée d'un cuir
„ cendré, qui étoit couvert par tout d'un petit poil mollet,
„ & court comme du velours de couleur de feüilles morte ;
„ mais au deſſous elle étoit blanche comme yvoire. Quant
„ à l'autre partie qui paroiſſoit toute nuë, elle étoit naturel-
„ lement polie, d'un noir luiſant, marqueté de quelques me-
„ nus filets blancs & jaunes, & d'une ſolidité telle, qu'à peine
„ une bonne lime en pouvoit elle faire ſortir quelque menuë
„ poudre. Elle n'avoit point d'oreilles elevées, mais deus
„ grandes ouïes comme les autres Poiſſons. Ses yeus étoient
„ de la groſſeur d'un œuf de poule. La prunelle qui étoit
„ d'un bleü celeſte emaillé de jaune, étoit entourée d'un cer-
„ cle vermeil, qui étoit ſuivy d'un autre fort clair, & luyſant
„ comme criſtal. Sa bouche étoit aſſez fenduë & garnie de
„ pluſieurs dens, dont celles de devãt étoient pointuës & tren-
„ chantes au poſſible, & celles de derriere tant de l'une que
„ de l'autre machoire larges & relevées par petites boſſes.
„ Elles avoit une langue d'une longueur & épaiſſeur propor-
„ tionée, qui étoit couverte d'une peau rude & vermeille.
„ Au reſte ce Poiſſon prodigieus avoit encore ſur ſa teſte une
„ eſpéce de couronne rehauſſée par deſſus le reſte du cuir,

A a   de

,, de deus pouces ou environ, & faite en ovale, de laquelle
,, les extremités aboutiſſoient en pointe: Plus de trois cens
,, perſonnes de cette Ile là, mangerent de ſa chair en abon-
,, dance, & la trouverent extremement delicate. Elle étoit
,, entrelardée d'une graiſſe blanche, & étant cuite elle ſe
,, levoit par écailles comme la moruë fraiche: mais elle avoit
,, un goût beaucoup plus ſavoureus.

,, Ceus qui avoient veu ce rare Poiſſon en vie, & qui luy
,, avoient rompu l'échine à grans coups de leviers, diſoient
,, qu'il avoit fait de prodigieus efforts, pour les percer avec ſa
,, corne, laquelle il manioit & tournoit de toutes parts avec
,, une d'exterité & une viteſſe incomparable, & que s'il eut
,, eu aſſes d'eau pour ſe ſoutenir & pour nager tant ſoit peu, il
,, les eut tous enfilez. Quand on l'eut eventré on reconnut
,, aiſément qu'il ſe nourriſſoit de proye; car on trouva en ſes
,, boyaus beaucoup décailles de Poiſſons.

,, Les rares depouïlles de ce merveilleus animal, & ſur tout
,, ſa teſte, & la riche corne qui y étoit attachée, ont demeuré
,, pres de deus ans ſuſpenduës au corps de garde de l'Ile, juſ-
,, ques à ce que Monſieur le Vaſſeur qui en étoit Gouver-
,, neur, voulant gratifier Monſieur des Trancarts, Gentil-
,, homme de Saintonge, qui l'étoit venu voir, luy fit preſent
,, de cette corne. Mais quelque peu aprés m'étant embar-
,, qué dans un vaiſſeau de Fleſſingue avec le Gentil-homme,
,, qui avoit cette precieuſe rareté en une longue caiſſe, nôtre
,, vaiſſeau ſe briſa prés de l'Ile de la Fayale, qui eſt l'une des
,, Açores. De ſorte que nous fiſmes perte de toutes nos har-
,, des & de toutes nos Marchandiſes. Et ce Gentil-homme
,, regretta ſur tout ſa caiſſe. Juſques icy ſont les paroles de
nôtre aimable Voyageur.

On trouve en la mer du Nord une autre eſpece de *Licornes*, qui ſont ſouvent pouſſées par les glaces aus coſtes d'Iſlande. Elles ſont d'une longueur & d'une groſſeur ſi prodigieuſe, que la plûpart des Auteurs qui en ont eſcri, les mettent au rang des Baleines. Elles ne ſont point couvertes décailles comme celle dont nous venons de donner la deſcription; mais d'une peau noire & dure comme le Lamantin. Elles n'ont que deus nageoires aus coſtez, & une grande & large

enpen-

enpennure sur le dos, laquelle étant plus étroite au milieu fait comme une double creste, qui s'éleve en une forme tres-propre pour fendre commodément les eaus. Elles ont trois trous en forme de soupiraus à la naissance de leur dos, par où elles vomissent en haut toute l'eau superfluë qu'elles ont avallée, de même que les Baleines. Leur teste se termine en pointe, & au costé gauche de la machoire d'enhaut elle est munie d'une corne blanche par tout, comme la dent d'un jeune Elefant, qui s'avance quelquefois de la longueur de quinze à seize pieds hors de la teste. Cette corne est torse en quelques endrois, & rayée par tout de petites lignes de couleur de gris de Perle, léquelles ne sont pas seulement en la superficie: mais qui penetrent au dedans de la masse, qui est creuse jusques au tiers, & par tout aussi solide qu'un os le plus dur.

Quelques uns veulent que cette prominence soit plûtost une dent qu'une Corne, à cause qu'elle ne sort pas du front comme celle dont nous venons de parler, ni du dessus de la teste, comme celles des Taureaus & des Beliers; mais de la machoire d'enhaut dans laquelle le bout est enchassé, comme sont les dens en leurs propres cassettes. Ceus qui sont de ce sentiment ajoûtent qu'il ne se faut pas étonner si ces Poissons n'ont qu'une de ces longues dens, veu que la matiere laquelle en pouvoit produire d'autres, s'est entierément epuisée pour former cellecy, qui est d'une longueur & d'une grosseur si prodigieuse, qu'elle suffiroit bien pour en faire une centaine.

Or soit que cette pesante & merveilleuse défense d'ont ces monstrueus Poissons sont armez, soit appellée dent ou Corne: il est constant qu'ils s'en servent pour combattre contre les Baleines, & pour briser les glaces du Nord dans léquelles ils se trouvent bien souvent enveloppez; d'où vient qu'on en a veu quelquéfois qui pour avoir fait de violens efforts, pour se démesler du milieu de ces montagnes glacées, avoyent non seulement emoussé la pointe de cette lance naturelle; mais même l'avoyent brisée & fracassée en deus. Nous avons fait mettre en une même planche les figures de la Licorne laquelle s'échoüa en l'Ile de la Tortuë, &

A a 2   d'une

d'une de celles du Nord, afin que l'on puisse plus facilement discerner la grande différence qui est entre ces deus especes.

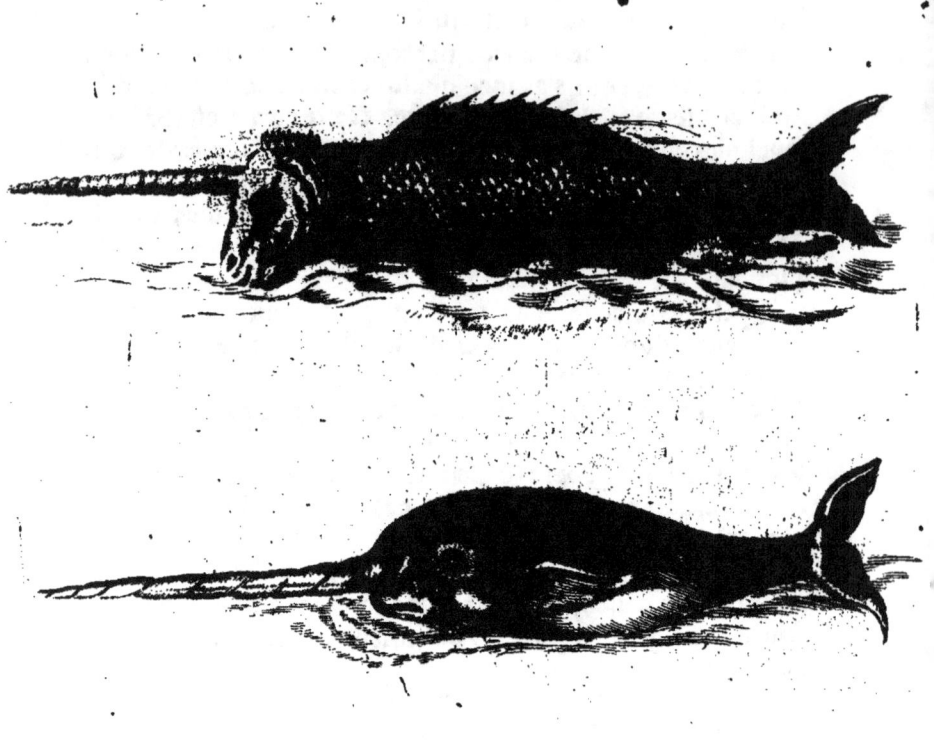

Au même tems que nous tirions de nostre cabinet cette Histoire pour la donner au public, un Navire de Flissingue commandé par Nicolas Tunes, dans lequel Monsieur le Bourguemaistre Lampsen, qui est maintenant Deputé de sa Province en l'assemblée de Messieurs les Etats Generaus, Monsieur Biens, Monsieur Sandra & d'autres Marchands de la même Ville

Ville étoient interessez, étant heureusement retourné du d'étroit de Davis en a rapporté entre autres raretez plusieurs excellentes dépoüilles de ces Licornes de la mer du Nord, dont nous venons de parler. Et d'autant que la relation qu'on nous a envoyée touchant ce voiage, peut donner de grandes lumieres à la matiere que nous traittons, nous croyons que le Lecteur curieux trouvera bon, que nous le servions de cette nouveauté par forme de digression, qui sera accompagnée de la même fidelité, avec laquelle elle nous a esté communiquée.

Le Capitaine de qui nous tenons ce recit étant party de Zelande sur la fin du Printems de l'an 1656. en intention de découvrir quelque nouveau commerce es terres du Nord, arriva sur la fin du mois de Juin dans le *Détroit de Davis*, d'où étant entré dans une riviere qui commence au soixante quatriéme degré & dix minutes de la ligne en tirant vers le Nord, il fit voile jusques au septante deuzieme sous lequel la terre que nous allons décrire est située.

Dez que les Habitans du Païs qui étoient à la pesche eurent apperçeu le Navire, ils le vinrent recognoitre avec leurs petis esquifs, qui ne sont faits que pour porter une seule personne, les premiers qui s'étoient mis en ce devoir en attirerent tant d'autres aprez eux qu'ils composerent en peu de tems un escorte de soixante & dix de ces petis vaisseaus, qui n'abandonnerent point ce Navire étranger jusques à ce qu'il eut moüillé à la meilleure rade, où ils luy témoignerent par leurs acclamatiõs & par tous les signes de bienveüillance qu'õ peut attendre d'une Nation si peu civilizée, la joye extraordinaire qu'ils avoyent de son heureuse arrivée. Ces petis vaisseaus sont si admirables, soit qu'ils soyent considerez en leur matiere, soit qu'on ait égard à la merveilleuse industrie dont ils sont fassonnez, ou à la d'exterite incomparable avec laquelle ils sont conduits, qu'ils meritent bien, de tenir le premier rang dans les descriptions que cette agreable digression nous fournira.

Ils sont composez de petis bois deliez, déquels la plupart sont fendus en deus comme des cercles. Ces bois sont attachez les uns avec les autres avec de fortes cordes de boyaus de Poissons qui les tiennent en arrest, & leur donnent la figure qu'ils doivent avoir, pour estre propres aus usages ausquels ils sont destinez. Ils sont couverts en dehors de peau de Chiens de mer, qui sont si proprement cousuës par ensemble, & si soigneusement enduites de resine à l'endroit des coutures, que l'eau ne les peut aucunement penetrer.

 Ces petis Bateaus sont ordinairement de la longueur de quinze à seize pieds, & ils peuvent avoir par le milieu où ils ont plus de grosseur environ 5 pieds de circonference. C'est aussi de cet endroit qu'ils vont en appetissant, de sorte que les extremitez aboutissent en pointes, qui sont munies d'os blanc, ou de dépoüilles des Licornes dont nous venons de parler. Le dessus est tout plat & couvert de cuir de même que le reste, & le dessous a la forme du ventre d'un gros Poisson: de sorte qu'ils sont tres-propres à couler sur les eaus. Ils n'ont qu'une seule ouverture, qui est directement au milieu de tout l'edifice. Elle est relevée tout à l'entour d'un bord de coste de Baleine, & elle est faite à proportion, & de la grosseur du corps d'un homme. Quand les Sauvages qui ont inventé cette sorte de petis vaisseaus s'en veulent servir, soit pour aller à la pesche, ou pour se divertir sur la mer, ils fourrent par cette ouverture leurs jambes & leurs cuisses, & s'étans mis sur leur seant, ils lient si serrément la casaque qui les couvre, avec le bord de cette ouverture, qu'ils semblent estre entez sur cet esquif, & ne faire qu'un corps avec luy.

 Voila pour ce qui concerne la figure & la matiere de ces petis vaisseaus. Considerons à present l'équipage des hommes qui les gouvernent. Quand ils ont dessein d'aller sur mer, ils se couvrent par dessus leurs autres habits d'une Casaque, laquelle n'est destinée à aucun autre usage. Cét habit de mer est composé de plusieurs peaus, denuées de leur poil, qui sont si bien preparées & unies par ensemble, qu'on le croiroit estre fait d'une seule piece. Il les couvre depuis le sommet de la teste, jusques au dessous du nombril. Il est enduit par tout d'une gomme noirâtre, laquelle ne se dissout point dans l'eau, & qui l'empesche de percer. Le Capuchon qui couvre la teste, serre si bien sous le col, & sur le front,

qu'il

qu'il ne leur laiſſe rien que la face à decouvert. Les manches ſont liées au poignet, & le bas de cette caſaque eſt auſſi attaché au bord de l'ouverture du vaiſſeau avec tant de ſoin, & avec une telle induſtrie, que le corps qui eſt ainſi couvert, ſe trouve toujours à ſec au milieu des flots, qui ne peuvent moüiller avec tous leurs efforts, que le viſage & les mains.

Encore qu'ils n'ayent ni voiles, ni maſt, ni gouvernail, ni compas, ni ancre, ni aucune des pieces de tout ce grand attirail qui eſt requis pour rendre nos Navires capables d'aller ſur mer. Ils entreprenent neantmoins de longs voiages avec ces petis vaiſſeaus ſur léquels ils ſemblent eſtre couſus. Ils ſe connoiſſent parfaitement bien aus étoiles, & ils n'ont beſoin d'autre guide pendant la nuit. Les rames dont ils ſe ſervent ont une largeur à chaque bout en forme de palette, & afin qu'elles puiſſent coupper plus aiſément les flots, & qu'elles ſoyent de plus grande durée, ils les enrichiſſent d'un os blanc, qui couvre les extremitez du bois, ils en garniſſent auſſi les bords des pallettes, & ils y attachent cet ornement avec des chevilles de corne qui leur ſervent au lieu de clous. Le milieu de ces rames eſt embelly d'os, ou de corne precieuſe de même que les bouts, & c'eſt par là qu'ils les tiennent afin qu'elles ne leurs coulent des mains. Au reſte ils manient ces doubles rames avec tant de dexterité & de viteſſe que leurs petis vaiſſeaus dévancent aiſément les Navires qui ont deployé tous leurs voiles, & qui ont le vent & la marée favorables. Ils ſont ſi aſſurez dans ces petis eſquifs, & ils ont une ſi grande adreſſe à les conduire, qu'ils leur font faire mille caracoles pour donner du divertiſſement à ceus qui les regardent. Ils s'eſcriment auſſi quelquéfois contre les ondes avec tant de force & d'agilité qu'ils les font écumer comme ſi elles étoient agitéez d'une rude tempeſte, & pour lors on les prendroit plûtot pour des Monſtres marins qui s'entrechoquent, que pour des hommes: Et même pour montrer qu'ils ne redoutent point les dangers, & qu'ils ſont en bonne intelligence avec cet element qui les nourrit & les careſſe, ils font le moulinet, ſe plongeans & roulans en la mer par trois fois conſecutives, de ſorte qu'ils peuvent paſſer pour de vrais Amfibies.

Quand

Quand ils ont deſſein de faire quelques voiages plus longs que les ordinaires, où quand ils apprehendent d'eſtre jettez bien avant en pleine mer par quelque tempeſte, ils portent dans le vuide de leur vaiſſeau une veſſie pleine d'eau douce pour étancher leur ſoif, & du Poiſſon ſeché au Soleil ou à la gelée pour ſe nourrir à faute de viandes fraiches. Mais il arrive rarément qu'ils ſoyent reduits à recourir à ces proviſions: Car ils ont certaines fleches en forme de petites lances, qui ſont attachés ſur leurs Bateaus, & leſquelles ils s'avent d'arder ſi vivement ſur les Poiſſons qu'ils rencontrent, qu'il n'arrive preſque jamais qu'ils ſoyent ſans ces rafraichiſſemens. Ils n'ont point beſoin de feu pour cuire leurs viandes, par ce que ſur la mer & ſur la terre, ils ſont accoutumez de les manger toutes cruës, ils portent auſſi certaines dens de gros Poiſſons, ou des broches d'os fort pointuës, qui leur tiennent lieu de couteaus, car ils s'en ſervent pour eventrer & trancher les Poiſſons qu'ils ont pris. Au reſte il n'y peut point avoir de debats dans ces vaſſeaus, puis qu'un ſeul homme en eſt le Maitre, le Matelot, le Pourvoyeur, & le Pilote, qui le peut arréter quand bon luy ſemble, ou l'abandonner au gré du vent & de la marée, lors qu'il veut prendre le repos qui luy eſt neceſſaire pour reparer ſes forces. En ce cas il accroche ſa rame à des courroyes de cuir de Cerf qui ſont preparéez à cet uſage, & qui ſont attachées par bandes au deſſus de ce Batteau: ou bien il la lie à une boucle, laquelle pend au devant de ſa caſaque.

Les femmes n'ont point l'uſage de ces petis Eſquifs, mais afin qu'elles puiſſent quelquéfois ſe divertir ſur la mer, leur marys qui ont beaucoup de douceur & d'amitie pour elles, les conduiſent en d'autres vaiſſeaus, qui ſont de la grandeur de nos Chaloupes, & capables de porter cinquante perſonnes. Ils ſont faits de perches liées par enſemble, & ils ſont couverts de peaus de Chiens de mer, comme ceus que nous venons de décrire. Ils peuvent eſtre conduits à force de rames quand le tems eſt calme: mais lors que le vent peut ſervir, ils attachent au maſt des voiles de cuir.

Or afin que la deſcription de ces rares vaiſſeaus, & de ces hommes de mer, ſoit mieux éclaircie & comme animée:
nous

Chap. 18   DES ILES ANTILLES.   193

nous en avons icy fait mettre une figure, laquelle a été tirée au naturel sur l'original.

Pour parler maintenant de la terre en laquelle naissent ces hommes, qui sont si entendus en la Navigation : les dégrez sous léquels nous avons déja dit qu'elle est située témoignent assez, qu'elle est d'une tres-froide constitution. Il est vray que durant le mois de Juin & de Juillet qui composent l'été de cette contrée, & qui sont éclairez d'un jour perpetuel, de même que ceus de Decembre & de Janvier n'y sont qu'une seule nuit, l'air y est chaud agreable & serein : mais le reste de l'année les jours qui s'allongent & s'accourcissent alternativement, sont accompagnez de broüillards épais, de néges, ou de pluyes glacées, qui sont extrémement froides & inportunes.

Toute la Terre qui est prez de la mer est séche, & herissée de plusieurs rochers pélez, qui sont affreus au possible, elle est aussi inondée en beaucoup d'endroits au tems que les néges se fondent, de plusieurs effroyables torrens qui roulent leurs eaus troubles dans le vaste sein de la mer. Mais lors
                       B b   qu'on

qu'on a traversé une petite lieuë de mauvais chemin, on rencontre de belles campagnes, qui sont tapissées durant l'Eté d'une agreable verdure. On y voit aussi des montagnes qui sont couvertes de petis arbes, qui recreent merveilleusement la veuë, & qui nourrissent une grande multitude d'oiseaus & de Sauvagine. Et on passe par des vallées, qui sont arrosées de plusieurs claires & agreables rivieres d'eau douce, qui ont assez de force pour se rendre jusques à la mer.

Le Capitaine qui commandoit ce Navire de Flissingue, qui a fait depuis peu le voiage duquel nous avons tiré cette Relation, étant descendu à terre avec une partie de ses gens, & l'ayant soigneusement visitée, il y rencontra entre autres choses dignes de remarque, une veine d'une certaine terre brune, parsemée de paillettes luisantes & argentées, de laquelle il fit remplir une barrique pour en faire l'épreuve: mais apres avoir été mise au creuset, on a trouvé qu'elle n'étoit propre qu'à encroûter des Boettes, & quelques autres menus ouvrages de bois, ausquels elle donne un fort beau lustre. Cet Indice laisse neantmoins quelque esperance, qu'on pourroit trouver des Mines d'argent parmy cette terre, si on avoit encore penetré plus avant.

Encore que ce Païs soit bien froid, on y voit plusieurs beaus & grands Oiseaus d'un plumage blanc & noir, & de diverses autres couleurs, que les Habitans écorchent, pour en manger la chair, & pour se couvrir de leurs dépoüilles. On y trouve aussi des Cerfs, des Helans, des Ours, des Renards, des Lievres, des Lapins, & une infinité d'autres Bestes à quatre pieds, qui ont presque toutes le poil blanc ou grisâtre, fort épais, long, doux, & tres-propre à faire de bons chapeaus, ou de belles & tres-riches fourrures.

Quant aus Peuples qui habitent cette terre, Nos Voyageurs y en ont veu de deus sortes, qui vivent ensemble en bonne correspondance & parfaite amitie. Les uns sont d'une fort haute stature, bien faits de corps, de couleur assez blanche, & fort habiles à la course. Les autres sont de beaucoup plus petis, d'un teint olivâtre, & assés bien proportionnez en leurs membres, horsmis qu'ils ont les jambes courtes & grosses. Les premiers se plaisent à la chasse, à laquelle ils sont

portez

portez par leur agilité & leur belle difpofition naturelle, pendant que ceus-cy s'occupent à la pefche. Ils ont tous les dens extremément blanches & ferrées, les cheveus noirs, les yeus, vifs, & les traits du vifage fi bien faits qu'on n'y peut remarquer aucune notable difformité. Ils font auffi tous fi vigoureus, & d'une fi forte conftitution, qu'on en voit plufieurs qui ayans paffé la centiéme année de leur âge, font encore fort alaigres & fort robuftes.

En leur converfation ordinaire ils paroiffent d'une humeur gaye, hardie & courageufe. Ils aiment les étrangers qui les vont vifiter, à caufe qu'ils leurs portent des aiguilles, des hameçons, des couteaus, des ferpes, des coignées, & tous les autres ferremens qui leur font propres, & dont ils font une fi grande eftime qu'ils les achetent au prix de leurs propres habits, & de tout ce qu'ils ont de plus precieus : mais ils font fi grands ennemis de toute nouveauté en ce qui concerne leurs vétemens & leur noutritue, qu'il feroit bien difficile de leur faire recevoir aucun changement ni en l'un ni en l'autre. Encore qu'ils foyent l'une des plus pauvres, & des plus Barbares nations que le Soleil éclaire, ils fe croyent tres-heureus, & les mieus partagez du monde : Et ils ont fi bonne opinion de leur maniere de vivre, que les civilitez de tous les autres Peuples, paffent aupres d'eux pour des actions mal-feantes, Sauvages, & ridicules au poffible.

Cette haute eftime laquelle ils ont conceuë de leur condition, ne contribuë pas peu à cette fatisfaction, & à ce contentement d'efprit qu'on lit fur leur vifage ; Joint qu'ils ne s'entretiennent pas dans la vanité de plufieurs deffeins, qui poutroient troubler leur tranquillité : Ils ne fcavent ce que c'eft de tous ces foucis rongeans, & de ces chagrins inportuns, dont le defir déreglé des richeffes tourmente la plûpart des autres hommes. La commodité des beaus & fomptueus bâtimens, la gloire du fiecle, les delices des feftins, la connoiffance des belles chofes, & tout ce que nous eftimons la douceur & le repos de la vie, n'ayant point encore penetré jufques à eus, ils ne font auffi travaillez d'aucune penfée de les poffeder, qui pourroit interrompre le dous repos dont ils joüiffent : mais tous leurs deffeins font terminez à acquerir

querir sans beaucoup d'empressement, les choses qui sont precisément necessaires pour leur vétement, & pour leur nourriture.

Leurs exercices les plus ordinaires sont la pesche & la chasse : & encore qu'ils n'ayent point d'armes à feu, ni de filets, l'ingenieuse necessité leur a suggeré des autres industries toutes particulieres pour y pouvoir reussir. Ils mangent toutes les viandes dont ils se nourrissent sans les faire cuire, & sans autre sauce que celle que leur franc appetit leur fournit. Ils se rient de ceus qui font cuire le poisson ou la venaison, car ils tiennent que le feu consomme leur saveur naturelle, & tout ce qui les rend plus agreables à leur goût.

Encore qu'ils n'ayent point besoin de feu pour cuire leur viandes, ils en loüent neantmoins grandement l'usage, & leurs cavernes n'en sont jamais dépourveuës durant l'hyver ; tant pour éclairer & adoucir par sa lumiere, la noirceur & l'effroy de cette longue nuit, qui regne en leur contrée ; que pour temperer par son aimable chaleur la froidure qui les tient assiegez de toutes parts. Mais quand ils prennent leur repos, ou qu'ils sont contrains de sortir de leurs grottes, ils se munissent d'une certaine fourrure, laquelle par un excellent trait de la Divine Providence, a la vertu de les garantir contre toutes les injures du froid, quand ils seroyent couchez au milieu des néges.

Les habits des hommes consistent en une Chemise, un haut de chausse, une Casaque & des bottines. La Chemise ne bat que jusques au dessous des reins. Elle a un Capuchon qui couvre la teste & le col. Elle est faite de vessies de gros Poissons, qui sont couppées par bandes d'une égale largeur, & fort proprément cousuës par ensemble. Elle n'a point d'ouverture à la poitrine comme les nôtres ; mais afin qu'elle ne se déchire en la vétant, les bouts des manches la tétiere, & le déssous sont bordez d'un cuir noir fort delié : selon la figure laquelle nous avons fait mettre en ce lieu.

Leurs

Chap. 18   DES ILES ANTILLES.   197

Leurs autres Habits, & même leurs bottines, sont aussi de pieces r'apportées comme leurs chemises: mais ils sont d'une matiere beaucoup plus forte assavoir de peaus de Cerf, ou de Chien de mer parfaitement bien preparées, & garnies de leur poil. Celuy du Sauvage duquel nous avons fait mettre icy le portrait tiré au naif sur l'original, étoit de peau de deus couleurs, les bandes étoyent couppées d'une même largeur, & disposées en un si bel ordre, qu'une bande blanche étoit cousuë entre deus brunes, par une agreable assemblage. Le poil qui paroissoit en dehors étoit aussi poly, & aussi dous que du velours, & il étoit si bien couché, & les diverses pieces se rapportoient si parfaitement les unes aus autres, qu'on eut jugé au dehors que tout l'habit avoit esté taillé d'une

Bb 3   seule

seule peau. Pour ce qui concerne maintenant la forme de la casaque & de tout l'ornement exterieur du Sauvage qui en étoit paré; le Graveur les a representez si naifuément en cette taille douce, que ce seroit un travail inutile d'en vouloir faire une plus ample description.

Ces Sauvages qui habitent ce détroit, ne sortent jamais en campagne sans avoir sur l'épaule un carquois remply de fléches, & l'arc ou la lance en la main. Quant aus fléches ils en ont de plusieurs sortes. Les unes sont propres pour tuer les Lievres, les Renards, les Oiseaus, & toute sorte de menu Gibier: & les autres ne sont destinées que pour abbatre les Cerfs, les Helans, les Ours, & les autres grosses bestes. Celles-là n'ont qu'environ deus ou trois pieds de longueur, & au lieu de fer, elles ont la pointe munye d'un os delié, trenchant & fort aigu, qui a l'un des côtez herissé de trois ou quatre crochets, qui font qu'on ne les peut arracher du lieu qu'elles ont percé sans élargir la playe. Et celles-cy qui ont du moins quatre ou cinq pieds de longueur, sont armées par le bout d'un os pointu, qui a aussi des crochets, qui sont faits comme les dens d'une Scie. Ils lancent ces dernieres avec la main; mais pour leur donner plus de force, & faire qu'elles attaignent de plus loin, Ils attachent à leur bras droit un bois long d'un pied & demy, qui a d'un côté une assez profonde coulisse, dans laquelle ils font passer le gros bout de cette Javeline, laquelle étant dardée reçoit par ce moyen une plus forte impression, & fait un effet beaucoup plus violent.

Ils portent aussi quelquéfois à la main une espece de lance, qui est d'un bois fort & pesant, lequel est garny par le petit bout d'un os rond, dont la pointe a esté aiguisée sur une pierre, ou bien ils les munissent de ces cornes, ou dens de Poissons que nous avons décrites. Ces lances ont set ou huit pieds d'hauteur, & elles sont enrichies par le gros bout, de deus ailerons de bois, ou de costes de Baleine, qui leur donnent un peu plus de grace qu'elles n'auroyent sans cet ornement.

Outre plusieurs sortes d'hameçons dont ils se servent pour prendre les menus Poissons qui frequentent leurs costes, ils ont encore diverses especes de javelots, léquels ils sçavent lancer avec une d'exterité non pareille sur les gros & monstrueus Poissons qu'ils vont chercher en pleine mer. Et afin que ceus qu'ils ont blessez avec cette sorte de d'ards, ne se puissent couler au fonds de l'eau & frustrer leur attente, ils lient au gros bout une courroye de cuit de Cerf, longue de vint-cinq ou trente brasses, & ils attachent au bout de cette

cour-

courroye, ou de cette ligne de cuir, une veſſie enflée, laquelle retournant toujours au déſſus de l'eau leur marque l'endroit où eſt le Poiſſon, lequel ils attirent à eus, ou bien ils le conduiſent aiſément à terre, apres qu'il s'eſt bien débatu & qu'il a epuiſé ſes forces.

Les jeunes femmes portent un habit qui n'eſt pas de beaucoup different de celuy des hommes: mais les vieilles ſe couvrent le plus ſouvent des depoüilles de certains gros Oiſeaus, qui ont le plumage blanc & noir, & qui ſont fort communs en cette terre. Elles ont l'adreſſe de les écorcher ſi proprement, que la plume demeure attachée à la peau. Ces habits ne leur battent que juſqu'au gras de la jambe. Elles ſont ceintes d'une courroye de cuir, à laquelle au lieu de clefs, elles attachent pluſieurs oſſelets qui ſont pointus comme des poinçons, & de même longueur que des aiguilles de teſte. Elles ne portent ni bracelets, ni colliers, ni pendans d'oreilles: mais pour tout ornement elles ſe font une taillade en chaque joüe, & elles rempliſſent la cicatrice d'une certaine couleur noire, qui ſelon leur opinion, les fait paroitre beaucoup plus agreables.

Pendant que les hommes ſe divertiſſent à la chaſſe, ou à la peſche, elles s'occupent à coudre des habits, & à faire des tentes, des paniers, & tous les petis meubles, qui ſont neceſſaires au ménage. Elles prennent auſſi un grand ſoin des petis Enfans, & ſi elles ſont obligées de changer de demeure, ou de ſuivre leurs Maris en quelque voyage, elles les portent ou les conduiſent par tout où elles vont, & pour les deſennuyer par le chemin, & les appaiſir lors qu'ils crient, elles ont de petis Tambours, qui ſont couverts de veſſies de Poiſſons, ſur leſquels elles s'avent faire de ſi bons accords, que ceus des Tambours de Baſque ne ſont pas plus dous, ni plus agreables. Elles les ſonnent auſſi pour donner l'épouvante, & faire prendre la fuite aus Ours, & aus autres Beſtes farouches qui viennent ſouvent roder prés des cavernes où ces Sauvages ſe retirent avec leurs familles durant l'hyver: ou à l'entour des tentes ſous leſquelles ils logent pendant l'été. Nous avons fait mettre en ce lieu le portrait d'une de ces femmes vetuë de plumes, duquel on pourra inferer la grace que les autres peuvent avoir.

Encore

Chap. 18   DES ILES ANTILLES.   201

 Encore que ces pauvres Barbares n'ayent pas beaucoup de police, ils ont neantmoins entre-eux des Roytelets & des Capitaines qui les gouvernent, & qui president en toutes leurs assemblées. Ils elevent à ces dignitez ceus qui sont les mieus faits de corps, les meilleurs chasseurs, & les plus vaillans. Ils sont couverts de plus belles peaus, & de plus precieuses fourrures que leurs sujets, & pour marque de leur grandeur,
C c ils

ils portent une enseigne en forme de roze de broderie, laquelle est cousuë au devant de leur casaque, & lors qu'ils marchent ils sont toujours escortez de plusieurs jeunes hommes, qui sont armez d'arcs & de fléches, & qui executent fidélement tous leurs commandemens.

Ils n'ont point l'industrie de bâtir des maisons ; mais durant l'été ils demeurent à la campagne sous des tentes de cuir, léquelles ils portent avec eus, pour les dresser en tous les endroits où ils trouvent bon de camper : & pendant l'hyver ils habitent dans des cavernes, qui sont faites naturellement dans les montagnes, ou qu'ils y ont creusées par artifice.

Ils ne sément, ni ne recueillent aucuns grains de la terre, pour l'entretien de leur vie. Ils n'ont point aussi d'arbres, ou de plantes qui leur portent des fruits qui soyent bons à manger, horsmis quelque peu de fraises, & d'une espece de Framboises : mais ils ne subsistent, comme nous l'avons déja insinué, que de leur chasse & de leur pesche. L'eau toute pure est leur boisson ordinaire, & pour leur plus delicieuse regale, ils boivent le sang des chiens de mer, & celuy des Cerfs, & des autres animaus de terre qu'ils ont abbatus, ou qu'ils ont fait tomber dans les pieges, qu'ils leur sçavent dresser avec un merveilleus artifice.

L'Hyver étant si long & si rigoureus en cette contrée où ils habitent, il est impossible qu'ils ne souffrent beaucoup de dizette durant cette triste constitution de l'année, notamment pendant cette affreuse nuit qui les enveloppe deus mois entiers ; mais outre qu'au besoin ils supportent aisément la faim, ils ont tant de prevoyance, qu'ils font sécher en esté le surplus de leur pesche & de leur chasse, & le mettent en reserve, avec toute la graisse, & le suif, qu'ils ont pû ramasser, pour la provision de cette fâcheuse & ennuyeuse saison. On dit même qu'ils sont si adroits à faire la chasse à la faveur de la Lune, que durant les plus épaisses tenebres qui les couvrent, ils sont rarement dépourveus de viandes fraiches.

Ils n'ont pas la curiosité de voir d'autre païs que celuy de leur naissance ; & s'il arrive que quelque rude tempeste, ou quelque autre rencontre, les ait poussez en quelque terre étrangere, ils soûpirent perpetuellement apres leur chere
patrie,

patrie, & ils ne se donnent point de repos, jusques à ce qu'on les y aye rétablis: que si l'on refuse, ou qu'on differe trop à leur accorder cette grace, ils essayent de s'y rendre au peril de leur vie à la faveur de leurs petis vaisseaus, dans lesquels ils s'exposent à tous les perils de la Mer, sans autre guide que celle des Etoiles, dont ils ont assez de connoissance, pour regler leur navigation sur leur cours.

Le langage dont ils se servent, n'a rien de commun avec celuy de tous les autres peuples de la terre. Nous en avons un petit Vocabulaire: mais de peur de grossir un peu trop cette digression, nous le reserverons parmy nos memoires, jusques à ce qu'un second voyage qu'on projette pour ce d'étroit, nous en ait donné de plus claires lumieres.

On n'a pas encore pû bien remarquer, qu'elle sorte de religion est en usage parmy ces pauvres Barbares: mais par ce qu'ils regardent souvent le Soleil, & qu'ils le montrent avec admiration en élevant leurs mains en haut, on a inferé de-là, qu'ils le tenoient pour leur Dieu.

Le Navire qui nous a fourny cette Relation retourna de ce d'Etroit de Davis chargé de plusieurs bonnes Marchandises, desquelles nous mettrons icy la Liste, pour montrer que le froid qui regne en cette contrée n'est pas si rigoureus, qu'il y ait gelé toute sorte de commerce.

1. Neuf cens peaus de Chiens de mer, longues pour la plûpart de set à huit pieds, marquetées, & ondées de noir, de rous, de jaune, de tanné, & de plusieurs autres couleurs, qui relevoyent leur prix, par dessus celles qu'on voit communement en Hollande.

2. Plusieurs riches peaus de Cerfs, d'Helans, d'Ours, de Renards, de Lievres, & de Lapins, dont la plus grand' part étoit parfaitement blanche.

3. Un grand nombre de precieuses fourrures de diverses Bestes à quatre pieds, qui sont toutes particulieres à cette region, & qui n'ont encore point de nom parmy nous.

4. Plusieurs Pacquets de costes de Baleine, d'une longueur extraordinaire.

5. Des Habits complets des Habitans du païs, dont les uns étoient de peaus, & les autres de dépoüilles d'oi- seaus,

sçaus, & de la figure que nous les avons representez.

6. Plusieurs de leurs Chemises faites de vessies de Poissons, fort proprement cousuës, de leurs bonets, gants, & bottines, de leurs carquois, fléches, arcs, & autres armes dont ils se servent, comme aussi plusieurs de leurs tentes, de leur sacs, de leurs paniers & autres petis meubles dont ils usent en lenr ménage.

7. Un grand nombre de ces petis vaisseaus de mer, qui sont faits pour porter un seul homme. Un grand Batteau long de quarante cinq pieds qui pouvoit porter commodement cinquante personnes.

8. Mais ce qui étoit de plus rare & de plus precieus, c'étoit une quantité bien considerable de ces dens, ou cornes de ces Poissons qu'on appelle *Licornes de mer*, qui sont estimées les plus grandes, les plus belles, & le mieux proportionnées, de toutes celles qu'on à veu jusques à present.

On en a envoyé quelques unes à Paris, & en d'autres endroits de l'Europe, qui y ont esté bien receuës: mais il y a grande apparence qu'elles seront encore plus prisées, quand on aura la connoissance des admirables vertus qu'elles ont en la Medecine. Car bien-que leur beauté, & leur rareté, leur doivent faire tenir le premier rang entre les plus precieuses richesses des plus curieus cabinets: plusieurs celebres Medecins & Apoticaires de Dannemark, & d'Allemaigne, qui en ont fait les essays en diverses rencontres, témoignent constamment qu'elles chassent le venin, & qu'elles ont toutes les mêmes proprietez qu'on attribuë communement à la Corne de la Licorne de terre. En voila assés, & peuteftre que trop au goût de quelques-uns, pour une simple digression.

CHA-

CHAPITRE DIXNEUVIÉME.

Des Poiſſons couverts de croutes dures, au lieu de peau & d'écailles : de pluſieurs rares Coquillages : & de quelques autres belles productions de la Mer, qui ſe trouvent aus coſtés des Antilles.

A Moins que d'avoir quelque participation de cette celeſte Sapience qui fut autréfois addreſſée à Salomon, pour parler non ſeulement des Arbes dépuis le Cedre qui eſt au Liban, juſques à l'Hiſſope qui ſort de la paroi : mais encore des Beſtes, des Oiſeaus, des Reptiles, & des Poiſſons : Il eſt impoſſible de ſonder les profons ſecrets des eaus, pour y conter toutes les excellentes creatures qui ſe joüent dans leur ſein, & remarquer toutes les vertus & les proprietez occultes, dont elles ſont ennoblies. Car cet Element eſt doüé d'une ſi merveilleuſe fecondité qu'il ne produit pas ſeulement en toute abondance des Poiſſons de differentes eſpeces, qui ſervent à la nourriture de l'homme, & qui ſont pour la plûpart d'une groſſeur demeſurée & d'une figure monſtrueuſe, comme nous venons de le monſtrer dans les Chapitres precedens : mais encore une ſi grande multitude de precieus Coquillages & d'autres Rarétez, qu'il faut confeſſer que la Divine Sageſſe qui eſt diverſe en toutes ſortes, a tiré toutes ces riches beautez de ſes inepuiſables treſors, pour faire paroître la gloire de ſa puiſſance au milieu des flots de la Mer; & pour nous convier doucement à l'admiration de ſes bontez, & de ſon adorable Providence, laquelle s'abaiſſe juſque dans la profondeur des abiſmes pour les peupler d'un nombre de bonnes creatures, qui ne ſe voyent point ailleurs, & d'une infinité d'autres qui portent les caracteres, & les images des corps les plus conſiderables qui ornent les cieus, ou qui volent parmy les airs, ou qui embelliſſent la terre : d'où vient qu'on y trouve, comme nous le verrons en ce Chapitre, des Etoiles, des Cornets, des Trompettes, des Porcelaines, des Arbres, des Pommes, des Chataignes, & toutes les plus raviſſantes curioſitez qui ſont priſées parmy les hommes. Or pour commencer par les Poiſſons qui ſont couverts de croutes dures & ſolides au lieu décailles, ou de peau. Il y en a pluſieurs eſpeces en la Mer, & aus Rivieres des Antilles. On fait particulierement état, des *Homars*, des *Araignées*, & des *Cancres*.

ARTICLE I.

Des Homars.

LEs *Homars* ſont une eſpece d'Ecreviſſes de même figure que celles de nos Rivieres. Mais elles ſont ſi groſſes qu'il n'en faut qu'une pour remplir un grand plat. Elles ont la chair blanche & ſavoureuſe, mais un peu dure à digerer. Les Inſulaires les prennent pendant la nuit ſur le ſable, ou ſur les baſſes de la Mer, & à l'aide d'un flambeau ou de la clarté de la Lune, ils les enfilent avec une petite fourche de fer.

ARTICLE II.

De l'Araignée de Mer.

L'*Araignée de Mer* eſt tenuë par quelques uns pour une eſpece de *Cancres*. Elle eſt couverte de deus fort dures écailles, deſquelles celle de deſſus eſt relevée, & celle de deſſous eſt plus unie, & dentelée de pointes rudes. Elle a pluſieurs jambes, & une queuë forte, & longue quelquefois d'environ un pied. Quelques Sauvages les recherchent ſoigneuſement pour en armer leurs fléches. Quand ce Poiſſon eſt ſeché au Soleil, ſon écaille devient luiſante & comme diafane, encore qu'elle ſoit naturellement de couleur cendrée.

ARTI-

ARTICLE III.

Des Cancres.

LEs *Cancres* ordinaires des Antilles font de la même forme què ceus qu'on pefche es coftés de France. Il y en a de differente grofleur, mais ceus qui font les plus rares font ceus qui vivent de proye. Ils font affez communs en la plûpart des Iles, fur tout aus Vierges. Ils fe tienent fous les troncs des arbres du rivage de la mer : & à l'exemple de ces Grenoüilles qu'on appelle *Pefcheufes*, ils épient de leur fort les Huitres & les Moules, pour en faire curée, & ils s'y prenent par cette rufe merveilleufe. C'eft qu'ils ont reconnu que leurs mordans & leurs défenfes, n'ont pas affez de force pour rompre les coquillages qui couvrent ces Poiffons delicats. De forte qu'ayans auffi remarqué qu'ils ouvrent plufieurs fois le jour leurs écailles pour prendre le frais, ils en épient foigneufément le tems, & s'étans garnis d'un petit caillou rond qu'ils ont choifi dans le gravier, ils le tienent preft en l'une de leurs tenailles & s'aprochans de l'Huitre, ou de la Moule, le laiffent tomber avec tant d'adreffe dans fa coquille entr'ouverte, que ne fe pouvant plus refermer, le Poiffon demeure la proye de ces fins chaffeurs.

Quant aus *Coquilles* que l'on trouve en ces Iles, dans les ances où la mer les pouffe, elles font en grand nombre, & de plufieurs fortes. Voicy les plus recherchées & les plus confiderables.

ARTICLE IV.

Du Burgau.

LE *Burgau* qui à la figure d'un Limaçon, étant denué de la premiere croûte qui le reveft en dehors, prefente une Coquille argentée, & entrelacée de taches d'un noir luifant, d'un vert gay, & d'une grifaille fi parfaite & fi luftrée, qu'aucun émailleur n'en s'auroit aprocher avec tout fon artifice. Si toft que

que le Poisson qui a l'honneur de loger sous ce precieus couvert, en a quitté la possession, on voit d'abord une entrée magnifique, encroutée de perles : & en suitte plusieurs riches appartemens, si clairs, si polis, & émaillez par tout d'un argent si vif, qu'il ne se peut rien voir de plus beau, en matiere de Coquillage.

ARTICLE V.

Du Casque.

LE *Casque* qui est de differente grosseur, à proportion des testes de tant de Poissons qui en sont revêtus, est ainsi nommé à cause de sa figure. Il est doublé par dedans & sur les bords, qui sont épais, plats, & dentelez, d'un satin incarnat, extrémément luisant. Et par le dehors il est fassonné d'une agreable rustique relevée de plusieurs petites bosses, qui sont entrelacées de mille compartimens, sur léquels on voit ondoyer un pannache de diverses rares couleurs.

ARTICLE VI.

Du Lambis.

LE *Lambis*, a peuteftre reçeu ce nom, à cause que le Poisson qui le fait mouvoir a la figure d'une grosse langue, qui léche cette humeur gluante, qui s'atache sur les rochers que la mer baigne de ses flots. C'est un des plus gros Coquillages qui se voient. Il est retroussé par l'un de ses bords, comme pour faire mieus paroitre la belle couleur pourprine qui l'enrichit au dedans. Mais il faut avoüer que sa masse étant assez grossiére & herissée par dessus de plusieurs bosses rudes & pointuës, luy fermeroit la porte des cabinets, si l'artifice en luy enlevant sa première robe, ne découvroit la bigarrure & la politesse de l'écaille marquetée, qu'il porte sous cét habit de campagne. Le Poisson qui loge sous les cavernes de cette petite roche mouvante, est si gros, qu'il en faut peu pour remplir un plat. Il peut être admis sur les tables

des

des delicats, pourveu qu'il soit bien cuit, & encore mieus poyuré pour corriger son indigestion. Et pour profiter de sa dépoüille, étant calcinée & meslée avec du sable de riviere, on en compose un ciment, qui resiste à la pluie & à toutes les injures du tems. Ce lambis aussi s'entonnant comme un Cor de chasse, & s'entendant de fort loin, quelques Habitans des Iles s'en servent pour apeller leurs gens aus repas.

ARTICLE VII.

Des Porcelaines.

Les *Porcelaines* doivent être rangées entre les plus rares productions de l'Ocean : soit que l'on considere cette agreable politesse, dont elles sont lissées & au dehors & au dedans; soit que l'on fasse réflexion sur tant de differentes & de vives couleurs dont elles sont revetuës. Elles replient leur bord dentelé, & le roulent en dedans, & bien qu'elles soient plus ou moins lustrées, elles sont toutes d'une même figure ovale, entrebaillantes au milieu, & recoquillées par le bec. Mais il s'en trouve qui sont fort differentes en grosseur & en couleur.

Les plus ordinaires sont d'un jaune doré, marqueté de petites taches blanches ou rouges, & l'on diroit de loin que ce sont des marques de perles, ou de grains de coral. On en voit aussi de bleuâtres, détoilées, de grisatres, de crystalines, & de couleur d'Agate, qui ont toutes un œil fort attrayant.

Mais celles qui sont les plus estimées des curieus, sont de coraline incarnate au dehors, & argentées au dedans : ou bien elles sont parées d'un beau bleu celeste au dedans, & d'un riche porfire au dehors, rayéez de petis filets d'orez. On prise aussi avec raison celles qui sont par dessus d'un vert luisant comme émeraude, & emperléées dans l'interieur, au bord & en leurs canelures. C'est au même rang que l'on met celles qui sont sur le dos d'un noir luisant comme j'ayet, & quant au reste émaillées d'un bleu mourant, entrelacé de petites veines de pourpre.

Enfin

Enfin il y en à qui sont chamarrées de tant de vives couleurs, qu'il semble que larc-en-ciel ait imprimé sur ces petites creatures un racourcy de ses plus ravissantes beautez : Il y en aussi une infinite d'autres qui sont diversifiées de tant de chifres & de grotesques, qu'il est à croire que la nature étoit en sa plus gaye humeur, quand elle s'est mise à produire ces merveilles.

Mais le mal est, que la mer qui les possede comme ses plus precieus joyaus, ne s'en dessaisit pas volontiers, & semble ne les donner qu'à contre cœur. Car à moins que les vens ne la missent en colére, & qu'en secoüant ses entrailles ils ne foüillassent jusques au fonds de ses trésors, & ne luy arrachassent par force, elle joüiroit toute seule de ces richesses & de ces beautez, sans nous en faire jamais de part.

Les curieus pour en rehausser le lustre, les placent selon leur rang, & leur prix, dans de differentes cassétes doublées de velours vert, ou de quelque autre riche étoffe. Et a limitation des Fleuristes, qui qualifient leurs Tulipes & leur Oeillets, des noms des Cesars & des plus illustres Héros, ils leur font porter les titres des Empereurs & des Princes.

ARTILCE VIII.

Des Cornets de Mer.

ON voit encore aus Antilles, de deus sortes de ces gros Coquillages que l'on appelle *Cornets de Mer*, qui sont tournez par le bout en forme de vis. Les uns sont blancs comme de l'yvoire, & ne cedent en rien à son lustre. Les autres sont enrichis par dedans d'un gris de perle extremément luisant, & par dehors de plusieurs belles & vives couleurs, qui se terminent quelquefois en écailles ou se repandent en forme d'ondes, qui se poussent & qui flottent les unes sur les autres, depuis le bord de la large ouverture de dessus, jusques à la pointe entortillée où elles meurent. Si l'on perce ces Cornets par le petit bout, on en fait une espéce d'instrument de musique, qui rend un son aigu & penetrant, & qui étant poussé par les diverses s'invositês de ce Coquillage, se

fait

fait entendre de loin, comme feroit celuy d'un clairon. Mais il y à du fecret à compaffer le foufle qu'il faut pour les faire joüer.

La mer, auffi bien que les Architectes fe plait à produire des ouvrages de diverfe ordonnance. Quelquefois elle en fait à la ruftique, qui font tout nuds & ont fort peu d'ornemens; Et quelquefois elle en fait de compofez par un mélange des ordres, qui viennent au fecours les uns des autres, avec tant de mignardife & de delicateffe, qu'il n'y a rien de plus agreable à l'œil. Cela fe remarque en une infinité de Coquilles qui font diverfifiées de cent mille grotefques. On y peut remarquer des laqs entrenoüez, des efpéces de fruitages, des faillies hors d'œuvre, des culs de lampe, des pointes de diamant, des goutes pendantes, des éguilles, des clochers, des pyramides, des colomnes, des fufées, des chapiteaus, des moulures & une infinité d'autres fantaifies, & d'autres morefques, qui donnent fujet d'entretien & d'admiration aus curieus. Comme en effet l'on ne s'auroit jamais affés admirer par ces échantillons, la merveilleufe diverfité de tant de riches ouvrages, que les eaus refervent dans leurs profons cabinets.

ARTICLE IX.

De la Nacre de perle.

LEs Coquilles ne donnent pas feulement un divertiffement agreable, qui porte les hommes, par la confideration de ces petis, mais admirables ouvrages de la nature, à benir celuy qui en eft l'Auteur. Mais apres avoir contenté les yeus elles fourniffent auffi dequoy fatisfaire le goût, & dequoy accroiftre les tréfors. Car les *Huitres* & les *Moules* fervent aus délices des tables: & *l'Ecaille Nacrée* ou la *Nacre de perle*, eft groffe de la Perle qui enrichit les couronnes des Rois. Il eft vray que ces Perles ne fe trouvent qu'en femence aus Antilles, & que c'eft l'Ile de la Marguerite & la cofte Meridionale de l'Amerique, qui ont le bonheur de les recueillir entierement formées. Mais fi les Antilles ne voyent point ce precieus germe se durcir en grosses Perles, ces riches Coquilles ne les laissent pas pourtant sans quelque avantage. Car elles leur offrent pour nourriture le corps qu'elles enferment, & les deus parties de leur écaille argentée fournissent chacune une cuëillier, qui peut paroitre avec éclat sur la table.

Il est malaisé de dire, si la rosée qui tombe aus Antilles, n'est pas assés feconde pour faire que les Méres Perles y produisent leurs fruits en perfection: Ou si apres avoir reçeu cette semence des cieus, elles auortent, & n'on pas assés de force naturelle pour la retenir. Mais sans rechercher de qu'elle part vient le défaut, il est assuré qu'elles ont une aussi forte inclination à se delivrer de l'oprobre de la sterilité, que celles qu'on pésche aus costes de la Marguerite. Car si on se veut donner la curiosité d'épier leurs secrettes amours, de dessus les rochers au pied déquels elles se plaisent, on aperceura qu'au lever de l'Aurore, elles s'elancent plusieurs fois sur la surface de l'eau, comme pour faire hommage au Soleil levant: Puis tout à coup on verra qu'elles ouvrent leur sein, & qu'elles s'épanovissent sur ce lit mollet, pour attendre les premiers rayons de ce bel astre. Que si elles sont assés heureuses pour recevoir quelques goutes de la rosée qu'il fait distiller des cieus à son lever, elles referment promtément leurs écailles nacrées, de peur que quelque goute d'eau salée, ne vienne à corrompre ce germe celeste. Et puis elles se replongent alégrement au fonds de leur couche.

Un Auteur nommé Fragosus, estime que les Perles s'engendrent dans la chair de l'Huitre, comme la pierre dans quelques animaus, d'une humeur crasse & visqueuse qui reste de l'aliment. Quelques Doctes Medecins qui sont aussi dans le même sentiment appuyent cette opinion, sur ce que Josef à Costa Ecrivain fort croiable pose pour constant, assavoir, que les Esclaves qui peschent les Perles plongent par fois jusques à douze brasses dans la mer, pour chercher les Huitres, qui d'ordinaire sont attachées aus rochers: qu'ils les arrachent de-là, & reviennent sur l'eau en étant chargez: d'où ils concluent que du moins on ne peut pas dire, que ces Huitres-là, qui sont attachées aus rochers, hument la rosée, & que par là se fasse la generation des Perles.

Mais

Mais sans entrer en contestation avec ces Messieurs, & sans rejeter absolument leur opinion, laquelle a ses fondemens : On peut dire que le recit tres-veritable d'Acosta touchant la pesche des Perles, ne fait du tout rien contre le sentiment communement reçeu de leur generation : Car il se peut faire que les meres Perles qui ont conçeu de la rosée, se s'entant chargées de ce precieus fruit, n'ayent plus d'inclination de se faire voir sur la surface des eaus ; & qu'étant contentes du tresor qu'elles possedent, elles s'attachent pour lors fixement aus rochers, d'où puis aprés elles sont arrachées avec violence.

ARTICLE X.

De plusieurs autres sortes de Coquillages.

CEus qui au milieu des Villes les plus frequentées, veulent contrefaire des deserts, des rochers, & des solitudes : ou qui dans les plaines de leurs jardins veulent élever des montagnes dans lesquelles ils creusent des grottes, qu'ils encroutent de toutes les plus curieuses dépoüilles de la mer, & de la terre, trouveroyent en la plûpart de ces Iles dequoy contenter leur inclination. Mais il seroit il à craindre, que l'abondance & la diversité m'étant en peine leur choiz, ne leur en causât du mépris. Car pour parler de quelques-unes on y voit une multitude innombrable de *Trompes de mer*, d'*Escargots*, & de petis *Vignols*, argentins, étoilez, sanguins, verdâtres, rayez d'incarnat, mouchetez de mille sortes de couleurs, qui les font éclater parmy le sable, comme autant de pierres precieuses. Le Soleil rehausse merveilleusement leur lustre. Et lors qu'apres quelque rude tempeste, la mer a enrichy la surface de ces rivages de tous ces petis brillans, l'œil en demeure tellement éblouy, que l'on est obligé d'avoüer, que la nature fait reluire avec majesté sa puissance, & montre ce qu'elle fait faire, en revêtant de tant de riches ornemens, & de tant de belles lumieres ces menuës creatures.

Nos Insulaires ramassent quelquefois par divertissement ces petis joüets de la mer, & en ayant percé le bout, ils les enfilent, pour en faire des bracelets & des cordons. Mais la plûpart des Indiens de l'Amerique Septentrionale les ont en une bien plus haute estime. Car ils s'en servent pour leur trafic & pour leur menu commerce, comme nous faisons de l'or & de l'argent monnoyé parmy nous : & ceux là, qui en ont le plus grand nombre, sont estimez les plus riches d'entre eux. Les Coquilles qui servent à cette usage sont de mediocre grosseur, d'une solidité & d'un lustre extraordinaire. Et pour estre de mise en certains endroits, elles doivent avoir été marquées par des Officiers destinez à cela, qui y donnent le prix & le cours, en y gravant de certains petis caracteres.

ARTICLE XI.

D'un Coquillage couvert de Notes de Musique.

IL y a un Coquillage fort considerable que Monsieur du Montel croit que l'on peut trouver en quelcune des Antilles, bien qu'il n'en ait veu qu'à Coraço. Il est d'une figure un peu differente des Porcelaines, c'est à dire un peu plus ramassé. On le nommé *Musical*, par ce qu'il porte sur le dos des lignes noirâtres pleines de notes, qui ont une espece de clé pour les mettre en chant, de sorte que l'on diroit qu'il ne manque que la lettre à cette tablature naturelle. Ce curieus Gentil-homme raporte, qu'il en a veu qui avoient cinq lignes, une clé & des notes, qui formoient un acord parfait. Quelcun y avoit ajouté la lettre que la nature avoit oubliée, & la faisoit chanter en forme de trio, dont l'air étoit fort agreable.

Les beaus esprits pourroient faire la dessus mille belles considerations. Ils diroient entr'autres choses, que si selon l'opinion de Pythagore, les cieus ont leur harmonie, dont les dous accords ne peuvent être entendus à cause du bruit que l'on fait sur la terre, que si les airs retentissent de la mélodie

lodie d'une infinite d'oiseaus qui y tiennent leur partie, & que si les hommes ont inventé une Musique à leur mode, qui charme les cœurs par les oreilles : aussi la mer, qui n'est pas toujours agitée, a dans son empire des Musiciens, qui chantent d'une fasson qui leur est particuliere, les loüanges du Souverain. Les Poëtes adjouteroient que ces Tablatures naturelles sont celles que les Syrenes avoient en mains dans leurs plus melodieus concerts : & qu'étant aperçeües de quelque œil qui vint troubler leur passetems, elles les laisserent tomber dans les eaus, qui dépuis les ont toujours soigneusement conservées. Mais laissant ces conceptions, & leurs semblables, à ceus à qui elles apartienent, suivons le fil de nostre Histoire.

ARTICLE XII.

Des Pierres aus yieux.

ENcore qu'on trouve de ces Pierres bien avant en la terre, aussi bien qu'au bord de la mer : neantmoins puisque la plus commune opinion les tient pour une production des eaus, nous leur donnerons place en ce lieu. On en voit qui sont aussi larges qu'un Lyard ; mais les plus petites sont les plus estimées. A les considerer au Soleil, on croiroit que ce seroit de ces perles qu'on nommé Baroques, qui auroyent esté couppées en deus, tant elles sont claires, transparentes, & polies. Il y en a quelques unes, qui ont de petites veines rouges ou violettes, qui leur donnent un fort agreable éclat selon les divers aspects qu'on les regarde. Elles portent toutes la figure d'un Limaçon gravée sur le costé qui est plat. Quand on les met sous la paupiere, elles se roulent autour de la prunelle de l'œil, & l'on dit qu'elles ont la vertu de la fortifier, de l'eclaircir, & de faire sortir promptément les fétus qui y seroyent tombez. C'est pourquoy on les a appellées d'un nom, qui monstre leur proprieté.

216   Histoire Naturelle,   Chap. 19

Burgau

Musical

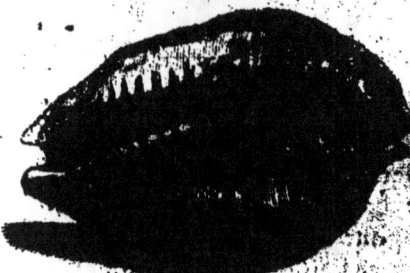
Porceleine

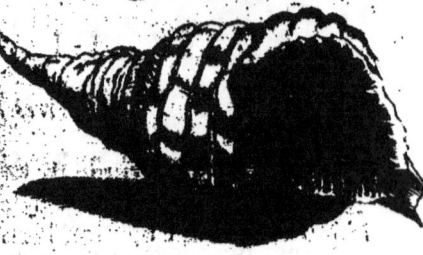
Trompette marine

Casque de mer

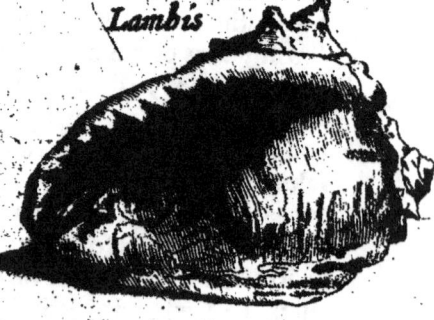
Lambis

ARTICLE XIII.

Des Pommes de mer.

ON rencontre en l'Ile de Saint Martin des *Pommes de mer*, herissées d'aiguillons perçans, qui sortent d'une peau brune: mais quand le Poisson qui les roule est mort, elles quittent toutes ces épines & toutes ces défences, qui leur sont desormais inutiles : & laissant aussi cette croûte cendrée qui les envelopoit, elles font montre de la blancheur de leurs coques, qui sont entrelacées de tant de compartimens & de petites sinuositez, que l'aiguille du plus adroit brodeur se trouveroit bien empêschée si elle les vouloit imiter. Il semble que ces *Pommes*, pourroient mieus être apellées de petis *Herissons de mer*, ou des *Chataignes de mer* : Car étant en vie elles sont & de la figure, & de la couleur d'un petit Herisson, qui se forme en boule & qui s'arme de tous ses traits, pour se rendre imprenable à son ennemy. Ou bien elles sont semblables à ces grosses & rudes envelopes armées d'épines, qui couvrent la Chataigne, quand elle est sur l'Arbre.

ARTICLE XIV.

Des Etoiles de Mer.

A Considerer de prés toutes les raretez qui se trouvent en la mer, on diroit que le Ciel ne veüille rien posséder de beau, qu'il n'en imprime une ressemblance en la mer, comme en son miroir. C'est pourquoy l'on y voit des *Etoiles* qui ont cinq pointes, ou cinq rayons ; tirant sur le jaune. Tout ce beau composé n'a qu'un bon pied de Diamétre: Son épaisseur est d'un pouce: sa peau est assez dure, & relevée par de petites bosses, qui luy donnent meilleure grace. Si ces *Etoiles de mer* cedent en grandeur & en lumiére à celles des Cieus, elles les surpassent en ce qu'elles sont animées, & en ce que leur mouvement n'est point forcé, & qu'elles ne sont point fixes ni attachées en une place. Car le Poisson à qui ce riche domicile étoilé eſt écheu en partage, ſe proméne comme il veut dans l'azur des eaus pendant le calme; Mais auſſi-tôt qu'il prévoit quelque orage, de crainte d'être pouſſé ſur la terre, qui n'eſt pas digne de poſſeder les Aſtres; il jette deux petites ancres de ſon corps, avec léquelles il s'accroche ſi fermement contre les rochers, que toutes les agitations des ondes irritées ne l'en peuvent détacher. Sa vie eſt entretenuë par le moyen de la nourriture qu'il prend, par une petite ouverture, qui luy ſert de bouche, & qui eſt juſtement au centre de ſon corps. Les curieus tirent ces *Etoiles* de leur Ciel humide, & aprés les avoir ſechées au Soleil, ils en parent leurs Cabinets.

ARTICLE XV.

Des Arbres de mer.

LEs bancs des Rochers qui ſont couverts d'eau, ne peuvent ſoufrir la ſterilité, & nonobſtant la ſalure qui les baigne inceſſamment, ils ſ'éforcent de produire parmy l'herbe qui les reveſt, des Arbres qui ſont incontinent glacez d'un Salpêtre, qui les rend blancs au poſſible. Quelques uns les prenent pour une eſpece de Coral. On en arrache de toutes figuresde, & ſi bien faſſonnés, que l'œil ne ſe peut laſſer d'en conſiderer les groteſque.

ARTICLE XVI.

Des Pannaches de mer.

IL y a auſſi dés *Pannachés*, qui ſont par maniére de dire comme les bordures de ce grand Jardin liquide, qui n'a jamais beſoin d'être arroſé. Elles ſont tiſſuës fort delicatement, en forme d'un riche point-coupé. Et ſelon la qualité des Rochers ou elles ont leur racine, elles ſont auſſi de différentes couleurs. Il feroit ſeulement à deſirer qu'elles euſſent un peu plus de ſolidité pour ſouffrir le voyage des Iles, en ces quartiers.

CHA-

Chap. 20   DES ILES ANTILLES.   219

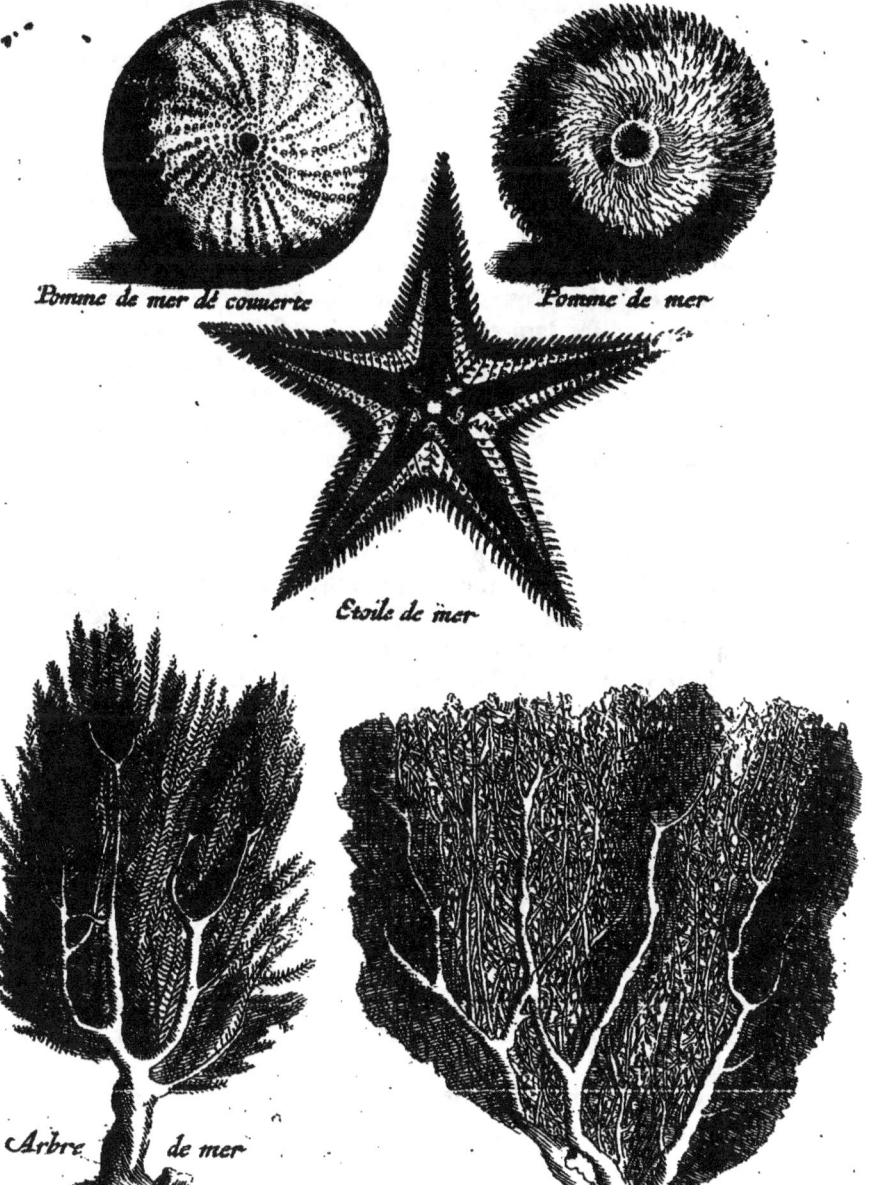

Pomme de mer découverte.   Pomme de mer.
Etoile de mer.
Arbre de mer.   Pannache de mer.

CHAPITRE VINTIÉME.

De l'Ambre gris; De son Origine & des marques de celuy qui est bon, & sans mélange

L'Ambre gris, se trouve en plus grande abondance aus costes de la Floride, qu'en aucune des autres contrées de l'Amerique. C'est pourquoy les Espagnols y ont dressé des forts pour se conserver la terre, & pour entretenir avec les Indiens qui l'habitent, le commerce de cette riche Marchandise, laquelle ils receüillent soigneusement, depuis qu'on leur en a enseigné le prix. On en a aussi ramassé quelquéfois, aprés de rudes tempestes, sur les rades de Tabago, de la Barboude, & de quelques autres de nos Antilles, comme nous le reconnoissons par plusieurs memoires, que nous avons entre nos mains : Et c'est ce qui nous fait croire, que sans sortir des limites de l'Histoire Naturelle que nous traitons, nous pouvons parfumer tout ce Chapitre de la soüëve odeur de cette drogue Aromatique, qui est sans contredit la plus rare, & la plus precieuse de toutes les productions, que l'Ocean ait encore poussé hors de son vaste & inépuisable sein, pour enrichir ce nouveau monde.

Les Maldivois appellent l'Ambre-gris *Panahambar*, c'est à dire *Ambre d'or*, à cause de sa valeur. Les habitans de Fés & de Maroc & les Ethiopiens, le nomment du même nom que la Baleine. Ce qui fait croire probablement, qu'ils ont estimé qu'il venoit de la Baleine. Il est tres-certain, que ni Hippocrate, ni Dioscoride, ni Galien, n'ont jamais ouï parler de l'Ambre-gris, non plus que de la pierre de Bésoar, du Gayac, du Sassafras, de la Sarsepareille, de la Gomme-goutte, de la Rubarbe, du Mechoacan, & d'une infinité d'autres choses. L'ambre-gris est donc une drogue, dont la connoissance est tout à fait moderne ; & dont on ne sait pas l'origine.

Quelques uns se sont imaginez que cet Ambre, inconnu à l'antiquité, est un excrement de Baleines. D'autres croyent qu'il qu'il vient des Crocodiles, parce que leur chair est parfumée. Quelques autres se persuadent que ce sont des pieces d'Iles, & des fragmens de rochers cachez en la mer, & emportez par la violence des flots, parce qu'il se recueille quelquéfois des pieces de cet Ambre qui pésent jusques à cent livres, & de la longueur de soixante paumes, & qu'au rapport de Linscot, en l'an mil cinq cens cinquante cinq, il en fut trouvé un morceau vers le Cap Comorin, du poids de trente quintaus. Il y en a qui estiment que c'est une espéce d'écume de mer, qui s'amasse & s'epaissit avec le tems par l'agitation des eaus de la mer: & qui se durcit par la chaleur du Soleil.

Mais c'est plus vrai-semblablement une sorte de Bitume, qui s'engendre au fond de la mer: Et lors qu'elle vient à estre agitée extraordinairement par quelque furieuse tempeste, elle détache ce Bitume de son sein, & le porte sur ses rivages. Car en effet c'est ordinairement apres une grande tempeste, que l'on en trouve sur les bords. Filostrate en la vie d'Apollinius dit, que les Panteres qui sont à l'entour du mont Caucase, aiment fort la bonne odeur de ce lieu là. Mais il est certain qu'entre autres bestes, les Oiseaus se montrent extrémément amoureus de cét Ambre, & qu'ils le s'entent de fort loin. C'est pourquoy dés que l'orage est cessé, il le faut chercher & l'enlever en diligence, autrement on le trouveroit tout mangé. Et ce n'est pas sa bonne odeur, mais sa mauvaise qui attire ces Oiseaus. Car ce parfum si precieus & si admirable, lors qu'il est encore frais, & mol, & qu'il ne fait que sortir de la mer, sent tres-mauvais, & les animaus y courent en même sasson, qu'ils vont aus charognes: Car son odeur est à peu prés comme de lard corrompu, & il est à croire que c'est pour cette raison que l'on a été si long-tems à le connoitre, & à s'en servir. Les Anciens jugeoient de sa vertu, par sa mauvaise odeur, plutôt capable de faire mal au cœur que de le réjouir, ainsi ils le rejettoient comme inutile, ou même nuisible. Joint qu'il ne se trouve pas si frequemment, ni en si grande quantité vers la coste de Gréce, ni dans l'Europe : & que les navigations aus Indes étoient rares autréfois.

Ee 3 Les

Les Renards ne s'en montrent pas moins passionez. Aus Païs où il se recueille en quantité ces animaus font le guet à la coste, & aussitost qu'ils en decouvrent, ils s'en saisissent & l'avalent. Mais apres l'avoir gardé quelque tems dans leur ventre, ils le rendent sans qu'il soit aucunement digeré. Seulement il y perd une partie de sa qualité & de sa bonne odeur. C'est pourquoy cette sorte d'Ambre, qu'on appelle *Renardé* est moins prisée que l'autre, & ne s'employe gueres qu'aus parfums.

Il ne sera pas mal à propos de donner en passant le moyen de discerner le vray Ambre-gris d'avec le faus, veu que tous ceus qui en ont écrit, comme Garcias, Monard, Scaliger, Ferdinand Lopés, Clusius, & autres n'en parlent que fort succinctement, & ne nous en disent pas les marques essencielles.

Il faut savoir premierement, que l'Ambre se distingue en general, en celuy de la mer du levant, & en celuy de la mer du Ponant. Celuy qui se prend à la coste du Levant, & particulierement à la coste de la Barbarie, ou il se trouve en grande quantité & en grosses piéces, est generalement noir, & ne séche jamais si bien, qu'il se puisse reduire en poudre, comme celuy du Ponant, quelque addition qu'on y fasse pour le pulvériser. Il se fond aussi plus facilement au feu, il est de moins douce odeur, & de beaucoup moindre prix. On apporte peu de cét Ambre en ces quartiers, parce qu'il n'y est pas estimé, & qu'il n'est guére bon pour la Medecine, ni pour les parfums.

L'Ambre du Ponant, dont le meilleur est celuy de nos costes, est ordinairément d'un gris cendré : comme si l'on avoit méslé de la cendre parmy de la cire : de fasson neantmoins que la cendre y parut distinctement, & ne se confondit pas avec la cire. Le dessus ayant frayé sur le rivage, & ayant plus senty l'air, est ordinairement de couleur tannée, ou du moins plus blanc que le dedans, dur & solide en fasson de croûte, & par fois meslé de sable, & de coquillages. Ce qui arrive lors qu'étant mol comme du Bitume ou de la poix, les ordures s'y attachent facilement ; Et cela diminuë son prix, mais ne le rend pas moins bon.

Pour

Pour savoir si cet Ambre qui est de la meilleure espéce est bon, on regardera premierement la figure, qui doit tirer pour l'ordinaire, à la rondeur, par ce que toutes les choses moyennement molles étant roulées par la mer, & poussées sur le rivage, s'arrondissent. Il doit estre encore en quelque fasson poly, & de couleur brune, entre gris de more & tanné. Que s'il est bien sec, il faut qu'il soit fort leger pour sa grosseur. Car par là, vous jugeres si ce n'est point une mixtion de Colofone, de Bitume, de Cire, de Poix, & de Résine, toutes ces choses pesant beaucoup plus. Vous connoitrez aussi par là, si parmy le bon Ambre, on n'a point meslé de sable, ou si ce n'est point de l'Ambre noir du levant.

Si l'on ne veut pas rompre la piéce il faut prendre une aiguille, & la faire chauffer, & en percer cette piéce d'Ambre. Vous remarqueres par ce moyen si elle entre aisément, qu'il n'y a point de pierres encloses. Et en sentant la liqueur qui sortira par la chaleur de l'aiguille qui fondra l'Ambre, vous trouverés une odeur qui approche de celle de la cire gommée & qui se termine enfin en une odeur assés douce.

Mais le plus asturé moyen, est apres avoir fait le prix de la piece d'Ambre à condition qu'il soit bon, de la rompre. Ainsi vous reconnoîtres s'il n'y a point de caillous. Il faut comme nous avons déja dit, que l'Ambre se trouve de couleur cendrée, à petis grains, comme sont ceus de nos Truffles. Lors qu'il est recent, il est plus brun que lors qu'il est fort sec. Mais pourveu qu'il ne s'eloigne guére de cette couleur, & qu'il ne soit ni trop noir, ni trop blanc, il n'importe; sur tout il faut qu'il paroisse de couleur meslée. Il faudra aussi prendre un peu de l'interieur de la piece, ou de l'endroit que l'on soubçonne le moins bon, & le mettre sur un couteau que vous aures fait chauffer; y étant mis, il faut qu'il fonde aussi-tôt comme de la cire, & si le couteau est fort chaud, qu'il s'exhale tout sans rien laisser.

Vous prendrés garde en le faisant ainsi fondre, s'il a à peu prés l'odeur que nous avons déja dite, & qui ne se peut guére reconnoitre qu'on ne l'ait expérimentée auparavant, par ce qu'elle luy est particuliére. Et par là vous reconnoîtrés encore s'il n'y a point de poudre meslée parmy l'Ambre. Lors

qu'il

qu'il fe fond vous pourrés auffi, fi vous voulés en faire l'effay, en prendre un peu & le mettre fur la main : & en l'étendant vous verrés s'il n'y a rien de meflé. Il doit adherer fi fortement à la main, qu'il ne foit pas aifé de l'en ôter. Quand il
fond il devient d'une feule couleur, bien qu'auparavant il
femble meflé, & il tire alors fur la Colofone. Il ne fe doit diffoudre ni dans l'eau, ni dans l'huile. Ce n'eft pas qu'il n'y aye
un moien de le diffoudre dans l'une & dans l'autre, par l'addition d'une certaine chofe, que ceus qui la s'avent tienent fe-
crette. Il ne faut pas auffi qu'il fe mette en poudre, fi ce n'eft
qu'étant bien fec on le racle, & on le meflé avec quelque
poudre bien fubtile : encore prend il en partie au mortier,
qu'il faut racler de tems en tems. Le noir ne fe met jamais
bien en poudre, ni de cette faffon, ni d'aucune autre.

La difference du noir d'avec le gris eft premierement fa
couleur, qui tire plus fur la poix noire, & qui n'eft pas meflée
de grains gris-blancs, mais par tout égale. Le noir eft auffi
plus mol & plus pefant, & il fent plus le Bitume.

Il y a une troifiéme efpece d'Ambre, qui eft blanc, lequel
comme dit Ferdinand Lopés, eft le plus rare, mais non pas le
meilleur, comme il eftime : au contraire c'eft le moindre de
tous : & comme l'on n'en fait nul cas, on en transporte fort
peu. Mais pour mieus dire, c'eft de l'Ambre, ou gris ou noir,
lequel ayant été mangé & digeré par les Oifeaus, qui ont
l'eftomac fort chaud, devient ainfi blanc, comme font préfque tous les excremens des Oifeaus. Celuy que les Poiffons
ont devoré, ce qui arrive fouvent, n'eft guére alteré ni en fa
couleur, ni en fa fubftance. Ce qui vient de ce que les Poiffons ont l'eftomac moins chaud que les Oifeaus, & que peuteftre fentant cet Ambre plus chaud que leurs alimens ordinaires, & s'en trouvant travaillez, ils le vomiffent promptement. Mais celuy que l'on appellé Renardé, eft préfque tout
corrompu, & de peu de valeur, à caufe de la chaleur de l'eftomac des Renars qui l'ont devoré.

Cét Ambre blanc reffemble à du Suif Mariné, fe fond aifément, & fent le fuif, auffi quelques uns croyent, que ce n'eft
que du Suif Mariné.

Nous

Nous ne nous arresterons pas à representer les Sofistications qui se font en l'Ambre, par ce quelles sont infinies, & qu'il suffit d'avoir donné les marques du bon. Nous ne dirons rien aussi des admirables usages qu'il a en la Medecine, ni de toutes ses bonnes qualitez, & sur tout de la douce odeur qu'il donne aus liqueurs aus confitures, & à tout ce en quoy on l'employe : puisque les Livres nouveaus en sont pleins & que l'experience les témoigne.

CHAPITRE VINT-ET-UNIÉME.

De quelques animaus Amfibies, qui sont communs en ces Iles.

POur ne faire qu'une volée des Oiseaus de nos Antilles, & ne les pas separer les uns d'avec les autres, nous avons déja parlé dans le sétiéme Chapitre de cette Histoire des Oiseaus que l'on nomme de Riviere, & qui vivent également & sur la terre & sur l'eau. Il ne nous reste donc plus icy, qu'à décrire quelques autres Amfibies, qui sont communs en ces Iles.

ARTICLE I.

Du Crocodile.

NOus commencerons par le *Crocodile* que les Insulaires nomment *Cayeman*. C'est un monstre tresdangereus, qui croist par fois d'une grosseur & d'une longueur énorme. On en apporte si souvent des dépoüilles en France, qu'il n'est pas necessaire de nous étendre beaucoup sur sa déscription.

Cét Animal se tient en la Mer & aus Rivieres des Iles inhabitées, & même sur la terre parmy les Roseaus. Il est hideus au possible. On tient qu'il est de longue vie, & que son corps croist en toutes ses dimensions, jusques à sa mort. Ce qui fait qu'õ ne se doit pas étonner, si on en a veu, qui avoient

Ff dixhuit

dixhuit pieds de long, & qui étoient gros comme une Barrique. Il est soutenu sur quatre pieds qui sont armez d'ongles crochus. Sa peau qui est relevée par écailles est si dure sur le dos, qu'un coup de mousquet chargé de bales ramées ne fait que l'effleurer legerement; mais si on le blesse sous le ventre, ou aus yeus, il est incontinent arreté. Sa machoire inferieure est immobile. Il a la gueüle si demésurement fendüe, & herissée de tant de dens si pointuës & si tranchantes, qu'en un coup il peut couper un homme en deus.

Il court assés vitte sur la terre; mais la pesanteur de son corps fait que ses pattes impriment dans le sable des traces aussi profondes que feroit un cheval de carrosse. Et comme il n'a point de vertebres à l'éspine du dos non plus que les Hyenes: il va tout droit, sans pouvoir tourner son grand corps, que tout d'une piece. De sorte que si l'on en est poursuivy, il ne faut que prendre de fausses routes, & courir en Biaisant & en Serpentant, pour l'éviter.

Ceux qui se nourrissent en l'eau douce, sentent tellement le Musc quand ils sont en vie, que l'air en est tout parfumé à plus de cent pas aus environs: Et même l'eau ou ils sont, en est odoriferante. Cette remarque de la bonne odeur du Crocodile, nous montre en passant l'erreur de Pline, qui s'étoit imaginé que la seule Panthere entre tous les animaus étoit odoriferante, comme il le dit en quelque endroit: bien qu'ailleurs il écrive que les entrailles du *Crocodile* sentent tres-bon, & que cela vient des fleurs odoriferantes qu'il prend pour sa nourriture. Au reste cette odeur musquée du *Crocodile de l'Amerique*, est particulierement renfermée en certaines glandules qui sont aus Emonctoires, qu'il a sous les cuisses, & qui estant arrachées conservent encore long-tems cette odeur. Il est à croire que Dieu leur a donné cette senteur, afin que l'homme & les autres animaus ausquels ce monstre carnacier fait une cruelle guerre, puissent à l'odeur discerner le lieu où il se cache, & s'en donner garde.

Ceus qui vivent en la mer ne sentent point le Musc, mais les uns & les autres sont extremement à craindre quand on se Baigne, ou qu'on est contraint de passer quelque riviere à la nage. Cét horrible Monstre a une ruse pour faire curée des
Bœufs

Bœufs & des Vaches. C'est qu'il se met aus aguets aus endroits des étangs, ou des Rivieres d'eau douce, où ces animaus ont coutume d'aller boire. Et quand il en apperçoit quelcun à son avantage, il ferme les yeus à demy, & se laisse comme emporter au fil de l'eau, ressemblant ainsi à une grosse piéce de bois pourry qui flotte. Par ce moyen s'étant approché peu à peu de la pauvre beste qui boit, & qui ne se donne pas garde de luy, la prenant en trahison, il s'élance tout à coup, & la saisissant prontément par les Babines, il la tire d'une telle furie au fons de l'eau, qu'il ne la quitte point qu'elle ne soit noyée, & puis il en fait son repas. Il n'attrape pas seulement les bestes, mais aussi les hommes par cette ruse. Témoin ce que recite Vincent le Blanc du serviteur d'un Consul d'Alexandrie, qui voulant prendre une de ces bestes cruelles, qu'il estimoit estre une piece de bois, fut emporté par elle au fonds de l'eau, sans qu'il ait jamais paru depuis.

On voit sur tout abondance de ces Monstrueus *Crocodiles*, aus Iles qui pour ce sujet ont esté nommées les Iles *du Cayeman*, & qui ne sont frequentées qu'au tems que l'on va tourner la Tortuë. Car à cause qu'apres que l'on a pris la meilleure chair de la Tortuë, on laisse le reste à l'abandon, ces *Crocodiles* viennent à troupe pendant la nuit se repaître des intestins & des Carcasses qu'on a laissez sur le sable. De sorte que ceus qui sont en garde pour tourner la Tortuë, sont obligez de porter de gros Leviers de bois, pour se parer contre ces *Cayemans*, qu'ils assomment le plus souvent, apres qu'ils leur ont rompu le dos avec ces Leviers.

Ces Animaus ont une graisse blanche, d'ont autréfois les Medecins se servoient pour resoudre les fluxions, qui procedoient d'humeur froide ; parce qu'elle est chaude, & qu'elle est composée de parties subtiles. Et par la même raison on en frottoit les malades dans l'accés de la fiévre, pour leur provoquer la sueur. Pline recite mille autres proprietez qui se rencontrent au Crocodile, pour la guerison des maladies. Quelques uns recerchent soigneusement certaines petites pierres en forme d'osselets qu'il a en sa teste, & les aiant reduites en poudre, ils en usent pour chasser la gravelle des reins. On dit aussi que les dens plus pointuës de cet Animal qui sont à costé de cháque machoire font passer la douleur des dens, & les empeschent de pourrir; pourveu qu'on ait soin de les frotter tous les jours avec ces dens Canines. Ainsi la teste des Dragons, & des Crapaus renferment des Pierres d'une merveilleuse vertu contre plusieurs maus. Et ainsi ces cruels Requiems que nous avons décrits cy dessus, fournissent un remede contre la pierre & la gravelle. Le sage Auteur de la nature aiant voulu, que nous receussions quelque utilité, des choses mêmes les plus contraires.

Les Chinois savent prendre & apprivoiser ces *Crocodiles* à ce que disent les Historiens. Et quand ils les ont nourris quelque tems chez eus, & bien engraissez, ils les tuent & les mangent. Mais les Européens qui en ont goûté, disent que cette chair bien que blanche & delicate, n'est pas agreable, parce qu'elle est fade, & doucâtre & par trop musquée.

ARTICLE II.

Des Tortuës Franches.

ON prend en ces Iles plusieurs sortes de *Tortuës* de terre, de mer, & d'eau douce, qui sont de differentes figures. Les Caraibes les nomment toutes *Catallou*, mais quand ils parlent de celles de terre ils ajoûtent le mot de *Nonum*, qui signifie la terre en leur langage; ou celuy de *Tona*, c'est à dire de riviere, ou d'eau.

Les Tortuës de mer, se divisent ordinairement par les Insulaires en *Tortuë Franche*, en celle qu'ils nomment *Caouanne*, & en *Caret*. Elles sont présque toutes d'une même figure; Mais il n'y a que la chair de la premiere espece qui soit bonne à manger si ce n'est en necessité, & à faute d'autre chose : de même qu'il n'y a que l'écaille de la derniere qui soit de prix.

Les *Tortuës Franches* & les *Caouannes* sont le plus souvent d'une grosseur si demesurée que la seule écaille de dessus a environ quatre pieds & demy de longueur, & quatre de large. Dequoy il ne se faut pas étonner, veu qu'en l'Ile Maurice on en rencontre qui peuvent marcher portant quatre hommes : Qu'Elian recite que les habitans de l'Ile Taprobane en
cou-

couvroient leurs maisons : Et qu'au rapport de Diodore de Sicile certains peuples des Indes Orientales, s'en servent comme de petis Bateaus, sur léquels ils passent un d'étroit de mer, qui les separé de la terre ferme.

Ces Animaus Amfibies, ne viennent gueres à terre que pour poser leurs œufs : Ils choisissent pour cet effet un sable fort dous, & fort delié qui soit sur le bord de la mer, en un endroit peu frequenté, & ou ils puissent avoir un facile accés.

Les Insulaires, qui vont en certain tems de l'année aus Iles du Cayeman, pour faire provision de la chair des Tortuës qui y terrissent en nombre innombrable, disent, qu'elles y abordent de plus de cent lieuës loin pour y poser leurs œufs, à cause de la facilité du rivage qui est bas, & par tout couvert d'un sable molet. Le terrissage des Tortuës commence à la fin du mois d'Avril, & il dure jusques à celuy de Septembre, & c'est alors que l'on en peut prendre en abondance, ce qui se fait en cette sorte.

A l'entrée de la nuit on met des hommes à terre, qui se tenant sans faire de bruit sur la rade, guettent les Tortuës lors qu'elles sortent de la mer pour venir poser leurs œufs dans le sable. Et quand ils apperçoivent qu'elles sont un peu éloignées du bord de la mer, & qu'avec leurs pattes elles font au sable un trou profond d'un pied & demy, & quelquefois d'avantage pour y poser leurs œufs; pendant qu'elles sont occupées à se vuider dans ce trou, ces hommes qui les épient les surprenant, les tournent sur le dos : & estant en cette posture elles ne peuvent plus se retourner, & demeurent ainsi jusques au lendemain, qu'on les va querir dans les chaloupes pour les apporter au Navire. Lors qu'elles sont ainsi renversées sur le dos, on les voit pleurer, & on leur entend jetter des soupirs. Tout le monde sait que le Cerf pleure lors qu'il est reduit aus abois. Et c'est une chose présque incroiable des cris & des gemissemens que poussent les Crocodiles du fleuve du Nil, & des l'armes qu'ils répandent se voians pris.

Les Matelots des Navires qui vont en ces Iles du Cayeman, pour faire leur charge de Tortuës, en peuvent facilement tourner cháque soir en moins de trois heures quarante ou cinquante, dont la moindre pese cent cinquante livres, & les ordinaires deus cens livres, & il y en a telle qui a deus grands seaus d'œufs dans le ventre. Ces œufs sont ronds de la grosseur d'une bâle de jeu de paume : Ils ont de la glaire & un moyeu comme les œufs de poule, mais la coque n'en est pas ferme, mais mollasse comme si c'étoit du parchemin moüillé. On en fait des fricassées, & des amelettes qui sont assés bonnes ; mais elles sont plus séches & plus arides que celles qu'on fait avec des œufs de poule. Une seule *Tortuë* a tant de chair, qu'elle est capable de nourrir soixante hommes par jour. Quand on les veut manger on leur cerne l'écaille du ventre, que les Insulaires appellent le *plastron de dessous*, qui est uni a celuy de dessus par de certains cartilages, qui sont aisés à couper. Tout le jour les Matelots sont occupés à mettre en pieces & à saler les *Tortuës* qu'ils ont prises la nuit. La pluspart des Navires qui vont en ces Iles du Cayeman apres avoir fait leur charge, c'est à dire apres six semaines ou deus mois de demeure, s'en retournent aus Antilles, où ils vendent cette *Tortuë* salée, pour la nourriture du commun peuple & des Esclaves.

Mais les *Tortuës* qui peuvent échapper la prise, après avoir pondu leurs œufs à deus ou trois reprises, s'en retournent au lieu d'où elles estoient venuës. Les œufs qu'elles ont couverts de terre sur le rivage de la mer, étans éclos au bout de six semaines par l'ardeur du Soleil, & non par leur regard comme Pline & quelques anciens se sont imaginez autrefois : aussi tôt que les petites Tortuës ont brisé la Coque qui les tenoit envelopées, elles percent le sable, & sortent de ce tombeau qui leur a donné naissance, pour se rendre droit à la mer aupres de leurs meres, par un instinct qu'elles ont reçeu de la nature.

La chair de cette espéce de Tortuë est aussi delicate que le meilleur veau, pourveu qu'elle soit fraiche, & qu'elle soit seulement gardée du jour au lendemain. Elle est entremeslée de graisse qui est d'un jaune verdâtre estant cuite. Elle est de facile digestion, & fort saine ; d'où vient que quand il y a des malades, s'ils ne peuvent se guerir aus autres Iles, on les
fait

fait paſſer aus Iles des du Cayeman dans les Navires qui en vont faire la proviſion. Et le plus ſouvent ayans eſté rafrai-chis & purgez par cette viande, ils retournent en bonne ſanté. La graiſſe de cette ſorte de *Tortuë*, rend une huile qui eſt jaune & propre à frire ce que l'on veut lors qu'elle eſt fraiche. Etant vielle elle ſert aus lampes.

ARTICLE III.

Des Tortuës qu'on appellé Caoüannes.

LA Tortuë qu'on nommé *Caoüanne*, eſt de même figure que la precedente, horsmis qu'elle a la teſte un peu plus groſſe; Elle ſe met en defenſe lors qu'on la veut approcher pour la tourner: mais ſa chair étant noire fillaſeuſe & de mauvais goût, elle n'eſt point eſtimée qu'à faute d'autre: l'huile qu'on en tire n'eſt auſſi propre, que pour entretenir les lampes.

ARTICLE IV.

Des Tortuës qu'on appellé Carets.

QUant à la troiziéme eſpéce de *Tortuë de mer*, nos Fran-çois la nomment *Caret*. Elle differe des deus autres en groſſeur, étant de beaucoup plus petite, & en ce qu'elle ne poſe pas ſes œufs dans le ſable; mais dans le gravier qui eſt meſlé de petis caillous. La chair n'en eſt point agreable, mais les œufs ſont plus delicats, que ceus des autres eſpéces. Elle ſeroit autant negligée que la *Caoüanne*, n'étoit que ſon écaille precieuſe là fait ſoigneuſement rechercher. Elle eſt compoſée de quinze fëüilles tant grandes que petites, dont dix ſont plates; quatre un peu recourbées; & celle qui couvre le col eſt faite en triangle cavé comme un petit bouclier. La dépoüille d'un Caret ordinaire peſe trois ou quatre livres: mais on en rencontre quelquefois, qui ont l'écaille ſi epaiſſe, & les fëüilles ſi longues, & ſi larges, qu'elles peſent toutes en-ſemble, environ ſix ou ſét livres.

C'eſt

C'est de cette écaille de *Caret*, qu'on fait à present tant de beaus peignes, tant de belles coupes, de riches boëttes, de caſſettes, de petis Buffets, & tant d'autres excellens ouvrages, qui ſont eſtimez de grand prix. On en enrichit auſſi les meubles des chambres, les bordures des miroirs, & des tableaus, & pour leur plus noble uſage on en couvre les petis livres de devotion, qu'on veut porter en la poche. Pour avoir cette precieuſe écaille, il faut mettre un peu de feu déſſous le plaſtron de deſſus, ſur lequel les feüilles ſont attachées: car ſi tôt qu'elles ſentent le chaud on les enleve ſans peine, avec la pointe du couteau.

Quelques uns aſſurent que cette eſpece de Tortuë eſt teltement vigoureuſe, que ſon écaille lui étant ôtée, il en renaiſt bien tôt une autre, s'y on la remet incontinent en la mer. L'abondance du Caret, ſe trouve en la Peninſule de Jucatan, & en pluſieurs petites Iles qui ſont dans le golfe d'Hondures. Ce qui fait voir que le bon Pirard étoit mal informé, lors qu'au Chapitre deuziéme, de ſon traitté des animaus & des fruits des Indes Orientales, il a dit que cette ſorte de Tortuë ne ſe voyoit qu'aus Maldives & aus Filippines.

On tient que l'huile de Caret, a la proprieté de guerir toutes ſortes de gouttes, qui proviennent de cauſes froides. On s'en ſert auſſi avec heureus ſuccés pour fortifier les nerfs, & pour, appaiſer les douleurs des reins, & toutes les fluxions froides.

ARTICLE V.

De la façon qu'on peſche les Tortuës, & tous les autres gros Poiſſons des Antilles.

LEs Tortuës de mer, ne ſe prennent pas ſeulement ſur le ſable, en la maniere que nous avons décrite cy deſſus: mais auſſi par le moyen d'un inſtrument que l'on nommé *Varre*. C'eſt une perche de la longueur d'une demye pique, au bout de laquelle on fiche un clou pointu par les deus bouts, qui eſt carré par le milieu, & de la groſſeur du petit doigt.

doigt. On l'enfonce jusques à moytié dans le bout de la varre, où il entre sans force. Quelques-uns font des entaillures du costé qu'il sort, afin qu'il tienne plus fort lors qu'on l'a lancé dans l'écaille de la Tortuë.

Voicy comme les pescheurs font pour darder cette Varre. La nuit lors qu'il fait clair de Lune & que la mer est tranquille, le maitre pescheur qu'ils appellent Varreur s'étant mis en un petit esquif, qu'ils nomment *Canot*, avec deus autres hommes, l'un qui est à l'aviron, pour le remuer d'un & d'autre costé avec tant de vitesse & de d'exterité, qu'il avance autant & avec beaucoup moins de bruit, que s'il étoit poussé à force de rames. Et l'autre est au milieu du canot, où il tient la Ligne, qui est attachée au clou, en état de pouvoir aisément & promptement filer, lors que le Varreur aura frappé la Tortuë.

En cet equippage, ils vont sans faire aucun bruit, où ils esperent d'en trouver : & quand le Varreur qui se tient tout droit sur le devant du Canot en apperçoit quelcune à la lueur de la mer laquelle elle fait écumer en sortant par intervalles; il montre du bout de sa Varre, laquelle doit servir de compas à celuy qui gouverne le petit vaisseau, l'endroit où il faut qu'il le conduise, & s'étant approché tout doucement de la Tortuë, il luy lance avec roideur cette varre sur le dos. Le clou penetre l'écaille, & perce bien avant dans la chair, & le bois revient sur l'eau. Aussi tôt qu'elle se sent blessée elle se coule à fonds avec le clou, qui demeure engagé en son écaille. Et d'autant plus qu'elle se remuë & s'agite, plus elle s'enferre. Enfin aprés s'être bien débatuë ses forces luy manquant, à cause du sang qu'elle a perdu, elle se laisse prendre aisément, & on la tire sans péne à bord du Canot, ou à terre.

On prend en cette même sorte le Lamantin, & plusieurs autres gros Poissons : mais au lieu d'un clou on met au bout de la varre un harpon, ou un javelot de fer, qui est fait en forme de celuy d'une lance bien perçante. A costé de ce fer il y a un trou auquel est passée une corde laquelle est aussi entortillée à l'entour de la perche, en telle sorte que quand le Varreur l'a lancée de toute sa force sur le Poisson, la corde coule facilement pour luy donner la liberté de se demener dans l'eau: & apres qu'il a epuisé toutes ses forces, & qu'il est reduit à l'extremité, s'y on ne le peut embarquer dans le Canot, on le tire facilement sur le bord de la mer, où l'on le divise par quartiers.

ARTICLE VI.

Des Tortuës de Terre, & d'Eau douce.

Les Tortuës de Terre se trouvent en quelques Iles prés des Rivieres d'eau douce, qui sont les moins sujettes aus débordemens, ou dans les étangs & dans les marécages qui sont bien éloignés de la mer. Elles sont couvertes de tous côtez d'une dure & solide croute, qui ne se leve point par écailles, comme celles des Tortuës de mer, & qui est si épaisse par tout, qu'elle sert d'un fort si assuré à l'animal qui y fait sa demeure, que quand les rouës d'un chariot passeroyent par dessus, elle ne seroit pas brisée. Mais ce qui est de plus merveilleus est, qu'il ne peut jamais estre à l'étroit dans cette maison mouvante: car elle s'élargit à mesure que le corps de son hoste prend de nouveaus accroissemens. Le couvert de dessus est en quelques unes de la longueur d'un pied & demy. Il est d'une figure ovale, creusé comme un bouclier, & enrichy par dessus de plusieurs rayes, qui sont arrangées en differens parquets, qui paroissent un peu relevez, & qui forment plusieurs petis compartimens d'une parfaite symmetrie. Tous ces entrelacemens sont couchez sur un fond noir, qui est émaillé en plusieurs endroits de blanc & de jaune.

Cette espece de Tortuë, a la teste fort hideuse, car elle est semblable à celle d'un serpent. Elle n'a point de dens: mais seulement des machoires, qui sont d'un os assez fort, pour briser ce qu'elle veut avaller. Elle est supportée de quatre pieds, qui sont bien foibles pour soutenir la pesanteur de son corps, aussi elle ne se confie pas en leur legereté pour se sauver, & gagner quelque retraitte lors qu'elle est poursuivye: mais si elle n'est sur le bord des Rivieres ou des étangs dans léquels elle se puisse precipiter; elle ne recherche aucun

autre

autre abry, ni aucun autre avantage que le toict de sa propre maison, sous lequel de même que l'Herisson, & l'Armadille, elle retire promptément & seurément sa teste, ses pieds & sa queuë, aussi tôt qu'elle craint le moindre danger.

La Femelle pose des œufs de la grosseur de ceux d'un pigeon: mais un plus longuets. Elle les cache dans le sable, & les confie au Soleil, pour les couver & les faire éclore. Bien que quelques-uns tiennent que la chair de ces Tortuës de terre soit de difficile digestion, ceus qui en ont goûté la rangent entre les viandes les plus exquises, & les plus delicates de toute l'Amerique: Et les Medecins du païs conseillent à ceus, qui sont menacez d'Hidropisie, d'en user souvent pour leur guerison. Ils ont aussi reconnu par l'experience qu'ils en ont faite, que leur sang étant séché & reduit en poudre, attire le venin des viperes, & des Scorpions, en l'appliquant sur la playe. Il est aussi constant que la cendre de leur écaille meslée avec le blanc d'un œuf guerit les crevasses qui surviennent aux mammelles des femmes qui allaitent; & que s'y on s'en poudre la teste, elle empesche les cheveus de tomber.

CHA-

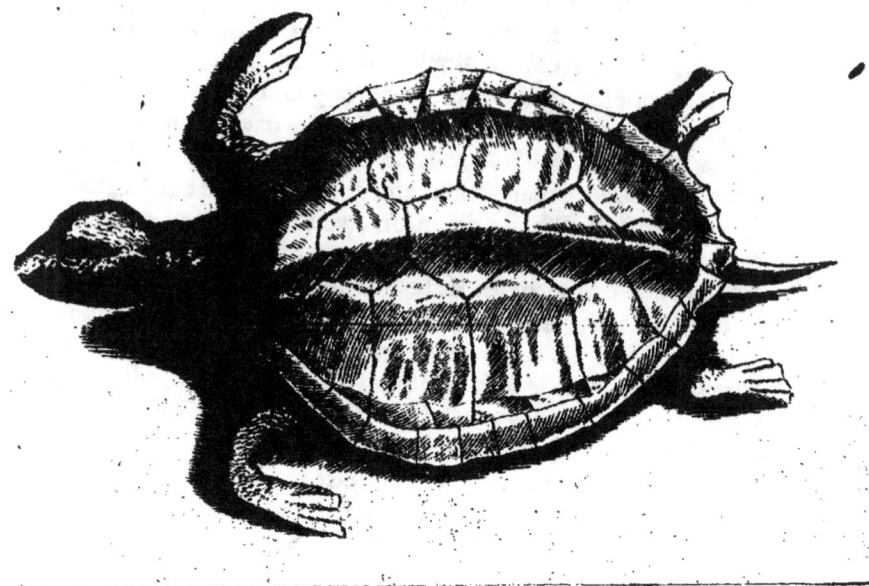

CHAPITRE VINT-DEUSIÉME.

Contenant les descriptions particulieres de plusieurs sortes de Crabes qui se trouvent communément sur la terre des Antilles.

IL se trouve par toutes ces Iles, des *Crabes* ou *Cancres*, qui sont une espéce d'Ecrevisses Amfibies & fort bonnes à manger, au lieu que celles du Bresil sont desagreables, parce qu'elles sentent la racine de Genévre. Aussi les Indiens Insulaires estiment beaucoup les leurs, & en font leur mets le plus ordinaire. Elles sont toutes d'une figure ovale, ayant la queüe retroussée sous le ventre. Leur corps, qui est tout couvert d'une coque assez dure est supporté sur plusieurs pieds, qui sont tous Herissez de petites pointes, qui servent à les faire grimper plus aisément, où elles ont envie d'atteindre. Les deus de devant sont fort gros : l'un notamment est plus gros que l'autre. Nos François appellent ces deus pattes de devant des *Mordans*, parce qu'avec icelles elles pincent & serrent vivement ce qu'elles attrapent. La partie de devant qui est un peu plus large & plus relevée que l'autre, pousse en dehors deus yeux, qui sont solides, transparens & de differente couleur. Leur gueüle est armée de deus petites dens blanches, qui sont disposées de chaque costé en forme de tenailles trenchantes, dont elles couppent les feüilles les fruits, & les racines des arbres, qui leur servent de nourriture.

ARTICLE I.

Des Crabes qu'on nomme Tourlourou.

IL y en a de trois sortes qui different en grosseur & en couleur. Les plus petites sont celles que l'on appellé communément *Tourlourous*. Elles ont la coque rouge marquée d'une tache noire ; elles sont assez agreables au goût : mais à cause qu'il y a beaucoup à éplucher, & peu à prendre, & qu'on tient aussi qu'elles provoquent la dissenterie, elles ne sont recherchées que dans la necessité.

ARTICLE II.

Des Crabes blanches.

LEs autres sont toutes blanches, & se tiennent aus pieds des arbres au bord de la mer, en des trous qu'elles font en terre, & où elles se retirent comme les Lapins en leurs clapiers. Elles sont les plus grosses de toutes, & il s'en voit telles, qui ont en l'une de leurs pattes la grosseur d'un œuf de chair aussi delicate que celle des Ecrevisses de riviere. Elles se montrent rarément de jour : mais pendant la nuit elles sortent en bandes de leurs tannieres, pour aller manger sous les arbes; & c'est aussi en ce tems là qu'on les va prendre à la lanterne, ou aus flambeaus. Elles se plaisent particulierement sous les Paretuviers, & sous les autres arbres qui sont au bord de la mer, & dans les endroits les plus marécageus. Quand on fouïlle dans la terre, ou dans le sable pour les chercher en leurs retraittes, on les trouve toujours à moitie corps dans l'eau, de même que la plûpart des autres animaus Amfibies.

ARTICLE III.

Des Crabes peintes.

MAis celles de la troisiéme espece, laquelle tient le milieu entre les deus autres dont nous venons de parler sont les plus belles, les plus merveilleuses & les plus prisées de toutes. Elles ont bien la même figure que les precedentes; mais selon les diverses Iles, & les differens terrois où elles se nourrissent, elles sont peintes de tant de couleurs, qui sont toutes si belles & si vives, qu'il n'y a rien de plus divertissant, que de les voir en plein jour roder sous les arbres, où elles cerchent leur nourriture. Les unes ont tout le corps de couleur violette panaché de blanc : Les autres font d'un beau jaune qui est chamarré de plusieurs petites Lignes grisâtres & pourprines, qui commencent à la gueule, & qui s'éparpillent sur le dos. Il y en à même quelques unes qui sur un fond tanné, sont rayées de rouge, de jaune, & de vert, qui leur donne un coloris le plus riche & le mieus meslé qu'on se pourroit figurer. On diroit à les voir de loin que toutes ces agreables couleurs dont elles sont naturellement émaillées, ne soient pas encores séches, tant elles sont luisantes ; ou qu'on les ait tout fraichément chargées de vernis, pour leur donner plus de lustre.

Ces *Crabes peintes*, ne sont pas comme les blanches, qui n'osent pas se montrer de jour. Car on les rencontre sur tout le matin & le soir, & aprés les pluyes sous les Arbres, où elles ségaient par troupes. Elles se laissent aussi approcher d'assez prés ; mais incontinent qu'on fait mine de les vouloir arrêter avec une baguette, car il seroit trop perilleus d'y emploier les mains ; elles font leur retraitte sans tourner le dos à ceus qui les poursuivent, & en se reculant de costé elles montrent leurs dens, & presentant leurs defenses ouvertes, qui sont ces deus tenailles ou mordans, qu'elles ont en leurs pieds, elles s'en parent tout le corps, & elles les font choquer de tems en tems l'une contre l'autre, pour donner de la terreur à leurs ennemis ; & en cette posture elle gaignent leur fort, qui est ordinairement sous la racine, ou dans le creus de quelque arbre pourri, ou dans les fentes des rochers.

Ces Crabes ont cet instinct naturel, d'aller tous les ans environ le mois de May, en la saison des pluyes au bord de la mer se l'aver, & sécouër leurs œufs pour perpetuer leur espéce. Ce qu'elles font en cette sorte. Elles descendent des montagnes en si grande troupe, que les chemins & les bois en sont tout couverts : Et elles ont cette addresse merveilleuse, de prendre leur route vers la partie de l'Ile, où il y à des ances de sable, & des décentes, d'où elles peuvent commodement aborder la mer.

Les Habitans en sont alors fort incommodez, parce qu'elles remplissent leurs jardins, & qu'avec leurs mordans elles couppent les pois, & les jeunes plantes de Tabac. On diroit

à voir

à voir l'ordre qu'elles gardent en cete descente, que ce seroit une armée qui marche en bataille. Elles ne rompent jamais leurs rangs. Et quoy qu'elles rencontrent en chemin, maisons, montagnes, rochers, ou autres obstacles elles s'éforcent de monter dessus, afin d'aller toujours constamment en ligne droite. Elles font alte deus fois le jour, pendant la plus grande chaleur, tant pour repaître que pour se reposer un peu; Mais elles font plus de chemin de nuit que de jour, jusques à ce qu'enfin elles soient arrivées au bord de la mer.

Lors qu'elles font ce voyage, elles sont grasses & bonnes à manger; les mâles étans pleins de chair, & les femelles remplies d'œufs. Aussi en ce tems-là, on en a provision à sa porte. Et quelquéfois elles entrent même dans les maisons, quand les palissades ne sont pas bien jointes, & qu'elles trouvent ouverture. Le bruit qu'elles font durant la nuit, est plus grand que celuy des rats, & empesche de dormir. Quand elles sont au bord de la mer, aprés s'estre un peu reposées, & avoir consideré la mer comme la nourrice de leurs petis, elles s'approchent de si prés, qu'elles puissent estre baignées, à trois ou quatre reprises des petites ondes qui flottent sur le sable; puis s'étant retirées es bois, ou es plaines voisines pour se delasser, les femelles retournent une seconde fois à la mer, & s'étant un peu lavées, elles ouvrent leur queüe, laquelle est ordinairement serrée sous le ventre, & elles secoüent dans l'eau les petis œufs qui y étoient attachez. Puis s'étant encore l'avées, elles se retirent avec le même ordre qu'elles étoient venuës.

Les plus fortes regagnent incontinent les montagnes, chacune au quartier d'où elle étoit partie, & par le même chemin où elle avoit passé. Mais elles sont alors, c'est à dire, à leur retour, pour la plûpart si foibles, & si maigres; qu'elles sont contraintes de s'arréter es premieres campagnes qu'elles recontrent, pour se refaire, & reprendre leur premiere vigueür, avant que de grimper au sommet des montagnes.

Quant aus œufs qu'elles ont ainsi confiez à la mer, aprés avoir esté repoussez sur le sable mollet, & échaufez quelque temps par les rayons du Soleil, ils viennent enfin à s'eclorre,

&

& à produire de petites *Crabes*, qu'on voit par millions de la largeur d'un Liard gagner les buissons voisins, jusques à ce qu'étant fortes, elles puissent se rendre aus montagnes auprés de leurs meres.

Ce qui est de plus considerable en ces Crabes, est qu'une fois l'an, assavoir apres qu'elles sont retournées du voiage de la mer, elles se cachent toutes en terre, durant quelques six semaines : de sorte qu'il n'en paroit aucune. Pendant ce tems-là elles changent de peau, ou d'écaille, & se renouvellent entierement. Elles poussent alors de la terre si proprement à l'entrée de leurs tannieres, que l'on n'en apperçoit pas l'ouverture. Ce qu'elles font pour ne point prendre d'air. Car quand elles posent ainsi leur vieille robe, tout leur corps est comme à nud, n'étant couvert que d'une pellicule tendre, & delicate, laquelle sepaissit & se durcit peu à peu en croute; suivant la solidité de celle qu'elles ont quittées.

Monsieur du Montel rapporte, qu'il a fait creuser à dessein en des lieus, où il y avoit apparence qu'il y en eut de cachées. Et en ayant rencontré en effet, qu'il trouva qu'elles étoyent comme enveloppées dans des feüilles d'arbres, qui sans doute leur servoient de nourriture & de nid durant cette retraitte : mais elles étoient si languissantes & si incapables de supporter l'air vif, qu'elles sembloient à demy mortes, quoy que d'ailleurs elles fussent grasses, & tres delicates à manger. Les Habitans des Iles les nomment pour lors *Crabes Boursieres*, & les estiment beaucoup. Tout auprés d'elles, il voyoit leur vieille dépoüille, c'est à dire, leur côque qui paroissoit aussi entiere, que si l'animal eut encore été dedans. Et ce qui est merveilleus, c'est qu'à péine, quoy qu'il y employast de fort bons yeus, pouvoit il reconnoître d'ouverture, ou de fente, par où le corps de la beste fust sorty, & se fut dégagé de cette prison. Neantmoins apres y avoir pris garde bien exactement, il remarquoit en ces dépoüilles, une petite separation du costé de là queuë, par où les Crabes s'étoient d'éveloppées.

La maniere plus ordinaire de les appréter, est toute la même que celle des Ecrevisses en France : Mais ceus qui sont les plus delicats, & qui veulent emploier le tems qui est requis

requis pour les rendre de meilleur goût, prennent la péne apres les avoir fait boüillir, déplucher tout ce qu'il y à de bon dans les pattes, & de tirer une certaine substance huileuse, qui est dans le corps, laquelle on nomme *Taumaly*, & de fricasser tout cela avec les œufs des femelles, y mêlant un bien peu de poyvre du païs, & du suc d'oranges. Il faut avoüer que ce ragoût est l'un des plus excellens, que l'on serve aus Antilles.

Aus Terres où il y à plusieurs Arbres de Mancenilles, les Crabes qui repairent dessous, ou qui usent de ce fruit, ont une qualité venimeuse. De sorte que ceus qui en mangent, en sont dangereusement malades. Mais aus autres endroits elles sont fort saines, & tiennent lieu de delices, comme les Ecrevisses en Europe. Ceus qui sont soinneus de conserver leur santé, les ouvrent auparavant que d'en manger, & si le dedans du corps est noir, ils tiennent qu'elles sont dangereuses, & n'ont garde d'en user.

CHAPITRE VINT-TROISIÉME.

Des Tonnerres; des Tremblemens de terre: & des Tempestes qui arrivent souvent en ces Iles.

Comme il n'y à guéres de visage si beau & si agreable, où l'on ne puisse remarquer quelque defaut, & qui ne soit sujet à quelque tache, & à quelque verruë: Ainsi les Antilles possedant d'ailleurs toutes les beautez & tous les avantages que nous avons representez, & qui les rendent si recommandables; ont aussi leurs imperfections, & quelques manquemens, qui ternissent cet éclat, & qui diminuent ces agrémens & ce prix. Voicy quelques unes des principales incommodités qui s'y rencontrent, & les remedes qu'on y peut apporter.

ARTI-

ARTICLE I.

Des Tonnerres.

ET premierement, au lieu que dans toute la coste du Perou l'on n'entend jamais tonner; icy les Tonnerres sont frequens, & en quelques endroits ils sont si épouvantables, que le cœur le plus assuré tremble d'effroy, quand cette puissante & magnifique voix du Ciel se fait entendre, avec un son si terrible.

ARTICLE II.

Des Tremblemens de terre.

LEs Tremblemens de terre y produisent aussi quelquefois de tristes effets, & émeuvent les fondemens de la terre, d'une secousse si violente; qu'on est contraint de chanceler, aus lieus où l'on se croiroit le plus asseuré. Mais par bonheur cela arrive rarément, & en quelques endroits l'agitation n'est pas si grande.

ARTICLE III.

D'une Tempeste que les Insulaires appellent Ouragan.

CE qui est le plus à craindre, est une conspiration generale de tous les Vens, qui fait le tour du Compas en l'éspace de vint-quatre heures, & quelquefois en moins de tems. Elle arrive d'ordinaire es mois de Juillet, d'Aoust, ou de Septembre. Hors de-là on ne la craint pas. Autrefois on ne l'éprouvoit que de sét en sét ans, & quelquéfois plus rarement: Mais dépuis quelques années elle est venuë de deus en deus ans: Et en une seule année on en a souffert deus: Même peu aprés que Monsieur Auber eust esté envoyé pour commander à la Gardeloupe, il y eut trois de ces orages en l'espace d'un an.

Cette Tempeſte que les Inſulaires appellent *Ouragan*, eſt ſi étrange qu'elle briſe & déracine les Arbres, dépoüille de toute verdure ceus qu'elle n'enleve point, deſole les forêts entieres, détache les rochers du haut des montagnes, & les precipite dans les vallées, renverſe les cabanes, entraine juſques à la mer les plantes qu'elle atrache de la terre, fait un dégaſt univerſel de tout ce qu'elle trouve à la Campagne : & en un mot laiſſe une famine en tout le païs, qui gemit longtems en ſuite de ce déſaſtre, & qui à bien de la péne à réparer ces ruines.

Cet *Ouragan*, ne fait pas ſeulement ſes ravages ſur la terre, mais il émeut encore une telle tempeſte ſur la mer, qu'elle ſemble ſe mêler & ſe confondre avec l'Air & les Cieux. Ce Tourbillon impetueus briſe & fracaſſe les Navires qui ſe trouvent dans les coſtes, jettant les uns ſur le rivage, & faiſant plonger les autres dans la mer. De ſorte que ceus qui échappent de ce naufrage, ont grand ſujet de loüer Dieu.

Ceus qui prenent garde aus ſignes qui ſont les avant coureurs de cette Tempeſte ont remarqué, qu'un peu auparavant qu'elle arrive, la mer devient en un inſtant tellement calme, & unie, qu'il ne paroit pas la moindre ride en ſa ſuperficie : que les Oiſeaus par un inſtinct naturel deſcendent par troupes des montagnes, où ils font leur retraitte plus ordinaire, pour ſe retirer dans les plaines & dans les vallées, où ils ſe rangent contre terre pour eſtre à labri des injures de ce mauvais tems qu'ils prevoient devoir bien tôt ſuivre : & que la pluye qui tombe un peu devant, eſt amere & ſalée, comme l'eau de la mer.

Il y a peu d'années qu'il parut un exemple memorable de cette tempeſte, en pluſieurs Navires qui eſtoient à la rade de Saint Chriſtoſle, chargez de Tabac, & preſts à faire voile. Car ils furent tous fracaſſez & ſubmergez, & la marchandize fut entierement perduë. Dont il ſenſuivit un étrange effet. C'eſt que la pluspart du poiſſon de la coſte fut empoiſonné de ce tabac. On vóioit la mer toute couverte de ces pauvres animaus, qui renverſez & languiſſans flottoient au gré de l'eau, & venoient mourir ſur le rivage.

Et

Et afin que quelcun ne s'imagine pas que ces desastres soyent tout à fait particuliers au nouveau Monde, nous ajouterons icy, qu'il s'est veu en ces contrées de France de si épouvantables Tempestes, que l'on ne les peut estimer autre chose que des *Ouragans*.

L'An mil cinq cens quatre-vins dix-neuf, il se leva prés de Bordeaus un vent si violent & si impetueus, qu'il rompit & déracina la pluspart des grands arbres qui estoient forts pour resister, principalement les Noyers dont les branches sont ordinairement fort étenduës, & en transporta quelques uns à plus de cinq cens pas du lieu où ils étoient. Mais les arbres les plus foibles, & qui plioient, furent laissés. Une partie du palais de Poitiers en fut fort endommagée en sa couverture. Le Clocher de Cangres prés de Saumur, en fut abbatu. Divers autres Clochers, & plusieurs maisons de la campagne en souffrirent beaucoup de mal. Quelques personnes se trouvant à cheval au milieu des champs, furent emportéez à plus de soixante pas loin. Ce vent courut dépuis le voisinage de Bordeaus, jusques au Vendomois & au Perche: tenant de large environ six ou sét lieuës, & on ne voyoit en tout cet espace, que fracas d'arbres arrachez & renversez.

Et pour donner un exemple d'une espéce *d'Ouragan* qui se soit particulierement montré sur la mer, nous attacherons icy l'extrait, qui nous a esté communiqué d'une lettre écrite de la Rochelle, par un honorable Marchand du lieu, à l'un de ses amys & correspondans à Roüen, en datte du trentiéme Janvier mil six cens quarante cinq. Voicy donc ce qu'elle porte.

„ Dépuis deus jours nous sommes dans un afflixion sen-
„ sible, au sujet de l'extraordinaire tourmēte qui a commencé
„ la nuit de Samedy dernier vintuitiéme de ce mois, & qui
„ continuë encore. Nous voyons de dessus nostre muraille
„ trente ou trentecinq Navires échoüez & brisez à la coste,
„ la plûpart Anglois, avec nombre de Marchandises perduës.
„ Un de ces Navires, de deus cens Tonneaus, à esté porté
„ jusqués auprés d'un moulin à vent, qui est douze pieds plus
„ haut que la hauteur ordinaire de la mer. Car l'Orage n'a
„ pas

,, pas efté feulement en l'air: Mais cette Tempefte a telle-
,, ment émeu & enflé la mer, qu'elle à paffé bien-haut au
,, deffus de fes bornes ordinaires: fi bien que le dommage &
,, le dégaft qu'elle a fait fur la terre, eft fans comparaifon plus
,, grand que celuy du naufrage des vaiffeaus. Tout le fel qui
,, eftoit fur les marais bas, a efté emporté, tous les bleds des
,, terres baffes, & des marais defeichez, ont efté inondez.
,, Et dans l'Ile de Ré la mer à paffé d'un cofté a l'autre à tra-
,, vers, & y a gafté nombre de vignes & noyé force bétail.
,, De memoire d'homme on n'avoit veu monter la mer fi
,, haut, & elle eft entrée en des endroits, pres d'un lieuë avant
,, dans la terre. Si bien que ceus qui ont efté à Saint Chri-
,, ftofle difent que *l'Ouragan* qui y eft affés ordinaire, n'eft pas
,, plus épouvantable, qu'à été celuy-cy, qu'ils ont appellé du
,, même nom. Le vent étoit Nord-Oüeft. On eftime le dom-
,, mage, tant à la mer qu'à la terre, plus de cinq cens mil efcus.
,, On tient qu'il s'eft perdu environ deus mille cens de fel,
,, qui font la charge de deus cens Navires de trois cens ton-
,, neaus la piece. Il s'eft auffi perdu des Navires Hollandois
,, devant Ré, à Bordeaus, & à Bayonne, qui eftoient riche-
,, ment chargez. D'où il apparoit qu'il fait fouvent en Europe des Tempeftes qui font bien auffi violentes, que celles
qui font tant apprehendées aus Antilles.

Quelques uns pour fe mettre à couvert de cette Bourraf-
que, abandonnent leurs maifons, crainte d'eftre envelopez
fous leurs ruines, & fe fauvent es cavernes & es fentes des
rochers, ou bien fe tapiffent contre terre au milieu des
chams, où ils effuyent tout cet Orage. Les autres tâchent
de gagner promptement quelque maifon du voifinage, qui
foit affez folidement bâtie pour refifter à toutes les fecouffes
de cette Tempefte. Car par bonheur il y a maintenant aus
Antilles plufieurs edifices qui peuvent foutenir cette épreuve. Il y en a même qui fe retirent dans de petites cabanes
que les Efclaves Négres ont bâties fur le modele de celles
des Caraibes, car on a reconnu par experience, que ces
petites huttes de figure ronde, qui n'ont point d'autre ouverture que la porte, & dont les cheurons touchent la terre,
font ordinairement épargnées; pendant que les maifons les
plus

plus élevées, font transportées d'une place en une autre, si elles ne sont entierement renversées, par l'impetueuse agitation des vens, qui excitent cette tempeste.

Mais il faut avoüer, que toutes ces precautions exterieures, ne sont pas capables de delivrer plainement les esprits des hommes, des frayeurs mortelles qui les environnent, lors que Dieu tonne du Ciel, qu'il fait retentir sa voix terrible, qu'il lance les éclairs & les charbons allumez, que la terre en tremble, que les montagnes croulent, & que les fondemens du monde sont decouverts : car

A ceus que ses bontés ne peuvent émouvoir
Cette effroiable voix ne fait elle pas voir
Vne Image de sa puissance ?
Certes, qui n'y connoist sa haute Majesté,
Qui l'entend sans frayeur, n'a pas de la constance
Mais il a de l'impieté.

il faut donc que ceus qui desirent d'estre sans apprehension au milieu de ces desordres, & de ces émotions de la mer & de l'air, ayent recours à des retraittes plus assurées, & que pour cet effet ils entrent dans le sanctuaire de Dieu, & qu'ils se logent à l'ombre du toutpuissant. Et qu'ils prennent le Seigneur pour leur retraite & pour leur forteresse : Il faut qu'ils embrassent ce grand & precieus salut qu'il a deploié en son fils bien-aimé, qui nous a delivré de toutes nos frayeurs par le sang de sa Croix, qui a fait nostre paix, & qui seul peut appaiser les craintes & les orages de nos consciences & donner un vrai repos à nos ames, d'autant que

Celuy, qui du treshaut implore l'assistance
Et dont l'espoir plein de constance
N'attend son secours que de luy,
Quelque peril qui le menace
Se peut promettre sans audace
D'avoir en sa faveur un immobile appuy.

Il faut qu'ils considerent pendant cette tempeste, que c'est Dieu qui tire les vens de ses tresors, & qu'ils ne soufflent que

par

par son ordre : Que ces effroiables Tourbillons, ces Tonnerres grondans, ces noires obscuritez qui voilent la face de la terre, & toutes ces puissantes agitations qui la secouënt : ne sont que des grossieres idées, de ce jour épouvantable du Seigneur, auquel les Cieux passeront rapidement & estant mis en feu seront dissouts, & les elemens étans embrasez se fondront, & la terre & les œuvres qui sont en elle seront brulées.

Ils doivent particulierement recourir à Dieu de tout leur cœur, & le prier qu'en contemplation des merites infinis de son Saint Fils Jesus il luy plaise d'estre appaisé envers ses serviteurs, & qu'il daigne avoir pitié de sa terre. Ils se doivent souvenir que son courroux ne dure qu'un moment : mais que sa bienvueillance dure toute une vie. Que le pleur loge chés nous au soir, & qu'au matin il y a voix de jouissance. Enfin ils doivent estre fermement persuadez, que celuy qui a conté leurs cheveus, a aussi conté leurs jours ; Qu'il ne les abandonnera point au besoin, mais qu'il les commettra à la charge de ses Anges de lumiere, pour les contregarder parmy ces affreuses tenebres, afin que nulle playe n'approche de leur tabernacle.

Mais pour avoir au besoin toutes ces douces pensées, & pour estre muny au jour de la calamité d'une si sainte confiance. Il faut qu'en bien faisant ils recommandent par chacun jour leur ames au souverain Createur de toutes choses ; Qu'ils s'étudient de cheminer en Sainteté & Justice devant luy, durant toute leur vie ; Qu'ils lavent leurs mains en innocence, & qu'ils purifient leurs cœurs par la Foy en ses precieuses promesses ; étans assurez qu'il tient les vens, & toutes les autres creatures en bride par sa puissance, qu'il n'y en a aucune qui se puisse mouvoir sans sa permission, qu'il fait servir à sa gloire les Feus, les Tonnerres, les Tempestes, & les Tremblemens de terre, & qu'il les dirige au bien & au salut de ses enfans.

CHA-

CHAPITRE VINT-QUATRIÉME.

De quelques autres incommodités du païs, & des remedes qu'on y peut apporter.

Outre les Tremblemens de terre, les Tonnerres, & les Ouragans, qui sécoüent & desolent souvent la terre des Antilles, comme nous venons de le representer: il y a encore quelques autres incommoditez, qui sont bien inportunes, encore qu'elles ne soyent point tant à craindre que les precedentes. Nous leur avons reservé ce dernier Chapitre du premier Livre de cette Histoire, où, pour témoigner la grande passion que nous avons d'estre asséz heureus pour contribuer quelque chose au soulagément, & à l'entiere satisfaction des aymables Colonies de ce nouveau monde: nous proposerons les remedes, que l'experience des anciens Habitans, & le jugement de plusieurs celebres Medecins, ont trouvé estre les plus propres & les plus efficacieus, pour les munir contre leurs dangereus effets.

ARTICLE I.

Des Moustiques, & des Maringoins.

Nous donnerons le premier lieu à certains petis Moucherons appellez *Moustiques*, que l'on sent plutôt qu'on ne les voit, tant ils sont petis; Mais dans la foiblésse de leur corps, ils ont un aiguillon si piquant, & venimeus que leur piquure cause une demangéaison tellement importune, qu'en sécorchant quelquefois la peau à force de se gratter, la blessure dégenere en un ulcere d'angereus, si l'on n'y apporte du remede.

Il s'en trouve d'une autre espece, qui sont plus gros & qui font un bruit pareil à celuy que font les Moucherons, qui en France se trouvent proche les étangs, & les lieus marécageus. On les nommé *Maringoins*. Ils produisent le même

effet

effet que les *Moustiques*, étant armez d'un petit trait, qui perce les habits, & même les lits branlans dans léquels on repose. Mais ils ont cecy de particulier, qu'ils ne lancent jamais leur petit éguillon, qu'ils n'ayent auparavant declaré la guerre, & sonné la charge avec leur petite trompette, qui donne souvent plus de peur, que leur piquure ne fait de mal.

Pour s'exémpter de ces deus sortes de petites Bestes, on a de coûtume de placer la Maison, en un lieu un peu haut élevé; de luy donner air de tous costez, & de coupper tous les arbres qui empeschent le vent d'Orient, qui souffle présque ordinairement en ces Iles, & qui chasse au loin ces malins & importuns ennemis. Ceus aussi qui ont des logis bien fermez, & des lits bien clos, n'en sont point tant incommodez.

Mais si l'on en est travaillé, on n'a qu'à faire fumer du Tabac en la chambre, ou de faire un feu, qui rende beaucoup de fumée; car par ces moiens on met en fuite ces petis perturbateurs du repos des hommes. Que s'ils ont piqué, & qu'on desire de faire passer bien-tôt la demangeaison, & attirer tout le venin, qu'ils ont glissé: il faut seulement mouïller l'endroit de vinaigre, ou de jus de petit Citron.

ARTICLE II.

Des Guéspes, & des Scorpions.

LEs *Guéspes, & les Scorpions*, sont communs en la plûpart des Antilles. Ces vermines sont de même figure, & aussi dangereuses, que celles des mêmes espéces que l'on voit en beaucoup d'endroits de l'Europe. Les piquures des Guéspes sont soulagées par le jus de la feüille de la Ruë, & entierement güeries par une fomentation du souverain remede contre toutes sortes de venins, qui est dispensé sous le nom celebre *D'oruietan*. Et celles des *Scorpions* trouvent leur remede en la beste même, qu'il faut écraser dessus, & à son defaut il faut recourir à l'huile qu'on appellé de *Scorpion*, qui doit estre commune par tout où il se trouve de ces insectes.

ARTICLE III.

Des Arbres de Mancenille.

EN la plûpart de ces Iles, croiſſent certains Arbres nommés *Mancenilliers*, beaus à voir, qui portent des feüilles ſemblables à celles des Pommiers ſauvages, & un fruit que l'on appellé *Mancenille*, tout pareil à une Pomme d'Apis, car il eſt pannaché de rouge, beau à merveille, & d'une odeur ſi agreable, que l'on ſeroit incontinent invité à en goûter, ſi l'on n'étoit averty de ſa qualité dangereuſe. Car bien qu'il ſoit dous à la bouche, il eſt ſi funeſte, que ſi l'on en mangeoit, il envoyeroit dormir non pour vint-quatre heures, comme une certaine ſemence du Perou, & une Herbe de l'orient de laquelle Linſcot parle amplement ; mais pour n'en réveiller jamais. Tellement que c'eſt bien pis que ces Amandes d'un fruit de la Mexique, qui ſentent le muſc, mais qui aprés eſtre mangées, laiſſent un goût de pourriture. Et bien pis encore que ces belles pommes de Sodome, qui étant ouvertes, ne preſentent que de la ſuye, & de la pouſſiere. Car s'y vous avez le déplaiſir d'y eſtre trompé, du moins ce n'eſt pas au danger de voſtre vie. Mais ces Pommes venimeuſes, ſe peuvent comparer à la noix Indienne, qui Croiſt en Java. Elle reſſemble à une noix de Galle, & d'abord qu'on la mange, elle a un goût d'Avelaine ; mais puis apres elle donne des angoiſſes mortelles, & c'eſt un poiſon tres-dangereus. Il ſe trouve auſſi dans l'Afrique un Arbre nommé *Coſcoma*, qui eſt chargé de Pommes mortelles. L'Arbre des Maldives nommé *Ambou*, porte un fruit, qui n'eſt pas moins trompeur, & moins pernicieus. Et le Terroir de Tripoly en Syrie, produit certains gros Abricots, qui ſont fort beaus à l'œil, & fort ſavoureus au goût; Mais les qualitez en ſont ſouvent mortelles, ou du moins elles cauſent de longues & fâcheuſes maladies, à ceus qui en mangent.

Il croiſt des *Mancenilles* ſur le bord de la mer & des rivieres, & ſi le fruit tombe en l'eau, les poiſſons qui en mangent,

gent, ne manquent jamais d'en mourir ; & encore qu'il demeure long tems dans l'eau, il n'y pourrit point ; mais il se couvre d'un salepêtre qui luy donne une croûte solide comme s'il étoit petrefié. Dans les Iles où cèt Arbre croist en abondance, les Couleuvres y sont venimeuses ; Par ce que quelques uns croient, qu'elles sucent quelquéfois de son fruit. Les Crabes mêmes qui font leur repaire sous ces Arbres, en contractent une qualité dangereuse, comme nous l'avons dit en son lieu : & plusieurs ont été malades pour en avoir mangé. D'où vient, qu'au tems que ces fruits estans fort meurs tombent à terre, on conseille à tous ceus qui sont soigneus de leur santé, de s'abstenir de manger des Crabes.

Ni les Couleuvres, ni les Crabes ne vivent pas absolument de Pommes de Mancenilles. Mais quand elles font leur repaire sous cet Arbre elles en tirent l'infection, & plus encore quand elles sucent le venin de son fruit. Il se peut faire neantmoins que ce qui est mortel à quelques animaus, ne le soit pas à tous : Et même que ces Insectes, qui mangent souvent de ce poison, le changent en leur nourriture par la contume & la continuation : Comme l'on dit de Mitridate. Ainsi ils peuvent infecter ceus qui en mangent, n'en recevant quant à eus aucun dommage.

Sous l'écorce du tronc, & des branches de ces Arbres, est contenuë une certaine eau gluante, & blanche comme du lait, extrémément maligne & dangereuse. Comme il y a plusieurs Mancenilliers sur les chemins, si sans y prendre garde vous froissez en passant quelcune de ces branches, ce lait ou plûtost ce venin en sort & rejaillit sur vous : s'il tombe sur vostre chemise, il y fait une vilaine tache, qui paroit comme une brûlure. Si c'est sur la chair nuë, & qu'on ne lave prontément l'endroit qui a esté touché, il s'y forme aussi tôt des enleuvres & des ampoules. Mais ce qui est le plus à craindre, c'est pour les yeux : Car si par malheur une goutte de cette eau caustique & venimeuse tombe dessus, il s'y fera une horrible inflammation, & vous en perdrez la veüe neuf jours durant ; au bout déquels vous recevrés du soulagement.

La

La rosée, ou la pluye, apres avoir demeuré quelque tems sur les feüilles des *Manceniliers*, produisent le même effet, & si elles tombent sur la peau, elles l'écorchent comme feroit de l'eau forte. Ce qui ne vaut guerés mieus que les gouttes de pluye de dessous la ligne, qui sont tellement contagieuses, à ce qu'assurent ceus qui les ont senties, que s'y elles tombent sur les mains, sur le visage, ou sur quelque autre endroit du corps qui soit à découvert; il s'y éleve aussi tôt des vessies & des ampoules avec douleur, & même si l'on ne change promptement d'habits, on voit bien tost son corps tout couvert de pustules, sans parler des vers qui s'engendrent dans les habits.

L'ombre de cet Arbre nuit aus hommes, & si l'on repose dessous, tout le corps enfle d'une étrange façon. Pline & Plutarque font mention d'un Arbre d'Arcadie aussi dangereus que celuy-cy : Et ceus qui ont voyagé aus Indes Orientales, rapportent qu'il s'y trouve une Herbe nommée *Sapony*, qui donne la mort à ceux qui couchent dessus. Mais ce qui augmente les mauvaises qualités du *Mancenillier* est, que même la viande cuite au feu de son bois, contracte quelque chose de malin, qui brule la bouche & le gosier.

Les Sauvages Antillois, connoissans fort bien la nature de ces *Mancenilles*, font entrer & le lait de l'arbre, & la rosée qui en tombe, & le suc du fruit en la composition du venin, dont ils ont accoutumé dempoisonner leurs fléches.

Pour guerir en peu de tems l'enflure & les Pustules qui se forment au corps apres avoir dormy par mégarde à l'ombre de ces Arbres, ou apres qu'on a été arrosé de la pluye, ou de la rosée qui tombe de dessus leurs branches, & même de ce l'ait qui est sous leurs écorces, il faut recourir promtement à une espece d'Escargots, dont nous avons parlé cy dessus sous le nom de *Soldats*, & il en faut tirer une certaine eau claire qui est contenuë dans leur coquille, & l'appliquer sur la partie offensée; ce remede rabat incontinent le venin de cette brulante liqueur, & met la personne hors de danger. L'huile, qui est tirée sans feu de ce même escargot, a aussi le même effet, que s'il est arrivé à quelcun de manger du fruit de ces Arbres venimeus, il faudra qu'il use des mêmes remedes que nous prescrirons cy aprés, pour chasser le venin des Serpens, & tous les autres poisons.

ARTICLE IV.

Des Poux de bois.

IL y a aussi une espece de fourmis, ou de vermisseaus, qui ont une petite tache noire sur la teste, & le reste du corps tout blanc. Ils s'engendrent de bois pourry, & c'est pour ce sujet que nos François les nomment *Poux de bois*. Ils ont le corps plus molasse que nos Fourmis ordinaires, & neantmoins leur dent est si acerée, qu'ils rongent le bois, & s'insinuent dans les coffres qui sont placez prés de terre : & en moins de deus jours par ce qu'ils se suivent à la piste, si l'on n'est soigneus de les tuer, il y en entre si grande quantité, qu'ils percent mangent & détruisent, le linge, les habits, les papiers, & tout ce qui est dedans : Ils mangent même & rongent tellement les maitrésses fourches, qui soutiennent les cabanes communes, qu'ils les font enfin tomber à terre, si l'on n'y apporte du remede.

On empesche ces bestes là de s'engendrer, si on ne laisse point de bois à terre en batissant la maison. Car ils s'engendrent de bois corrompu & pourry : si on brûle le bout de tous les bois qu'on plante en terre : si incontinent que l'on en remarque quelques uns, on jette de l'eau chaude dans les trous, qu'ils peuvent avoir faits : si on suspend les coffres en l'air avec des cordes, comme on est obligé de faire en divers endroits de l'Inde Orientale, afin qu'ils ne touchent point la terre, & si on a soin de nettoyer souvent les chambres, & de ne rien laisser contre terre. On a encore remarqué que pour leur coupper chemin, il ne faut que frotter le lieu par ou ils passent, de l'huile de cette espece de Palma-Christi, dont les Négres se frottent la teste pour se garentir de la vermine. L'huile de Lamantin a aussi le même effet, & si l'on en verse sur leur citadelle, qui est une fourmilliere composée de leur bave, laquelle ils attachent autour des fourches qui soutiennent les cases, ils l'abandonnent incontinent.

ARTICLE V.

Des Ravets.

LEs *Ravets* font encore dangereus. Il y en à de deus fortes. Les plus gros font environ comme des Hannetons, & de même couleur: les autres font plus petis de la moitié. Les uns & les autres rodent principalement pendant la nuit, & fe gliffent dans les coffres, s'ils ne font bien ferméz, s'aliffent tout ce qu'ils trouvent, & font affés de dégaft; mais non pas tant, ni fi promtement que les *Pous de bois*; On les appelle *Ravets*, par ce qu'ils rongent comme les Rats tout ce qu'ils peuvent attraper. C'eft fans doute la même efpéce que Jean de Lery nomme *Aravers*, felon le langage des Brefiliens. Cette vermine en veut particulierement aus livres & à leur couverture. Les pous de bois n'en font pas moins, lors qu'ils y peuvent mettre la dent. Mais ils ont cela de bon, qu'ils refpectent les lettres, & qu'ils fe contentent de ronger la marge des livres, & d'y faire des cizelures profondes. Car foit que l'ancre ne foit pas à leur goût, ou pour quelque autre caufe, ils ne mangent l'impreffion qu'en une extreme famine, & à faute de toute autre chofe. Nous pourrions faire voir des livres qui portent leur livrée & les marques de leurs dens. Mais ils font frians de linge, par deffus toute autre chofe: Et quand ils peuvent entrer en un coffre, ils preparent en une nuit plus d'ouvrage, que les plus habiles couturieres n'en pourroient r'entraire en un mois.

Quant aus *Ravets* encore qu'ils ne foient pas fi habiles en befongne, ils n'épargnent rien, finon les étoffes de foye & de cotton. Celuy notanment qui n'eft pas mis en œuvre, n'eft pas felon leur appetit. Et fi l'on tient les coffres fufpendus en l'air, & qu'on en entoure les cordes, qui les foutiennent, auffi tôt qu'ils font parvenus à ce cotton, qui embaraffe leurs petis pieds, ils tâchent de s'en démefler, & ils prennent incontinent un autre route. Ceus qui ont des maifons de brique, ou de pierre, ne craignent point les *Pous de bois*: mais avec tous leurs foins ils ont bien de la peine de s'exempter des courfes

&

& du dégaſt des Ravets. On a neantmoins reconnu par experience, qu'ils ſont ennemis des bonnes odeurs, & qu'ils ne ſe fourrent pas volontiers dans les coffres qui ſont faits de Cedre, & de ces excellens bois de ſenteur, qui ſont communs en toutes les Iles. Au Caire on met les pieds des Cabinets dans des vaiſſeaus pleins d'eau, pour empeſcher les fourmis d'y monter. Ce ſecret qui eſt bien aiſé, produiroit ſans doute le même effet aus Antilles, pour ſe munir contre les *Pous de bois* & les Ravets dont nous venons de parler, & même contre les fourmis, qui y ſont auſſi extremément inportuns.

ARTICLE VI.

Des Chiques.

CE qu'il y a de plus à craindre en toutes ces Iles, ſont de certains petis cirons, qui s'engendrent dans la poudre, dans les cendres du foyer, & en d'autres immondices. On les nommé ordinairement *Chiques*. Ils ſe fourrent le plus ſouvent aus pieds, & ſous les ongles des orteils, mais s'y on les laiſſe paſſer outre, & qu'on ne les tire de bonne heure, ils gaignent toutes les autres parties du corps. Au commencement ils ne cauſent qu'une petite demangeaiſon: Mais lors qu'ils ont percé la peau, ils excitent une inflammation à la partie, qui eſt infectée, & de petis qu'ils y étoient entrez, ils déviennent en peu de tems de la groſſeur d'un pois, & produiſent une multitude de Lentes, capables d'en engendrer d'autres. Et en ſuite il ſe fait ſouvent des ulceres aus lieus, d'où on les a tirez.

Les Sauvages à ce que racontent ceus qui ont converſé parmy eus, ont une certaine gomme, de laquelle ayant frotté leurs pieds, particulierement ſous les ongles, ils ne peuvent eſtre incommodez de cette vermine. Mais on conſeille à ceus qui n'ont pas la connoiſſance de ce ſecret, de ſe faire regarder aux pieds, par ceus qui s'entendent à decouvrir, & à tirer ces dangereuſes petites beſtes, incontinent que l'on ſent la moindre demangeaiſon; à quoy les Indiens ſont fort adroits,

adroits, & fort heureus. Il faut que ceus qui tirent ces *Chiques*, prennent bien garde à ne pas crever la poche, où ils sont enclos ; autrement il ne manque jamais de demeurer quelques uns de leurs petis œufs, dont il s'engendre infailliblement d'autres *Chiques*. On croit aussi que le Roucou dõt les Caraibes se servent pour se rendre plus beaus, plus souples, & plus agiles à la course, à la vertu de chasser toutes ces vermines.

C'est aussi un bon remede, d'arroser souvent la chambre d'eau salée ; De n'aller point nuds pieds ; de porter des bas de Chamois : & de se tenir nettement. Car il n'y a d'ordinaire que ceus qui se negligent, & qui se tiennent salément, qui en soyent sensiblement attaquez. Ces facheus Cirons, sont les mêmes que les Bresiliens appellent *Tons*, & quelques autres Indiens *Nigas*.

Ceus qui ont des Ulcéres qui leur sont causéz par les *Chiques*, lors qu'ils n'ont pas esté tirez ni assés à tems, ni assés adroitément, sont nommez *Malingres* au stile du païs. Ces ulceres viennent aussi souventefois aprés quelque petite écorchure, qui semble d'abord n'estre que fort peu de chose. Mais aprés on est tout étonné, que cela devient grand comme le creus de la main ; & alors vous avez beau y donner ordre : Car il faut que l'ulcere prenne son cours. Il y en a même qui pour estre plus petis, ne laissent pas d'estre tres-dificiles à guerir. Ces ulceres sont de deus sortes. L'une est ronde, & l'autre inégale. L'ulcere rond est beaucoup plus difficile à guérir que l'autre, par ce qu'il a des bords de chair morte qui viennent tout à l'entour, & qui empirent le mal. Car tant que cette chair morte & baveuse y est, l'ulcere ne peut guérir. C'est pourquoy lors qu'on pense la playe, il faut toujours couper jusqu'au vif cette chair morte, ce qui fait de cruelles douleurs.

Entre les remedes pour la guerison de ces ulceres, on use de vert de gris, de l'eau forte, de l'essence de vitriol, & d'Alum brulé, qui mangent la chair morte de la playe. On se sert aussi pour le même effet, du jus du petit Citron qui est extraordinairement aigre. Et lors que la playe est sale, il la rend belle & nette. Il est vray qu'a cause de la grande douleur que l'on sent, lors que l'on en frote la playe on a plutôt

K k   recours

recours à d'autres remedes: mais auſſi l'on ne guerit par ſi tôt. On fait encore un onguent avec du Miel commun, un peu de fort vinaigre, & de poudre de vert de gris, qui eſt ſouverain pour guerir en peu de tems les ulceres. Et pour les prevenir, on conſeille de ne point negliger la moindre bleſſure, ou égratinure, qui ſurvient en quelque partie du corps que ce ſoit, particulierement aus pieds, ou aus jambes, mais d'y appliquer quelque emplâtre, qui attire le feu, qui pourroit eſtre en la playe, & au defaut de tout autre remede, d'y mettre du moins des feüilles de Tabac. Et de ſe ſervir de jus de citron, & de vinaigre, pour faire paſſer la démangeaiſon, qui demeure apres que les Mouſtiques, ou les Maringoins ont piqué, plutôt que d'y employer les ongles.

ARTICLE VII.

Remedes contre la morſure des Serpens venimeus, & contre tous les autres poiſons tant de la terre, que de la mer des Antilles.

NOus avons dit au Chapitre ſixiéme de cette Hiſtoire qu'il y avoit des Serpens, & des Couleuvres aus Iles de la Martinique & de Sainte Alouſie, qui ont un dangereus venin. Mais nous avons à deſſein reſervé pour ce lieu les remedes qu'on peut heureuſement employer, pour en rabatre la force. Nous poſerons donc premierement qu'ils doivent eſtre mis en uſage & par dedans & par dehors. Par dedans pour ſoulager & fortifier le cœur, & diſſiper la qualité venimeuſe qui le pourroit g'agner, on ſe ſert avec heureus ſuccés de Theriaque, de Mitridat, de Confection d'Alkermes, de Baume d'Egypte, & du Perou, de Rhuë, de Scordeum, de Scorçonnaire, de Viperine, d'Angelique, de Contrahierva. Mais ſur tout il faut avaler avec un peu d'eau de bourrache, ou de bugloſe, ou de quelque autre liqueur; le poids d'un eſcu de poudre du foye & du cœur des Viperes. En general il faut uſer de toutes les choſes qui fortifient le cœur, & qui rejoüiſſent & réveillent les Eſprits. Par dehors on peut appliquer tous les remedes qui ont la vertu & la faculté d'attirer

tirer & dissiper toute sorte de venin. Comme sont la Ventouse appliquée sur la playe scarifiée, les Cornets, & tous les medicamens chauds & attractifs, tels que sont le Galbanum, l'Ammoniac, la fomentation de vin cuit, avec la racine de Serpentaria, ou la feüille d'Armoise, les Aux & les Oignons, la siente de Pigeon, le sang de la Tortuë de terre, séché & mis en poudre, & semblables.

Il n'est rien de plus assuré que de lier au dessus de la morsure le plus prontement que faire se peut la partie offencée : & de l'inciser aussi tôt & même d'en emporter la piece ; où du moins apres l'avoir scarifiée, d'y appliquer le plûtost que l'on peut, le derriere plumé d'une Poule, ou d'un Pigeon pour en attirer le venin, & cette Poule, ou ce Pigeon estant mort, il en faut reprendre un autre, tant qu'il n'y ait plus de venin à attirer.

Il seroit aussi à desirer, que tous les Habitans des Antilles eussent l'usage de cet excellent Antidote, qui a été éprouvé en tant de lieus de ce Royaume, qui est connu sous le nom fameus *d'Orviétan*, & qui se debite à Paris au bout du Pontneuf, au coin de la ruë d'Auphine à l'enseigne du Soleil. Car cet admirable secret, a entre plusieurs autres rares qualitez, la vertu de chasser le venin de toutes sortes de Serpens, & de rabattre la force des plus puissans poisons. Voici la fasson dont ceus qui ont esté mordus de Serpens venimeus, s'en doivent servir.

Il en faut prendre la grosseur d'une féve, dissous dans du vin. Et aprés il faut faire des scarifications sur la morsure, & tirer le sang par le moyen de la ventouse. Puis y appliquer un peu d'Orviétan, & prendre garde que le patient demeure éveillé au moins l'espace de douze heures. Ce puissant remede se peut conserver en sa bonté plusieurs années, pourveu qu'on ne le tienne pas en un lieu chaud, où il se puisse dessécher. Et s'il devient sec, il le faut remettre en sa consistance avec du miel rosat. On en trouve aussi qui est en poudre.

Quant au regime de vivre qu'il faut tenir durant l'usage de ce remede; Il faut éviter tous les alimens qui échaufent & brulent le sang, ou qui engendrent l'humeur mélancolique.

Et il se faut abstenir entierement de la purgation & de la saignée, de peur d'attirer le venin de dehors au dedans : si ce n'est que le mal eût gagné les parties nobles : Auquel cas il faudroit purger assés copieusément, & user de bains, & de choses capables d'ouvrir les pores, & de provoquer la sueur.

Que si on estoit reduit à telle extremité qu'on ne pût recouvrer aucun des Antidotes que nous venons de décrire : En voicy encore un, qui est fort commun & tresfacile à practiquer. Il faut que celuy qui a esté mordu d'un animal venimeus, mange promtément une écorce de Citron tout frais ; car elle a la vertu de munir le cœur contre le venin. S'il est possible il faut lier la partie offensée le plus serré que l'on peut, au dessus de la morsure. Il la faut en suitte scarifier, & y appliquer souvent de la salive d'un homme, qui soit à Jeûn, & si on peut avoir la beste, qui a fait le mal il luy faut couper la teste, & la broyer, jusques à ce qu'elle soit reduite en forme d'onguent, qu'il faut appliquer tout chaud sur la playe. C'est le remede ordinaire dont se servent les Habitans naturels du Bresil, pour se garantir de la violence du venin de ce dangereus & monstrueus Serpent, qu'ils appellent en leur langue *Boicininga*, & que les Espagnols nomment *Cascavel*.

Les derniers memoires qui nous ont esté envoiez de la Martinique, portent que quelques Honorables Familles qui sont venuës depuis peu du Bresil avec leurs serviteurs Nègres, pour demeurer en cette Ile, ont donné aus Habitans la connoissance de plusieurs herbes & racines, qui croissent aus Antilles aussi bien qu'au Bresil, & qui ont une vertu souveraine pour éteindre la force du venin de toute sorte de Serpens, & des fléches envenimées.

On se peut servir des mêmes remedes que nous avons décrits cy-dessus, pour se premunir contre le venin de la Becune, & de tous les autres poissons dangereus, qui se trouvent en la mer. Ils peuvent aussi estre employez avec heureus succés, pour empescher les pernicieus effets du Suc de Manioc, de l'arbe de Mancenille, & de la piqure des Guêspes, des Scorpions, & de tous les autres Insectes venimeus.

ARTICLE VIII.

De l'Ecume de mer.

CEux qui peschent ou qui se baignent en la mer sont quelquéfois accueïllis d'une certaine écume qui flotte au gré du vent, comme une petite vessie de couleur de pourpre, de differente figure, & agreable à voir : Mais à quelque partie du corps qu'elle s'attache, elle y cause en un instant une tres-sensible douleur, qui est brulante, & piquante au possible. Le remede le plus prompt qu'on peut apporter pour appaiser cette cuisante douleur, est d'oindre la partie offencée avec de l'huile de noix d'Acaïou, mélée avec un peu de bonne eau de vie : car une chaleur en fait passer une autre.

ARTICLE IX.

Des Rats qui sont communs en ces Iles.

DEpuis qu'il frequente aus Antilles un si grand nombre de Navires, & qu'il arrive assez souvent que plusieurs s'écchouënt à la rade de ces Iles, où ils pourrissent de vieillesse : *les Rats* qui étoient autréfois inconnus aus Caraibes, ont gagné la terre, & ils s'y sont tellement multipliez, qu'en quelques endroits ils font grand dommage aus Patates, aus Pois, aus Féves, & particulierément au Maïs ou gros Blé, qu'on nommé Blé de Turquie. Et n'étoit que les Couleuvres les detruisent, & les vont chercher bien avant dans les trous de la terre & des rochers ou ils se fourrent, & même dans les couverts des maisons qui sont composez de feüilles de Palmes, ou de Canne de sucre, on auroit sans doute de la peine à conserver des vivres. Il est vray, qu'à present il y a des Chats en ces Iles, qui ne les épargnent pas. On a même dressé des chiens à leur faire la guerre, & c'est un plaisir de voir comme ils sont subtils à les éventer, & adroits à leur donner la chasse, & à les tuer.

N.

Cette incommodité n'est pas particuliere aus Antilles. Et c'est bien pis au Perou, car Garcilasso en son Commentaire Royal nous témoigne, que ces vilains animaus y étans en nombre présque infiny, y font par fois de grands dégats, ravageant les lieus par où ils passent, desolant les champs, & rongeant les fruits jusques aus bourgeons, & à la racine des Arbres.

Les Habitans des Iles se servent encore d'une invention qu'ils nomment *Balan*, pour empescher que les Rats ne mangent leur cassaue, & leurs autres provisions. Ce Balan, est une espece de claye ronde, ou quarrée composée de plusieurs bâtons, sur léquels il ont coutume d'arranger la cassaue, aprés qu'elle a esté séchée au Soleil. Elle est attachée au haut de la case avec une liene; où une corde, qui tient le Balan suspendu en l'air. Et afin que les Rats ne se puissent pas couler le long de la corde & descendre sur le Balan, ils font passer la corde par une calebasse bien polie, qui demeure suspenduë au milieu, de sorte que les Rats étans parvenus jusques à cet endroit-là, ne trouvans point de prise pour arrester leurs pieds, & apprehendans le mouvement de la Calebasse, ils n'ont pas l'assurance de passer outre. Sans ce petit secret, les Habitans auroient de la peine à conserver leurs vivres.

Voila comme le sage Auteur de la Nature, a voulu par un admirable contrepoids, qui balance toutes les perfections de l'univers, que les Païs qui ont quelques avantages par dessus les autres, soient à l'opposite sujects à des incommodités qui ne se rencontrent point ailleurs: Et comme sa Divine Providence qui pourvoit puissanment aus besoins de ses creatures, a mis l'Antidote auprés du venin, le remede joignant le mal, & a même ouvert devant l'homme, les inepuisable tresors de la grace, & de la nature, pour le premunir contre les injures de l'air, les outrages des saisons, la violence des poisons, & de tout ce que la terre à produit de plus dangereus, dépuis qu'elle a esté envenimée par le premier peché.

*Fin du premier Livre de l'Histoire
des Antilles.*

HISTOIRE
NATURELLE
ET
MORALE
DES
ILES ANTILLES
DE
L'AMERIQUE.

LIVRE SECOND.
COMPRENANT
L'HISTOIRE MORALE.

HISTOIRE
NATURELLE ET MORALE
DES
ILES ANTILLES
DE
L'AMERIQUE.

LIVRE SECOND.
Comprenant l'Histoire Morale.

CHAPITRE PREMIER.
De l'Establissement des Habitans Etrangers dans les Iles de Saint Christofle, de Nieves, de la Gardeloupe, de la Martinique, & autres Iles Antilles.

Aprés avoir achevé tout ce qui pouvoit estre de l'Histoire Naturelle des Antilles, il faut venir à l'Histoire que nous appellons Morale, & traiter dorefenavant en toute la fuite de ce Livre, des Habitans de ces Iles, dont nous avons déia fait quelque mention, felon qu'il eſt venu à propos, en la defcription que nous avons donnée au Livre precedent, de chacune de ces Iles en particulier. Nous parlerons premierement

rement des Etrangers, ou des Européens, autant qu'il sera necessaire à nôtre dessein. Et puis nous descendrons à une ample & particuliere consideration des Indiens Habitans naturels du Païs, dont le sujet peu connu, demande une deduction de plus longue haleine, & une recherche plus exacte & plus curieuse.

Les Espagnols, se fondans sur la Donation du Pape Alexandre siziéme, & sur quelques autres raisons apparentes, pretendent que le droit de naviger en l'Amerique, & d'y établir des Colonies, soit au Continent soit aus Iles, leur appartient privativement à tous autres. Mais outre que la vanité de cette arrogante presomption, se découvre assez d'elle même, & que ce seroit interrompre le fil de nôtre Histoire, que de nous arréter icy à une telle controverse, le Docte & curieus Bergeron a si exactément traité céte question, & si clairement montré l'absurdité de cette chimere, en son *Traitté des Navigations*, que ce seroit péne perduë de s'y etendre davantage, & d'y vouloir apporter de nouveaus éclaircissemens. Aussi tous les Rois & Princes Chrétiens, ont toujours contesté au Roy d'Espagne, ce pretendu droit qu'il s'attribuë. Et ils ne l'ont pas seulement combattu par paroles & par écrits: mais encore par les effets, ayant envoyé de tems en tems des flottes en l'Amerique, pour y faire des Peuplades, & se mettre en possession de plusieurs terres de ce nouveau Monde; où particulierement se sont signalez les François, les Anglois, & les Hollandois.

Mais les plus renommées de toutes les Colonies que ces trois Nations possedent en Amerique, & celles qui sont les plus frequentées des Marchands, comme étant les plus avantageuses pour le commerce, ce sont celles des Antilles. Les François & les Anglois, comme on le peut remarquer au premier Livre de cette Histoire, y sont les plus avancez; & ont en partage les plus grandes, les plus riches, & les plus peuplées de toutes ces Iles.

Il est aussi constant, que ces Nations en leur établissement n'ont pas suivy les cruelles & Barbares Maximes des Espagnols, & n'ont pas impitoyablement exterminé comme eus, les Peuples originaires du païs. Car si elles les ont trouvez

dans

Chap. 1   DES ILES ANTILLES.

dans les terres qu'elles possedent, elles les y ont conservez pour la plûpart, & ont contracté alliance avec eus. Il est bien vray que les Caraibes ont dépuis un long tems de grands differens avec les Anglois : mais l'origine de leurs querelles vient de quelques sujets de mécontentement, qu'ils ont receus de quelques particuliers de cette Nation, qui en corps a desapprouvé leur procedé : & en toute rencontres a témoigné qu'elle desiroit, qu'ils fussent traittez avec la même humanité, moderation, & douceur Chrétienne, d'ont les amples & florissantes Colonies de la Virginie & de la Neuve Angleterre, qui relevent de sa Jurisdiction, ont usé jusques à present à l'endroit des Habitans naturels de l'Amerique Septentrionale, où elles sont établies : avec léquels elles entretiennent une si sainte, & si parfaite correspondance, qu'elle leur a facilité les moyens de les instruire avec un heureus succez es mysteres de la Religion Chrétienne, & de fonder un grand nombre de belles Eglises, au milieu de ces pauvres Peuples.

Sur tout, il est tres-averé, que lors que les François se sont établis à la Martinique, à la Gardeloupe, & à la Grenade, ils l'ont fait par l'agréement des Caciques, & des principaus d'entre les Caraibes, qui ont désavoüé ceus dés leurs, qui ont voulu aller au contraire ; & qui ont employé leurs forces & leurs bons avis pour reprimer leurs desseins, & faire entrer les nôtres en la paisible possession de ce qu'ils leur avoyent auparavant accordé. Ce qui justifie, que nous ne sommes pas coupables des mêmes violences que les Espagnols, & que nôtre procedé en l'établissement de nos Colonies aus Iles, n'a pas esté semblable au leur. Que s'y on nous objecte que nous les avons chassez de Saint Christofle, & de la Gardeloupe, & qu'encore à present nous avons guerre avec ceus de la Martinique. Nous répondons, que lors que nous avons peuplé ces Iles, nous n'avions autre but, que l'edificatiõ & l'instruction de ces pauvres Barbares, & que si contre nôtre premiere intention, nous avons été obligez d'user de séverité à l'endroit de quelques uns, & de les traitter comme ennemis, ils ont attiré ce malheur sur eus, en violant les premiers les sacrées loix de l'aliance qu'ils avoyent contractée

Ll 2   avec

avec nous, & en prenant des conseils sanguinaires, qui eussent étouffé nos Colonies dans leur berceau, s'ils n'eussent été découverts.

Les Colonies Françoises & Angloises ont eu leur commencement en même tems, c'est à dire en l'an mil six cens vint-cinq. Monsieur DESNAMBUC, Gentil-homme François, de l'Ancienne Maison de Vauderop, & Capitaine entretenu par sa Majesté en la mer du Ponant, & Monsieur WAERNAER, Gentil-homme Anglois (lequel nos François nommoyent Monsieur Ouarnard, pour faciliter la prononciation du double W, que nôtre langue ignore) ont en un même jour pris possession de l'Ile de Saint Christofle, au nom des Rois de France, & de la Grand' Bretagne leurs Maîtres, pour avoir un lieu de retraite asseurée, & une bonne rade pour les Navires de l'une & de l'autre Nation, qui frequentoient en l'Amerique. Cette Ile ayant tous les rares avantages que nous avons amplement déduits au Chapitre qui en contient la description, étoit fort visitée des Espagnols, qui y prenoient souvent leurs rafraichissemens, en allant & en retournant de leurs longs voyages. Ils y laissoient aussi quelquefois leurs malades, qui étoient traittez par les Indiens Caraibes, avec lequels ils avoient fait la paix à cette condition.

Ces Messieurs donc considerant, que s'ils possedoient cette terre, ils incommoderoient l'Espagnol leur ennemy commun en l'Amerique, & qu'ils auroient une bonne & seure demeure, pour jetter les fondemens des Colonies, qu'ils se proposoient de dresser en ces Iles, ils s'en rendirent maitres, & y laisserent des hommes pour la garder. Mais avant que d'en partir, craignant que les Indiens ne fomentassent quelque secrette intelligence avec les Espagnols, ou qu'en leur absence ils n'executassent la resolution, que certains Sorciers, qui sont en haute estime parmy ce Peuple, leur avoient fait prendre dépuis peu, de mettre à mort tous les Etrangers, qui étoient en leur terre; ils se défirent en une nuit de tous les plus factieus de cette Nation; & peu aprés ils contraignirent tous les autres qui s'étoient cantonnez & mis en defense, à se retirer ailleurs, & à leur laisser la place libre.

Aprés

Aprés quoy Monsieur Desnambuc s'en retourna en France, & Monsieur Ouarnard en Angleterre, où leur conqueste, & tout leur procedé furent agréez des Rois ; & la permission leur ayant été donnée d'y faire passer des hommes, ils y retournerent en bonne compagnie, en qualité de Gouverneurs, & de Lieutenans pour les Rois de France, & de la Grand' Bretagne, leurs Maitres.

Mais avant que Monsieur Desnambuc vint cultiver & poursuivre sa conqueste, il creut que pour avoir un puissant appuy en France, qui prit Interest en la conservation de cette Ile, sous la Souveraineté du Roy, & pour assurer & avancer ainsi ses desseins, il feroit bien de dresser une Compagnie de personnes d'autorité, qui eussent la direction & la Seigneurie de cette Ile, & des autres qu'il pourroit conquerir & soûmettre à l'obeïssance du Roy : à condition que cette Compagnie eut soin, & prit à cœur d'y faire passer des hommes pour conserver la terre, & la cultiver : d'y envoyer des Ecclesiastiques, & de pourvoir à leur entretenement : d'y faire bâtir des Forts pour la seureté des Habitans, & de les munir de Canons, de poudre, de boulets, de mousquets, de mesche & de balles : en un mot d'y entretenir un bon arsenal, pour avoir toujours en main déquoy faire teste à l'ennemy.

Cette Compagnie, ou Societé, fut établie au moys d'Octobre de l'an mil six cens vint-six, tant pour l'Ile de Saint Christofle, que pour les adjacentes, & fut approuvée par le Roy : & depuis elle fut confirmée & favorisée de nouvelles concessions, & de tres-beaus Privileges obtenus de sa Majesté le huitiéme de Mars mil six cens quarante deus pour toutes les Iles de l'Amerique, situées depuis le dixiéme, jusques au trentiéme degré au deça de l'Equateur.

Monsieur Desambuc, ayant ainsi mis ordre à ses affaires en France, retourna à Saint Christofle avec trois cens hommes, que les Seigneurs de la Compagnie nouvellement erigée avoient levez, pour jetter les fondemens de cette Colonie : il amena aussi plusieurs braves Volontaires, qui tenoient à gloire de suivre un si celebre Avanturier, & de prendre part dans ses honorables fatigues, sous l'esperance de recueillir aussi en son tems le fruit de ses conquestes. Ils arriverent tous

à Saint

à Saint Chriſtofle au commencement du Printems de l'année mil ſix cens vin-ſét : & bien qu'ils euſſent beaucoup ſouffert durant leur voyage, & qu'ils fuſſent malades pour la plûpart ou affoiblis, ils ne ſe laiſſerent point abbatre à ces rudes épreuves : mais ſe ſouvenans que les belles entrepriſes ſont toûjours accompagnées de grandes difficultez, & que les roſes ne ſe cueillent que parmy les épines, ils commencerent dés-lors à mettre la main à l'œuvre, & ayans appris dans peu de jours de ceus qu'ils avoient trouvé dans l'Ile, tout l'ordre qu'il faut tenir pour défricher les bois, dreſſer les habitations, cultiver la terre, planter les vivres & le Tabac, & pour faire tous les dévoirs qui ſont requis dans les nouveaus établiſſemens, ils seconderent les genereus deſſeins de leur Capitaine, qui les animoit puiſſanment par ſes paroles, & par ſon bon exemple.

Les partages de l'Ile entre les deus Nations avoient été projettez avant ce voyage : mais ils furent conclus & arrétez ſolennellement le treiziéme du mois de May en la même année. Car afin qu'un chacun put travailler avec aſſurance ſur ſon propre fonds, & que les nôtres n'euſſent rien à démeſler avec les Anglois : Monſieur Ouarnard étant auſſi retourné d'Angleterre, quelque tems avant Monſieur Deſnambuc, où il s'étoit auſſi appuyé d'une Compagnie qui prenoit la protection de ſes entrepriſes : ils diviſerent entre eus toute la terre de l'Ile, & y poſerent les limites telles qu'elles ſe voient encore aujourdhuy, à condition toutéfois que la chaſſe & la peſche ſeroient par tout libres aus Habitans des deus Nations, & que les Salines, les bois de prix, qui ſont propres à la teinture, ou à la menuyſerie, les rades, & les mines demeureroient auſſi communes. Ils convinrent encore de certains articles, qui furent agréez & arrétez de part & d'autre, pour entretenir une bonne correſpondance, prevenir toutes jalouſies, & éviter tous les ſujets de diſputes & de conteſtations, qui peuvent aiſément naître entre des Peuples de differentes humeurs. Ils firent auſſi enſemble une ligue defenſive, pour s'entre-ſecourir au beſoin, & ſe preſter main forte, pour repouſſer l'ennemy commun, & quiconque voudroit troubler la paix & le repos, dont ils eſperoient de

joüir

joüir par enſemble, en cette aimable terre, qui leur étoit echeuë en partage.

Aprés ces choſes, les deus Gouverneurs travaillerent à l'envy à l'afermiſſement & à l'ornement de leur Colonie. Mais il faut avoüer que les Anglois eurent de trégrands avantages par deſſus les François, pour faciliter & conduire à chef leurs deſſeins. Car outre que cette Nation-là qui eſt née au ſein de la Mer, ſupporte plus facilement que nous les fatigues des voyages de long cours, & qu'elle s'entend mieux à faire de nouvelles Peuplades : La Compagnie qui fut établie à Londres pour la direction de celle de Saint Chriſtofle pourveut ſi genereuſement à ce qu'elle fut aſſiſtée de ſa naiſſance, d'hommes, & de vivres, qui étoient neceſſaires pour leur ſubſiſtence, juſques à ce que la terre leur en eut produit, & elle eut tant de ſoins, que de tems en tems elle fut rafraichie de nouveau ſecours, & de toutes les choſes dont elle pouvoit avoir beſoin dans ces commencemens, qu'elle proſperoit & s'avançoit à veuë d'œil, pendant que la nôtre qui étoit dépourveuë de toutes ces aſſiſtances, ne faiſoit que languir & même ſe fut facilement écoulée, ſi l'affection qu'elle avoit pour ſon chef, & la haute eſtime qu'elle avoit conceuë de ſa valeur, ne l'euſſent entretenuë à ſa devotion, & liée tres-étroitement à ſon ſervice.

Pendant donc que nôtre Colonie ſouffroit toutes ces foibleſſes, & qu'elle ne ſubſiſtoit que par ſon courage; celle des Anglois profitant de ſes forces, en pouſſa une nouvelle dans l'île de Niéves, qui n'eſt ſeparé de Saint Chriſtofle, que par un petit bras de mer, comme nous l'avons dit en ſon lieu. Mais ſi ce petit nombre auquel nos gens étoient reduits, ne leur permettroit pas de faire de pareils progrez, Monſieur Deſnambuc s'étudioit en recompenſe de les affermir, & de les policer par pluſieurs beaus Reglemens, dont nous coucherons icy quelques uns des principaus articles, afin que la memoire en ſoit precieuſement conſervée, pour l'inſtruction de la poſterité.

En premier lieu, parce que par la paix & la concorde, les plus petites choſes s'accroiſſent, & que la diviſion fait écouler, et evanoüir les plus grandes : Il vouloit que tous les

Habi-

Habitans de l'Ile, qui reconnoissoient son autorité, conservassent entre-eus une tres-parfaite union, laquelle il leur recommandoit en toutes occurrences, comme la colomne de leur petit Estat, & le sacré Canal d'où toutes sortes de benedictions du Ciel & de la Terre, decouleroient abondanment sur eus. Et d'autant qu'il est impossible, que dans la conversation mutuelle il ne survienne beaucoup de choses, qui seroient capables d'alterer souvent cette aimable correspondance, s'il n'y étoit promptément pourveu, il desiroit que semblables differens fussent au plûtost terminez avec douceur, & même avant le coucher du Soleil, s'il étoit possible.

Il leur ordonnoit d'estre Loyaus, ronds, & sinceres dans toutes leurs affaires; d'estre courtois & secourables envers leurs voisins, & de tenir aussi religieusement la parole qu'ils avoient donnée, que s'y elle eut esté redigée par écrit, & receuë par devant des Notaires.

Afin que le travail trop assidu de leurs habitations, ne leur fit oublier le métier de la guerre, ou que leur courage ne se ramollit dans le profond repos, & qu'au besoin ils sçeussent manier les armes & s'en servir avec dexterité, il vouloit qu'ils en fissent souvent les exercices, qu'ils s'y fassonnassent selon les regles de la discipline militaire, & bien qu'ils fissent tous profession de cultiver la terre, qu'ils eussent la grace & l'air genereus des Soldats, & qu'ils en portassent en tous tems les marques & les livrées, ne sortant jamais de leur quartiers sans armes à feu, ou du moins sans avoir l'épée.

Que s'il les formoit en cette sorte, afin qu'aus occasions ils fissent paroître leur valeur, & leur courage à l'endroit des ennemis; Il les obligeoit d'ailleurs, d'estre dous et humains les uns envers les autres; Et il ne pouvoit souffrir que les plus forts foulassent les plus foibles. C'est pourquoy il fit cette belle ordonnance, laquelle est encore en vigueur dans toutes ces Iles: assavoir, que les maitres ne pourroient engager leurs serviteurs que pour trois ans, durant léquels ils seroyent tenus de les traitter avec toute moderation et douceur, et de n'exiger d'eux qu'un service raisonnable, et proportioné à leurs forces.

Ses soins s'étendoient notamment à l'endroit des nouveaus venus, & afin que dés leur arrivée ils eussent dequoy se mettre à couvert des injures de l'air, & que leur travail ne fut point retardé à faute de logemens, il desiroit, qu'aussi tost que la place qu'ils avoient destinée pour faire leur bâtiment étoit découverté, tout le Voisinage les aidast à l'élever. Cette loüable Institution fut si bien receuë, & si soigneusement prattiquée, qu'il n'y avoit aucun des Habitans qui n'en reconnut l'equité, & qui ne tint à bonheur dans ces occasions d'y contribuer volontairement ses pénes & ses soins. Les uns alloient couper les bois qui étoient necessaires, les autres couroyent aus roseaus, & aus feüilles de palmes, pour faire les palissades & le couvert, les meilleurs Architectes plantoyent les fourches, élevoyent les chevrons, & attachoient la couverture, & ils étoient tous dans un si aimable empressement, que le petit edifice se trouvoit logeable dans peu de jours, sans que le proprietaire eut besoin de se mettre en aucun fraiz, qu'a pourvoir tant seulement, à ce que la boisson ordinaire du païs, ne manquast point durant ce travail, à ces charitables ouvriers.

Enfin il avoit en horreur les paresseus, qui vivent de la sueur & du travail d'autruy, comme les Bourdons du miel des Abeilles ; mais pour ramener en nos jours une petite image du siecle d'or qui est tant prisé des Anciens, il incitoit tous les Habitans à estre liberaus, communicatifs des biens que Dieu leur avoit departy, & à témoigner leur charité & leur Hospitalité envers tous ceus qui les venoient visiter, afin qu'à l'avenir on ne fut pas obligé d'établir parmy eus des Hostelleries, des Cabarets et de semblables lieus de débauches, qui serviroient de retraite aus oiseus et aus dissolus, et qui attireroient la desolation et l'entiere ruine de la Colonie.

Cependant que Monsieur Desnambuc régloit si sagement sa petit République, et qu'il l'entretenoit de l'esperance d'un prompt secours; les Seigneurs de la Compagnie, imitans le naturel de plusieurs de nôtre Nation, qui voudroient moissonner incontinent apres les sémailles, étoyent de leur part dans une continuelle attente de quelques Navires chargez

M m de

de tout ce qu'il y a de plus riche, & de plus precieus dans l'Amerique, pour remplacer avec usure ce qu'ils avoient debourſé, pour faire le premier embarquement ; & juſques à ce que ce retour fut arrivé, ils ne penſoient à rien moins qu'à ſe mettre en de nouveaus fraiz. Monſieur le Gouverneur, ayant remarqué que toutes les Lettres qu'il avoit envoyées à ces Meſſieurs ſur ce ſujet, n'avoyent point obtenu de reponces favorables, ſe reſolut avant que la Colonie fut reduite à une plus grande extremité, de les aller trouver en perſonne, & d'entrepredre un ſecond voyage pour ſolliciter ce ſecours, duquel dependoit la ſeureté de leurs premieres avances, & la ſubſiſtence des François en cette Ile. Ce bon deſſein, que le zele qu'il avoit pour la gloire de nôtre Nation luy avoit inſpiré, reuſſit ſelon ſon cœur ; Car étant arrivé à Paris il ſçeut ſi bien repreſenter l'importance & la neceſſité de ce ſecours à Meſſieurs de la Compagnie, qu'ils luy accorderent trois cens hommes, & des vaiſſeaus munis de toutes les proviſions neceſſaires, pour les rendre à Saint Chriſtofle.

Ce renfort tant attendu de nôtre Colonie, luy arriva heureuſement au commencement du mois d'Aouſt, de l'an mil ſix cent vint-neuf, & elle le reçeut avec tant de joye & de ſatisfaction qu'elle s'imaginoit d'eſtre parvenuë au comble de ſes ſouhaits, & que dez lors elle pouvoit ſurmonter aiſément, tout ce qui voudroit traverſer l'execution de ſes projets. Mais comme les proſperitez de cette vie ſont de courte durée, à péne s'étoit elle égayée deus mois en la poſſeſſion de ce bonheur, qu'une puiſſante Flotte d'Eſpagne vint fondre ſur elle. Dom Federic de Toledo qui la commandoit, avoit ordre expres avant que de deſcendre à la Havanne, à Cartagene, & aus autres plus celebres ports du ſein de l'Amerique, de s'arrêter à Saint Chriſtofle & d'en chaſſer les François & les Anglois, qui s'y étoient établis dépuis peu d'années.

Cette armée navale, qui étoit compoſée de vint-quatre grands Navires de charge, & de quinze Fregates, ſe ſaiſit pour premier acte d'hoſtilité de quelques Navires Anglois qui étoyent à l'ancre prés de l'Ile de Nieves, puis elle vint moüiller à la rade de Saint Chriſtofle, à la portée du Canon
de

de la Basse-Terre, où Monsieur de Rossey commandoit. Les forts des deus Colonies n'étoyent pas encore en état pour soûtenir un siege, ils étoyent dépourveus de vivres, toutes les munitions de poudre & de bales qui se trouvoyent dans l'Ile, ne pouvoient pas faire de grands effets, & quand les deus Nations eussent uny toutes leurs forces, elles n'eussent pas pu resister à une si redoutable armée : mais leur courage suppleoit à tous ces défauts ; car afin que l'ennemy n'eut pas sujet de se glorifier d'estre venu à bout de ses desseins sans quelque opposition ; Monsieur Desnambuc détacha du quartier de la Cabes-terre où il commençoit de se fortifier, tous ses meilleurs soldats, pour aller au secours de celuy qui étoit menacé, & les Anglois, y firent passer quatre de leur meilleures Compagnies.

Aussi tôt que ces troupes furent arrivées au rendez-vous, elles s'employerent d'un commun accord avec les Habitans du quartier, à se retrancher le long de la coste, pour repousser vigoureusement l'ennemy & luy contester la descente, & sans doute elles luy eussent bien donné de la péne, si elle eussent esté bien commandées, & que cette premiere ardeur n'eut esté ralentie par la frayeur qui saisit tellement le cœur de Monsieur de Rossey, qu'il l'eut laissé mettre pied à terre & venir aus approches sans aucune resistance, si un jeune Gentil-homme Neveü de Monsieur Desnambuc, frere aisné de Monsieur du Parquet, qui est a present Seigneur & Gouverneur de la Martinique, n'eut obtenu la liberté de passer les retranchemens & de donner sur la premiere Compagnie des ennemis qui parut sur le sable. Il fut soutenu de quelques Volontaires, qui voulurent avoir part à sa gloire, mais il les devança tous de beaucoup en courage & en resolution ; car il attaqua avec tant de vigueur celuy qui conduisoit la troupe, qu'il le tuä & plusieurs autres des plus vaillans de sa Compagnie, qui eurent l'assurance de vouloir éprouver sa valeur ; mais étant abandonné de ceus qui l'avoient suivy en ceste meslée, il fut tellement investy de la multitude qui venoit fondre sur luy, qu'enfin il fut abbatu & emporté dans l'un des navires des ennemys, où aprés tous les devoirs qu'on fit pour le guerir de ses blessures, il mourut au grand regret de l'un &

de l'autre party, qui avoit été témoin de sa generosité, & qui ne pouvoit se lasser de luy donner tous les plus beaus éloges, que sa vertu avoit merités.

 Durant ce choc, qui devoit estre soutenu un peu plus vigoureusement des nôtres, le General de la Flotte fit détacher en un même tems de tous les Navires de grandes Chaloupes remplies de Soldats bien armez qui descendirent en fort bon ordre, & couvrirent la rade. C'est ce qui redoubla l'épouvantement de Monsieur de Rossey, qui de peur d'estre opprimé de cette multitude, fut d'avis de ceder à la force, & de faire une honorable retraite, avant que les nôtres fussent investis & envelopés de tous costez. Cette resolution prise tumultuairement fût fort mal receuë de tous ceus qui étoyent jalous de la gloire de nostre Nation, & qui eussent desiré que l'ennemy, eut acheté un peu plus cherément le degast de leur Colonie : mais les suffrages que l'épouvantement suggeroit en cette fatale conjoncture ayans prevalu, il fut arrêté qu'à l'instant même on prendroit le chemin de la Cabes-terre, & que là on aviseroit plus amplement, à tout ce qui seroit jugé necessaire, pour le salut commun.

 L'Espagnol, voyant que nos gens abandonnoyent leur Fort, & leur retranchemens sans avoir fait beaucoup de resistance, crut que cette retraite n'étoit qu'une feinte, qui étoit menagée à dessein, de l'attirer dans quelque embuscade, qu'on luy avoit dressée dans les bois. Ce soubçon, qui étoit appuyé sur quelques apparences, le retint de poursuivre sa victoire, & l'arrêta au quartier de la Basse-terre, jusques à ce qu'il eut apris au vray l'état de toute l'Ile, & qu'il eut pourveu à tout ce qu'il trouveroit estre le plus expedient, pour executer promptement & fidellement, tous les points de sa commission.

 Pendant que l'ennemy prenoit ainsi ses mesures, pour conduire à chef ses desseins sans se mettre en danger : Monsieur Desnambuc surpris d'un si subit changement & d'un succés si inesperé, tâchoit de r'assurer les siens, & de les encourager à porter constamment cette disgrace : leur remontrant qu'elle n'étoit pas irremediable : que l'ennemy ne s'opiniatreroit pas à demeurer dans l'Ile jusques à ce qu'il en eut entierement
ment

ment chaffé les Habitans : qu'il avoit des affaires de plus grand poids, qui l'appelloyent ailleurs : qu'il ne s'engageroit pas facilement dans les forets, qu'il luy faudroit traverser de necessité pour venir à son Quartier : qu'ils pouvoyent s'y mettre en bonne defense, pour soutenir ses efforts, & luy faire marquer de son sang cette invasion, s'il entreprenoit de passer outre ; & qu'en ce cas il y avoit même en chemin des endroits si forts de nature, que peu d'hommes le pourroyent arrêter, & le contraindre de retourner sur ses brisées.

Ces avis étoient tres-judicieus : mais la terreur avoit tellement préoccupé les esprits, & la consternation étoit si generale, qu'ils ne furent point pesez selon leur merite. L'affaire étant donc mise en deliberation, la conclusion fût, qu'on abandonneroit l'Ile, & que la Colonie se transporteroit en quelque autre, qui ne donneroit point tant d'ombrages à l'Espagnol, & qui seroit plus écartée de la route ordinaire de sa Flotte. Monsieur Desnambuc qui prevoyoit que quelque couleur qu'on pût donner à cette resolution, elle seroit notée de quelque lâcheté, qui flétriroit l'opinion qu'on avoit justement conceuë de la valeur des François, & étouferoit en un instant ces grandes esperances qu'on avoit euës de leur Colonie, ne pût point estre persuadé d'y donner son approbation. Neantmoins, encore qu'il fut d'un sentiment tout contraire, pour ne point abandonner dans cette triste rencontre, ceus qu'il avoit amenez de si loin, & avec qui il avoit passé tant de mers, & essuyé tant de perils, il s'accommoda à leur humeur & s'embarqua avec eus dans quelques navires qui se trouverent à la rade ; & ainsi pour éviter un plus grand desordre, en se surmontant soy même, il témoigna qu'il oublioit genereusement, le peu d'estime qu'ils faisoyent de ses rémontrances.

Les Quartiers des Anglois étoient aussi dans un grand desordre, ils avoyent apris que l'ennemy étoit maitre de toute la Basse-terre : qu'il ruinoit la Fortresse des François apres en avoir enlevé le Canon : qu'il avoit déja brulé toute les cases, & fait le dégast des habitations du quartier. Ils croioyent à châque moment qu'il venoit fondre sur eus avec toutes ses forces, & dans cette apprehension les uns essaioyent de se

Sauver par mer, ou de se retirer sur les montagnes, pendant que les autres qui étoyent un peu plus courageus furent d'avis d'envoyer des Députez à Dom Federic, pour le prier de vouloir entendre à quelque accommodement : mais pour toute reponse ils reçeurent un commandement exprés de sortir promtement de l'Ile, ou qu'autrément ils seroyent traittez avec toute la rigueur, dont les armes permettent d'user à l'endroit de ceus, qui s'emparent contre tout droit, du bien qui ne leur apartient pas.

Pour faciliter ce départ que Dom Federic leur ordonnoit, on leur rendit selon ses ordres les Navires, que sa Flotte avoit pris devant l'Ile de Nieves, & il voulut qu'ils s'y embarquassent sans aucun delay, & qu'en sa presence ils fissent voile vers l'Angletere. Et parce que ces vaisseaus ne pouvoient pas contenir une si grande multitude, il permit à tous ceus qui n'y purent pas avoir place, de demeure dans l'Ile, jusques à ce qu'il se presentât une occasiõ favorable pour suyvre leurs compagnons. Aprés cette expedition, Dom Federic fit lever l'ancre à ses Navires pour continuer leur voyage : mais incontinent que les Anglois qui étoyent restez eurent perdu de veuë cette flotte, ils commencerent à se rallier, & à former une constante resolution de relever courageusement les ruines de leur Colonie.

Pendant que ces choses se passoyent à Saint Christofle, les François qui en étoyent sortis au commencement de cette déroute, avoyent tant enduré sur mer, à cause du manquement de vivres & des vens contraires, qu'ils avoyent été contrains de ralâcher aux Iles de Saint Martin & de Montserrat, aprés avoir visité en passant celle d'Antigoa. Ils eussent bien souhaité de se pouvoir établir en quelcune de ces terres : mais elles ne leur sembloyent que des affreus déserts, en comparaison de celle qu'ils avoyent quittée. Sa douce idée repassoit incessamment devant leurs yeus, ils la regrettoient à châque moment, & l'aimable souvenir de cet agreable sejour, ou la Providence Divine les r'appelloit, par des voyes qui leur étoient inconnuës, leur fit naître le desir de s'informer de l'état auquel l'Espagnol l'avoit laissé, puis-qu'ils en étoyent si voisins. Pour contenter cette loüable curiosité,

ils

ils y firent passer l'un de leur Navires, qui leur rapporta à son retour, que la Flotte ennemie s'étoit entierement retirée & que les Anglois qui y étoient restez, travailloyent courageusement à rebatir leurs cases, à planter des vivres & à reparer leurs desolations.

Cette agreable nouvelle resuscita en un instant toutes les esperances de nos François, & releva glorieusement le courage des plus abbatus: de sorte qu'il ne fallut pas employer beaucoup d'artifice pour les animer au retour, & pour leur persuader de se rendre en toute diligence en cette delicieuse terre, qui possedoit déja leurs cœurs & toutes leurs plus tendres affections.

Aussi-tost qu'ils y furent arrivez, chacun reprit son poste & retourna sur sa place, en bonne intention de s'y affermir, & d'en relever promptement le debris. Mais la famine qui les talonnoit, eut sans doute interrompu le cours de tous ces beaus desseins, & ils fussent succombez sous le faiz des pesans travaus qu'il leur falloit entreprendre en un même tems, pour rebâtir leurs maisons, & planter des vivres, si dans ces extremitez si pressantes, Dieu ne leur eut suscité le secours de quelques Navires des Provinces Unies qui les vinrent visiter à la bonne heure, & ayant reconnu leur triste état, les assisterent genereusement de vivres, d'habits, & de toutes les choses qui leur étoient necessaires dans ce grand abandonnément où ils se trouvoient reduits: & même pour leur faire la faveur toute entiere, ils se contenterent de leur simple parole pour assurance de toutes ces avances.

Nos gens, s'étans tirez doucement à l'ayde de ce secours, hors du mauvais pas où ils se voyoient accrochez dez l'entrée de leur rétablissement, travaillerent en suite avec tant d'ardeur en leurs habitations, que Dieu benissant l'œuvre de leurs mains, la terre leur produisit des vivres, & du Tabac en si grande abondance, qu'ils contenterent avec honneur leurs charitables Creanciers, & en peu de tems ils se trouverent beaucoup mieus accommodez qu'ils n'étoient avant leur déroute. Mais il leur falloit encore des hommes pour appuyer leurs entreprises, & entretenir le commerce qui commençoit à s'établir parmy eus. Pour remedier à ce besoin, Monsieur

sieur Desnambuc qui voyoit sa constance couronnée d'un si heureus succés, ne trouva point de plus seur, ni de plus dous expedient, que de permettre aus principaus Habitans de la Colonie d'aller en France, pour en lever, & les y amener à leurs propres fraiz. Ce sage conseil ayant esté suivy, l'Ile se peupla en peu d'années de plusieurs braves hommes, qui la mirent en reputation.

La Colonie Angloise repara aussi en peu de tems toutes les bréches que le ravage de l'Espagnol luy avoit faites. Et la Compagnie de Londres qui s'étoit chargée de sa direction ne se lassant point de luy envoyer des hommes & des raffraichissemens, les deus quartiers qu'elle occupoit dans l'Ile de Saint Christofle se trouverent si étroits pour contenir une si grande multitude, qu'outre l'Ile de Nieves qu'elle avoit peuplée avant la déroute, elle eut assés de force pour pousser en moins de 4 ans des nouvelle Peuplades dans Celles de la Barboude, de Montserrat, d'Antigoa, & de la Barbade, qui s'y sont merveilleusement accruës, & se sont renduës fameuses par le trafic des riches Marchandises qu'elles fournissent, & par le nombre de leurs habitans, comme il se peut voir par les descriptions particulieres que nous avons données de ces Iles, au commencement du premier Livre de cette Histoire.

Pour ce qui est des Colonies Hollandoises aus Antilles, elles ne content leur établissement qu'aprez celles des François & des Anglois. Et ce n'est pas l'Etat qui a fourny aus frais, mais des Compagnies particulieres de Marchands, qui ont desiré, pour faciliter le commerce qu'ils ont en toutes les Iles que les François & les Anglois occupent, d'avoir des places de retraitte assurée pour raffraichir leur Navires. La plus ancienne de ces Colonies, qui relevent de la Souveraineté de Messieurs les Etats Generaus des Provinces Unies, est celle de Saint Eustache. Elle fut établie environ le même tems, que Monsieur Ouarnard forma celle de Montserrat, c'est à dire en l'an 1632. Elle est considerable, pour estre en une place tres-forte de nature; pour le nombre & la qualité de ses Habitans; pour l'abondance du bon Tabac qu'elle a produit jusques à present; & pour plusieurs autres rares avantages dont nous avons déja parlé au Chapire cinquiéme du Livre precedent. Mon-

Monsieur Desnambuc n'avoir pas moins de Passion ni de generosité que les autres Nations pour étendre sa Colonie; mais n'ayant pas esté secouru comme il eût esté requis dans ces commencemens, & ses desseins ayans esté souventéfois traversez de plusieurs facheuses rencontres, il eut ce déplaisir, de voir plusieurs belles Iles occupées par d'autres, avant qu'il fut en état d'y prendre part & de pousser sa conqueste hors des limites de Saint Christofle. Il avoit depuis un long tems jetté les yeus sur l'Ile de la Gardeloupe comme étant l'une des plus belles & des plus grandes de toutes les Antilles, mais au même instant qu'il se disposoit pour y envoyer des hommes, il fut prevenu par Monsieur de l'Olive l'un des principaus habitans de sa Colonie, qui pendant un voyage qu'il avoit fait en France pour ses affaires particulieres, s'associa avec Monsieur du Plessis, & quelques Marchands de Dieppe pour y établir une Colonie, sous la commission des Seigneurs de la Compagnie des Iles de l'Amerique.

Ces deus Gentils-hommes étans établis Gouverneurs de la Gardeloupe avec égale autorité, y arriverent le vint-huitiéme de Juin mil six cens trente cinq, avec une Compagnie de cinq cens hommes, qui furent accüeillis dez leur arrivée de la famine, & de diverses maladies, qui en enleverent plusieurs. On tient que le premier de ces maus leur survint, pour s'estre placez d'abord en des endroits où la terre étoit la plus ingrate & la plus mal-propre au labourage qui fût en toute l'Ile, & pour avoir entrepris trop legerement la guerre contre les Caraibes Originaires du lieu, qui leur eussent pû fournir en toute abondance la plûpart des vivres, qui étoient necessaires pour leur subsistence dans ces commencemens, jusques à ce que la terre leur en eût produit. Les maladies suivirent les mauvaises nourritures, que la faim les contraignoit de prendre à faute de choses meilleures : à quoy on peut aussi ajoûter, que la terre n'étant pas encore defrichée, l'air y étoit facilement corrompu.

Monsieur du Plessis, voyant les malheurs qui de jour en jour fondoient sur cette nouvelle Colonie, & ayant tout sujet d'en apprehender encore de plus grands à l'avenir, en conceut un tel déplaisir, qu'il mourut dans le séttiéme mois

N n aprés

aprés son arrivée. Il fut regretté de tous les François, & même des Indiens, qui avoyent toûjours témoigné beaucoup de deference à ses sentimens, & d'amour & de respect pour sa personne. Il étoit doüé d'une grande prudence, & d'une humeur si affable & si obligeante, qu'il attiroit les cœurs de tous ceus qui traittoient avec luy.

Aprés le decés de Monsieur du Plessis, Monsieur de l'Olive s'empara de tout le Gouvernement, & comme il étoit autant remuant, que son Collegue avoit esté dous & moderé, il defera tant aus conseils violens de quelques broüillons qui l'obsedoient continuellement, qu'il fit bien-tôt après entreprendre cette guerre funeste contre les Caraïbes, qui pensa ruiner cette Colonie naissante. Il est vray, qu'il les pressa d'abord si vivement, qu'il les obligea de luy quitter l'entiere possession de la Gardeloupe. Mais d'autant que pour venir à bout de ce dessein qu'il avoit formé déz son arrivée, il se soüilla de plusieurs cruautez, que les Barbares n'eussent pas voulu exercer à l'endroit de leurs plus grands ennemis, il flétrit tellement sa gloire & sa reputation, qu'il n'y avoit que des gens de sang, & des désespérez, qui approuvassent sa conduite.

Les Caraïbes, que Monsieur de l'Olive avoit chassez de cette Ile, se retirerent en celle de la Dominique. Ceus de la même Nation qui la possedent les receurent fort volontiers, & pour leur témoigner qu'ils étoient sensiblement touchez de leur disgrace, ils leur presenterent de se joindre avec eus, pour venger par les armes l'injure qui leur avoit esté faite, cette offre étoit trop avātageuse, pour estre refusée. Leurs forces étant donc ainsi unies ils firent plusieurs descentes à la Gardeloupe, & ils s'opiniâtrerent tellement à harceler les nôtres par les frequentes incursions qu'ils faisoient sur eus, qu'ils étoient contrains d'abandonner la culture du Tabac, & même des vivres qui étoient necessaires pour leur subsistence, afin d'estre toujours sous les armes, pour repousser les efforts, prevenir les ruses, & éventer les desseins de ces ennemis, qu'ils avoient attiré sur eus par leur inprudence,

Cette

Cette cruelle guerre qui dura environ quatre années, reduisit cette Colonie en un si deplorable état, qu'elle étoit decriée par tout, & à cause qu'elle avoit si souvent les Caraibes sur les bras, on la croyoit à la veille de sa ruine, mais comme elle étoit reduite à ces extremitez, Monsieur de l'Olive perdit la veuë, & Messieurs de la Compagnie y envoyerent Monsieur Auber pour Gouverneur, qui remedia à tous ces desordres, appaisa tous les troubles, & y apporta cette bonne paix, qui y attira puis aprés le commerce, & l'abondance de toutes choses, comme nous le dirons au Chapitre troiziéme de cette Histoire Morale.

Incontinent que Monsieur Desnambuc eut sçeu, que la Gardeloupe étoit habitée, il resolut de ne pas differer davantage à se placer dans quelcune des meilleures Iles, qui étoient encore à son choix, & de peur d'estre encore une fois supplanté se voyant assisté d'assez bon nombre de vaillans hommes, & pourveu de toutes les munitions de guerre, & de bouche, qui sont necessaires en ces entreprises, il alla luy même prendre possession de l'Ile de la Martinique, en laquelle il mit pour son Lieutenant Monsieur du Pont, & pour premier Capitaine Monsieur de la Vallée. Puis mourant à Saint Christofle, il donna par son testament tous les biens, & tous les droits, qu'il avoit à la Martinique, laquelle il avoit fait peupler à ses fraiz, à Monsieur du Parquet son Neveu, qui en est encore à present Seigneur & Gouverneur, comme nous l'avons déja dit.

Ce Gentil-homme étoit vaillant, digne de commander, accostable, familier à tous, & doüé d'une grande adresse à se faire aimer & obeir tout ensemble. Les Anglois mêmes le respectoient & le craignoient également. On recite de luy, que ces Anglois ayans outrepassé tant soit peu les limites, qui par un commun accord avoyent esté posées entre les deus Nations, il alla avec bien peu de ses gens au quartier des Anglois, & parla au Gouverneur, qui l'attendoit avec une grosse Compagnie de Soldats : Mais il se comporta avec tant de courage & de resolution, mit en avant de si bonnes raisons, & fit de si puissantes menaces de venir à bout par la force, de ce qu'il ne pourroit obtenir par la douceur, que le

Gou-

Gouverneur Anglois luy accorda ce qu'il demandoit. Cette rencontre, prouve combien il étoit jaloux de conserver les droits de sa Nation. Dépuis ces deus Gouverneus furent toujours bons amys.

CHAPITRE DEUXIÉME.

De l'Establissement des François dans les Iles de Saint Bartelemy, de Saint Martin, & de Sainte Croix.

APrés le decés de Monsieur Desnambuc, duquel la memoire est en benediction dans les Iles, Monsieur du Halde, qui étoit son Lieutenant au Gouvernement, fut fait Gouverneur en chef par Messieurs de la Compagnie des Antilles. Mais comme peu de tems après il se fût retiré en France, Monsieur le Cardinal de Richelieu premier Ministre d'Etat, duquel la prevoyance s'étendoit aus lieus les plus éloignez, jugea que c'étoit une chose digne de ses soins de prendre à cœur la conservation, & laccroissement de cette Colonie en l'Amerique, & que de là, la gloire du nom François, & les armes victorieuses de nôtre invincible Monarque, pourroient s'étendre par tout ce nouveau Monde, comme elles éclaroient magnifiquement en celuy-cy. Il desira pour cet effet que les Iles fussent pourveuës d'un Gouverneur, qui pût seconder & executer ses genereus desseins. Et après avoir cherché par tout un Seigneur capable de cet employ, & doüé de la conduite, de la sagesse, de la generosité, & de l'experience necessaire à une si grande charge: En un mot qui eut tous les avantages de l'une & de l'autre Noblesse, pour representer dignement la Majesté du nom François en un païs si éloigné, son Eminence n'en trouva point qui eût toutes ces rares qualitez, en un plus haut degré que MONSIEUR LE CHEVALIER DE LONVILLIERS POINCY, BAILLY ET GRAND CROIX DE L'ORDRE DE S. JEAN DE JERUSALEM.

Com-

Commandeur d'Oyſemont, & de Coulours & chef d'Eſcadre des Vaiſſeaus de ſa Majeſté en Bretagne. Gentil-homme de fort ancienne Maiſon, qui porte le nom de POINCY, & dont l'aiſné fait ſa demeure en l'une de ſes terres, proche la Ville de Meaus.

Monſieur le Cardinal, preſenta cet excellent Gentil-homme au Roy Loüis treiziéme de glorieuſe memoire, qui loüant & approuvant ce bon choix, l'inveſtit de la charge de Gouverneur, & Lieutenant General pour ſa Majeſté aus Iles de l'Amerique. Dequoy lettres luy furent expediées au mois de Septembre, de l'an mil ſix cens trente huit. Cette qualité, n'avoit pas eſté donné à ceus qui l'avoient precedé.

L'an mil ſix cens trente neuf, Monſieur le Bailly de Poincy étant party avec tout ſon train de la rade de Dieppe vers la my-Janvier, arriva un mois aprés aus Antilles, & fut reçeu premierement à la Martinique, par les Habitans en armes. Puis il alla à la Gardeloupe, & à Saint Chriſtoſle, recevant par tout le ſerment de fidelité. Sur tout ſa reception fut tres-belle en l'Ile de Saint Chriſtoſle. Il fut ſalué à ſon arrivée du Canon de nôtre Fort, & de celuy de tous les Navires. Tous les Habitans François étant ſous les armes, le receurent en qualité de General, avec un applaudiſſement univerſel, comme déja auparavant ils avoient fait des feus de joye, & rendu graces à Dieu, ſur les premieres nouvelles qu'ils avoient euës, de ſa nomination à cette charge, & il fut conduit à l'Egliſe accompagné de ſes Gentils-hommes, & de ſes gardes pour y chanter le *Te Deum*.

Si tôt qu'il fut entré en poſſeſſion, l'Ile prit une nouvelle face, & l'on vit en peu de tems un notable changement de bien en mieus. Ainſi il ne répondit pas ſeulement aus grandes attentes que ſa Majeſté, & Monſieur le Cardinal avoient conceuës de ſon Gouvernement: mais il les ſurpaſſa de beaucoup. D'abord il fit bâtir des Egliſes en divers quartiers de l'Ile. Il prit ſoin que les Preſtres fuſſent bien logez & entretenuz, afin qu'ils puſſent vacquer à leurs charges ſans divertiſſement. Sa Juſtice parut au bel ordre qu'il établit pour la rendre bonne, briève, & gratuite, par un Conſeil compoſé des plus ſages & des plus entendus d'entre les Officiers de l'Ile.

l'Ile. Sa Vigilance corrigea tous les desordres, qui se glissent facilement parmy des personnes recueillies de divers endroits, & composées de differentes humeurs. Sa Prudence, qui n'est jamais surprise, & qui est toujours accompagnée d'une clarté, & d'une sage prevoyance en l'occurrence soudaine des affaires les plus épineuses, le fit admirer également & de ceus qu'il gouvernoit, & de ses Voisins. La Grandeur de son esprit, qui luy fit surmonter toutes les difficultez qu'il trouva en l'accomplissement de ses desseins, le rendit redoutable aus broüillons. Son Affabilité, son facile accés, & le bon accüeil qu'il faisoit aus étrangers, attira le commerce & l'abondance dans son Ile. Sa Bonté & sa Liberalité luy aquit à juste titre les cœurs & les affections des François. Enfin, sa Generosité éprouvée en plusieurs rencontres, tant en France aus emplois tres-honorables qu'il a eus dans les armées de sa Majesté, qu'en l'Amerique depuis qu'il y commande, en la conservation, ou amplification, & en la conqueste de tant de places considerables, donna dés lors de la terreur à l'Espagnol, qui jusques à present n'a osé traverser ses belles & glorieuses entreprises.

Monsieur le General, ayant établi dans l'Ile de S. Christofle, tout le bon ordre qui étoit necessaire pour entretenir les Habitans en une bonne concorde, pour y attirer toutes sortes de biens & y faire fleurir le trafic: & l'ayant renduë la plus belle & la plus illustre de toutes les Antilles, comme nous l'avons representé au Chapitre 4 du premier Livre de cette Histoire, il étendit puis apres la Colonie Françoise dans les Iles de Saint Bartelemy, de Saint Martin, & de Sainte Croix, déquelles nous avons fait la description en son lieu, mais il nous reste encore quelques circonstances bien considerables, touchant la conqueste de l'Ile de Sainte Croix, léquelles nous ajoûterons en cet endroit.

Cette Ile, a eu plusieurs maitres en bien peu de tems, & durant plusieurs années les Anglois & les Hollandois ont contesté ensemble à qui elle seroit. Enfin ils l'avoient partagée entre eus: Mais en l'an mil six cens quarante neuf, les Anglois ayans remarqué que les Hollandois étoient en petit nombre, les obligerent à leur laisser toute la place. Toutefois

ils

ils ne joüyrent pas long tems de leur usurpation. Car bien tôt aprés, les Espagnols de l'Ile de Porto Rico y firent une descente, brulerent les maisons, tuerent ceus qu'ils trouverent sous les armes, & firent transporter les autres, avec leurs femmes, & leur bagage, en l'Ile de la Barboude.

Aprés qu'ils eurent ainsi depeuplé cette Ile, comme ils étoient sur le point de remonter dans leurs vaisseaus, pour s'en retourner en leur terre, voicy arriver un navire des Iles de Saint Eustache & de Saint Martin, qui étoit chargé d'hommes, léquels ayant apris la deroute des Anglois, dans la creance que l'Espagnol s'étoit déja retiré, venoient relever les droits, & les pretentions que la Nation Hollandoise avoit sur cette Ile : mais la partie étant inegale, veu que les Espagnols étoient dix contre un, ils furent contrains de composer. Le dessein des Espagnols qui leur avoient promis bon quartier, & qui les tenoient prisonniers, étoit de les mener à Porto-Rico à leur Gouverneur, qui selon l'humeur Espagnole, ne leur eut peut estre pas fait un trop bon party.

Lors donc qu'ils meditoient leur retour avec ces prisonniers, qui étoient venus d'eux mêmes se jetter entre leurs mains : deus navires François chargez de Soldats, de vivres, & de toutes sortes de munitions de guerre aborderent en l'Ile, étant envoyez de la part de Monsieur de Poincy leur General, pour chasser l'Espagnol de cette terre, & la conquester pour le Roy. Ce secours vint bien à propos pour la delivrance des Hollandois : Car les Espagnols ayant veu nos gens, qui descendoient alaigrement & en bon ordre, & qui d'abord formerent sur terre un gros de vaillans hommes bien armez, & en disposition de combattre, ils lâcherent incontinent leurs prisonniers, & aprés quelque pourparler, les François leur firent commandement de vuider à l'instant de l'Ile, & de r'entrer dans leurs vaisseaus, à faute dequoy ils les chargeroient comme ennemis, tels qu'ils étoient, & ne leur donneroient aucun quartier. A quoy ils aimerent mieus obeir, que d'experimenter la valeur des nôtres, & le sort des armes, quoy qu'ils fussent en plus grand nombre.

Monsieur le General reconnoissant selon son exquise prudence, l'importance de cette Ile, qui peut faciliter d'autres con-

conquestes, encore plus glorieuses, jugea qu'il falloit accompagner de si heureus commencemens, d'un grand soin pour la conserver, & la munir d'un nombre considerable de vaillans hommes, & sur tout d'un chef genereus & experimenté, pour y commander en son nom. Pour cet effet il y envoya Monsieur Auger Major de l'Ile de Saint Christofle, qui avoit exercé cette charge avec grande approbation par plusieurs années, & il le revêtit de la qualité de Gouverneur de cette Ile. Il mourut en l'exercice de cette charge, au grand regret de tous les habitans, aprés avoir mis l'Ile en bon ordre, redressé ses ruines ; & donné les commencemens à un fort, qu'il avoit luy même dessiné, pour la seureté des vaisseaus, qui viendroient cy aprés à la rade, & pour faire perdre aus Espagnols, toute envie d'y descendre à l'avenir, pour y faire des ravages. La conqueste de cette Ile fut faite, en la façon que nous venons de dire en l'an 650.

Si cette Colonie, doit ses commencemens à la generosité de Monsieur le General, qui ne laisse écouler aucune occasion capable d'amplifier la gloire & le nom de la Nation Françoise, elle luy est aussi redevable de sa conservation, & de son accroissement. Car il a eu soin d'y faire passer des hommes, & d'y envoyer des vivres, jusques à ce que la terre en eut produit, & tous les raffraichissemens necessaires en de nouveaus établissemens, & notamment les munitions de guerre qu'il faut en une place, qui est si voisine de l'ennemy, & qu'il a enlevée devant ses yeus, & sous sa main. Pour faciliter ce dessein, il a eu long tems en mer un de ses navires commandé par le Capitaine Maucel, duquel la vertu, la fidelité, le courage, & l'adresse, ont esté éprouvées en plusieurs rencontres signalées. Il faisoit le voyage ordinaire de Saint Christofle à Sainte Croix, pour y porter tout ce qui pouvoit faire besoin, à cette nouvelle Colonie.

Les Hollandois, avoient edifié sur une agreable eminence de cette Ile, une belle Eglise bâtie en forme de Croix. Si les Espagnols respectant ce signe sacré, qui étoit sur le clocher, n'ont pas ruiné cet edifice: nos François doivent cette maison d'oraison à la pieté & au zele d'une Compagnie de Marchands de la ville de Flessingue, qui fit premierement habiter cette Ile, sous la commission de Messieurs les Etats. Le

Le Roy à present régnant, étant informé de toute la gloire que Monsieur de Poincy a aquis, & qu'il aquiert journellement à nôtre Nation, & combien sa presence est necessaire en l'Amerique, a confirmé de nouveau ce Genereus Chevalier en la charge de son Gouverneur & Lieutenant General en ces quartiers là, & la Reyne pendant sa Regence, a hautement loüé ses dignes actions, & sa fidelité au service du Roy.

En l'an 1651 Monsieur le General, traitta sous le bon plaisir du Roy: avec la Compagnie dont nous avons parlé, & l'ayant remboursée de tous les frais qu'elle avoit faits pour l'établissement de cette Colonie, a aquis de ces Messieurs qui composent cette Compagnie, la Seigneurie & propriété fonciere des Iles de Saint Christofle, de Saint Bartelemy, de Saint Martin, de Sainte Croix, & des adjacentes, & cela au nom & au profit de son ordre de Malte, qui par ce moyen est accreü de l'une des plus belles, des plus riches, & des plus honorables Seigneuries dont il joüisse, sous la Souveraineté de sa Majesté Tres-Chrestienne. Et depuis le Roy a fait don absolu de toutes ces Iles, à l'Ordre de Malte, à la seule reserve de la Souveraineté, & de l'hommage d'une Couronne d'or de redevance, à chaque mutation de Roy, de la valeur de mil escus, comme il paroit par les lettres patentes de sa Majesté, du mois de Mars 1653.

Monsieur du Parquet Gouverneur de la Martinique, à aussi aquis de la même Compagnie la Seigneurie des Iles de la Martinique, de la Grenade, & de Sainte Alousie. Monsieur d'Hoüel Gouverneur de la Gardeloupe a fait la même chose pour les Iles de la Gardeloupe, de Marigalante, de la Desirade, & des Saintes. Ces deus dernieres ne sont pas encore peuplées. Mais il a demandé par avance la Seigneurie de ces terres, afin que d'autres ne s'en puissent civilement emparer. Car il faut savoir, que la Compagnie des Iles de l'Amerique, laquelle est maintenant abolie, avoit obtenu du Roy, toutes les Antilles habitées, & à habiter par succession de tems. De sorte que ces Messieurs, qui ont traitté avec cette Compagnie ont fait mettre dans leur octroy, des Iles qu'ils n'ont pas encore habitées, mais qui sont en leur voi-

O o sinage,

sinage, & à leur bienseance : & incontinent qu'ils auront assez d'hommes en leurs autres Iles, ils en feront passer en celles là, si ce n'est que les Anglois, ou les Hollandois s'en emparassent auparavant. Car c'est une régle generale, qu'une Terre qui est sans habitans est au premier occupant. Et l'Octroy du Roy, ou de la Compagnie, ne sert, que pour parer ces Messieurs contre quelcun de nôtre Nation, qui pourroit courir sur leurs desseins.

Ainsi toutes ces Iles que les François tiennent aujourduy en l'Amerique, relevent entierement du Roy pour la Souveraineté & de Messieurs de Poincy, du Parquet, & d'Hoüel, pour la Seigneurie, sans plus reconnoitre la Compagnie, qui a cedé en leur faveur tous ses droits, & toutes ses pretentions.

Quant à la suite des Gouverneurs Anglois de l'Ile de Saint Christofle. Monsieur Ouarnard étant mort apres avoir glorieusement étably sa Nation dans les Antilles, & avoir peuplé en particulier l'Ile de Saint Christofle, de douze à treize mille Anglois : Monsieur Riche qui étoit premier Capitaine de l'Ile fut étably en cette charge, & celuy-cy pareillement étant decedé, Monsieur Euret fut pourveu du Gouvernement, qui l'administre encore aujourduy, avec la capacité & l'approbation singuliere, que nous avons déja representée, en parlant de l'Ile de Saint Christofle.

Au reste lors que les Nations étrangeres arriverent en ces Iles, elles se logerent au commencement à peu prés comme les Habitans naturels du païs, sous de petis couverts, & dans de simples huttes, & cabannes, faites du bois même qu'ils coupoient sur le lieu, en défrichant la terre. On voit encore dans les Colonies naissantes, plusieurs de ces foibles edifices, qui ne sont soutenus que par quatre ou six fourches, plantées en terre, & qui pour murailles ne sont entourez & pallisadez que de roseaus, & pour toit, n'ont que des fueilles de palmes, de cannes de sucre, ou de quelqu'autre herbe. Mais en toutes les autres Iles, où ces Nations sont mieus établies, on voit à present plusieurs beaus edifices de charpente, de pierre & de brique, qui sont faits en la même forme que ceus de leur païs ; excepté, que pour l'ordinaire ils n'ont qu'un étage,

étage, ou deus au plus, afin qu'ils puissent plus facilement
esister aus vens, qui soufflent quelquefois avec beaucoup
d'impetuosité en ces quartiers là. Nous avons assez parlé de
ces edifices, dans l'occasion qui s'en est presentée, lors que
nous avons décrit chacune des Antilles en particulier.

Mais nous ajouterons seulement icy, que sur tout, les Anglois qui habitent ces Iles, sont pour la plûpart commodement logez, & proprement ajustez en leur ménage, parce qu'ils s'arrétent dans les Colonies, & les embellissent comme si c'étoit le lieu de leur naissance. Ils sont aussy presque tous mariez, ce qui fait qu'ils travaillent mieus à s'accommoder, que ceus qui menent une vie de garçon, comme font plusieurs entre les François.

Nous avions dessein pour la clôture de ce Chapitre de coucher icy tout le procedé que tint Monsieur Auber, pour faire la paix avec les Caraibes: lors qu'il vint prendre possession du Gouvernement de la Gardeloupe: mais à cause que le discours en est un peu long, & qu'il peut donner de grandes lumieres, pour connoitre le naturel de ces Indiens dont nous avons à traitter en ce deuziéme Livre; nous avons creu qu'il n'en falloit rien retrancher, & qu'il meritoit bien de remplir un Chapitre tout particulier.

CHAPITRE TROISIÉME.

De l'afermissement de la Colonie Françoise de la Gardeloupe, par la paix, qui fut faite avec les Caraibes de la Dominique, en l'an 1640.

LEs premiers d'entre les François qui occuperent l'Ile de la Gardeloupe, y aborderent en l'an 1635, par les Ordres d'une Compagnie de Marchands de la ville de Dieppe, qui sous l'autorité de la Compagnie Generale des Iles de l'Amerique établie à Paris, y envoyerent les Sieurs du Plessis & de L'Olive, pour y commander en leur nom. Mais le premier étant mort peu de mois aprés son établissement, &

l'autre par la perte de sa veuë, & par ses maladies continuelles étant rendu inhabile à gouverner une Colonie naissante, comme nous l'avons déja representé dans les Chapitres precedens. Monsieur de Poincy pourveut dignement à tout ce qui étoit necessaire pour l'entretien des nôtres en cette Ile, laquelle auroit esté abandonnée sans les grands soins qu'il prit d'y envoyer des troupes auxiliaires sous la conduite de Monsieur de la Vernade, & de Monsieur de Sabouilly, pour s'opposer aus desseins des Caraibes, qui leur en contestoient puissamment la possession; de sorte que si cette Colonie ne doit pas son premier établissement à Monsieur le General de Poincy, elle luy est redevable au moins de sa conservation, & de sa subsistence. Il approuva aussi & confirma au nom du Roy, la nomination que la Compagnie des Iles avoit fait de Monsieur Auber, pour estre Gouverneur de cette Ile.

Ce nouveau Gouverneur, prêta serment de fidelité entre les mains de Monsieur le General le 20 d'Octobre 1640. Mais avant que de descendre à Saint Christofle, le navire qui l'avoit passé de France en Amerique, ayant mouillé prés de la Dominique, plusieurs Sauvages qui avoient reconnu de loin le navire, & jugé par les signes de bien-vueillance qu'on leur donnoit, qu'ils n'avoient point d'ennemis dans ce vaisseau, prirent l'assurance d'y entrer. Par bonheur, ceus qui l'étoient venu reconnoître, étoient les premiers Capitaines de l'Ile. Monsieur Auber se resolut de profiter de cette occasion, jugeant qu'elle étoit tres-favorable pour r'entrer en alliance avec ce peuple, qui avoit été éfarouché, & presque entierement alienè des François par les violences & les Rigueurs de Monsieur de l'Olive, l'un de ses predecesseurs en la charge, & par la mauvaise conduite de ceus qui commandoient le secours que Monsieur le General avoit envoyé à nos gens qui étoient en cette Ile. Et parce qu'il s'avoit que ceus de cette Nation se laissent facilement gagner par caresses & par petis presens, il n'oublia rien de tout ce qui pouvoit contribuer à l'avancement de son dessein.

Il leur fit donc savoir qu'il venoit de France, & qu'il étoit envoié pour commander en l'Ile de la Gardeloupe: Qu'il avoit apris avec regret, les diférens qu'ils avoient eus avec les

Fran-

François dépuis quelques années: Qu'il venoit avec intention de les terminer à l'amiable; Et qu'il vouloit estre leur bon Compére, & leur bon voisin, & vivre avec eus comme avoit fait feu Monsieur du Plessis leur bon amy. Il faisoit entremêler cet entretien de force verres d'eau de vie, qu'il leur faisoit presenter.

Ces Sauvages voyant une reception si franche, & si cordiale; aprés avoir parlé entre eus en leur langage de guerre, qui n'est entendu que des Anciens chefs de leurs entreprises, se resolurent d'accepter l'ofre qui leur étoit faite, & de renoüer l'ancienne amitié, en renonçant à tout ce qui pourroit entretenir cette guerre sanglante, qui avoit tant incommodé les deus partis. Mais avant que de rien promettre ils demanderent à Monsieur Auber, si Monsieur de l'Olive, Monsieur Saboüily, & tous ceus qui avoient suivy leurs violences sortiroient de l'Ile. Et luy leur ayant répondu, qu'il les y obligeroit, ils dirent que cela étoit necessaire, & qu'autrement ils seroient toujours fâchez contre les François, par ce que disoient ils, *l'Olive & Sabouly point bons pour Caraïbes*. Ce sont leurs mots. La dessus, Monsieur Auber les ayant assurez que cela demeureroit arresté, & que pour luy il leur seroit bon, s'ils vouloient aussi estre bons: ce qu'ils promirent, il leur fit faire grand' chére, & les r'envoya avec des présens, & bien satisfaits.

De la rade de la Dominique, Monsieur Auber alla à la Gardeloupe, pour y poser son Equipage; & de là à Saint Christofle, pour y rendre ses devoirs à Monsieur le General, qui fut joyeus du bon chois que la Compagnie des Iles avoit fait de sa personne; & le confirma en sa charge au nom du Roy, aprés qu'il eut prêté le serment de fidelité.

Il partit bien tôt aprés de Saint Christofle pour se rendre en son Gouvernement: où étant arrivé il fut reçeu avec joye par tous les habitans qui l'avoient en une haute estime pour son experience, en tout ce qui pouvoit servir à l'avancement des Colonies naissantes, & par ce qu'ils étoient persuadez qu'il étoit remply d'une prudence singuliere pour remedier aus desordres passez, d'une generosité capable de resister aus difficultés presentes, & d'entreprendre ce qui seroit necessaire pour le bien & le repos de l'Ile, & d'une douceur & afabilité qui l'avoient rendu recommandable à tous ceus de Sainct Chriftofle, léquels auffi l'avoient reconnu pour un de leurs meilleurs Capitaines. Sa commiffion fut leuë & publiée à la tefte des Compagnies de l'Ile par deus Dimanches confecutifs qui furent le 25 de Novembre & le fecond de Decembre de l'an 1640.

La guerre, qui s'étoit allumée entre les Sauvages & ceus de noftre Nation, par le mauvais confeil de quelques efprits remuans, & par la facilité du Gouverneur precedent qui leur avoit prété l'oreille ; Et les divifions, les defiances, & les partialités, que ces broüillons avoient fufcitées entre les principaus de l'Ile, l'avoient renduë la plus défolée de toutes les Colonies de l'Amerique. La difété des vivres en avoit reduit plufieurs à des extremites fi grandes, que la vie leur étoit ennuyeufe, & la mort fouhaitable. L'aprehenfion en laquelle ils étoient continuellement d'étre furpris par les Sauvages, les obligeoit à fe tenir inceffamment fous les armes, & à laiffer leurs jardins & leurs habitations en friche : Et le rude infuportable traitement qu'ils recevoient de quelques officiers qui abufoient de leur autorité, les avoit tous reduits à la veille d'une ruine inevitable.

Mais dépuis que Monfieur Auber eût efté reconnu pour leur Gouverneur, par l'acclamation unanime de tous les habitans, & qu'il leur eût donné les nouvelles de la paix, qu'il avoit concluë avec les Sauvages leur voifins, laquelle il efperoit de voir bien tôt ratifiée, par toutes les affurances qu'on pouroit atendre d'une Nation fi peu civilifée qu'eft celle des Caraibes : les perturbateurs du repos public s'écarterent, & les gens de bien fe virent en feureté, fous la fage conduite de ce digne Gouverneur, qui n'oublioit rien de tout ce qui pouvoit contribuer à remétre l'Ile en bon ordre. De forte, que cette Ile prit en un inftant une nouvelle face : La juftice commença à y refleurir, la bonne union & le travail des habitans y rapella l'abondance le commerce, & la paix, qui s'en étoient retirez : Et la pieté du chef, convia tous les menbres de cette Colonie à bien vivre à fon exemple.

Quoy

Quoy qu'il eût traité de paix avec les Sauvages, il fut neantmoins d'avis, crainte de surprise, que les habitans se tinssent toûjours sur leurs gardes. A cét éfet il ordonna des sentinelles en tous les lieus où les Caraibes pourroient le plus facilément aborder sans estre découverts: Il changea les corps-de-garde, & les plaça en des lieus plus avantageus; Et il reprima par son autorité ceus qui vouloient ruiner les premiers fondemens qu'il avoit jettez d'une ferme paix, & d'une étroite alliance avec ces ennemis reconciliez, les obligeant par ses défenses expresses de cesser tous actes d'hostilité, afin de ne pas troubler par leurs animositez particulieres, cette confederation si necessaire, pour le bien general de tous les habitans.

Les Iles subsistant par le commerce, Monsieur Auber reconnut, qu'il n'y avoit rien qui les décretitât plus que les mauvaises Marchandises que l'on y fait; Et par ce que le Tabac étoit la seule qui avoit cours en ce tems-là à la Gardeloupe; ayant apris que plusieurs en débitoient, qui n'étoit pas de mise, ce qui auroit décrié l'Ile envers les Etrangers, qui n'y auroient plus envoié leurs navires, il établit des personnes intelligentes en Tabac, qui le visitoient soigneusement, & qui jettoient dans la mer celuy qui se trouvoit ou pourry, ou défectueus en quelcune des qualités qu'il doit avoir pour estre parfait.

Ce bon ordre, & dans la milice, & dans la police, rendit cette Ile Florissante en peu de tems: Et sa renommée y atira plusieurs Marchands, & convia un grand nombre d'honnêtes familles, à y venir prendre leur demeure, & à s'y établir.

Pour revenir maintenant à nos Sauvages, qui avoient visité Monsieur Auber en son navire, & qui avoient traité de paix avec luy sous les conditions que nous avons dites, ils ne furent pas plûtôt retournez en leur terre, où ils étoient attendus avec impatience, sur ce qu'ils avoient demeuré un peu long tems au navire, qui étoit en leur rade, qu'ils publierent par toute l'Ile l'amiable aciieil qu'ils avoiët reçeu: Ils ne pouvoient assés priser le bon traitément que le Gouverneur nouvellement venu de France leur avoit fait. Les beaus presens qu'il leur avoit donnez confirmoient autentiquement sa

bonté

bonté & sa liberalité. Et ils ajoutoient que leurs ennemys l'Olive & Sabouly devant sortir de la Gardeloupe, ils avoient fait la paix avec ce brave Compére, qui les avoit si bien receus, qu'il étoit digne de leur alliance. Que pour ne luy donner aucun sujet de défiance, il faloit desormais s'abstenir des courses, qu'ils avoient coutume de faire en la terre de la Gardeloupe, depuis qu'ils étoient en guerre. Et que lors qu'ils s'auroient que ce nouveau Gouverneur seroit fermément étably, ils iroient le visiter avec des presens, & confirmer solennellement cette paix, qui leur seroit si profitable à l'avenir. Les Caraibes, qui avoient perdu plusieurs de leurs hommes dans les combats qu'ils avoient eus contre les François, & qui se lassoient d'avoir à faire à des ennemis si adroits & si courageus, furent bien aises de l'heureuse rencontre qu'avoient fait quelques uns de leurs principaus Capitaines. De sorte qu'ils approuverent ce qu'ils avoient arrêté avec Monsieur Auber, & aquiescerent à tout ce qui leur étoit proposé, pour entretenir & pour afermir d'oresenavant cette paix.

Prés de cinq mois s'écoulerent, pendant lesquels les Sauvages tinrent ponctuellement la promesse qu'ils avoient faite à Monsieur Auber, de ne plus inquiéter les François. Aprés quoy s'étant persuadez que ce tems-là luy devoit avoir sufy pour s'accommoder à la Gardeloupe, y mettre les ordres necessaires, & informer les habitans de l'aliance qu'ils avoient contractée ensemble à la rade de la Dominique, ils se resolurent de luy envoyer une deputation solemnelle, pour confirmer la paix, & luy souhaitter toute prosperité en son Gouvernement. Il y avoit de l'empressement parmy ces Sauvages, à qui auroit l'honneur d'une Commission de si grande importance, & de laquelle ils ne doutoient aucunement qu'ils ne receussent des avantages singuliers. Ils se résolurent donc, pour contenter les plus apparens d'entr'eus, qui étoient competiteurs en cette ambassade, d'en établir chefs deüs de leurs plus anciens, & de leurs plus renommez Capitaines: & de donner à chacun une escorte considerable, composée de l'élite de leurs plus braves Officiers & soldats. Et afin qu'il n'y eut point de jalousie entre les Capitaines, ils trouverent
bon

bon de les faire partir en deus différentes Pirangues, chacun avec sa suite, & dans cét ordre que l'un devanceroit l'autre d'un jour.

Le premier de ces Ambassadeurs se nommoit le Capitaine *Amichon*, fort consideré parmy eus, qui fut accompagné de trente des plus lestes & des plus adroits de la Dominique. Monsieur Auber dit, qu'il n'a point veu depuis de Sauvages plus beaus, ni de plus agiles. Ces Sauvages donc se confiant en la parole qu'il leur avoit donnée à leur rade, aborderent à la Gardeloupe : Et aussi tôt qu'ils eurent apris de celuy qui commandoit au corps de garde, que Monsieur Auber étoit en l'Ile, & qu'il y étoit en bonne santé, ils descendirent hardiment à terre & demanderent à le voir, ayant laissé cependant quelques uns des moins considerables de leur troupe, pour garder la Piraugue. Pendant qu'on aloit donner avis à Monsieur le Gouverneur de l'arrivée de ces deputez de la Dominique, le Capitaine Amichon qui devoit porter la parole, luy envoya deus des plus gaillars de sa suite, chargez des plus beaus fruits de leur tetre, qu'ils avoient aportez pour luy en faire present.

Monsr̄ ur Auber fut fort joyeus de leur arrivée. Et ayant incontinent commandé à ceus de sa maison, & à tout le quartier de ne leur donner aucune occasion d'aprehender quelque mauvais traitément, il prit la peine d'aller luy même au devant d'eus, avec un visage qui témoignoit assés qu'ils étoient les bien venus. Il ne faut pas se mettre icy beaucoup en peine, pour coucher la harangue & les complimens que le Capitaine Amichon luy fit en cette premiere rencontre. Il avoit été l'un de ceus qui avoient veu Monsieur Auber en son navire à son arrivée de France, & il n'eut point de peine à le reconnoitre. D'abord il luy fit entendre, qu'il venoit pour confirmer ce qu'ils avoient resolu ensemble à la rade de la Dominique, touchant une bonne paix : & que tous les Caraibes de sa terre le souhaitoient aussi. Monsieur Auber avec cette affabilité & cette grace particuliere qu'il a pour gagner les cœurs de ceus qui traitent avec luy, leur donna sur le champ assés clairement à entendre, & par son interpréte, & par sa contenance, qu'il garderoit toujours de sa part une

P p union

union inviolable, pourveu qu'ils n'y contrevinssent pas les premiers. Aprés, il les fit entrer en sa maison : Et par ce qu'il savoit que la bonne chére étoit le meilleur sceau qu'il pût aposer à ce traité de paix, il leur fit aussi tôt presenter de l'eau de vie, & servir de tout ce qui se trouvoit de plus apétissant dans l'Ile. En suite il courona le festin par ses presens de toutes les curiositez qui sont le plus estimées parmy cette Nation. Et afin que tous les Députez eussent part à la bonne chére & aus liberalitez des Monsieur le Gouverneur, ceus qui avoient été traitez furent prendre la place de ceus qui étoient demeurez à la garde de la Piraugue, qui eurent aussi à leur tour, tout sujet de se louër du bon traitement qui leur fut fait, & des presens qui leur furent distribuez de même qu'aus premiers. Le Capitaine Amichon n'oublia pas, selon la coutume dont ils usent envers leurs amis, de prendre le nom de Monsieur Auber, & de luy donner le sien.

Aprés qu'ils eurent tous été comblez des biens & des civilitez de Monsieur le Gouverneur, ils retournerent fort joyeus en leur Piraugue, & firent voile du côté de leur Ile. Ils trouverent à un certain rendez-vous dont ils étoient convenus avant que de partir de la Dominique, l'autre Piraugue, qui étoit chargée du second Chef de la députation, nommé le Capitaine *Baron*, avec sa suite. Et comme ce second Capitaine eût apris du premier tout l'agreable acüeil & toute la bonne chére que Monsieur Auber avoit faite à luy & à ses gens, il se rendit le lendemain à la Gardeloupe. Ce Baron avoit été l'un des meilleurs amis de Monsieur du Plessis, qui étoit mort Gouverneur de la Gardeloupe, en égale autorité avec Monsieur de l'Olive son Collegue, lequel aprés la mort de Monsieur du Plessis avoit fait imprudemment la guerre aus Sauvages.

Ce Capitaine donc, qui avoit visité diverses fois feu Monsieur du Plessis, & qui conservoit un souvenir particulier de l'amitié qu'il luy avoit portée, étant persuadé de la generosité des François, mit d'abord pied à terre avec sa Compagnie, & fut conduit au logis de Monsieur Auber, qui leur fit toute la même réception qu'il avoit faite aus premiers. Et même quand il eut apris que ce Capitaine étoit le Compere de feu

Mon-

Monsieur du Plessis, c'est à dire l'un de ses confidens & de ses meilleurs amis, il le traita avec plus de témoignages d'afection que les autres, & lia une amitié particuliere avec luy, recevant son nom & luy donnant le sien. Ainsi ces nouveaus hôtes se retirerent encore plus satisfaits que les premiers, & promirent de continuer leurs visites à l'avenir. Mais les uns & les autres firent raport en tous leurs Carbets de la civilité & du bon acüeil du nouveau Gouverneur.

Le Capitaine Baron, qui s'étoit si bien trouvé de sa premiere visite, ne tarda guére sans avoir envie d'en faire une seconde. Et ce fut en celle-cy que Monsieur Auber luy fit voir un des fils de feu Monsieur du Plessis, auquel ce Capitaine fit mille caresses, en memoire de son Pere, qu'il appelloit son bon Compere, & l'amy de sa Nation. En éfet ce Gentil-homme avoit aquis l'afection des ces Barbares, qui respectoient ses merites, & les belles qualitez qu'il avoit pour commander.

Aprés cette visite, & plusieurs autres que les Caraibes faisoient presque tous les jours, Monsieur Auber voulut estre asseuré d'eus par ôtages, qu'ils tiendroient ferme l'alliance. Il s'adressa pour cét éfet au Capitaine Baron, avec lequel il avoit contracté une amitié plus étroite qu'avec les autres, & qui l'appelloit son Compere, comme ayant succedé à l'alliance qui avoit autrefois été entre Monsieur du Plessis & luy : Monsieur Auber demanda donc un jour à ce Capitaine, s'il ne trouvoit pas raisonnable que pour s'assurer de ceus de sa Nation, il leur demandat quelques uns de leurs enfans en ôtage. Cét homme qui avoit le raisonnement beaucoup meilleur, & le jugement beaucoup plus vif que l'ordinaire des Sauvages, répondit aussi-tôt, qu'il faloit faire la condition égale : & que s'ils donnoient de leurs enfans aus François, il étoit juste aussi que les François leur en donnassent des leurs. Il presenta sur l'heure à Monsieur Auber quelques uns de ses enfans qui l'avoient accompagné : Et Monsieur Auber prenant l'occasion, & acceptant l'offre, choisit entr'eus tous un jeune garçon qui avoit un air plus agreable, une façon plus atrayante, en un mot je ne say quoy de plus aimable que ses autres Fréres. Le Pere accorda son fils, & le fils donna son consentement à demeurer avec Monsieur Auber, sans aucune répugnance. Ce qui est bien considerable parmy des Sauvages. Il s'apelloit *Iamalaboüy*. Dés ce jour-là Monsieur Auber le traita comme son fils, & ne le nommoit point autrement. Aussi le jeune garçon, de son côté, l'appelloit son Pere. Il ne paroissoit point contraint dans ses habits, lors qu'il fut habillé : & il n'eut pas beaucoup de peine à s'acoutumer à nôtre fasson de vivre. Le Capitaine Baron demandoit de sa part, en échange de son fils, un des fils de Mademoisele Auber, qui avoit été mariée en premieres Noces à feu Monsieur du Plessis, & qui l'étoit en secondes à Monsieur Auber. Mais Monsieur Auber ayant representé à ce Capitaine, que le jeune du Plessis étoit d'une nature trop delicate pour pouvoir suporter la fasson de vivre des Caraibes, il le fit consentir à accepter en ôtage, au lieu de luy, l'un de ses serviteurs qui s'ofroit volontairement à le suivre. Ce jeune homme qui étoit d'une forte complexion, demeura quelques mois avec ces Sauvages, qui le tratoient avec beaucoup de douceur. Mais soit que le changement d'air, ou le changement de nourriture, eût alteré sa bonne disposition, il tomba malade quelque tems aprés. Ce que le Capitaine Baron ayant aperceu, & craignant que s'il mouroit entre leurs mains, il n'en reçeut du reproche, il le ramena à Monsieur Auber avec grand soin, sans luy demander une autre personne en sa place, disant que pour ôtage il ne vouloit que la parole de son Compere. Il est vray qu'il solicita son fils à retourner : mais il ne put l'y induire, le garçon disant, qu'il se trouvoit beaucoup mieus avec Monsieur Auber qu'avec son Pere.

Le Capitaine Baron, ayant laissé à la Gardeloupe un si precieus gage, prenoit souvent occasion de visiter Monsieur Auber, & par même moyen de voir son fils : Et se sentant infiniment redevable à Monsieur Auber de tant de biens qu'il recevoit de luy, & singulierement de l'afection si tendre qu'il portoit a son fils, lequel il avoit en ôtage, il chercha les occasions de luy en témoigner quelques reconnoissance. Il s'avisa donc de luy déclarer que durant les guerres que ceus de sa Nation avoient euës contre les François commandez

dez par Monſieur de l'Olive, il avoit fait ſon priſonnier de guerre un jeune homme François, à qui il avoit donné la vie, par ce qu'il avoit été autrefois au ſervice de Monſieur du Pleſſis ſon Compere : Et qu'il y avoit prés de trois ans qu'il le tenoit dans une honnête liberté, bien qu'ayant été pris les armes en main, & dans la chaleur du combat, il eut pû le faire mourir. Mais qu'il n'avoit pas voulu uſer de rigueur, en conſideration de l'ancienne amitié qu'il avoit euë autrefois avec Monſieur du Pleſſis, à la ſuite duquel il ſe ſouvenoit d'avoir veu ce François. Monſieur Auber ayant compaſſion de ce pauvre jeune homme, pria le Capitaine Baron de le luy vouloir ramener. Ce qu'il luy accorda volontiers : & peu de jours aprés il ſatisfit à ſa promeſſe ; & celuy qui avoit été delivré par ce moyen, a demeuré dépuis à la Gardeloupe, fort long-tems.

Ce genereus Capitaine, ne ſe contentant pas d'avoir ainſi obligé Monſieur Auber, & relâché à ſa conſideration ſon priſonnier, luy donna avis qu'un autre Capitaine de la Dominique avoit encore un François en ſa maiſon, auſſi priſonnier de guerre, & s'offrit de s'employer auprés de ce Capitaine, pour le faire mettre en liberté. Ce qu'il executa avec une fidelité & une affection nompareille, ramenant peu de jours aprés cét autre priſonnier, qui ſe nommoit *Iean Iardin.* Ce jeune homme ayant beaucoup d'eſprit avoit gagné les bonnes graces, non ſeulement du Capitaine dont il étoit le priſonnier, mais de tous les Caraibes qui luy portoient autant d'aſection que s'il eût été de leur Nation même. Et il avoit la memoire ſi heureuſe, qu'il avoit apris leur langue en perfection.

Monſieur Auber ne pouvant ſoufrir que le Capitaine Baron l'emportât ſur luy en bons offices, & en témoignages d'aſection, outre les preſens qu'il luy faiſoit tous les jours, & l'amitié ſincere qu'il luy montroit en particulier, voulut auſſi. obliger toute ſa Nation. Ce fut lors que ce Capitaine devoit aller en guerre contre les Aroüagues qui habitent en l'Iſle de la Trinité, & que pour ce deſſein il eut fait un armement extraordinaire. Car ce brave Sauvage étant venu dire adieu à Monſieur Auber avant que de partir pour cette expedition,

Mon-

Monsieur Auber luy donna pour mettre dans ses troupes un de ses serviteurs domestiques, qui étoit son giboyeur nommé *Des Serissiers*, qui souhaitoit depuis long-tems de se trouver aus combats de ces Sauvages: Et il le pourveut de bonnes armes à feu, & de toute la munition necessaire pour s'en bien servir. Le Capitaine Baron fut ravy de cette faveur, & l'ayant acceptée avec joye la fit sonner bien haut parmy ceus de sa Nation. Ce volontaire suivit de grand cœur ce Capitaine: & s'étant embarqué il fut au combat contre les Aroüagues de l'Ile de la Trinité, avec une puissante armée de Sauvages de toutes les Iles Antilles; En cette rencontre il fit tout ce qu'on pouvoit atendre d'un vaillant Soldat: & comme il étoit tres-bon fuselier, il tua & blessa tant d'Aroüagues, qui n'étoient pas acoutumez à s'entir l'éfet des armes à feu, qu'enfin ils lâcherent le pied, & s'étant retirez dans les montagnes, laisserent le champ de bataille aus Caraibes victorieus. Dépuis Serissiers passoit parmy ceus de cette Nation pour un grand Capitaine, & ils ne pouvoient assés admirer la bonté de Monsieur Auber, qui s'étoit volontairement privé du service qu'il pouvoit atendre de ce jeune homme pour le prêter à leurs troupes. Nous avons d'original toutes ces particularitez, & Monsieur Auber luy même en est garent.

Pendant tout le tems que Monsieur Auber à gouverné l'Ile de la Gardeloupe, la paix qu'il avoit faite avec les Caraibes a été inviolablement entretenuë de part & d'autre au grand profit des deus Nations. Car les Sauvages par cet accord avoient moyen de traiter avec les François, de coignées, de serpes, de couteaus, & de plusieurs autres outils & marchandises qui leur étoient necessaires: Et les François recevoient d'eus en échange, des Porceaus, des Lézars, des Tortuës de Mer, & une infinité d'autres poissons, & d'autres rafraichissemens, qui leur aportoient un singulier avantage. De sorte que les Caraibes étoient comme les Pourvoyeurs des François, qui travailloient cependant en leurs habitations avec assiduité & seureté.

CHA-

CHAPITRE QUATRIÉME.

Du Trafic & des Occupations des Habitans Etrangers du Païs : & premierement de la culture & de la preparation du Tabac.

EN toutes les Antilles l'argent n'a point de cours pour le trafic ordinaire, mais il se fait par échanges de Marchandises qui croissent au païs, contre celles qui viennent de l'Europe; soit qu'elles consistent en habits & en linge, soit en armes ou en vivres, & en autres commodités necessaires pour passer la vie avec douceur. Et c'est ce qui se pratiquoit chez tous les peuples avant l'usage de la monnoye, & qui se voit encore aujourd'huy en plusieurs Nations Sauvages, & mesmes dans la Colchide, où chacun porte au marché ce qu'il a de trop, pour avoir de ce qu'il n'a pas.

Les Magazins qui se voyent en ces Iles, sont ordinairement fournis de toute sorte de Marchandises qui sont amenées de France, d'Angleterre, de Hollande, & de Zelande, aussi abondamment qu'en lieu du monde. Le prix de chaque Marchandise n'est point laissé à la liberté des marchans qui tiennent les Magazins, mais il est mis à chaque sorte par Messieurs les Gouverneurs, de l'avis de leur Conseil. Les marchandises que les habitans presentent en échange en toutes ces Iles, se reduisent à cinq especes principales, savoir au Tabac, au Sucre, au Gingembre, à l'Indigo, & au Cotton.

Au commencement tous les habitans étrangers des Antilles s'adonnoient à la seule culture du Tabac, qui les faisoit subsister honorablement. Mais depuis que la grande abondance qu'on en a fait en a ravallé le prix, ils ont planté en plusieurs endroits des Cannes de Sucre, du Gingembre, & de l'Indigo : Et Dieu a tellement beny leurs desseins, que c'est une merveille de voir avec quel succés, toute ces marchandises croissent en la plû-part de ces Iles. Et parce que plusieurs qui les voient en l'Europe ne savent pas la façon
que

que l'on apporte à les preparer, il sera à propos pour contenter leur curiosité de parler icy de chacune : & nous y joindrons un mot du maniment du Cotton.

Il est vray que ces matieres ont esté déja traittées par divers Auteurs. Mais outre que nostre Histoire seroit incomplette & defectueuse si nous les passions sous silence, nous pouvons dire icy premierement avec sincerité que tout le discours que nous en allons faire n'est pas une copie, ou une imitation de quelque autre, mais un veritable original, tiré au naturel avec tout le soin, & toute la fidelité possible. De sorte que si nous disons les mêmes choses que d'autres ont dites avant nous, l'on ne doit pas estre marry de voir icy la confirmation d'une verité qui vient de si loin, & dont on ne sauroit avoir trop d'asseurance. Et si ce sont des choses contraires, elles pourront servir à faire voir la faussetè de celles qui leur sont opposées : ou du moins elles prouveront qu'en tous lieus on ne suit pas si exactement une même metode en la preparation de ces marchandises, qu'il ne s'y remarque souvent quelque petit changement. De plus nous esperons aussi que quelques uns trouveront peutestre dans les descriptions suivantes, quelque exactitude & quelque clarté qui ne leur déplaira pas, & que même ils y rencontreront quelque chose de nouveau, qui n'a pas encore esté remarqué ni produit par les Auteurs. Apres tout nous supplions ceus qui croiront ne rien trouver dans ce Chapitre, ni dans le suivant qu'ils ne sachent, & qui puisse ou les instruire, ou les divertir, de passer outre sans blâmer nôtre diligence, & nôtre peine, & de permettre que nous écrivions cecy pour d'autres, qui pourront en recevoir de l'instruction, ou du divertissement.

Pour avoir de beau & bon Tabac, on prepare premierement en saison propre des couches en divers endroits des jardins qui soient à l'abry des vens. On jette dessus la graine qui a été recuëillie des tiges de l'année precedente ; que l'on a laissé croistre & meurir pour servir à cét usage. On mesle de la cendre avec la graine quand on la seme, afin qu'elle ne tombe pas trop épais en de certains lieus. Quand elle commence à lever, on la couvre soigneusement de feüilles

les de Palmiste épineus, ou de branches d'Oranger ou de Citronier, pour la garantir des ardeurs du Soleil, du froid de la nuit, & du degast que les volailles domestiques & les Oiseaus y pourroient faire.

Pendant que la plante croist & devient en état d'étre transplantée, on prepare la place necessaire pour la recevoir. Si l'habitation est nouvellement établie, il faut avoir long tems auparavant abattu le bois, & brûlé les branches sur la terre & sur les souches pour les faire mourir. Que s'il y en reste encore, il faut tirer aus lizieres tout ce qui n'a pas été brûlé afin que la place soit libre. Il est vray qu'il n'est pas besoin de labourer la terre ni de la renverser & remuer profondement, mais il en faut seulement arracher toutes les méchantes herbes, & la nétoyer si soigneusement qu'il n'y reste ni bois, ni écorce, ni feüille, ni le moindre brin d'herbe. Pour cét effet on se sert de Houées larges & tranchantes, qui pélent & écorchent la surface de la terre, & au besoin extirpent la racine des herbes que l'on craint de voir pulluler de nouveau.

Aprés qu'on a preparé la terre en cette sorte, on la partage & divise en plusieurs sillons, éloignez de deus ou trois pieds l'un de l'autre en égale distance. On se sert pour cela des grands cordeaus, qui sont marquez de deus en deus pieds, ou environ, avec une petite piece de drap de couleur qui y est consuë. Et puis on fiche de petis bois pointus en tous les lieus de la terre où ces marques répondent : Afin que quand le tems de transplanter le jeune Tabac arrive, qui est celuy auquel Dieu envoye une bonne pluye, on n'ait rien à faire qu'à planter, sans s'amuser à former les compartimens du jardin.

La plante de Tabac est en état d'étre levée de dessus sa couche, quand elle a quatre ou cinq feüilles assez fortes & épaisses, de la largeur de la paume de la main. Car alors s'il arrive que la terre soit arrosée d'une agreable pluye, tous ceus qui sont soigneus d'avoir de beau Tabac en la premiere saison, ne craignent point de se moüiller, pourveu qu'ils en mettent beaucoup en terre. On voit tous les bons ménagers en un agreable empressement dans leurs jardins. Les uns s'occupent à choisir & à tirer la plante de dessus les couches,

Qq &

& à l'arranger en des paniers: Les autres la portent à ceus qui la plantent en tous les lieus qui ont été auparavant marquez au cordeau, comme nous avons dit.

Ceus qui ont la charge de planter, font un trou avec un bois pointu, à chaque endroit marqué, où ils mettent la racine du Tabac: puis ils ramassent & pressent tout autour la terre, en telle sorte neantmoins que l'œil de la plante ne soit point couvert. Ils font ainsi le long de chaque rangée. Puis ils en recommencent une autre. Aprés qu'ils ont finy cét exercice, la premiere fois que les voisins se rencontrent, leur entretien le plus ordinaire est de s'informer les uns des autres combien ils ont mis de milliers de plantes en terre; & sur cela chacun fonde l'esperance de sa future recolte.

La plante étant mise en terre; ce qui se fait ordinairement à diverses reprises, à cause que la pluye ne vient pas assez abondamment pour le faire tout à coup, ou bien parce que la terre n'est pas préparée à même tems, ou qu'on n'a pas assez de plantes, on ne la laisse pas à l'abandon. Ce n'est encore que le commencement du travail & des soins qu'il y faut apporter. Car il faut être soigneus de la visiter souvent: & aussi tost qu'on a remarqué qu'elle a pris racine, il faut prendre garde que les vers, les chenilles, & autres méchans insectes qui fourmillent en ces païs-là, ne la rongent & ne l'empeschent de croistre.

Il faut en suite, du moins de mois en mois, arracher les mauvaises herbes qui la pourroient étouffer, sarcler diligemment toute la terre, & porter les herbes qu'on a enlevées, à la liziere ou bien loin du jardin: car si on les laissoit en la place d'où elle ont été tirées, la moindre pluye leur feroit prendre de nouvelles racines, & elles se releveroient bien-tost. L'herbe la plus importune, & que l'on a le plus de peine à bannir des jardins, c'est le pourpier qui ne croist en France que par les soins des Jardiniers. On continuë cét exercice, jusques à ce que la plante du Tabac ait couvert toute la terre voisine, & que son ombre empesche toutes les autres herbes nuisibles de se pouvoir élever.

Cela fait, on n'a pas encore de repos, parce qu'à mesure que la plante se hausse & s'élargit, il faut luy retrancher les
feüilles

feüilles superflues, arracher celles qui sont séches, pourries, ou viciées, & la rejettonner, comme on parle, c'est à dire émonder les petis rejettons qui l'empêcheroient de venir en perfection, en tirant le suc des plus grandes feüilles. Enfin, quand la Tige est creuë d'une hauteur convenable, il faut l'arrêter en coupant le sommet de chaque plante, hormis de celles qu'on veut conserver pour en avoir la graine. Aprés toutes ces façons, la plante demeure quelques semaines à meurir : pendant quoy elle donne quelque tréve au soin assidu qu'on en a pris jusques alors.

Mais si l'on ne travaille autour d'elle, il luy faut preparer la place propre pour la mettre à couvert quand elle sera meure. On doit prendre garde que la grange où elle doit être mediocrement séchée, soit bien couverte, & fermée de tous costez; qu'elle soit fournie de plusieurs perches propres pour la pouvoir suspendre; qu'on ait bonne provision de certaines écorces deliées que l'on tire d'un arbre appellé *Mahot*, pour attacher chaque plante sur les perches; & que la place pour tordre le Tabac quand il sera sec, soit en bon ordre.

Pendant que l'on fait tous ces préparatifs, si les feüilles du Tabac quittent un peu de leur premiere verdure, qu'elles commencent à se recourber vers la terre plus qu'à l'ordinaire, & que l'odeur en devienne un peu plus forte, c'est signe que la plante est en maturité. Et alors il faut en un beau jour, aprés que la rosée est tombée de dessus, la couper à un pouce prés de terre, & la laisser sur la place jusques au soir, la retournant une fois ou deus, afin que le Soleil desseche une partie de son humidité. Sur le soir on la porte a pleines brassées sous le couvert. On l'attache par le bas de la tige aus perches, en telle sorte que les feüilles panchent contre bas. Il ne faut pas aussi qu'elles soient par trop pressées les unes contre les autres, de crainte qu'elles ne se pourrissent, ou qu'elles ne puissent sécher faute d'air.

Cette premiere coupe du Tabac étant achevée, on visite souvent les plantes qui séchent, tandis que les autres que l'on a encore laissées sur le pied meurissent. Et lors qu'on apperçoit qu'elles sont en état d'être torses, (nos gens des Iles disent *torquées*) c'est à dire qu'elles ne sont ni trop séches, car elles ne pourroient souffrir le maniment de le roüe : ni aussi trop humides, car elles pourriroient en peu de tems, on les détache des perches, on les arrange à un bout de la grange & on dépoüille chaque tige de toutes ses feüilles en cette sorte.

On met premierement à part les plus longues & les plus larges feüilles, & on arrache la grosse coste, qui est au milieu de chacune : les habitans appellent cela *éjamber*. Les petites feüilles sont mises aussi de costé, pour être employées au dedans de la corde du Tabac ; & les grandes leur servent de couvertures & de robes. Ces feüilles ainsi disposées, sont arrangées sur des planches ou des tables, à costé de celuy qui les doit tordre, & faire la corde telle qu'on la voit sur les rouleaus que l'on envoye par deça.

Il y a de l'industrie à tordre le Tabac : & ceus qui le savent faire avec diligence & dexterité, sont fort estimez, & gagnent beaucoup plus que ceus qui travaillent à la terre. Il faut qu'ils ayent la main & le bras extrémement souples & adroits, pour faire tourner le roüet avec la vitesse & la proportion necessaire, pour rendre la filure de même grosseur par tout.

C'est aussi une adresse particuliere en fait de Tabac, de savoir bien disposer, arranger, & monter, comme parlent les maitres, un rouleau sur les bastons, qui doivent tous être d'une certaine grosseur & longueur, pour éviter la tromperie.

Quand le Tabac est ainsi monté, on le porte au Magazin, & on le couvre de feüilles de Bananier ou d'autres, de peur qu'il ne s'évente, & afin qu'il prenne une belle couleur. Celuy qui a la coupe grasse, noirastre, & luisante, & l'odeur agreable & forte, & qui brûle facilement étant mis à la pipe, est estimé le meilleur.

Nous avons dit que la plante de Tabac se couppoit entre deus terres, & ne s'arrachoit pas : Ce qui se fait à dessein, afin que la racine puisse repousser. Et en effet elle produit une seconde plante, mais qui ne devient pas si forte ni si belle que la premiere. Le Tabac que l'on en fait n'est pas aussi si précieus, ni de si bonne garde. On le nommé, *Tabac de rejetton*, ou de la seconde coupe, ou levée. Quelques uns tirent d'une

même

même souche jusques au troisiéme rejetton. Et c'est ce qui décredite le Tabac qui vient de quelques Iles.

Puisque nous nous sommes tant étendus sur la manufacture du Tabac, il ne faut pas oublier ce qui se pratique par quelques Curieus, pour le rendre même plus excellent que celuy qu'on nommé de Verine, de bonne garde, & d'une odeur qui fortifie le cerveau. Aprés qu'on a mis à part les plantes de la premiere couppe, & pendant qu'elles séchent à la perche, on amasse toutes les feüilles de rebut, les petits rejettons, comme aussi les filamens qu'on tire du milieu des feüilles qui ont été déja émondées, qu'on appelle communement, *jambes de Tabac*. Et aprés les avoir pilées en un mortier, on met tout cela dans un sac, que l'on porte sous la presse pour en exprimer le suc, lequel on fait puis aprés boüillir sur un feu médiocre, jusques à ce qu'il soit reduit en consistance de syrop. Puis aprés il faut mêler en cette decoction un peu de Copal, qui est une gomme aromatique, qui a la vertu de fortifier le cerveau, laquelle coule d'un arbre de même nom, qui est commun en la terre ferme de l'Amerique, & aus Iles du Golfe d'Hondures.

Aprés qu'on a versé cette drogue en la composition, il la faut bien remuër, afin que sa bonne odeur, & ses autres qualitez, se communiquent & se répandent par tout. Puis il la faut retirer du feu, & quand elle est refroidie, la mettre dans un vaisseau prés du Tordeur de Tabac: & il faut qu'à chaque poignée de feüilles qu'il met en œuvre, il moüille sa main dans cette liqueur, & qu'il l'essuye sur les feüilles. Cét artifice a un effet admirable pour rendre le Tabac, & de bonne garde, & d'une vertu qui luy donne un pris extraordinaire.

Le Tabac ainsi composé doit être tordu gros du moins comme le pouce, & mis en suitte en petis rouleaus de la pesanteur de dix livres au plus, puis envoyé en des Tonneaus ou en des Paniers faits à dessein pour le mieus conserver. Quelques habitans des Iles ayans essayé ce secret, ont fait passer leur Marchandise pour vray Tabac de Verinne, & l'ont debitée au même prix.

Qq 3.   Ceus.

Ceus qui s'imaginent que le Tabac croist sans peine, & que l'on en trouve, par maniere de dire, les rouleaus attachez aus arbres de l'Amerique, d'ou il ne faut que les secouër pour les ramasser en suite lors qu'ils sont tombez: Ou qui du moins se persuadent qu'il ne faut pas beaucoup de fasson ni de peine pour les mettre en leur perfection, seront desabusez, s'ils jettent les yeus sur cette relation de la culture & de la préparation du Tabac. Et nous pouvons ajouter, que s'ils avoient veu eus-mêmes les pauvres serviteurs & les Esclaves qui travaillent à ce pénible ouvrage, exposez la plus grande partie du jour aus ardeurs du Soleil, & occupez plus de la moitié de la nuit à le mettre en l'état auquel on l'envoye en l'Europe, sans doute ils estimeroient davantage & tiendroient pour precieuse cette herbe, qui est détrempée par la sueur de tant de miserables creatures.

Il n'est pas besoin d'ajouter icy, ce que les Medecins écrivent des merveilleus effets du Tabac, veu que cela est proprement de leur fait, & qu'il se trouve assez amplement dans leurs livres. Nous dirons seulement qu'il faut bien que ses vertus soient grandes, puis qu'il a son cours par tout le Monde, & que presque toutes les Nations de la Terre, tant les civilisées que les Barbares, luy ont fait une reception favorable, & en ont conseillé l'usage. Qui si quelques Princes l'ont interdit en leurs Etats, de crainte que l'argent de leurs sujets, qui leur est rare & precieus, ne s'en aille en fumée, & ne s'ecoule de leurs mains, pour une chose qui n'est pas necessaire à l'entretien de la vie, il n'y a toutefois personne qui ne luy doive permettre au moins, de tenir place entre les Drogues & les remedes de la Medecine.

Les delicats & les curieus, parmy les Peuples qui habitent des contrées chaudes, le temperent avec de la Sauge, du Romarin, & des senteurs qui luy donnent une odeur fort agreable: Et aprés l'avoir reduit en poudre, ils l'attirent par les narines. Les Nations qui habitent des païs froids, n'en interdisent pas l'usage aus personnes de condition : & c'est même une perfection & une galanterie entre les Dames de ces païs-là, de savoir tenir de bonne grace une pipe, le tuyau de laquelle est de coral ou d'ambre, & la teste d'argent ou d'or:

&

& de rendre la fumée de cette herbe sans faire aucune grimace, & la pousser hors de la bouche à diverses reprises, qui font paroistre autant de petites vapeurs, dont la couleur brune, rehausse la blancheur de leur tient. La composition que nous avons décrite pour rendre le Tabac de bonne odeur, sera bien receuë, sans doute, parmy ces personnes qui trouvent tant d'agrément & de delicatesse en cette fumée.

Au reste, on ne s'auroit dire la quantité de Tabac qui se tire tous les ans de la seule Ile de Saint Christofle: & c'est une chose merveilleuse que de voir le nombre de Navires de France d'Angleterre, de Hollande, & particulierement de Zelande, qui y viennent en traitte, sans qu'aucun s'en retourne à vuide. Aussi le commerce que cette derniere Province a toujours entretenu en cette Ile & aus Iles voisines, a fait de riches & puissantes maisons à Middelbourg & à Flessingues. Et encore à present le principal trafic de ces deus villes, qui sont les plus considerables de la Zelande, se fait en ces Iles, qui leur sont ce que les Mines du Perou sont à l'Espagne.

CHAPITRE CINQUIÉME.

De la maniere de faire le Sucre, & de preparer le Gingembre, l'Indigo & le Cotton.

APrés que la grande abondance de Tabac que l'on faisoit à Saint Christofle, & aus autres Iles, en eut tellement ravalé le pris qu'on n'y trouvoit plus son conte. Dieu mit au cœur de Monsieur de Poincy General des François, de tenter d'autres moyens, pour faciliter la subsistance des Habitans, & pour entretenir le commerce. Es la Prudence luy ayant suggeré, d'employer ses serviteurs & ses esclaves à la culture des Cannes de Sucre, & du Gingembre, & de l'Indigo, ce dessein a esté suivy d'une telle benediction, que c'est une merveille que de voir quels en ont esté les heureus succés.

Si la plante de la Canne de Sucre à esté connuë à l'Antiquité, du moins l'invention d'en faire le Sucre est nouvelle. Les Anciens l'ont ignorée, aussi bien que le Sené, la Casse, l'Ambre-gris, le Musc, la Civette, & le Benjoin. Ils ne se servoient de ce precieus roseau qu'en bruvage & en Medecine. Et nous pouvons opposer toutes ces choses, avec beaucoup d'avantage, aussy bien que nos Horloges, nôtre Boussole, & nôtre art de naviger, nos Lunettes d'approche, nôtre Imprimerie, nôtre Artillerie, & plusieurs autres belles inventions de ces derniers siecles, à leur teinture du vray Pourpre, à leur verre malleable, aus subtiles Machines de leur Archimede, & à quelques autres semblables.

Ayant donné au livre precedent la description de la Canne de Sucre, il ne nous reste qu'à representer la maniere, dont on s'en sert pour faire le Sucre.

En décrivant la magnifique maison de Monsieur le General de Poincy, nous avons dit que sa basse cour est enrichie de trois Machines ou Moulins propres à briser les Cannes de Sucre. La Fabrique de ces Moulins est de bois plus solide, plus elegante, plus industrieuse, mieus ordonnée, & plus commode, que celle des Moulins qu'on voit à Madere & au Bresil. Il n'est pas à craindre icy, comme en ces lieus-là, que le feu gagne les chaudieres boüillantes, & allume un deplorable embrasement, qui cause souvent la mort de ceus qui travaillent aus environs. Car on voit boüillir ces Chaudieres sans appercevoir le feu, qui s'allume, s'attise, & s'entretient par le dehors, dans les fourneaux, qui sont si bien cimentez, que ni la flamme, ni la fumée n'empesche aucunement ceus qui sont occupez à ce travail, d'y vaquer sans crainte d'aucun peril, & sans en recevoir d'incommodité.

Outre ces trois Moulins que Monsieur le General à devant son Logis de la grande montagne, il en a fait faire trois à Cayonne, qui est un des quartiers tenus par nostre Nation en la même Ile: l'un déquels, au lieu que tous les autres sont tournez par des bœufs, ou par des chevaus, est conduit par la cheute d'un gros ruisseau d'eau vive, qui étant ramassée dans un grand reservoir, & de-là tombant sur une grande de rouë à seaus fait mouvoir toute la Machine.

A l'exemple de Monsieur le General, les principaus Officiers & Habitans de l'Ile de S. Christofle, ont aussi fait edifier des Moulins à Sucre. De sorte qu'en cette seule Ile on conte aujourd'huy beaucoup plus grand nombre de ces Machines, que les Portugais n'en ont bâty jusques à present à Madere. Les principaus aprés ceus de Monsieur le General, se voyent aus habitations de Messieurs de Lonvilliers, de Tréval, & de Bénévent. Et apres ceus là Monsieur Giraud en a trois en divers quartiers de l'Ile, ou il a de belles & de grandes habitations. Monsieur de la Rosiere, Monsieur Auber, Messieurs l'Esperance, de Beaupré, de la Fontaine-Paris, & de la Roche, qui sont tous Capitaines dans la même Ile, en ont pareillement fait bastir, comme aussy Messieurs Bonhomme, de Bonne Mere, de la Montagne, Belleteste, & Guillou, qui sont des principaus & des plus considerables Habitans. Les Anglois en ont aussi plusieurs en leurs quartiers, qui sont parfaitement bien faits.

Quand ces Cannes de Sucre sont meures, on les couppe entre deus terres, au dessus du premier nœud qui est sans Suc, & aprés leur avoir ôté le sommet, & les avoir purgées de certaines petites feüilles, longues & extremement deliées, qui les environnent, on en fait des faisseaus que l'on porte au Moulin, pour y être pressez & écrasez, entre deus rouleaus garnis de bandes d'acier, qui se meuvent l'un sur l'autre, à mesure que la Machine est ébranlée, par l'impression qu'elle reçoit d'une grande rouë, qui la fait tourner.

Le Suc qui en découle est reçeu dans un grand bassin ou reservoir, d'où il se répand par de longs canaus dans les vaisseaus, qui sont destinez pour le faire boüillir. Dans les grandes Sucreries il y a du moins six chaudieres, dont il y en a trois fort grandes, qui sont de cuivre rouge, & de la largeur & profondeur de celles des Teinturiers, & qui servent à purifier le Suc qu'on doit faire boüillir à petit feu, en y meslant de tems en tems d'une certaine lessive extremement forte, qui luy fait pousser en haut toutes les immondices, qu'õ enlevé avec une grande écumoire de cuivre. Aprés que ce Suc est bien purifié dans ces trois chaudieres par où il passe alternativément,

R r ou

on le coule par un drap, & en suitte on le verse dans trois autres chaudieres de metal qui sont fort epaisses, assez amples & profondes d'un bon pied & demy; c'est dans ces chaudieres ou ce Suc reçoit sa derniere cuison, car on luy donne alors un feu plus vif, on le remuë incessamment, & quand il éleve ses boüillons un peu trop haut, & qu'on craint qu'il ne répande hors de ces chaudieres, on rabaisse sa ferveur en jettant dedans un peu d'huile d'olive, ou de beurre, & à mesure qu'il s'epaissit on le verse en la derniere de ces chaudieres, d'où quand il commence à se figer il est mis dans des formes de bois ou de terre, puis il est porté en des galleries, où on le blanchit avec une espece de terre grasse detrempée avec de l'eau, qu'on étend dessus, puis on ouvre le petit trou, qui est au désous de chaque forme, afin que tout ce qui reste d'immodices dans le sucre coule dans un canal, qui le porte dans un vaisseau, qui est preparé à cet usage.

La premiere écume qu'on enleve des grandes chaudieres ne peut servir qu'au bétail, mais l'autre est propre pour faire le bruvage des serviteurs & des Esclaves. Le Suc qui est tiré de la Canne ne peut durer qu'un jour, & si dans ce tems-là il n'est cuit, il s'aigrit & se change en vinaigre. Il faut aussi apporter un grand soin, à laver souvent le reservoir qui conserve le suc qui est exprimé, & les canaus par ou il passe, car s'ils avoiët contracté de l'aigreur, le suc ne se pourroit reduire en sucre. On gateroit aussi tout l'ouvrage, si dans les trois grandes chaudieres qui doivent estre arrosées de lessive, on y jettoit du beurre ou de l'huile d'olive, ou si dans les trois petites ou le suc se forme en syrop & en grain & par la force du feu & par l'agitation continuelle qui s'en fait avec une pallette, on versoit tant soit peu de lessive. Sur tout il faut bien prendre garde de ne point laisser tomber de suc de Citron dans les chaudieres; car cela empescheroit absolument le sucre de se former.

Plusieurs habitans qui n'ont pas le moyen d'avoir tant de chaudieres, & de ces grandes machines pour briser leurs Cannes, ont des petis Moulins qui sont faits comme des pressoirs, qui sont conduits par deus ou trois hommes, ou par un seul cheval, & avec une ou deus chaudieres ils purifient le suc
qu'ils

qu'ils ont exprimé, le reduisent en consistance de syrop & en font de bon sucre sans autre artifice.

Le plus grand secret pour faire de bon Sucre consiste à le savoir blanchir ; Ceus qui ont la conduite des Sucreries de Monsieur le General le savent en perfection, mais ils ne le communiquent pas volontiers. De ce que dessus on recüeille quel est l'avantage & le profit singulier qui revient aus habitans de cette Ile, par le moyen de cette douce & precieuse marchandise : Et quel contentement reçoivent nos François de voir croître en leur terre, en si grande abondance & avec si grande facilité, ce qu'ils n'avoient auparavant que par les mains des étrangers, & à grand prix d'argent.

Cette abondance de Sucre, leur a donné envie de confire une infinité d'excellens fruits qui croissent en cette Ile : tels que sont les Oranges, les Limons, les Citrons, & autres : mais ils reussissent sur tout au Gingembre, dont nous parlerons incontinent, & en l'admirable confiture qu'ils font du fruit de l'Ananas, & des fleurs d'Orange, & de Citron.

Quant à la preparation du Gingembre, lors que la racine est meure, on la tire de terre. Puis on la fait sécher en des lieus secs & aërez : la remuant souvent de peur qu'elle ne se corrompe. Les uns se contentent de l'exposer au Soleil pour la sécher : mais les autres jettent encore par dessus de la chaux vive, reduite en poudre, pour attirer plus facilement l'humidité. Cette racine, qui tient un rang considerable parmy les espiceries, se transporte par tout le monde : mais elle est particulierement recherchée aus païs froids.

Nos François la tirent par fois de terre avant qu'elle soit meure, & la confissent entiere avec tant d'artifice, qu'elle devient rouge & transparente comme un verre. Le Gingembre confit que l'on envoye du Bresil, & du Levant, est ordinairement sec, plein de filamens, & trop piquant pour estre mangé avec plaisir. Mais celuy qu'on prepare à Saint Christofle, n'a point du tout de fibres, & il est si bien confit, qu'il n'y demeure rien qui resiste sous la dent, quand on en veut user.

Il a une proprieté singuliere pour fortifier la poitrine quand elle est affoiblie, par un amas d'humeurs froides,

R r 2 éclair-

éclaircir la voix, adoucir l'haléne, rendre bonne couleur au visage, cuire les cruditez de l'estomac, ayder à la digestion, rappeller l'apétit, & consumer les eaus & la pituite, qui rendent le corps languissans. Et même on tient qu'il conserve, & qu'il fortifie merveilleusement la memoire, en dissipant les humeurs froides, ou la pituite du cerveau. On reduit aussi cette racine en paste, de laquelle on compose une conserve, ou une Opiate qui a les mêmes effets.

Voyag. Cur. de Thevenot Part. 2. pag. 4. de l'Abuis sur la Commerce des Indes Orient. Super. p. 98.

Venons à l'Indigo. La plante étant coupée, est mise en petis faisseaus, qu'on laisse pourrir dans des cuves de pierre ou de bois, pleines d'eau claire, sur laquelle on verse de l'huile, qui selon sa nature surnage & occupe toute la superficie. On charge de pierre les faisseaus afin qu'ils demeurent sous l'eau, & au bout de trois ou quatre jours que l'eau à boüilly, par la seule vertu de la plante, sans qu'on l'ait approchée du feu, la feüille étant pourrie, & dissoute par cette chaleur naturelle qui est en la tige, on remuë avec de gros & forts batons toute la matiere qui est dans les cuves, pour luy faire rendre toute sa substance, & apres qu'elle est reposée, on tire de la cuve le bois de la tige qui ne s'est pas pourry. Puis on remuë encore par plusieurs fois ce qui reste dans la cuve; & aprés qu'on la laissé rassoir, on tire par un robinet l'eau claire qui surnage. Et la lie, ou le marc qui demeure au fonds de la cuve, est mis sur des formes, où on le laisse fécher au Soleil. Ce marc est la Teinture qui est tant estimée, & qui porte le nom d'*Indigo*.

Quelques uns expriment en des pressoirs les faisseaus de la plante pourrie, pour luy faire rendre tout son suc. Mais par ce que ce sont les feüilles de l'herbe qui composent cette marchandise, ceus qui la veulent rendre de plus grand prix, se contentent d'avoir le marc qui demeure aprés la corruption de ces feüilles, & qui se trouve apres l'agitation au fonds de la cuve. Le lieu où l'on prepare cette riche couleur de pourpre violette s'appelle, *Indigoterie*.

Les François des Antilles ont demeuré un fort long tems avant que de faire trafic de cette marchandise, à cause que la plante dont on la compose étant de soy-même de forte odeur, exhale une puanteur insuportable quand elle est
pour-

pourrie : Mais dépuis que le Tabac à esté a un prix fort bas, & qu'en quelques endroits la terre ne s'est plus trouvée propre pour en produire de beau comme cy devant, ils se sont adonnez à la culture de l'Indigo, dont ils tirent à present un grand profit.

Enfin pour ce qui est du Cotton, nos François ne s'occupent pas beaucoup à l'amasser, encore qu'ils ayent plusieurs arbres qui le produisent aus lizieres de leurs habitations. Ce qui toutéfois est fort peu de chose, au pris de ce que l'on dit d'un certain quartier d'une Province de la Chine. Car Trigaut au Chapitre dixhuitiéme du Livre cinquiéme de son Histoire rapporte qu'il y croist tant de Cotton, que pour le mettre en œuvre, il sy conte jusques à deus cens mille tisserans.

Les Anglois de la Barboude font grand trafic de cette marchandise, comme aussi ceus qui demeuroient cy devant en l'Ile de Sainte Croix. Il n'y a pas grand artifice à mettre le Cotton en état : ca r il ne faut que tirer du bouton entr'ouvert cette matiere, qui se pousse au dehors présque d'elle même. Et parce qu'elle est meslée des grains de la semence de l'arbre, qui sont en forme de petites féves, liées avec le Cotton, au milieu duquel ils ont pris naissance, on a de petites machines, qui sont composées avec tel artifice, qu'au mouvement d'une rouë qui les fait joüer, le Cotton tout net tombe d'un côté, & la graine de l'autre. Aprés quoy on entasse le Cotton en des sacs avec violence, afin qu'il occupe moins de place.

Ce sont là les principales occupations, qui entretiennent le commerce des Iles, & dont les Habitans font leur trafic ordinaire.

CHAPITRE SIXIÉME.

Des Emplois les plus honorables des Habitans Etrangers des Antilles: de leurs Esclaves, & de leur Gouvernement.

LEs Colonies étrangeres qui habitent les Antilles, ne sont pas seulement composées de gens errans & de basse condition, comme quelques uns s'imaginent, mais aussi de plusieurs personnes Nobles, & de plusieurs familles honorables. De sorte que les occupations que nous venons de décrire, ne sont que pour les moins considerables Habitans, & pour ceus qui ont besoin de gagner leur vie par le travail de leurs mains. Mais les autres, qui ont des hommes à gages, qui conduisent leurs serviteurs & leurs esclaves en tous ces ouvrages, ménent, quant à leurs personnes, une vie fort douce & fort agreable. Leurs emplois & leurs divertissemens, aprés les visites qu'ils font profession de rendre, & de recevoir avec grande civilité, sont la chasse, la pesche, & autres honnestes exercices. Et à l'exemple de Monsieur le General, qui est incomparable à recevoir avec courtoisie, & à traitter magnifiquement ceus qui le visitent, soit des François, soit des Etrangers: tous ceus de nôtre Nation de son Ile, qui sont de la condition que nous venons de representer, tiennent à faveur qu'on les frequente, & qu'on accepte les témoignages de leur civilité, qu'ils rendent avec tant de franchise, & d'un cœur si ouvert que l'on s'en trouve doublement obligé. Ils sont splendides dans les festins qu'ils font à leurs amis, où, avec le bœuf, le mouton, & le pourceau; les volailles, le gibier de toutes sortes: le poisson, la patisserie, & les confitures excellentes, ne sont non plus épargnées qu'aus meilleures tables de France. Tous les Officiers excellent notamment en ces courtoisies. Et à leur imitation, les moindres Habitans tiendroient avoir commis une incivilité, s'ils avoiët congedié quelcun hors de chez eus, sans luy avoir presenté à boire, & à manger.

Le Vin, la Biere, & l'Eau de vie manquent rarement dans les Iles; & au défaut de toutes ces choses, on y fait premierement une espéce de bruvage delicieus avec cette douce liqueur qu'on exprime des Cannes de Sucre, laquelle étant gardée quelques jours, a autant de force que du vin d'Espagne; on en tire aussi de l'excellente eau de vie, qui est fort approchante de celle qu'on aporte de France; Mais ceus qui en prenent avec excés, en sont dangereusement malades. De plus ils font plusieurs autres sortes de boissons avec du suc d'Oranges, des Figues, des Bananes, & des Ananas, qui sont toutes fort delicieuses, & qui peuvent tenir lieu de vin. Ils composent aussi de la Biere, avec de la Cassaue, & des Racines de Patates, qui est aussi agreable, nourrissante & rafraichissante, que celle qu'on leur amene d'Hollande.

Quant aus emplois honorables & necessaires tout ensemble pour la conservation des Habitans des Iles, ils font tous profession de manier les armes, & les chefs de famille ne marchent gueres sans épée. Chaque quartier est rangé sous certains Chefs & Capitaines qui y commandent. Ils sont tous bien armez, & souvent on leur fait faire la reveuë, & les exercices de guerre, même dans la paix la plus profonde, si bien qu'en tout tems ils sont prets, au premier coup de tambour, pour se rendre au lieu designé par leurs Capitaines. En l'Ile de Saint Christofle, outre douze Compagnies de gens de pied, il y a aussi des Compagnies de Cavalerie, comme nous en avons fait mention cy dessus.

Et par ce que toutes les personnes de condition honorable, qui sont en assez grand nombre en ces Iles, ont des serviteurs & des Esclaves qui travaillent à tous les ouvrages que nous avons specifiez, & qu'en France on ne sé sert point d'Esclaves, n'y ayant en toute l'Europe que les Espagnols & les Portugais qui en aillent acheter au païs de leur naissance, Angole ou Cap Vert, & Guinee: il sera bon que nous en disions icy quelque chose. Mais premierement nous parlerons des serviteurs à loüage, & qui ne sont que pour un tems.

Les François, que l'on mené de France en Amerique pour servir, sont ordinairement des actes obligatoires à leurs Maitres,

tres, par devant des Notaires: Par lesquels actes ils s'obligent de les servir trois ans, moyenant un nombre de Livres de Tabac qui leur sont acordées pendant ce tems-là. A cause de ces trois ans de service où ils sont engagez, on les appellé communément des *Trente-six mois*, au langage des Iles. Il y en a qui s'imaginēt que pour ne s'estre pas obligez par écrit à leurs Maitres dés la France, ils en sont moins engagez lors qu'ils sont rendus dans les Iles. Mais ils se trompent fort en celà. Car lors qu'ils se produisent devant un Gouverneur, pour se plaindre de ce qu'on les a embarquez par force, ou pour représenter qu'ils ne se sont pas obligez par écrit, on les condamne à servir trois ans celuy qui a payé leur passages, ou tel autre qu'il plaira à leur Maitre. Si le Maitre n'a promis pour salaire à son serviteur que l'ordinaire des Iles, il n'est obligé à luy donner pendant tous ces trois ans, que trois cens livres de Tabac; Ce qui n'est pas grand' chose pour s'entretenir de linge & d'habits. Car ce Maitre ne luy fournit chose quelconque pour son entretien, que la simple nourriture. Mais celuy qui dés la France promet de donner plus trois cens livres de Tabac à celuy qui entre à son service, est obligé à les luy fournir exactement, luy en eust-il promis mille. C'est pourquoy il est avantageus à ces pauvres engagez, de ne s'en pas aller aus Iles, sans bien faire leur marche avant que de s'embarquer.

Quant aus Esclaves ou Serviteurs perpetuels dont on se sert dans les Antilles, ils sont originaires d'Afrique; & on les améne du Cap-Vert, du Royaume d'Angole, & d'autres ports de mer qui sont en la côte de cette partie du Monde. C'est-là qu'on les achete de même que l'on feroit des bestes de service.

Les uns sont contrains de se vendre & de se reduire à une servitude perpetuelle, eus & leurs enfans, pour éviter la faim. Car aus années de la sterilité, laquelle arrive assez souvent quand les sauterelles, qui comme des nuées innondent le païs, ont brouté tout le fruit de la terre, la necessité les presse tellement qu'il n'y a sorte de rigueur ou ils ne se soumettent volōtiers, pourveu qu'ils ayent dequoy s'empescher de mourir. En ces occasions lamentables, le Pere vend ses

enfans

enfans pour du pain, & les enfans quittent Pere & Mere sans regret.

Les autres sont vendus ayant été faits prisonniers de guerre par quelque Roytelet, car c'est la coutume des Princes de ces quartiers-là de faire souvent des courses dans les Etats de leurs voisins, pour prendre des prisonniers, qu'ils vendent aus Portugais & aus autres Nations qui vont faire avec eus cét étrange & barbare trafic. On leur donne en échange du fer qu'ils prisent à l'egal de l'or, du vin, de l'eau de vie, ou quelques menuës hardes. Ils captivent aussi bien les femmes que les hommes, & les vendent pesle-mesle, à plus haut ou à moindre pris, selon qu'ils sont jeunes ou vieus, robustes ou foibles, bien ou mal proportionnez de leur corps. Ceus qui les aménent aus Iles, les revendent derechef quinze ou seize cens livres de tabac, chaque teste.

Si ces pauvres Esclaves tombent entre les mains d'un bon Maitre, qui ne les traitte pas avec trop grande rigueur, ils préferent leur servitude à leur premiere liberté: & s'ils sont mariez, ils multiplient à merveilles dans les païs chauds.

Ils sont tous noirs, & ceus qui ont le tient d'un noir plus luisant sont estimez les plus beaus. La pluspart ont le nez un peu plat, & de grosses levres: ce qui passe aussi pour beauté entre eus. On tient même qu'en leur païs les sages femmes leur applatissent ainsi le nez tout exprés à leur naissance. Ils ont tous les cheveus si frisez, qu'à peine se peuvent ils servir de peignes: mais ils usent de l'huile de cét arbrisseau que l'on nomme *Palma Christi*, pour empescher la vermine. Ils sont forts & robustes au possible, mais si timides & si peu adroits à manier les armes, qu'on les domte facilement.

Leur naturel est susceptible de toutes impressions, & les premieres qui leur sont données parmy les Chrestiens, aprés qu'ils ont renoncé à leurs superstitions & à leurs idolatries, ils les gardent constamment. En quoy ils sont differens des Indiens de l'Amerique qui sont changeans comme des Cameleons. Entre les François habitans des Antilles, il y a de ces Négres qui jeûnent exactement le Caresme, & tous les autres jours de jeûne qui leur sont ordonnez, nonobstant leurs travaus ordinaires & continuels.

Ils sont ordinairement orgueilleus & superbes : Et au lieu que les Indiens veulent être traittez avec douceur, & qu'ils se laissent mourir de tristesse, si on les rudoye tant soit peu, ceus-cy au contraire doivent être rangez à leur devoir par les menaces & par les coups. Car si on se familiarise un peu trop avec eus, incontinent ils en abusent. Mais si on les châtie avec moderation quand ils ont failly, ils en deviennent meilleurs, plus souples, & plus obeïssans, & se louënt de leurs maitres. Si aussi on use de rigueur excessive en leur endroit, ils prennent la fuite, & se sauvent dans les montagnes, où ils ménent, comme de pauvres bestes, une vie malheureuse & sauvage, & on les appelle alors Négres *Marons*, c'est à dire *Sauvages* : Ou bien ils s'étranglent par desespoir. Il faut donc garder en leur conduite un milieu entre l'extreme severité & la trop grande indulgence, si on les veut conserver en leur devoir, & en tirer un bon service.

Ils s'aiment passionément entre eus, & bien qu'ils soyent nez en païs differens, & quelquefois ennemis les uns des autres, ils s'entresupportent & s'entr'aident au besoin, comme s'ils étoyent tous freres. Et quand leurs maitres leur donnent la liberté de se recréer ils se visitent reciproquement, & passent les nuits entieres en jeus, en danses, & en autres passetems & réjouissances, & même en petis festins, chacun d'eus épargnant ce qu'il peut, pour contribuër au repas commun.

Ils se plaisent à la musique & aus instrumens qui peuvent rendre quelque son agreable & faire une espéce d'harmonie, laquelle ils accompagnent de leurs vois. Autrefois ils avoient à Saint Christofle un certain rendez-vous au milieu des bois, où ils s'assembloient tous les Dimanches, & tous les autres jours de feste, aprés le service de l'Eglise, pour donner quelque relasche à leurs corps. Ils passoyent-là quelquefois le reste du jour, & la nuit suivante, en danses, & en entretiens agreables sans prejudice de l'ouvrage ordinaire de leurs maitres. Même on remarquoit qu'aprés qu'ils s'étoyent divertis de cette sorte, ils travailloient de beaucoup meilleur courage, sans témoigner aucune lassitude, & mieus que s'ils eussent reposé en leurs cabanes tout le long de la nuit. Mais par ce que pour entretenir ces réjouissances publiques, ils déroboient

boient souvent les volailles & les fruits des voisins, & quelquefois de leurs maitres, l'exquise sagesse de Monsieur le General, qui n'estime pas les moindres choses, indignes de ses soins, leur a interdit ces assemblées nocturnes : & à present s'ils se veulent divertir, ils le font seulement en leur voisinage, avec la permission de leurs maitres, qui leur accordent volontiers cette honneste liberté.

Au reste celuy qui a une douzaine de ces Esclaves, peut être estimé riche. Car outre que ces gens-là cultivent & entretiennent tous les vivres necessaires pour la subsistance de leurs maitres, & pour la leur, étant bien conduits ils font beaucoup de marchandise de Tabac, de Sucre, de Gingembre, & d'Indigo, qui apportent un grand profit. Et leur service étant perpetuel, leur nombre s'accroist de tems en tems par les enfans qui leur naissent ; lesquels pour tout heritage succedent à la servitude & à la sujettion de leurs parens.

Tous les Habitans étrangers qui ont leur demeure en ces Iles, se gouvernent selon les Lois & les coutumes de leur païs.

Parmy les François de Saint Christofle, la Justice s'administre par un Conseil composé des principaus Officiers de la Milice de l'Ile, auquel Monsieur le General Preside. Et bien qu'il y ait des maisons propres & destinées à cette action, comme cette Chambre du Conseil que nous avons décrite en son lieu, neantmoins ce Conseil s'assemble par fois, selon que le tems & les affaires le peuvent requerir, & que Monsieur le General le trouve le plus à propos pour sa commodité, sous une espéce de grand Figuier, qui est de la grosseur du plus gros Orme, proche le Corps-de-garde de la Basse-terre, & tout joignant la Rade.

C'est en ce Conseil que sans user de tant de formalitez que l'on a inventées pour rendre les Procés immortels, tous les differens qui peuvent survenir entre les Habitans, sont vuidez à l'amiable, & terminez le plus souvent à la premiere seance, sans qu'il coûte rien aus parties, sinon ce que celle qui est trouvée avoir tort, doit payer, suivant la coutume, au profit des pauvres, & de l'entretien de l'Eglise, & pour la satisfaction de la partie qui estoit interessée.

Ce Conseil condamne aussi à mort en dernier ressort.

Les Gouverneurs des autres Iles rendent aussi la Justice, chacun en son Gouvernement. De sorte qu'il ne faut pas se persuader qu'on vive en ces païs-là sans ordre & sans régle, comme plusieurs se l'imaginent. Et c'est une merveille de ce qu'y ayant là des personnes ramassées de tant de divers païs, & qui sont d'humeurs si differentes, le desordre ne s'y soit pas glissé, & qu'on les puisse contenir dans le devoir & la sujetion des Lois.

Voila pour ce qui regarde les Habitans Etrangers des Antilles.

CHAPITRE SETTIÉME.

De L'origine des Caraïbes, Habitans Naturels du Païs.

L'Ordre que nous nous sommes proposé demande que nous parlions desormais des Indiens Habitans Naturels des Antilles. Et il n'est pas besoin d'agiter icy cette grande & difficile question, comment la race des hommes s'est répanduë en l'Amerique, & d'ou elle est venuë en ce Nouveau Monde. De grands personnages ont traité cette matiere avec tant de suffisance, d'exactitude, & de solidité, que ce seroit une chose ennuyeuse & superfluë d'en entretenir presentement les Lecteurs. Joint que l'Histoire de l'Origine de nos Sauvages Antillois ne requiert pas que nous en prenions le commencement si haut, ni si loin.

Les Anciens & naturels Habitans des Antilles sont ceus que l'on a nommez *Cannibales*, *Antropofages*, ou Mangeurs d'hommes: & que la plûpart des Auteurs qui en ont écrit appellent *Caribes*: Mais leur nom primitif & originaire, & qui a plus de gravité, est celuy de *Caraïbes*, comme ils le prononcent eus-mêmes, aussi bien que ceus de leur Nation, qui se trouvent en la terre ferme de l'Amerique, soit au continent Septentrional, soit au Meridional. Et par ce que c'est aussi

aussi l'appellation la plus commune en la bouche de nos François Habitans de ces Iles, & qu'elle est suivie par les derniers Ecrivains, nous l'employerons plûtôt que l'autre, en la suitte de cette Histoire.

Quelques uns estiment que ce nom de *Caraïbes* n'est pas naturel aus Sauvages Antillois, mais qu'il leur a été imposé par les Espagnols, comme a plusieurs Sauvages du Continent Meridional qui le portent : de même que celuy de *Galibis*, ou de *Calibites* à leurs alliez Habitans du même Continent. Ceus qui sont de cette opinion, disent que les Espagnols ont bien pû donner à ces Peuples ce nom de Caraïbes, veu qu'ils ont parcouru tous les quartiers de l'Amerique Meridionale, & qu'ayant fait les premieres Cartes, ils ont marqué ces Nations-là sous ce nom, qui leur est demeuré depuis. Pour preuve de cela, ils aléguent, que les Caraïbes ne se nomment jamais ainsi entr'eus, sinon lors qu'ils sont yvres, & qu'ayant la teste pleine de vin, ils sautent & se réjouïssent, disant en leur Baragoin, *Moy bonne Caraibe*. Que hors de là ils se servent seulement de ce mot lors qu'ils sont parmy les Etrangers, & que dans leur négoce, & leur communication avec eus ils se veulent donner à connoitre à eus, sachant bien que ce nom leur est connu. Mais quentr'eus ils s'appellent toujours, aussi bien que font ceus de leur Nation de la Terre ferme, & les Calibites, *Calinago*, qui est le nom des Hommes, & *Calliponan*, qui est celuy des femmes. Et qu'ils se nomment encore *Oubao-bonon*, c'est à dire, *Habitans des Iles*, ou Insulaires : de même qu'ils appellent ceus du Continent, *Baloüë-bonon*, c'est à dire, *Habitans de terre ferme*.

Avec tout cela neantmoins, il n'y a guere d'aparence que le nom de Caraibe soit venu des Espagnols, & que nos Insulaires ne l'ayent porté que depuis qu'ils ont été connus d'eus; Premierement, parce qu'avant que les Espagnols ni les Portugais eussent penetré au Bresil, il s'y trouvoit de certains hommes plus subtils & plus ingenieus que les autres, que les Bresiliens nommoient Caraibes, ainsi que Jean de Lery l'a remarqué dans son Histoire. Secondement il est constant qu'il y a des Sauvages qui portent le nom de *Caraibes*, en des quartiers du Continent de l'Amerique Meridionale, où les Espagnols n'ont n'ont jamais eu de commerce. Car non seulement ceus de la Nation de nos Insulaires qui habitent le long de ces costes de l'Amerique Meridionale, & qui sont voisins des Collonies Hollandoises de Cayenne & de Berbice; mais ceus encore qui demeurent bien avant dans ce Continent Meridional, au dessus du sault des plus celebres rivieres, s'apellent eus mêmes *Caraibes*. De plus nous verrons dans la suitte de ce Chapitre, qu'il y a au Continent Septentrional une Nation puissante, composée en grande partie de certaines Familles qui se glorifient encore à present d'estre Caraibes, & d'en avoir receu le nom long-tems avant que l'Amerique ait été découverte. Aprés, quand même les Espagnols auroient voulu imposer ce nom à toutes ces Nations, comment pourroit on prouver qu'elles l'eussent voulu accepter de la main de gens inconnus & ennemis ? Or il est certain que non seulement tous ces peuples, s'apellent eus-mêmes Caraibes, mais que de plus ils se glorifient & tirent avantage de ce nom, comme Monsieur du Montel l'a ouy de leur bouche plusieurs fois: se plairoient ils à faire trofée d'un nom qu'ils auroient receu de leurs ennemis ? Que si, comme nous le verrons tantost les ancestres de nos Sauvages Insulaires ont receu des Apalachites le nom de *Caraibes*, au lieu de celuy de *Cofachites* qu'ils portoient auparavant, ils le prirent de personnes amies & confederées, & même comme un éloge d'honneur ? Enfin ce n'est pas seulement dans l'yvresse, & dans la débauche que nos Indiens Antillois se nomment *Caraibes*, mais aussi lors qu'ils sont sobres & de sang froid. Que s'ils se nomment entr' eus *Calinago*, ils peuvent bien avoir plusieurs noms diferens, sans que pour cela il s'ensuive que les Européens leur en ajent donné quelcun de ceus là. Pour ce qui est du nom *d'Oubao-bonon*, sa signification montre assez qu'il ne leur est pas particulier, & qu'il se peut apliquer à tous les Insulaires generalement : Et s'ils se servent plutôt du nom de *Caraibes* que d'un autre nom, en parlant aus Etrangers, c'est parce qu'ils savent en effet que ce nom leur est plus connu : Mais cela n'emporte pas qu'ils l'ayent receu des Espagnols, il seroit sans doute plus probable de dire que les Espagnols, l'ayant apris d'eus, l'auroient en suite communiqué

Chap. 7   DES ILES ANTILLES.   327

qué aus autres Européens. Mais au fond il n'importe guére ce que l'on en croye: Et chacun en peut avoir quel sentiment il luy plaira. Nous ne faisons que proposer ce qui nous semble plus vray-semblable.

Quant à l'Origine des Caraibes Insulaires, ceus qui en ont parlé jusques icy ont eu si peu de lumiere pour se conduire dans cette obscure antiquité, qu'à vray dire ils n'y ont marché qu'à tâtons. Quelques uns s'imaginent qu'ils sont venus des Juifs, se fondant entre autres choses sur ce que les parentes des Caraibes leur sont naturellement aquises pour femmes, & qu'une partie d'eus ne mangent point de Pourceau, ni de Tortuë. Mais c'est prendre la chose infiniment loin, & sur de trop foibles conjectures. Il y en a qui les font deriver du havre de Caribana, & qui pretendent qu'ils en sont issus. Mais cette opinion n'est fondée que sur la seule rencontre des mots de *Caribana* & de Caribes, sans aucun autre fondement.

D'autres disent par une simple conjecture que ces Sauvages sont Originaires des grandes Iles, & qu'il ny a pas bien long-tems qu'ils habitent les Antilles, n'étant que des refugiez, des restes, & des parcelles de debris: en un mot des réchappez des horribles massacres que firent les Espanols lors qu'ils s'emparerent de Saint Domingue, Cube, Jamaique, & Porto-Rico. Mais la verité de l'Histoire nous témoigne, que dés le commencement de la decouverte de l'Amerique, les Antilles étoient occupées & peuplées par les Caraibes. Et que d'abord ils furent surpris & mal-traittez par les Espagnols. Mais que puis aprés les Espagnols étant vivement repoussez, & ressentans beaucoup d'incommoditez de cette guerre, firent une espece d'acord avec quelques uns d'entr'eus: comme nous le verrons plus particulierement au Chapitre de leur Guerres. Ajouftez à cela que les Indiens de Coraço, qui sont sans contredit de ces veritables réchapez, & qui ont encore parmy eus des personnes vivantes, qui demeuroient au port dit à present de l'Ile à vache en l'Ile Hispaniola, quand les premiers Espagnols y aborderent, n'ont aucun mot de la langue Caraibe en la leur, ni aucune fasson de faire d'où l'on puisse recueillir qu'ils ayent jamais

eu

eu de communication avec les Caraibes. Outre que ceus des grandes Iles qui pouvoient prendre la fuite pour eviter la tyrannie des Espagnols, avoient bien meilleur conte de se retirer aus terres qui étoient au dessous d'eus, & où les vens reguliers les portoient; que de remonter contre le vent, & ainsi retarder leur fuite, s'exposer à mille perils de la mer, & allonger leur voyage de vint fois autant. Car c'est merveille quand des vaisseaus tels que sont les leurs, peuvent gagner contre le vent une lieuë en un jour. Et il arrive le plus souvent à de bien grands vaisseaus qui veulent remonter, qu'ils reculent plus en trois heures qu'ils n'avoient avancé en six jours. Nous savons de bons Pilotes qui ont mis trois mois à remonter du Cul-de-Sac, de Saint Domingue à Saint Christofle, au lieu que pour descendre de Saint Christofle à Saint Domingue il ne faut d'ordinaire que quatre ou cinq jours au plus.

Quant au sentiment que les Caraibes eus mêmes ont de leur propre origine, ignorans des monumens de l'antiquité, autant que peu curieus de l'avenir, ils croyent la plupart estre venus des Calibites ou Galibis, leurs alliez & grans amis, Habitans de l'Amerique Meridionale, & voisins des Arouägues, ou Alouägues, en cette contrée ou en cette Province qui se nommé communément *Guyana*, ou *Coste Sauvage*. Et ceus qui adherent à cette opinion, se fondent sur la conformité de langage, de Religion, & de mœurs, qui se trouve entre les Caraibes Insulaires & les Calibites : Bien qu'au reste cette ressemblance puisse venir en partie de l'alliance & de l'amitié particuliere qu'ils ont entr'eus, en partie du voisinage des Caraibes du Continent Meridional & de ces Calibites, & en partie d'autres causes que nous representerons cy-aprés.

Mais ces pauvres Sauvages Insulaires, ne s'accordent pas entr'eus, dans le recit particulier qu'ils font de leur extraction, & de la cause qui les a portez dans les Iles, & ils ne peuvent dire le tems. Voicy ce que ceus de Saint Vincent & quelques autres en ont recité à Monsieur du Montel, & qu'il nous a fait voir dans ses Memoires curieus. Tous les Caraibes étoient autrefois assujetis aus Arouägues & obeis-

soient

foient à leur Prince. Mais une partie d'entr'eus ne pouvant plus suporter ce joug-là, se rebellerent. Et afin de pouvoir vivre en repos, éloignez de leurs ennemis, ils se retirerent aus Antilles, qui étoient alors inhabitées, & aborderent premierement en l'Ile de *Tabago*, qui est l'une des plus proches du Continent. Dépuis les autres *Calibites* secoüerent aussi la domination des Aroüagues, mais se trouvant assez forts, ou n'ayans pas la même inclination que les précedens, ils demeurerent en leur païs : Et ils s'y sont toujours conservez jusqu'à present qu'ils y vivent encore libres, mais ennemis des Aroüagues, ayant un Capitaine General de leur propre Nation, qui leur commande. Ils sont aussi demeurez jusqu'à cette heure confederez & singuliers amys des Caraibes.

C'est sur ce recit là même que l'on fonde, & par ce détail que l'on explique le nom de *Caraibes*, comme s'il signifioit *Rebelles*, soit qu'il ait esté imposé à nos Antillois par les Aroüagues, soit que ces Peuples l'ayent pris eus mêmes pour leur servir d'une espece de trofée, tirant gloire de leur noble soulevement, & de leur genereuse Rebellion, qui les a mis en paix & en liberté. Mais il ne faut autre chose pour montrer que *Caraibe* ne veut pas dire *Rebelle*, comme le pose entr' autres un certain Journal d'un Hollandois, sinon qu'il y a plusieurs Colonies en divers endroits de la terre ferme de l'Amerique, soit au Septentrion, soit au Midy, que personne ne pretend, & ne peut pretendre, avoir jamais esté sous la puissance des Aroüagues, & qui cependant portent ce nom de *Caraibes*. Que s'il y en a d'entr'eus qui se soyent rebellez contre d'autres Souverains, s'étans dépuis reconciliez avec eus, & vivant encore aujourduy au milieu d'eus, sous ce nom de Caraibes, ainsi que nous le verrons plus particulierement tantost, il ny a nulle apparence qu'il exprime des *Rebelles*, puisque ce leur feroit une flétrissure, & une marque d'infamie.

Mais ceus qui ont conversé long-tems avec les Sauvages de la Dominique, raportent que ceus de cette Ile estiment que leurs Ancestres sont sortis de la Terre ferme, d'entre les Calibites, pour faire la guerre à une Nation d'Aroüagues qui habitoit les Iles, laquelle ils détruisirent entierement, à la

T t   reser-

reserve de leurs femmes qu'ils prirent pour eus, ayant par ce moyen repeuplé les Iles. Ce qui fait, qu'encore aujourduy les femmes des Caraïbes Insulaires ont un langage different de celuy des hommes en plusieurs choses, & conforme en quelque choses à celuy des Aroüagues du Continent. Celuy qui étoit le Chef de cette entreprise donnoit les Iles conquises à ses confidens. Et celuy qui avoit eu en son partage la Dominique, se disoit *Ouboutou-timani*, c'est à dire Roy, & se faisoit porter sur les épaules de ceus que les Insulaires nomment *Labouyou*, c'est à dire serviteurs.

Il y a si peu de certitude & tant d'inconstance en toutes ces narrations, & en d'autres semblables que ces pauvres ignorans peuvent faire sur ce sujet, que selon l'avis des plus sages il n'y a guére d'aparence d'y avoir aucun fondement. En effet ces Sauvages eus mêmes n'en parlent qu'a l'avanture, & comme des gens qui reciteroient des songes: tant ils ont été peu soigneus de la tradition de leur origine: Et ils se contredisent & se refutent les uns les autres par la diference de leurs recits. Nous verrons neantmoins à la fin de ce Chapitre, ce qui peut sembler probablement leur avoir donné ocasion à la plupart de croire qu'ils sont venus des Calibites.

Dans tous ces divers sentimens, que nous avons raportez ou des Esprits ou des discours de plusieurs, il y a cecy de loüable, que ceus qui les mettent en avant, suivent les connoissances qu'ils ont, & qu'ils font leurs efforts pour éclaircir & pour développer des veritez anciennes & inconnuës. Mais comme la Relation que nous allons donner de l'Origine des Caraïbes Insulaires, est la plus ample la plus particuliere, la plus curieuse, & la mieus circonstantiée qui ait paru jusqu'à present; aussi la tenons nous pour la plus veritable, & la plus certaine, laissant toutéfois à la liberté du Lecteur judicieus, de suivre tel sentiment qu'il jugera le plus raisonable. Au reste comme nous devons rendre à chacun la loüange qui luy apartient, le public sera redevable de ces particularitez & de ces lumieres, à l'obligeante communication que nous en a donnée Monsieur Bristok, Gentil-homme Anglois, l'un des plus curieus hommes du Monde, & qui entre ses autres riches

con-

connoissances, parle en perfection la langue des Virginiens & des Floridiens; Ayant veu dans ses beaus voyages toutes les Iles, & une grande partie de l'Amerique Septentrionale. C'est par ce moyen qu'il a appris exactement sur le lieu même dont nous allons faire mention, & par des personnes intelligentes, & qui luy ont parlé avec certitude, l'Histoire suivante de l'Origine de nos Sauvages, dont il garentira toujours la verité, lors qu'il en sera besoin.

Les *Caraibes* sont Originaires de l'Amerique Septentrionale, de la Terre que l'on appelle maintenant la Floride. Ils sont venus habiter les Iles, aprés estre sortis du milieu des Apalachites, entre léquels ils ont demeuré long-tems. Et ils y ont laissé de leurs gens qui portent encore aujourduy le nom de *Caraibes*. Mais leur premiere origine est des *Cofachites*, qui changerent seulement de nom, & furent appellez *Caraibes* en la terre des Apalachites, comme nous l'allons voir incontinent.

Herrera Dec.1. liur.9. chap.4. p.623.

Les Apalachites sont une Nation puissante & genereuse, qui subsiste encore à present en la même contrée de la Floride. Ils habitent un beau & grand païs nommé *Apalache*, dont ils ont reçeu leur nom: & qui commence sur la hauteur de trente-trois degrez & vint-cinq scrupules, du Nord de la Ligne Equinoctiale, & s'étend jusqu'au trente-septiéme. Ce Peuple communique à la mer du grand Golfe de la Mexique ou de la Neuve Espagne, par le moyen d'une Riviere qui prenant sa source des Montagnes Apalates, au pied déquelles ils habitent, aprés avoir arrosé plusieurs belles campagnes, se vient en fin rendre en la Mer, pres des Iles de Tacobago. Les Esgagnols ont nommée cette Riviere, *Rio del Spiritu Santo*. Mais les Apalachites luy conservent son ancien nom *d'Hitanachi*, qui signifie en leur langue, *Belle & agreable*. Du costé du Levant ils sont separez de toutes les autres Nations, par de hautes & longues montagnes, qui sont couvertes de nége en leur sommet la plus grande partie de l'année, & qui les separe de la Virginie. Des autres costez ils confinent avec plusieurs petis Peuples, qui leur sont tous amis & confederez.

Ces Apalachites se glorifient d'avoir poussé des Colonies bien avant dans la Mexique. Et ils montrent encore à present un grand chemin par terre, par lequel ils disent que leurs troupes passerent pour s'y rendre. Les Habitans du païs les nommerent à leur arrivée *Tlatuici*, qui signifie *Montagnars*: car ils estoient plus robustes & plus genereus qu'eus. Ils se placerent en un quartier pareil à celuy de leur naissance, situé au pied des montagnes, en une terre fertile; Où ils bâtirent une Ville de même forme & figure que celle dont ils estoient sortis, laquelle ils occupent encore aujourduy. Ils s'y sont tellement unis par mariages, & par d'autres liens de paix, qu'ils ne font plus qu'un Peuple avec eus. Et on ne les pourroit discerner s'ils n'avoient retenu plusieurs mots de leur langue originaire, qui est la seule difference que l'on y remarque.

Aprés que les Apalachites eurent fait cette peuplade, les Cofachites qui demeuroient plus au Nord de l'Amerique, en un païs marécageus & presque sterile, & qui avoient vécu jusques la en bonne intelligence avec eus, sachant qu'ils étoient alors dénuez de leurs meilleurs & plus vaillans hommes, prirent l'occasion qui leur étoit favorable, pour entreprendre sur ces Apalachites leurs voisins, & les chasser de leurs demeures, ou du moins partager avec eux la terre où ils habitoient, aprés qu'ils s'en seroient rendus maitres. Ce dessein ayant été ménagé fort adroitement entre les Chefs des Cofachites, ils le publierent puis aprés par tous leurs villages, & le firent approuver à tous les Chefs de familles, qui au lieu de cultiver & d'ensemencer la terre de Maïs, au commencement du Printems, comme ils avoient accoûtumé de faire chaque année, preparerent leurs arcs, leurs fléches, & leurs massuës: & aprés avoir mis le feu en leurs villages, & s'être munis du peu de provisions qu'ils avoient de reste de l'hyver passé, ils se mirent en campagne avec leurs femmes & leurs enfans, & tout le petit bagage qu'ils avoient, dans la resolution de mourir ou de vaincre, puis qu'ils ne pouvoient plus rebrousser chemin, & retourner en un lieu qu'ils avoient détruit & dépouillé de toutes sortes de commoditez.

En-

En cét équipage ils arriverent bien toft fur les frontieres de leurs voifins. Les Apalachites, qui ne penfoient à rien moins qu'à avoir un ennemy fur les bras, étoient alors occupez à planter leur Maïs, & les racines qui fervent à leur nourriture ordinaire. Ceus qui demeurent auprés du grand Lac qui eft au pied des mantagnes qu'ils nomment en leur langue *Theomi*, ayant apperceu cefte puiffante armée qui venoit fondre fur eux, fe retirerent incontinent aus montagnes voifines, & laifferent leurs villages, & leur beftail, à la difcretion de l'ennemy. Puis ils furent de là au travers des bois, porter la nouvelle de cette irruption aus villes qui font dans les vallées, entre les premieres montagnes, où refidoit le *Paracouffu*, que eft le Roy du païs, avec toutes les forces les plus confiderables de fon Etat. Sur cette nouvelle fi furprenante, ce Prince, pendant qu'il fe preparoit à aller à la rencontre de l'ennemy, fit gagner, par ceus qui fe trouverent le plu-toft prets pour cette expedition, les avenuës des montagnes, & mit des embufcades en divers endroits des grandes forêts, qui font entre le grand Lac & les montagnes, & par lefquelles il faut paffer pour entrer en une belle & fpacieufe vallée, qui a plus de foixante lieuës de long, & environ dix de large; où font les demeures des principaus du païs, & les villes les plus confiderables de l'Etat.

Pendant que les Cofachites s'amufoient au pillage des maifons qu'ils avoient trouvées prés du grand Lac, les Apalachites eurent moyen de fe preparer à les recevoir. Mais eus, au lieu de prendre les routes & les chemins ordinaires qui conduifoient au plat païs, qui eft entre les montagnes comme nous avons dit, aprés avoir laiffé les femmes & les enfans prés du grand Lac, avec quelques trouppes qu'ils détacherent de leur armée pour les garder, étant guidez par quelques Apalachites qu'ils avoient furpris pefchant au grand Lac, furent au travers des bois, des montagnes, & des précipices, où les Chamois n'auroient pû marcher qu'à grand'peine, fe rendre tout au cœur & au centre du païs, en une Province appellée *des Amanites*. Ils furprirent fans refiftance les premieres places, qu'ils trouverent gardées feulement par les femmes, par les enfans, & par quelques vieillards qui n'avoient pû suivre le Roy, lequel avec son peuple étoit allé attendre l'Ennemy aus descentes ordinaires qui conduisent au païs.

Les Cofachites, voyant que leur dessein avoit si bien reussy, & qu'il y avoit grande apparence qu'en peu de tems ils se rendroient maîtres de tout le païs, puis que leur commencement avoit été si heureus, poussèrent incontinent leurs conquestes plus outre; & ayant des villes de retraitte où ils avoiët laissé de bons hommes en garnison, ils furent au devant du Roy d'Apalache, en intention de le combattre, ou du moins de l'obliger à leur laisser la paisible jouïssance d'une partie du païs. L'Apalachite fut extrémement surpris quand il apprit que l'ennemy qu'il attendoit aus frontieres & aus avenuës acoustumées du païs s'étoit déja emparé d'une Province qui étoit au centre de ses Etats, & qu'il avoit laissé garnison dans les villes & les places les plus considerables. Neantmoins, comme il étoit magnanime & courageus, il voulut essayer si le sort des armes luy seroit aussi favorable qu'il croyoit sa cause bonne & juste. Il descendit donc avec les siens des montagnes où il s'étoit campé: & aprés avoir animé ses gens au combat, il attaqua brusquement l'avant-garde des Cofachites, qui étoit venu reconnoître sa contenance. Lors que de part & d'autre ils eurent consumé toutes leurs fléches, ils vinrent aus mains; & ayant pris leurs massuës, il se fit un grand carnage des deus armées, jusques à ce que la nuit les ayant separez, les Cofachites remarquerent qu'ils avoient perdu beaucoup des leurs en cette rencontre, & trouverent qu'ils avoient à combattre un peuple plus vaillant qu'ils ne s'étoient imaginé: & par consequent qu'ils feroient mieus de traitter avec luy à l'amiable, que de hazarder encor une fois leurs troupes en un païs étranger.

Ils resolurent donc d'envoyer dés le matin des Ambassadeurs au Roy des Apalachites, pour luy presenter des conditions de paix, & pour en cas de refus (dissimulant la perte qu'ils avoient faite au dernier combat) luy declarer la guerre, & le sommer de se tenir prest à l'instant pour recevoir leur attaque, qui seroit bien plus rude que celle qu'il avoit experimentée le jour precedent, que leurs forces étoient

alors

Chap. 7   DES ILES ANTILLES.   335

alors toutes unies. Le Paracouſſis d'Apalaché ayant ouï ces Ambaſſadeurs, demanda la journée pour s'adviſer ſur leur propoſition de paix. Et en ſuite, leur ayant auſſi demandé les articles & conventions ſous leſquelles ils vouloient traitter avec luy, en cas qu'il inclinaſt à une paix, ils luy dirent qu'ils avoient quitté leur terre en intention de ſe placer, ou par amitié, ou par force, en ce bon & gras païs qu'il poſſedoit : Et que s'il agréoit les premier de ces moyens, ils demandoient de faire un même Peuple avec les Apalachites, d'habiter en leur terre, & de la cultiver ; & ainſi de remplir les places vuides de ceus d'entr'eus qui s'étoient débandez de puis peu, pour aller au loin planter une nouvelle Colonie.

L'Apalachite aſſembla ſon Conſeil ſur ces propoſitions ; & en ayant fait l'ouverture, il repreſenta que l'armée des Cofachites leur empeſchoit le ſecours qu'ils pourroient avoir des autres Provinces qui n'avoient pas été preſtes pour venir avec eus à cette guerre. Que par même moyen le paſſage des vivres leur étoit entiérement fermé. Que l'ennemy étoit maitre de la Campagne ; & que ſans coup ferir il étoit entré en l'une des meilleures Provinces de tout l'Etat, où il s'étoit ſaiſy des places de la plus grande importance. Et que bien qu'en la journée precedente il eut remarqué la fidelité & la generoſité incomparable des ſiens à attaquer & à combattre leurs ennemys, ſur leſquels ils avoient remporté de tres notables avantages, toutefois cét heureus ſuccés avoit été acheté par la perte de ſes plus vaillans Capitaines & de ſes meilleurs Soldats ; Par conſequent qu'il falloit aviſer à conſerver le reſte du Royaume, en épargnant ce qu'il y avoit encore d'hommes d'élite. Et puiſque les ennemis propoſoient d'abord des conditions de paix, ce ſeroit ſagement fait d'y entendre, ſi cela ſe pouvoit faire ſans préjudice de leur gloire, & de la grande renommée qu'ils s'étoient aquiſe juſques alors. Qu'au reſte la terre qui étoit deſerte en pluſieurs endroits, par la tranſmigration d'une partie de leurs habitans, étoit aſſez grande & aſſez fertile pour les nourrir tous.

Tous

Tous les Chefs des Apalachites ayant ouï la proposition de leur Roy, & jugeant que ce n'étoit pas la timidité qui l'obligeoit à pancher du costé d'un accommodement avec les Cofachites, veu que le jour précedent il s'étoit trouvé au plus fort de la meslée : mais que c'estoit le seul desir qu'il avoit de ne les pas exposer témérairement, & de cōserver son peuple lequel étoit déja en proye à l'ennemy qui occupoit une des plus florissantes Provinces. Ayant aussi eu advis par quelques coureurs qui s'étoient rendus en l'armée du Roy par des voyes détournées, & qui venoient des Villes où les Cofachites avoient leurs garnisons, qu'ils traittoient avec grande douceur & grand respect les femmes & les vieillards qu'ils y avoient trouvez; ils souscrivirent unanimement au sentimens du Prince, & répondirent qu'il faloit entendre à un bon accord, & faire en sorte que les conditions en fussent les plus avantageuses que la conjoncture présente de leurs affaires le pouvoit permettre. Et aprés avoir confirmé cette resolution par leur *Ha ha*, qui est la marque de l'applaudissement & de la ratification qu'ils ont coutume de donner à leurs déliberations, ils la signifierent aus Ambassadeurs des Cofachites, qui l'attendoient avec impatience.

Cette nouvelle estant apportée au camp des Cofachites, ils la receurent avecque joye, comme estant conforme à la fin qu'ils s'estoient proposée, en entreprenant la guerre, & en quittant leur païs. Ils deputerent donc sur le champ des principaus d'entr'eus, pour convenir avec les Apalachites des moyens de cette paix, & pour en passer tous les articles. Ces Deputez estant arrivez au lieu où le Prince d'Apalache les attendoit avec les plus considerables de sa Cour, assis sur un siege plus relevé que les autres, & couvert de riche fourrure, ils furent receus courtoisement. Et ayant pris seance, le Roy leur fit presenter à boire d'un certain bruvage nommé *Cassine*, dans une coupe dont il gousta le premier. Tous ceus du Conseil en burent en suite : Et puis on entra de part & d'autre en traitté d'accord, à ces conditions.

Que les Cofachites habiteroient pesle-mesle dans les villes & les bourgs des Apalachites. Qu'ils seroient en toutes choses

choses estimez & tenus comme les Naturels du païs. Qu'ils jouyroient entierement des mesmes franchises. Qu'ils seroient sujets au Roy comme les autres. Qu'ils embrasseroient la Religion & les coutumes du païs. Ou que s'ils aimoient mieus, les Apalachites leur quitteroient la belle & grande Province d'*Amana*, pour la posseder en propre & en particulier, suivant les limites qui y seroient posées, à condition toutefois qu'ils reconnoitroient le Roy d'Apalache pour Souverain, & qu'à l'avenir ils luy en feroient tous les ans les hommages raisonnables.

Cét accord fut ainsi arresté reciproquement, & suivy d'acclamations mutuelles. Et peu de tems aprés que les Deputez des Cofachites eurent rendu conte de leur negotiation à leur Chef & à son Conseil, & qu'ils eurent presenté le chois qui leur estoit donné ou de mesler leurs demeures avec les Apalachites, ou de posseder eus seuls & en propre la Province où ils estoient entrez, ils accepterent d'un commun consentement la proprieté de cette Province d'Amana, de laquelle le Roy d'Apalache les mit luy même en paisible possession. Les femmes, les enfans & les vieillards, qui y étoient demeurez pendant que les hommes capables d'aller à la guerre, avoient suivy leur Prince, furent transportez dans les autres Provinces, où le Roy leur assigna une demeure arrestée, pour eus & pour tous les vaillans hommes de cette même Province, qui s'estoient exposez pour repousser l'ennemy, & pour côserver l'Etat. Aprés quoy les deus partis poserent les armes : Et les Cofachites furent querir leurs femmes, leurs enfans, leur bétail, leur bagage, & les Soldats qu'ils avoient laissez prés du grand Lac de Theomi : Et se réjouïrent tous ensemble dans les Villes de leur demeure pour le beau Païs qu'ils avoient conquis, ainsi qu'ils l'avoient auparavant projetté.

Les Apalachites nommerent depuis ce tems-là CARAIBES, ces nouveaus hostes qui leur étoient arrivez inopinement & contre leur attente, pour reparer la bréche qui avoit esté faite par la peuplade de leurs gens en une autre Contrée de l'Amerique. Ce mot de *Caraibes* signifie en leur langue, des *Gens ajoutez*, ou *survenus subitement & à l'improviste*, des *Etrangers*, ou *des Hommes forts & vaillans* ; Comme pour dire qu'un Peuple genereus, qu'ils n'attendoient pas,

V u leur

leur estoit survenu, & leur avoit esté ajouté. Et ce nom demeura à ces nouveaus venus, au lieu de celuy de *Cofachites*, qui n'a esté conservé que par quelques foibles & chétives familles, qui estoient plus au Nord de la Floride, & qui aprés la sortie des vrais Cofachites, s'emparerent de leurs Terres, & voulurent aussi passer sous le nom de ceus qui les avoient précedez en la possession de ce païs. Pendant que d'autre costé ces vrais Cofachites furent reconnus sous le nom de *Caraibes*, en la Province d'Amana. Et c'est aussi sous ce nom que doresenavant nous parlerons d'eus & des Colonies qu'ils ont faites depuis ce tems-là.

Ces deus Nations s'étant ainsi unies pour terminer leurs differens, & finir une cruelle guerre qui les eust pû ruiner toutes deus, vécurent en suite plusieurs années en bonne correspondance l'une avec l'autre. Mais aprés que les Caraibes se furent accrus en grand nombre en cette terre qu'ils avoient aquise par leurs armes, ils ne voulurent point embrasser la Religion des Apalachites qui adoroient le Soleil, comme nous dirons cy aprés, ni se trouver à leur Ceremonies, au Temple qu'ils avoient en la Province de Bémarin, où étoit la Cour; ni enfin rendre au Roy les hommages qui luy estoient deus pour la Province qu'ils avoient occupée, suivant leur promesse & leur Traitté.

Ce manquement de parole de la part des Caraibes, & cét acte de felonnie fut le sujet de plusieurs guerres sanglantes, qui survinrent plus aprés entre ces deus Nations. Les Caraibes étoient investis de tous costez de leurs adversaires qui les resserroient de telle sorte qu'ils ne pouvoient aucunement s'élargir. Et les Apalachites avoient au cœur de leur Etat un cruel & irreconciliable Ennemy qui les tenoit perpetuellement en alarme, & les obligeoit à estre toujours sous les armes. Pendant quoy les uns & les autres, tantost vaincus & tantost victorieus, selon que le sort de la guerre est journalier & casuel, menoient une triste vie: Et souvent pour n'avoir pû cultiver la terre, ou pour avoir fait le degast dans les champs les uns des autres, un peu avant la recolte, ils estoient réduits à une extréme famine, qui faisoit mourir plus de gens entre eus que l'épée.

Ils

Ils passerent plus d'un siecle en ces contestations & en cette guerre. Pendant laquelle les Caraibes qui avoient pour Chef & pour Roy de leur Nation un de leurs plus vaillans Capitaines qu'ils nommoiët *Ragazim*, accrurent leur Etat d'une autre Province qui leur estoit voisine du costé du Midy, & qui s'appelle *Matique*, laquelle perçant les montagnes par une ouverture, qui reçoit un torrent descendant des mêmes montagnes, s'étend puis aprés au Couchant, jusqu'à la Riviere qui prenant sa source au grand Lac, aprés avoir formé plusieurs Iles, & arrosé plusieurs Provinces, se va rendre en fin dans l'Ocean. C'est cette celebre Riviere que nos François ont appellée *de May*, & que les Apalachites nomment *Basainim* qui signifie en leur langue, *Riviere delicieuse*, ou *abondante en poissons*. Les Caraibes ayant ainsi étendu leurs limites, & écarté leurs ennemis, firent pour quelques années une espece de tréve avec les Apalachites, qui estant fatiguez de tant de guerres, & mattez par la perte d'une Province considerable, entendirent volontiers de leur part à cette cessation d'armes, & de tous actes d'hostilité.

Mais ces Apalachites qui séchoient de regret de voir leur Etat écorné d'une celebre Province, profitant de l'occasiō favorable de cette tréve tinrent plusieurs fois des cōseils secrets comment ils pourroient emporter de plus grands avantages sur les Caraibes, qu'ils n'avoient fait jusques alors. Et aprés avoir reconnu par leurs tristes experiences, qu'ils n'avoient pas beaucoup avancé leurs affaires en attaquant leurs ennemis à découvert & à main armée, ils se resolurent de les supplanter par finesse, & à cet effet de chercher tous les moyens de les diviser entre eus, & de les engager insensiblement en une guerre civile & intestine. Ce conseil estant reçeu & approuvé generalement de tous : leurs Prestres, qui sont parmy eus en grande estime, & qui ont vois en leurs Assemblées les plus importantes, leur en fournirent bien tost les expediens, & leur en suggererent les moyens qui furent tels.

Ils avoient remarqué que ces gens qui les estoient venu surprendre en leur propre Terre, estoient sans Religion, & sans connoissance d'aucune Divinité, à laquelle ils rendissent quelque service public, & qu'ils craignoient seulement un

Esprit

Esprit malin, qu'ils nommoient *Mabouya*, à cause qu'il les tourmentoit quelquefois : mais que cependant ils ne luy faisoient nul hommage. Et c'est pourquoy dés les premieres années de leur arrivée, pendant lesquelles ils avoient vécu en bonne intelligence avec eus, ils les avoient voulû induire à reconnoistre à leur exẽple le Soleil pour le Souverain Gouverneur du Monde, & à l'adorer comme Dieu. Ces exhortations & ces enseignemens avoient fait de fortes impressions dans les esprits des principaus d'entre les Caraibes. De sorte qu'ayant reçeu les premiers principes de cette Religion, pendant les années que leur mutuëlle correspondance eut lieu, beaucoup quittoient la Province d'Amana, en laquelle ils demeuroient, pour aller en celle de Bémarin, la Capitale des Apalachites, d'où ils montoient en la montagne, *d'Olaïmi*, sur laquelle les Apalachites font leurs offrandes solennelles. Et à leur imitation ils avoient participé à ces Ceremonies & à ce Service. Ces Prestres que les Apalachites nomment *Iaoüas*, qui veut dire, *Hommes de Dieu*, savoient que les semences de Religion ne s'étouffent pas si facilement dans les cœurs des Hommes, & qu'encore que les longues guerres qu'ils avoient euës avec les Caraibes, en eussent empesché l'exercice, il leur seroit aisé de les r'animer en eus, & par maniere de dire, de rallumer les étincelles de cette connoissance, qui estoient cachées sous la cendre.

La tréve & cessation de tous actes d'hostilité, qui avoit esté arrestée entre les deus Nations en presentoit une occasion favorable. C'est-pourquoy les Prestres du Soleil s'aviserent avec l'agrément du Roy, de faire publier parmy les Caraibes, qu'au commencement du mois de Mars, qu'ils nomment *Naarim* en leur langue, ils feroient un service solennel à l'honneur du Soleil en la haute montagne & que ce service seroit suivy de jeus, de festins, & de presens, que le Roy donneroit liberalement aus assistans. Cette Ceremonie n'estoit pas nouvelle parmy les Apalachites; les Caraibes ne pouvoient soupçonner aucune fraude, ni avoir aucune crainte de surprise. Car ils avoient cette coutume fort ancienne parmy eus, de faire des prieres extraordinaires au Soleil au commencement de ce mois de Naarim, qui est précisement le tems qu'ils ont semé leur Maïs. Ils font ce Service pour demander au Soleil qu'il veuille faire germer, croistre, & meurir, ce qu'ils ont confié à ses soins. Et ils pratiquent la même chose à la fin de May; auquel tems ils ont fait la premiere moisson, pour luy rendre graces des fruits qu'ils croyent avoir receus de sa main. D'ailleurs, les Caraibes savoient que durant ces festes les Apalachites pendoient au croc les arcs & les fléches; que ce seroit un grand crime parmy eus de porter des armes en leur Temple, & d'y émouvoir la moindre dispute; & qu'en ces jours-là les plus grands ennemis se reconcilioient & déposoient toute leur inimitié. Ils ne doutoient aussi nullement que la foy publique, & la promesse solennellement faite, ne fust inviolablement gardée.

Dans cette assurance, ils se disposent à passer en Bémarin au tems assigné: & pour contribuer de leur part à la réjouïssance publique, ils se parent le plus avantageusement qu'il leur est possible. Et bien que dés lors ils eussent coutume de s'habiller fort à la legere & de montrer leur corps presque à nud, toutefois pour s'accomoder aus faisôs de faire de leurs voisins qu'ils alloiēt visiter, ils mettent en œuvre toutes les fourrures, les peaus peintes, & les étoffes qu'ils avoient, pour se faire des habits. Ils n'oublient point aussi de peindre d'un rouge éclatant leur visage, leurs mains, & toutes les nuditez qui pouvoient paroitre: Et ils se couronnent de leurs plus riches guirlandes tissuës de plumes differentes des plus beaus oiseaus du pais. Les femmes voulant de leur costé prendre part à cette solennité, font tout ce qu'elles peuvent pour se rendre agreables. Les châines de Coquillage de diverses couleurs, les pendans d'oreilles, & les hauts bonnets enrichis de pierres luisantes & precieuses, que les torrens charrient avec eus des plus hautes montagnes, leur donnoient un lustre extraordinaire. En cét équipage les Caraibes, partie par curiosité, partie par vanité de se faire voir, & quelques-uns par un mouvement de Religion, entreprenent ce pelerinage: Et pour ne point donner d'ombrage à ceus qui les avoient si amiablement conviez ils quittent arcs, fléches, & massuës, au dernier village de leur jurisdiction, & entrent en la Province de Bémarin avec une simple baguette, en chantant & en sautant, com-

Vu 3　　　　me

me ils font tous d'une humeur extrémement gaye, & enjoüée.

D'autre part les Apalachites les atendoient en bonne devotion: & fuivant l'ordre qu'ils en avoient reçeu de leur Roy, qui fe nommoit *Teltlabin*, la race duquel commande encore à prefent parmy ce peuple, ils reçeurent courtoifement tous ceus qui vinrent au Sacrifice. Dés l'entrée même des Caraibes en leur Province, ils leur firent un accueil auffi cordial que s'ils euffent efté leurs freres, & qu'il n'y euft jamais eu de different entre eus : Ils les regalerent & feftinerent tout le long du chemin, & les efcorterent jufques à la Ville Royale qu'ils appellent encore maintenant *Melilot*; c'eft à dire *la Ville du Confeil*, parce que c'eft la demeure du Roy & de fa Cour. Les Chefs des Caraibes furent traittez fplendidement au Palais Royal, & ceus du commun chés les Habitans de la ville, qui n'épargnerent rien de ce qui pouvoit contribuër à la fatisfaction & à la réjouïffance de leurs hoftes.

Le jour dedié au Sacrifice du Soleil, le Roy des Apalachites avec fa Cour, qui eftoit notablement accreuë par l'arrivée des Caraibes, & d'un grand nombre d'habitans des autres Provinces, qui eftoient venus à la fefte, monta de grand matin fur le fommet de la montagne d'Olaïmi, qui n'eft éloignée que d'une petite lieuë de la ville. Ce Prince, felon la coutume du païs, eftoit porté dans une chaire fur les épaules de quatre grands hommes efcortez de quatre autres de même hauteur, pour prendre la place quand les premiers feroient las. Il eftoit précedé de plufieurs joüeurs de flute & d'autres inftrumens de mufique. En cette pompe il arriva au lieu deftiné à ces affemblees : Et quand la Ceremonie fut achevée, il fit une plus grande largeffe d'habillemens & de fourrures qu'il n'avoit accouftumé de faire en de pareilles rencontres. Sur tout, il eftendit fa liberalité à l'endroit des principaus d'entre les Caraïbes : & à fon imitation les plus aifez de fon peuple diftribuërent auffi des prefens à tous ceus de cette Nation, qui avoient honoré de leur prefence leur Sacrifice Solennel. De forte qu'il n'y eut aucun des Caraibes qui ne retournaft content & paré de quelque livrée. Aprés qu'ils
furent

furent descendus de la montagne, on les accueillit encore, & on les traitta, avec toute sorte de témoignages de bonne volonté, en toutes les Maisons des Apalachites, au milieu desquels ils avoient à repasser pour retourner en leur quartier. En fin, pour les inciter à une seconde visite, on leur protesta de la part du Roy & de ses Officiers qu'ils seroient toujours reçeus avec une égale affection, s'ils desiroient de se trouver quatre fois l'an avec eus, aus mêmes Ceremonies.

Les Caraïbes estant de retour en leur Province, ne pouvoient assez loüer la bonne reception qu'on leur avoit faite. Ceus qui avoient gardé le logis, estant ravis de voir les riches presens que leur concitoyens avoient rapporté de leur voyage, prenoient dés-lors la resolution de faire le même pelerinage à la premiere feste. Et le jour qui y estoit destiné estant écheu, il y avoit un si grand empressement parmy eus à y aller, que si leur Cacique n'y eust mis ordre la Province eust esté dépourveuë d'habitans. Les Apalachites continuërent aussi leur accueil & leurs liberalitez : & il y avoit une émulation entre eus, à qui rendroit plus de devoirs aus Caraïbes. Leurs Prestres, qui savoient à quoy devoit enfin aboutir toute cette ruse, ne leur recommandoient rien tant que la continuation de ces bons offices, qu'ils disoient estre fort agreables au Soleil.

Trois années s'écoulerent en ces visites : au bout desquelles les Apalachites qui s'estoient épuisez en liberalitez à l'endroit de leurs voisins, voyant qu'ils avoient puissamment gagné leurs affections, & que la plus part estoient tellement zelez au Service de Soleil, que rien ne seroit capable de leur faire perdre à l'avenir les profonds sentimens qu'ils avoient conçeus de sa Divinité, se resolurent, estant incitez à cela par leurs Prestres, à l'avis desquels le Roy & tout le Peuple déferoient beaucoup, de prendre l'occasion de la tréve qui estoit expirée, pour declarer de nouveau la guerre aus Caraïbes, & leur interdire l'accés de leurs ceremonies, s'ils ne vouloient faire comme eus une profession ouverte de tenir le Soleil pour Dieu, & s'aquitter de la promesse qu'ils leur avoient autrefois faite de reconnoître le Roy d'Apalache

pour

pour leur Souverain, & de luy faire hommage de la Province d'Amana en laquelle ils habitoient, comme la tenant de luy.

Les Caraïbes furent divifez fur cette propofition. Car tous ceus qui étoient portez pour l'adoration du Soleil, furent d'avis de contenter les Apalachites, difant que quand ils n'y feroient pas obligez par leur parole, ils y feroient tenus pour ne fe point priver du libre exercice de la Religion du Soleil, en affiftant aus facrifices qu'ils ne pourroient à prefent abandonner qu'à grand regret. Le Cacique, & la plupart des plus confiderables entre les Caraïbes, difoient, au contraire, qu'ils ne vouloient point flétrir leur reputation, & la gloire de toutes les victoires precedentes, par une paix honteufe, qui fous pretexte de Religion les rendroit fujets des Apalachites. Qu'ils étoient nez libres, & qu'en cette qualité ils étoient fortis du païs de leur naiffance, & s'eftoient pouffez en une meilleure terre par la valeur de leurs armes. Qu'il falloit défendre pour toujours cette precieufe liberté, & la cimenter de leur propre fang, s'il en étoit befoin. Qu'ils étoient les mêmes qui avoient autrefois contraint les Apalachites à leur quitter en proprieté la plus confiderable de leurs Provinces, qui étoit le centre & comme l'œil de leur Etat. Qu'ils n'avoient rien diminué de cette generofité: Et que tant s'en faut que cette valeur fuft éteinte, qu'au côtraire ils avoient accru depuis peu leur jurifdiction, d'une belle & grande étenduë de païs, qui les mettoit au large, & leur donnoit jour au delà des montagnes qui les referroient auparavant. Qu'ayant ainfi écarté tout ce qui pouvoit s'oppofer à leurs deffeins, ce leur feroit une lâcheté infupportable de quitter, fur un fimple prétexte de Religion, & pour la feule curiofité de fe trouver à quelques facrifices, la poffeffion de ce qu'ils avoient aquis avec tant de peine & tant de fang: Enfin, que s'ils defiroient d'adorer le Soleil, il luifoit auffi favorablement en leurs Provinces, qu'en celles des Apalachites. Qu'il les regardoit tout les jours d'un œil auffi gracieus qu'aucun autre endroit du monde. Et que s'il s'agiffoit de luy confacrer une montagne & une grotte, on en pourroit trouver parmy celles qui feparoient leur Etat d'avec le

grand

grand Lac, d'auſſi hautes & d'auſſi propres à ces myſteres qu'étoit celle d'Olaïmi.

Ceus qui defendoient le Service du Soleil, & qui ſoutenoient qu'il ne faloit pas s'engager en une nouvelle guerre, en refuſant des conditions qui leur étoient auſſi avantageuſes qu'aus Apalachites, repliquoient, que puis qu'ils avoient gouté de puis quelques années la douçeur de la paix, & qu'ils avoiët experimenté en tant de rencōtres la bonté, la candeur, & la generoſité de leurs voiſins, il n'y avoit point d'apparence de ſe jetter en de nouveaus troubles qu'il étoit ſi facile d'eviter, & même ſans perté de la reputation qu'ils s'étoient aquiſe. Que la reconnoiſſance que les Apalachites demandoient pour la Province qu'ils occupoient, pourroit être d'une telle nature & de ſi petite conſequence, que leur honneur n'en ſeroit en rien diminué ni leur autorité bleſſée. Que pour ce qui touchoit le Service & les ſacrifices du Soleil, ils n'avoient point de Preſtres qui fuſſent inſtruits en cette ſcience, & qui en ſceuſſent les Ceremonies. Qu'il ſeroit à craindre que s'ils vouloient entreprendre d'imiter les *Iaoüas* des Apalachites, ils n'attiraſſent par les fautes qu'ils y feroient, l'indignation de la Divinité qu'ils voudroient ſervir, au lieu de gagner ſa faveur. Que même ils avoient appris qu'il ne ſe trouvoit nulle montagne en tout le païs, d'ont ils avoient connoiſſance qui fuſt regardée du Soleil d'un aſpect ſi agreable & ſi dous que celle d'Olaïmi: ni qui euſt comme elle un Temple cavé dans le roc d'une façon ſi merveilleuſe, que tout l'artifice des hommes ne pourroit jamais atteindre à cette perfection; & qu'auſſi c'étoit un ouvrage des rayons de la Divinité qui y étoit adorée. Que quand on trouveroit une montagne & une caverne qui approchaſt de celle-là, ce qu'ils croyoient neantmoins être impoſſible, les oiſeaus meſſagers du Soleil n'y feroient pas leur demeure. Et que la fontaine conſacrée à ſon honneur, laquelle produiſoit des effets admirables & des gueriſons inouïes, ne s'y rencontreroit pas. Et par conſequent qu'ils s'expoſeroient à la riſée des Apalachites, qui auroient toujours ſujet de ſe glorifier d'une infinité de prérogatives de leur Temple & de leur Service ancien, par deſſus ce nouveau qu'ils pretendoient d'établir.

Ce party concluoit de tout cela, qu'il falloit faire une bonne paix, & assister à l'avenir aus mêmes Ceremonies qu'ils avoient frequentées pendant la trève.

Mais ceus qui s'estoient arrestez à des sentimens contraires, ne peurent aucunement être fléchis par toutes ces considerations, ni divertis de la resolution qu'ils avoient prise de ne reconnoître jamais les Apalachites pour Souverains, & de ne pas perdre leur liberté sous l'ombre d'une Religion & d'une adoration que leurs peres avoient ignorée. De sorte qu'en fin cette contrarieté d'avis donna le commencement à deus factions qui se formerent parmy les Caraïbes, comme les Prestres des Apalachites l'avoient préveu. Et parce qu'ils étoient divisez en leur Conseil, ils ne peurent rendre une responce assurée & uniforme sur les propositions de guerre ou de paix qui leur étoient faites. Mais chaque party se fortifiant de jour en jour, celuy qui concluoit en faveur de l'alliance avec les Apalachites & de l'adoration du Soleil, s'accreut tellement qu'il se vid en état d'obliger l'autre à se soumettre à son opinion ou bien à abandonner la Province.

Ce seroit un recit trop ennuyeus de vouloir icy décrire tous les maus que cette guerre civile apporta aus Caraïbes, qui se déchiroient les uns les autres, jusqu'à ce qu'enfin, aprés plusieurs combats, les Apalachites s'étant joints avec le party qui leur étoit favorable, ils contraignirent l'autre à prendre la fuite & à vuider des Provinces d'Amana & de Matique, pour aller chercher au loin quelque demeure assurée.

Les Caraïbes victorieus ayant ainsi chassé par le secours des Apalachites ceus qui troubloient leur paix & leur repos, munirent puissamment leurs frontieres, & poserent aus avenuës les plus vaillans & les plus genereus de leurs corps pour oster à jamais aus exilez toute esperance & toute pretention de retour. Puis ils contracterent une tresferme alliance avec les Apalachites, se soumettant à leurs Lois, embrassant leur Religion, & ne faisant plus qu'un Peuple avec eus. Ce qui dure encore à present: Mais non pas toutefois en telle sorte que ces Caraïbes ne retiennent leur ancien nom, comme nous l'avons déja remarqué au commencement de ce Chapitre, & beaucoup de mots qui leur sont communs avec les Habitans des Antilles : tels que sont entre une infinité d'autres les termes de *Cakonnes* pour dire les menuës curiositez qu'on reserve par rareté, de *Bouttou*, pour signifier une massuë de bois pesant, de *Taumaly*, pour exprimer un ragoust: de *Banaré*, pour dire un Amy familier, d'*Etoutou*, pour denoter un Ennemy. Ils nomment aussi un arc *Allouba*, des fléches *Allouani*; un Etang *Taonaba*: l'esprit Malin *Mabouya*, & l'ame de l'homme *Akamboué*, qui sont les propres termes desquelles les Caraïbes Insulaires se servent encore à present, pour signifier les mêmes choses.

Quant aus Caraïbes déchassez de leur terre, par ceus de leur propre Nation & jettez hors des limites de leur ancienne demeure & de toutes leurs conquêtes, aprés avoir rôdé prés de la riviere qui prend sa source au grand Lac, & avoir essayé en vain de s'accommoder avec les Peuples qui habitent l'un & l'autre bord, ils se resolurent de se faire passage au travers de leur terre, ou par amitié ou par force, & de pousser du moins, les restes de leur condition malheureuse en quelque païs desert, où ils pussent se perpetuër, & relever en toute seureté les ruines de leur Etat. Dans cette resolution ils penetrerent jusques au bord de la mer, où ayant rencontré des Peuples qui prirent compassion de leur misere, ils hyvernerent auprés d'eus, & passerent en grande disette cette triste saison de l'année. Et comme ils faisoyent des regrets continuëls, pour la perte qu'ils avoient faite d'un païs si dous & si fertile que le leur, & qu'ils voyoient qu'ils ne se pourroient jamais habituër avec joye, en celuy où leur malheur les avoit releguez, voicy arriver à la coste, au commencement du printems deus petis vaisseaus qui venoient des Iles Lucayes, & qui avoient esté poussez par les vens à la rade, où nos Caraïbes avoient passé leur hyver. Il y avoit en ces deus vaisseaus, qu'ils nomment *Canos* où *Piraugues*, environ treize ou quatorze habitans de *Cigateo*, qui est l'une des Iles Lucayes, lesquels ayant mis pied à terre raconterent aus Habitans naturels de cette coste, comment ils avoient este jettez par la tempeste entre leurs bras. Et ils dirent entre autres choses des merveilles des Iles où ils demeuroient, ajoutant, qu'il y en avoit encore plusieurs au dessus d'eus, en tirant vers l'Equateur, qui etoient desertes & inhabitées, & que l'on estimoit meilleures que celles-là même dont ils leur faisoient un si grand recit. Que quant à eus ils ne demandoient aus habitans du païs qu'un peu d'eau & de vivres, pour pouvoir repasser dans leur Terre, dont ils tenoient n'être éloignez que de quatre ou cinq journées pour le plus.

Les Caraibes, qui étoient en peine de chercher quelque nouvelle demeure, & qui s'ennuyoient beaucoup de n'avoir point de lieu seur & arresté qui les mist à couvert de tant de maus qu'ils souffroient en une vie errante & vagabonde, ayant ouï dire tant de bien de ces Iles que l'on asseuroit être voisines des Lucayes; se resolurent de profiter de l'occasion de ces guides, qui leur avoient été suscitez par un bonheur extraordinaire, de les suivre lors qu'ils s'en retourneroient, & aprés qu'ils seroient arrivez en leur terres, de se placer dans les autres Iles desertes dont ils leur avoient ouï faire un recit si avantageus.

Ils estimoient que l'exécution de cette entreprise mettroit fin à toutes leurs miseres. Mais ils y rencontroient un grand obstacle, qui d'abord leur sembloit insurmontable, assavoir le manquement de vaisseaus pour passer la mer, & les porter où ils desiroient aller. Ils se proposoient bien pour remedier à ce defaut de mettre à bas des arbres, & de creuser le tronc avec du feu, comme faisoient les autres Nations, & celle-là même au milieu de laquelle ils vivoient: Mais cét expedient demandoit un long-tems pour en venir à bout: pendant quoy ceus qu'ils esperoient avoir pour conducteurs, mediteroient sans doute leur retraite. Et par consequent ils jugerent que le plus court seroit de chercher des vaisseaus tout prests. Pour cét effet ils se disposerent à enlever à la faveur de la nuit tous ceus que les Nations des rades voisines, & du long des rivieres, qui se venoient rendre à la mer, avoient de preparez en leurs ports, & en état de voguer. Le jour donc étant arrivé du partement des *Lucaïquois*, qui leur devoient servir de guides, nos Caraibes, qui s'étoient munis auparavant des provisions necessaires, s'assemblerent, le plus secrettement qu'il leur fut possible, le long des rivieres &

des

des havres, & s'étant emparez de tous les *Canos* ou vaisseaus qu'ils rencontrerent, se joignirent aus Lucaïquois, avec lesquels, sans avoir pris congé de leurs hostes, ils firent voile vers les Iles Lucayes.

Le vent ayant été favorable à ces fugitifs, ils arriverent en peu de jours à Cigateo, où ils furent reçeus fort humainement par les habitans, qui après leur avoir fourny les refraichissemens necessaires, les conduisirent jusques aus dernieres de leurs Iles, & de-là leur donnerent encore une escorte pour les mener à la premiere des Iles desertes dont ils leur avoient parlé, laquelle ils nommerent *Ayay* & qu'à present on appelle *Sainte Croix*. Ils cottoyerent en faisant ce chemin l'Ile de *Boriquen*, dite aujourd'huy *Porto-Ricco*, qui étoit habitée par une Nation puissante. Ce fut donc en cette Ile d'*Ayay* que nos Caraibes jetterent les premiers fondemens de leur Colonie, & où jouïssant d'un dous repos, qui leur fit bien-tôt oublier toutes leurs traverses passées, ils se multiplierent tellement que dans peu d'années ils furent contrains de s'étendre en toutes les autres Iles Antilles. Et quelques siecles après, ayant occupé toutes les Iles habitables, ils se pousserent jusqu'au Continent de l'Amerique Meridionale, où ils ont encore aujourduy plusieurs grandes & nombreuses Colonies, dans lesquelles ils se sont tellement affermis, que bien que les *Yaos*, *Sappayos*, *Paragotis*, *Arouâcas*, ou *Arouâgues*, qui sont en leur voisinage de l'Ile de la Trinité & des Provinces de l'Orenoque, les ayent souvent voulu chasser de leurs demeures, & qu'ils leur ayent livré de sanglantes guerres, ils y subsistent en un état florissant, & entretiennent une si bonne correspondance & une si parfaite amitié avec nos Caraibes Insulaires, que ceus-cy vont une fois ou deus l'année à leur secours, se liguant tous ensemble avec les Calibites leurs amis & confederez, pour faire la guerre aus Arouâgues leurs ennemis communs, & aus autres Nations qui leur sont contraires.

Au reste, nous voulons bien croire, que la plupart des Caraibes Insulaires se disent descendus des Calibites leurs Confederez. Car ces Caraibes étant moins puissans que les Calibites, lors qu'ils arriverent en la Terre ferme parmy

eus,

eus, & s'étant dépuis alliez avec eus par mariages & par interets communs, ils n'ont fait qu'un peuple, qui s'est mutuellement communiqué le langage & les coutumes particulieres. Ce qui fait qu'une grande partie des Caraibes, oublieus de leur Origine, se font acroire qu'ils sont descendus des Calibites. Et il est à presumer, que dépuis un tems immemorial, que leurs predecesseurs sont passez du Nord dans les Iles, ils n'ont eu aucune connoissance de leur terre natale, qui les ayant comme vomis hors de sa bouche, & jettez hors de son sein, les traittant comme des rebelles, ne fut pas regrettée de ces pauvres fugitifs jusques au point d'en conserver precieusement la memoire. Au contraire il est croyable, que pour bannir de leur esprit le souvenir des maus qu'ils y avoient souferts, ils en effaçoient les tristes idées autant qu'il leur étoit possible, & qu'ils étoient bien aises de se glorifier d'une autre Origine. Il pourroit bien estre aussi que lors que les Caraibes entrerent dans les Iles, en venant du Septentrion, elles n'étoient pas tellement desertes, qu'il ny eut çà & là quelques familles, qui pouvoient y estre passées de l'ile Hispaniola ou de Porto-Rico, lesquelles ils defirent à la reserve des femmes, qui pouvoient servir à l'acroissement de leur Colonie. Veu nommemēt, qu'il y a toute aparence de croire, que ces Caraibes étant exilez du milieu des Apalachites, & contrains par le sort des armes de quitter la place au victorieus, plusieurs de leurs femmes étoient demeurées parmy ces Apalachites, & les autres de leur Nation, qui s'étoient unis avec eus. Et de là pourroit estre venuë la difference du langage des hommes & des femmes Caraibes.

Mais pour representer plus particulierement ces Colonies de Caraibes au Continēt Meridional de l'Amerique, premierement les Memoires de ceus qui sont entrez dans la celebre riviere de l'Orenoque, distante de la Ligne, vers le Nord, de huit degrez & cinquante scrupules, disent, que fort loin au dedans du païs, il y habite des Caraibes, qui peuvent aisément y être passez de l'ile de Tabago, celle de toutes les Antilles qui est la plus proche de ce Continent.

Les Relations des Hollandois nous apprennent qu'avançant plus outre vers l'Equateur, on trouve à sept degrez de
cette

cette Ligne; la grande & fameuse riviere d'Essequebe, au bord de laquelle sont premierement les Arouägues, & en suite les Caraibes, qui ont guerre continuelle avec eus, & qui se tiennent aus dessus des sauts de cette Riviere qui tombe avec impetuosité des montagnes. Et de là ces Caraibes s'étendent jusques à la source de la même Riviere, & sont en grand nombre, tenant une vaste étenduë de païs.

Les mêmes Voyageurs nous recitent qu'à six degrez de la Ligne on trouve la riviere de *Sarname* ou *Suriname*, dans laquelle entre une autre riviere appellée *Ikouteca*, le long de laquelle il y a aussi plusieurs villages de Caraibes.

Il y a de plus un grand Peuple de cette Nation, lequel habite un païs qui pénetre bien avant en la terre ferme & qui aboutit à la côte sous le cinquéme & le sixiéme degré au Nord de l'Equateur, s'étendant le long d'une belle & grande riviere qu'on nommé *Maroüyne*, distante seûlement de dixhuit lieuës de celle de Sarname, laquelle depuis sa source traverse plus de deus cens lieuës de païs; où sont plusieurs villages de Caraibes, qui élisent comme les Insulaires les plus vaillans d'entre eus pour leurs Caciques, & qui sont d'une stature un peu plus haute que ces Antillois, ne differant gueres d'eus, sinon que quelques uns couvrent d'un drapeau leurs parties naturelles, plutôt par parure que par pudeur, ou par honte. Ceus donc qui ont voyagé en ces Contrées, disent que depuis l'embouchûre de cette riviere de Maroüyne, laquelle est à cinq degrez & quarante cinq scrupules de la Ligne vers le Nord, jusques à sa source, il y a vint journées de chemin: & que dans toute cette étenduë, les Caraibes ont leurs villages pareils à ceus des Insulaires.

Nous recueillons encore des Voyages des Hollandois que les habitans de ce Continent, parmy lesquels serpente la riviere de Cayenne, sont Caraibes de Nation.

Enfin, ces Caraibes ont pû passer au travers des terres de ces Contrés, jusqu'au Bresil. Car ceus qui y ont voyagé assurent, que parmy les Provinces qui sont le long des côtes de la Mer du Sud, il s'y trouve des gens qui portent le nom de Caraibes: & qu'étant d'un naturel plus hardy & plus entreprenant, plus rusé & plus subtil, que les autres Indiens du

Bresil,

Brefil, ils font en telle eftime parmy eus, qu'ils les tiennent pour être douëz d'un favoir plus relevé que les autres. D'où vient qu'ils déferent beaucoup à leurs avis, & les prient de préfider à toutes leurs feftes & réjoüiffances, lefquelles ils ne celebrent gueres qu'il n'y ait quelcun de ces Caraibes, qui pour cét effet vont rôdant çà & là par les villages où ils font receus de tous avec joye, feftins, & careffes; comme l'a remarqué Jean de Lery.

Que s'il étoit befoin de confirmer que ces Caraibes, répandus en tant de lieus de la terre ferme de l'Amerique Meridionale, font de la même Nation que les Infulaires, on pourroit icy mettre en avant ce qui nous eft conftamment rapporté par les deus Colonies Hollandoifes qui font en ces coftes, affavoir celle de Cayenne & celle de Berbice, l'une & l'autre voifines des Caraibes du Continent, pour faire voir le rapport & la reffemblance qu'il y a en plufieurs chofes, de leur naturel, de leurs mœurs, & de leurs coutumes, à celles des Indiens Antillois que nous décrirons cy après. Mais il eft tems de finir ce Chapitre, qui fans cela même femblera peut être trop long. Il a été impoffible de le divifer, à caufe de l'uniformité & de l'enchainure de la matiere: Et la nature du fujet que nous traittions ne nous à pas permis d'en abreger le difcours.

Nous ferons même obligez d'ajoûter encore un mot fur la queftion que la curiofité de quelcun le pourroit obliger de faire, combien de tems il y a que les Caraibes font paffez de la Floride dans les Iles. Et c'eft dequoy l'on ne peut avoir de connoiffance affurée. Car ces Nations n'ont pour la plufpart, d'autres annales que leur memoire. Mais parce que ces gens-là vivent pour l'ordinaire environ deus cens ans, on ne doit pas trouver étrange fi les chofes qui fe font paffées parmy eus fe perpetuënt jufques à trois ou quatre generations. Et pour confirmation de cecy, on voit plufieurs hommes & plufieurs femmes entre ce peuple qui racontent la venuë des Efpagnols en l'Amerique comme fi elle étoit d'hyer. De forte que le fouvenir de la fortie des Caraibes hors de la Floride, & des guerres qu'ils y ont euës, étant encore frais à prefent parmy les Apalachites, ceus qui les

ont

ont ouï discourir, conjecturent qu'il y peut avoir cinq à six
cens ans, ou environ, que ces choses là sont avenuës. Que si
l'on demande pourquoy, s'étant accrûs si puissamment dans
les Iles, ils ne se sont pas mis en devoir de repasser en la Floride pour se venger des Apalachites, & de ceus de leur Nation qui les en avoient chassez; on peut répondre, premierement, Que la difficulté de la navigation, qui est fort aisée des
Antilles en la Floride; mais fort perilleuse de la Floride aux
Antilles, les vens étant ordinairement contraires, leur en a
peut estre fait perdre l'envie. Secondement, Que les Iles
ayant un air plus chaud, & une terre aussi bonne, & apparem-
ment plus propre à leur naturel que celle de la Floride, ils
ont creu que ceus qui les en avoient chassez leur avoient,
sans y penser, procuré le plus grand bien qu'ils pouvoient
desirer; & leur avoient fait trouver, contre leur dessein, un
repos asseuré dans leur exil.

CHAPITRE HUITIÉME.

*Digression, de la nature du Païs des Apalachites, de
leurs Mœurs, & de leur Religion ancienne
& nouvelle.*

PUisque nous avons tant parlé des Apalachites & que
plus de la moitié des anciens Caraibes, depuis l'expul-
sion de ceus d'entr'eus qui ne voulurent pas adorer le
Soleil, jusqu'à present n'ont fait qu'un peuple & qu'une Re-
publique avec ces Apalachites, il ne sera pas mal à propos,
sur tout veu que le sujet en est rare & peu connu, de dire
quelque chose de la Nature de leur païs, & des singularitez
qui s'y trouvent : des Mœurs des Habitans : de la Religion
qu'ils ont euë autrefois, & de celle qu'ils professent aujourduy: comme nous l'avons appris des Anglois qui ont frequenté avec ce Peuple, & qui ont même jetté depuis peu les
fondemens d'une Colonie, au milieu de la plus belle, & de la
plus renommée de leurs Provinces.

L'Etat

L'Etat des Apalachites contient six Provinces, trois déquelles sont en cette belle & spacieuse vallée qui est entourée des montagnes d'*Apalates*, au pied déquelles ces Peuples habitent. La plus considerable de ces Provinces & qui regarde l'Orient, en laquelle est la Cour du Roy, se nommé *Bémarin*. Celle qui est au centre des trois s'apelle *Amani*, ou *Amana*. Et la trosiëme de celles qui sont en cette vallée, porte le nom de *Matique*. Il est vray que cette derniere qui commence en la vallée s'étend encore entre les montagnes, & bien avant au delà, jusqu'au midy du grand Lac, qu'ils appellent *Theomi*. Les autres Provinces sont *Schama*, & *Meraco*, qui sont dans les montagnes d'Apalates : & *Achalaques*, qui est partie dans les montagnes, & partie en la plaine & aus marais, qui sont sur le bord du grand Lac Theomi du costé du Nord.

Le païs qui appartient au Roy d'Apalache étant ainsi divisé en six Provinces, il a des montagnes de grande étenduë, & d'une hauteur prodigieuse, qui sont pour la plupart habitées d'un Peuple, qui ne vit que de Sauvagine & de chasse, qui est abondante parmy ces solitudes : des vallées, qui sont Peuplées d'une Nation moins rude qui cultive la terre, & se nourrit de fruits qu'elle produit : Et enfin des Marais & un grand Lac, qui sont habitez d'une grande multitude de gens qui vivent de la pesche, & de ce que le peu de bonne terre qu'ils ont, leur peut fournir.

Les trois Provinces qui sont en la vallée, laquelle comme nous avons déja dit au Chapitre precedent, est de soixante lieuës de long, & de dix de large, ont par tout une terre plate, relevée en quelques endroits de petites eminences, sur léquelles les Villes & les Villages sont ordinairement bâtis. Plusieurs petites rivieres, qui descendent des montagnes, & qui sont abondantes en poissons, l'arrosent en divers endroits. La terre qui n'est pas défrichée, est revétuë de beaus arbres, d'une hauteur démesurée. L'on y voit des Cedres, des Cyprés, des Pins, des Chénes, des Panames, que nos François appellent *Saxafras*, & une infinité d'autres, qui n'ont point de noms propres parmy nous.

Quant à ce qui est des Arbres Fruitiers, outre les Chataigniers

niers & les Noyers qui y croiſſent naturellement: Les Anglois qui ont paſſé en cette terre comme nous le dirons plus amplement ſur la fin de ce Chapitre y ont planté en pluſieurs endroits des pepins d'Oranges, de Citrons dous & aigres, de Limons, de diverſes eſpeces de Pommes, & de Poires: des noyaus de toutes ſortes de Prunes, de Ceriſes, & d'Abricots, qui y ont pouſſé, & tellement multiplié, qu'on y voit à preſent plus de fruits de l'Europe, qu'en aucun autre endroit de l'Amerique.

Les Arbriſſeaus, qui portent des feüilles, ou des fleurs de bonne odeur, tels que ſont le Laurier, le Jaſmin, le Roſier, le Romarin, & tous les autres qui ſervent d'un ſingulier ornement aus jardins, y croiſſent en perfection; de même que les Oeillets, les Tulipes, les Violiers, les Lys, & toutes les autres fleurs, qui emaillent les Parterres, & qui viennent d'Oignon ou de Graine.

Les Herbes potageres, toutes ſortes de Pois, de Féves, & de Racines, y viennent à merveille: Les Citroüilles les Cocombres, & les Melons y ſont fort communs pendant l'été, & ils ſont d'auſſi bon goût qu'en aucun lieu des Antilles.

Les Fraiſes & les Framboiſes croiſſent dans les bois ſans aucune culture; on y trouve même des Noyſettes, des Groſeilles, & une infinité d'autres petis fruits, qui contribuent beaucoup aus delices, & au rafraichiſſement des Habitans du païs,

Le Froment, l'Orge, le Segle, & l'Auoyne qu'on y a ſemé à diverſes repriſes, & en divers terrois, n'ont pouſſé que de l'Herbe: mais en recompenſe il y croît par tout une ſi grande abondance de petit Mil, de Lentilles, de Pois Chiches, & de Maïs, qu'on ſeme & qu'on moiſſonne deus fois l'année, que les Habitans de la plaine en fourniſſent aſſez, pour l'entretien de ceus qui demeûrent aus montagnes, léquels leur apportent en échange, des riches peaus de Martes, de Renards blancs de Chamois; de Cerfs, & de diverſes autres beſtes ſauvages. Les terres qui ſont enſemencées de Maïs ſont entourées d'hayes vives, & bordées d'arbres fruitiers, qui ſont la plûpart couverts de vigne Sauvage, laquelle croît au pied.

Quant

Quant aus Oiseaus de ce païs, il y a des Coqs-d'Inde, des Poules-pintades, des Perdris, des Perroquets, des Ramiers, des Tourtes, des Oyseaus de proye, des Aigles, des Oyes, des Cannes, des Aigrettes, des Passereaus blancs, des *Touazuli*, qui chantent aussi bien que le Rossignol, & ont un plumage merveilleus, & une infinité d'autres Oiseaus de Rivieres, & de Forets, qui sont tous differens de ceus qu'on voit ordinairement aus autres parties du monde.

Les Apalachites n'ont aucune connoissance des Poissons de Mer, à cause qu'ils sont trop éloignez de la coste, mais ils en peschent une grande quantité dans les Rivieres, & dans les Lacs, qui sont extremement nourrissans, d'un goût relevé, & presque de même grosseur, & d'une figure approchante de celle de nos Brochets, de nos Carpes, de nos perches & de nos Barbeaus. Ils prenent aussi des Castors & des Bieures au bord des grandes Rivieres des Lacs & des Etangs: Ils en mangent la chair, & ils employent la peau pour faire des bonets d'hyver, & de precieuses fourrures.

Il ny a aucune beste venimeuse ni aucun animal farouche dans le plat païs: parce que les Habitans des montagnes, qui sont parfaitement bons chasseurs, les repoussent bien avant dans les Forets, & leur font une guerre continuelle. De sorte que les troupeaus de Brebis, de Vaches, de Chevres, & de Pourceaus, paissent parmy les prez, & à la pente des montagnes, sans qu'il y ait personne qui les garde Mais dans les bois, & les deserts le plus éloignez du commerce des hommes, il y a plusieurs monstrueus & dangereus Reptiles, comme aussi des Ours, des Tigres, des Lions des Loups, & quelques autres especes de bestes cruelles qui vivent de proye, & qui sont particulieres à ces contrées.

Les hommes y sont pour la plupart de grande stature, de couleur olivâtre, & bien proportionez de leur corps, ils ont tous les cheveus noirs & longs. Les hommes & les femmes sont curieus de s'entretenir la chevelure nette, & proprement tressée. Les femmes, font aboutir leurs cheveus sur le sommet de la teste en forme de Guirlande: & les hommes les tiennent d'ordinaire liez & entortillez derriere l'oreille: Mais aus jours de rejouïssance ils les laissent flotter sur les

épau-

épaules, ce qui leur donne une meilleure grace. Les Habitans des Provinces qui sont dans les montagnes, coupent tous les cheveus qui sont du costé gauche de leur teste, pour pouvoir plus facilement tirer de l'arc, & ils tressent ceus de l'autre costé en telle sorte, qu'ils font comme une creste, qui se releve sur l'oreille droite. Ils n'ont aussi pour la plupart aucun usage de bonets, ni de chaussures; mais ils se couvrent le reste du corps de dépoüilles d'Ours, ou de Tigres, fort proprément cousuës & coupées en forme de casaques, qui leur battent sur les genous, & dont les manches ne passent pas le coude.

Ceus des autres Provinces qui sont situées dans les vallées & dans les plaines, alloient autrésois nuds dépuis le nombril en haut, pendant l'Esté, & en Hyver ils portoient des robes & des manteaus de riches fourrures: mais aujourduy, tant les hommes que les femmes ont en toute saison le corps tout couvert. Durant les chaleurs ils ont des habits fort legers, qui sont faits de Cotton, de laine, ou d'une certaine herbe qui est aussi forte que du lin. Les femmes savent filer toutes ces matieres, & en composer plusieurs sortes de petites étofes; qui sont de durée & agreables à la veuë. Mais pendant l'hyver, qui est souvent assez rude, ils sont tous habillez de diverses peaus, qu'ils savent apprester fort proprement. Ils laissent à quelques unes le poil, qui leur sert de fourrure. Ils savent aussi tanner les cuirs de Bœufs & de Cerfs, & ils en font des souliers & des bottines.

Les hommes portent des bonets de peau de l'Outre parfaitement noire & luisante, qui sont pointus en devant, & enrichis par derriere de quelques belles plumes d'oiseaus qui flottent sur leurs epaules, & qui leur donnent une merveilleuse grace: Mais les femmes n'ont pour tout ornement de teste, que leurs cheveus tressez & entortillez fort propremēt. Elles percent leurs oreilles & elles y attachent des pendans de Cristal, ou d'une pierre qui est polie, & d'un beau verd semblable à celuy de l'Emeraude; elles en font aussi de grosses chaines dont elles se chargent le col, quand elles veulent paroître en leur plus grande pompe. Elles font un grand état du Coral, de la Rassade, du Cristal, & de l'Ambre jaune,

que

que les étrangers leur apportent, & il ny a que les femmes des principaus Officiers qui en ayent des brasselets & des coliers. Encore qu'il y ait quelque peu d'Espagnols & quelques familles Angloises qui demeurent au milieu d'eus, ils n'ont encore rien changé de leurs anciennes fassons de vivre, ni de la forme de leurs habillemens.

Les hommes du commun, ne portent qu'une Casaque sans manche sur une petit habit de Chamois, qui leur sert de chemise. La Casaque, qui bat jusqu'au gras de la jambe est liée sur les reins avec une ceinture de cuir, qui est ornée d'un petit ouvrage en forme de broderie. Mais les Officiers & les Chefs de famille portent encore par dessus tout cela une espece de manteau, qui ne leur couvre que le dos & les bras, encore que par derriere il tombe presque jusques à terre. Ce manteau est accroché avec de fortes éguilettes de cuir, qui le tiennent lié sous le col & sur les épaules. L'habit des femmes est de même figure que celuy des hommes, hormis que leur robe s'étend jusqu'à la chevile du pied, & le manteau a deus ouvertures aus costez, par où elles passent les bras.

Pour se garentir de la vermine, ils se lavent souvent avec le suc d'une certaine racine, qui est d'une senteur aussi douce que l'Iris de Florence, & qui a encore la vertu de rendre les nerfs plus souples, de polir & de fortifier tout le corps, & de luy communiquer une odeur extremement agreable.

Les Villes des trois Provinces, qui sont dans la grande plaine qui est au pied des montagnes, sont entourées par le dehors d'un large & profond fossé, qui est bordé par le dedans au lieu de murailles, de gros pieuz pointus par le bout, fichez profondement en terre: ou de hayes vives tissuës & entrelassees d'épines fort piquantes. Elles ont ordinairement de cinq à six pieds d'épais. Les portes sont petites & étroites, & se ferment avec des pieces de bois, que l'on coule de dessus un rempart de terre, qui est de part & d'autre, & qui commande sur les avenuës. Il ny a ordinairement que deus portes en chaque Ville. Pour y entrer il faut passer un pont si étroit qu'a peine deus hommes y peuvent ils marcher de front. Le pont est bâty sur des Pilotis, qui soutiennent

nent des planches léquelles ils levent la nuit, quand ils ont apprehension du moindre trouble.

Il y a rarement plus d'une ville en chaque Province : Il y en a telles qui sont composées de plus de huit cens maisons. La Capitale de l'Etat, qu'ils appellent *Melilot*, en a plus de deus mille. Elles sont toutes baties de pieces de bois plantées en terre & jointes les unes contre les autres. Les couvertures sont pour la plupart de feüilles de roseaus, d'herbe, ou de jonc. Celles des Capitaines, sont encroutées par le dessus d'un certain Mastic, qui resiste à la pluye & conserve le couvert en son entier par plusieurs années. Le pavé de toutes les maisons est de méme matiere, à laquelle ils ajoutent un certain sable doré qu'ils tirent des montagnes voisines, & qui donne un éclat, comme s'il étoit semé de paillettes d'or.

Les Chambres du commun, sont tapissées de natte tissuë de feüilles de Palmes & de jonc, qu'ils savent teindre en plusieurs couleurs. Celles des Grans sont entourées de fourrures precieuses, ou de peaus de Cerf peintes de diverses figures, ou de tapisseries de plumes d'oiseaus, fort industrieusement arrangées en forme de broderie. Ils ont des lits élevez d'un pied & demy de terre, qui sont couverts de peaus passées & douces comme du chamois : sur léquelles ils savent peindre des fleurs, des fruitages, & mille grotesques, qu'ils rehaussent avec tant de vive couleurs, qu'on les prendroit de loin pour des tapis d'haute-lisse. Les plus riches ont en hyver pour couverture de leur lits, des peaus de Martes, de Castors, ou de Renards blancs, qui sont sy bien preparées & parfumées avec un tel artifice qu'elles n'accueillent jamais aucune ordure. Les Officiers, & tous les plus considerables Habitans, couchent sur des Mattelas remplis d'un duvet, qui croist sur une petite plante, & qui est aussi dous que de la soye : Mais le commun prend son repos sur des feüilles de Fougere, qui ont la proprieté de délasser leur corps, & de reparer leurs forces épuisées par la chasse, le travail des jardins, & par tous les autres penibles exercices de leur façon de vivre.

La Vaisselle dont ils usent en leur ménage est de bois, ou de terre emaillée de diverses couleurs, & peinte fort
agrea-

agreablement. Ils aiguifent fur des pierres des dens de divers animaus fauvages, pour en armer leurs fléches & leurs lances. Avant qu'ils euffent la communication des Etrangers ils ne connoiffoient pas le fer: mais ils fe fervoyent de pierres extremément dures & pointuës au lieu de coignées, & de certains os polis & trenchans au poffible, en la place de coûteaus.

Ils demeurent tous bien unis enfemble fous la conduite d'un Roy, qui fait fa demeure à Mélilot, la Capitale du Royaume. En chaque ville il y a un Gouverneur, & d'autres Officiers inferieurs, qui font nommez par luy, & changez à fa volonté, comme il le trouve à propos. Les villages ont auffi des Capitaines, & des Chefs de famille, déquels ils relevent. Les biens immeubles font communs parmy ce Peuple, & excepté leurs maifons & les petis jardins qui les accompagnent, ils n'ont rien en propre. Ils cultivent leurs champs en commun, & en partagent le fruit entr'eus. Au tems des femailles les Gouverneurs & leurs Officiers prefident au travail: Et en ce tems-là, tous ceus qui font en aage de cultiver la terre, vont de grand matin fe rendre à l'ouvrage, & y demeurent jufques au foir, qu'ils retournent en leurs villes, & en leurs villages pour prendre leur repos. Pendant qu'ils travaillent, les Chefs ont foin de les rafraichir avec quelque bon bruvage, & quelques meilleures viandes que celles dont ils ufent ordinairement. Ils mettent tout le provenu de la moiffon en des greniers publics, qui font au milieu de chaque ville ou village; Et au plein de la Lune, & à tous les renouveaus, ceus qui font commis pour en faire la diftribution, en donnent à chaque famille, felon le nombre des perfonnes dont elle eft compofée, autant qu'il en faut pour fa nourriture.

Ils font fobres & haiffent les delices, & tout ce qui peut effeminer les efprits. Et bien que la vigne croiffe naturellement en leur terre, ils ne font point de vin que pour le Divin fervice. L'eau pure eft leur boiffon la plus ordinaire; Mais dans leurs feftins ils ufent d'une efpece de Biere fort agreable qui eft faite avec du Mays. Ils ont auffi l'adreffe de compofer de l'Hydromel parfaitement bon, lequel ils conservent

en

en de grand vaiſſeaus de terre. L'abondance de miel qu'ils trouvent dans les rochers, & dans le creus des vieus arbres, leur preſente le moyen de faire ce delicieus bruvage, qui peut aiſément paſſer pour du vin d'Eſpagne, lors notamment qu'il a eſté long tems gardé.

Ceus d'une même famille entretiennent une ſi parfaite union par enſemble, qu'on voit parmy eus des maiſons où un vieillard a ſes enfans, & les enfans de ſes enfans, juſques à la troiſiéme, & quelquéfois à la quatriéme generation, qui vivent ſous un même toit, au nombre de cent perſonnes, & quelquéfois d'avantage. La plupart des autres peuples de l'Amerique Septentrionale qui habitent le long de la coſte de la Mer, ſont ſi pareſſeus qu'ils ſont ſouvent acueillis pendant l'hyver, de grande dizette, pour n'avoir pas enſemencé la terre en la bonne ſaiſon, ou pour avoir conſumé en feſtins & en débauches les fruits de la derniere moiſſon. Mais les Apalachites ont en horreur loiſiveté: & ils s'adonnent tellement au labourage, que le provenu de leur terre répondant à leurs ſoins, & étant difpenſé avec prudence & moderation, ſuffit à les entretenir en toute abondance, & même pour ſubvenir à la neceſſité des Habitans des montagnes. Tant hommes que femmes s'occupent continuellement, aprés le tems des ſemailles & des moiſſons, à filer du Cotton, de la Laine, ou de l'Herbe qui eſt molle & forte, pour faire des toiles & pluſieurs petites étofes dont ils ſe couvrent: Ou bien ils font de la poterie, ou ils arrangent des plumes pour faire des tapiſſeries: ou ils font des corbeilles, des paniers, & autres menus ouvrages avec une induſtrie merveilleuſe.

Ils ſont d'un naturel fort aimable. Et parce qu'étant loin de la mer ils n'ont encore reçeu aucun deplaiſir des étrangers, ils ne ſavent qu'elles careſſes leur faire lors qu'ils les vont viſiter, & ne ſe laſſent point de leur témoigner toute ſorte d'amitie. Ils ſont dociles & ſuſceptibles de toutes ſortes de bonnes diſciplines. Mais ils ont cecy de mauvais qu'ils ſont fort arrétez à leurs ſentimens, prompts à ſe courroucer, & fort adonnez à la vengeance, quand ils croyent d'avoir eſté offencez. Ils ajoûtent auſſi facilement foy à leurs ſonges, & ils ont de vieus rêveurs parmy eus, qui font une ouverte profession de les interpreter, & de predire en suite les choses avenir.

Ils joüiſſent depuis un long tems d'une profonde paix: Mais ils ſe tiennent toujours ſur leurs gardes, & ils ont toujours des ſentinelles aus avenuës de leurs villes, pour prevenir les incurſions de certains Peuples Sauvages & cruels au poſſible, qui n'ont aucune demeure arrétée, & qui courent ces Provinces avec une viteſſe incroyable, faiſant de grands ravages par tous les lieus, où ils ne trouvent point de reſiſtance.

Les Armes des Apalachites ſont L'arc, la maſſuë, la fronde, & une eſpece de grand Javelot qu'ils lancent avec la main au defaut de leurs fléches. Et parce que ceus qui habitent dans les bois & dans les montagnes ne vivent que de chaſſe, l'exercice continuel les rend ſi adroits à tirer de L'arc, que le Roy qui en a toujours une Compagnie à ſa ſuite n'a point de plus grand divertiſſement que de les voir tirer au blanc pour enporter le prix, qu'il donne à celuy qui en moins de coups a atteint le lieu marqué, ou abbatu une couronne poſée au plus haut d'un Arbre.

Ils aiment paſſionément la muſique, & tous les inſtrumiens qui rendent quelque Harmonie, & à peine y en a-til aucun qui ne ſache joüer de la flute & d'une eſpece de haut-bois, qui étant de differente groſſeur font un aſſes bon accord & rendent un ſon fort melodieus. Ils ſont auſſi eperdument adonnez à la danſe, ſautillant & faiſant mille poſtures, par léquelles ils croyent qu'ils ſe déchargent de toutes leurs mauvaiſes humeurs, & qu'ils aquierent une grande ſoupleſſe de corps, & une merveilleuſe agilité à la courſe. Ils celebroyent autrefois des danſes ſolemnelles à la fin de chaque moiſſon, & apres qu'ils avoient fait leurs offrandes au Soleil ſur la montagne d'Olaimi: mais maintenant ils n'ont point de tems precis & reglé pour ces divertiſſemens.

Ils ont la voix naturellement bonne, douce, flexible & agreable. Ce qui eſt cauſe que pluſieurs d'entr'eus s'étudient à contrefaire le chant & le gazoüillement des Oiſeaus; En-quoy ils reuſiſſent, pour la plupart ſi heureuſement, que comme autant d'autres Orfées ils attirent des bois auprés d'eus

Chap. 8   DES ILES ANTILLES.   363

d'eus ces Oiseaus qui croyent entendre leurs semblables. Ils adoucissent aussi par le chant le petit travail auquel ils s'adonnent, plus toutéfois par divertissement, & pour eviter l'oisivete, que pour le profit qu'ils en tirent.

Leur langage est fort dous, & fort riche en comparaisons. Celuy dont se servent les Capitaines & toutes les personnes de condition, est plus orné & plus fleury, que celuy du vulgaire. Leurs expressions sont precises, & leurs periodes assez courtes. Ils aprenent dés leur jeunesse plusieurs chansons que les Jaoüas ont composées à l'honneur & à la loüange du Soleil. Ils savent aussi plusieurs petites pieces de poësie, dans lésquelles ils ont compris les exploits les plus memorables de leurs Roys pour en perpetuer la memoire parmy eus, & la transmettre plus doucement à leur posterité.

Toutes les Provinces qui reconnoissent le Roy d'Apalache pour leur Souverain, entendent le langage qui est commun en sa Cour: mais elles ont chacune quelque dialecte particuliere, qui fait que le langage des uns est en quelque chose different de celuy des autres. Les Provinces d'Amana & de Matique où se trouvent encore plusieurs familles de Caraibes, ont retenu jusqu'à present beaucoup de mots de l'ancien Idiome de ces Peuples, qui justifient ce que nous avons posé pour constant, assavoir qu'ayant un même nom, & beaucoup de termes qui leur sont communs avec les Habitans des Antilles, ils ont aussi eu un même origine, comme nous l'avons representé au Chapitre precedent.

Autréfois ils adoroient le Soleil, & avoient leurs Prestres qu'ils nommoient *Jaoüas*, qui étoient fort supersticieus à luy faire rendre tout le service qu'ils avoient inventé à son honneur. Ils croyoient que les rayons du Soleil donnoient la vie à toutes choses, qu'ils desséhoient la terre, & qu'une fois le Soleil ayant demeuré vint-quatre heures en éclipse, la terre avoit été inondée, & que le grand Lac qu'ils appellent *Theomi*, avoit poussé ses eaus jusques sur le sommet des plus hautes montagnes qui les entourent. Mais que le Soleil retournant de son éclipse, avoit fait par sa presence retourner les eaus dans leurs abismes; que la seule montagne qui est dediée à son honneur, & dans laquelle étoit son Temple fut

Zz 2   pre-

preservée de ce deluge, & que leurs Predecesseurs, & toutes les bestes qui sont à present dans les bois & sur la terre, s'y étant retirées, furent conservées pour repeupler toute la terre. De sorte qu'ils se tiennent les plus anciens peuples du monde. Et ils disent que depuis ce tems-là ils ont reconnu le Soleil comme leur Dieu.

N.

Ils tenoient que le Soleil s'étoit bâty luy même le Temple qui est en la Montagne d'Olaïmi, éloignée de son pied d'une petite lieuë de la ville de Melilot: Et que les *Tonatzuli*, qui sont certains petis oiseaus de la grosseur d'une Caille, & qui ont le ventre & les ailes d'un jaune doré, le dos d'un bleu celeste, & la teste d'un plumage, en partie rouge, & en partie blanc, sont les Messagers & les enfans du Soleil, qui chantent toujours ses loüanges.

Le service qu'ils rendoient au Soleil, étoit de le saluër à son lever, & de chanter des Hymnes à son honneur. Ils faisoient aussi la même chose le soir, le suppliant de retourner bien-tost & de ramener le jour. Et outre ce service journalier que chacun faisoit à la porte de son logis, ils en avoient un public & solennel, qui consistoit en sacrifices & en offrandes que les Jaoüas rendoient quatre fois l'an au Soleil; assavoir aprés les deus semailles, & aprés les deus moissons, sur la montagne d'Olaïmi, avec une grande pompe & un concours general de tous les Habitans des six Provinces.

Cette montagne d'Olaïmi, comme nous l'avons dit cy devant, est située en la Province de Bémarin, à une lieuë de la ville Royale de Melilot. Mais avant que l'on soit arrivé au dessus de cette montagne, on fait environ une autre lieuë de chemin en montant & en tournoyant. C'est bien l'une des plus belles & des plus merveilleuses montagnes qui soient au monde. Elle est d'une figure parfaitement ronde, & d'une pente extremément roide. Mais pour en faciliter l'accés on a taillé tout aus environs un chemin assez large, qui est orné en plusieurs endroits de reposoirs gagnez dans le roc en forme de grandes niches. Tout le circuit, depuis le pied jusqu'à deus cens pas du sommet, est couronné de beaus arbres de Saxafras, de Cedres, de Cyprés, & de plusieurs autres, qui rendent des résines & des gommes aromatiques, d'une tres-

agrea-

agreable odeur. Le sommet s'etend en une large plaine parfaitement unie, qui a environ une bonne lieuë de tour. Elle est couverte d'un beau tapis vert tissu d'une herbe courte & menuë, qui est entremeslée d'une espece de Thin, de Marjolaine, & d'autres herbes de bonne senteur. Et c'étoit au dessus de cette montagne, & sur cette agreable verdure que le peuple se tenoit pendant que les Prestres du Soleil faisoient le service.

Le lieu qui leur servoit de Temple est une grande & spacieuse grotte ou caverne, qui s'est trouvée taillée naturellement dans le roc à l'Orient de cette montagne. Elle a son ouverture vaste & large, comme l'entrée d'un Temple magnifique. Si tôt que le Soleil se leve, il darde ses rayons dans cette embouchure, qui a au devant d'elle une belle & ample platte forme qu'on diroit avoir été escarpée avec artifice dans le Roc. Et c'est-là où les Jaoüas, Sacrificateurs du Soleil, attendoient son lever pour commencer leur Ceremonies ordinaires les jours de Feste. Le dedans de cette caverne est en ovale, long d'environ deus cens pieds, & large à proportion. La voute, qui est naturellement taillée dans le roc, se hausse peu à peu en cercle, depuis le bas jusques à cent pieds ou environ de hauteur. Il y a tout au milieu un grand soupirail, ou une lanterne qui luy donne le jour, qui vient de dessus la montagne, qui est percée en cet endroit-là. Cette lanterne est entourée de grosses pierres liées & massonnées ensemble afin d'éviter les cheutes. La voute de dedans est parfaitement blanche, & encroûtée d'un certain salpêtre qu'on prendroit pour du coral blanc formé en plusieurs figures differentes, qui la divertifient. Tout l'entour a le même lustre. Le pavé est aussi extremément uni & poly comme un marbre tout d'une piece. Enfin, le plus grand ornement de ce Temple est une parfaite blancheur. On y voit un grand bassin qui est tout au fond, vis à vis de l'entrée, lequel est remply d'une eau tres-claire qui distile perpetuëllement du rocher & qui est ramassée en ce lieu. Tout au milieu de ce Temple, directement sous l'ouverture qui luy donne le jour, il y a un grand Autel d'une seule pierre, qui est d'une figure ronde, élevé de trois pieds de terre, & soutenu sur un gros pied, qui

sem-

semble avoir esté taillé sur le lieu, avec la table de l'Autel, d'une seule roche, qui faisoit autrefois une eminence sur le pavé de cette merveilleuse caverne.

Le Sacrifice que les Jaoüas faisoient au Soleil, ne consistoit point en l'effusion du sang humain, ou de celuy de quelques bestes. Car ils croyoient que le Soleil donnant la vie à toutes choses, n'auroit pas agreable un service qui priveroit de la vie les creatures à qui il l'avoit donnée. Mais ce Sacrifice consistoit seulement en chansons qu'ils avoient composées en son honneur, en parfums de drogues aromatiques qu'ils faisoient brûler sur son autel, & en offrandes d'habits que les riches luy presentoient par les mains des Prêtres, pour être puis aprés distribuez aus pauvres d'entre le peuple.

Toute cette Ceremonie qui se faisoit quatre fois l'an, duroit depuis le lever du Soleil jusques à midy que l'assemblée étoit congediée. Dés la veille de chaque feste les Prêtres montoient sur la Montagne pour se preparer à cette action Solennelle : Et le peuple qui y accouroit de toutes les Provinces, s'y rendoit du moins avant le lever du Soleil. Le chemin qui conduisoit au dessus de la montagne étoit éclairé de grands feus qu'on y entretenoit pendant cette nuit là, pour guider seurement ceus qui y alloient adorer. Tout le peuple demeuroit au dessus de la montagne & personne que les Sacrificateurs n'osoit s'approcher de la grotte qui servoit de Temple. Ceus qui apportoient des robbes pour être distribuées aus pauvres, les presentoient aus Sacrificateurs qui étoient à l'entrée, & qui les suspendoient à des perches qui étoient aus deus costez du portail, où elles demeuroient jusques à la fin du service qu'elles étoient départies aus pauvres, de mesme que les autres presens que les riches offroient, & qui étoient pareillement gardez jusques à cette heure-là. Ceus qui apportoient des parfums pour brûler, les mettoient aussi entre les mains des Prêtres.

Dés que le Soleil commençoit à paroître, les Sacrificateurs, qui étoient au devant du Temple, commençoient leurs chants & leurs loüanges, en l'adorant à plusieurs reprises, les genous en terre. Puis ils alloient les uns aprés les autres, jetter l'encens & le parfum qu'ils avoient entre les
mains

mains dans le brasier qu'ils avoient auparavant allumé sur l'autel, & sur une grosse pierre, qui étoit au devant de l'entrée de la grotte. Aprés cette ceremonie, le premier des Sacrificateurs versoit du miel dans une pierre creusée en forme de benistier, qui étoit aussi au devant de ce Temple. Et dans un autre qui étoit de même figure & de même matiere, il mettoit des grains de Maïs concassez & dépoüillez de leur écorce, comme aussi d'autres petis grains que les oiseaus consacrez au Soleil, & qu'ils appellent *Tonatzuli*, mangent volontiers. Ces oiseaus, qui sont en grand nombre parmy les bois qui entourent cette montagne, étoient si affriandez à trouver ces douceurs qui leur étoient preparées en cette place, qu'ils ne manquoient pas d'y accourir en trouppe incontinent que la compagnie s'étoit retirée.

Pendant que les Sacrificateurs continuoient à brûler le parfum, & a chanter les loüanges du Soleil, le peuple, qui étoit sur la montagne, aprés s'être incliné plusieurs fois au lever du Soleil, s'entretenoit en jeus, en danses & en cantiques, qu'ils chantoient en son honneur. Et aprés ils mangeoient sur l'herbe la provision que chacun avoit apportée à ce dessein.

Ils continuoient ainsi jusques à midy. Mais quand cette heure approchoit, les Sacrificateurs quittant la porte du Temple entroient au dedans, & entourant l'autel qui étoit au milieu, ils recommençoient leurs chants. Puis aussi tôt que le Soleil commençoit à dorer de ses rayons le bord de l'ouverture sous laquelle l'autel étoit dressé, ils jettoient de l'encens & d'autres parfums sur le brasier qu'ils avoient allumé dés la veille & soigneusement entretenu sur cét autel. Aprés avoir achevé leurs chants, & consumé tous leurs parfums, ils se retiroient tous à l'entrée du Temple, devant la porte, horsmis six qui demeuroient prés de l'autel. Et pendant que ceus qui étoient à l'entrée haussoient leurs voix plus qu'à l'ordinaire, ceus-cy qui étoient demeurez à l'autel lâchoient en même tems, chacun d'eus six *Tonatzuli*, qui sont les oiseaus dediez au Soleil, dont nous avons parlé, lesquels ils avoient apportez & conservez dans des cages pour cét effet. Ces oiseaus ayant fait le tour du Temple, & trouvant

vant l'entrée occupée par les Sacrificateurs qui étoient à la porte avec des rameaus, & qui les effrayoient par leurs vois, prenoient leur vol par l'ouverture du milieu du Temple, & aprés avoir tournoyé par dessus l'assemblée qui étoit sur la montagne, & qui les accompagnoit de grans cris d'éjouissance, comme ceus qui faisoient la cloture de la ceremonie, & qui étoient estimez les enfans, & les messagers du Soleil, ils gagnoient incontinent les bois avec allegresse.

Si tost que ces oiseaus avoient donné le congé, le Peuple descendoit en bon ordre de la montagne, & passant prés du Temple, les Prêtres qui étoient toujours en leur office les y faisoient entrer. Et aprés qu'ils avoient lavé leurs mains & leurs visages dans la fontaine ils les en faisoient sortir par la même entrée, qui étoit divisée en deus par une petite separation, qu'ils y mettoient pour empescher la confusion & le desordre : Puis à la sortie ils prenoient une autre route, par laquelle ils alloient gagner le grand chemin, qui conduisoit à la montagne, & qui étoit le même par où ils étoient montez. Ainsi chacun se rendoit chez soy.

Les pauvres, dont les Sacrificateurs avoient la liste demeuroient les deniers de tous, & recevoient de leurs mains les robes, & tous les autres dons que les riches avoient presentez au Soleil, pour leur estre distribuez. Apres quoy chacun quittoit la montagne & la Ceremonie prenoit fin.

Aujourduy, que la plus grande & la plus considerable partie du peuple qui habite dans les Provinces de Bémarin & de Matique, & particulierement le Roy & la ville de Melilot ont embrassé le Christianisme, cette montagne & son Temple ne sont plus frequentez que par curiosité. Et le Roy ne permet pas à ses sujets des autres Provinces, qui ne sont pas encore Batizés d'y monter pour y faire leurs Sacrifices & toutes leurs anciennes superstitions.

Ils croioyent l'immortalité de l'ame, mais ils avoient meslé tant de fables parmy cette verité, qu'elle en étoit presque toute étoufée. Ils embaumoient les corps de leurs parens, avec plusieurs sorte de gommes & de drogues aromatiques, qui avoient la vertu de les garantir de corruption : Et aprez qu'ils les avoient conservez quelquefois plus d'une année

en

en leurs maifons, ils les enterroient en leurs jardins ou dans les Forefts voifines avec beaucoup de lamentations & de Ceremonies. Ils montrent encore aujourduy au pied de la belle montagne d'Olaïmy les fepulchres de plufieurs de leurs Rois, qui font taillez dans le roc. On voit au devant de chacun un beau Cedre, qu'ils ont planté, pour remarquer la place, & pour en conferver foigneufement la memoire.

Pour témoigner leur deuïl & faire paroître le grand regret qu'ils avoient de la mort de leurs parens, ils coupoient une partie de leurs cheveus: mais quand leur Roy étoit decedé, ils fe rafoient entierement tout le poil de la tefte, & ne le laiffoient point recroître, jufques à ce qu'ils l'euffent pleuré par l'efpace de quinze lunes entieres.

La connoiffance que les Apalachites ont de Dieu leur a efté donnée par divers degrez: car pour prendre la chofe en fa fource. Il y a prés d'un fiecle que les premieres femences du Chriftianifme furent jettées en cette partie de la Floride, par une Colonie Françoife, compofée de plufieurs perfonnes de condition, qui y fut conduite & établie par le Capitaine Ribauld fous les aufpices du Roy Charles Neufviéme. Il y bâtit d'abord une Fortereffe laquelle il nomma *Caroline*, à l'honneur de fa Majefté Tres-Chrétienne. Il impofa auffi aus Caps, aus Ports, & aus Rivieres de cette Terre, les noms qu'elles portent encore à prefent. De forte que le long de cette cofte on trouve le Port Royal, le Cap François, les Rivieres de Seine, de Loire, de Charante, de Garonne, des Daufins, de May, de Somme, & plufieurs autres places, qui ont des noms qui font entierement François, & qui juftifient amplement que cette Nation-là y a autréfois commandé.

Mais ce qui eft le plus digne de remarque, & qui fait d'avantage à nôtre propos, eft que par ce premier embarquement qui fut fait pour la Floride, il y paffa deus favans & religieus perfonages, qui dés leur arrivée en cette belle Terre prirent à cœur de gagner par toutes fortes de bons offices les affections des Habitans du Païs où ils s'étoient placez, & d'apprendre leur langue, afin de leur pouvoir donner quelque connoiffance de Dieu, & des myfteres facrez de fon Euangile. Les memoires que le Capitaine Ribauld a laiffez

Traitté des Nauigat. Franç. p. 112. et fuiu.

sur ce sujet, raportent que le Roy *Saturieva*, qui gouvernoit le quartier où les François s'étoient établis, & qui avoit pour Vassaus plusieurs Roitelets qui étoient ses voisins, reçeut fort humainement ces Predicateurs, & qu'il recommanda à tous ses sujets de les avoir en une singuliere estime. De sorte que l'affection que ces pauvres Peuples leur portoient, & la fidelité, & le zele qu'ils employoient pour avancer leur conversion donnoient dés lors de tres-grandes esperances que l'œuvre du Seigneur prospereroit entre leurs mains, & que cette petite portion de sa vigne étant soigneusement cultivée, produiroit avec le tems plusieurs bons & precieus fruits à la loüange de sa grace.

Ces Heureus commencemens, & ces agreables premices de l'Euangile de nôtre Seigneur Jesus, furent en suite soutenuës & accruës par les soins de Monsieur l'Admiral de Coligny, qui donna Commission à Monsieur de Laudoniere, d'y conduire un renfort bien considerable de Soldats, & de toutes sortes d'Artisans, qui y arriverent en l'an mil cinq cens soixante quatre: mais à peine ces nouveaus venus avoient pris l'air de la Terre, que l'Espagnol qui s'imagine que toute l'Amerique luy appartient, & qui a toujours esté jaloux de la Nation Françoise, print l'occasion des desordres qui étoient pour lors en cet état-là, pour traverser les genereus desseins des Directeurs de cette Colonie naissante, & l'étoufer dans son berceau. Pour cet effet il y envoya *Pierre Melandez* avec six grands Navires remplis d'hommes & de munitions de guerre qui vinrent fondre sur elle le dixneufviéme de Septembre en l'an mil cinq cens soixante cinq.

Monsieur de Laudoniere, & le Capitaine Ribauld, qui avoit encore amené tout fraichement un petit secours à cette Colonie, reconnoissans que se seroit une temerité de vouloir resister à de si puissantes forces, resolurent, par l'avis de la plupart des Officiers, de capituler & de rendre la place au plus fort, sous des conditions les plus honorables que les assiegez ont coutume de demander. Pierre Melandez leur accorda la plupart des articles qu'ils avoient proposez, mais aussi-tost qu'il fut entré dans la Forteresse, & qu'il se fut rendu maistre du corps de garde, il faussa la foy qu'il avoit donnée,

née, & en violant le droit des gens, il fit cruellement massacrer non seulement les Soldats, mais même les femmes & les petis enfans qu'il trouva dans cette place, & qui ne purent pas prendre la fuite.

Le Capitaine Ribauld fut envelopé dans ce massacre. Monsieur de Laudoniere échapa heureusement en se sauvant au travers des Marais, dans les vaisseaus nouvellement venus de France, qui par bonheur étoient à la rade. Quelques autres Habitans qui avoient dés l'arrivée de l'Espagnol preveu le peril qui les talonnoit se retirerent de bonne heure dans les bois, & à la faveur de la nuit ils gagnerent le village de Saturiova leur bon amy, qui haïssant l'Espagnol les tint sous sa protection, & leur fournit des vivres pour subsister honnestement jusques à l'an mil cinq cens soixante sét, que le Capitaine de Gourgues étant descendu en la Floride avec trois bons navires remplis de plusieurs braves hommes, & de toutes sortes de munitions de guerre, punit severément la cruauté des Espagnols, & estant assisté de Saturiova, & de tous ses voisins & alliez il vengea l'injure publique des François faisant passer par le fil de l'épée tous les Espagnols qu'il trouva non seulement dans la Forteresse de Caroline laquelle ils avoient bien munie & reparée dépuis leur usurpation, mais encore dans deus autres Forts, qu'ils avoient aussi bâtis le long de cette coste, léquels il brula & demolit, comme on le peut voir au Chapitre douziéme du Livre quatrieme de la description des Indes Occidentales composée par Jean de Laet.

Les memoires que le Capitaine de Gourgues fit imprimer touchant son expedition en la Floride nous apprenent, qu'un François nommé *Pierre du Bré*, qui s'étoit retiré chez le Roy Saturiova pour eviter la cruauté des Espagnols, luy raconta, qu'il ne réchapa de ce massacre que dix hommes du nombre déquels il étoit: Qu'ils trouverent tous une retraite assurée dans les Etats de ce Prince, qui ne demeuroit pas loin de leur desolée Colonie: Que trois de ces refugiez y moururent quelques mois après cette deroute: Que de sét qui restoient, il y en eut six, qui furent tellement charmez du recit fort avantageus que les sujets de Saturiova leur faisoient par chacun jour des Tresors du Roy *Mayra*, de la Puissance d'un autre qui se nommoit *Ollata*, qui commandoit à quarante Princes, & de la generosité & sage conduite du Roy d'*Apalache*, qui gouvernoit plusieurs belles & grandes Provinces, qui étoient situées au pied des montagnes, & qui s'étendoient bien avant dans plusieurs agreables vallées qu'elles renfermoient; qu'ils prierent Saturiova, qui les avoit recüeillis si cordialement de leur vouloir donner des guides, qui les pussent conduire jusques aus Frontieres du Royaume de ce dernier, de qui ils avoient ouï dire tant de merveilles, & notamment qu'il aimoit les étrangers, & que ses sujets étoient les mieus policez de toute l'Amerique Septentrionale: Que Saturiova voulant ajoûter cette nouvelle faveur à toutes celles dont il avoit déja usé envers eus, leur donna une bonne escorte composée des plus vaillans de ses sujets, pour les mener en toute seureté auprez de tous ses alliez, & même jusques au domaine du Roy d'Aapalache, s'ils desiroient de le visiter.

La Relation du succez de ce voyage, que ces François entreprirent pour contenter leur curiosité, & pour employer utilement le tems que leur disgrace leur fournissoit, porte, qu'aprés qu'il eurent visité *Athore* Fils de Saturiova, & la plupart de ses alliez, qui avoient leurs villages le long d'une belle & agreable Riviere, laquelle ils appellent *Seloy* en leur langue, pour eviter la rencontre des sujets de *Timagoa*, qui étoit en guerre avec Saturiova, il leur falut passer des Rivieres sur des branches d'arbres liées ensemble, grimper des môtagnes, traverser des Marais & des Forets tres-épaisses, où ils rencontrerent plusieurs bestes cruelles: Qu'avant que d'arriver sur les Terres du Roy d'Apalache ils furent souvent attaquez par des troupes de Sauvages, qui rodent parmy ces vastes solitudes; Que deus de leurs Guides furent tuez en ces rencontres, & presque tous les autres dangereusement blessez: Que les sujets du Roy Timagoa ayant épié leur marche les avoient suivis par plusieurs journées, & que ne les ayant pu atteindre, ils leur avoient dressé des embuches pour tâcher de les y faire tomber au retour: Qu'aprés avoir essuyé une infinité de perils, & enduré souvent beaucoup de faim & de soif, ils étoyent enfin parvenus

venus à la Province de *Matique*, qui est de la Souveraineté du Roy d'Apalache: Que le Gouverneur de la Ville d'*Akoveka*, qui est la Capitale de cette contrée-là, les fit conduire vers le Roy qui pour lors étoit venu visiter la Province d'*Amana*; Que ce Prince leur fit un si favorable accueïl, & leur témoigna tant d'amitié, qu'ils prirent resolution de renvoyer leurs guides en leur païs, & de s'affermir au milieu des Apalachites, puis qu'ils les trouvoient tels qu'on les leur avoit décrits.

Le souvenir des dangers qu'ils avoient encouru avant que de pouvoir se rendre à Matique: La vive apprehension qu'ils avoient des difficultez qui leur étoient inevitables au retour: le peu d'esperance qu'il y avoit que les François prissent envie de faire un nouvel embarquement pour relever les ruines de leur Colonie: La beauté & la fertilité du Païs où la Providence Divine les avoit amenez, & la douceur des mœurs des Habitans, jointe à plusieurs autres considerations de leurs propres interests, les convioit puissamment à former ce dessein: Mais les Guides que Saturiova leur avoit donnez y faisoient de si grandes oppositions, & remontroient avec tant de chaleur, qu'ils n'oseroient pas se presenter sans eus devant leur Seigneur, qui les avoit confiez à leurs soins, que pour composer ce different, & pour les mettre à couvert du reproche qu'ils apprehendoient, lors qu'ils seroient retournez en leur terre, ils obtinrent que du moins deus de ces voyageurs s'en retourneroient avec eus auprez de Saturiova, pour estre temoins de tous les soins & de toute la fidelité qu'ils avoient apportée pour executer la commission qu'il leur avoit donnée.

Cette même Relation ajoûte, que ces quatre François qui s'arrêterent volontairement au milieu des Apalachites étans bien instruits en la voye de Dieu, leur laisserent quelque connoissance de sa Majesté Souveraine. Et les Anglois qui ont depuis quelques années penetré dans ces Provinces, écrivent que les Habitans de la Province de Bémarin ont encore la memoire fraiche de ces Etrangers, & que c'est d'eus qu'ils ont appris plusieurs termes de la langue Françoise, tels que sont. Dieu, le Ciel, la Terre, Amy, le Soleil, la Lune, le

Paradis, l'Enfer, Ouy, Non. Et plusieurs autres mots qui sont communs parmy ces peuples & qui sont employez par eus, pour exprimer la même chose, qu'ils signifient parmy nous.

Apres la mort de ces François qui furent regrettez de tous les Apalachites horsmis des Sacrificateurs du Soleil qui leur portoient une hayne irreconciliable, à cause qu'ils détournoient le peuple de son idolatrie, & le portoient à la connoissance du vray Dieu, qui a créé le Soleil qu'ils adoroient comme Dieu: Les Provinces qui sont dans les vallées des montagnes d'Apalates, & qui n'avoient encore esté eclairées que d'un bien foible rayon de la lumiere celeste, fussent facilement retombées dans les plus epaisses tenebres de leur ancienne superstition, si Dieu par un trait singulier de sa Providence, ne leur eut envoyé quelques familles Angloises qui à leur arrivée ralumerent ce petit feu qui étoit caché sous la cendre.

Ces Familles étoient sorties de la Virginie en l'an 1621, en intention de se retirer en la neuve Angleterre, pour se mettre à couvert des frequentes incursions & des massacres que les Sauvages y faisoient, mais les vens étans contraires à leur dessein elles furent poussées à la coste de la Floride, d'où elles passerent en la Province de Matique & de là en celles d'Amana & de Bémarin, & c'est en cette derniere qu'elles se sont accruës & fortifiées, & où elles ont attiré un nombre assez considerable d'Ecclesiastiques & de personnes de qualité, qui y ont jetté les premiers fondemens d'une petite Colonie. La plupart de ceus qui se sont retirez dans ces lieux si éloignez de tout commerce du monde, formerent ce genereus dessein au milieu de ces grandes revolutions qui survinrent en Angleterre il y a quelques années au changement du gouvernement, & le but principal qu'ils se proposerent pour lors, fut de se servir d'une retraite si favorable, pour s'employer serieusement & sans distraction à leur propre salut, & pour étendre les Limites du Christianisme parmy ces pauvres peuples sy Dieu leur en donnoit les moyens.

Nous apprenons aussi par les derniers memoires qui nous ont esté envoyez de l'Amerique, que Dieu benissant les

loüa-

loüables intentions de ces premiers Habitans de cette petite Colonie, ils ont dépuis douze ou treize ans batizé la plûpart des Officiers & des plus confiderables chefs de famille des Provinces de Bémarin & d'Amana ; Qu'ils ont à prefent au milieu d'eus un Evefque & plufieurs Prêtres favans & zelés, qui travaillent avec joye & fidelité en cette ample moiffon du Seigneur, & que pour avancer cette œuvre excellente ils ont erigé des Colleges en tous les lieus ou il y a des Eglifes Formées afin que les enfans des Apalachites y puiffent eftre inftruits en la connoiffance des myfteres du Chriftianifme, & elevez en la vraye pieté.

Ces mêmes memoires ajoutent, qu'encore que le Roy d'Apalache ait reçeu le Baréme, & qu'il témoigne d'avoir beaucoup d'affection pour les étrangers qui luy ont procuré ce bonheur ; il eft neantmoins depuis peu entré en quelque ombrage contre eus ; & que dans l'apprehenfion que quelques-uns de fon Confeil luy ont fait concevoir que s'il fouffroit qu'ils s'acreuffent davantage, ils pourroient s'emparer avec le tems du Gouvernement de tout l'Etat. Il les a premierement difperfez en diverfes villes, afin qu'ils ne foient pas capables de faire aucun corps confiderable, ou fomenter quelques factions ; & en fuitte il a ordonné que tous ceus qui font à prefent dans le fein de fes Etats y pourront demeurer paifiblement, & y joüir de mêmes privileges que les originaires du Païs, pourveu qu'ils n'entretiennent aucune intelligence au dehors, au prejudice de la tranquilité publique : mais que l'entrée en fera deformais entierement fermée à tous les autres étrangers qui auroient deffein de s'y venir établir.

Ceus qui favent la nature de ce païs, difent, que le Roy d'Apalache n'a aucune jufte raifon de craindre, que les Anglois ou quelques autres étrangers ayent envie de fe rendre maitres de fes terres ; car outre qu'il faudroit une bien puiffante armée pour executer une telle entreprife, & que les Anglois qui s'y font établis de fon confentement, ne font au milieu de ce grand Peuple, que comme un grain de fable au bord de la mer ; Ce païs étant fi reculé du refte du monde, & étant depourveu d'or, d'argent de Pierres precieufes, &

prefpresque de toutes les riches Marchandises, qui attirent & entretiennent le commerce, il est constant qu'il ne sera jamais beaucoup recherché ni envié des Nations de l'Europe, qui ne poussent des Colonies que là où il y a esperance de faire quelque grand profit par le moyen du trafic. Joint que quand ces Provinces possederoient autant de tresors & de raretés comme elles en sont destituées : étant fort éloignées des ports de Mer & n'ayant aucunes Rivieres navigables, qui s'y viennent rendre, au moyen desquelles on pourroient avec le tems les communiquer ailleurs, il n'y a aucune apparence, qu'on pût trouver beaucoup de personnes en Angleterre ou ailleurs, qui voulussent se resoudre à passer tant de mers, pour aller finir leurs jours en un païs, qui est privé de tous ces avantages, & qui ne peut estre rafraichy de tant de douceurs, qui sont apportées de l'Europe, & qui font subsister avec honneur toutes les autres Colonies de l'Amerique : Et pour le dire en un mot, qui ne peut donner à ses Habitans que le vêtement & la nourriture.

Un peu aprés que les Anglois eurent pris connoissance de ce païs, comme nous venons de le representer, les Espagnols qui tiennent les Clefs d'une partie de la Floride au moyen des Forteresses qu'ils ont edifiées auprés des ports les plus celebres, & au bord des Rivieres les plus considerables de cette terre, y introduisirent une Compagnie de Religieus de l'Ordre des Minimes que le Pape Urbain Huitiéme, avoit envoyez en l'Amerique Septentrionale, en qualité de Missionaires Apostoliques, & favorisez de tres-amples Privileges pour les animer à travailler fidelement en cette œuvre. Ils arriverent en ces Provinces en l'an mil six cens quarante trois, & depuis ce tems-là, ils ont parcouru la plu-part des Villages, qui sont aus environs du grand Lac, & au pied des montagnes qui regardent le païs des *Cofachites*. On dit aussi qu'ils ont batizé avec une grande pompe, le Paracoussis de la Province d'Achalaque, & un grand nombre de ses sujets.

Quand ces Religieus sont de retour de leurs Missions, ils demeurent dans une agreable solitude, qui est à la pente d'une haute montagne, qui n'est distante que d'un petit quart de lieuë du grand Lac, & presque autant du plus grand Village

de

de la Province d'Achalaque. Pour arriver à leur demeure, il faut traverser plusieurs beaus jardins, au milieu déquels il y a un beau chemin couvert d'arbres, qui mene jusques au pied de la montagne. Et bien qu'ils se soient placez en un lieu eminent, ils ont neantmoins plusieurs sources d'eau vive, qui coulent des montagnes, & qui remplissent de grands reservoirs, où ils conservent du poisson pour leur usage. Le Seigneur du païs les visite souvent, & les estime beaucoup. Il en retient ordinairement quelcun prés de sa personne, pour faire le service en sa Chapelle.

En l'an mil six cens cinquante trois, que Monsieur Bristok, ce curieus Gentil-homme Anglois, de qui nous tenons ces memoires sur le sujet des Apalachites, arriva dans cette Province d'Achalaque, ces Religieus le receurent fort courtoisement, & luy rendirent tous les bons offices possibles. C'est d'eus qu'il apprit pendant le sejour qu'il fit en cette terre, toutes les particularitez que nous allons décrire & qu'il nous à liberalement communiquées.

Ils luy firent voir une fleur admirable, qui se trouve en grande abondance parmy les montagnes de ces quartiers-là. Cette fleur à la figure d'une clochette, qui est composée de tout autant de couleurs, que l'on en remarque en L'arc-en-ciel, les feüilles de dessous, qui étant éponovyes ont beaucoup plus de largeur que nos plus grandes roses, sont chargées de plusieurs autres feüilles, qui vont toujours en diminuant jusques au fonds de la coupe. Elles poussent de leur sein un petit bouton, en forme d'un cœur, qui a un goût fort delicieus. La plante fait un buisson touffu, à peu prés comme la sauge. Les feüilles & la fleur, ont une odeur semblable à celle de la violette. Et c'est une espece de plante sensitive, car elle ne peut estre touchée ni en sa feüille, ni en sa fleur, sans se flétrir sur le champ.

Ces Religieus conduisirent aussi le Gentil-hôme Anglois, en un village d'Indiens qui demeurent dans les montagnes, où il y a une grotte merveilleuse, en laquelle les eaus ont façonné toutes les raretez les plus belles que l'on sauroit desirer pour son divertissement. Ils luy firent remarquer particulierement un certain endroit de cette grotte, où les eaus

B b b

tombant sur la pierre rude, & distilant goutte après goutte, de differente grosseur : font une musique si accomplie, qu'il ny a gueres d'harmonie qui luy soit preferable.

On trouve parmy les montagnes qui sont à l'Orient de la Province d'Achalaque, du Cristal de roche, & quelques pierres rouges & éclatantes qui ont un feu assez brillant, pour passer pour de vrays rubis. Il y peut avoir des mines de cuivre : mais elles ne sont pas découvertes, ce qui confirme cette opinion, est, qu'on y rencontre du sable doré, qui est charrié par les torrens, & qui a un merveilleus éclat. Monsieur Bristok en ayant donné à des orfévres pour en faire lépreuve, il s'est presque entierement consumé au feu, & le peu qui est demeuré dans le creuset, ne peut passer que pour du tres-fin cuivre.

Ces Religieus firent encore voir à ce Gentil-homme, en traversant les bois, plusieurs Arbres qui rendent des gommes d'excellente senteur, & tant d'autres raretez qu'il y en auroit pour remplir un juste volume. Sur tout ils luy montrerent l'arbre, dont tout les Floridiens font cet excellent bruvage qu'ils nomment *Cassine*, & dont on peut voir la description en l'Histoire de Jean de Laët. Elle se rapporte entierement au recit de Monsieur Bristok.

Avant que les Habitans d'Achalaque fussent Chrestiens ils avoient plusieurs femmes ; mais à present ils ont leurs mariages reglez, & se sont restreins à une seule. Ils enterroient leurs Seigneurs, de même que les Apalachites, en des Cavernes qui sont aus pieds des montagnes. Puis ils en fermoient l'entrée avec de grosses pierres, enduites de chaus & de ciment. Ils pendoient au devant de la caverne les plus precieus vaisseaus dont ces Princes se servoient à table. Et tous les Capitaines attachoient tout aus environs leurs fleches, leurs arcs, & leurs massuës, & menoient un deüil de plusieurs jours auprés du sepulcre. Ils adoroient le Soleil, & tenoient l'immortalité de l'ame de même que leurs voisins : ils croyoient aussi que ceus qui avoient bien vécu, & qui avoient bien servy le Soleil, & donné plusieurs presens aus pauvres en son honneur, étoient bien-heureus, & qu'après leur mort ils étoient changez en étoiles. Mais qu'au contraire,

traire, ceus qui avoient mené une mechante vie, étoient portez entre les precipices des hautes montagnes qui les entourent, où ils souffroient toute sorte d'indigence & de misere, au milieu des Lions, des Tygres, & des autres animaus carnaciers qui y font leur repaire.

Au reste ils sont tous de longue vie, & on en voit plusieurs parmy eus, tant hommes que femmes qui ont prés de deus cens ans.

C'est la digression curieuse dont Monsieur Bristok nous a donné le sujet & la matiere, & qui sans doute ne sera pas desagreable à ceus qui prendront la peine de lire cette Histoire : En attendant que ce brave Anglois nous donne la Relation entiere de l'Etat des Apalachites, & de quelques autres Peuples voisins, comme il nous le fait esperer.

CHAPITRE NEUVIÉME.

Du Corps des Caraïbes, & de leurs Ornemens.

IL faut maintenant reprendre le grand chemin dont nous nous étions écartez, & retourner de la Floride aus Antilles, pour y considerer aussi exactement qu'il nous sera possible dans toute la suite de cette Histoire, le Corps & l'Esprit, les Mœurs, la Religion, les Coûtumes, & les autres particularitez des Sauvages Caraïbes ou Cannibales, dont nous avons déja deduit amplement l'origine.

Et parce que ceus d'entre ce peuple, qui demeurent dans les mêmes Iles où les François & les autres Nations Européennes ont des Colonies, ou qui les frequentent souvent, s'accommodent en plusieurs choses à leurs façons de faire, & que pour leur estre plus agreables ils quittent beaucoup de leurs vieilles coutumes, ceus qui veulent savoir les anciennes mœurs des Caraïbes, ne les doivent pas apprendre des Caraïbes qui demeurent à la Martinique, ou qui frequentent le plus nos Européens; mais de ceus de Saint Vincent, léquels entre tous les autres ont eu jusqu'à present le moins de communication avec les Etrangers. Aussi est ce d'eus, qu'est particulierement tiré tout ce que nous dirons cy aprés des Caraïbes: mais avant que d'entrer en cette matiere, nous ferons quelques remarques generales, pour prévenir l'étonnement que le Lecteur pourroit avoir de la difference de plusieurs de nos Relations à celles des autres, ou de bouche ou par écrit.

I. Il est presque impossible que des Relations de terres & de coutumes si éloignées de nous s'accordent en toutes choses, veu que même nous voyons que celles des païs voisins n'ont pas toujours un parfait rapport entr'elles.

II. Dépuis que les Caraïbes ont frequenté avec les Nations étrangeres, ils ont beaucoup relasché de leurs anciennes pratiques, & ont quitté plusieurs façons de faire qui leur étoient auparavant inviolables. De sorte qu'il se trouve aujourjourduy en eus un notable changement de ce qu'ils étoient autréfois. Ce qui est arrivé, & en partie de ce que nos Européens les ont déniaisez, & en partie aussi, car il le faut avouër à nôtre honte, de ce qu'ils les ont corrompus. Et sur ce sujet Monsieur du Montel nous rapporte en ses memoires, que deus bons vieillards Caraïbes, avec léquels il a conversé familièrement, luy disoient souvent en leur entretien.

„ Nos gens sont devenus presque comme vous, dépuis
„ qu'ils vous ont veus : Et nous avons de la peine à nous
„ reconnoître nous-mêmes, tant nous sommes differens de
„ ce que nous étions autréfois. Aussi nôtre Nation estime
„ qu'à cause de ce changement les Ouragans sont plus fre-
„ quens qu'ils n'étoient par cy-devant : & que Maboya,
„ (c'est à dire, *est l'esprit malin*) nous a mis sous la puissance
„ des François, des Anglois, des Espagnols, qui nous ont
„ chassez de la plupart de nos meilleures terres.

III. Ils peuvent avoir des fassons de faire differentes selon la diversité des Iles, bien qu'ils soient un même Peuple: comme nous le voyons dans la diversité des coutumes d'un même Royaume, selon les quartiers, & les Provinces. De sorte que par exemple ceus qui ont le plus conversé à la Dominique r'apporteront des opinions, des coutumes, & des ceremonies des Caraïbes, qui seront recitées diversement par des personnes qui les auront frequentez ailleurs. Et neantmoins les uns & les autres feront une relation fidele.

IV. Comme dans le Continent de l'Amerique les Caraïbes qui habitent bien avant dans la Terre, & qui voyent rarément les étrangers, retiennent beaucoup plus leurs anciennes mœurs, & leur ancienne fasson de vivre, que ceus qui habitans prés des Colonies Hollandoises de Cayenne & de Berbice, ont un commerce ordinaire avec les Chrétiens; Aussi entre nos Caraïbes Insulaires, ceus qui ont moins de communication avec les Européens, tels que sont ceus de Saint Vincent, sont plus exacts observateurs de leurs vieilles habitudes, que ne le sont par exemple ou ceus de la Martinique, ou ceus de la Dominique, qui nous hantent davantage.

V. C'est

V. C'est pourquoy si ceus qui ne les ont veus qu'en ces derniers lieus, ou qui ont appris de leurs nouvelles par des personnes qui ne les avoiët pratiquez qu'en ces lieus là, trouvent dans la suite de nôtre Histoire diverses choses qui ne s'accordent pas bien avec celles dont ils ont la connoissance, ils ne s'en étonneront pas s'il leur plait, veu que la plupart de nos memoires ont esté faits sur les Caraïbes de S. Vincent.

VI. Enfin les Lecteurs seront avertis que nous allons décrire pour la plupart les anciennes mœurs, & les anciennes coutumes de ces Caraïbes, afin que personne ne trouve étrange si dans ce qu'ils pratiquent aujourduy il y a quelque chose qui ne s'y rapporte pas. Ces avertissemens étant donnez, rien ne nous empesche de commencer ce que nous avons entrepris, pour satisfaire au titre de ce Chapitre.

La plupart des Peuples que nous appellons Sauvages & Barbares, ont quelque chose de hideus, & difforme, ou de defectueus, soit en leur visage soit au reste de leur corps: comme les Historiens nous le rapportent des Maldivois, des Habitans du Détroit de Magellan & de plusieurs autres qu'il n'est pas besoin de nommer.

Mais les Caraïbes sont gens bien-faits, & proportionez de leur corps, assez agreables, la mine riante, de moyenne taille, larges d'épaules & de hanches, & presque tous en assez bon point, & plus robustes que les François. Ils ont le visage rond & ample, & pour la plupart les joües marquées de deus petites fossettes dans le milieu. Leur bouche est mediocrement fendüe, & leurs dents sont parfaitement blanches & serrées. Il est vray qu'ils ont le teint naturellement olivâtre, & que cette couleur s'étend même sur le blanc de leurs yeus, léquels ils ont noirs, un peu petis, aussi bien que les Chinois & les Tartares, mais fort penetrans. Ils ont aussi le front & le nez aplatis, mais par artifice, & non pas naturellement. Car leurs meres les leur pressent à leur naissance, & continuellement pendant tout le tems qu'elles les allaitent, s'imaginant qu'il y a en cela de la beauté & de la perfection; car sans cela ils auroient le nez bien formé, & le front élevé comme nous. Ils ont les pieds larges & épatez, parce qu'ils vont nus-pieds : mais au reste si endurcis, qu'ils sont à toute épreu-

Chap. 9   DES ILES ANTILLES.   383

épreuve, & dans les bois & sur les rochers.

Entre ceus du païs on ne voit ni borgne, ni aveugle, ni boiteus, ni bossu, ni chauve, ou qui ait de nature aucune difformité, comme l'on témoigne aussi des Bresiliens, des Floridiens, & de la plupart des Peuples de l'Amerique. Au lieu que ceus qui se sont promenez dans le grand Caire, rapportent que parmy les ruës on voit force borgnes, & force aveugles, ces infirmitez étant si frequentes, & si populaires en ce païs-là, que de dix hommes, il y en a toûjours cinq ou six qui en sont atteints. Mais s'il y en a quelques uns entre les Caraïbes qui soient difformes, ou perclus de quelque menbre, cela leur est survenu dans les rencontres, & dans les combats qu'ils ont eus avec leurs ennemis ; & ces difformitez ou ces flétrissures étant autant de preuves de leur valeur, sont estimées parmy eus de bonne grace, & glorieuses : bien loin de les mettre en danger d'estre assommez ou jettez en une fondriere par leurs compatriotes, comme ces pauvres enfans qui parmy le Peuple de Guyana, & chez les Lacedemoniens du tems de Lycurgue, venoient du ventre de leurs meres imparfaits & difformes. Il se voit même de belles filles & de belles femmes entre les Sauvagesses Caraïbes. Témoin Mademoiselle de Rosselan, femme de Monsieur le Gouverneur de Sainte Aloufie.

De Lery Chap. 8.

Voyage de Breves.

Tous les Caraibes ont les cheveus noirs, comme les Chinois, qui pour cela sont par fois nommez, *le Peuple aus cheveus noirs*. Ces cheveus des Caraïbes ne sont pas frisez comme ceus des Mores, mais tout droits & fort longs comme ceus des Maldivois. Et leurs femmes donnent toutes à cette couleur noire, le premier rang de la beauté pour la chevelure. On dit aussi que les Indiennes du Perou ont tant de passion pour les cheveus noirs, que pour donner à leur chevelure cette couleur, quand elle y manque, elles se donnent des peines & des tourmens incroyables. Au contraire, en Espagne plusieurs Dames pour se teindre les cheveus de couleur d'or, les parfument de soufre, les trampent dans de l'eau forte, & les exposent au Soleil en plein midy, durant les plus violentes chaleurs de la Canicule. Et en Italie cette couleur de cheveus est aussi fort affectée ; témoin ce que dit un Poëte au sujet des Courtisannes Romaines.   O que

Trigaut en son Hist. de la Chine, liv. 1. c. 8.

Garcilasse liv. 8. chap. 13.

O que ces Guenuches coiffées
Avec leur poil fauve par art, &c.

Les Caraïbes sont fort soigneus de se peigner, & estiment cela fort honneste. Ils huilent leurs cheveus, & ont une invention pour les faire croitre. Les femmes peignent ordinairement leurs maris & leurs enfans. Hommes & femmes tressent leurs cheveus par derriere, & les font aboutir en une petite corne qu'ils se mettent au milieu de la teste. Aus deus costez ils les laissent en moustaches, selon la liberté naturelle. Les femmes divisent leurs cheveus en sorte qu'ils leur tombent des deus costez de la teste; Et les hommes separent les leurs en l'autre sens, c'est à dire qu'ils les tirent sur le devant & sur le derriere de la teste. Ce qui les oblige à en couper de dessus le front, parce qu'autrement ils leur tomberoient sur les yeus. Ce qu'ils faisoient autrefois avec de certaines herbes tranchantes, avant-que d'avoir l'usage de nos cizeaus. Outre ce qu'ils ont accoutumé d'en couper lors qu'ils sont en deüil. Au lieu qu'en Madagascar les hommes ne coupent rien du tout leurs cheveus. Mais les femmes se rasent entierement. Ce qui est tout à fait contraire à la coutume des Peuples parmy léquels vivoit l'Apostre Saint Paul.

On n'apperçoit point du tout de barbe aus Caraïbes, s'il leur en vient ils l'arrachent, comme font les Bresiliens, les Cumanois, & certains Peuples sujets de l'empire des Tartares, qui portent toujours un fer à la main, dont ils s'arrachent tous les poils de barbe qui leur croissent de nouveau. Au reste l'on ne voit guere les Caraïbes en cette peine, & l'on croit qu'ils ont un secret pour empécher le poil de revenir quand une fois il est arraché; Invention qui eust esté fort commode aus anciens Romains. Car on tient qu'ils n'ont presque point donné à leur barbe la permission de croitre, que depuis le tems de l'Empereur Adrien, qui le premier laissa croitre la sienne. Jusques là, il étoit si honorable parmy eus de ne porter point de barbe, que les esclaves n'eussent osé faire raser la leur: Et même cela étoit defendu à toute personne accusée de crime comme pour mettre sur eus une marque d'infamie, jusqu'a ce qu'ils eussent esté absous, ainsi que le rapporte Aule-Gelle. Tout au contraire de ce qui se

Carpin chez Bergeron.

Liv. 3. chap. 4.

pra-

Chap. 9　DES ILES ANTILLES.　385

pratique sous la domination du Grand Seigneur, qui fait raser la barbe par ignominie. Ce qui arriva l'an 1652 au Consul François d'Alexandrie, accusé d'avoir mal-versé en sa charge, & de qui la barbe étoit naturellement si bien frisée, & d'une couleur blonde si belle, que quelques Turcs luy en voulurent donner une somme d'argent bien considerable, pour la garder par rareté. Mais il aima mieus l'apporter en France.

Les Caraïbes s'etonnent de voir nos Européens nourrir leur barbe, & trouvent que c'est une grande difformité d'en avoir, comme c'est en eus une belle perfection de n'en avoir point. Mais ils ne sont pas les seuls des Sauvages, qui soient fantasques en matiere de bienseance & de beauté. Toutes les Nations Barbares, & même quelques civilisées, ont sur cela des gouts & des sentimens particuliers. Par exemple, on met pour beauté entre les Maldivois, d'avoir tout le corps velu, ce qui seroit parmy nous la beauté d'un Ours, & non pas celle d'un homme. Entre les Mexicains d'avoir le front petit & plein de poil. Entre les Japonnois de n'avoir gueres de cheveus: ce qui les oblige à les arracher soigneusement, & à n'en laisser qu'un toupet au sommet de la teste. Entre les femmes Tartares, d'estre fort camuses. Mais pour relever les attraits de leur nez, elles le frottent d'un onguent fort noir. Entre les Guinois d'avoir de grans ongles & le nez plat. C'est pourquoy ils l'aplatissent & l'enfoncent avec le pouce à leurs enfans, dés qu'ils viennent au monde, comme font aussi les Bresiliens. Entre ceus de la Province de Cusco au Perou, & quelques Indiens Orientaus, comme entre les Calecutiens & les Malabares, d'avoir les oreilles extremement grandes, & pendantes jusques sur les épaules. Aussi quelques uns d'entr'eus se les font venir telles par artifice. Entre les Ethiopiens, d'avoir de grosses lévres, & le teint noir & poly comme jayet. Entre les Négres de Mosambique, d'avoir les dens extremement pointuës: & ils usent de la lime pour les rendre telles. Entre les Maldivois de les avoir rouges, & pour cet effet ils mâchent continuellement du Petel. Entre les Japonois, & les Cumanois de les avoir noires: aussi les noircissent ils exprés. Entre ces derniers en-

Tout cecy est rapporté par divers Historiens qu'il seroit trop long de citer.

Ccc　　core,

core, d'avoir le visage long les joües maigres, & les jambes grosses par excés : Et c'est pour cela qu'ils pressent la teste de leurs enfans entre deus coussins à leur naissance, & qu'aussi-bien que les Habitans de la Riviere d'Essequebe ils se tiennent les jambes étroitement liées par le haut, & à la cheville du pied, afin de les faire enfler. Entre quelques Peruviens d'avoir le visage incisé & déchiqueté, comme à coups de lancettes, & d'avoir la teste platte & contrefaite, large de front, & fort étroite dépuis le front, jusqu'au chignon du cou. Et c'est pour se la rendre de cette belle forme qu'ils tenoient la teste de leurs enfans pressée entre deus petis ais, dés le moment de leur naissance jusqu'à l'aage de quatre ou cinq ans. Enfin entre quelques Orientaus, & quelques Africains, c'est une grande perfection aus femmes d'avoir des mammelles à renverser par dessus l'épaule. Et entre les Chinoises, la principale beauté est d'avoir le pied excessivement petit & gresle. Et c'est pour cet effet que dés leur enfance on le leur serre si étroitement, qu'elles en sont tout estropiées, & qu'à peine se peuvent elles soutenir. Il seroit bien mal-aisé de décrire une beauté, sur les opinions differentes de tous ces Peuples. Retournons aus Caraïbes.

Ils vont nûs entierement, hommes & femmes, comme plusieurs autres Nations. Et si quelcun d'eus vouloit cacher ses parties naturelles, il seroit moqué de tous les autres. Quelque frequentation que les Chrétiens ayent euë avec eus, il leur a esté jusques à present impossible de leur persuader de se couvrir. Que si quelquéfois en venant voir les Chrétiens, ou traitter avec eus, ils se couvrent pour leur complaire, prenant une chemise, des calleçons, un chapeau, & les habits qu'ils leur ont donnez, aussi tost qu'ils sont de retour chez eus, ils se depoüillent, & mettent tous ces habits-là dans leurs Cabinets en parade. Pour échange de cette complaissance des Caraïbes, quelques uns de nos François, étant allez au milieu d'eus, n'ont fait point de difficulté de se dépoüiller entierement à leur exemple. Cette nudité règne au long & au large sous la zone Torride comme chacun sait.

Vincent le Blanc 3. par. chap. 16. Quand on reproche aus Bresiliens leur nudité, ils disent que nous venons nus au monde, & que c'est folie de cacher

le

Chap. 9   DES ILES ANTILLES.   587

le corps qui nous a esté donné par la nature. Ceus du Roy- *Relation* aume de Bennin en Afrique, sont loüables, de se couvrir au *des Hol-* moins lors qu'ils se marient, ou même plutost, si leur Roy le *landois.* veut permettre. Les femmes des Iles Lucayes dévoyent aussi participer à cette loüange, car elles avoyent accoutumé de se couvrir lors qu'elles étoient en état d'être mariées, & solemnisoient cette action avec beaucoup de réjouïssance. Mais aujourd'huy cette coutume n'a plus de lieu: car cette pauvre Nation a été entierément détruite par les Espagnols, ou enlevée pour travailler aus mines, & il n'y a plus en toutes les Iles qui portent ce nom aucuns habitans naturels, mais seulement quelque peu d'Anglois, que l'on y a transportez, de l'île de la Vermoude. Venons aus ornemens de nos Sauvages.

Ils changent leur couleur naturelle par une couleur rouge qu'ils appliquent sur le corps. Car demeurant auprés des Rivieres & des Fontaines, la premiere chose qu'ils font tous les matins c'est de s'aller laver tout le corps. Et c'est ce que pra- *En son Li-* tiquoient les anciens Allemans comme Tacite le témoigne. *vre des* Aussi-tost que les Caraïbes sont lavez ils retournent à la *mœurs des* maison, & se séchent auprés d'un petit feu. Etant séchez, *anciens* leur femme, ou quelcun de leur domestiques, prend une *Allemans.* Calebasse remplie d'une certaine peinture rouge qu'ils appellent *Roucou*, du nom de l'arbre qui la produit, & lequel nous avons representé en son lieu. On leur frotte tout le corps, & même aussi le visage de cette couleur, qui est démeslée avec de l'huile. Pour appliquer cette peinture ils se servent d'une éponge au lieu de pinceau, & ils nomment cette action-là, se *Roucoüer*. Et pour paroitre plus galans, ils se font souvent des cercles noirs à l'entour des yeus, avec du jus de pommes de Junipa.

Cette peinture rouge, leur sert d'ornement & de couverture tout ensemble. Car outre la beauté qu'ils y trouvent, ils disent que cela les rend plus souples & plus agiles, comme de vray les anciens Atletes se frottoient d'huile pour le même effet. De plus ils disent qu'en se Roucoüant ainsi, ils se garentissent du froid de la nuit & des pluyes, des piquûres des Mousquites & des Maringoins, & de l'ardeur du Soleil,

Ccc 2   qui

qui autrement leur cauſeroit des éleuvres & des ulceres à la peau. Cette onction endurcit leur peau, mais auſſi elle la rend luiſante, douce, & polie, comme le ſavent tous ceus qui les ont veus & touchez.

La plupart des Sauvages ſe peignent & s'ajuſtent ainſi le corps bizarrement, mais non pas dé même couleur, ni de *La lecture des Hiſtoriens en fait foy.* même façon. Car il y en a qui ſe rougiſſent le corps, auſſi bien que les Antillois Caraïbes, comme ceus du Cap de Lopes Gonſalues: Mais les autres y employent d'autres couleurs, comme le noir, le blanc, la couleur de chataigne, le Zinzolin, le bleu, le jaune, & ſemblables. Quelques uns n'en mettent qu'une: D'autres ſe peignent de pluſieurs enſemble, & y repreſentent diverſes figures. Quelques autres ſans s'appliquer de couleur ſe frottent avec de l'huile de palmes. Il y en a qui ſe font huiler de baume, & ſaupoudrer tout le corps d'une menuë poudre d'or. Et d'autres enfin s'oignent le corps d'une colle gluante, & ſoufflent ſur cela du duvet de divers oiſeaus: ou bien ils ſe couvrent d'une paſte gommée, & odoriferante, & y collent des plus belles fleurs qui croiſſent en leur païs. Il y a à choiſir dans toutes ces modes, & ce ſeroit un plaiſir que de voir tous ces pantalons danſer enſemble.

Voyage de Breves. On y pourroit joindre pour rendre la troupe plus complette, ces Pelerins Turcs, qui portent ordinairement de longues robes, faites d'un million de pieces de toutes couleurs.

Au reſte, la mode de ſe peindre le corps eſt bien ancienne: *Pline Liv. 22. chap. 1. Herod. en la vie de Severe.* Et entre autres monumens de cette antiquité, Pline & Herodien nous recitent que certains Peuples de la Grand Bretaigne, nayant l'uſage d'aucun vétement, ſe peignoient le corps de diverſes couleurs, & y repreſentoient même des figures d'animaus: d'où ils furent nommez *Pictes* ou *Peints.* Mais entre tous les Sauvages qui ſe peignent aujourd'huy le corps, les Caraïbes ont l'avantage de ſe parer d'une couleur que les Anciens ont fort honorée ſur toutes les autres. Car on dit que les Gots uſoient de Cinnabre pour ſe rougir le viſage. Et les premiers Romains au rapport de Pline ſe peig- *Livre 33. chap. 7.* noient le corps de *Minium* le jour de leur Triomfe. Il nous apprend que Camille en uſa de la ſorte. Et il ajoûte, que les jours de Feſte on enluminoit ainſi le viſage de la ſtatuë de leur

leur Jupiter. Et qu'autrefois les Ethiopiens faiſoient ſi grand état de cette couleur vermeille, que leurs principaus Seigneurs ſe l'appliquoient ſur tout le corps, & que leurs Dieus mêmes la portoient en leurs ſimulacres.

Nos Caraïbes, ſe contentent pour l'ordinaire de cette peinture rouge, qui leur ſert de chemiſe, d'habit, de manteau & de Juſtaucorps. Mais en leurs jours ſolemnels & de réjouiſſance, ils ajoutent à leur rouge diverſes autres couleurs, dont ils ſe bigarrent le viſage & tout le corps.

Mais ce n'eſt pas de peinture ſeulement qu'ils uſent pour ſe parer. Ils ornent le ſommet de leur teſte d'un petit chapeau tiſſu de plumes d'oiſeaus de differentes couleurs, ou d'un bouquet de plumes d'aigrette, ou de quelque autre oiſeau. Ils portent auſſi quelquefois une couronne de plumes, qui leur couvre toute la teſte. Ainſi voit on parmy eus force teſtes couronnées, bien qu'on n'y voye point de Rois. Encore les prendroit-on pluſtoſt pour des Rois à leur couronnes de plumes, que l'on ne reconnoitroit pour Prince, le Seigneur du Golfe d'Antongil, qui n'a pour ſon ſceptre & pour marque de ſa dignité Royale, qu'une grande ſerpe de Jardinier qu'il porte toujours avec luy.

Les femmes Maldivoiſes ſe font à chaque oreille un douzaine de trous, où elles atachent de petis clous dorez, & quelquefois des perles & des pierres precieuſes. Les Dames de Madagaſcar & du Breſil ſe font un grand trou à paſſer le pouce, au tendron de l'oreille, où elles fourrent des pendans de bois & d'os. Et les Peruviens ſous le regne des Rois Yncas avoient acoutumé de ſe faire aus oreilles un trou d'une grandeur incroyable, où ils attachoient des lacets longs d'un quart d'aune, qui ſoutenoient des pendans d'or d'une largeur demeſurée. Mais nos Caraïbes, ne veulent qu'un petit trou à l'Européenne, au mol de l'oreille, ou ils mettent des arreſtes de certeins poiſſons fort polies, des pieces d'écaille de Caret, & dépuis que les Chrétiens ſont venus vers eus, des boucles d'or, d'argent, ou de leton, où ils attachent de beaus pendans d'oreilles. Ils ſont ravis d'en avoir de ceus que leur apportent nos gens, & ſavent fort bien diſtinguer, & cherir ſur tous les autres, ceus qui ſont de prix, ils font particulierement état de ceus qui font de Criſtal, d'Ambre, de Coral, ou de quelque autre riche matiere, pourveu que la boucle, & tout l'enrichiſſement ſoit d'or. Quelquefois on leur en a voulu donner qui n'étoyent que de cuivre doré, & leur faire accroire qu'ils étoient d'or: mais ils les ont rejettez en diſant, qu'on les vouloit tromper, & que ce n'étoit que de l'or de chaudiere. Et pour en faire l'épreuve ils ont accoutumé de mettre la piece en leur bouche. Bien au contraire de ceus de Madagaſcar, qui lors que les Hollandois qui y navigerent en l'an mil cinq cens quatre-vints quinze, leur offrirent une cuillier d'argent, la mirent entre leurs dens & ſentant qu'elle étoit dure, la refuſerent demandant une cuillier d'étain. Et l'on peut aſſez juger quel état ils faiſoient de l'étain, puis qu'ils preſenterent une fille, en échange d'une cuillier de ce metal.

Livre 3. Herodote nous recite qu'autrefois parmy les Ethiopiens le cuivre étoit plus eſtimé que l'or, dont l'uſage étoit vil à un tel point, que l'on y lioit les criminels avec des chaines d'or.

Les Caraïbes ſe percent auſſi quelquefois les leures pour y faire paſſer une eſpece de petit poinçon, qui eſt fait d'un os, ou d'une areſte de poiſſon. Ils ouvrent même l'entredeus de leurs narines, pour y attacher une bague, un grain de criſtal, ou quelque ſemblable gentilleſſe. Le col, & les bras de nos Caraïbes ont auſſi leurs ornements; Car ils y mettent des Colliers & des Bracelets, d'ambre, de raſſade, de coral, ou de quelque autre matiere qui ait du luſtre. Les hommes, portent les bracelets au gros du bras proche l'épaule: Mais les femmes en entourent leurs poignets, de même que celles de ces contrées. Ils parent encore leurs jambes de chaines de raſſade, au lieu de jarretieres. Ceus d'entr'eus qui n'ont point de communication avec les Européens portent ordinairément pendus à leur col des ſifflets d'os de leurs ennemis, & de grandes chaines qui ſont compoſées de dens d'Agouty, de Tigres, de Chats Sauvages, ou de petis Coquillages percez & liez par enſemble, avec une cordelette de fin cotton, teinte en rouge ou en violet. Et quand ils ſe veulent mettre ſur leur bonne mine, ils ajoutent à tout cela des Bonets, des Bracelets qu'ils lient ſous les eſſailles, des écharpes, & des
cein-

ceintures de plumes, fort induſtrieuſement tiſſuës par un agreable aſſemblage, léquelles ils laiſſent flotter ſur leurs épaules, ou pendre dépuis le nombril, juſques au milieu de leurs cuiſſes.

Mais les plus conſiderables de tous leurs ornemens, ſont, de certaines grandes medailles de fin cuivre extrémément poly, ſans aucune gravure, qui ont la figure d'un croiſſant, & ſont enchaſſées en quelque bois ſolide & precieus. Ils les nomment *Caracolis* en leur langue; Elles ſont de differente grandeur, car ils en ont de ſi petites qu'ils les attachent à leurs oreilles en forme de pendans, & d'autres qui ſont environ de la largeur de la paume de la main, léquelles ils portent penduës au col, d'ou elles battent ſur leur poitrine. Ils ont ces Caracolis en grande eſtime, tant par ce que leur matiere qui ne contracte jamais de roüillure, eſt éclatante comme l'or: qu'à cauſe que c'eſt le butin le plus rare & le plus priſé qu'ils remportent des courſes qu'ils font tous les ans dans les terres des Arouägues leurs ennemis: Et que c'eſt la livrée, ou le collier qui diſtingue les Capitaines & leur enfans, d'entre les hommes du commun. Ceus-là auſſi qui ont de ces joyaus en font un tel cas, qu'en mourant ils ne laiſſent autre heritage à leurs enfans, ou à leurs plus intimes amis: Et il y en a tel parmy eus qui garde encore un Caracolis de ſon Grand Pere, dont il ne ſe pare qu'aus plus grandes rejouiſſances.

Les femmes ſe peignent tout le corps & s'ajuſtent preſque comme les hommes, horsmis quelques petites differences que nous avons déja remarquées, & qu'elles ne mettent point de couronnes deſſus leurs teſtes. Elles ont auſſi cecy de particulier, qu'elles portent des demye bottines, qui ne leur deſcendent que juſques à la cheville du pied. Cette eſpece de chauſſure eſt fort proprement travaillée, & terminée par le haut & par le bas d'une petite rotonde tiſſuë de jonc & de cotton, qui leur ſerre le gras de la jambe, & le fait paroitre plus remply.

CHA-

CHAPITRE DIXIÉME.

Remarques sur la langue des Caraïbes.

NOus avons dessein de donner à la fin de cette Histoire pour la satisfaction des curieus un assez ample Vocabulaire du langage des Caraïbes. C'est pourquoy nous nous contenterons de faire en ce Chapitre les Remarques principales, qui en pourront faire connoître la grace, la douceur & les proprietez.

1. Les Caraïbes ont un Langage ancien & naturel, & qui leur est tout particulier, comme chaque Nation a le sien.

2. Mais outre cela ils en ont formé un autre qui est batard & mesté de plusieurs mots étrangers, par le commerce qu'ils ont eu avec les Européens. Sur tout ils ont emprunté beaucoup de mots des Espagnols, par ce que ce sont les premiers Chrétiens qu'ils ayent abordez.

3. Ils se servent toujours entr'eus de leur Langage ancien & naturel.

4. Mais lors qu'ils conversent ou qu'ils négocient avecque les Chrétiens, ils employent leur Langage corrompu.

5. Outre cela ils ont un fort plaisant baragoin, lors qu'ils veulèt entrependre de parler en quelque Langue étrangere. Comme lors qu'ils disent, *Compére Gouverneur*; employant ce mot de *Compére* generalement envers tous ceus qui sont leurs amis ou leurs alliez. Ainsi ils diroient tout franchement, s'il s'en presentoit occasion, *Compére Roy*. C'est aussi un de leurs complimens de dire à nos François, avec un visage riant, *Ah si toy bon pour Caraïbe, moy bon pour France*: Et lors qu'ils veulent se loüer de nos gens, & témoigner qu'ils en sont fort satisfaits, *Mouche bon France pour Caraïbe*. Ainsi disent ils encore *Maboya mouche sache contre Caraïbe*, lors qu'il tonne ou qu'il fait un Ouragan: Et, *Moy mouche Lunes*, pour signifier qu'ils sont fort âgez. Ils ont aussi fort souvent ces paroles en la bouche, lors qu'ils reconnoissent que nos gens veulent abuser de leur simplicité, *Compére, toy trompe Caraïbe*.

Et on les entend dire souvent lors qu'ils sont en belle humeur, *Moy bonne Caraïbe.*

6. Au reste, bien que les Caraïbes de toutes les Iles s'entendét tous universellement entr'eus, ce n'est pas à dire pourtant qu'il ne se trouve en quelque une quelque dialecte different de celuy d'une autre.

7. Le P. n'est guére en usage en leur Langue : Mais hors de cela on n'y remarque aucun défaut de lettres, comme en la Langue du Japon, du Bresil, & de Canada, qui se trouve dans la disette d'F. L. R. Ou en celle du Pérou, qui manque de B. D. F. G. I. Jota, & X. au rapport des Historiens.

8. Leur Langage est extrémement dous, & se prononce presque tout des lévres, quelque peu des dents, & presque point du gosier. Car bien que les mots que nous en dônerons cy-aprés, semblent rudes sur le papier, neantmoins lors qu'ils les prononcent, ils y font des élisions de certaines lettres, & y donnent un certain air qui rend leur discours fort agreable. Ce qui oblige Monsieur Du Montel à leur rendre ce témoignage, je prenois dit-il, grand plaisir à les écouter, lors que j'étois parmy eus, & je ne pouvois assez admirer la grace, la fluidité, & la douceur de leur prononciation, qu'ils accompagnent d'ordinaire d'un petit soûris, qui a beaucoup d'agrément.

9. Ils ont la prononciation plus douce que les Caraïbes du Continent : Mais d'ailleurs ils ne different qu'en dialecte.

10. D'un seul mot, selon qu'il est diversement prononcé, ils signifient plusieurs choses differentes. Par exemple, le mot d'*An han* signifie 1. *Ouy*, 2. *Ie ne say pas*, 3. *Tien* ou *Pren* ; selon la prononciation qu'on luy donne.

11. Pour nous, nous ne pouvons prononcer cette Langue avecque toute la grace, & toute la douceur qui luy est naturelle ; à moins que de l'avoir apprise dés le bas âge.

12. Ils s'écoutent patiemment les uns les autres & ne s'interrompent point dans leurs discours : Mais ils ont accoutumé de pousser un petit ton de vois au bout de trois ou quatre périodes de celuy qui parle, pour témoigner la satisfaction qu'ils ont de l'oüir.

Ddd   13. Quel-

13. Quelque avantage que nous ayons sur eus, ou pour les facultez naturelles de l'esprit, ou pour la douceur de la prononciation, qui nous devroit augmenter la facilité de prononcer leur Langue, neantmoins ils aprénent plus facilement la nôtre que nous n'aprenons la leur, comme il se reconnoit par l'experience.

14. Nos François ont remarqué qu'ils ont grande aversion pour la Langue Angloise, jusqu'à ne pouvoir souffrir qu'on la parle devant eus, par ce qu'ils leur sont ennemis. Que s'il se voit dans leur langage corrompu plusieurs mots tirez de l'Espagnol, qui est aussi leur ennemy, c'est qu'ils les ont pris durant le tems qu'ils avoient communication avec cette Nation-là, & qu'elle ne les avoit pas encore maltraitez.

15. Ils sont fort soigneus de ne point communiquer leur langue, de crainte que les secrets de leurs guerres ne soient découverts. Ceus même d'entr'eus qui se sont faits Chrétiens ne veulent pas revéler le fonds de cette Langue, dans la creance qu'ils ont que cela pourroit préjudicier à leur Nation.

16. Voicy quelques unes des propriétez les plus particuliéres à leur Langue. Et premierement, les hommes ont beaucoup d'expressions qui leur sont propres, que les femmes entendent bien, mais qu'elles ne prononcent jamais: Et les femmes ont aussi leurs mots & les frases, dont les hommes n'usent point, à moins que de se faire moquer. De là vient qu'en une bonne partie de leur entretien, on diroit que les femmes ont un autre langage que les hommes; comme on le pourra reconnoitre en notre Vocabulaire, par la difference des fassons de parler dont les hommes & les femmes se servent pour exprimer une même chose. Les Sauvages de la Dominique disent que cela procede de ce que lorsque les Caraïbes vinrent habiter les Iles, elles étoient occupées par une Nation d'Arouâgues, qu'ils détruisirent entierement, à la reserve des femmes qu'ils épouserent pour peupler le pais. De sorte que ces femmes-là ayant conservé leur Langue, l'enseignerent à leurs filles, & les acoutumerent à parler comme elles. Ce qui s'étant pratiqué jusques à present

par

par les Meres envers les filles, ce Langage est ainsi demeuré different de celuy des hommes en plusieurs choses. Mais les garçons, bien qu'ils entendent le parler de leurs Meres & de leurs sœurs, suivent neantmoins leurs Peres & leurs freres, & se façonnent à leur Langage, dés l'âge de cinq ou six ans. Pour confirmer ce que nous avons recité sur l'origine de cette difference de Langage, on allegue qu'il y a quelque conformité entre la langue des Arouâgues de la Terre Ferme, & celle des femmes Caraïbes. Mais il est à remarquer que les Caraïbes du Continent, hommes & femmes, parlent un même langage, n'ayant point corrumpu leur langue naturelle par des mariages avec des femmes étrangeres.

17. Les vieillars ont plusieurs termes qui leur sont affectez, & plusieurs fassons de parler particulieres, qui n'ont point d'usage en la bouche des jeunes gens.

18. Les Caraïbes ont aussi un certain langage dont ils se servent seulement entr'eus lors qu'ils prenent des resolutions de guerre. C'est un baragoin fort difficile. Les femmes & les filles n'ont aucune connoissance de ce langage mysterieus, ni même les jeunes hommes, jusques à ce qu'ils ayent donné des preuves de leur generosité, & du zéle qu'ils ont pour la querelle commune de leur Nation contre leurs ennemis. C'est afin que leurs desseins ne soient pas découvers avant le tems.

19. Pour faire leurs cas, leurs personnes, leurs mœurs, & leurs genres, ils n'ont point de particules separées comme nous: mais ils allongent leurs mots de quelques syllabes ou de quelques lettres, au commencement ou à la fin, & ils en changent quelques unes. Ainsi disent ils à l'imperatif, *Bayoubaka*, marche: mais à l'indicatif, *Nayoubakayem*, je marche. Et de même *Babinaka*, danse *Nabinakayem*, je danse. Ce qui a du rapport avec la fasson dont se forment les Verbes Ebreus.

20. Les noms indéfinis & absolus sont peu en usage parmy eus; sur tout les noms des parties du corps: mais ils sont presque toujours restreints à une premiere, à une seconde, ou à une troisiéme personne.

21. La premiere personne se marque ordinairement par
une

une N. au commencement du mot : *Nichic*, ma teste. La seconde par un B. *Bichic*, ta teste. Et la troisiéme par une L. *Lichic*, sa teste.

22. Le genre neutre & absolu est exprimé par un T. *Tichic*, la teste : Mais cela est peu en usage.

23. Ils ont des noms differens pour parler aus personnes mêmes, & d'autres pour parler d'elles. Ainsi disent ils *Baba*, mon Pere, en parlant à luy : Et *Toumaan*, en parlant de luy. *Bibi* ma Mere, en parlant à elle, & *Ichanum*, en parlant d'elle. Ce qui avec la difference du langage des hommes & des femmes, des jeunes & des vieus, de l'entretien ordinaire & des conseils de guerre, doit sans doute multiplier beaucoup les mots de leur langue.

24. Leurs noms propres ont souvent de la signification, & sont pris de diverses rencontres, comme nous le verrons plus particulierement au Chapitre de la Naissance & de l'éducation de leurs enfans.

25. Ils ne nomment jamais le nom d'une personne en sa presence : Ou bien par respect ils ne le nomment qu'à demy.

26. Ils ne disent jamais le nom entier ni d'un homme, ni d'une femme : mais bien celuy des enfans. Ainsi ils diront, le Pere ou la Mere d'un tel : Ou bien ils diront le nom à moitie, comme par exemple, *Mala*, au lieu de dire *Mala Kaali* : & *Hiba* pour *Hibalomon*.

27. Les Oncles & les Tantes, tout autant qu'il y a dans la ligne collaterale, sont nommez *Peres* & *Meres* par leurs Neveus. Ainsi l'Oncle est il appellé *Baba*, c'est à dire *Pere*. Mais quand ils veulent signifier expressément le vray & propre *Pere*, ils ajoutent par fois un autre mot, en disant *Baba tinnaca*.

28. Suivant cela, tous les Cousins s'appellent aussi *Freres*, & toutes les Cousines *Sœurs*.

29. Mais de Cousin à Cousine, le Cousin appelle sa Cousine, *Touëilleri*, c'est à dire proprement, *ma femelle*, ou *mon accordée*, parce que naturellement entr'eus leurs Cousines leur sont aquises pour femmes.

30. Ils nomment les mois des *Lunes* ; & les années des *Poussinieres*.

31. Ce

31. Ce sont icy ensuite, quelques traits de la naïveté & de l'élegance de leur langage. Nous ne ferons pour la plupart que marquer ce que leurs mots signifient, sans exprimer les mots mêmes, pour ne les pas mettre deus fois sans necessité, parce que nous les donnerons cy-dessous en nôtre Vocabulaire.

32. Pour signifier qu'une chose est *perduë*, ou qu'elle est *rompuë*, ils disent ordinairement qu'elle est *morte*.

33. Ils nomment un Capucin *Peye Aïoupa* : Et le mot d'*Aïoupa* signifie en leur langue un *Couvert* ou un *Appenty*. De sorte que c'est comme s'ils disoient que c'est un homme où il y a de quoy se mettre à couvert à cause de son grand Capuce. Ils le nomment aussi par raillerie une Guenon ou une Barbuë, à cause de sa longue Barbe.

34. Un Chrétien, *un homme de Mer* ; à cause que les Chrétiens sont venus vers eus en des navires.

35. Un Lieutenant, *La trace d'un Capitaine*, ou *Ce qui paroit après luy*.

36. Mon Gendre, *Celuy qui me fait de petis enfans*.

37. Mon Cadet, *Ma moitié*.

38. Ma Femme, *Mon cœur*.

39. Un Garçon, *Vn petit masle*.

40. Un Fille, *Vne petite femelle*.

41. Les Espagnols & les Anglois, *Ennemis contrefaits Etóutou noubi*, parce qu'ils sont vêtus, en les opposant à leurs Ennemis qui sont nuds, & qu'ils nomment simplement *Etóutou*, c'est à dire *Ennemis*.

42. Un Fol, *Celuy qui ne voit goutte*, ou *qui n'a point de lumiere*.

43. La paupiere, *la couverture de l'œil*.

44. Les cils, *le poil de l'œil*.

45. La prunelle, *le noyau de l'œil*.

46. La lévre, *le bord de la bouche*.

47. Le menton, *le soutien des dens*.

48. Le col, *le soutien de la teste*.

49. Le bras & une aile s'expriment par un même mot.

50. Le pouls *l'ame de la main*. Les Allemans sont à peu prés

prés une composition semblable, lors qu'ils appellent un Gand, *le soulier de la main.*

51. Les doits, *les petis* ou *les enfans de la main.*
52. Le pouce, *le Pere des doits*, ou *ce qui leur est opposé.* C'est justement l'*ἀντίχειρ* des Grecs.
53. Jointure, *chose ajoutée*, ils nomment encore ainsi une piece mise sur un habit.
54. La vessie, *le vaisseau de l'urine.*
55. Le jarret, *ce qui tire la jambe.*
56. La plante du pied, *le dedans du pied.*
57. Les orteils, *les petis*, ou *les enfans du pied.*
58. Dix, *tous les doits de la main.*
59. Vint, *tous les doits des mains, & tous les orteils des pieds.*
60. Un pistolet, *petite arquebuse.*
61. Un chandelier, *ce qui tient quelque chose.*
62. Des épines, *le poil de l'arbre*, ou *les yeus de l'arbre.*
63. L'arc-en-ciel, *la plume* ou *le pannache de Dieu.*
64. Le bruit du tonnerre, *Trtrguetenni.*
65. Cette langue a aussi dans son abondance & dans sa naïveté quelques défauts qui luy sont particuliers; dont toutefois il y en a quelques uns qui luy doivent moins tourner à blâme qu'à loüange.
66. Les Caraïbes ont en leur langue naturelle peu de noms d'injure & de moquerie; Et ce qu'ils disent ordinairement de plus offensif en leurs railleries, est, *Tu n'es pas bon*, ou *Tu es adroit comme une Tortuë.*
67. Ils ne savent pas non plus les noms de plusieurs vices. Mais les Chrétiens ne leur en aprenent que trop. Ainsi l'on admire au langage de Canada, qu'il n'y a point de mot qui réponde à celuy de *peché*: Mais il faut tout dire; Il n'y en a point aussi qui exprime la *vertu.*
68. Ils n'ont point de noms pour exprimer *l'hyver*, *la glace*, *la gresle*, ni *la neige*, car ils ne savent ce que c'est.
69. Ils ne peuvent exprimer ce qui ne tombe point sous les sens: excepté qu'ils nomment quelques esprits & bons & mauvais: Mais hors de là ils n'ont point de mot pour signifier les autres choses spirituelles, comme *l'entendement*, *la memoi-*

Chap. 10   DES ILES ANTILLES.

memoire & la volonté. Quant à *l'ame*, ils l'expriment par le mot de *cœur*.

70. Ils n'ont point aussi les noms des *Vertus*, des *Sciences*, des *Arts*, des *Metiers*, ni de plusieurs de nos *armes* & de nos *outils*, si ce n'est ce qu'ils en peuvent avoir appris depuis leur commerce avec les Chrétiens.

71. Ils ne savent nommer que quatre couleurs, ausquelles ils rapportent toutes les autres : le *blanc*, le *noir*, le *jaune*, & le *rouge*.

72. Ils ne peuvent exprimer un plus grand nombre que *vint* : Et encore l'expriment ils plaisamment, étant obligez comme nous avons dit, à montrer tous les doits de leurs mains, & tous les orteils de leurs pieds.

73. Lors qu'ils veulent signifier un grand nombre, où leur conte ne peut atteindre, ou bien ils montrent leurs cheveus, ou le sable de la mer : Ou bien ils repetent plusieurs fois le mot de *mouche*, qui signifie *beaucoup*; Comme lors qu'ils disent en leur baragoin, *Moy mouche*, *mouche Lunes*, pour faire entendre qu'ils sont fort âgez.

74. Enfin, ils n'ont point de comparatifs ni de superlatifs. Mais au défaut de cela, lors qu'ils veulent comparer les choses entr'elles, & qu'ils en veulent élever une au dessus de toutes les autres, ils expriment leur sentiment par une démonstration assez naïve & assez plaisante. Ainsi quand ils ont dessein de representer ce qu'ils pensent des Nations Européenes dont ils ont la connoissance, ils disent de l'Espagnol & de l'Anglois, qu'ils ne sont point du tout bons : Du Hollandois, qu'il est bon comme la main, ou comme une coudée; Et du François, qu'il est comme les deus bras, qu'ils étendent en même tems pour en montrer la grandeur. Aussi est ce la Nation Chrétienne qu'ils aiment sur toutes les autres; Particulierement ceus des François qui ont été à la guerre avec eus. Car à ceus-là ils font part de tout leur butin. Et toutes les fois qu'ils retournent de la guerre, bien que ces gens-là n'ayent pas été de la partie, ils ne laissent pas de leur envoyer de leurs dépouilles.

CHAPITRE ONZIÉME.

Du Naturel des Caraïbes, & de leurs Mœurs.

LEs Caraïbes, dans leur naturel font d'un temperament triſte, réveuz & melancolique, la peſche, la fainéantiſe & la temperature de l'air contribuënt beaucoup à l'entretien de cette humeur : Mais ayant remarqué par leur propre experience, que cette fâcheuſe conſtitution altere leur ſanté, & que l'eſprit abbatu deſſéche les os, ils font pour la plupart une telle violence à leur inclination naturelle, qu'ils paroiſſent, gais agreables, & enjouëz en leur converſation, ſur tout lors qu'ils ont un peu de vin dans la teſte. Auſſi ont-ils de la peine, comme les Breſiliens, à ſouffrir la compagnie des melancoliques : Et ceus qui ont converſé ſouvent avec eus, les ont toûjours reconnus fort faceticus, & fort ſoigneus de ne laiſſer écouler aucun ſujet de rire ſans en profiter ; & même ils les ont veu ſouvent éclater en des occaſions, où les plus gais d'entre nous faiſoient à peine un ſouris.

De Lery chap. 12.

Leurs entretiens entre eus, ſont ordinairement de leur chaſſe, de leur peſche, de leur jardinage, ou de quelques autres ſujets fort innocens ; Et lors qu'ils ſont en la compagnie des étrangers, ils ne ſe fâchent jamais des riſées qui ſe font en leur preſence, & ne les prenent pas comme ſi l'on avoit deſſein de ſe moquer d'eus. Toutefois, au lieu que les Soriquois, Nation de la Nouvelle France, ſe nomment eus mêmes, *Sauvages*, ne ſachant ce que cela ſignifie, ces peuples s'offencent fort, ſi on leur donne ce nom-là quand on leur parle. Car ils entendent ce mot, & diſent qu'il n'appartient qu'aus beſtes des bois. Ils ne veulent pas non plus être nommez *Cannibales*, bien qu'ils mangent la chair de leurs ennemis; Ce qu'ils font pour aſſouvir leur rage & leur vengeance, & non pour aucun goût qu'ils y trouvent plus delicieus que dans les autres viandes dont ils ſe nourriſſent : Mais on leur fait grand plaiſir de les appeller *Caraïbes*, parce que c'eſt un nom

Chap. 11   DES ILES ANTILLES.   401

nom qui leur semble glorieux, marquant leur courage & leur generosité. Car en effet ce ne sont pas seulement les Apalachites du milieu déquels ils sont venus, qui par ce mot signifient un *belliqueux*, un *vaillant homme*, doué d'une force & d'une d'exterité particuliere au fait des armes. Les Aroüagues même, leurs Capitaus ennemis, ayant souvent experimenté leur valeur, entendent par là, la même chose, bien qu'ils exprimēt aussi par ce mot un *Cruel*, à cause des maus que les Caraïbes leur ont fait sentir. Tant y a que nos sauvages Antillois aiment si fort ce nom-là qu'il disent perpetuellement à nos gens, *Toy François, moy Caraïbe*.

Leur naturel, au reste, est dous & benin; Et ils sont si ennemis de la severité, que si les Nations qui les tiennent pour Esclaves, comme font les Anglois, qui par ruse en ont enlevé plusieurs des lieus de leur naissance, les traittent avec rigueur, ils en meurent souvent de regret. Mais par la douceur on gagne tout sur eus; tout au contraire des Négres, qui veulent être menez avec rudesse, autrement ils deviennent insolens, paresseus, & infideles.

Ils nous reprochent ordinairement nôtre avarice & le soin dereglé que nous avons d'amasser des biens pour nous & pour nos enfans, puisque la terre est si capable de donner la nourriture à tous les hommes, pourveu qu'ils veüillent prendre tant soit peu de peine à la cultiver. Aussi quant à eus ils sont entierement libres du soucy des choses qui appartiennent à la vie, & incomparablement plus gras & plus dispos que nous ne sommes. En un mot, ils vivent sans ambition, sans chagrin, sans inquiétude n'ayant aucun desir d'aquerir des honneurs ni d'amasser des richesses : méprisant l'or & largent, comme les anciens Lacédemoniens, & comme les Peruviens, & se contentant également & de ce que la nature les a fait être, & de ce que leur terre fournit pour leur entretien. Que s'ils vont à la chasse ou à la pêche, ou qu'ils abbatent des arbres pour faire un jardin, ou pour se bâtir des maisons, qui sont des occupations fort innocentes & fort convenables à la nature de l'homme, ils font tout cela sans empressement, par maniere de divertissement & de recreation, & comme en se joüant.

Sur tout, ils s'étonnent quand ils voyent que nous estimons tant l'or, veu que nous avons le verre & le Cristal, qui, selon leur jugement, sont plus beaus, & par consequent plus à priser. Et à ce propos, Benzoni, Historien Milanois, nous recite en son Histoire du Nouveau Monde, que les Indiens detestant l'avarice demesurée des Espagnols qui les subjuguerent, prenoient une piece d'or, & disoient. Voicy le „ Dieu des Chrétiens; Pour cecy ils viennent de Castille en „ nôtre païs, pour cecy ils nous ont rendus esclaves, nous „ ont bannis de nos demeures, & ont commis des choses „ horribles contre nous: pour cecy ils se font la guerre en„ tr'eus: pour cecy ils se tuënt les uns les autres: pour cecy „ ils sont toûjours en inquietude, ils querellent, ils d'éro„ bent, ils maudissent, ils blasfement: Enfin, pour cecy il n'y „ a ni vilenie, ni méchanceté où ils ne se portent.

Pour nos Caraïbes, quand ils voyent les Chrétiens tristes & pleins d'ennuy, ils ont acoutumé de leur en faire doucement „ la guerre en leur disant, Compere (car c'est un mot qu'ils ont appris, & dont ils se servent ordinairement pour témoigner leur bonne volonté, comme leurs femmes aussi appellent nos Européens Commeres, pour une marque „ d'amitié) tu es bien miserable d'exposer ta personne à de si „ longs & de si dangereus voyages, & de te laisser ronger à „ tant de soucis & de craintes. La passion d'avoir des biens „ te fait endurer toutes ces peines, & te donne tous ces fâ„ cheus soins: Et tu n'es pas moins en inquiétude pour les „ biens que tu as déja aquis, que pour ceus que tu recherches „ encore. Tu appréhendes continuellement que quelcun ne „ te vole en ton païs ou sur mer, ou que tes marchandises ne „ fassent naufrage, & ne soient englouties dans les eaus. Ainsi „ tu vieillis en peu de tems, tes cheveus en blanchissent, ton „ front s'en ride, mille incommoditez travaillent ton corps, „ mille chagrins te minent le cœur, & tu cours à grand'haste „ vers le tombeau. Que n'es-tu content des biens que ton „ païs te produit ? Que ne méprises tu les richesses comme nous ? Et à ce sujet, est remarquable le discours de quelques

3. part. chap. 16.

Bresiliens à Vincent le Blanc, Ces richesses, disoient-ils, „ que vous autres Chrétiens poursuivez à perte d'haleine

vous

,, vous mettent-elles plus avant en la grace de vôtre Dieu ?
,, Vous empêchent-elles de mourir ? Et s'emportent elles
,, avec que vous au tombeau ? Ils tenoient à peu près le même discours à Jean de Lery, comme il le rapporte en son Hi- *Chap. 13.*
stoire.

Les Caraïbes savent aussi fort bien & fort emfatiquement
reprocher aus Européens, comme une injustice manifeste,
,, l'usurpation de leur Terre natale. Tu m'as chassé, dit ce
,, pauvre peuple, de Saint Christofle, de Niéves, de Mont-
,, serrat, de Saint Martin, d'Antigoa, de la Gardeloupe, de
,, la Barboude, de Saint Eustache, &c. qui ne t'apparte-
,, noient pas, & où tu ne pouvois legitimement prétendre.
,, Et tu me menaces encore tous les jours de m'oster ce peu
,, de païs qui me reste. Que deviendra le misérable Caraïbe ?
,, Faudrat-il qu'il aille habiter la mer avec les poissons ? Ta
,, terre est, sans doute, bien mauvaise, puis que tu la quittes
,, pour venir prendre la mienne : Ou tu as bien de la malice
,, de venir ainsi de gayeté de cœur me persecuter. Cette
plainte n'a pas un air trop Sauvage.

Lycurgue ne permettoit pas à ses citoyens de voyager,
craignant qu'ils ne prissent des mœurs étrangeres. Mais nos
Sauvages auroient bien besoin de grand voyages, pour se dé-
barbariser, s'il est permis de parler ainsi. Et cependant, ils
ne sont pas seulement exems de cette convoitise insatiable
qui fait entreprendre de si grans & si perilleus voyages aus
Chrétiens, & traverser temerairement tant de terres & tant
de mers : mais ils n'ont même nulle curiosité de voir les autres contrées du monde, aimant leur païs plus que tous ceus
qu'on leur voudroit proposer. Et comme ils estiment que
nous ne devrions pas être plus curieus, ni moins amateurs
du nôtre, ils s'étonnent fort de nos voyages. En quoy, certes, ils ont l'honneur de ressembler à Socrate, à qui Platon *En son*
rend ce témoignage, qu'il étoit moins sorty d'Athenes pour *Criton.*
voyager, que les boiteus & les aveugles : & qu'il ne desira
jamais de voir d'autres villes, ni de vivre sous d'autres loix ;
N'étant pas en ce point, non plus que ces Caraïbes, de l'o-
pinion des Perses, qui disent en commun proverbe, que celuy
qui n'a point voyagé par le monde ressemble à un Ours.

Les Antillois ne sont pas seulement sans aucun desir de voyager; ils ne veulent pas même souffrir que l'on emmene personne des leurs en une terre étrangere, si ce n'est que l'on promette expressement de le ramener bien-tost. Mais s'il arrive par malheur qu'il meure en chemin, il ne faut pas faire état de retourner jamais parmy eus; car ils vous prennent en une haine mortelle, & il n'y a point de reconciliation à esperer.

Mais s'ils n'ont point de curiosité pour les choses qui sont éloignées, ils en ont beaucoup pour celles qui sont proche d'eus; jusques là que si on ouvre un coffre en leur presence, il leur faut montrer tout ce qui est dedans, ou bien ils se tiendroient desobligez. Que s'ils agréent quelque chose de ce qu'ils y voyent, encore qu'il ne soit que de tres-petite valeur, ils donneront ce qu'ils ont de plus beau & de plus precieus pour l'avoir, afin de contenter ainsi leur inclination.

Pour le trafic, il est vray que lors qu'ils ont passé l'envie de se dont ils ont traitté, & qu'ils ont reçeu en échange, ils s'en dediroient volontiers. Mais le secret pour leur faire tenir leur marché, est de leur dire qu'un marchand doit estre ferme en sa parole. Quand on les pique ainsi d'honneur, & qu'on leur reproche qu'ils n'ont pas plus de constance que des enfans, ils ont honte de leur legereté.

Le larcin est tenu pour un grand crime parmy eus. En quoy veritablement ils se montrent plus raisonnables que Lycurgue, qui nourrissoit en ce vice les enfans de Lacedemone, comme en une occupation fort loüable, pourveu qu'on s'en aquitast finement & avec souplesse. Mais comme les Caraïbes haïssent naturellement ce peché, aussi ne se voitil point au milieu d'eus; ce qui est assez rare chez les autres Sauvages: Car la plûpart sont larrons; Et de là vient que quelques unes de leurs Iles en portent le nom.

Plutarque en la vie de Lycurgue.

Les Iles des Larrons.

Pour les Caraïbes, comme ils ne sont point enclins de leur nature à dérober, ils vivent sans défiance les uns des autres. Tellement que leurs maisons & leur heritages sont à l'abandon, sans portes ny elôtures, comme les Historiens le témoignent des grans Tartares. Que si on leur derobe la moindre chose, comme pourroit être un petit couteau,

Voyage de Carpin en Tartarie.

avec

avec quoy ils font mille petis ouvrages de menuyſerie, ils eſtiment tant ce qui leur eſt utile, que cette perte eſt capable de les faire pleurer huit jours, & de les faire liguer avec leurs amis pour en tirer reparation, & pour ſe venger ſur la perſonne qu'ils ſoupçonneroient de ce larçin. Et en effet, dans les Iles où ils ont leurs demeures prés des Chrétiens, ils ont ſouvent tiré vengeance de ceus qui leur avoient, à ce qu'ils diſoient, pris quelques uns de leurs petis meubles. Auſſi en ces lieus-là, lors qu'ils trouvent quelque choſe de manque en leur maiſon, ils diſent auſſi toſt, *Vn Chrétien eſt venu icy*. Et entre les griefs & les plaintes qu'ils font aus Gouverneurs de nôtre Nation, celle-cy eſt toujours en teſte, *Compere Gouverneur, tes matelots* (ainſi nomment ils tous les habitans étrangers) *ont pris en ma caſe un couteau*, ou quelque autre menuë piece de pareille nature. Les Guinois ne formeroient pas de telles plaintez. Car s'ils perdent quelque choſe, ils eſtiment qu'un de leurs parens trépaſſez s'en eſt venu ſaiſir parce qu'il en avoit affaire en l'autre monde.

Tous les intereſts des Caraïbes ſont communs entr'eus. Ils vivent en grande union & s'entr'aiment beaucoup les uns les autres: ne reſſemblant pas aus Aſiatiques de Java, qui ne parlent pas mêmes à leurs freres ſans leur Poignard à la main, tant ils ont de défiance. Cette amour que nos Sauvages ſe portent naturellement l'un à l'autre fait, que l'on ne voit que fort peu de querelles & d'inimitiez entr'eus.

Mais s'ils ont été offenſez ou d'un étranger ou de quelcun de leur compatriotes, ils ne pardonnent jamais, & pouſſent à toute extremité leur vengeance. Ainſi lors que quelcun de ces abuſeurs qu'ils nomment *Boyez* leur fait accroire que l'un de ceus qu'ils eſtiment ſorciers, eſt auteur du mal qui leur eſt arrivé, ils ne manquent pas de taſcher à le tuer s'ils peuvent, diſant *Yaraliatina*, il m'a enſorcelé. *Nebanebouïbatina*, je m'en vengeray. Et cette paſſion furieuſe & deſeſperée de ſe venger, eſt celle qui les pouſſe, comme nous avons déja dit, à manger même à belles dens la chair de leurs ennemis, ſelon que nous en décrirons les particularitez en leur lieu. Cette animoſité deſordonnée, eſt le vice régnant univerſellement & tyranniquement parmy eus. Et il regne de même, preſque sans exception, chez tous les Sauvages Américains. La vengeance des Canadiens est quelquefois bien plaisante : car elles les porte jusques à manger leurs pous parce qu'ils en ont été mordus. Si les Bresiliens se heurtent à quelque pierre, ils la mordent à belles dens, comme pour s'en vanger. Et ainsi encore mordent ils les fléches dont ils sont atteints dans les combats.

De Lery chap. 11. & 14.

Sans avoir reçeu les loix de Lycurgue les Caraïbes, par une secrette loy de nature, portent un grand respect aus vieillards, & les écoutent parler avec attention, témoignant, & par leur geste, & par un petit son de voix, qu'ils ont leurs discours pour agreables : Et en toutes choses les jeunes deferent aus sentimens des Anciens, & se reglent sur leurs voluntez. On dit qu'il en est de même au Bresil & en la Chine.

Linscot & Semede.

Les jeunes hommes Antillois ne frequentent point de filles ni de femmes qu'ils ne soient mariez. Et l'on a remarqué que les hommes sont d'ordinaire moins amoureus en ce païs-là que les femmes, comme en divers autres lieus de la Zone Torride. Hommes & femmes Caraïbes sont naturellement chastes, qualité bien rare entre les Sauvages. Et quand nos gens les considerent trop curieusement, & se rient de leur nudité, ils ont accoutumé de leur dire, *Compere, il ne faut nous regarder qu'entre les deus yeus*. Vertu digne d'admiration en un peuple nud & barbare comme celuy-là.

On raconte du Capitaine Baron, qu'entre les diverses descentes qu'il a fait avec les siens, à plusieurs reprises, en l'Ile de Montserrat, tenuë par les Anglois, il fit une fois un grand dégât dans les habitations voisines de la mer, qu'il en enleva un grand butin, & que parmy les prisonniers s'étant trouvé une belle Demoiselle, qui étoit femme de l'un des Officiers de l'Ile, il la fit conduire en l'une de ses maisons de la Dominique. Cette Demoiselle étant enceinte lors qu'elle fut enlevée, fut servie avec grand soin en ses couches, par les femmes des Sauvages de la même Ile. Et bien qu'aprés cela elle demeurât encore long tems parmy eus, ni le Capitaine Baron, ni aucun autre d'entr'eus, ne la touchérent jamais. Ce qui est sans doute une grande retenuë pour de telles gens.

Il est

Il est vray qu'une partie d'eus ont degeneré de cette chasteté, & de plusieurs autres vertus de leurs ancestres. Mais il est certain aussi, que les Européens par leur pernicieus exemples, & par le mauvais traitement dont ils ont usé envers eus, les trompant vilainement, faussant lachement en toute rencontre la foy promise, pillant & bruslant impitoyablement leurs maisons & leurs villages, & violant indignement leurs femmes & leurs filles, leur ont appris, à la perpetuelle infamie du nom Chrétien, la dissimulation, le mensonge, la trahison, la perfidie, la luxure, & plusieurs autres vices qui leur étoient presque inconnus, avant qu'ils eussent eu commerce avec eus.

Au reste, ces Sauvages, tout Sauvages qu'ils sont, ont de la civilité & de la courtoisie au delà de qu'on pourroit s'imaginer en des Sauvages; Ce n'est pas sans doute, qu'il n'y ait quelques Caraïbes fort déraisonnables & fort abbrutis. Mais au moins pour la plupart témoignent ils du jugement & de la docilité en beaucoup de rencontres, & ceus qui les ont pratiquez un lōg tems, ont remarqué en plusieurs divers traits d'honesteté & de reconnoissance, d'amitié & de generosité; Mais nous en parlerons plus particulierement au Chapitre de la réception qu'ils font aus étrangers qui leur vont rendre visite.

Ils ont aussi la propreté en si grande recommandation (chose bien extraordinaire encore entre les Sauvages) & ont si grande horreur des ordures, que si l'on en avoit fait en leurs jardins où sont plantez leur Manioc & leurs Patates, ils les abandonneroient aussi tost, & ne voudroient plus se servir des vivres qui y seroient. Nous verrons plus amplement leur propreté & sur ce sujet & sur quelques autres, aus Chapitres de leurs Habitations & de leurs Repas.

CHA-

CHAPITRE DOUZIÉME.

De la simplicité naturelle des Caraïbes.

L'Admiration étant fille de l'ignorance, on ne doit pas trouver étrange que les Caraïbes qui ont si peu de lumiere & de connoissance de toutes les belles choses, que l'étude & l'experience ont renduës familieres parmy les Nations civilisées, soyent saisis d'un profond étonnement à la rencontre de tout ce dont ils ignorent la cause, & qu'ils soyent nourris dans une si grande simplicité, qu'on la prendroit en la plupart de ce pauvre peuple pour une stupidité brutale.

Cette simplicité paroist, entr'autres choses, dans l'extréme peur qu'ils ont des armes à feu, lesquelles ils considerent avec une extréme admiration. Sur tout, ils s'étonnent des fuzils : car encore pour les pieces d'artillerie & pour les mousquets, ils y voyent mettre le feu. Mais quant aus fuzils, ils ne peuvent concevoir d'où il est possible qu'ils prennent feu : & ils croyent que c'est *Maboya* qui fait cét office. Ainsi nomment ils l'Esprit malin. Mais cette peur & cét étonnement leur sont communs avec beaucoup d'autres Sauvages, qui n'ont rien trouvé de si étrange en leur rencontres avec les Européens, que ces armes qui jettent du feu, & qui de si loin percent & tuënt ceus qu'elles rencontrent en droite ligne.

Garcilasse en son Commentaire Royal l.3. chap.8. Ce fut-là, avec le prodige de voir des hommes combattre à Cheval, la principale cause qui fit que les Peruviens tinrent les Espagnols pour des Dieus, & qu'ils se soumirent à eus avec peu de resistence. On dit que les Arabes même qui couvrent le long des rivages du Jordain, & qui semblent devoir être plus aguerris, sont dans cette peur & dans cét étonnement.

Voyage des Hayes au Levant.

Pietr. dell. Vallé Tom.1. f. 392. 393.

Entre les marques de simplicité des Caraïbes en voicy encore deus bien considerables. Lors qu'il arrive une éclipse de Lune, ils croyent que *Maboya* la mange, & dansent toute la nuit, faisant sonner des calebasses où il y a de petis caillous.

Chap. 12   DES ILES ANTILLES.   409

Et quand ils fentent quelque mauvaife odeur en un lieu, ils ont accoutumé de dire *Maboya Cayeu eu*, c'eft à dire, le Diable eft icy. *Caima Loary*, allons nous en à caufe de luy, ou fauvons nous crainte de luy. Et même ils donnent le nom de *Maboya*, ou de Diable à de certaines plantes, à de certains champignons de mauvaife odeur, & à tout ce qui eft capable de leur donner de la frayeur.

Il y a quelque tems que la plus grande partie des Caraïbes fe perfuadoient que la poudre à Canon étoit la graine de quelque herbe: Et il s'en eft trouvé qui en ont demandé pour en femer en leurs jardins. Et même quelques uns quoy qu'on leur en ait pû dire, en ont jetté en terre dans la creance qu'elle produiroit auffi aifément que de la graine de Chous: Imagination, toutefois, moins groffiere que celles de ces brutaus de Guinée, qui, la premiere fois qu'ils virent des Européens, penfoient que les marchandifes qu'on leur apportoit, comme toiles, couteaus, & armes à feu, croiffoient fur la terre ainfi preparées, de même que les fruits des Arbres, & qu'on n'avoit qu'à les cueillir. Cela n'eft pas, fans doute, à beaucoup prés, fi pardonnable que la fimplicité de nos Caraïbes. Et l'on peut encore alleguer, pour excufer cette fimplicité, ou du moins pour la faire trouver plus fupportable, la ftupidité de ces Americains, lefquels au commencement de la découverte du Nouveau Monde s'imaginoient que le Cheval & le Cavalier étoient une même chofe, comme les Centaures des Poëtes: Et de ces autres, qui aprés avoir été vaincus, venant demander paix & pardon aus hommes, & leur apporter de l'Or & des viandes, en allerent autant offrir aus chevaus, avec une Harangue toute pareille à celle qu'ils faifoient aus hommes, prenant le hanniffement de ces animaus pour un langage de compofition & de tréve. Et pour faire la cloture de ces exemples, nous ajoûterons feulement la niaiferie de ces mêmes Indiens de l'Amerique, qui croyoient tout franchement que les lettres miffives que les Efpagnols s'envoyoient les uns aus autres, étoient des couriers & des efpions parlans & voyans, & declarans les actions les plus fecrétes: Et dans cette croyance, redoutans un jour l'œil & la langue de l'une de ces lettres, ils la cacherent fous une pierre pour

Garcilaffo liv. 9. chap. 16.

Montagne en fes effais liv. 1. chap. 8.

De Lery chap. 16. Garcilaffo l. 9. c. 29.

Fff   man-

manger en liberté quelques melons de leurs maitres. Enfin l'on n'aura pas sujet de trouver si étrange que les Caraïbes ayent pris de la poudre à Canon qui leur étoit inconnuë, pour de la graine à semer, puis qu'il s'est même trouvé des gens en France, qui vivant éloignez des lieus où se fait le sel, croyoient par une imagination toute semblable, qu'il se recueilloit dans les jardins. Il arriva aussi il y a peu d'années, qu'une femme habitante de la Martinique ayant envoyé plusieurs livres de Caret, & de Tabac à une marchande de Saint-Malo, comme cette femme eut vendu sa marchandise, elle en donna avis à sa correspondante à la Martinique, & luy manda qu'elle luy conseilloit de planter a l'avenir beaucoup de Caret en son jardin, plutôt que du Tabac, parce que ce Caret étoit beaucoup plus cher en France, & qu'il ne se pourrissoit pas dans le navire comme le Tabac. Mais voyons ce qui se presente encore à dire sur la simplicité naturelle des Sauvages Antillois.

Caret est une espece décaille de Tortuë.

C'est une chose plaisante que ces pauvres gens sont si simples, que bien qu'ils ayent chez eus force belles Salines, neantmoins ils n'oseroient s'en servir dans leur ordinaire, estimans le Sel extrémement contraire à la santé & à la conservation de la vie. Aussi ne leur arrive-til jamais d'en manger ni d'en assaisonner leurs viandes. Et quand ils voyent nos gens en user, ils leur disent, par une compassion digne de compassion, *Compere, tu te fais mourir.* Mais au lieu de sel, ils pimentent étrangement tous leurs mets.

Ils ne mangent point, non plus entr'eus de Pourceau, qu'ils nomment *Coincoin* & *Bouïrókou* : ni de Tortuë, qu'ils appelent *Catallou*, bien que ces animaus se trouvent en grande abondance en leur païs. Et ils s'en abstiennent pour les plus niaises raisons du monde. Car pour le Pourceau, ils apprehendent d'en goûter, de peur que leurs yeus n'en deviennent petis comme ceus de cette beste. Or c'est, à leur avis, la plus grande de toutes les diformitez que d'avoir de petis yeus. Et cependant, il ny en a guéres d'entr'eus qui ne les ayent tels. Quant aus Tortuës, la raison n'en est pas moins ridicule. Ils ne s'en nourrissent point, disent-ils, de crainte que s'ils en mangeoient, ils ne participassent à la lourdise & à la stupidité de cét animal.

Les

Les peuples Sauvages sont ainsi remplis d'imaginations particulieres & grotesques, en matiere de repas. Pour exemple, les Canadiens s'abstiennent de Moules par une certaine fantaisie : mais ils sont si bestes qu'ils ne sauroient donner la raison de cette abstinence. Ils ne jettent point aus chiens les os de Castor, de peur que l'ame de cette beste ne l'aille dire aus autres Castors, & ne les fasse fuir du païs. On dit aussi qu'ils ne mangent point la moëlle de l'épine du dos d'aucun animal de peur d'avoir mal au dos. Les Bresiliens ne mangent point d'œufs de poule, estimant que c'est du poison. Ils ne mangẽt ponint non plus de Cannes, ni d'aucun autre animal qui marche lentement, ni de poissons qui ne nagent pas vîte, de crainte d'aquerir la lenteur de ces bestes-là. Les Maldivois ne mangent point de Tortuë, non plus que les Caraibes, mais c'est à cause de la conformité qu'elles ont, à leur avis, avec l'homme. Les Calecutiens, & quelques autres Orientaus, ne goustent jamais de chair de Buffle, de Vache, ni de Taureau, parce qu'ils croyent que les ames humaines, au sortir du corps, vont animer celuy de ces bestes. Enfin, certains Peruviens de la Province de Pastu ne mangent absolument d'aucune chair : Et si on les presse d'en gouter seulement, ils répondent qu'ils ne sont pas des chiens. Tous ces exemples sont mis en avant pour faire voir que l'apprehension des Caraïbes de manger du Sel, du Pourceau & de la Tortuë, ne les doit pas faire estimer les plus bourrus & les plus extravagans de tous les Sauvages.

Paul. le jeune en ses Relations de la Nouvelle France.

De Lery chap. 11.

Pirard au Traitté des Ani- maux des Indes Orientales chap. 2. Vincent le Blanc. Garcilasso l. 8, ch. 7.

Pietr. doll. Valle Tom. 4. p. 71. Vid. inf. p. 430.

Outre les marques que nous avons déja produites de leur niaiserie & de leur simplicité, on trouve encore celle-cy. C'est qu'ils sont si grossiers, qu'ils ne savent pas conter un plus grand nombre que celuy des doigts de leurs mains, & des orteüils de leurs pieds, qu'ils montrent pour signifier ce nombre-là ; le surplus leur étant un nombre in nombrable. De sorte qu'ils n'auroient garde d'estre propres à estre banquiers. Bien au contraire des Chinois, qui sont si savans à conter, qu'en un moment ils font des contes, sans faute, ou nous serions bien empeschez.

Voyage fait aus Indes Orientales en 1630.

Mais les Caraïbes ont le Privilege de n'estre pas la seule Nation du monde à qui l'on puisse reprocher cette ignorance.

Fff 2

rance. Car elle s'est trouvée aussi chez les Peuples de Madagascar & de Guinée, pour n'alléguer que ceus-là. Et même les Anciens Historiens nous disent, que certains Peuples ne savoient conter que jusqu'à cinq, & d'autres jusques à quatre.

Les Guinois ayant conté jusqu'à dix, avoient acoutumé de faire une marque & puis de recommencer. Certains Sauvages du Septentrion de l'Amerique, pour exprimer un grand nombre qu'il leur est impossible de nommer, se servent d'une demonstration bien facile, prenant leurs cheveus ou du sable à pleines mains; Comparaisons, qui se voyent en plusieurs endroits dans les Saintes Ecritures. Les Antillois ont aussi leur invention pour suppléer au defaut du conte: car quand il leur faut aller à la guerre & se trouver prests au rendez-vous general, à jour nommé, ils prenent chacun l'un aprés l'autre, un égal nombre de pois, en leur assemblée solennelle, comme trois ou quatre dizaines, & quelque nombre au dessous de dix, s'il en est besoin, selon qu'ils ont resolu d'avancer leur entreprise. Ils versent ces pois dans une petite Calebasse, & chaque matin ils en ostent un, & le jettent: lors qu'il n'y en reste plus, c'est à dire que le tems aresté pour leur partement est écheu, & qu'il se faut mettre en état de marcher le lendemain. Ou bien ils font chacun autant de nœuds en une petite corde, & en dénouent un chaque jour: Et quand ils sont venus au dernier, ils se trouvent au rendez-vous. Quelquefois aussi ils prenent de petis morceaus de bois, sur lequels ils font autant de crans, qu'ils veulent employer de jours à leur preparation. Tous les jours ils coupent une de ces marques: & lors qu'ils ont la derniere, ils se vont rendre au lieu assigné.

Les Capitaines, les Boyez, les Vieillards ont l'esprit plus subtil que le commun, & par une longue experience jointe à la traditive de leurs anceltres ils ont acquis une grossiere connoissance de plusieurs astres, d'où vient qu'ils content les mois par Lunes; & les années par Poussinières prenant garde à cette constellation. Ainsi quelques Peruviens regloient leurs années sur les recoltes. Les Montagnars de Canada observent le nombre des nuits & des Hyvers, & les

Sori-

Soriquois content par Soleils. Mais bien que les plus judicieus parmy nos Caraïbes discernent les mois & les années, & qu'ils remarquent les differentes saisons, ils n'ont neantmoins aucuns monumens d'antiquité, & ne peuvent dire combien de tems il y a, que les premiers de leur Nation vinrent du Continent habiter les Iles : Mais seulement ils ont donné à entendre que ni eus, ni leurs peres, ni leurs grands peres, ne s'en souvenoient point. Ils ne sauroient dire non plus, ni quel âge ils ont, ni dépuis quand precisement les Espagnols sont arrivez en leur païs, ni beaucoup d'autres choses semblables. Car ils ne marquent rien de tout cela, & ils ne font nul état de ces connoissances.

CHAPITRE TREZIÉME.

De ce qu'on peut nommer Religion parmy les Caraïbes.

IL n'est point de Nation si Sauvage, ni de Peuple si Barbare qui n'ait quelque opinion & quelque croyance de la Divinité, disoit autrefois le Prince de l'Eloquence Romaine. Et ailleurs la nature même a imprimé la connoissance de la Divinité en l'Esprit de tous les hommes. Car quelle nation, ou qu'elle sorte d'hommes y a til, qui n'ait sans l'avoir appris d'aucun, un sentiment naturel de la Divinité? On admire sans doute, avec juste raison, ces belles lumieres qui sortent de la bouche, d'un homme envelopé dans les tenebres du Paganisme. Mais il semble, qu'il est aujourd'huy bien malaisé de verifier les fameuses paroles de cet incomparable Orateur. Car les pauvres Sauvages de l'ancien peuple des Antes au Perou, & des deus Provinces des Chirhuanes ou Cheriganes ; Ceus de la plupart des païs de la Nouvelle France, de la nouvelle mexique, de la nouvelle Hollande, du Bresil, des nouveaus Païs-bas, de la Terre del Fuego, des Arouâgues, des Habitans du fleuve de Cayenne, des Iles des Larrons & quelques autres, n'ont à ce que rapportent les Historiens, aucune espece de Religion & n'adorent nulle puissance souveraine.

Au Livre des Quest. Tusculo.

Ceus aussi qui ont conversé parmy les Caraïbes Insulaires, sont contrains d'avoüer, qu'ils ont presque étouffé par la violence de leurs brutales passions toute la connoissance que la nature leur donnoit de la Divinité, qu'ils ont rejetté toutes les adresses & les lumieres qui les y conduisoient, & qu'en suitte par un juste jugement de Dieu ils sont demeurez dans une nuit si affreuse, qu'on ne voit parmy eus, ni invocation, ni Ceremonies, ni sacrifices, ni enfin exercice ou assemblée quelconque de devotion. Ils n'ont pas même de nom pour exprimer la Divinité, bien loin de la servir. De sorte que quand on leur veut parler de Dieu, il leur faut dire, Celuy qui a créé le Monde, qui a tout fait, qui donne la vie & la nourriture à toutes les creatures vivantes, ou quelque chose de semblable. Ainsi sont ils aveuglez & abbrutis à tel point, qu'ils ne reconnoissent pas le Seigneur de la nature en cet admirable ouvrage de l'univers, où luy même a voulu se peindre de mille couleurs immortelles, & faire voir comme à l'œil son adorable puissance. Ainsi demeurent-ils sourds à la vois d'une infinité de creatures qui leur prêchent continuellement un Créateur. Ainsi usent-ils tous les jours des biens de leur souverain Maitre, sans penser qu'il en est l'Auteur & sans en rendre graces à sa bonté, qui les leur communique si liberalement.

Ils disent que la Terre est la bonne Mere qui leur donne toutes les choses necessaires à la vie. Mais leur esprit tout de terre ne s'éleve pas jusques à ce Pere Tout-puissant & Tout-misericordieus qui de ses propres mains à formé la Terre, & qui par une cõtinuelle influence de sa Divinité, luy donne tous les jours la vertu de porter leur nourriture. Que si on leur parle de cette Essence Divine, & qu'on les entretienne des mysteres de la Foy, ils écoutent fort patiemment tout le discours: Mais aprés qu'on à achevé ils répondent comme par moquerie, *Compere tu es fort eloquent, tu es mouche manigat*, c'est à dire fort adroit, je voudrois aussi bien parler que toy. Même ils disent comme les Bresiliens, que s'ils se laissoient persüader à de tels discours, leurs voisins se moqueroient d'eus.

Quelcun d'entre les Caraïbes travaillant un jour de Dimanche

,, manche, Monsieur du Montel rapporte qu'il luy dit, celuy
,, qui a fait le Ciel & la Terre sera fâché contre toy de ce que
,, tu travailles aujourd'huy : Car il a ordonné ce jour pour
,, son service. Et moy luy répondit brusquement le Sauvage,
je suis fâché contre luy: Car tu dis qu'il est le Maitre du Monde, & des saisons. C'est donc luy qui n'a pas envoyé la pluye en son tems, & qui a fait mourir mon Manioc & mes Patates par la grande sécheresse. Puisqu'il m'a si mal traitté, je veus travailler tous les Dimanches pour le fâcher. Voyez jusqu'où va la brutalité de ces miserables. Ce discours-là se rapporte à celuy de ces insensez de Toupinambous, qui sur ce qu'on leur avoit dit que Dieu étoit l'Auteur du tonnerre, argumentoient qu'il n'étoit pas bon puis qu'il se plaisoit à les épouvanter de la sorte. Retournons aus Caraïbes.

De Lery chap. 17.

   Ceus de cette même Nation qui habitent au Continent Meridional de l'Amerique n'ont aucune Religion non plus que ces Insulaires. Quelques uns d'entr'eus respectent bien le Soleil & la Lune qu'ils estiment estre animez. Mais pourtant ils ne les adorent pas, ni ne leur offrent ni sacrifient chose qui soit. Il est vray-semblable qu'ils ont encore retenu cette veneration pour ces deus grands luminaires, qu'ils l'ont dije retenuë des Apalachites, avec léquels leurs predecesseurs ont sejourné autrefois. Nos Insulaires n'ont pas même conservé cette traditive, mais voicy tout ce qu'on peut nommer Religion parmy eus, & qui en porte quelque grossiere Image.

   Ils ont un sentiment naturel de quelque Divinité, ou de quelque puissance superieure & bienfaisante qui reside es Cieus, ils disent qu'elle se contente de joüyr en repos des douceurs de sa propre felicité sans s'offenser des mauvaises actions des hommes, & qu'elle est douée d'une si grande bonté, qu'elle ne tire aucune vengeance de ses ennemis, d'où vient qu'ils ne luy rendent ni honneur ni adoration, & qu'ils interpretent ces tresors de Clemence qu'elle déploye si liberalement envers eus, & cette longue patience dont elle les supporte, ou à une impuissance, ou à une indifference qu'elle a, pour la conduite des hommes.

Caraïbes Epicuriens.

                                  Ils

Ils croyent donc deus sortes d'Esprits les uns bons, les autres mauvais. Ces bons Esprits sont leurs Dieus. Et ils les appellent en general *Akamboüé*, qui est le mot que disent les hommes : Et *Opoyem*, qui est celuy des femmes. Il est vray que le mot d'*Akamboüé*, signifie simplement un Esprit, & de la vient qu'il se dit aussi de l'Esprit d'un homme. Mais tant y a qu'ils ne l'appliquent point aus Esprits malins. Ces bons Esprits qui sont leurs Dieus, sont plus particulierement exprimez par les hommes sous le mot *Ichéiri*, & par les femmes, sous celuy de *Chemijn*, que nous ne pouvons tourner que par celuy de Dieu, & *Chemiignum*, les Dieus. Et chacun parlant de son Dieu en particulier, dit *Ichéirikou*, qui est le mot des hommes, & *Nechemerakou*, qui est celuy des femmes. Mais les hommes & les femmes nomment le mauvais Esprit, qui est leur Diable *Mapoya*, ou *Maboya*, comme disent tous les François. Mais les Caraïbes prononcent icy le B, à l'allemande.

Ils croyent que ces bons Esprits, ou ces Dieus sont en grand nombre, & dans cette pluralité, chacun s'imagine en avoir un pour soy en particulier. Ils disent donc que ces Dieus ont leur demeure au Ciel, mais ils ne savent ce qu'ils y font, & d'eus mêmes ils ne s'avisent point de les reconnoitre comme les Createurs du monde, & des choses qui y sont. Mais seulement quand on leur dit, que le Dieu que nous adorons a fait le Ciel & la Terre, & que c'est luy qui fait produire à la terre nôtre nourriture, ils répondent, ouy, ton Dieu a fait le Ciel & la terre de France, & y fait venir ton blé. Mais nos Dieus ont fait nôtre païs, & font croitre nôtre Manioc.

Quelques-uns disent qu'ils appellent leurs faus Dieux des *Rioches* ; Mais c'est un mot qui n'est pas de leur langue, il vient de l'Espagnol. Nos François le disent aprés les Espagnols. Et si les Caraïbes s'en servent ce n'est pas entr'eus, mais seulement parmy les Etrangers. De tout ce que dessus il appert, que bien que ces Barbares ayent un sentiment naturel de quelque Divinité, ou de quelque puissance superieure il est meslé de tant d'extravagances, & envelopé de si profondes tenebres, que l'on ne peut dire que ces pauvres gens

gens ayent connoissance de Dieu. En effet les Divinitez qu'ils reconnoissent, & auquelles ils rendent quelque hommage, sont autant de Demons qui les seduisent, & qui les tiennent enchainez sous leur damnable servitude. Bien que quant à eus neantmoins, ils les distinguent d'avec les Esprits malins.

Ils n'ont aucuns Temples ni Autels qui soyent particulierement dediez à ces pretenduës Divinitez qu'ils reconnoissent, ils ne font aussi aucun Sacrifice à leur honneur de chose qui ait eu vie; Mais ils leur font seulement des offrandes de Cassaue, & des primices de leurs fruits; Sur tout quand ils croyent avoir esté gueris par eus de quelque maladie, ils font un vin, ou un festin à leur honneur, & pour reconnoissance, ils leur offrent de la Cassaue & du Oüicou. Toutes ces offrandes sont nommées par eus *Anacri*. Leurs maisons étant faites en ovale, & le toit allant jusqu'à terre, ils mettent à l'un des bouts de la case leurs offrandes dans des vaisseaus, selon la nature de la chose, sur un ou sur plusieurs *Matoútous*, ou petites tables tissuës de jonc & de feüilles de Latanier. Chacun dans sa case peut faire ces offrandes à son Dieu; mais quand c'est pour l'evoquer il faut un Boyé: Toutes ces offrandes ne font accompagnées d'aucune adoration, ni d'aucunes prieres, & elles ne consistent qu'en la presentation même des ces dons.

Ils évoquent aussi leurs faus Dieus, lors qu'ils souhaittent leur presence. Mais cela se doit faire par l'intervention de leurs *Boyez*, c'est à dire de leurs Prêtres, ou pour mieus dire de leurs Magiciens, & ils font cela principalement en quatre occasions. 1. Pour demander vengeance de quelcun qui leur a fait du mal, & attirer quelque punition sur luy. 2. Pour être gueris de quelque maladie dont ils sont affligez, & pour en savoir l'issuë. Et quand ils ont esté gueris, ils font des Vins comme on les appelle aus Iles, c'est à dire des assemblées de réjouïssance, & de débauches en leur honneur, comme pour reconnoissance. Et leurs Magiciens, font aussi parmy eus l'office de Medicins : joignant ensemble la Diablerie & la Medecine, & ne faisant point de cure, ni d'application de remedes, qui ne soit un acte de superstition. 3. ils les consultent

tent encore fur l'evenement de leurs guerres. 4. Enfin ils évoquent ces Esprits-là par leurs Boyez, pour obtenir d'eus qu'ils chassent le *Maboya*, ou l'Esprit malin. Mais jamais ils n'évoquent le *Maboya* luy même, comme quelques uns se sont imaginez.

Chaque Boyé, a son Dieu particulier, ou plutost son Diable familier, lequel il évoque par le chant de quelques paroles, accompagné de la fumée de Tabac, qu'ils font bruler devant ce Demon, comme un parfum qui luy est fort agreable, & dont l'odeur est capable de l'attirer.

Quand les Boyez évoquent leur Demon familier, c'est toujours pendant la nuit, & il faut bien prendre garde de ne porter aucune lumiere, ni aucun feu dans la place où ils exercent ces abominations, car ces Esprits de tenebres ont en horreur toute sorte de clarté. Et lors que plusieurs *Boyez* évoquent ensemble leurs Dieus, comme ils parlent, ces Dieus, ou plûtôt ces Demons s'injurient & querellent, s'attribuant l'un à l'autre la cause des maus de quelcun, & il semble qu'ils se battent.

Ces Demons se nichent souvent dans des os de mort, tirez du sepulcre, & envelopez de Cotton, & rendent par là des oracles, disant que c'est l'ame du mort. Ils s'en servent pour ensorceler leurs ennemis, & pour cet effet les sorciers envelopent ces os, avec quelque chose qui soit à leur ennemy. Ces Diables entrent aussi quelquefois dans les corps des femmes, & parlent par elles. Quand le *Boyé*, ou le Magicien a obligé par ses charmes le Diable qui luy est familier à comparoitre, il dit, qu'il luy apparoit sous des formes differentes, & ceus qui sont aus environs du lieu ou il prattique ses damnables superstitions, disent, qu'il répond clairement aus demandes qu'on luy fait, qu'il predit l'issuë d'une guerre ou d'une maladie, & qu'aprés que le *Boyé* s'est retiré, que le Diable remuë les vaisseaus, & fait comme claquer des mâchoires, de sorte qu'il semble qu'il mange & qu'il boive les presens qu'on luy avoit preparez, léquels ils nomment *Anacri*; Mais que le lendemain on trouve qu'il n'y a pas touché. Ces Viandes profanes qui ont esté souillées par ces malheureus Esprits, sont reputées si saintes par ces Magiciens & par le peu-

peuple qu'ils ont abuſé; qu'il n'y a que les vieillards, & les plus conſiderables d'entr'eus qui ayent la liberté d'en goûter: & même ils n'oſeroient s'y ingerer, ſi ce n'eſt qu'ils ayent une certaine netteté de corps, qu'ils diſent eſtre requiſe en tous ceus qui en veulent uſer.

Auſſi-tôt que ces pauvres Sauvages ont quelque mal ou quelque douleur, ils croyent que ce ſont les Dieus de quelcun de leurs ennemis qui les leur ont envoyez: Et ont recours au *Boyé* qui conſultant ſon Demon, leur apprend que c'eſt le Dieu d'un tel, ou d'un tel qui leur a cauſé ces maus-là. Et de là viennent des haines & des vengeances contre ceus, dont les Dieus les ont ainſi traittez.

Outre leurs *Boyez* ou Magiciens, qui ſont grandement reſpectez & honorez parmy eus, ils ont des Sorciers, au moins les croyent ils tels, qui à ce qu'ils diſent envoyent ſur eus des charmes, & des ſorts dangereus & funeſtes, & ceus qu'ils eſtiment tels, ils les tuent quand ils les peuvent attraper. C'eſt bien ſouvent un pretexte pour ſe défaire de leurs ennemis.

Les Caraïbes ſont encore ſujets à d'autres maus qu'ils diſent venir du *Maboya*, & ils ſe plaignent ſouvent qu'il les bat. Il eſt vray que quelques Perſonnes de merite qui ont converſé quelque tems parmy ce pauvre Peuple, ſont perſuadez qu'ils ne ſont ni pourſuivis, ni battus effectivement par le Diable: & que toutes les plaintes & les recits épouvantables qu'ils font ſur ce ſujet, ſont fondez ſur ce qu'étans d'un naturel fort melancolique, & ayant pour la plupart la ratte groſſe & enflée, ils font ſouvent des ſonges affreus & terribles, où ils s'imaginent que le Diable leur apparoit, & qu'il les bat à outrance. Ce qui les fait reveiller en ſurſaut, tout effrayez. Et à leur réveil ils diſent que *Maboya* les a battus: En ayant l'imagination tellement bleſſée, qu'ils en croyent ſentir la douleur.

Mais il eſt tres-conſtant par le témoignage de pluſieurs autres perſonnes de condition, & d'un rare ſavoir, qui ont ſejourné aſſez long tems en l'Ile de Saint Vincent, qui n'eſt habitée que de Caraïbes, & qui ont auſſi veü ceus de la même Nation qui demeurent au Continent de l'Amerique Meridionadionale: ques les Diables les battent effectivément, & qu'ils montrent souvent sur leurs corps les marques bien visibles des coups qu'ils en ont reçeu. Nous apprenons aussi par la relation de plusieurs des Habitans François de la Martinique, qu'étans allez au quartier de ces Sauvages qui demeurent dans la même Ile, Ils les ont souvent trouvez faisant d'horribles plaintes, de ce que *Maboya* les venoit de mal traitter, & disant qu'il étoit *Mouche fâché contre Caraïbes*, de sorte qu'ils estimoyent les François heureus de ce que leur *Maboya* ne les battoit point.

Monsieur Du Montel qui s'est souvent trouvé en leurs Assemblées & qui à conversé fort familierement & un long tems avec ceus de cette Nation qui habitent l'Ile de Saint Vincent, & même avec ceus du Continent Meridional, rend
,, ce témoignage sur ce triste sujet. Dans l'ignorance & dans
,, l'Irreligion où vivent nos Caraïbes, ils connoissent par ex-
,, perience, & craignent plus que la mort, l'Esprit malin,
,, qu'ils nomment *Maboya* : car ce redoutable ennemy leur
,, apparoit souvent en des formes tres-hydeuses. Sur tout
,, cet impitoyable & sanguinaire bourreau, affamé de meur-
,, tres dés l'origine du monde, outrage & blesse cruellement
,, ces miserables, lors qu'ils ne se disposent pas assez pronte-
,, ment à la guerre. De sorte, que quand on leur reproche la
,, passion si ardente qui paroit en eus pour l'effusion du sang
,, humain, ils répondent, qu'ils sont obligez à s'y porter mal-
,, gré qu'ils en ayent, & que *Maboya* les y contraint.

Ces pauvres gens, ne sont pas les seuls que l'ennemy du Genre humain traitte cōme ses esclaves. Divers autres Peuples Barbares portent tous les jours en leurs corps de sanglantes marques de ses cruautez. Et l'on dit que les Bresiliens fremissent & suënt d'horreur, dans le souvenir de ses apparitions, & m'eurent quelquéfois de la seule peur qu'ils ont du mauvais traittement qu'il leur fait. Aussi se trouve til quelques unes de ces Nations qui flattent ce vieus Dragon, & qui par adorations, par offrandes, & par Sacrifices, tâchent d'adoucir sa rage & d'appaiser sa fureur; Comme entre autres, pour ne point parler des Peuples de l'Orient, quelques Floridiens, & les Canadiens. Car c'est la raison qu'ils donnent du service qu'ils luy rendent. On asseure, que les Juifs même se sont portez à faire quelquefois des offrandes à ce Demon, pour estre delivrez de ses tentations & de ses pieges. Et l'un de leurs Auteurs cite ce Proverbe comme usité parmy eus : *Donnez un present à Samaël, au jour de l'expiation.*

Elie dans son This-by.

Mais, quelque crainte que les Caraïbes puissent avoir de leur *Maboya*, & quelque rude traittement qu'ils en reçoivent, ils ne l'honorent ni d'offrandes, ni de prieres, ni d'adoration, ni de sacrifices. Tout le remede dont ils usent contre ses cruelles vexations, c'est de former le mieus qu'ils peuvent de petites images de bois, ou de quelque autre matiere solide, a l'imitation de la forme où ce esprit malin leur est apparu. Ils pendent ces images à leur col, & disent, qu'ils en éprouvent du soulagement : Et que *Maboya* les tourmente moins quand ils les portent. Quelquefois aussi à l'imitation des Caraïbes du Continent ils se servent pour l'appaiser, de l'entremise des *Boyez*, qui consultent leurs Dieus sur ce sujet, de même qu'en ces rencontres, ceus du Continent ont recours à leurs Sorciers, qui sont en grande recommandation parmy eus.

Car bien que les Caraïbes de ces quartiers-là soyent tous generalement assez rusez, neantmoins, ils ont parmy eus certains Esprits adroits, qui pour se donner plus d'autorité & de reputation parmy les autres : leur font accroire qu'ils ont des intelligences secrettes avec les Esprits malins, qu'ils nomment *Maboya*, de même que nos Caraïbes Insulaires, dont ils sont tourmentez, & qu'ils aprenent d'eus les choses les plus cachées. Ces gens sont estimez parmy ces Peuples sans connoissance de Dieu, comme des Oracles, & ils les consultent en toutes choses, & s'arrétent superstitieusement à leurs réponses : Ce qui entretient des inimities irreconciliables parmy eus, & qui est cause bien souvent, de plusieurs meurtres. Car quand quelcun est mort, ses parens & ses alliez ont de coutume de consulter le Sorcier pourquoy il est mort ? Que si le Sorcier répond, que celuy-cy ou celuy-là, en est la cause, ils n'auront jamais de repos tant qu'ils ayent fait mourir celuy que le *Piais* (ainsi nomment-ils le Sorcier en leur langue) aura marqué. Les Caraïbes des Iles imitent aussi en cela, la coutume de leurs Confreres comme nous l'avons déja representé cy dessus.

Mais c'est une chose assurée, & que tous ces Sauvages, reconnoissent tous les jours eus-mêmes par experience, que le Malin n'a pas le pouvoir de les maltraitter en la Compagnie d'aucun des Chrétiens. Aussi dans les Iles où les Chrétiens sont meslez avec eus, ces malheureus étant persecutez par ce maudit adversaire, se sauvent à toute bride dans les plus prochaines maisons des Chrétiens, où ils trouvent un azile & une retraitte asseurée, contre les violentes attaques de ce furieus Aggresseur.

C'est aussi une verite constante, & dont l'experience journaliere fait foy dans toute l'Amerique, que le Saint Sacrement du Batême étant conferé à ces Sauvages, le Diable ne les bat & ne les outrage plus tout le reste de leur vie. Il sembleroit aprés cela, que ces gens dévroient souhaitter avec passion d'embrasser le Christianisme, pour se tirer une bonne fois des griffes de ce Lyon rugissant. Et de vray, dans les momens qu'ils en sentent les cruelles pointes en leur chair, ils se souhaittent Chrétiens, & promettent de le devenir. Mais aussi-tost que la douleur est passée, ils se moquent de la Religion Chrétienne & de son Batême. La mê- *De Lery* *chap. 16.* me brutalité se trouve parmy le peuple du Bresil.

CHAPITRE QUATORZIÉME.

Continuation de ce qu'on peut appeller Religion parmy les Caraïbes: de quelques unes de leurs Traditions: & du sentiment qu'ils ont de l'immortalité de l'ame.

Nous avons veu dans le Chapitre precedent, comment les Esprits de tenebres, épouvantent durant la nuit par des spectres hideus, & des representations effroyables les miserables Caraïbes, & comment pour les entretenir dans leur erreur, & dans une crainte servile de leur pretendu pouvoir, ils les chargent de coups s'ils n'acquiescent prontément à leurs malignes suggestions, & qu'ils charment leurs sens par des illusions, & des imaginations étranges, feignant d'avoir l'autorité de leur reveler les choses futures, de les guerir de leurs maladies, de les venger de leurs ennemis, & de les delivrer de tous les perils où ils se rencontrent. Aprés cela se faut il étonner, si ces Barbares qui n'ont point sçeu discerner ni reconnoitre l'honneur que Dieu leur avoit fait, de se reveler à eus en tant de belles creatures qu'il a mises devant leurs yeus pour les conduire à la lumiere de leurs enseignemens, ont esté livrez en un sens reprouvé, s'ils sont encore à present destituez de toute intelligence pour appercevoir le vray chemin de vie, & s'ils sont demeurez sans esperance & sans Dieu au monde.

Nous avons aussi representé que quelque effort qu'ils ayent fait pour étoufer tous les sentimens de la Divine Justice, & de son droit, en leurs consciences; ils n'ont neantmoins pû faire en sorte qu'il ne leur soit resté quelque étincelle de cette connoissance, qui les reveille, & leur donne de tems en tems de diverses craintes & apprehensions d'une main vangeresse de leurs crimes, mais au lieu d'elever les yeus au Ciel pour en implorer le secours, & fléchir par confiance & par amandement de vie, la Majesté Souveraine de vray Dieu qu'ils qu'ils ont offensé, ils descendent jusques au profond des enfers pour en évoquer les Demons par les sacrileges superstitions de leur Magiciens, qui aprés leur avoir rendu ces funestes offices, les engagent par ces infames Liens, en la déplorable servitude de ces cruels tyrans.

Ces fureurs transportent ces pauvres Barbares jusques-là, que pour avoir quelque faveur de ces ennemis de tout bien, & apprivoiser ces tygres, ils leur rendent plusieurs menus services. Car ils ne leur consacrent pas seulement les primices de leurs fruit: Mais ils leur dressent aussi les plus honorables tables de leurs festins; ils les couvrent de leurs viandes les plus delicates, & de leurs bruvages les plus delicieus; ils les consultent en leurs affaires de plus grande importance, & se gouvernent par leurs funestes avis; ils attendent en leurs maladies la sentence de leur vie ou de leur mort de ces detestables oracles, qu'ils leur rendent par l'entremise de ces marmousets de Cotton, dans lesquels ils envelopent les os vermoulus de quelque malheureus cadaure qu'ils ont tiré de son sepulcre; Et pour détourner de dessus eüs la pesanteur de leurs coups, & divertir leur rage ils font fumer à leur honneur par le ministere des *Boyez* des feüilles de Tabac; ils peignent aussi quelquéfois leurs hydeuses figures au lieu le plus cõsiderable de leurs petis vaisseaus qu'ils appellent *Pyrangues*, ou ils portent panduë à leurs cous comme le collier de leur desordre, une petite effigie relevée en bosse, qui represente quelcun de ces maudits Esprits, en la plus hydeuse posture quil leur est autréfois apparu, comme nous l'avons déja touché au Chapitre precedent.

On tient aussi, que c'est dans le même dessein qu'ils ont de se rendre ces monstres favorables, qu'ils macerent souvent leurs corps par une infinité de sanglantes incisions, & de jusnes superstiticus, & qu'ils ont en singuliere veneration les Magiciens, qui sont les infames ministres de ces furies d'enfer, & les executeurs de leurs passions enragées. Ces pauvres abusez n'ont neantmoins aucunes loix qui determinent precisement le tems de toutes ces damnables Ceremonies, mais le même Esprit malin qui les y pousse, leur en fait naistre assez souvent l'envie: ou par le mauvais traittement
qu'il

qu'il leur fait, ou par la curiosité qu'ils ont de savoir l'évenement de quelque entreprise de guerre, ou le succés de quelque maladie, ou enfin pour chercher les moyens de se vanger de leurs ennemis.

Mais puis que ceus qui ont demeuré plusieurs années au milieu de cette nation, témoignent constamment qu'en leurs plus grandes détresses ils ne les ont jamais veus adorer ou invoquer aucun de ces Demons, nous sommes persuadez, que tous ces menus services que la crainte leur arrache plutôt que la reverence ou l'amour, ne peuvent point passer pour un vray culte, ou pour des actes de Religion, & que nous donnerons le vray nom à toutes ces singeries, si nous les appellons des superstitions, des enchantemens, des sortileges, & des honteuses productions d'une Magie autant noire, que le sont ces Esprits tenebreus que leurs *Boyez* consultent. Et nous tenons aussi, que le manger & le bruvage qu'ils presentent à ces fausses Divinitez, ne peuvent pas estre proprement appellez des Sacrifices, mais plutôt les pactes exprez dont les Diables sont convenus avec les Magiciens, pour se rendre presens à leur demande.

De sorte qu'il ne faut pas trouver étrange, si dans tous ces foibles sentimens qu'ont la plupart des Caraïbes de tout ce qui a quelque apparence de Religion, ils se moquent entr'eus de toutes les Ceremonies des Chrétiens, & s'ils tiennent pour suspects ceus de leur Nation qui témoignent quelque desir de se faire batiser. Aussi le plus seur pour ceus à qui Dieu auroit ouvert le cœur pour croire au Saint Euangile, seroit, de sortir de leur terre, & de leur parenté, & de se retirer aus Iles, qui sont seulement habitées de Chrétiens : Car encore qu'ils ne soyent pas si superstitieus que le Peuple du Royaume de Calecut, qui témoigne de l'horreur à toucher seulement une personne de Loy contraire à la leur, comme s'ils en étoient soüillez ; ni si rigoureus qu'au Royaume de Pegu, où quand un homme embrasse le Christianisme, la femme en celebre les funerailles comme s'il étoit mort, & luy dresse un tombeau, où elle fait ses lamentations, puis elle a la liberté de se remarier comme veuve : neantmoins celuy d'entre les Caraïbes, qui se seroit rangé au Christianisme, s'exposeroit

Hhh à milà mille réproches & injures, s'il perseveroit de faire sa demeure au milieu d'eus.

Lors qu'ils voyent les Assemblées & le Service des Chrétiens ils ont accoutumé de dire, que cela est beau & divertissant, mais que ce n'est pas la mode de leur païs: sans témoigner d'ailleurs en leur presence, ni haine ni aversion contre ces Ceremonies, comme faisoyent les pauvres Sauvages qui vivoyent en l'Ile Hispaniola, ou de Saint Domingue, & aus Iles Voisines, qui ne vouloyent pas se trouver au service des Espagnols, & encore moins embrasser leur Religion, à cause, disoient ils, qu'ils ne pouvoyent se persuader que des personnes si méchantes & si cruelles, dont ils avoyent tant experimenté la fureur & la Barbarie, pussent avoir une bonne creance.

Quelques Prestres & Religieus qui ont autréfois esté en ce païs-là, en ayant batizé quelques-uns un peu à la legere, avant que de les avoir bien instruits en ce mystere, ont esté cause que ce Sacrement n'a pas esté en telle reputation parmy ces Caraïbes, qu'il eut esté sans cela. Et parce que leurs Parreins leur donnoient de beaus habits & plusieurs menuës gentillesses au jour de leur Batéme, & qu'ils les traittoyent splendidement, huit jours aprés avoir reçeu ce Sacrement, ils le demandoyent de nouveau, afin d'avoir encore des presens, & dequoy faire bonne chere.

Il y a quelques années que quelqu'uns de ces Messieurs se chargerent d'un jeune Caraïbe leur Catecumene natif de la Dominique qui se nommoit *Ya Maraboüy*, Fils du Capitaine que nos François nommoyent *le Baron*, & les Indiens, *Orachora Caramiana*, à dessein de luy faire voir l'une des plus grandes & des plus magnifiques Villes du monde, Ils luy firent passer la mer, & aprés luy avoir montré toutes les somptuositez de cette cité incomparable, qui est la Capitale du plus Florissant Royaume de l'univers, il y fut batizé avec grande solemnité, à la veuë de plusieurs Grands Seigneurs, qui honorerent cette action de leur presence, il fut nommé Louïs. Et aprés quelque tems de sejour en ces quartiers-là, il fut renvoyé en son païs, étant chargé de beaucoup de presens à la verité, mais aussi peu Chrétien qu'il en étoit sorty, parce
qu'il

qu'il n'avoit pas bien compris les Mysteres de la Religion Chrétienne. Et il n'eut pas si tôst mis le pied dans son Ile, que se moquant de tout ce qu'il avoit veu comme d'une farce, & disant que les Chrétiens ne se repaissoient que de folies, il retourna en la Compagnie des autres Sauvages, quitta ses habits, & se fit roucouër comme auparavant.

Pour preuve de l'inconstance & de la legereté des Indiens Caraïbes, en la Religion Chrétienne quand ils l'ont une fois embrassée, on raconte encore que du tems que Monsieur Auber étoit Gouverneur de l'Ile de la Gardeloupe, il étoit souvent visité d'un Sauvage de la Dominique, qui avoit demeuré un fort long tems à Seville en Espagne, où il avoit reçeu le Barême. Mais étant de retour en son Ile, bien qu'il fit tant de signes de Croix qu'on en vouloit, & qu'il portat un grand Chapelet pendu à son col, il vivoit neantmoins à la Sauvage, alloit nud parmy les siens, & n'avoit rien retenu de ce qu'il avoit veu, & de ce qu'on luy avoit enseigné à Seville, hormis, qu'ils se couvroit d'un viel habit d'Espagnol pour se rendre plus recommandable, lors qu'il rendoit visite à Monsieur le Gouverneur.

Ils ont une Tradition fort ancienne parmy eus, qui montre que leurs Ayeuls ont eu quelque connoissance d'une Puissance Superieure, qui prenoit soin de leurs personnes, & dont ils avoyent senty le favorable secours. Mais c'est une lumiere que leurs brutaus enfans laissent éteindre, & qui par leur ignorance ne fait sur eus, nulle réflexion. Ils disent donc, que leurs ancestres étoyent de pauvres Sauvages, vivant comme bestes au milieu des bois, sans maisons, & sans couvert pour se retirer, & se nourrissant des herbes & des fruits que la terre leur produisoit d'elle même, sans estre aucunement cultivée. Comme ils étoyent en ce pitoyable état, un vieillard d'entr'eus extrémement ennuyé de cette brutale fasson de vivre, fondoit en larmes tres-ameres, & tout abbatu de douleur déploroit sa miserable condition. Mais sur cela un homme blanc s'apparut à luy descendant du Ciel, & s'étant approché, il consola ce vieillard desolé en luy disant; Qu'il étoit venu pour secourir luy & ses Compatriotes, & pour leur enseigner le moyen de mener à l'avenir une vie plus douce

douce & plus raisonable. Que si quelcun d'eus eut plutôt formé des plaintes & poussé vers le Ciel des gemissemens, ils eussent esté plus promptement soulagez. Que le rivage de la mer étoit couvert de pierres aiguës & tranchantes, dont ils pourroyent couper & tailler des arbres pour se faire des maisons. Et que les Palmiers portoyent des feüilles, qui seroient fort propres à couvrir leurs toits, contre les injures de l'air. Que pour leur témoigner le soin particulier qu'il avoit d'eus, & le singulier amour dont il favorisoit leur espece, sur toutes celles des animaus, il leur avoit apporté une racine excellête, qui leur serviroit à faire du pain, & que nulle beste n'oseroit toucher, quand elle seroit plantée; Et qu'il vouloit que desormais ce fut leur nourriture ordinaire. Les Caraïbes ajoutent, que la dessus ce Charitable Inconnu rompit en trois ou quatre morceaus un bâton qu'il avoit en main: & que les donnant au pauvre Vieillard, il luy commanda de les mettre en terre, l'assurant que peu aprés y foüissant, il y trouveroit une puissante racine, & que le bois qu'elle auroit poussé dehors, auroit la vertu de produire la même plante. Il luy enseigna puis aprés comme on en devoit user, disant qu'il falloit raper cette racine avec une pierre rude & picotée, qui se trouvoit au bord de la mer: exprimer soigneusement le jus de cette rappure, comme un poison dangereus; & du reste, à l'ayde du feu, en faire un pain qui leur seroit savoureus, & dont ils vivroient avec plaisir. Le vieillard fit ce qui luy avoit esté enjoint, & au bout de neuf Lunes, (comme ils disent) ayant la curiosité de savoir quel succés auroit eû la revelation, il fut visiter les bâtons qu'il avoit plantez en terre, & il trouva que chacun d'eus avoit produit plusieurs belles & grosses racines, d'ont il fit entierement comme il luy avoit esté ordonné. Ceus de la Dominique qui font le conte, disent de plus, que si le vieillard eut visité ces bâtons au bout de trois jours, au lieu de neuf Lunes, il auroit trouvé les racines creuës de même grosseur, & qu'elles auroient esté toujours produites en aussi peu de tems. Mais parce qu'il n'y foüilla qu'aprés un si long terme, le Manioc demeure encore à present tout ce tems-là en terre, avant qu'il soit bon à faire la Cassaue.

C'est

Chap. 14 DES ILES ANTILLES. 429

C'est tout ce que porte la Tradition Caraïbe, & l'on pouvoit bien la coucher icy toute entiere, veu que c'est la seule qui se conte entre ce Peuple ignorant, qui ne se met point en peine de savoir le nom, & la qualité de cet aimable & celeste Bienfaiteur, qui les a tant obligez, ni de luy rendre aucune reconnoissance, & aucun honneur. Les Payens étoient bien plus curieux d'honorer leur Cerés, dont ils disoient tenir le froment, & l'invention d'en faire du pain. Et les Peruviens, quoy qu'ils ne connussent pas le grand *Pachacamac*, c'est à dire celuy qu'ils tenoient pour l'ame de l'univers, & le Souverain Auteur de leur vie & de tous leurs biens, ne laissoient pas de l'adorer en leur cœur avec beaucoup de respect & de veneration, & de luy rendre exterieurement par leurs gestes & par leurs paroles, de grans témoignages de soumission & d'humilité, comme au Dieu Inconnu.

Comment. Royal de Garcilasse liv.2, c.2.

Les Caraïbes croyent qu'ils ont autant d'ames chacun d'eux, comme ils sentent en leurs corps de battemens d'arteres, outre celuy du cœur. Or de toutes ces ames la principale, à ce qu'ils disent est au cœur, & aprés la mort elle s'en va au Ciel avec son *Icheïri*, ou son *Chemiin*, c'est à dire avec son Dieu, qui l'y mene pour y vivre en la compagnie des autres Dieux. Et ils s'imaginent qu'elle vit de la même vie que l'homme vit icy bas. C'est pourquoy ils tuent encore aujourd'huy des esclaves sur la tombe des morts, quand ils en peuvent attraper qui fussent au service du défunt, pour l'aller servir en l'autre monde. Car il faut savoir sur ce sujet, qu'ils ne pensent pas que l'ame soit tellement immaterielle, quelle soit invisible: Mais ils disent qu'elle est subtile & deliée comme un corps épuré: Et ils n'ont qu'un même mot, pour signifier le cœur & l'ame.

Quant à leurs autres ames qui ne sont point dans le cœur, ils croyent que les unes vont aprés la mort faire leur demeure sur le bord de la mer, & que ce sont elles qui font tourner les vaisseaus. Ils les appellent *Oumékou*. Les autres à ce qu'ils estiment vont demeurer dans les bois, & dans les forets, & ils les nomment des *Maboyas*.

Bien que la plûpart de ce pauvre Peuple croye l'immortalité de l'ame, comme nous venons de le dire: ils parlent si

Hhh 3 con-

confusément & avec tant d'incertitude, de l'état de leur ame separée du corps, qu'on auroit plûtôt fait de dire qu'ils l'ignorent entierement que de rapporter leurs rêveries. Les uns tiennent, que les plus vaillans de leur Nation sont portez aprés leur mort en des Iles fortunées, où ils ont toutes choses à souhait, & que les Arouâgues y sont leurs Esclaves. Qu'ils n'agent sans lassitude en de grans & larges fleuves, & qu'ils vivent delicieusement, & passent heureusement le tems en danses en jeus & en festins, en une terre qui produit en abondance toutes sortes de bons fruits sans estre cultivée. Et au contraire, ils tiennent que ceus qui ont esté lâches & craintifs d'aller à la guerre contre leurs ennemis, vont servir aprés leur mort les Arouâgues, qui habitent des païs deserts & steriles qui sont au de-là des montagnes. Mais les autres, qui sont les plus brutaus, ne se mettent point en peine de leur état aprés la mort : ils n'y songent ni n'en parlent jamais. Que si on les interroge là dessus, ils ne sçavent que répondre, & se moquent des demandes qu'on leur fait.

Voyage de Cayenne p. 392.

Ils ont neantmoins tous eu autrefois quelque creance de d'immortalité des ames ; mais grossiere & bien obscure ce qui se peut recueillir de ceremonies de leurs enterremens, & des prieres qu'ils font aus morts de vouloir retourner en vie, comme nous le representerons plus amplement au dernier Chapitre de cette Histoire : & de ce que les plus polis d'entr'eus vivent encore à present en cette persuasion, qu'aprés leur trépas ils iront au Ciel, où ils disent que leurs dévanciers sont déja arrivez : mais ils ne s'informent jamais du chemin qu'il faut tenir pour parvenir à ce bien-heureus sejour. Aussi quand leurs Boyez, qui contrefont les Medecins, desesperent de les pouvoir guerir de leurs maladies, & que les Diables leur ont predit par leur bouche qu'il n'y a plus de vie à attendre pour eus, Ils ajoutent pour les consoler, que leurs Dieus les veulent conduire au Ciel avec eus, où ils seront pour toujours à leur aise, sans crainte de maladie.

p. 411.
Voyage de Cayenne p. 36.
Voyage de Piraud I. partie, chap. 27.

La creance des Calecutiens sur cet article, vaut encore moins que celle de nos Caraïbes, & c'est une extravagante immortalité que leur Metempsicose : car ils croyent que leur ame au sortir de leur corps, se va loger en celuy d'un
Buffle,

Chap. 14   DES ILES ANTILLES.   431

Buffle, ou de quelque autre beste. Les Bresiliens sont icy plus raisonnables : car ils estiment que les ames des méchans, vont aprés la mort avec le Diable, qui les bat & les tourmente : mais que les ames des bons vont danser & faire grand chere en de belles plaines, au delà des montagnes. Et c'est une chose plaisante & pitoyable tout ensemble, que la plupart des Sauvages Americains mettent dans la danse leur souveraine felicité de l'autre vie. *De Lery chap. 16.*

La resurrection des corps est parmy les Caraïbes une pure réverie ; leur Theologie est trop obscure, pour les éclairer d'une si belle lumiere. On admirera sans doute, dans les pauvres Virginiens un petit rayon qui s'y trouve de cette verité sacrée, veu que c'et une matiere, où les anciens Payens non plus que nos Caraïbes, n'ont veu goutte. Il en aparoit aussi quelque étincelle chez les Indiens du Perou, à ce que disent la plupart des Auteurs. *Voyez Garcilasso liv. 2. c. 7. Iean de Laet. l. 5. c. 7.*

Au reste, bien que les Caraïbes ayent si peu de connoissance & de crainte de Dieu, comme nous l'avons representé, ils ne laissent pas de redouter merveilleusement sa voix, c'est à dire le Tonnerre : Cette épouvantable voix qui gronde dans les nuées, qui jette des éclats de flammes de feu, qui ébranle les fondemens des montagnes, & qui fait trembler les Nerons & les Caligules méme. Nos Sauvages donc aussitôt qu'ils apperçoivent les approches de la tempeste qui accompagne ordinairement cette voix, gagnent promtement leurs petites maisons, se rangent en leur cuisine, & se mettent sur leurs petis sieges auprés du feu, cachant leur visage & appuyant leur teste sur leurs mains, & sur leurs genous, & en cette posture, ils se prenent à pleurer, & disent en leur Baragoin, en se lamentant, *Maboya mouché fache contre Caraïbe,* c'est à dire que *Maboya* est fort en colere contre eus, & c'est ce qu'ils disent aussi lors qu'il arrive un Ouragan. Ils ne quittent point ce triste exercice, que tout l'Oragan ne soit passé : Et ils ne se sauroient assez étonner que les Chrétiens ne témoignent point comme eus d'affliction ni de peur en ces rencontres. Ainsi les grands Tartares craignent tous merveilleusement le Tonnerre, & lors qu'ils l'entendent ils chassent de leurs maisons tous les étrangers, & s'envelopent dans *Rubriquo en son Voyage de Tartarie.*

des

des feutres, ou dans des draps noirs, où ils demeurent cachez tant que le bruit soit passé. Et divers autres peuples Barbares, ne sont pas moins épouvantez que les Antillois en de pareilles occasions. On dit même que les Peruviens, les Cumanois, les Chinois, & les Moluquois les imitent dans ces lamentations, & dans ces frayeurs, lors qu'il arrive une Eclipse.

Il est bien vray que dépuis que les Caraïbes ont eu la communication familiere des Chrétiens, il s'en trouve quelques-uns qui témoignent en apparence assez de constance & de resolution pour ne point craindre le Tonnerre. Car on en a veu qui ne faisoient que rire lors qu'il éclattoit le plus fortement, & qui en contrefaisoient le bruit disant par maniere de chant, & de raillerie, un mot que l'on à peine à écrire, & dont le son revient à peu prés à ces lettres *Trtrquetenni*. Mais il est aussi tres-constant qu'ils font une grande violence à leur inclination naturelle quand ils feignent de n'avoir point peur du Tonnerre, & que ce n'est qu'une pure vanité qui les pousse à contrefaire cette assurance, pour persuader à ceus qui les voyent, qu'en ces occurrences ils n'ont pas moins de generosité que les Chrétiens. Car quelques-uns des nos Habitans de la Martinique qui les ont surpris dans leur Quartier lors qu'il tonnoit & qu'il éclairoit, disent, qu'ils ont trouvé, même les plus resolus d'entr'eus, qui trembloient de frayeur dans leurs pauvres Cabanes.

Or ce trouble & ces épouvantemens qu'ils font paroitre à l'ouïe de cette voix celeste, ne sont ils pas un effet tout visible du sentiment d'une infinie & souveraine puissance, imprimé par la nature dans l'esprit de tous les hommes, & une preuve bien illustre, que bien que ces miserables s'éforcent de tout leur pouvoir à émousser les aiguillons de leur conscience, ils ne sauroient neantmoins les briser tellement, qu'ils ne les piquent & les tourmentent malgré qu'ils en ayent. Et cela ne peut il pas bien verifier le beau mot de Ciceron que nous avons mis à la teste du Chapitre precedent? Veu que si tous les hommes ne reconnoissent pas de bouche cette Divinité, au moins ils en sont convaincus en eus mêmes, par une secrette mais invincible main, qui d'un ongle de diamant

écrit

écrit cette premiere de toutes les veritez dans leurs cœurs. De sorte, que pour conclure, nous dirons avec ce grand homme, dont les paroles finiront excellemment ce discours, comme elles l'ont commencé, Qu'il est né, & comme gravé dans l'esprit de tous les hommes, qu'il y a une Divinité.

Au Livre second de la nature des Dieux.

CHAPITRE QUINZIÉME.

Des Habitations & du Ménage des Caraibes.

LEs Historiens recitent, qu'autrefois une partie des Anciens Habitans du Perou, vivoient épars sur les montagnes & par les plaines, comme des bestes Sauvages, sans avoir ni villes, ni maisons. Que d'autres se retiroient en des cavernes & en des lieus écartez & solitaires: & d'autres dans des fosses, & dans les creus des gros arbres. Mais l'état des Caraibes d'aujourd'huy se trouve bien eloigné de cette maniere de vivre si Sauvage & si brutale. Il est vray que nous n'aurons pas beaucoup de peine à décrire leurs logemens; car ils n'y font gueres de fasson: Et il ne leur faut qu'un arbre & une serpe, pour leur bâtir un logis.

Garcilasso en son Commentaire Royal. liv. 2. c. 12. & l. 6. c. 11.

Ils ont leurs demeures proche les unes des autres, & disposées en forme de village. Et pour la plupart ils recherchent pour leurs logemens la situation de quelque petite montagne, afin de respirer un meilleur air, & de se garantir de ces moucherons que nous avons nommez *Mousquites* & *Maringoins*, qui sont grandement importuns & dont la piquure est dangereuse aus lieus où les vens ne soufflent pas. C'est la même raison qui oblige les Floridiens, de delà la Baye de Carlos & des Tortugues, à se loger en partie à l'entrée de la mer, en des Huttes bâties sur pilotis. Les Antillois ne s'éloignent guere aussi des fontaines, des ruisseaus, & des rivieres, par ce que, comme nous l'avons dit, ils ont acoutumé de se laver le matin tout le corps, avant que de se rougir. Et c'est-pourquoy ils recherchent autant qu'il leur est possible un voisinage de cette nature pour leurs petis édifices.

Iii   Par-

Parmy-nous & parmy plusieurs autres Nations les Architectes se travaillent à faire des édifices si puissans & si superbes, qu'il semble qu'ils entreprenent de braver les siécles, & de faire disputer la durée de leurs ouvrages, avec celle du Monde. Les Chinois dans la nouvelle frequentation qu'ont euë les Chrétiens avec eus, en ont témoigné grand étonnement, & nous ont taxé de beaucoup de vanité. Pour eus, ils ne mesurent la durée de leurs edifices qu'a celle de la briéveté de leur vie. Mais nos Sauvages Antillois diminuënt encore beaucoup de cette durée, & ils edifient de telle sorte qu'il leur faut souvent edifier en leur vie. Leur petites Cases sont faites en ovale, de pieces de bois plantées en terre, sur lesquelles ils élevent un couvert de feüilles de Palmes, ou de Cannes de Sucre, ou de quelque herbes, qu'ils savent si bien agencer & si proprement joindre les une sur les autres, que sous ce couvert, qui bat jusqu'à terre, ils s'y trouvent à l'épreuve des pluyes & des injures du tems. Et ce toit, tout foible, qu'il semble, dure bien trois ou quatre ans sans se rompre, pourveu qu'il n'y vienne point d'Ouragan. Pline dit que certains Peuples du Septentrion se servoient ainsi de roseaus pour la couverture de leurs maisons; & encore aujourd'huy l'on en voit plusieurs maisons couvertes dans les Païs-bas, & en quelques lieus champestres de la France. Les Caraïbes, employent aussi de petis roseaus entre-lassez pour faire des palissades, qui tiennent lieu de murailles à leurs logis. Sous chaque couvert ils font autant de separations qu'ils veulent de chambres. Une simple natte fait chez eus l'office de nos portes, de nos verrous, & de nos serrures. Leur plancher d'en haut est le toit même, & celuy d'en bas n'est que de terre battuë. Mais ils ont un tel soin de le tenir propre, qu'ils le balayent toutes les fois, qu'ils y apperçoivent la moindre ordure. Ce qui n'a lieu que dans leurs cases particulieres: Car ordinairement leur Carbet, ou leur maison publique, où ils font leurs réjouïssances, est fort sale. De sorte que souvent la place est pleine de Chiques.

Outre un petit corps de logis où ils prenent leur repos, & où ils reçoivent leurs amis; chaque famille considerable a enco-

Trigaut dans son Histoire de la Chine. c. 4.

Plin.l.16. s.38.

encore deus petis couverts. Dans l'un, ils font leur cuisine & ils se servent de l'autre comme d'un magasin, où ils conservent leurs arcs, leurs fléches, & leurs boutous, qui sont des Massuës de bois pesant & poly, dont ils se servent en guerre au lieu d'épée, lors qu'ils ont usé toutes leurs fléches. Ils y tiennent encore leurs outils leurs paniers, leurs licts de reserve, toutes les bagatelles, & tous les petis ornemens dont ils se servent en leurs réjouïssances publiques & aus jours de parade. Ils nomment toutes ces babioles des *Caconnes*.

Pour tous meubles, nos Sauvages n'ont que des licts branlans, qu'ils appellent *Amacs*, qui sont de grandes couvertures de cotton, fort industrieusement tissuës, qu'ils froncent par les bouts pour joindre ensemble les deus coins de la largeur. Puis ils attachent ces *Amacs* par ces deus bouts froncez, aus principaus piliers de leur edifice. Ceus qui n'ont point de lict de cotton, se servent d'un autre lict, que l'on appelle *Cabane*. Ce sont plusieurs bâtons tissus de long & de travers, sur lesquels on met quantité de feüilles de Balisier, ou de Bananier. Cette Cabane est suspenduë & soutenuë par les quatre coins, avec de grosses cordes de Mahot. Ils ont outre cela de petis sieges, tout d'une piece, faits d'un bois de couleur rouge ou jaune, poly comme du marbre. Et l'on voit aussi chez-eus de petites tables, qui ont quatre piliers de bois, & qui sont tissuës de feüilles de cette espece de Palme qui se nomme *Latanier*.

Leur vaisselle, & leur batterie de cuisine est toute de terre, comme celles des Maldivois, ou de certains fruits semblables à nos courges, mais qui ont l'écorce plus épaisse & plus dure, taillez & composez en diverses figures, & qui sont polis & peints aussi delicatement qu'il se peut. Cela leur tient lieu de plats, d'écuelles, de bassins, d'assiettes, de coupes, & de vaisseaus à boire. Ils nomment *Coïs* ou *Couïs*, toute cette vaisselle faite de fruits: Et c'et le même nom que les Bresiliens donnent à la leur, faite de semblable matiere. Ils se servent de leur vaisselle de terre, comme nous nous servons de nos marmites & de nos chauderons de France. Ils en ont entre autres d'une fasson qu'ils appellent *Canary*. On voit de ces Canaris qui sont fort grands, & d'autres qui sont fort petis.

Le ragoust est fait avec des aufiers des entrailles de crabes, & du pyment.

Les petis ne servent qu'à faire des ragouts, que l'on appelle *Taumalis*; Mais les grands sont employez à faire le bruvage, qu'ils nomment *Ouïcou*. Les Caraïbes de la Martinique apportent fort souvent de ces petis *Canaris* au quartier des François, qui leur donnent en échange quelques *Cacones*, c'est à dire quelques petiques babioles qui leur plaisent. Nos gens font état de ces petits vaisseaus, parce qu'ils ne se cassent pas si aisément que nos pots de terre. Cette vaisselle que nous venons de décrire, quelque chetive qu'elle soit, est conservée & entretenuë par eus, avec autant de curiosité & de propreté que l'on puisse desirer.

Les Caraïbes ont même un lieu, loin de leurs maisons, destiné à leurs necessitez naturelles, où, lors qu'ils en ont besoin, ils se retirent, y portant un baston pointu avec lequel ils font un trou en terre, où ils mettent leur ordure, qu'ils couvrent de terre puis après. De sorte que jamais on ne voit de ces vilenies parmy eus. Et quoy que le sujet n'en soit pas fort agreable, cette coûtume, neantmoins, merite d'estre remarquée, veu qu'elle se rapporte formellement à l'ordonnance que Dieu avoit faite au vint & troisiéme du Deuteronome, pour l'armée d'Israël, qui estant à la campagne ne pouvoit pas user de la propreté & de la commodité ordinaire dans ces necessitez. A cela se rapporte aussi la coutume des

Busbequius en ses Ambassades. l. 3. Ctesias.

Turcs, qui lors qu'ils se trouvent dans ce besoin, font une fosse avec une pêle pour cacher leurs excremens. Ce qui rend leur Camp extremément propre, quand ils sont à la guerre. Un ancien Auteur nous dit que dans l'Inde Orientale, un certain Oiseau nommé le *Iuste*, fait quelque chose de semblable, en foüissant son ordure, & la couvrant en sorte qu'elle ne paroisse point. Ce qui seroit mervelleus, s'il

Carpin en son Voyage de Tartarie.

tenoit autant de la verité, qu'il sent la fable. Les Tartares, à ce que l'on dit, ne voudroient pas même avoir fait de l'eau dans l'enclos de leurs logemens, tenant cela pour un peché. Repassons vers nos Sauvages.

On voit dans l'enceinte de leurs maisons un grand nombre de Poulles communes, & de Poulles d'Indes qu'ils nourrissent, non tant pour l'entretien de leurs tables, que pour régaler leurs amis Chrétiens qui les vont visiter, ou pour échan-

échanger contre des ſerpes, des coignées, des houës, & autres ferremens qui leur ſont neceſſaires.

Ils ont encore aus environs de leurs logis pluſieurs Orangers, Citroniers, Goyaviers, Figuiers, Bananiers, & autres arbres portant fruit: de ce petis Arbres qui portent le Pyman, & les Arbriſſeaus ou les Simples dont ils ont la connoiſſance, pour s'en ſervir quand ils ont quelque incommodité. Et c'eſt de tout cela qu'ils font les bordures de leurs jardins. Mais ces jardins ſons remplis au dedans de Manioc, de Patates & de divers Légumes, comme de Pois de pluſieurs eſpeces, de Feves, de gros Mil appellé *Mais* de petit Mil & de quelques autres. Ils y cultivent auſſi des Melons, de toutes ſortes, des Citroüilles excellentes, & une eſpece de Chous qu'on appelle *Chous Caraïbes*, qui ſont d'un goût delicat. Mais ils ont ſoin particulierement de la culture de l'Ananas, qu'ils cheriſſent par deſſus tous les autres fruits.

Au reſte, bien qu'ils n'ayent point de villages, ni de maiſons mobiles, & ambulatoires, comme l'on dit des Bedovins, pauvre peuple de l'Egypte, de certains Mores habitans au Midy de Tunis en Afrique, & des Nations de la grande Tartarie, neantmoins, ils changent aſſez ſouvent de demeure, ſelon que les y porte leur caprice. Car auſſi-tôt qu'une habitation leur déplaiſt le moins du monde, ils démenagent, & ſe vont placer ailleurs. Et cela ſe fait en moins de rien, & ſans en demander la permiſſion à leur Cacique, côme étoient obligez de faire à leur Roy les Anciens Peruviens, en ſemblables rencontres. *Breves, Rubruquis, & Carpin.*

Entre les ſujets de ce changement de demeure parmy les Antillois, ſe trouve parfois la creance qu'ils ont d'être plus ſainement placez ailleurs. Ce qui cauſe bien ſouvent un pareil remu-menage chez les Breſiliens. Parfois quelque ſaleté que l'on aura faite en leur logis, & qui leur donne de l'horreur. Et parfois auſſi la mort de quelcun de la maiſon, qui leur faiſant apprehender d'y mourir de même, les oblige à ſe retirer ailleurs, comme ſi la mort ne les y pouvoit ni trouver ni ſaiſir avec la même facilité. Mais cette folle apprehenſion a bien plus la vogue encore chez les Caraïbes du Continent, qui ne manquent point en de pareilles occaſions, de brûler la *De Lery, chap. 19.*

Iii 3 caſe,

case, & d'aller chercher un autre gîte. Cette plaisante superstition se voit aussi chez les Indiens de l'Ile de Coraçao, bien que ces pauvres gens ayent receu le Saint Batême. Car Monsieur du Montel rapporte, qu'étant au grand village de ces Indiens nommé l'*Ascension*, & ayant remarqué en deus ou trois endroits, des maisons les unes desertes, quoy qu'elles fussent en leur entier, & les autres absolument ruinées, il demanda pourquoy ces maisons étoient ainsi abandonnées: Et le Cacique ou Capitaine, luy répondit, que c'étoit parce qu'il étoit mort quelques personnes en ces lieus-là. Les anciens Peruviens se mettoient même dans le tracas d'un tel démenagement, s'il arrivoit que leur logis vint à être frappé de la foudre. Car alors, ils l'avoient en si grande abomination, qu'ils en muroient aussi-tôt la porte avec des pierres & de la boüe, afin qu'il n'y entrast jamais personne.

Garcilasso. liv.2. c.1.

On dit qu'autrefois les hommes de la Province de Quito au Perou, n'avoient point de honte de s'assujettir à faire tout le ménage, pendant que leurs femmes s'alloient promener: Et les anciens Egyptiens n'en faisoient pas moins, si nous en croyons Herodote. Il faut bien dire que le métier de faire la cuisine étoit estimé bien noble dans la vieille Grece. Car le bon homme Homere represente en son Iliade Achille faisant luy même un hachis, & mettant de la viande en broche, & tous ses Courtisans employez à la cuisine pour régaler les Ambassadeurs d'Agamemnon. Et pour le poisson, il a toujours eu ce privilege, comme il a encore aujourd'huy, que les personnes de qualité ne dédaignent pas de le savoir apprester.

Livre 2.

Livre 9.

Mais parmy les Caraïbes, les hommes tiennent tous ces emplois & toutes ces occupations pour indignes d'eus. Ils sont d'ordinaire à la campagne. Mais leurs femmes gardent soigneusement la maison, & y travaillent. Ils abbatent, à la verité, le bois de haute futaye, necessaire pour leurs logemens: Ils bâtissent les maisons; Et ils ont soin d'entretenir l'edifice de reparations necessaires. Mais les femmes ont la charge de tout ce qu'il faut pour la subsistance de la famille: Ils vont bien à la chasse & à la pêche, comme nous le dirons cy-aprés. Mais ce sont elles qui vont querir la venaison au lieu

lieu où elle a été tuée, & le poisson sur le bord de l'eau. Enfin, ce sont elles qui ont la peine de chercher le Manioc, de preparer la Cassaue, & le Ouïcou, qui est leur bruvage le plus ordinaire, de faire la cuisine, de cultiver les jardins, & de tenir la maison nette & le ménage bien en ordre, sans conter le soin qu'elles ont de peigner & de rocouër leurs maris, & de filer le cotton pour l'usage de la famille. De sorte qu'elles sont en une occupation continuelle, & en un travail sans relâche, pendant que leurs maris courent les chams & se divertissent: ressemblant plutôt ainsi à des esclaves, qu'à des compagnes.

Dans les Iles de Saint Vincent, & de la Dominique, il y a des Caraïbes qui ont plusieurs Négres pour Esclaves, à la façon des Espagnols & de quelques autres Nations. Ils les ont en partie pour les avoir enlevez de quelques terres des Anglois: ou de quelques navires Espagnols qui se sont autrefois échovez à leur costes. Et ils les nomment *Tamons*, c'est à dire Esclaves. Au reste, ils se font servir par eus, en toutes les choses où ils les employent avec autant d'obeïssance, de promtitude, & de respect, que le pourroient faire les peuples les plus civilisez.

Quelcun pourroit peut-être demander icy, sur le sujet de ce ménage des Caraïbes, si comme nous avons l'usage des lampes, des chandelles, & des flambeaus, ils ne se servent point aussi de quelque lumiere & de quelque artifice durant la nuit, pour supléer, dans le besoin, au defaut de la lumiere du jour. Et de vray, ils ont appris des Chrétiens à se servir d'huyle de poisson, & à mettre du Cotton dans des lampes, pour s'éclairer pendant les tenebres de la nuit. Mais la plupart n'ont point d'autres lumieres pour la nuit, qu'un bois fort susceptible de feu qu'ils conservent pour cét effet, & que les nôtres, à cause de celà, appellent *bois de chandelle*. En effet il est tout remply d'une gomme grasse qui le fait brûler comme une chandelle: Et ce bois étant allumé rend une fort douce odeur. Ainsi les Madagascarois usent la nuit, au lieu de flambeaus & de chandelles, de certaines gommes qui prenent aisément feu, lesquelles ils mettent en des creusets de terre, où elles font un feu beau & odorant. Que si le feu

des

des Caraïbes vient à s'éteindre. Ils savent le secret d'en exciter avec deus bois de Mahot, qu'ils frottent l'un contre l'autre: & par cette collision ils prenent feu, & éclairent en peu de tems. C'est ainsi qui les Bresiliens, au lieu de la pierre & du fuzil, dont ils ignorent l'usage, se servent de deus certaines especes de bois, dont l'un est presque aussi tendre que s'il étoit à demy pourry, & l'autre, au contraire, extremément dur : Et par la friction & l'agitation le feu s'y prend, & allume ce que l'on veut. On voit à Paris le même effet, en frappant l'un contre l'autre certains bois d'Inde, qui se trouvent dans les cabinets des curieus.

De Lery chap. 19.

Ceus qui ont voyagé vers l'embouchure de la Riviere des Amazones, raportent qu'ils y ont veu des Indiens tirer du feu avec deus bâtons, mais d'une fasson differente de celle de nos Caraïbes. Car en ce quartier-là, ils ont aussi deus morceaus de bois, l'un mol, qu'ils applatissent en forme de planchette, & l'autre qui est tres-dur, en forme de bâton pointu par le bout, qu'ils piquent dans celuy qui est mol, lequel ils tiennent arresté contre terre sous leurs pieds. Et ils tournent l'autre avec les deus mains, d'une si grande vitesse qu'enfin le feu prend à celuy de dessous & il s'enflamme. Et comme il arrive souvent qu'une personne se lasse en cét exercice, une autre reprend promptement le bâton, & le tourne avec la même vitesse, jusques à ce qu'ils ayent allumé le feu. Au reste, bien que plusieurs estiment que ces fassons d'allumer le feu sont modernes, il s'en trouve neantmoins des marques dans l'antiquité, comme on le peut voir dans Theophraste.

Livre 7. de l'Hist. des plantes, c. 10.

CHA-

CHAPITRE SEIZIÉME.

Des Repas ordinaires des Caraïbes.

LA plupart des peuples Sauvages & Barbares sont goulus & sales en leurs repas. Les Bresiliens mangent & boivent & par excés, & fort salement, à toutes heures, & se levent même la nuit pour cét exercice. Les Canadiens sont gourmans jusqu'à crever, & ne se peuvent même resoudre à laisser perdre l'écume du pot. Jamais on ne les voit laver, ni leurs mains, ni leurs viandes. Ils ne savent non plus ce que c'est que de s'essuyer en mangeant, & ils n'ont point d'autres serviètes que leurs cheveus & le poil de leurs chiens, ou la premiere chose qu'ils rencontrent. Les grands Tartares en font de même. Ils ne lavent jamais leurs écuelles, ni leurs marmites qu'avec le potage même, & commettent d'autres vilenies qui seroient trop horribles à réciter. Les petis Tartares ne leur cedent guere en saleté, & en gourmandise, humant leur boüillon avec le creus de la main, qui leur sert de cuillier pour en prendre : Et mangeant la chair des chevaus morts, sans se donner la peine de la faire cuire autrement, qu'en la laissant une heure ou deus entre la selle & le dos de leurs chevaus. Ainsi, pour sortir de ces vilains exemples, les Guinois, ceus du Cap de bonne Esperance, & certains autres Sauvages, devorent la chair cruë & puante, avec poil & plumes, tripes & boyaus, comme pourroient faire des chiens. Mais il faut donner aus Caraïbes la loüange d'être sobres, & propres en leurs repas ordinaires, aussi bien que ceus du Continent, encore que quelques uns d'entr'eus ne meritent pas cét éloge, comme il n'y a point de regle si generale qui n'ait son exception. Monsieur du Montel, digne & fidele témoin, rend ce témoignage de sobrieté & de propreté à ceus qu'ils a veus à Saint Vincent, & ailleurs. Mais ils ne sont pas tous si retenus ni si propres. Et ceus qui les ont veus, entr'autres, à la Dominique, ne leur donnent pas cette qualité.

De Lery chap. 9.

Paul le Jeune en la Relation de la Nouvel. France.

Voyez Rubriques & Carpin.

Busbequius, des Hayes, & Bergeron.

Vincent le Blanc, & Garcilasse.

Kkk   Ce

Ce peuple mange souvent ensemble en la maison publique, comme nous le verrons plus particulierement cy aprés, ou pour se divertir & faire la débauche, ou même pour s'entretenir de la guerre & des affaires du commun, comme autrefois les Lacedemoniens. Les femmes, comme en quelques autres païs des Barbares, ne mangent point que leurs maris n'ayent pris leur repas, & ils n'ont point d'heure reglée pour cét exercice. Leur estomac est leur Horloge. Ils endurent si patiemment la faim, que s'ils retournent de la pésche, ils auront la patience de faire rostir le poisson à petit feu, sur un gril de bois de la hauteur de deus pieds ou environ, sous lequel ils allument un feu si petit, qu'il faut quelquefois une journée pour cuire le poisson comme ils le desirent. Il y a de nos François qui en ayant mangé de leur façon, l'ont trouvé de fort bon goût, & cuit en perfection. Ils observent generalement en toutes les viandes qu'ils preparent de les faire ainsi cuire fort lentement & à petit feu.

Ils mangent d'ordinaire assis sur de petis sieges, & chacun d'eus a sa petite table à part, qu'ils nomment *Matoutou*, comme Tacite témoigne qu'il se pratiquoit chez les anciens Allemans, & comme l'on dit qu'il se fait encore aujourd'huy dans le Japon. Par fois aussi ils mangent à terre, accroupis sur leurs genous, & en rond les uns auprés des autres. Pour nappes, ils n'ont point de linge comme nous, ni de peaus comme les Canadiens : ni de nattes ou de taffetas comme les Maldivois, ni de tapis comme les Turcs, & quelques autres peuples, mais de belles & amples feüilles de Bananier toutes fraiches, qui sont tres-propres à servir de napes, étant de la grandeur que nous les avons representées. Ce sont aussi leurs serviettes, & ils en mettent sur eus pour s'y essuyer. Ils se lavent toujours soigneusement les mains avant le repas. Et même dans leur cuisine, ils ne touchent jamais rien de ce que l'on peut manger qu'ils n'ayent les mains nettes. Enfin, dans tous leurs repas ordinaires il paroit avec la sobrieté, une propreté que l'on auroit peine à s'imaginer parmy des Sauvages.

Nous avons déja dit cy-dessus, que leur pain ordinaire est une certaine galette assez délicate, qu'ils appellent

Du livre des Mœurs des Anciens Allemans. Linscot. chap. 26.

lent *Caſſave*, compoſée de la racine du Manioc. Elle ſe fait en cette ſorte, que nous ſommes obligez de d'ecrire icy, pour la perfection de nôtre Hiſtoire, bien que d'autres l'ayent repreſentée avant nous. La racine, bien qu'elle ſoit quelquefois de la groſſeur de la cuiſſe, s'arrache aiſément hors de terre. On la racle d'abord avec un couteau, pour emporter une petite peau dure qui la couvre, & puis on la rape ou grage (ſelon la fraſe du païs) avec une rape ou grage platte, de fer ou de cuivre, de bonne grandeur : & on preſſe la farine qui s'en forme dans un ſac de toile, ou dans de longues chauſſes, ou poches, que l'on appelle aus Iles *Couleuvres*, induſtrieuſement tiſſuës de jonc, ou de feüilles de Latanier, par la main des Caraïbes, pour en exprimer le Suc. Les Sauvages, avant qu'on leur eut porté de ces rapes, ſe ſervoient au lieu de cela, de certaines pierres dures & picotées, qui ſe trouvent ſur leurs rivages. Elles ſont ſemblables à nos pierres ponces. Quand l'humidité du Manioc eſt bien tirée, on paſſe la farine par un tamis, & ſans la d'etremper avec aucune liqueur, on la jette ſur une platine, qui n'eſt quelquefois que de terre, ſous laquelle il y a du feu. Lors qu'elle eſt cuite d'un coſté, on la tourne de l'autre. Et quand elle eſt achevée de cuire, on l'expoſe au Soleil pour la faire durcir davantage, & afin qu'elle ſe puiſſe mieux conſerver. On ne la fait pas, pour l'ordinaire plus épaiſſe que d'un petit doit, & quelquefois moins, ſelon la fantaiſie des Habitans. Elle ſe garde pluſieurs mois. Mais pour la trouver meilleure, il la faut manger fraiche d'un jour ou deus. Il y en a qui ne la quitteroient pas pour nôtre pain ordinaire. Et c'eſt une merveille, que d'une racine ſi dangereuſe de ſa nature, l'on ſache tirer par artifice une nourriture ſi excellente. Ainſi les Mores mettant ſécher au Soleil de certains Abricots mortels qui croiſſent dans leur terre, & les faiſant puis après boüillir au feu, avec d'autres ingrediens, en font un bruvage, dont on uſe ſans aucun danger, & avec plaiſir.

Sur tout, la Caſſave que font les Sauvages Antillois eſt extremément delicate. Car ils ont tant de patience à faire ce qu'ils entreprenent, qu'ils y reüſſiſſent mieus que les François, qui ſe précipitent ordinairement en leurs ouvrages, &

qui n'ont pas si tôt commencé qu'ils voudroient avoir achevé. Mais nos Caraïbes travaillent à loisir, & ne considerent pas le tems qu'ils mettent en leurs occupations, pourveu que l'ouvrage soit bien fait.

Que si quelques Européens, qui ont usé de la Cassaue, se plaignent que cette nourriture n'est pas saine, qu'elle gâte l'estomac, qu'elle corrumpt le sang, qu'elle change la couleur, qu'elle débilite les nerfs, & qu'elle desséche le corps, il faut considerer que comme l'acoutumance est une seconde nature, si bien que plusieurs choses, quoy que mauvaises en elles mêmes, lors qu'on les a acoutumées, ne nuisent point à la santé, aussi à l'opposite, celles qui de leur nature sont bonnes & innocentes, voire les meilleures; si on ne les a point acoutumées, sont par fois préjudiciables & nuisibles. Et pour montrer cette verité, c'est que par cette faute d'acoutumance, en la même sorte que quelques uns de nos gens se plaignent de la Cassaue, les Historiens nous rapportent que les Bresiliens étant enfermez avec les Hollandois au Fort Sainte Marguerite, trouvoient étrange le pain & les viandes qu'on leur distribuoit comme aus soldats, & dont il leur falloit vivre; & se plaignoient qu'elles les rendoient malades, & les faisoient mourir. Et à ce propos, est encore extrémément remarquable ce que nous lisons dans le Voyage de Monsieur des Hayes au Levant. C'est que ce personnage ayant à sa table quelques petis Tartares qui ne savoient ce que c'étoit que de pain, il leur en fit manger, dont ils penserent mourir deus heures aprés, que ce pain qu'ils avoient mangé commença à s'enfler, & à leur causer de grandes douleurs.

Moreau en la Relation de la guerre faite au Bresil entre les Hollandois & les Portugais.

On fait aussi, parmy les Antillois, une autre sorte de pain avec du bled d'Espagne, qu'on nomme *Mais*. Les Anglois qui habitent la Vermoude n'en usent point d'autre. Quelques uns mangent aussi au lieu de pain la racine appellée *Patate*, dont nous avons fait mention cy-devant.

Pour ce qui est des autres vivres dont usent les Caraïbes, leurs mets les plus communs, & dont se servent aussi les Caraïbes du Continent, sont les Lezards, le Poisson de toutes sortes, excepté la Tortuë; & les Legumes, comme les Chous, les Pois, & les Féves. Mais leur plus ordinaire manger

Voyage de François Cauchet.

ger (bien au contraire des Madagascarois qui ont cette nourriture en horreur) est de Crabes bien n'etoyées de leurs Coques & fricassées avec leur propre graisse, & avec du jus de Citron & du Pyman, qu'ils aiment éperdument, & dont ils remplissent toutes leurs sauces. Neantmoins quand ils reçoivent des François, ou d'autres Européens, ils n'en sont pas si prodigues: & ils s'accommodent en cela à leur goût, par une complaisance & une discretion qui n'est pas trop Sauvage. Ils appellent le dedans de la Crabe *Taumaly*: Et c'est de cela qu'ils font leur ragout le plus ordinaire avec de l'eau, de la mouchache, ou fine farine de Manioc, & force Pyman. Pour le dessert ils usent de fruits comme nous. Et d'ordinaire ils se contentent de Figues, de Bananes, ou d'Ananas. Que s'ils mangent de la chair, & des choses salées, c'est seulement par complaisance envers les Etrangers, pour n'être point importuns à ceus qui les reçoivent, & pour gratifier ceus qui les vont voir. Car alors, ils apprestent la plupart des viandes selon leur goût, Et c'est à cela qu'il faut ajuster ce que nous avons dit, qu'ils ne mangent jamais de Sel, de Pourceau, ni de Tortuë, ni de Lamantin.

Il est vray, qu'il se trouve parmy ce Peuple certains hommes extrémement paresseus & melancoliques qui menent une miserable vie; Car ils ne se nourrissent que de Burgaus, de Coquillages, de Crabes, de Soldats, & de semblables insectes. Ils ne mangent aussi jamais de potage, ni de chair, si ce n'est de quelques Oiseaus qu'ils boucanent, c'est à dire qu'ils font cuire sur la braise, avec leur plume, & sans les éventrer, & pour tout ragoût, ils ne se servent que d'eau de Manioc, qui perd sa qualité venimeuse étant boüillie, de fine farine de Manioc & de force Piman.

Ils assaisonnent quelquefois leurs viandes d'un détestable assaisonnement, c'est à dire de graisse d'Arouâgues, leurs ennemis irreconciliables. Mais cela n'a pas de lieu dans leurs repas ordinaires: C'est seulement en des jours solemnels de débauches, & de réjouïssance.

Quant à leur boisson, tout ainsi qu'en plusieurs endroits de l'Amerique, les mêmes grains de Maïs qui servent à faire du pain, sont employez à la composition d'un bruvage qui tient lieu de vin: & que parmy nous, des mêmes grains de blé qui composent nôtre pain, nous faisons aussi de la biere; de même, en ces Iles, avec les racines des Patates & du Manioc, qui servent de pain, on compose deus bruvages, qui sont ordinaires dans le païs. Le premier & le plus commun, qui se fait des Patates boüillies avec de l'eau, s'appelle *Maby*. Il raffraichit & desaltere merveilleusement, & il a aussi une vertu aperitive qui fait évacuër tout le sable & toutes les viscositez des parties basses. D'où vient que l'on ne voit aucun de ceus qui s'en servent se plaindre de la gravelle. L'autre bruvage que l'on nomme *Oüicou*, (d'un nom approchant du *Caoüin* des Bresiliens) se fait avec la Cassaue même, boüillie pareillement dans de l'eau. On le coule au travers du tamis que les Sauvages nomment *Hibichet*. Ce bruvage est plus excellent que le Maby & n'est guere different de la biere, en couleur, & en force. Les Indiens le rendent fort agreable, mais d'ailleurs d'une telle vertu, que si l'on en prend beaucoup, il enyvre comme du vin. Ils le font de Cassaue bien rissolée sur la platine, puis maschée par des femmes, & versée dans des vaisseaus pleins d'eau: où aprés avoir infusé & boüilly environ deus jours par sa propre vertu, sans feu, comme fait le vin nouveau, on coule en suite l'infusion par un tamis. Et le suc que l'on en tire étant conservé deus autres jours, se trouve dans sa perfection pour être bu. Au reste pour faire bouillir cette composition, on met dans le vaisseau deus ou trois racines de Patates, rapées bien menu. Et il est vray que cette coûtume que les Sauvages observent, de mascher la Cassaue avant que de la jetter dans le vaisseau, est dégoutante au possible: Mais aussi est-il constant, que le bruvage qui est composé de cette sorte, est incomparablement meilleur que celuy qui est fait autrement.

On fait aussi le *Oüicou* d'une autre fasson, sans racines de Patates. C'est qu'aprés que la Cassaue est tirée de dessus la platine, on la met quelque part dans la case, & on la couvre de feüilles de Manioc, & de quelques pierres pesantes, pour la faire échaufer. Ce qui se fait durant trois ou quatre jours. Aprés quoy on la met en plusieurs morceaus, que l'on étend sur des feüilles de bananier, & puis on les arrose d'eau legerement,

rement, & on les laisse à découvert. Quand la Cassaue a demeuré une nuit ainsi, elle devient toute rouge : Et c'est alors qu'elle est bonne à faire le *Oüicou*, & qu'elle fait boüillir son eau sans racines de Patates. On la nomme *Cassaue pourrie*.

Outre ces deus boissons qui sont les plus ordinaires dans les Antilles, on y fait encore en divers endroits, plusieurs vins delicieus. Les Négres, qui sont esclaves en ces Iles, font des incisions aus Palmistes épineus, d'où il distille une certaine liqueur semblable à du vin blanc, laquelle ils recueillent dans plusieurs petites Callebaisses qu'ils attachēt aus ouvertures de ces arbres, qui en rendent chacun par jour deus pintes, & quelquefois davantage. Les plus anciens Auteurs nous apprennent, que parmy les Orientaus le vin de Palmes étoit fort en usage, comme il y est encore aujourd'huy : L'on s'en sert aussi en quelques endrois de l'Afrique, comme en Monomotapa.

De plus, on fait aus Antilles, avec des Bananes, un autre bruvage qui se trouve aussi ailleurs, & que quelques uns appellent *Couscou*. Mais parce que ce vin, quoy que tres-agreable & plein de force, cause de grandes ventositez, il n'est guére en usage.

Enfin, on tire en ces Iles un excellent vin de ces precieus roseaus qui donnent le Sucre. Et c'est le bruvage le plus estimé qui se fasse aus Antilles. On le nomme *Vin de Cannes* : & il y a un secret particulier pour le faire. Il s'en fait plus à Saint Christofle qu'ailleurs, à cause de la quantité de Cannes qui y sont plantées. Le suc de ces Roseaus s'exprime dans un moulin dressé tout-exprés pour cét usage. Et puis, on le purifie avec le féu, dans de grandes chaudieres. Il se peut conserver long-tems en sa bonté : Et il a une douceur & une certaine pointe, qui le feroient présque passer pour du vin d'Espagne. On en fait aussi de l'eau de vie, que l'on appelle *Eau de vie de Cannes*, & qui se garde mieus que le vin de ces mêmes Roseaus.

Il n'y a rien dans la matiere de ces repas ordinaires de nos Antillois qui puisse sembler tenir du Sauvage, que peut être les Lezards. Mais cela ne vaut-il pas bien les Grenouilles

&

& les Escargots dont quelques uns mangent en ces quartiers? Et qui ne sait qu'en Espagne il se mange force Asnons? Aprés tout, que l'on compare le vivre de nos Caraïbes avec celuy des Canadiens qui outre l'écume, dont nous avons dit qu'ils mangent, boivent d'ordinaire de vilaine & sale graisse, & preferent la chair de l'Ours à toute autre viande : Avec celuy des habitans de l'Ile de forte-aventure, l'une des Canaries, qui mangent du suif en abondance : Avec celuy des Tartares, des Perses, des Chinois, des Huancas, Nation du Perou, & des Négres d'Angole, qui vivent communement de chair de Cheval, de Chameau, de Mulet, de Loup, de Renard, d'Asne, de Chien, & du sang de ces Animaus en bruvage : Avec celuy des Indiens de l'Orient, qui trouvent la chair de Chauvesouris aussi delicieuse que celle de la Perdrix : Avec celuy des Bresiliens qui se nourrissent de Crapaus, de Rats, & de vers : Ou enfin, avec celuy des Tapuyes, & de quelques autres Barbares, qui mangent des cheveus d'écoupez fort menu, & meslez avec du miel Sauvages, & qui saupoudrent leurs viandes de la cendre des corps brûlez de leurs parens, & la paîtrissent avec de la farine; Ce qui cause de l'horreur seulement à le representer : Que l'on fasse, dis-je, une comparaison de tous ces infames ragoûts avec ceus de la Nation Caraïbe; Et l'on trouvera, que dans son manger ordinaire, elle n'a rien de barbare. Il ne faut pourtant pas dissimuler que quelques uns de nos François rapportent, qu'ils ont veu parfois les Caraïbes manger des pous & des chiques qu'ils avoient pris, comme on le dit des Mexicains & des Cumanois : Mais ils n'en font pas un ordinaire, & cela est particulier à quelques-uns d'eus, joint qu'ils ne le font pas pour aucun goût qu'ils trouvent en ces vermines : mais seulement pour se venger & rendre la pareille, à ce qui leur a fait du mal.

Au reste, l'horreur que les Caraïbes avoient autrefois de manger du Pourceau, de la Tortuë, & du Lamantin, pour les plaisantes raisons que nous avons alleguées cy dessus, alloit jusqu'à tel point, que si quelcun des nôtres leur en avoit fait manger, par surprise, & qu'ils vinssent puis aprés à le savoir, ils s'en vengeoient assurement tost ou tard. Témoin ce qui arrivaà une personne de marque d'entre nos François. Ce personage

Les témoignages s'en peuvent voir en divers Auteurs.

Chap. 16   DES ILES ANTILLES.   449

sonage recevant visite du Cacique, ou Capitaine des Sauvages de l'Ile ou il étoit, le traitta par raillerie de Lamantin deguisé en fasson d'achis, le Cacique dans la défiance où il étoit de ce qui luy arriva, pria le Gentil-homme de ne le point tromper. Et sur l'assurance qui luy en fut donnée, il ne fit point de difficulté de manger. Le disner étant achevé nôtre Gentil-homme découvrit la fourbe au Cacique & à sa compagnie, pour avoir le plaisir de leurs discours & de leurs grimaces. Mais ils eurent assez de pouvoir sur ●s-même pour dissimuler leur dépit. Et le Cacique se contenta de dire en riant, *He bien Compere nous n'en mourrons pas*. Quelque tems après, le Gentil-homme luy fut rendre la visite. Il le reçeut avec toute sorte de civilité, & luy fit grand chere. Mais il avoit donné ordre à ses gens, de mettre dans toutes les sausses de la graisse d'Arouägue, dont les principaus Indiens ont toujours provision chez eus. Aprés que cét infame repas fut finy, le Cacique plein de joye, demanda au Gentil-homme & à sa troupe, s'ils se trouvoient bien de son traittement. Eus s'en loüant fort, & luy en faisant des remercimens, il leur apprit sa malice, dont la plupart eurent tant de crévecoeur, & tant de bondissemens & de dévoyemens d'estomac, qu'ils en furent grandement malades. Mais l'Indien se moquant d'eus disoit qu'il avoit sa revanche.

Ceus qui ont frequenté dépuis peu les Caraïbes de la Dominique & de la Martinique, disent qu'à present ils ne font pour la plupart aucune difficulté de manger du Lamantin, de la Tortüe, du Pourceau, & même de toutes les autres viandes qui sont en usage parmy nous, & qu'ils se rient de cette simplicité qui les obligeoit de s'en abstenir, crainte de participer à la nature & aus qualitez de ces Animaus.

Ils ont aussi beaucoup relâché de cette grande severité, dont ils usoient à l'endroit de leurs femmes, Car elles ne vont plus que rarement querir la pesche de leur mary. Et quand ils ont été à la pesche, le mary & la femme mangent ensemble. Elles vont aussi plus souvent au Carbet pour participer au festin & à la rejoüissance publique, qu'elles ne faisoient avant que leurs marys eussent eus la communication familiere des étrangers.

CHAPITRE DIXSETTIÉME.

Des Occupations & des Divertissemens des Caraibes.

<small>Plut. en la vie de ce Prince.
Vayage de des-Hayes au Levät.
Commentaire Royal de Garcilasso, l. 5 c. 11. & l. 6. c. 35.</small>

ALexandre le grand estimoit que le travail estoit une chose vrayment royale. Et l'on voit encore aujourd'huy dans le Serrail d'Andrinople des outils dont Amurat se servoit pour faire des fléches qu'il envoyoit à des principaus de sa Porte. Les Peruviens meritent aussi sur ce sujet-là, beaucoup de loüange. Car les Roys du Perou avoient fait des Loys & étably des Juges particuliers contre les Faineans & les Vagabonds. Jusques-là qu'il falloit que les enfans de cinq ans s'employassent à quelque travail qui fust conforme à leur âge: Et ils n'espargnoient pas même les aveugles, les boiteus, & les muëts. Les occupant à diverses choses, où l'on pouvoit travailler de la main. Mais il s'est trouvé des Peuples si lâches que de tenir l'Oisiveté pour une chose fort belle & fort honorable. Et les Historiens des Indes Occidentales nous parlent de certains stupides & brutaus Indiens de la Nouvelle Espagne & du Bresil, qui ronflent tout le long du jour en leurs cabanes, pendant que leurs femmes leur vont chercher des racines pour manger.

<small>Herodote. liv. 5.</small>

<small>De Laet en son Histoire de l'Ameriq.</small>

Nos Caraibes ne ressemblent pas à ces Faineans. Car on les voit travailler & prendre plaisir à diverses sortes d'exercices. Les principaus & ceus qui leur sont les plus ordinaires, sont la chasse & la pesche, où ils employent une bonne partie de leur tems, mais particulierement à la pesche. On ne les voit gueres sortir de leurs maisons sans arc & sans fléches. Et ils sont admirablement adroits à s'en servir s'habituant à cét exercice, comme les Turcs, dés leur plus tendre jeunesse. Ce qui fait qu'avec le tems, ils se rendent si habiles & si asturez à tirer de l'Arc, que de cent pas ils mettroient dans un quart d'écu, sans jamais y manquer. Et même en s'enfuyant ils savent tirer adroitement sur leurs ennemis, comme faisoient autrefois les Parthes. Il y avoit encore plus de sujet d'admirer ces gauchers Benjamites qui frondoient à un cheveu, & n'y falloient point.

<small>Au Livre des Juges chap. 20.</small>

Lors

Chap. 17   DES ILES ANTILLES.   451

Lors que les Caraïbes sortent pour la chasse ou pour la pesche, ils ne menent pas avec eus leurs femmes, comme certains Bresiliens qui les font toujours marcher devant eus, tant ils sont jalous : Mais quand ils ont pris quelque chose, ils le laissent sur le lieu, & les femmes étoyent autréfois obligées à l'aller chercher, & à l'apporter au logis, comme nous l'avons déja touché. On dit que les Canadiens en font tout de même.

Il n'y a point chez les Antillois, non plus que parmy tous les autres Indiens Occidentaus, de distinction de qualité pour la chasse : & l'exercice en est aussi libre au plus petit d'entr'eus, qu'au plus grand.

Comme en leurs repas particuliers, ils ne se servent d'aucune chair, s'ils n'ont des Etrangers à leur table, aussi ne vont ils pour l'ordinaire qu'à la chasse de Lezards. Et s'ils font quelque autre chasse c'est en des occasions extraordinaires, lors qu'ils veulent traitter qu'elques-uns de leurs amis d'entre nos Européens : ou bien lors qu'ils les vont voir, & qu'ils veulent tirer d'eus quelque marchandise en échange.

Ils sont merveilleusement subtils à pécher à l'hameçon & à tirer le poisson avec la fléche. Et l'on ne sauroit assez admirer leur patience en cét exercice. Car ils y demeureroient quelquefois un demy jour tout entier sans se lasser. Et lors qu'aprés avoir guetté long-tems le poisson, ils viennent enfin à en appercevoir quelque gros & puissant, qui soit à leur gré & bien à leur main, ils tirent dessus avec la fléche, de même que les Bresiliens. Et comme ils sont excellemment bons nageurs, ils se jettent à l'instant eus-mêmes à corps perdu aprés la fléche, pour se saisir de leur proye. Mais outre l'hameçon & la fléche avec quoy ils prennent le poisson, ils savent aussi heureusement plonger au prés des rochers, & le tirer des cavernes où il est caché : semblables en cela aus Floridiens, *Voyez sur* qui n'attendāt pas que le poisson vienne à se montrer, le vont *tout Iean de Lery,* chercher jusqu'au fond de l'eau, & l'y assomment à coups de *chap. 12.* massuë ; Si bien qu'on les voit remonter tenant d'une main *Ioseph A-* la beste, & de l'autre la massuë. C'est une chose commune *costa l.3.* entre les Sauvages que d'estre ainsi grands nageurs ; Et l'on *c. 15. & Franc. Pi-* assure nommément des Bresiliens, des Maldivois, de quel- *card. 1.part. c.4.*

Lll 2   ques

ques Peruviens, & des habitans des Iles des Lartons, qu'ils peuvent passer pour anfibies.

Que si les autres inventions pour la pesche viennent à manquer à nos Caraïbes, ils ont recours à un certain bois lequel ils battent, l'ayant coupé en morceaus. Puis ils le jettent dans les étangs, ou dans les lieus où la mer est coye. Et c'est comme une momie souveraine avec quoy ils prennent du poisson tant qu'ils veulent. Mais ils ont cette prudence de ne se point servir de ce dernier artifice, que dans la necessité, pour ne pas faire un trop grand dégast.

Aprés la chasse & la pêche ils s'adonnent à plusieurs menus ouvrages, comme à faire des licts de cotton, fort bien tissus, & qu'ils nomment *Amais*, Les femmes filent le cotton sur le genou, & ne se servent pour l'ordinaire, ni de fuseau, ni de quenoüille. Mais il y en a à la Martinique qui en ont appris l'usage de quelques Françoises. Elles le savent aussi parfaitement bien retordre : Mais dans quelques Iles les hommes font la tissure du lict. Ils font, outre cela, des paniers de joncs & d'herbes, de diverses couleurs : des siéges de bois poly, qui sont tout d'une piéce, de petites tables, qu'ils appellent *Matoutou*, tissuës de feüilles de Latanier, des tamis nommez *Hibichets*, des *Catolis*, qui sont de certaines hottes, plusieurs sortes de vases, & de vaisseaus, propres à servir à boire & à manger, qui sont polis peints & enjolivez de mille grotesques & enluminures agreables à la veuë. Ils font aussi quelques petis ornemens, comme les ceintures, les chappeaus & les couronnes de plumes, dont ils se parent les jours de leurs festes & de leurs rejouïssance publiques. Et les femmes font pour elles des demy-botines, ou des demy-chausses de cotton. Mais sur tout, ils s'appliquent avec soin à façonner & à polir leurs armes, c'est à dire leurs arcs, leurs fléches, & leurs boutous ou massuës, qui se font de bois dur & poly, & qui par le manche sont curieusement ornez de bois & d'os de diverses couleurs.

Ils ne sont pas moins soigneus de travailler à leurs *Pirau-gues*, ou vaisseaus de mer, & à tout leur appareil de paix & de guerre. Ils les font d'un seul gros arbre, qu'ils creusent, rabottent, & polissent avec une dexterité nonpareille. Les gran-

Chap. 17   DES ILES ANTILLES.   453

grandes *Piraugues* sont par fois huvées, comme on parle, par haut, tout à l'entour, sur tout au derriere, de quelques planches ajoûtées. Quelquefois ils y peignent leur *Maboya*. Par fois des Sauvages, ou des grotesques. Ces chalouppes portent souvent jusqu'à cinquante hommes, avec leurs munitions de guerre. Avant qu'ils eussent communication avec les Chrétiens, qui leur ont fourny toutes sortes de coignées, & d'autres outils de charpenterie & de menuyserie, ils avoient mille peines à venir à bout de faire leurs vaisseaus. Car ils étoient obligez, comme les Virginiens & quelques autres Sauvages, à mettre le feu au pied des arbres, & à les environner de mousse moüillée vn peu au dessus du pied, pour empescher le feu de monter: Et ainsi ils minoient l'arbre peu à peu. Aprés, ils se servoient pour tailler le bois, de certaines pierres dures, aiguisées par le bout, avec lesquelles ils coupoient & creusoient leurs *Piraugues*. Mais c'étoit avec une longueur de tems si penible & si ennuyeuse, qu'ils reconnoissent aujourd'huy l'obligation qu'ils nous ont de les en avoir delivrez, & s'estiment heureus de la facilité qu'ils ont à present en leurs ouvrages, par le moyen de ferremens dont ils sont pourveus. Ainsi les Peruviens, tenoient pour un si grand bonheur ces outils que leur avoient apporté les Européens, que l'usage des ciseaus s'étant introduit dans le Perou par le moyen des Espagnols, il y eut un Indien de qualité qui n'en pouvant assez loüer l'invention, disoit à l'un d'eus, que quand les Espagnols n'auroient fait autre chose que leur apporter des rasoirs, des ciseaus, des peignes, & des miroirs, cela pouvoit suffire pour les obliger à leur donner liberalement tout ce qu'ils avoient d'or & d'argent.

Huvées c'est à dire rehaussées.

De Lery chap. 13.

Garcilasso en son Commentaire Royal, l. 1. f. 113.

Les Caraïbes s'employent aussi a faire des pots de terre de toutes sortes, qu'ils savent cuire en des fourneaus comme nos potiers. Et avec cette même terre, ils forment des platines sur lesquelles ils font cuire la Cassave.

L'adresse qu'ils ont à tous ces petis exercices que nous venons de décrire, témoigne assez qu'ils apprendroient aisément plusieurs métiers de nos artisans, si on leur en donnoit la connoissance. Ils se plaisent sur tout à manier les outils des charpentiers & des menuysiers: Et sans avoir appris comme il s'en faut servir, ils en savent faire plusieurs ouvrages, depuis que nos gens les en ont acommodez. De quoy donc vraysemblablement ne seroient ils point capables, s'ils étoient instruits & exercez par de bons maistres, & qu'ils fissent leur aprentissage sous eux.

Comme ils aiment fort les divertissemens & la recreation, aussi recherchent ils avec passion tout ce qui peut les entretenir en bonne humeur, & chasser la melancolie. Pour cét effet, ils se plaisent à nourrir & à apprivoiser grand nombre de Perroquets & de petites Perriques, ou Arrats, ausquels ils aprennent à parler.

Pour se divertir ils font aussi plusieurs instrumens de Musique, si on les peut appeller ainsi, sur lesquels ils forment des accords. Comme entr'autres sur de certains Tambours faits d'un arbre creus, sur léquels ils étendent une peau d'un seul costé, à la façon des Tambours de Basque. On peut joindre à cét exemple une forme d'Orgues, qu'ils composent avec des Callebasses sur léquelles ils posent une corde faite d'un fil de roseau que l'on nomme *Pite*. Et cette corde étant touchée rend un son qui leur agrée fort. Le concert de beaucoup d'autres Sauvages ne vaut pas mieus que le leur, & n'est pas moins pitoyable & moins discordant à l'oreille des François. Ordinairement aussi, le matin à leur lever, ils se mettent à joüer de la flute. Ils en ont de diverses sortes, aussi bien polies que les nôtres : quelques unes faites des os de leurs ennemis. Et plusieurs d'entr'eus en savent joüer avec autant de grace que l'on pourroit s'imaginer pour des Sauvages, bien qu'en cela ils n'approchent pas des François. Pendant qu'ils joüent ainsi de la flute, les femmes apprestent le déjeuner.

Ils passent encore le tems à chanter quelques airs qui ont des refreins assez agreables. Et avec ces chansons en la bouche, ils se divertissent quelquefois un demy jour, assis sur de petis siéges, à voir rôtir leur poisson. Ils mettent aussi des pois ou de minus caillous, comme les Virginiens, en des calebasses, par le milieu desquelles ils font passer un baston, qui leur sert de manche : Et puis ils les font sonner en les remuant. C'est ainsi qu'en ces quartiers les femmes appaisent

&

& divertissent les enfans avec des jouëts & des sonnettes. La plupart des chansons des Caraïbes, qui sont fort frequentes en leur bouche, sont des railleries sanglantes de leurs ennemis. Les autres sont sur des oiseaus, ou sur des poissons, ou sur des femmes, & le plus communement sur quelque badinerie. Et il y en a beaucoup qui n'ont ni rime ni raison.

Souvent aussi nos Sauvages Antillois joignent la danse à leur Musique : Mais cette danse est aussi belle & aussi bien reglée que leur Musique a de douceur & de justesse. On voit une bonne partie de peuples Barbares s'adonner à cét exercice avec une passion démesurée, comme pour exemple les Bresiliens, qui au raport de Jean de Lery, dansent jour & nuit. Et nous avons déja dit qu'il y en a beaucoup qui font même consister en danses leur imaginaire felicité de l'autre vie.

Mais les Caraïbes usent particulierement de danses dans leurs festins Solennels, en leur Carbet ou maison publique. Ces festins se font avec cét ordre. Quelques jours avant cette réjouïssance publique, le Capitaine en avertit toutes les maisons, afin que chacun ait à se trouver au Carbet au jour assigné. Cependant, les femmes font une sorte de boisson de Cassaue rôtie, & mieus preparée que celle dont ils se servent à l'ordinaire. Et comme ils augmentent la dose des ingrediens de cette boisson, elle a aussi plus de force, & elle est capable d'ennyvrer aussi facilement que le vin. Les hommes de leur costé vont à la pesche, ou à la chasse des Lezards. Car pour les autres viandes, nous avons déja dit qu'ils n'en preparent point pour leur table, s'ils n'ont des étrangers à traitter. Au jour nommé, hommes & femmes se peignent le corps de diverses couleurs & de diverses figures, & se parent de leurs couronnes de plumes, de leurs plus belles chaines, & de leurs plus beaus pendans d'oreilles, colliers, bracelets, & autres ornemens. Les plus galans se frottent le corps d'une certaine gomme, & soufflent dessus du duvet de divers oiseaus. Enfin, ils se mettent tous sur leur bonne mine, & s'efforcent de paroitre le plus qu'ils peuvent en cette solennité. Equippez de la sorte, & se mirans en leurs plumes, ils viennent à l'assemblée. Les femmes y apportent le bruvage & les mets qu'elles ont preparez, & sont extremément soigneuses neufes qu'il n'y manque rien qui puiſſe contribuër à la réjouïſſance. Nos Caraïbes employent tout ce jour, & la meilleure partie de la nuit à faire bonne chere, à danſer, à s'entretenir, & à rire. Et dans cette débauche, ils boivent beaucoup plus qu'à l'ordinaire : c'eſt à dire en un mot, qu'ils s'enyvrent : Les femmes même le font par galanterie. Lors qu'ils peuvent trouver du vin & de l'eau de vie pour meſler dans cette feſte, ils ne s'y épargnent pas non plus, & s'en donnent au cœur joye. Si bien que ce que nous avons dit de leur ſobrieté ordinaire n'a point de lieu dans ces rencontres, non plus que lors qu'ils ſe preparent à aller à la guerre ou qu'ils en retournent. Quoy qu'au fond ils n'aillent pas juſqu'à l'excés des Breſiliens, qui dans leur réjouïſſance, boivent deus ou trois jours entiers ſans ceſſer, & dans leur yvreſſe, ſe plongent en toutes ſortes de vices.

 Leur yvrognerie & leurs débauches ſont fréquentes. Car ils en font. 1. Pour tenir leurs conſeils de guerre. 2. Lors qu'ils retournent de leurs expeditions, ſoit qu'ils y ayent reuſſi ou non. 3. Pour la naiſſance de leurs premiers enfans maſles. 4. Quand on coupe les cheveus à leurs enfans. 5. Quand ils ſont en âge d'aller à la guerre : 6. Pour abatre un jardin ſelon leur ſtile, c'eſt à dire, pour couper des bois, découvrir & déſticher la terre, & la preparer pour un jardin : 7. Quand ils trainent à la mer un Vaiſſeau neuf. 8. Et quand ils ont été gueris de quelque maladie. Ils nomment ces Aſſemblées *Ouïcou*, & dépuis qu'ils ont converſé avec les François *Vin*.

 Mais à l'oppoſite auſſi, tant leur humeur eſt en cela bizarre & contraire à ſoy même, ils ſont de grands & de ridicules juſneurs. Et 1. ils juſnent lors qu'ils entrent en adoleſcence. 2. Quand on les fait Capitaines. 3. A la mort de leurs Peres, ou de leurs Meres. 4. A la mort du Mary, ou de la Femme. 5. Lors qu'ils ont tué un Arouâgue : juſne qui leur tourne a grand honneur.

CHA-

CHAPITRE DIXHUITIÉME.

Du Traittement que les Caraïbes font à ceus qui les vont visiter.

C'Est icy où nos Caraïbes trionfent en matiere de civilité pour des Sauvages. Car ils reçoivent avec toute sorte de Courtoisie & de témoignages d'affection, les Etrangers qui abordent en leurs Iles, pour leur y rendre visite.

Ils ont des Sentinelles sur le bord de la mer, dans la plupart des Iles qu'ils possedent tous seuls. Ces Sentinelles sont placées sur les montagnes, ou sur les eminences qui découvrent loin en mer, & elles sont posées en telle sorte, qu'elles ont la veuë sur les lieus où il y a un bon moüillage pour les Navires, & une facile descente pour les hommes. Si tost que ces gens apperçoivent un Navire ou une Chalouppe venir à eus, ils en donnent avis à ceus des leurs qui leur sont les plus proches. Et en moins de rien, vous voyez parétre plusieurs petis Canos ou vaisseaus, dans chacun desquels il n'y a au plus que trois hommes, qui sont députez pour venir reconnoitre qui vous étes, & qui vous crient de loin, que vous ayez à le declarer. Car ils ne se fient pas au pavillon, parce que souvent ils y ont été trompez: & ils reconnoissent à la voix si l'on est François, Espagnol, Anglois, ou Hollandois. Sur tout on dit qu'ils reconnoissent les Anglois. On assure que les Bresiliens & les Peruviens ont l'odorat si subtil, qu'au flair ils discernent un François d'avec un Espagnol.

Quand les Caraïbes ne sont pas bien assurez qui l'on est, & qu'on descend à eus les armes à la main, & en posture de leur malfaire, ils se mettent en défense, se saisissent des avenuës les plus étroites de leurs terres, mettent des embuscades dans les bois, & sans qu'ils soient apperceus, suivent de l'œil leurs ennemis, se reculant par les voyes égarées jusqu'à ce qu'ils ayent trouvé leur avantage, & qu'ils ayent uny toutes leurs forces. Et alors, ils décochent une grêle de fléches sur ces

Mmm   enne-

ennemis. Puis ils les environnent, viennent aus mains, & les assomment avec leurs massuës. Ils sont en quelques unes des Iles un gros, qui est par fois de quinze cens hommes, & davantage, à ce qu'il paroist; car on ne peut pas savoir asseurément leur nombre, veu qu'eus-mêmes ne sachant pas conter, n'en ont pas la connoissance. Que s'ils se sentent pressez de leurs ennemis, ils se cachent facilement, & se glissent parmy les buissons herissez d'épines extremément piquantes, se coulant adroitement par dessous: Ou bien ils grimpent des rochers inaccessibles à tous autres; Ou s'ils sont voisins de la mer, ils se jettent dedans, & plongent: puis vont sortir à cent, voire à deus cens pas loin du lieu où vous aviez la veuë. Et en suitte, ils se rallient ensemble aus rendez-vous qui leur sont connus, & viennent de nouveau à la charge, lors qu'on y pense le moins, & que l'on croit les avoir mis en déroute.

Mais quand ils reconnoissent que ceus qui abordent sont de leurs amis, qui les viennent visiter, comme si ce sont des François ou des Hollandois, aprés leur avoir crié qu'ils sont les tres-bien venus, ils vont en partie à la nage au devant d'eus, entrent dans leur vaisseau, & lors qu'il approche de terre s'offrent à les porter à bord sur leurs épaules, pour témoigner leur affection dés l'entrée. Cependant, le Capitaine luy même, ou son Lieutenant, vous attend sur le rivage. Et lors que vous mettez pied à terre, il vous reçoit au nom de toute l'Ile, & vous fait compliment sur vôtre arrivée. Vous êtes aussi-tost conduits en bonne compagnie au Carbet, qui est la maison de Ville, où les habitans de l'Ile, chacun selon l'âge & selon le sexe de leurs nouveaus hostes, viennent faire la bien-venuë. Le vieillard complimente & caresse le vieillard: le jeune homme & la jeune fille font le même envers leurs semblables, & dans le visage de toute la trouppe, on peut lire clairement la satisfaction qu'ils ont de vous voir.

Mais le premier discours qu'ils vous tiennent, en vous abordant, & de vous demander vôtre nom, & puis, ils vous disent le leur. Et pour témoignage de grande affection, & d'amitié inviolable, ils se nomment eus-mêmes du nom de leurs hostes. Mais ils veulent pour la perfection de la ceremonie;

que

ue celuy qu'ils reçoivent se qualifie aussi de leur nom. Ainsi ils font un échange de noms ; Et ils ont la memoire si heureuse à retenir les noms de leurs amis & comperes, qu'au bout de dix ans ils s'en souviendront sans aucune équivoque, & reciteront quelque circonstance de ce qui s'est passé de considerable en leur derniere entreveuë. Que si on leur a fait present de quelque chose, ils ne manqueront pas de le ramentevoir pour témoigner leur reconnoissance. Et si la chose est encore en être, ils la montreront à celuy qui la leur avoit auparavant donnée.

Aprés tous ces complimens de Sauvages, qu'ils vous ont faits d'abord, ils vous presentent des licts suspendus, qui sont fort nets & fort blancs, & qu'ils tiennent en reserve pour de pareilles rencontres. Ils vous prient de vous y reposer, & en suite ils vous apportent des fruits ; & pendant que les uns pourvoyent au festin, les autres se tiennent auprés de vous, pour vous entretenir, observant toûjours le rapport de l'âge & du sexe.

Cét accueil sera trouvé, sans doute, bien plus raisonnable que celuy des Caraïbes du Continent Meridional, qui reçoivent leurs hostes d'une façon fort bizarre, & qui est semblable à celle que pratiquent les Canadiens. Car le Cacique de ces Caraïbes conduit en la maison publique, sans parler aucument, celuy qui les vient voir ; puis, on luy presente un siege & du Tabac, & on le laisse ainsi quelque tems sans luy dire mot, jusques à ce qu'il se soit reposé, & même qu'il ait achevé de humer son Tabac. Alors le Cacique approche & luy demande s'il est venu ? L'autre répondant qu'ouy, il se sied prés de luy, & l'entretient. Puis aprés ceus du commun viennent, luy demandant en la même sorte, s'il est venu ? Et luy ayant presenté à manger ils s'entretiennent aussi fort agreablement. Or il est bien vray que nos Caraïbes Insulaires pratiquent dans la reception de leurs hostes, envers ceus de leur Nation qui sont étrangers de leurs Iles, la même chose que les Caraïbes du continent : Mais quand ils reçoivent des François, & d'autres Européens, qui ne savent pas garder le silence si long-temps, ils parlent à eus, & les entretiennent d'abord, comme nous avons dit, s'acommodant à leur hu-

Mmm 2 meur,

meur, & contrevenant, pour complaire, aus regles de leurs propres ceremonies.

Mais le festin qu'ils leur veulent faire est desormais preparé. Voyons donc comme ils s'y gouvernent. Ils donnent à chacun sa petite table, & ses mets à part, comme les Chinois. Les uns apportent des Lezards rotis, les autres des Crabes fricassées; quelques uns des legumes: & d'autres des fruits; & ainsi du reste. Pendant le repas, ils vous entretiennent, & vous servent avec un soin merveilleus. On ne leur sauroit faire plus de plaisir que de bien boire & de bien manger, & ils ne cessent de vous en conjurer fort amiablement, de vous verser à boire, & de prendre garde si chaque table est bien fournie. Il ne faut rien laisser dans le vaisseau en buvant, si vous ne voulez les mécontenter. Que si vous ne pouvez manger toute la Cassave qu'ils vous ont donnée, il faut prendre le reste sur vous, & l'emporter; autrement, vous les desobligeriez. Ainsi les Turcs, quand ils se trouvent aus tables de leurs amis, ont acoutumé de remplir leurs mouchoirs, & quelquefois les manches de leurs robes, de morceaux de viande & de pain, qu'ils emportent chez eus. Et parmy les grands Tartares, quand un convié ne peut achever toute la viande qui luy a été presentée, il faut qu'il donne le reste à son valet, pour le luy garder, ou bien qu'il l'emporte luy même en son escarcelle, où il serre aussi les os, quand il n'a pas eu le tems de les bien ronger, afin de les achever après, tout à son aise. Mais parmy les Chinois, quand le convié s'en retourne chez luy, les serviteurs du conviant portent avec luy les mets qui sont restez sur la table.

Trigaut l.1.c.7.

Busbequius, l.4.

Voyage de Rubruquis en Tartarie.

Aprés le repas, les Caraïbes vous ménent promener en leurs maisons particulieres, & en leurs jardins, vous montrent leurs armes, leurs curiositez, & leurs babioles, & vous font present de fruits, ou de quelques menus ouvrages de leur façon.

Que si l'on a envie de demeurer quelque tems avec eus, ils le tiennent à faveur & en sont ravis, & jamais ils ne cessent de vous faire bon visage, ni ne diminuënt leur bon traitement. Mais si l'on se veut retirer, ils témoignent de la tristesse de vôtre départ, & demandent si vous avez été maltraittez,

Chap. 18   DES ILES ANTILLES.   461

traittez, pour vous en aller si tost. Avec ce triste visage ils vous reconduisent en grande troupe jusque au bord de la mer, & même vous portent dans la chalouppe, si vous le voulez souffrir. Et dans cét adieu, vous recevez encore de leur main des presens de fruits, qu'ils vous pressent fort d'accepter, disant à ceus qui les veulent refuser, *Compere, si tu n'en as pas besoin pour toy-même, tu les donneras à tes matelots.* Ils appellent ainsi tous les serviteurs & domestiques de ceus à qui ils parlent.

Ce mot de *Matelot*, est commun aussi entre les François habitans des Iles, pour signifier un Associé. Et lors que deus habitans ont acheté, ou defriché une habitation ensemble, on dit qu'ils se sont *enmatelotez*. On dit que les Bresiliens & les Canadiens font aussi quelques presens en de pareilles rencontres. Et Tacite nous rapporte, que les anciens Allemans regaloient de leurs liberalitez les étrangers qui les alloient visiter: Mais qu'ils demandoient reciproquement aussi quelque chose de leur part: En ceste occasion, les Caraïbes se montrent plus genereus: Car ils donnent sans rien demander. *Au Livre des Mœurs des Anciens Allemans.*

Mais ce seroit une incivilité d'aller voir ces bonnes gens & de recevoir leurs courtoisies, sans leur faire aussi present de quelque chose. C'est pourquoy les étrangers qui les vont voir, ont toûjours quelques grains de Rassade ou de Crystal, quelques hameçons, éguilles, épingles, ou petis couteaus, & autres menuës bagatelles. Et à la fin du repas ils mettent sur la petite table, sur laquelle ils ont mangé, quelques unes de ces choses. Ceus qui ont preparé le festin, s'en tiennent recompensez au centuple, & en témoignent une grande satisfaction & une reconnoissance nompareille.

Jusques icy, nous avons representé le bon accueil & l'agreable traittement, que les Caraïbes ont fait autrefois à quelques uns de leurs amis, ou Comperes comme ils parlent, de la Nation Françoise, & Hollandoise, qui les ont visitez. Mais ils usent d'autres Ceremonies en la reception des Etrangers de leur même Nation, ou de leurs Confederez, qui arrivent dans leurs Iles. Il y a en chaque Carbet un Sauvage, qui a la Commission de recevoir les passans, & qui s'appelle *Nioüakaiti.* S'ils sont du commun, il leur presente des siéges,

Mmm 3

fiéges, & de ce qu'il à de propre à manger, & fur tout une Caſſaue pliée en double, qui ſignifie qu'ils mangent ce qu'ils pourront, mais qu'il laiſſent le reſte.

Si ceus qui les vont voir, ou qui paſſent par occaſion, leur ſont plus conſidérables, comme parens, ou Capitaines, ils leur peignent les cheveus & en entrant & en ſortant, ils pendent des lits & les invitent à ſe repoſer, en leur diſant, *En Bouëkra*, voila ton lict. Ils leur preſentent auſſi des *Matoutou*, qui ſont de petites tables tiſſuës de jonc, ou de feüilles de Palme ou de Latanier, comme nous l'avons déja dit, ſur léquelles ils poſent des viandes & des Caſſaues non pliées en deus, mais étenduës. Les femmes les mettent à leurs pieds: Et les hommes ſe preſentant tout debout, font la civilité, & montrent ce qui a été apporté, en diſant, *En yérébali*, voila ton manger. Apres les femmes apportent des calebaſſes pleines de *Oüicou*, & leur font boire à même. Puis les ayant poſées devant eus contre terre, le mary qui eſt derriere elles, fait encore civilité, en diſant *En bâtoni*, voila ton bruvage. Et l'autre répond à ces deus complimens *Yao*, c'eſt à dire, Bien, *ou grand mercy*. La Caſſaue dépliée veut dire, Mange ton ſoul, & emporte le reſte. A quoy ils ne manquent. Quand ils ont bien diſné ſans eſtre interrompus de perſonne, chacun les vient ſaluer l'un apres l'autre, en luy diſant *Halia-tibou*, c'eſt à dire ſois le bien venu. Mais les femmes ne ſe meſlent pas beaucoup dans cette ceremonie. Pour eus quand ils s'en veulent aller, ils vont dire adieu à tous en particulier: Ce qu'ils expriment par le mot de *Huichan*, en leur langage.

CHA-

CHAPITRE DIXNEUVIÉME.

De ce qui tient lieu de Police chez les Caraïbes.

IL y a en chaque Ile des Antilles habitées par les Caraïbes plusieurs sortes de Capitaines. 1. Capitaine de Carbet, ou de Village, qu'ils nomment *Tiouboutouli hauthe* C'est quand un homme a une famille nombreuse, & qu'il se retire à lécart des autres avec elle, & bâtit des cases pour la loger, & un Carbet où elle s'assemble quelquefois toute pour se réjoüir, ou bien pour traitter des affaires qui touchent leur Communauté. Il est donc à cause de cela nommé Capitaine de Famille, ou de maisons. 2. Capitaine de Pirangue, c'est à dire ou celüy à qui appartient le vaisseau, ou celuy qui y commande quand on va en guerre, & ils sont nommez *Tiouboutouli Canáoa*. 3. Entre ceus qui commandent chaque vaisseau en particulier, ils ont encore un Amiral ou un General de mer, qui commande à toute la Flotte. Ils le nomment *Nhalené*. Enfin ils ont le grand Capitaine, qu'ils appellent *Ouboutou*, & au plurier *Ouboutounum*. C'est le même que les Espagnols nomment *Cacique*, comme quelques autres Indiens, & quelquefois aussi nos Sauvages par imitation. Il est toute sa vie, dépuis qu'il est éleu à cette charge, le General de leur armées, & on luy fait toujours grand honneur. Il convoque les assemblées du Carbet, soit pour les rejouissances publiques, soit pour les deliberations de la guerre. Et il marche toujours accompagné de toute sa maison, & d'autres gens qui luy veulent faire honneur. Ceus qui ont le plus de suite sont les plus considerez. Si quelcun ne luy porte par le respect qu'il luy doit, il a droit de lever la main sur luy pour le frapper. Il n'y en a que deus au plus dans une Ile, comme à la Dominique. Ordinairement ils sont aussi les Amiraus, quand la Flotte marche. Ou bien c'est quelque jeune homme qui pretend à la charge, & qui se veut signaler en cette occasion.

On parvient à cette charge par election. Et on ne peut être élu que l'on nait tüé plusieurs Arouâgues, ou pour le moins un Chef. Les fils ne succedent pas plutôt que les autres à la charge de leurs Peres, s'ils n'en sont dignes. Quand le Grand Capitaine parle, chacun fait silence. Et quand il entre au Carbet, chacun se retire pour luy faire place. Il a aussi toujours la premiére, & la meilleure part du festin. Le Lieutenant de ce Capitaine se nomme en Sauvage, *Ouboutou mali arici*, c'est à dire proprement la trace du Capitaine, ou ce qui paroit aprés luy.

Aucun de ces Chefs ne commande à toute la Nation, & n'a d'empire sur les autres Capitaines. Mais quand les Caraïbes vont à la guerre, ils choisissent de tous les Capitaines, un General d'Armée qui fait la premiere attaque : Et la Campagne étant finie, il n'a nulle autorité que dans son Ile. Il est bien vray, que s'il a genereusement réüsly dans son entreprise, il est toujours fort consideré dans toutes les Iles. Mais autrefois, avant que le commerce que les Caraïbes ont avec les étrangers eust alteré la plus grand' part de leur ancienne police, il y avoit bien du mystere, & bien des conditions pour obtenir ce degré d'honneur.

Il falloit premierement que celuy qu'on élevoit à cette Dignité, eust fait plusieurs campagnes à la guerre, & qu'au seû de toute l'Ile dont il devoit être éleû Capitaine, il s'y fust porté courageusement & vaillammant. Aprés cela il luy étoit necessaire d'être si agile & si leger à la course, qu'il surmontast en cét exercice tous les competiteurs qui s'y presentoient avecque luy. En troisiéme lieu, le prétendant au Generalat de l'Ile, devoit emporter l'avantage à nager & à plonger, sur tous les autres aspirans. Pour la quatriéme condition, il falloit qu'il portast un fardeau d'une telle pesanteur que tous ceus qui briguoient avecque luy, n'en pussent soutenir le poids. Enfin, il étoit obligé à donner de grandes preuves de sa constance. Car on luy déchiquetoit cruellement les épaules & les mammelles avec une dent d'Agouty. Même ses plus grands amis luy faisoient de tres-vives & profondes incisions en divers endroits du corps. Et le miserable qui vouloit obtenir cette charge devoit endurer tout cela sans
faire

faire parêtre le moindre signe de resentiment & de douleur. Au contraire, il faloit qu'il montrast un visage satisfait & riant, comme s'il eût été le plus content & le plus aise du monde. On ne s'etonnera pas tant que ces Barbares souffrissent un traitement si cruel, pour aquerir quelque dignité, lors qu'on se representera que les Turcs ne se montrent quelquefois pas moins cruels envers eus-mêmes, par une pure galanterie, & comme pour un simple divertissement. Témoin ce que Busbequius nous rapporte au quatriéme livre de ses Ambassades; Ce qui seroit trop long à reciter en cét endroit.

Pour revenir aus Antillois, cette ancienne ceremonie qu'ils observoient en l'élection de leurs Chefs, semblera sans doute, comme elle l'est en effet étrange & Sauvage. Mais il se trouve parmy d'autres Nations quelque chose de semblable. Car au Royaume de Chili, on élit pour Souverain Capitaine, celuy qui peut porter le plus long-tems un gros arbre sur ses épaules. Au païs de Wiapoco, vers la grande Riviere des Amazones, pour être fait Capitaine, il faut endurer, sans crier, sans faire la grimace; ni branler, neuf furieus coups de houssine de chaque Capitaine, à trois diverses fois. Mais ce n'est pas tout. Il faut encore souffrir d'être dans un lict de cotton au dessus d'un feu de feüilles vertes, qui ne rend que de la fumée épaisse, laquelle montant en haut incommode beaucoup, comme l'on peut penser, le miserable qui est si sôt que de s'y exposer. Et il est obligé à demeurer là, jusqu'à être évanoüi & à demy-mort. C'est avoir une merveilleuse envie d'être Capitaine. Autrefois méme, parmy les Perses, on demandoit à ceus qui vouloient être admis dans la confrerie du Soleil, des preuves de leur constance, en quatrevints sortes de tourmens. Les Bresiliens, sans y faire tant de façon, élisent pour leur General celuy qui a le plus pris, & le plus tué d'ennemis. Et à present aussi, en quelques unes des Antilles, les Caraïbes se rient eus-mémes de leurs anciennes ceremonies, en l'élection de leur Capitaine. Et parce qu'ils ont remarqué que leurs voisins tiennent pour ridicules ces façons de faire, ils se contentent de choisir pour Chef celuy qui s'étant porté vaillammant dans les guerres,

Vincent le Blanc, 3. part. chap. 7.

Voyages de Moquet, l. 2.

De Lery chap. 14.

contre leurs ennemis, s'est aquis la reputation de brave & de courageus:

Dés que le Cacique est reçeu dans la charge, il se voit extrémement honoré de tous. On ne paroist devant luy qu'avec un grand respect. Et jamais personne ne parle, s'il ne l'interroge, ou ne le luy commande. Que s'il arrive à quelcun de ne pouvoir tenir sa langue, on entend les autres luy crier à l'heure même, *Cala la Bocca*, qu'ils ont appris de l'Espagnol. Mais ce n'est pas tout que de se taire en la presence de leur Chef. Ils sont tous fort attentifs à son discours, le regardent quand il parle, & pour témoigner qu'ils approuvent ce qu'il dit, ils ont acoutumé de faire un soûris, acompagné d'un certain *Hun-hun*.

Voyez Pirard, Linscot, Garcilasso, des Hayes, & autres.

Ces marques d'honneur n'ont rien du tout de Sauvage, & qui ne soit reçeu presque par tout l'univers. Mais les Maldivois ont une façon d'honorér bien particuliere : Car comme ils estiment une action de mépris de passer derriere une personne, aussi pour luy témoigner une grande déference, ils prennent leur passage devant ses yeus, & se baissant le corps, disent en passant, *Ne vous déplaise*. Les yuncas, peuples de l'empire du Perou, pour témoigner le respect qu'ils portoient à leur Dieu, entroient dans son Temple à reculons, & en sortoient tout de même ; Tout au contraire de ce que nous pratiquons dans nos visites & dans nos civilitez ordinaires. Les Turcs estiment la main gauche la plus honorable parmy les gens de guerre : les Javans croyent qu'on ne se peut soumettre & avilir davantage qu'en se couvrant la teste;

1 Cor. 11.

Ce qui ne se raporte pas mal á ce que Saint Paul dit de l'homme qui fait oraison, ou qui profetise ayant la teste couverte. Les Japonois tiennent pour une grande incivilité de recevoir étant debout ceus que l'on veut honorer. Ils s'assayent, & déchaussent leurs souliers lors qu'ils veulent faire honneur à quelcun. Au Royaume de Gago en Afrique tous les sujets parlent à genous au Roy, ayant en leurs mains un vase plein de sable qu'ils se jettent sur la teste. Les Négres du païs d'Angole se couvrent ainsi de terre quand ils rencontrent leur Prince, comme pour témoigner qu'ils ne sont devant luy que poudre & cendre. Les Maronites du Mont Liban

Liban rencontrant en face leur Patriarche, se prosternent à ses pieds pour les baiser. Mais luy les relevant aussi-tôt leur presente la main : Laquelle ils saisissent à deus mains, & l'ayent baisée, la portent sur leur teste. Mais ceus du détroit de Sunda ont une coutume tout à fait étrange. C'est que pour faire honneur à leurs Superieurs, ils leur prennent en main le pied gauche, & leur frottent doucement la jambe depuis le pied jusqu'au genou : Et en suite, ils leur frottent de même le visage jusques par dessus la teste. Jugez si cette action-là seroit estimée fort respectueuse en ces quartiers. Tout cela montre que l'honneur mondain, qu'el qu'il puisse être, hors la vertu, ne consiste au fond, que dans l'opinion & dans la coutume, qui different, & qui bien souvent se choquent, selon la diversité & la contrarieté du caprice des Nations.

Pour revenir au Capitaine de nos Caraïbes, son office est de prendre les resolutions pour le tems de la guerre, d'en ordôner les preparatifs, & d'y aller à la teste de ses Compagnies. C'est aussi luy qui convoque les assemblées de son Ile, & qui commande les reparations du Carbet, qui est la maison où l'on s'assemble pour prendre les resolutions sur toutes les affaires publiques. Enfin, c'est luy qui dans les occasions, répond au nom de toute l'Ile, & qui prescrit les jours de divertissement & de réjouïssance, dont nous avons déja parlé.

La Justice, chez les Caraïbes, n'est point exercée par le Capitaine, ni par aucun Magistrat : Mais tout de même que parmy les Toupinambous, celuy qui se tient offensé entr'eus, tire de son adversaire telle satisfaction que bon luy semble, selon que la passion le luy dicte, & que sa force le luy permet. Le public ne s'interesse point dans la recherche des crimes. Que si quelcun d'eus souffre un tort ou un affront, sans s'en venger, il est méprisé de tous les autres, & tenu pour un lâche, & pour un homme sans honneur. Mais, comme nous avons dit ailleurs, leurs divisions & leurs querelles sont fort rares.

Un Frere venge son Frere & sa Sœur, un Mary sa Femme, un Pere ses enfans, les enfans leur Pere. Ainsi tuez, ils sont bien

bien tuez, parce que ça été pour tirer raifon. Pour prevenir cela, fi un Sauvage de quelque Ile a tué un autre Sauvage, crainte d'eftre tué en revanche par les parens du mort, il fe fauve dans une autre Ile, & s'y habituë. Ceus qu'ils croyent Sorciers, ne la fontpas longue parmy eus, quoy que bien fouvent il y ait plus d'imagination que de verité.

Si les Caraïbes foubçonnent quelcun de leur avoir derobé quelque chofe, ils tafchent de l'attraper, & de luy faire des taillades, ou de couteau ou de dent d'Agouty, fur les épaules, pour marque de fon crime & de leur vengeance. Ces dens d'Agouty font en plufieurs occafions chez les Caraïbes, l'office de nos rafoirs. Et en effet elle ne font guére moins tranchantes & moins affilées. Ainfi les anciens Peruviens & les Canariens n'ayant pas encore l'invention de nos ferremens, fe fervoient de certaines pierres à feu, comme de cifeaus, de lancettes, & de rafoirs.

Le mary ne fouffre point que fa femme viole impunément la foy conjugale: mais il s'en fait luy-même la juftice, comme nous le dirons plus particulierement au Chapitre des Mariages. Mais ils ne favent ce que c'eft que de punir publiquement, & par forme de juftice. Et ils n'ont pas même de mot en leur langue pour fignifier *Iuftice* ou *Iugement.*

Plutarque en la vie de Solon.

CHA-

CHAPITRE VINTIÉME.

Des Guerres des Caraïbes.

C'Est ordinairement dans leurs festins publics que les Caraïbes prennent leurs resolutions de faire la guerre. Ce qui n'est pas particulier à leur Nation: car les Bresiliens & les Canadiens en font de même. Et afin qu'on ne pense pas qu'il ne se trouve rien de tel que chez les Sauvages, Herodote & Strabon nous témoignent qu'autrefois les Perses consultoient de leurs affaires les plus importantes dans leurs banquets, & lors qu'ils avoient la teste pleine de vin. Et non seulement les Perses: mais plusieurs Nations Gréques tenoient leurs Conseils à table, si nous en croyons Plutarque. Ce que font encore aujourd'huy les Chinois, au rapport des Historiens.

Livre 1. & liv. 15.

Livre 3. des propos de table, quest. 2. Teigand liv. 1. c. 7.

Mais pour venir au détail des Conseils de guerre de nos Caraïbes, quand ils commencent à avoir le cerveau échauffé de leur boisson, une Vieille entre dans leur assemblée avec une mine dolente & un maintien triste, & les larmes aus yeus, demande audience. Ce qui luy estant facilement accordé, à cause du respect & de la reverence que l'on porte à son âge: d'une vois plaintive & entre coupée de soupirs, elle represente les dommages que toute la Nation a receus des Arouâgues leurs anciens & capitaus ennemis. Et aprés avoir fait un denombrement des plus grandes cruautez, qu'ils ont autrefois exercées contre les Caraïbes, & des vaillans hommes qu'ils ont tuez ou pris captifs dans les batailles, qui se sont données entr'eus, elle descend en particulier, à céus qui de fraiche datte ont esté faits prisonniers, massacrez, & mangez, dans les dernieres rencontres; Et enfin, elle conclud, que ce seroit à leur Nation une lâcheté honteuse & insupportable, s'ils ne prenoient la vengeance de tous ces maus, imitant la generosité de leurs Predecesseurs, braves Caraïbes, qui n'ont rien eu en plus grande recommandation que de tirer raison de injures qu'ils avoient receuës: Et qui aprés avoir secoüé le joug que les Tyrans leur vouloient imposer pour asservir leur ancienne liberté, ont porté tant de fois leurs armes victorieuses dans les terres de leurs ennemis, qu'ils ont poursuivis avec la fléche & le feu jusques sur leurs plus hautes montagnes, les ayant contraints de se retirer dans le creus le plus profond des Abymes, dans les ouvertures des rochers, & dans l'horreur des Forets les plus épaisses : avec tant d'heureus succés, que même à present, ils n'oseroient plus paroitre sur les costes de leurs Mers, & ne sauroient trouver de demeure si écartée où ils se puissent tenir à couvert contre les attaques des Caraïbes ; la frayeur & l'épouvantement les ayant saisie aprés de si grandes victoires. Qu'il faut donc courageusement pour suivre cette pointe, & ne se point relâcher que cette race ennemie ne soit tout à fait exterminée.

Aussi-tost que le discours de la vieille est finy, le Capitaine harangue sur le même sujet pour émouvoir davantage les Esprits, aprés quoy, on voit tous l'assemblée applaudir unanimement à sa proposition, & donner toutes sortes de signes qu'ils reconnoissent la justice de la cause. Et dés ce moment, estant animez par les paroles qu'ils viennent d'entendre, ils ne respirent plus que le sang & le carnage. Le Capitaine, jugeant bien par l'applaudissement de toute l'assemblée, & par ses gestes & sa contenance, qu'elle conclud à la guerre, bien qu'elle ne le dise pas par ses paroles, il en fait, à l'heure même, l'ordonnance & limité le tems de l'entreprise par quelques-unes de leurs façons de conter, comme nous l'avons décrit dans le Chapitre de leur simplicité naturelle. Il faut remarquer icy qu'ils prennent ces resolutions sanglantes estant yvres; & aprés que le Diable les a tourmentez pour les y porter, comme nous l'avons touché cy dessus.

Dés le lendemain de cette assemblée, on ne voit & on n'entend en tous les quartiers de l'Ile que les preparatifs à la guerre. Les uns polissent leurs arcs : les autres mettent en état leurs massuës : les autres préparent, aiguisent, & envéniment leurs fléches : les autres, enfin, dressent & agencent leurs Piraugues. Les femmes de leur costé, travaillent à disposer & à amasser les vivres necessaires pour l'armée.

Et

Et au jour préfix chacun se trouve sans manquer au bord de la mer, avec tout son équipage, pour l'embarquement.

Ils se fournissent tous d'un bon arc, & d'un gros trousseau de fléches qui sont faites d'un certain petit roseau poly, armé d'un fer par le bout, ou d'une os de queuë de raye, dentelé & extrémement piquant. C'est aussi de cela que les fléches des Bresiliens sont armées. Mais les Caraïbes ajoûtent aus leurs, pour les rendre plus redoutables, un poison souverainement mortel, composé de jus de Mancenilles, & d'autres venins, la moindre égratignure qu'elles font, est une blessure mortelle. Il a esté jusques icy impossible de tirer d'eus le secret de cette composition. Ils portent aussi chacun cette épée de bois qu'ils nomment *Boutou*, ou pour mieus dire, cette massuë puissante qui leur tient lieu d'épée, & dont ils s'escriment à merveilles. Ce sont-là toutes leurs armes: car ils ne se couvrent point de Rondaches, comme les Taupinambous; mais leurs corps demeurent tout à nud. *De Lery chap. 14.*

Aprés le soin de leurs armes, ils prennent celuy de leurs munitions de bouche, & portent en leurs vaisseaus de la Cassave, du poisson rosty, des fruits, & particulierement des Bananes, qui se gardent long-tems, & de la farine de Manioc. Les Icaques dans leur guerre ne se donnent pas cette peine. Et ce qu'ils pratiquent en ce point, leur est tout particulier, & merite que l'on en parle. Car ils se passent de si peu de chose pour leur nourriture, & se plaisent si fort à vivre de certaines prunes qui croissent en abondance en leurs quartiers, & dont ils portent même le nom *d'Icaques*, que quand ils vont à la guerre, on ne les voit jamais porter de provision de bouche avec eus.

Nos Sauvages Antillois, aussi bien que ceus du Bresil, menent à la guerre quelques femmes avec eus, pour faire leur cuisine & pour garder leurs Piraugues ou vaisseaus de mer, quand ils ont fait leur descente. Ils attachent fermement à ces Piraugues leurs armes & leurs munitions de bouche. De sorte que si le vaisseau vient à renverser, ce qui arrive assez souvent, ils le remettent sur son assiette sans rien perdre de ce qui est dedans. Et dans ces rencontres, estant si bons nageurs que nous les avons reprensentez, ils ne se trouvent *De Lery chap. 14. Chap. 15.*

point

point en peine de leurs personnes; & ils se sont quelquefois moquez des Chrestiens, qui se rencontrant prés d'eus en ces occasions, se mettoient en devoir de les secourir. C'est ainsi *Chap.* 12. que les Toupinambous se rioient un jour de nos François en une semblable aventure, comme le recite Jean de Lery. Les voiles des vaisseaus des Caraïbes sont de toile de cotton, ou d'une espece de natte tissuë avec des feüilles de Palme. Ils savent admirablement bien ramer avec de certains petis avirons, qu'ils poussent d'une vitesse nonpareille. Ils menent aussi quelques Canots, qui sont leurs plus petis vaisseaus, pour accompagner leurs Piraugues.

Leur coutume est de marcher d'Ile en Ile pour s'y raffraichir, & ils ont à cét effet des jardins, en celles là même qui sont desertes & inhabitées. Ils descendent aussi dans les Iles de leur Nation, pour joindre à leurs trouppes, en chemin faisans, tous ceus qui sont en état de les accompagner. Et ainsi ils grossissent leur armée, & avec cét équipage, ils se vont rendre sans bruit, sur les Frontieres.

Lors qu'ils marchent le long des costes, & que le soir est venu, ils mettent leur vaisseau sur le sable, & font en une demye heure leur logement sous quelque arbre, avec des feüilles de Balisier ou de Latanier, qu'ils attachent ensemble sur des gaules, ou sur des roseaus, soutenus par quelques fourches plantées en terre, & pour servir de fondement à ce petit couvert, & pour suspendre leurs lits. Ils appellent ces logemens faits à la haste, *Aioupa*.

Plutarque en la vie de Lycurgue. Le Legislateur de Lacedemone avoit defendu, entre autres choses, de faire souvent la guerre contre mêmes ennemis, de peur de les aguerrir. Mais les Caraïbes ne suivent pas ces maximes, & n'apprehendent pas un pareil inconvenient. Car ils font toujours la guerre à la même Nation. Leur anciens & irreconciliables ennemis, ce sont les *Aroüacas, Aroüaques*, ou *Aroüagues*, qui est le nom qu'on leur donne le plus communement dans les Iles, bien que quant aus Caraïbes, ils les appellent *Aloüagues*: léquels demeurent en cette partie de l'Amerique Meridionale qui est connuë dans les Cartes sous le nom de Province de *Guyana* ou *Guayana*, guére loin des bords des rivieres, qui descendent de cette Province pour

se

se rendre en la mer. Le sujet de l'inimitié immortelle de nos Caraïbes Insulaires contre ces Peuples, a esté déja touché au Chapitre de l'Origine des Caraïbes, assavoir que ces Arouâgues ont cruellement persécuté les Caraïbes du Continent leurs voisins, Confreres de nos Insulaires, & de la même Nation qu'eus. Et qu'ils leur ont livré continuellement des guerres sanglantes pour les exterminer, ou, tout au moins, pour les chasser de leurs demeures. Ce sont donc ces Arouâgues que nos Antillois vont chercher en leur païs ordinairement une fois ou deus par an, pour en tirer toute la vengeance que leur fureur est capable de leur dicter. Et il faut remarquer que de leur costé, les Aroüagues ne vont jamais attaquer les Caraïbes Insulaires dans leurs Iles, mais qu'ils se tiennent sur la simple defensive ; Au lieu qu'ils sont asseurez de voir plus souvent chez eus nos Sauvages qu'ils n'auroient à souhaiter, bien que de la derniere des Antilles qui est Sainte Croix, en côtoyant, comme ils ont coutume de faire, toutes les autres Iles, dans léquelles ils ont des jardins ou des Colonies, jusques aus terres de Arouâgues, il y ait environ trois cens lieuës de chemin.

La grande generosité du grand Alexandre le portoit à dire, qu'il ne falloit pas dérobber la victoire : Mais Filippe, d'une autre humeur que son fils, estimoit qu'il n'y avoit jamais de honte à vaincre, de quelque fasson que ce pust estre. Nos Caraïbes, avec la plupart des Ameriquains, se trouvent dans le même sentiment. Car ils font toutes leurs guerres par surprise, & ne tiennent pas à deshonneur de s'y servir de la faveur des tenebres. Bien au contraire des Icaques, qui s'estimeroient flétris en leur reputation, si lors qu'ils arrivent dans les terres de leurs ennemis, ils ne les envoyoient avertir de leur venuë & sommer de se mettre sous les armes pour les recevoir. Les Arraucains qui sont voisins du gouvernement de Chili, Peuple belliqueus, & que l'Espagnol n'a pû domter jusques icy, en ayant esté même souvent vaincu, font encore bien davantage. Car quand ils veulent combatre cét ennemy, ils luy font denoncer la guerre par des Hérauts & luy envoyent dire, Nous t'irons trouver dans tant de Lunes: Tien toy prest. Et ainsi les Yncas, Rois du Perou, n'entre-

Arrian & Quinte Curse Iustin l. 9.

Garcilasse l. 5. c. 12.

prenoient aucune guerre, qu'au paravant ils n'en avertissent leurs ennemis, & ne la leur declarassent par deus ou trois fois. Ce qui fera voir, en passant, que Lescarbot s'est trompé dans son Histoire de la Nouvelle France, lors qu'il a dit que tous les Indiens Occidentaus universellement, font leurs guerres par surprise.

Livre 3. c. 25.

Les Caraïbes ont cette imagination, que la guerre qu'ils commenceroient ouvertement ne leur reüssiroit pas. De sorte qu'aprés avoir fait leur descente chez les Aroüagues, s'ils sont découverts, avant que de donner le premier choc, ou qu'un chien, par maniere de dire, ait abbayé contr'eus, tenant cela pour mauvais augure, ils remontent tout froidement dans leurs vaisseaus, & retournent en leurs Iles, remettant la partie à une autre fois.

Mais s'ils ne sont point apperceus, ils donnent vivement sur leurs ennemis, & les vont chercher en leurs Cabanes. Que s'ils ne les peuvent pas aisément aborder, & qu'ils les trouvent trop bien retranchez & fortifiez dans quelques maisons munies de bonnes palissades, d'où ils décochent leurs fléches avec avantage, ils ont acoutumé de les contraindre d'en sortir, en y jettant le feu avec leurs fléches, au bout déquelles ils attachent du cotton allumé. Et ces fléches estant poussées sur les toits, qui ne sont que d'herbes, ou de feüilles de Palme, les enflamment aussi-tost. Ainsi les Aroüagues sont obligez de sortir de leurs tanieres, & de rendre combat en pleine campagne; ou bien de prendre la fuite, si leur courage ne leur permet pas de faire teste aus ennemis. Quand nos Sauvages les ont de cette sorte attirez au champ de bataille, ils tirent premierement contr'eus toutes leurs fléches. Et aprés avoir épuisé leurs Carquois; ils ont recours au Boutou, & font d'étranges effets avec cette épeé de bois, ou plutost avec cette massuë: Ils ne font que sauteler en combattant, pour donner moins de loisir à l'ennemy de les mirer. Les armes à feu, particulierement les canons, qui font tant de bruit & tant d'effet, sur tout lors qu'ils sont chargez de clous, de chaines, & d'autres ferrailles, leur ont abbatu le courage, quand ils ont affaire avec nous, & leur font apprehender l'approche de nos navires & de nos forts. Mais bien qu'ils ne prenent

pas

pas d'Opium, pour oster le sentiment, avant que d'aller au *Voyage* combat, comme les Turcs & les Indiens Orientaus de Cana- *de l'Isla-* nor: & qu'ils ne se nourrissent pas de Tygres ni de Lions, *Paluda-* pour se rendre plus courageus, comme le Peuple du Royau- *Linscot,* me de Narsinque vers Malabar, toutefois quand ils com- *chap. 76.* battent armes égales contre les Aroüagues, & qu'ils ont *& Vin-* commencé la bataille, principalement s'ils sont animez par *cent le* quelque heureus succés, ils sont hardis comme des Lions, & *Blanc.* rien n'est capable de leur faire lâcher le pied : mais ils veulent vaincre ou mourir. Ainsi en faisoient les Sauvages belliqueus du païs de Cartagene estant attaquez par les Espagnols. Car ils se precipitoient au combat de telle furie, hommes & *Linscot* femmes, qu'une de leurs filles, coucha plusieurs Espagnols sur *& de* la place avant que d'être tuée. On dit aussi que les Mexicains *Acosta &* & les Canadiens se font plutost tailler en pieces, que de se *le Ieune.* laisser prendre au combat.

Si les Antillois peuvent avoir en vie quelcun de leurs ennemis, ils le lient & l'en-ménent captif en leurs Iles. Que si quelcun de leurs gens tombe mort ou blessé dans le champ de bataille, ce leur seroit un reproche eternel & insupportable de le laisser au pouvoir de l'ennemy. Et c'est-pourquoy ils se jettent de furie au milieu des plus grands dangers, & teste-baissée percent d'un commun effort tout ce qui leur fait resistance, pour enlever les corps de leurs camarades, & les ayant arrachez par force d'entre les mains des ennemis, les porter en leurs vaisseaus.

Aprés que la bataille est finie, nos Sauvages se retirent au bord de la mer, ou dans quelque Ile voisine. Et s'ils ont receu quelque notable perte par la mort de quelques uns de leurs Chefs, ou de leurs plus vaillans soldats, ils font retentir l'air de hurlemens & de cris épouvantables, avant que de remonter en leurs vaisseaus : Et meslant une infinité de larmes au sang de leurs morts, ils les couchent pitoyablement en leurs Pirauges, & les accompagnent de leurs regrets & de leurs soupirs jusques aus premieres de leurs terres.

Que s'ils ont eu la victoire, ils ne s'amusent pas à couper les testes de leurs ennemis tuez, à les porter en trofée, & à depoüiller ces pauvres corps de leur peau pour la faire servir

c'étend'étendart à leurs triomfes, comme font les Canadiens: & comme le pratiquoient autrefois les Scythes, sur le témoignage d'Herodote, & même nos vieus Gaulois, si nous en croyons Tite Live. Les Caraïbes se contentent de jetter des cris de joye sur les corps des Aroüagues, & de faire éclatter sur leurs rivages des tons d'alégresse, comme pour insulter à cette terre ennemie, avant que de la quitter. Mais aprés qu'ils ont répandu sur ce païs étranger une partie de leurs chansons triomfales, ils remontent en diligence dans leurs vaisseaus, pour porter le reste dans le sein de leur patrie. Et ils emmenent bien garottez les pauvres Aroüagues qu'ils ont pris en vie, pour en faire chez eus la curée, que le Chapitre suivant va representer.

Liv. 4. liv. 10.

Le but qu'ils ont en cette guerre, n'est pas de se rendre maitres d'un nouveau païs, ou de se charger des dépoüilles de leurs ennemis: Mais ils ne se proposent que la seule gloire de les vaincre & d'en triomfer, & le plaisir d'assouvir sur eus la vengeance qu'ils respirent, des torts qu'ils en ont receus.

Nos Caraïbes n'ont, aprés les Aroüagues, qu'ils nomment simplement *Etoútou*, c'est à dire *Ennemis*, aucuns plus grands ennemis que les Anglois, qu'ils appellent *Etoútou Noubi*, c'est à dire *Ennemis contrefaits*, à cause qu'ils sont vétus. Cette inimitié a pris son origine de ce que les Anglois, sous le pavillon des autres Nations, ayant attiré plusieurs des Caraïbes dans leurs vaisseaus, où au commencement ils les avoient amadoüez & alléchez par mille caresses & petis presens & sur tout avec de l'eau de vie, qu'ils ayment extrememeht, lors qu'ils virent que leur vaisseau étoit remply de ces pauvres gens, qui ne pensoient à rien moins qu'à une pareille perfidie, ils levérent l'ancre, & porterent les Caraïbes, hommes, femmes, & enfans, en leurs terres, où jusqu'à present ils les tiennent esclaves. On dit qu'à limitation des Espagnols, ils ont fait ce lâche trait en plusieurs Iles. C'est ce qui est cause qu'ils haïssent à mort les Anglois, & qu'ils ne peuvent seulement ouïr parler leur langue. Jusques là même, que si un François se sert de quelques termes Anglois en son discours, il atire sur soy leur inimitié. Aussi à leur tour, &

par

par droit de represailles, ils ont fait souvent des descentes dans les Iles de Montserrat, d'Antigoa, & en d'autres qui sont occupées par les Anglois. Et aprés avoir brûlé quelques maisons, & pillé quelques meubles, ils ont enlevé des hommes, des femmes, & des enfans, qu'ils ont conduit à la Dominique & à Saint Vincent. Mais on n'apprend point qu'ils en ayent mangé aucun. Ils reservent cette cruauté pour les Aroüagues. Et même avant que les Caraïbes fussent en guerre avec les Habitans de la Martinique, quand les Parens ou amis des Anglois qui avoyent été emmenez prisonniers de guerre par ces Caraïbes, employoient l'intercession & l'entremise des François, ils étoyent aisément élargis, & remis entre les mains des François, qui donnoient en échange aus Caraïbes, quelques unes de ces bagatelles dont ils font cas; ou une coignée & quelque semblable outil qui leur est necessaire. On a même recou de leurs mains des Aroüagues destinez à être mangez, en leur presentant aussi en échange quelques unes de ces choses. Ils ont encore à present en l'Ile de Saint Vincent, des garçons & des filles de la Nation Angloise, qui pour avoir été enlevez fort jeunes, ont oublié tout à fait leurs parens, & ne voudroient pas même retourner avec eus, tant ils sont façonnez à l'humeur des Caraïbes, qui les traittent aussi de leur part fort doucement comme s'ils étoient de leur Nation. Aujourd'huy, on ne les reconnoist qu'aus cheveus qui sont blons, au lieu que les Caraïbes les ont tous universellement noirs.

Quant aus Espagnols, au commencement de la découverte de l'Amerique, les Caraïbes qui possedoient toutes les Antilles furent rudement traittez par eus. Ils les persecutoient avec le fer & le feu, & les poursuivoient parmy les bois, comme des bestes fauves, pour les emmener captifs travailler aus mines. Ce qui contraignit ce peuple, qui est vaillant & genereus, à repousser la violence, & à dresser aussi des embûches à leurs ennemis; Et même à les assaillir à guerre ouverte en leurs vaisseaus qui étoient à leurs rades, lesquels ils abordoient sans crainte des armes à feu, & au travers des épées & des piques. Ce qui leur réüssit à diverses fois, si avantageusement, qu'ils se rendirent maitres de plusieurs Navires ri-

che-

chement chargez, faisant main-basse par tout, enlevant tout le butin, & puis brûlant les vaisseaus. Il est vray qu'ils pardonnoient aus esclaves Négres qu'ils y rencoutroient, & qu'ils les conduysoient à terre, pour les faire travailler en leurs habitations. Et c'est de là que sont venus les Négres qu'ils ont à present en l'Ile de Saint Vincent, & en quelques autres.

Les Espagnols ayant ressenty ces pertes, & voyant qu'ils avoient à faire à forte partie, & que quand ils auroient ruiné cette Nation, il ne leur en reviendroit aucun avantage : considerant aussi que les Iles qu'ils habitoient étoient necessaires à leurs vaisseaus qui venoient d'un long voyage, pour y prendre des raffraichissemens, de l'eau, du bois, & même des vivres, au besoin, & pour y laisser dans la necessité les malades qui étoient en leur Flotte, ils se resolurent de traitter plus humainement les Caraïbes : & après avoir donné la liberté à quelques uns de ceus qu'ils tenoient captifs, & les avoir amadouëz & renvoyez en leurs terres avec presens, ils se servirent de leur entremise pour traitter une forme de paix avec ce Peuple, laquelle ayant été acceptée de quelques Iles, ils y jetterent les pourceaus qu'ils avoient amenez de l'Europe : & depuis, ils y laissoient en passant les malades qu'ils avoient en leurs Navires, pour les reprendre au retour étant gueris. Mais les Caraïbes de Saint Vincent, & ceus qui demeuroient à la Dominique, ne voulurent point consentir à cét accord, & ont conservé toujours jusqu'à present, leur aversion contre les Espagnols, & le desir de se venger d'eus.

Au reste, pour ce qui est particulierement de leurs guerres défensives, ils ont appris par la hantise & la frequentation des Chrétiens, & par les démeslez qu'ils ont eu avec eus en diverses rencontres, à tenir leurs rangs, à se camper en des lieus avantageus, à se Gabionner, & à se servir de formes de retranchemens à leur imitation. Nos François le reconnurent & l'éprouverent ces dernieres années, en la prise de l'Ile de la Grenade. Ils s'étoient imaginez que les Caraïbes ne feroient nulle resistance : Mais ils les trouverent en défense, pour leur empêcher la descente, & leur contester la demeure en cette terre; Car outre qu'ils leur firent essuyer la gresle
d'une

d'une infinité de fléches, & qu'ayant mis des barricades aus avenues, ils s'opposerent courageusement à leur débarquement, & les escarmoucherent par plusieurs fois: quand ils virent que les nôtres, nonobstant leur resistance ne faisoient point volte-face, mais qu'ils les repoussoient vertement dans les bois, ils se rallierent sur une éminence laquelle ils avoient fortifiée. Et comme elle étoit escarpée de tous côtez, horsmis d'un seul qui avoit une spacieuse avenuë, ils avoient coupé des arbres, du tronc desquels ils avoient composé de longs rouleaus, qui étant attachez & retenus fort legerement au plus haut de la montagne, pouvoient être roulez le long de la pante, & poussez avec force & violence contre les nôtres, s'ils eussent voulu aller à l'assaut. Ils firent aussi, à plusieurs reprises, des sorties de ce fort-là sur nos gens, qui étoient occupez à en bastir un, où ils pussent attendre en seureté le secours qui leur devoit être envoyé de la Martinique: Et ils les tinrent investis quelques jours; Pendant léquels ils avoient fait des creus en terre, où ils étoient à couvert du mousquet des François: Et de là, montrant seulement la teste, ils décochoient des fléches contre ceus qui avoient l'assurance de sortir du retranchement. Ils pousserent même, à la faveur de la nuit, un pot remply de braise ardente, sur laquelle ils avoient jetté une poigné de grains de Pyman, en la Cabane que les François avoient dressée de leur arrivée en l'Ile, afin de les étouffer, s'ils eussent pû, par la fumée dangereuse & la vapeur étourdissante du Pyman. Mais leur ruse fut découverte: Et quelque tems aprés, le secours étant sur venu aus nôtres, les Caraïbes traitterent avec eus, & leur laisserent la libre possession de cette terre. Mais les querelles qu'ils ont euës depuis avec les François de la Martinique, ont allumé une autre guerre qui dure encore à present.

CHA-

CHAPITRE VINT-ET-UNIÉME.

Du Traitement que les Caraïbes font à leurs prisonniers de Guerre.

NOus allons tremper nôtre plume dans le sang & faire un Tableau qui donnera de l'horreur. Il n'y paroîtra que de l'inhumanité, de la barbarie & de la rage. On verra des creatures raisonnables y dévorer cruellement leurs semblables, & se remplir de leur chair & de leur sang, aprés avoir dépoüillé la nature humaine, & revêtu celle des plus sanguinaires & des plus furieuses bestes. Chose que les Payens même, au milieu de leurs tenebres, ont autréfois trouvée si pleine d'execration, qu'ils ont feint que le Soleil s'étoit retiré, pour ne point éclairer de tels repas.

Lors que les Cannibales, ou *Antropofages*, c'est à dire *Mangeurs* d'hommes : car c'est icy proprement qu'il les faut appeller de ce nom, qui leur est commun avec celuy de Caraïbes : lors dis-je, qu'ils ramenent quelque prisonnier de guerre d'entre les Arouâgues, il appartient de droit à celuy qui s'en est saisy dans le combat, ou qui l'a pris à la course. De sorte qu'étant arrivé en son Ile, il le garde en sa maison, & afin qu'il ne puisse prendre la fuite pendant la nuit, il le lie dans un Amac, qu'il suspend présque au faiste de sa case, & aprés l'avoir fait jusner quatre ou cinq jours, il le produit en un jour de débauche solemnelle, pour servir de victime publique, à la haine immortelle des ses Compatriotes contre cette Nation.

S'il y a de leurs ennemis morts sur la place, ils les mangent sur le lieu même. Ils ne destinent qu'à l'esclavage les filles & les femmes prises en guerre. Ils ne mangent point les enfans de leurs prisonnieres, moins encore les enfans qu'ils ont eus d'elles : mais ils les élevent avec leurs autres enfans. Ils ont goûté autrefois de toutes les Nations qui les frequentent, & disent que les François sont les plus delicats, & les Espagnols les plus durs. Maintenant ils ne mangent plus de Chrétiens.

Ils s'abstiennent auſſi de pluſieurs cruautez qu'ils avoyent acoutumé de faire avant que de tuer leurs ennemis : Car au lieu qu'à preſent ils ſe contentent de les aſſommer d'un coup de maſſuë, & en ſuite de les mettre en quartiers, & de les faire rôtir & de les dévorer ; ils leur faiſoyent autrefois ſouffrir beaucoup de tourmens avant que le leur donner le coup mortel. Voicy donc une partie des inhumanitez qu'ils exerçoient en ces funeſtes rencontres, comme eus-mêmes les ont racontées à ceus qui ont eu la curioſité de s'en informer ſur les lieus, & qui les ont apprises de leur bouche.

Le priſonnier de guerre, qui avoit eſté ſi malheureus que de tomber entre leurs mains, & qui n'ignoroit pas qu'il ne fut deſtiné à recevoir tout le mauvais & le cruel traitement que la rage leur pourroit ſuggérer, s'armoit de conſtance, & pour témoigner la generoſité du peuple Aroüague, marchoit de luy même alaigrement au lieu du ſuplice, ſans ſe faire lier ni traiſner, & ſe preſentoit avec un viſage riant & aſſuré au milieu de l'aſſemblée, qu'il ſavoit ne reſpirer autre choſe que ſa mort.

A peine avoit il apperceu ces gens qui témoignoient tant de joye, voyant approcher celuy qui devoit eſtre le mets de leur abominable feſtin, que ſans attendre leurs diſcours, & leurs ſanglantes moqueries, il les prevenoit en ces termes. Je ſay ,, fort bien le deſſein pour lequel vous m'appellez en ce lieu. ,, Je ne doute nullement que vous n'ayez envie de vous raſ- ,, ſaſier de mon ſang : & que vous ne bruliez d'impatience de ,, faire curée de mon corps. Mais vous n'avez pas ſujet de ,, vous glorifier de me voir en cet état, ni moy de m'en affli- ,, ger. Mes Compatriotes ont fait ſouffrir à vos predeceſ- ,, ſeurs beaucoup plus de maus que vous ne ſauriez en in- ,, venter preſentement contre moy. Et j'ay moy même avec ,, eus, bourrelé maſſacré, mangé de vos gens, de vos amis, de ,, vos peres. Outre que j'ay des parens qui ne manqueront ,, pas de ſe venger avec avantage ſur vous, & ſur vos enfans, ,, du traitement le plus inhumain que vous mediriez contre ,, moy. Ouy, tout ce que la cruauté la plus ingenieuſe vous ,, pourra dicter de tourmens pour m'oſter la vie, n'eſt rien en ,, comparaiſon des ſupplices que ma Nation genereuſe vous

Ppp ,, pre-

482   Histoire Morale,   Chap. 21.

„ prepare pour échange. Employez donc sans feindre, &
„ sans plus tarder, tout ce que vous avez de plus cruel, & de
„ plus sensible, & croyez que je le meprise, & que je m'en
„ moque. A quoy se rapporte fort bien cette bravade san-
Essais de „ glante & enjouée qui se lit d'un prisonnier Bresilien, prest à
Montagne „ ètre devoré par ses ennemis. Venez tous hardiment leur
liv. 1. c. 30. „ disoit-il, & vous assemblez pour disner de moy. Car vous
„ mangerez quant & quant vos Peres & vos Ayeuls, qui ont
„ servy d'aliment & de nourriture à mon corps. Ces muscles,
„ cette chair & ces veines, ce sont les vôtres, pauvres sous
„ que vous étes. Vous ne reconnoissez pas que la substance
„ des menbres de vos anceftres s'y tient encore. Savourez
„ les bien, vous y trouverez le goût de vôtre propre chair.
Revenons à nos Aroüagues.

  Son cœur n'étoit pas seulement sur le bord de ses lévres;
il se montroit aussi dans les effets qui suivoient sa bravade.
Car aprés que la Compagnie avoit enduré quelque tems, ses
fieres menaces, & ses défis arrogans sans le toucher : un de la
troupe luy venoit brûler les costez avec un tison flambant.
L'autre luy faisoit des taillades vives & profondes, qui pene-
troient jusques aus os, sur les épaules, & par tout le corps;
Et ils jettoient dans ses douloureuses playes cette épicerie
piquante, que les Antillois nomment *Pyman*. D'autres se di-
vertissoient à percer de flêches le pauvre patient : Et chacun
travailloit avec plaisir à le tourmenter. Mais luy souffroit
avec le même visage, & sans témoigner le moindre sentiment
de douleur. Aprés qu'ils s'étoyent ainsi jouëz bien long
tems de ce miserable, enfin, s'ennuyant de ces insultes qui ne
cessoient point, & de sa constance, qui paroissoit toujours
égale, l'un d'eus s'approchant l'assommoit d'un furieus coup
de massuë, qu'il luy dechargeoit sur la teste. Voila le traitement que nos Cannibales faisoyent autréfois à leurs prisonniers de guerre : mais à present ils se contentent de les assom-
mer, ainsi que nous l'avons déja representé.

  Si tost que ce malheureus est renversé mort sur la place,
les jeunes gens prennent le corps, & l'ayant lavé le mettent
en pieces : puis ils en font boüillir une partie, & rôtir l'autre sur des grilles de bois destinées à cet usage. Quand ce

dete-

detestable mets est cuit & assaisonné comme le desire leur infame gosier, ils le divisent en autant de parts qu'ils sont de personnes: Et assouvissant avec avidité leur barbarie, ils le devorent cruellement, & s'en repaissent pleins de joye: ne croyant pas qu'il se puisse faire au monde de repas si delicieus. Les femmes, léchent même les bâtons ou la graisse de l'Aroüague a coulé. Ce qui ne vient pas tant de l'agrément, que trouve leur palais au gout de cette viande, & de cette graisse, que du plaisir excessif qu'ils ont de se venger de la sorte de leurs capitaus ennemis.

Mais comme ils seroient bien marris que la haine enragée qu'ils portent aus Aroüagues prit jamais de fin, aussi travaillent ils à luy donner le moyen de s'entretenir. Et c'est pour cela qu'en faisant cuire ce pauvre corps, ils en recueillent & amassent fort curieusement toute la graisse. Car ce n'est pas à dessein d'en composer des medicamens, comme les Chirurgiens en font quelquefois, ou d'en faire du feu Grégeois pour embraser les maisons de leurs ennemis, comme les Tartares: mais ils recueillent cette graisse pour la distribuer aus principaus, qui la reçoivent & la conservent avec soin, dans de petites calebasses, pour en verser quelques gouttes dans les sausses de leurs festins solennels, & perpetuer ainsi autant qu'il leur est possible, la nourriture de leur vengeance. *Voyage de Carpin en Tartarie.*

J'avoüe que le Soleil auroit raison d'abandonner ces Barbares, plutost que d'assister à de si detestables solennitez. Mais il faudroit en même tems qu'il se retirast de la plupart des païs de l'Amerique, & même de quelques Terres de l'Afrique & de l'Asie, où de semblables & de pires cruautez s'exercent journellement. Pour exemple, les Toupinambous font, à peu prés, à leurs prisonniers de guerre le même traitement que les Caraïbes font aus leurs. Mais ils y ajoûtent divers traits de barbarie qui ne se voyent point aus Antilles. Ils frottent le corps de leurs enfans du sang de ces miserables victimes, pour les animer au carnage. Celuy qui a fait l'execution du captif, se fait déchiqueter & taillader en divers endroits du corps, pour un trofée de vaillance, & une marque de gloire. Et ce qui est entierement étrange, c'est que ces Barbares donnant de leurs filles pour femmes à ces ennemis, *De Lery chap. 15. Chap. 8.*

aussi-

aussi-tost qu'ils les ont en leur puissance, quand ils viennent à les mettre en pieces, la femme elle même mange la premiere, s'il luy est possible, de la chair de son mary. Et s'il arrive qu'elle ait quelque enfans de luy, il ne manque pas d'estre assommé, rôty, & mangé, quelquefois à l'heure même qu'il entre au monde. Une pareille Barbarie s'est veuë autrefois en plusieurs Provinces du Perou.

Garcilasso Livre I. c. 12.

Divers autres Peuples Barbares, surpassent aussi les Caraïbes en leur inhumanité. Mais sur tout, les habitans du païs d'Antis sont plus cruels que les Tygres. S'il arrive que par droit de guerre ou autrement ils facent un prisonnier, & qu'ils le connoissent pour être un homme de peu, ils l'écartellent incontinent, & en donnent les membres à leurs amis, ou à leurs valets, afin de les manger s'ils veulent, ou de les vendre à la Boucherie. Mais si c'est un homme de condition, les principaus s'assemblent entr'eus, avec leurs femmes & leurs enfans, pour assister à sa mort. Alors, ces impitoyables, l'ayant dépoüillé, l'atachent tout-nud à un gros pieu, & le découpent par tout le corps à coups de rasoirs & de couteaus, faits d'un certain caillou fort tranchant, & qui est une espece de pierre à feu. En cette cruelle exécution, ils ne le démembrent pas d'abord, mais ils ostent seulement la chair des parties, qui en ont le plus, comme du gras de la jambe, des cuisses, des fesses, & des bras. Aprés cela, tous pesle-mesle, hommes, femmes, & enfans, se teignent du sang de ce malheureus : Et sans attendre que la chair qu'ils en ont tirée, soit ou boüillie, ou rôtie, ils la mangent goulument, ou, pour mieus dire, ils l'engloutissent sans la mâcher. Ainsi ce miserable se voit mangé tout en vie, & ensevely dans le ventre de ses ennemis. Les femmes ajoutant encore quelque chose à la cruauté des hommes, bien qu'excessivement Barbare & inhumaine, se frottent le bout des mammelles du sang de ce patiët, afin de le faire succer à leurs enfans, avec le lait qu'elles leur donnent. Que si ces inhumains ont pris garde que dans les langueurs & les supplices qu'ils ont fait souffrir au miserable défunt, il ait témoigné le moindre sentiment de douleur, ou en son visage, ou aus moindres parties de son corps : ou même qu'il luy soit échappé quelque gemissement, ou quelque

Garcilasso l. 1. f. 12.

soussoupir, alors ils brisent ses os, aprés en avoir mangé la chair, & les jettent à la voirie, ou dans la riviere avec un mépris extréme.

C'est ainsi que plusieurs autres Nations insultent cruellement sur les miserables restes de leurs ennemis tuez, & font paroitre leur inhumaine vengeance, & leur animosité Barbare sur ce qui n'a plus de sentiment. Ainsi quelques Peuples de la Floride, pour assouvir leur brutalité, pendent en leurs maisons, & portent sur eus, la peau & la chevelure de leurs ennemis. Les Virginiens en attachent à leur col une main *De Laet* sèche. Quelques Sauvages de la Nouvelle Espagne pendent *en son Histoire de* sur leur corps, en forme de médaille un petit morceau de la *l'Amerique.* chair de ceus qu'ils ont massacrez. Les Seigneurs de Belle-Ile, proche de la Chine, portent une couronne façonnée de *Semede en son Histoire de la* testes de morts hideusement arrangées & entre-lacées avec *Chine, premiere par-* des cordons de soye. Les Chilois font des vaisseaus à boire, *tie, c. 21* du test des Espagnols qu'ils ont assommez, comme le pratiquoient autrefois les Scythes envers leurs ennemis, selon le rapport d'Herodote. Les Canadiens & les Mexicains dansent *Livre 4.* en leurs festes, portant sur eus la peau de ceus qu'ils ont écorchez & mangez. Les Huancas, ancienne Nation du Perou, *Garcilasso* faisoient des Tambours de telles peaus, disant que ces caisses, *l. 6. c. 10.* lors qu'on venoit à les battre, avoient une secrette vertu pour mettre en fuite ceus qu'ils combatoient.

Tout cela fait voir, jusqu'à quel degré de rage & de fureur peut monter la haine & l'appetit de vengeance. Et dans ces exemples, on peut reconnoitre beaucoup de traits plus sanglans, & de marques plus detestables de cruauté & de barbarie, que dans le traitement que nos Cannibales font à leurs prisonniers de guerre Aroüagues.

Mais pour faire trouver ce traitement encore un peu moins horrible, il seroit aisé de produire icy sur le theatre divers Peuples, léquels outre cette animosité furieuse, & cette ardeur desesperée à se venger, témoignent de plus, une gourmandise barbare & insatiable, & une passion tout à fait brutale & feroce de se repaitre de chair humaine.

Et premierement, au lieu que les Cannibales ne mangent pour l'ordinaire que des Aroüagues, leurs ennemis irreconciables, ciable, épargnant les prisonniers qu'ils ont de toute autre Nation, quelques Floridiens voisins du d'étroit de Bahama, dévorent cruellement tous les Etrangers qu'ils peuvent attraper, de quelque Nation qu'ils soient. De sorte que si vous descendez en leurs terres, & qu'ils se trouvent plus forts que vous, il est infaillible que vous leur servirez de curée. La chair humaine leur semble extrémement delicate, de quelqu'endroit du corps qu'elle puisse être. Mais ils disent que la plante du pied est le plus friand morceau de tous. Aussi le servent-ils ordinairement à leur Carlin, qui est leur Seigneur; au lieu qu'anciennement, les Tartares coupoient les mammelles aus jeunes filles, & les reservoient pour leurs Chefs qui se repaissoient de cette chair. Il faut joindre à ces Barbares ceus de la Province de Hascala & de la Region de la ville de Darien en la Nouvelle Espagne, qui ne mangeoient pas seulement la chair de leurs ennemis, mais celle de leurs compatriotes mêmes. Et les Historiens nous rapportent, que les Yncas Roys du Perou conquirent plusieurs Provinces, dont les habitans ne trouverent point de loy si fâcheuse & si insupportable, entre toutes celles que leur imposerent ces Princes vainqueurs, que la défense de manger de la chair humaine, tant ils étoient affamez de cette exécrable viande. Car sans attendre que celuy qu'ils avoient blessé à mort eust rendu l'esprit, ils beuvoient le sang qui sortoit de sa playe: Et ils en faisoient de même lors qu'ils le coupoient par quartiers le suçant avidement, de peur qu'il ne s'en perdist quelque goutte. Ils avoient des boucheries publiques de chair humaine, dont ils prenoient des morceaus qu'ils hachoient menu, & des boyaus ils faisoient des boudins & des saucisses. Particulierement les Cheriganes, ou Chirhuanos, Montagnats, avoient un appetit si étrange & si insatiable de chair humaine, qu'ils la mangeoient gloutonnement toute crue, n'épargnant pas même dans leur Barbarie, leurs plus proches parens quand ils mouroient. Ce qui se voit encore aujourd'huy chez les Tapuyes & chez quelque Nation de l'Orient, & qu'Herodote nous assure s'être aussi trouvé dans son siecle. On dit même que les peuples de Java sont si Barbares, & si frians de cette abominable nourriture, que pour satisfaire

faire à leur damnable appetit, ils oſtent la vie à leurs parens, & jouënt à la paume des morceaus de cette chair, à qui la gagnera par ſon adreſſe. Les Aymures peuple du Breſil, ſont encore plus inhumains & plus deteſtables. Et il ne faut plus feindre des Saturnes qui devorent leurs enfans. Car, ſi nous en croyons les Hiſtoriens, ces Barbares mangent en effet leurs propres enfans, menbre aprés menbre, & quelquéfois même ouvrant le ventre des femmes groſſes, ils en tirent le fruit qu'ils devorent auſſi-tôt, affamez à un tel point de la chair de leurs ſemblables, qu'ils vont à la chaſſe des hommes comme à celle des beſtes, & les ayant pris, les déchirent & les engloutiſſent d'une façon cruelle & impitoyable.

De Laet en ſon Hiſtoire de l'Amerique,

Par ces exemples, il paroit aſſez que nos Cannibales, ne ſont pas tant *Cannibales*, c'eſt à dire *Mangeurs d'hommes*, bien qu'ils en portent particulierement le nom, que beaucoup d'autres Nations Sauvages. Et il ſeroit facile de trouver encore ailleurs des preuves d'une Barbarie, qui répond à celle de nos Cannibales Caraïbes, & même qui les ſurpaſſe de bien loin. Mais c'en eſt trop. Tirons le rideau ſur ces horreurs, & laiſſant les Cannibales de toutes les autres Nations, repaſſons vers ceus des Antilles, pour divertir en la conſideration de leurs Mariages, nos yeus laſſez du ſpectacle de tant d'inhumaines & ſanglantes tragedies.

CHAPITRE VINT-DEUSIÉME.

Des Mariages des Caraïbes

IL se voit en l'Amerique des Sauvages si Sauvages & si brutaus, qu'ils ne savent ce que c'est que du mariage, mais se meslent indifferemment comme des bestes. Ce que l'on assure entr'autres des anciens Peruviens, & des habitans des Iles des larrons. Mais les Caraïbes avec toute leur barbarie, s'asuietissent aus loix de cette étroite alliance.

Garcilasso l.1.c.14. & 15. & l.7.c.17.

Strabon liv. 11.

Ils n'ont point de tems préfix pour leur Mariage, comme les Perses qui se marient ordinairement au Printems. Ni d'âge, comme plusieurs autres Sauvages, dont les uns se marient ordinairement à ᵃ neuf ans; les autres à ᵇ douze; quelque uns à ᶜ vint-quatre, & d'autres, à ᵈ quarante seulement. Ce ne sont pas aussi chez les Caraïbes, comme presque chez toutes les Nations, les jeunes hommes qui choisissent ordinairement les filles à leur gré, & selon leur inclination: ni à l'opposite ce ne sont pas les filles qui choisissent leurs Maris, comme font celles de la Province de Nicaragua dans les festins & les assemblées publiques: Et comme il se faisoit autrefois aussi dans la Candie au rapport des Historiens.

a En Orient.
b En Madagascar.
c Les Peruviens.
d Les Floridiens.

Mais quand nos Sauvages desirent de se marier ils ont droit de prendre toutes leurs Cousines germaines, & n'ont qu'à dire qu'ils les prenent pour leurs femmes, elles leur sont naturellement aquises, & ils les peuvent enmener en leurs maisons sans autre ceremonie, & pour lors elles sont tenuës pour leurs femmes legitimes. Ils ont tous autant de femmes qu'il leur plait: Sur tout les Capitaines sont gloire d'en avoir plusieurs. Ils bâtissent à chaque femme une case particuliere. Ils demeurent autant de tems qu'ils veulent avec celle qui leur agrée davantage, sans que les autres en soyent jalouses. Celle avec laquelle ils sont, les sert avec un soin & une affection nonpareille. Elle leur fait de la Cassaue, les peigne, les rougit, & les accompagne en leurs voyages.

Leurs maris les ayment fort: Mais cet amour est comme

un

Chap. 22   DES ILES ANTILLES.   489

un feu de paille, veu que souvent ils les laissent aussi aisément qu'ils les prenent. Ils quittent pourtant fort rarement leurs premieres femmes, notamment quand ils en ont eu des enfans.

Lors qu'ils ont quelques prisonnieres de guerre qui leur agréent, ils les prenent à femme. Mais bien que les enfans qui en naissent soyent libres: elles sont toujours tenuës pour esclaves quant à elles. Toutes les femmes parlent avec qui elles veulent: Mais le mary n'ose s'entretenir avec les parens de sa femme, qu'en des occasions extraordinaires.

Quand il arrive que quelcun d'entr'eus n'a point de Cousines Germaines, ou que pour avoir trop tardé à les prendre en mariage, leurs parens les ont données à d'autres, ils peuvent à present épouser des filles qui ne sont point leurs parentes; mais il faut qu'ils les demandent à leurs Peres & Meres, & aussi tost que le Pere, ou la Mere les ont accordées, elles sont leurs femmes, & ils les enménent chez eus.

Avant qu'ils eussent alteré une partie de leurs anciennes coutumes par le commerce qu'ils ont avec les Chrétiens, ils ne prenoient pour femmes legitimes que leurs Cousines, qui leur étoyent aquises de droit naturel, comme nous venons de le dire, ou les filles que les Peres & les Meres leur offroyent de leur bon gré, quand ils étoyent de retour de la guerre. Cette vieille pratique a beaucoup de particularitez qui sont dignes de nos remarques, c'est pourquoy nous la deduirons icy tout au long & toute telle que nous la tenons des plus anciens de cette Nation, qui l'ont racontée, comme une preuve des grands changemens qui se sont glissez dans leurs mœurs & leurs façons de faire, depuis qu'ils ont eu la connoissance des étrangers.

Quand les Caraïbes étoient retournez heureusement de leurs guerres, & qu'on leur avoit fait en leurs Iles une reception solemnelle, & un grand festin dans leur Carbet. Aprés cette rejouïssance qui se pratique encore parmy eus, le Capitaine se mettoit à reciter le succés de leur voyage, & à donner des éloges à la generosité de ceus qui s'étoyent portez le plus vaillamment. Mais il s'étendoit en particulier sur la valeur des jeunes hommes, pour les animer à témoigner toûjours le

Qqq   même

même cœur en de semblables rencontres. Et c'estoit ordinairement à la fin de ce discours que les Peres de famille, qui avoient des filles en âge d'estre mariées, prenoient occasion de les presenter pour femmes à ceus d'entre les jeunes hommes, dont ils avoient ouï priser les belles & loüables qualitez, & exalter le courage & la hardiesse dans les combats. Ils s'empressoient à faire l'aquisition de tels gendres. Et celuy qui avoit tué le plus d'ennemis, avoit bien de la péne à ne recevoir en ce jour-là qu'une femme, tant il y en avoit qui le souhaittoyent. Mais les poltrons & les lâches ne trouvoient personne qui voulut d'eus, de sorte que si l'on avoit envie de se marier parmy eus, il falloit necessairement avoir du courage : Car une femme chez cette Nation, étoit alors un prix qui ne se donnoit qu'à la generosité. Ainsi chez les Bresiliens, les jeunes hommes ne se peuvent marier qu'ils n'ayent tué *Vincent le* quelque ennemy. Et en une ville de la grande Tartarie, nom- *Blanc,* mée Palimbrote, ceus de la plus haute condition ne sauroient *1. part.* avoir de femme qu'ils n'ayent bien verifié avoir fait mourir *chap. 30.* trois ennemis de leur Prince. On dit aussi qu'autrefois en la *Alexandre d'A-* Carmanie, il falloit apporter au Roy la teste d'un ennemy, si *lexandre,* l'on vouloit être marié. Il en étoit à peu prés de même chez *l.1. c.24.* un Peuple proche de la mer Caspienne. Et qui ne sait que le Roy Saül demanda la mort de cent Filistins à David, pour le doüaire de sa fille, avant que de la luy donner en Mariage ?

Au reste, heureus étoit le Pere chez nos Caraïbes, qui le premier approchoit & saisisoit au corps quelcun de ces gendres valeureus que le Capitaine avoit loüez. Car il n'y avoit rien à attendre pour ce coup-là, pour celuy qui venoit après : & le Mariage étoit fait aussi tost que l'autre avoit dit au jeune homme, je te donne ma fille pour femme. Un pareil mot de la Mere suffisoit même à cela. Et le jeune homme n'osoit refuser la fille, quand elle luy étoit ainsi presentée : Mais il falloit que belle ou laide, il la reçeut dés-lors pour sa femme. Ainsi nos Caraïbes ne se marioyent point par amourettes.

Que si les jeunes hommes Caraïbes après être mariez continuoient à se porter vaillanmant dans les guerres suivantes, on leur donnoit encore d'autres femmes à leur retour. Cette Poligamie est encore en usage chez nos Antillois ; Elle est
aussi

Chap. 25   DES ILES ANTILLES.   491

auſſi commune parmy les autres Peuples Barbares. Les Chi- *Hiſt. de*
lois habitans de l'Ile de la Mocha, n'y font point d'autre fa- *Laet.*
çon, ſinon que toutes les fois qu'il leur prend envie d'avoir
une nouvelle femme, ils en achetent une pour un bœuf, pour
une brebis, ou pour quelque autre marchandiſe. Et il y a tel
endroit où le nombre des femmes d'un ſeul mary eſt prodigieus, comme au Royaume de Bennin, où l'on voit par fois *Relation*
au Roy ſept cens que femmes que concubines : Et où les *des Hol-*
ſimples ſujets, auſſi bien qu'en la Mexique, ont juſqu'à cent, *landois.*
& juſqu'à cent cinquante femmes chacun. Et d'autre coſté
il ſe trouve quelques lieus, où l'on permet à chaque femme
d'avoir auſſi pluſieurs marys, comme chez les Pehuares Nation du Breſil, au Royaume de Calecut, & autrefois en quelques unes des Canaries.

 Les jeunes hommes parmy les Caraïbes, ne frequentent *De Laet*
point encore à preſent de filles ni de femmes qu'ils ne ſoyent *en ſon hiſt.*
mariez. En quoy certes ils ſont bien éloignez de Peguans, *Pyrard.*
amoureus ſi paſſionez, que pour faire voir que la violence du *1. part.*
feu ſecret qui les devore, éteint en eus le ſentiment de toutes *chap. 27.*
les autres ardeurs, ils ſe brûlent eus-même les bras en pre- *Conqueſte*
ſence de leurs Maitreſſes, avec un flambeau allumé; où bien *des Cana-*
ils laiſſent mourir & conſumer ſur leur chair, un linge flam- *ries par*
bant & trempé en huile. Et pour montrer qu'étant navrez *Betencourt.*
à mort, toute playe deſormais ne leur peut eſtre que legere, *Vincent*
ils ſe tailladent le corps, & le percent de coups de poignard. *le Blanc,*
Les Turcs les imitent en cela, au rapport de Villamont. Car *1. part.*
en ſemblables occaſions ils ſe font pluſieurs taillades & *chap. 3.*
de grandes playes, avec leurs couteaus, ſur diverſes parties *Livre 3.*
du corps.

 Le nombre des femmes de nos Caraïbes n'eſt point limité *Pyrard,*
comme parmy les Maldivois, où l'on n'en peut avoir que trois *1. part.*
à la fois. Mais comme ce nombre étoit autrefois proportioné *chap. 12.*
à leur courage & à leur valeur; Car à chaque fois qu'ils re-
tournoient de la guerre avec un éloge, de hardieſſe & de generoſité ils pouvoyent pretendre & eſperer une nouvelle
femme, auſſi encore à preſent, ils en ont autant qu'ils en deſi-
rent & qu'ils en peuvent obtenir. De ſorte que chez eus, *De Lery*
comme parmy les Toupinambous, celuy qui a le plus de fem- *chap. 17.*
mes

mes est estimé le plus vaillant & le plus considerable de toute l'Ile. Et au lieu qu'en l'Ile Espagnole toutes les femmes couchoient dans une même chambre avec leur mary, les Caraïbes, comme nous l'avons déja touché, pour éviter toute sorte de querelles & de jalousies, tiennent leurs femmes, de même que font les Turcs & les Tartares, en des demeures separées. Même quelquefois ils les mettent en diverses Iles : Ou bien ils font cette separation & cet éloignement de leurs femmes l'une de l'autre, afin qu'elles se puissent plus commodement adonner à la culture de leurs jardinages, qui sont épars en divers lieus. Et c'est pour cela même que l'on assure que les Caraïbes du Continent pratiquent le semblable, leurs femmes ayant la loüange de ne se point laisser piquer à la jalousie. Nos Sauvages Insulaires, ont soin s'ils n'ont qu'une femme de ne s'éloigner pas beaucoup d'elle, & s'ils en ont plusieurs ils les visitent les unes après les autres. Mais ils observent tous, comme les Floridiens, de ne point toucher celles qui sont grosses.

Histoir. de Lopez.

On ne sauroit suffisamment s'étonner que Lycurgue & Solon, ces lumieres de la Grece, se soyent montrez si aveugles, & si peu honnêtes gens, que d'ouvrir la porte à l'adultere, & de trouver bon qu'il entrast chez leurs Citoyens. Car à péne y a til aucune des Nations les plus Barbares & les plus Sauvages, qui n'ait en soy-même assez de lumiere, pour y lire cette loy, tracée de la main de la nature : Que l'adultere est un crime, & qu'il doit être en horreur : & qui aussi ne témoigne qu'elle l'a en detestation, & ne le chatie sevérement lors qu'il s'introduit chez elle. La punition de l'adultere n'est que plaisante chez les Guinois. C'est que la femme si elle ne veut être chassée, paye pour amende à son mary quelques onces d'or. Mais il n'y a pas dequoy rire chez les Orientaus de Bengala, & chez les Mexicains, qui coupent le nez & les oreilles à leurs femmes en pareils cas. Divers autres Peuples Barbares, les punissent même de mort. Et les Peguans sont si rigoureus en ces rencontres, & ont tant d'horreur pour ce crime, que chez eus les adulteres sont enterrez vifs, hommes & femmes.

Plutarque dans les vies, de Lycurgue & de Solon.

Relation des Hollandois.

Linscot, chap. 16.

Vincent le Blanc, 1. part. chap. 32.

Les Caraïbes ne sont pas icy des plus indulgens, & des
moins

moins jalous de leur honneur. Ils ne savoient point autrefois punir ce crime, parce qu'il ne regnoit point entr'eus, avant leur communication avec les Chrétiens. Mais aujourd'huy, si le mary surprend sa femme s'abandonnant à quelque autre homme, ou que d'ailleurs il en ait une connoissance assurée, il s'en fait luy même la justice, & ne luy pardonne gueres, mais il la tuë, par fois d'un coup de Boutou, par fois en luy fendant le ventre du haut en bas, avec un rasoir, ou une dent d'Agouty, qui ne tranche guére moins subtilement.

Cette execution-là étant faite, le mary s'en va trouver son Beau-pere, & luy dit tout froidement, J'ay tuë ta fille parce qu'elle ne m'avoit pas esté fidelle. Le Pere trouve l'action si juste, que bien loin d'en être fâché contre son gendre, il l'en louë & luy en sait gré. Tu as bien fait luy répond-il : Elle le meritoit bien. Et même s'il luy reste encore des filles à marier, il luy en offre une dés lors, & promet de la luy donner à la premiere occasion.

Le Pere n'épouse pas sa fille, comme quelques uns ont voulu dire. Ils ont en horreur ce crime, & s'il y a eu parmy eus des Peres incestueus, ils ont esté contrains de s'absenter, car s'ils avoient esté attrapez des autres, ils les auroient brulez vifs, ou bien ils les auroient déchirez en mille pieces.

CHA-

CHAPITRE VINT-TROISIÉME.

De la Naiſſance & de l'Education des Enfans des Caraibes.

ON ne voit guére parmy ces pauvres Indiens de coutume plus brutale que celle dont ils ſe ſervent à la Naiſſance de leurs enfans. Leurs femmes acouchent ſans beaucoup de peine, & ſi elles ſentent quelque difficulté, elles ont recours à la racine d'une eſpece de jonc, de laquelle elles expriment le Suc, & l'ayant bu, elles ſont incontinent delivrées. Quelquefois dés le jour même de leur acouchement, elles ſe vont laver avec leur enfant, à la plus prochaine Riviere ou fontaine, & ſe remettent au travail ordinaire du ménage. Les Peruviennes, les Japonnoiſes, & les Breſiliennes en font de même : Et il étoit ordinaire aus Indiens de l'Ile Eſpagnole, & même aus anciens Lacedemoniens, de laver ainſi leurs enfans dans l'eau froide, pour leur endurcir la peau incontinent aprés leur naiſſance. Les Maldivois lavent les leurs durant pluſieurs jours. Et l'on nous veut faire croire, que les Cimbres mettoient autrefois dans la neige ces petites creatures nouvellement nées, pour les acoutumer au froid & à la fatigue, & leur renforcer les menbres.

Garcilaſſo Linſcot. & de Laët. Pyrard.

Voyage de Bkl p. 399.

Ils ne font point de feſtin à la naiſſance de leurs enfans, que pour le premier qui leur vient, & ils n'ont point de tems prefix pour cette rejouïſſance, cela dépend de leur caprice : mais quand ils aſſemblent leurs amys pour ſe rejouïr avec eus ſur la naiſſance de leur premier-né, ils tâchent de ne rien épargner de ce qui peut contribuer au bon traitement & à la joye des cõviez; au lieu qu'autrefois les Thraces, accompagnoient de leurs pleurs les cris de ceus qui venoient au monde, ſe remettant devant les yeus, toutes les miſeres qu'il faut ſouffrir en cette vie.

Herodote, liv. 5.

Mais voicy la brutalité de nos Sauvages, dans leur réjouïſſance pour l'acroiſſement de leur famille. C'eſt qu'au même tems que la femme eſt delivrée le mary ſe met au lit, pour s'y plain-

Chap. 23.   DES ILES ANTILLES.   495

plaindre & y faire l'acouchée : coutume, qui bien que Sauvage & ridicule, se trouve neantmoins à ce que l'on dit, parmy les paysans d'une certaine Province de France. Et ils appellent cela *faire la couvade*. Mais ce qui est de fâcheus pour le pauvre Caraïbe, qui s'est mis au lit au lieu de l'acouchée, c'est qu'on luy fait faire diéte dix ou douze jours de suite, ne luy donnant rien par jour, qu'un petit morceau de Cassaue, & un peu d'eau, dans laquelle on a aussi fait boüillir un peu de ce pain de racine. Aprés il mange un peu plus : mais il n'entame la Cassaue qui luy est presentée, que par le milieu durant quelques quarante jours, en laissant les bords entiers qu'il pend à sa case, pour servir au festin qu'il fait ordinairement en suite à tous ses amis. Et même il s'abstient aprés cela, quelquefois dix mois, ou un an entier, de plusieurs viandes, comme de Lamantin, de Tortuë, de Pourceau, de Poules, de Poisson, & de choses delicates : Craignant par une pitoyable folie, que cela ne nuise à l'enfant. Mais ils ne font ce grand jusne qu'à la naissance de leur premier enfant. Car a celle des autres, leurs jusnes sont beaucoup moins austeres, & beaucoup plus courts, n'étant d'ordinaire que de quatre ou cinq jours au plus.

Diodor. lib. 5. p. 295. C. idem bodii de Corsis.

On trouve bien chez les Bresiliens, & les Japponois des maris assez insensés pour faire ainsi l'acouchée : mais ils ne font pas si sots que de jeusner dans leur lit. Au contraire ils s'y font traiter delicatement & en abondance. On dit qu'autrefois la même chose s'est veuë chez les Tibariens, voisins à la Cappadoce, & chez quelque autre peuples. Mais les Habitans naturels de Madagascar imitent ce jusne des Caraïbes, lors qu'ils veulent faire circoncir leurs enfans.

De Laet et Massé.

Alexand. d'Alexandre. François Cauche.

Quelques uns de nos Caraïbes ont encore une autre folie : Et c'est bien pis que tout le reste pour le pauvre pere à qui il est né un enfant, car à la fin du jeusne, on luy scarifie vivement les Epaules avec une dent d'Agouty. Et il faut que ce miserable, non seulement se laisse ainsi accommoder, mais que même il le souffre sans témoigner le moindre sentiment de douleur. Ils croyent que plus la patience du Pere aura parû grande dans ces épreuves, plus recommandable aussi sera la vaillance du fils : Mais il ne faut pas laisser tomber à terre ce

le

noble sang, dont l'effusion fait ainsi germer le courage. Aussi le recueillent ils en diligence pour en frotter le visage de l'enfant, estimant que cela sert encore beaucoup à le rendre genereus. Et cela se pratique même en quelques endroits envers les filles : car bien qu'elles n'ayent pas à se trouver dans les combats, comme autrefois les Amazones, neantmoins, elle ne laissent pas d'aller à la guerre avec leurs maris, pour leur apprester à manger, & pour garder leurs vaisseaus, tandis qu'ils sont aus mains avec l'ennemy.

Dés que les enfans sont nez, les Meres leur applatissent le front, & le pressent en telle sorte qu'il panche un peu en arriere, car outre que cette forme est l'un des principaus traits de la beauté qui est estimée parmy eus, ils disent qu'elle sert pour pouvoir mieus décocher leurs fléches au dessus d'un arbre, en se tenant au pied, à quoy ils sont extremement adroits, y étans façonnez dés leur jeunesse.

Ils n'emmaillotent point leurs enfans : mais ils leur laissent la liberté de se remuër à leur aise dans leurs petis Amacs ou lits de Cotton, ou sur de petites couches de feüilles de Bananier, qui sont étenduës sur la terre, à un coin de leurs cases: Et neantmoins leurs menbres n'en deviennent point contrefaits; mais tout leur corps se voit parfaitement bien formé. *Pyrard* *1. partie.* Ceus qui ont sejourné chez les Maldivois, & chez les Tau- *De Lery* pinambous, en disent autant des enfans de ces Peuples-là, *chap. 17.* bien que jamais on ne les enferme, non plus que les petis Caraïbes, dans des couches & des langes. Les Lacedemo- *Plutarque* *en la vie* niens en faisoient de même autrefois. *de Lycur-* *gue.*

Ils ne donnent pas les noms aus enfans, aussi tôt aprés leur naissance : mais ils laissent écouler douze ou quinze jours, & alors on appelle un homme & une femme, qui tienent lieu de parrein & de marreine, & qui percent à l'enfant les oreilles, la levre de desous, & l'entre-deus des narines & y passent un fil, afin que l'ouverture soit faite pour y attacher des pendans. Ils ont neantmoins la discretion, de differer cette ceremonie, si les enfans sont trop foibles pour souffrir ces perçures, jusques à ce qu'ils soyent plus robustes.

La plupart des noms que les Caraïbes imposent à leurs enfans, sont pris de leurs devanciers, ou de divers Arbres qui

crois-

croissent en leurs Iles; ou bien de quelque rencontre qui sera survenuë au Pere pendant la grossesse de sa femme, ou pendant ses couches. Ainsi à la Dominique une fille fut appellée *Ouliem-banna*, c'est à dire feüille de Raisinier, qui est ûn arbre dont nous avons donné la description en son lieu. Un autre de la même Ile, ayant esté à Saint Christofle pendant que sa femme étoit enceinte, & y ayant veu Monsieur le General de nôtre Nation, il nomma l'enfant que sa femme eut à son retour, *General*; en memoire du bon traitement que ce Seigneur luy avoit fait.

On trouve quelque chose de semblable chez les autres Nations. Par exemple les Canadiens empruntent les noms de *Lescarbot*, poissons & de rivieres. Les Virginiens & les Bresiliens se servent de ceus de la premiere chose qui leur vient en la pensée, comme d'arc de fléches, d'animaus, d'arbres, de plantes. Les grands Seigneurs de Turquie ont acoutumé de donner aus Eunuques qui gardent leurs femmes, les noms des plus belles fleurs, afin que ces femmes les appellant par ces noms, il ne sorte rien de leur bouche qui ne soit honneste, & agreable. Les Romains, comme il se voit chez Plutarque, prenoient quelquefois leurs noms des Poissons, quelquefois de leurs plaisirs rustiques : quelquefois des imperfections de leurs corps, & par fois de leurs belles actions à l'imitation des Grecs. Les Saintes Ecritures méme, nous fournissent des exemples de quantité de noms pris de diverses rencontres, comme entre autres des Benoni, des Fares, des Icabod, & autres semblables.

Les noms que les Caraïbes imposent à leurs enfans mâles un peu aprés leur naissance, ne sont pas pour toute leur vie. Car ils changent de nom quand ils sont en âge d'estre reçeus au nombre de leurs soldats; Et quand ils se sont portez vaillamment à la guerre, & qu'ils ont tué un Chef des Arouägues, ils prenent son nom pour marque d'honneur. Ce qui a quelque raport, à ce que pratiquoient les Romains aprés leurs victoires, prenant en effet les noms des Peuples qu'ils avoient vaincus. Témoin Scipion l'Africain, & tant d'autres qu'il n'est pas besoin d'alléguer. Ces Caraïbes victorieus, ont aussi dans leurs vins, ou dans leurs réjouïssances publiques, quelcun choisy pour leur donner un nouveau nom, auquel ils disent après qu'ils ont bien beu, *Tetielée yatee*, c'est à dire, *Ie veus estre nommé, nomme moy*. A quoy l'autre satisfait aussi-tôt. Et en recompense il reçoit quelque present, ou d'un couteau, ou d'un grain de Cristal, ou de quelque autre menuës bagatelles qui sont en estime parmy-eus.

Les femmes Caraïbes alaitent elles même leurs enfans, & sont tres-bonnes nourrices, & tres tendres Meres, ayant tous les soins imaginables de les bien nourrir. Et même leurs soins s'étendent aus enfans de leurs voisines, quand elles sont à la guerre. Toutes les Peruviennes, & les Canadiennes, & presque toutes les autres Indiennes de l'Occident, sont aussi nourrices. Et dans les Indes Orientales, au Royaume de Transiane, & aus Maldives, les femmes de quelque qualité qu'elles soient, sont obligées à donner la mammelle à leurs enfans. Ainsi Tacite nous témoigne, que chaque Mere allaitoit elle même ses enfans, parmy les anciens Peuples de l'Alemagne. On dit qu'autrefois les Reynes mêmes du Perou, prenoient bien la peine de nourrir leurs enfans. Et nous avons l'exemple de quelques Reynes de France, qui n'ont pas dédaigné cet office maternel. Bien au contraire de ces femmes Canariennes, qui faisoient ordinairement alaiter leurs enfans par des Chévres. Comme faisoient aussi quelques villageoises de Guyenne, au tems de Michel de Montaigne.

Garcilasso, & Lascarbot.

Le Blanc, & Pyrard.

Au livre des Mœurs des Anciens Alemands.

Bergeron en son Traité des Naviga.

Essais de Montaigne l. 2. c. 8.

Les Meres de nos petis Caraïbes, ne leur donnent pas seulement la mammelle, mais aussi-tôt qu'ils ont pris un peu de force, elles mâchent les Patates, les Bananes, & les autres fruits qu'elles leur donnent. Encore qu'elles laissent quelquéfois leurs petis enfans se rouler tous nuds sur la terre, & que bien souvent ils mangent de la poussiere, & mille ordures qu'ils portent à leur bouche, ils croissent neantmoins merveilleusement bien, & la plupart deviennent si robustes, qu'on en a veu qui pouvoient à six mois marcher sans appuy.

On leur coupe les cheveus à l'âge de quelque deus ans: & pour cela on fait un festin à toute la famille. Il y a quelques Caraïbes qui different jusques à cet âge-là, de faire percer les oreilles, les levres, & l'entre-deus des narines de
leurs

leurs enfans : toutefois cela n'est pas beaucoup en usage, si
ce n'est lors que la foiblesse de l'enfant n'a pas permis de le
faire plutôt. Quand ils sont parvenus en un âge plus avancé,
les garçons mangent avec leurs Peres, & les filles avec leurs
Meres. Ils appellent Peres, leurs beaus-peres, & tous ceus
qui sont dans la ligne collaterale, avec leurs vrais peres.

 Bien que les enfans des Caraïbes ne soient point instruits
à rendre quelque reverence à leurs parens, ni à leur temoig-
ner par quelques gestes du corps le respect & l'honneur
qu'ils leur doivent. Ils les ayment neantmoins tous naturellement, & si on leur a fait quelque injure, ils épousent incontinent leurs querelles, & tâchent par tous moyens d'en tirer
vengeance. Témoin celuy qui voyant qu'un de nos François
de la Gardeloupe, avoit coupé les * rabans de l'Amac dans le- *a* Ce sont
quel étoit couché son beau-pere, de sorte qu'étant tombé à *les corde-*
terre il s'étoit demis une épaule, assembla en même tems *lettes qui*
quelques jeunes gens, qui firent une descente dans l'Ile de *le tiennent*
Marigualante, & y massacrerent les François, qui commen- *suspendu*
çoient de s'y habituer. *en l'air.*

 Mais le principal soin que témoignent les Caraïbes en l'e-
ducation de leurs enfans : c'est de les rendre extremement
adroits à tirer de l'arc. Et pour les y façonner de bonne heure, à péne s'avent-ils bien marcher, que leurs Peres & Meres
ont cette coutume d'attacher leur déjuner à une branche
d'arbre, d'où il faut que ces petis l'abbatent avec la fléche s'ils
ont envie de manger. Car il n'y a point de misericorde. Et
à mesure que ces enfans croissent, on leur suspend plus haut
leur portion. Ils coupent aussi par fois un Bananier, & le
posent en terre, comme en butte, pour apprendre à leurs
enfans à tirer au fruit. Ce qui fait qu'avec le tems, ils se rendent parfaits en cet exercice. Les anciennes Histoires nous
rapportent, que certains Peuples, approchant icy de la coutume des Caraïbes, obligeoient leurs enfans à abbatre leur
manger avec la fronde.

 Ils destinent ordinairement tous leurs fils à porter les armes, & a se venger de leurs ennemis à l'imitation de leurs
devanciers. Mais avant qu'ils soyent mis au rang de ceus
qui peuvent aller à la guerre, ils doivent estre declarez soldats

dats en presence de tous les parens & amis qui sont conviez d'assister à une si solemnelle Ceremonie. Voicy donc l'ordre qu'ils observent en ces occasions. Le Pere qui a auparavant convoqué l'assemblée fait seoir son fils sur un petit siege, qui est posé au milieu de sa case, ou du Carbet, & après luy avoir remontré en peu de paroles, tout le devoir d'un genereus soldat Caraïbe, & luy avoir fait promettre, qu'il ne fera jamais rien qui puisse flétrir la gloire de ses prestecesseurs, & qu'il vengera de toutes ses forces l'ancienne querelle de leur Nation. Il saisit par les pieds un certain oyseau de proye, qu'ils appellent *Maussenis* en leur langue, & qui a été preparé long-tems auparavant pour estre employé à cet usage, & il en décharge plusieurs coups sur son fils, jusques à ce que l'oiseau soit mort, & que sa teste soit entierement écrasée. Aprés ce rude traitement qui rend le jeune homme tout étourdy, il luy scarifie tout le corps avec une dent d'Agouty, & pour guerir les Cicatrices qu'il a faites, il trempe l'oiseau dans une infusion de grains de Pyman, & il en frotte rudement toutes ses blessures, ce qui cause au pauvre patient une douleur tres-aiguë, & tres-cuisante : mais il faut qu'il souffre tout cela gayément, sans faire la moindre grimace, & sans témoigner aucun sentiment de douleur. On luy fait manger en suitte le cœur de cet oiseau. Et pour la clôture de l'action, on le couche dans un lit branlant, où il doit demeurer étendu de son long, jusques à ce que ses forces soyent presque toutes épuisées à force de jusner. Aprés cela, il est reconnu de tous pour soldat, il se peut trouver à toutes les assemblés du Carbet, & suivre les autres dans toutes les guerres, qu'ils entreprenent contre leurs ennemis.

Outre les exercices de la guerre, qui sont communs à tous les jeunes Caraïbes, qui veulent vivre en quelque estime parmy les Braves de leur Nation ; Leurs Peres les destinent souvent à étre *Boyez*, c'est à dire Magiciens & Medecins. Ils les envoyēt pour cet effet à quelqu'un des plus entendus en cette detestable profession, c'est à dire qui soit en grande reputation de savoir evoquer les Esprits malins, de donner des sorts pour se venger de ses ennemis, & de guerir diverses maladies ausquelles ceus de cette Nation sont sujets. Mais il faut que le

jeune

jeune homme qui est presenté au Boyé pour estre instruit en son art, y ait esté consacré dés sa plus tendre jeunesse par l'abstinence de plusieurs sortes de viandes, par des jeunes rigoureus & que pour commencer son apprentissage, on luy tire du sang de toutes les parties de son corps avec une dent d'Agouty, de même qu'on le pratique envers ceus qui sont receus soldats.

 Les Caraïbes apprennent aussi avec soin leurs enfans à pescher, à nager, & à faire quelques ouvrages, comme des paniers, des boutous, des arcs, des flèches, des ceintures, des lits de coton, & des Piraugues. Mais d'avoir nul soin de former & de cultiver leur esprit, & de leur apprendre ni honneur, ni civilité, ni vertu : c'est ce que l'on ne doit pas attendre de ces pauvres Sauvages, qui n'ont point d'autre guide, ni d'autre lumiere, pour une telle education, que leur entendement aveugle & remply d'épaisses tenebres, ni d'autre regle dans toutes les actions de leur vie, que le dereglement & le desordre pitoyable de leur Nature vicieuse & corrompuë.

Chap. 24   DES ILES ANTILLES.   503

vantes qui se souvenoient d'avoir veu les premiers Espagnols qui avoient abordé en l'Amerique. D'où l'on conclud qu'ils devoient estre âgez de cent-soixante ans au moins. Et en effet, ce sont des gens qui peuvent passer pour l'ombre d'un corps, & qui n'ont presque plus que le cœur en vie, estant couchez dans un lit, immobiles & décharnez comme des squelettes. Ils ont, toutefois, encore de la santé. Et il paroit bien que leur langue, non plus que leur cœur, n'est pas morte, & que leur raison respire encore. Car non seulement ils parlent avec facilité, mais la memoire & le jugement accompagnent leurs paroles.

Cette mort si reculée qui se voit chez les Caraïbes, ne doit pas sembler étrange, ni estre prise pour un fantôme. Car pour laisser maintenant les grands âges des premiers siecles & ceus dont les Ctesias, les Herodotes & les Plines font mention, les Historiens modernes nous fournissent assez d'exemples pour confirmer cette verité. Et entr'autres les Hollandois qui ont trafiqué aus Moluques nous assurent que la vie en ce païs-là est bornée d'ordinaire à cent trente ans. Vincent le Blanc dit qu'en Sumatra, en Java, & aus Iles voisines, elle va jusqu'à cent quarante, comme elle fait aussi chez les Canadiens. Et qu'au Royaume de Casuby elle atteint la cent cinquantiéme année. François Pirard, & quelques autres, nous témoignent que les Bresiliens ne vivent pas moins, & qu'ils vont jusqu'à cent soixante ans, & au delà même. Et dans la Floride & en Jucatan, il s'est trouvé des hommes qui passoient cét âge-là. En effet, on recite que les François, au voyage de Laudoniere en la Floride, en 1564. Virent-là un vieillard, qui se disoit âgé de trois cens ans, & Pere de cinq Generations. Et en fin au rapport de Mafée, un Bengalois en Orient l'an 1557. se vantoit d'avoir trois cens trente-cinq ans. Aprés tout cela, la longueur de jours de nos Caraïbes ne sauroit passer pour un prodige, ni une chose incroyable.

Asclepiade, au rapport de Plutarque, estimoit que generalement les habitans des païs froids vivoient plus que ceus des regions chaudes par ce, disoit-il, que le froid retient au dedans la chaleur naturelle, & serre les pores pour la garder, au lieu que cette chaleur se dissipe facilement dans les climats

Livre 3, liv. 4. chap. 12. & 7.2. & 7.48. Relation des Hollandois. 1. part. chap. 24. Lescarbot. Vincent le Blanc. 1. part. chap. 34. 1. part. chap. 26. Bergeron au Traité des Navigations. Lescarbot, & de Laet. Bergeron au Traité des Navigations. Liv. 11. au li. 25. des Opinions des Filosofes, chap. 30.

CHAPITRE VINT-QUATRIÉME.

De l'Age ordinaire des Caraïbes, de leurs Maladies, des Remedes dont ils se servent pour rêcouvrer la santé, de leur Mort, & de leurs funerailles.

LEs Caraïbes estant de leur nature d'un tres-bon temperament, & passant leur vie avec douceur & repos d'esprit, sans chagrin & sans inquiétude; Joint aussi la sobrieté ordinaire dont ils usent en la conduite de leur vie, ce n'est pas de merveille s'ils sont exents d'une infinité d'incommoditez & de maladies, qui travaillent d'autres Nations, & s'ils arrivent beaucoup plus tard au tombeau, que la plus grande partie des autres Peuples. Les bon air dont ils joüissent, contribuë encore à leur santé & à la longueur de leurs jours.

On ne trouve guere parmy-eus des ces âges abrégez dont il se voit si grand nombre parmy-nous: mais s'ils ne meurent de mort violente, ils meurent fort vieus presque tous. Leur vieillesse est extrémement vigoureuse: & à quatre-vints dix ans les hommes engendrent encore. Il s'en voit grand nombre d'entr'eus, qui ont plus de cent ans, & qui n'ont pas un poil blanc. Jean de Lery, digne d'estre creu, nous assure qu'il n'avoit apperceu presque point de cheveus blancs en la teste des Taupinambous de pareil âge. D'autres Historiens nous assurent, que les femmes de ces Sauvages-là, gardent leur fécondité jusques à quatre-vints ans. Et les François ont connu au païs de Canada un Sauvage, qui avoit encore les cheveus noirs, & meilleure veuë qu'eus tous, bien qu'il fust à l'âge de cent ans.

La vie ordinaire de nos Caraïbes est de cent cinquante ans, & quelquefois plus. Car bien qu'ils ne sachent pas conter leurs années, on ne laisse pas d'en recueillir le nombre, par les marques qu'ils en donnent. Et entr'autres, ils avoient encore, il y a peu de tems au milieu d'eus des personnes vi-

mats ou les Pores ſont élargis & ouverts par la chaleur du Soleil. Mais l'experience des Caraïbes, & de tant d'autres Peuples de la Zone torride qui vivent d'ordinaire un ſi grand âge, pendant que nos Européens ſont veus communément mourir jeunes, eſt contraire à ce raiſonnement naturel.

Lors qu'il arrive, comme il ne ſe peut autrement, que nos Caraïbes ſont attaquez de quelque mal, ils ont la connoiſſance de quantité d'herbes, de fruits, de racines, d'huyles & de gommes, par l'ayde déquelles ils retournent bien-toſt en convaleſcence, ſi le mal n'eſt pas incurable. Ils ont encore un ſecret aſſuré pour guerir la morſure des Couleuvres, pourveu qu'elles n'ayent point percé la veine. Car alors il n'y a point de remede. C'eſt le jus d'une herbe qu'ils appliquent ſur la playe, & dans vint-quatre heures ils ſont infailliblement gueris.

Le mauvais aliment de Crabes & d'autres Inſectes dont ils ſe nourriſſent ordinairement, eſt cauſe qu'ils ſont preſque tous ſujets à une fâcheuſe maladie qu'ils nomment *Pyans* en leur langue, comme les François à la petite verole. Quand ceus qui ſont entachez de cette ſale maladie, mangent de la Tortuë franche, ou du Lamantin, ou du Caret, qui eſt une autre eſpece de Tortuë, ils ſont incontinent aprés tous boutonnez, parce que ces viandes font ſortir cé mal en dehors. Ils ont auſſi ſouvent de groſſes Apoſtumes, des clous, & des charbons en divers endroits du corps. Pour guerir ces maus qui proviennent la plupart de la mauvaiſe nourriture dont ils uſent; Ils ont une écorce d'arbre appellée *Chipiou*, amere comme ſuye, laquelle ils font tremper dans de l'eau, & ayant rapé dans cette infuſion le fonds d'un certain gros Coquillage qu'on nomme *Lambys*, ils avalent cette Medecine. Ils preſſent auſſi quelquefois, lécorce fraichément levée de quelques arbres de *Miby*, ou d'autres Vimes qui rampent ſur la térre, ou qui s'acrochent aus arbres, & boivent le jus qu'ils en ont exprimé: mais ils ne ſe ſervent pas volontiers de ce remede, que quand les arbres ſont en leur plus grande ſéve.

Outre ces Medecines avec léquelles ils purgent les mauvaiſes humeurs du dedans; ils appliquent encore au dehors cer-

certains onguents, & linimens, qui ont une vertu tres-particuliere pour nettoyer toutes les pustules qui restent ordinairement sur le corps de ceus qui sont travaillez des *Pyans*. Ils composent ces remedes avec de la cendre de roseaus brulez, laquelle ils démeslent avec de l'eau qu'ils recueillent des feüilles de la tige du *Balisier*. Ils usent aussi pour le même dessein, du jus du fruit de *Iunipa*, & ils appliquent sur les boutons le marc de ce même fruit, à cause qu'il a la vertu d'attirer tout le pus des playes, & de refermer les levres des ulceres. Ils n'ont point l'usage de la saignée par l'ouverture de la veïne, mais ils usent de scarifications sur la partie douloureuse, en l'égratinant avec une dent d'Agouty, & la faisant quelque peu saigner. Et afin de diminuer l'étonnement que pourroit causer ce que nous avons déja representé ailleurs, de tant d'incisions que ces Barbares se font pour divers sujets, & qui donneroient lieu de se figurer en leurs personnes des corps toujours sanglans, & couverts de playes, il faut savoir qu'ils ont aussi des secrets & des remedes infaillibles pour se guerir promptement, & pour fermer leurs blessures, & consolider si nettement leurs playes, qu'à peine peut on remarquer sur leurs corps, la moindre cicatrice.

Ils se servent aussi de bains artificiels, & provoquent les sueurs par une espece de poêle où ils enferment le patient, qui reçoit par ce remede son entiere guerison. Les Soriquois font aussi suer leurs malades: mais quelquefois ils les humectent de leur haleine. Et pour la cure des playes eus & les Floridiens en succent le sang, comme les anciens Medicins le pratiquoient, quand quelcun avoit été mordu d'une beste venimeuse, faisans preparer pour cela celuy qui en faisoit l'office. On dit aussi que nos Caraïbes, lors qu'ils ont été piqués d'un serpent dangereus, se font succer la playe par leurs femmes, après qu'elles ont pris un bruvage, qui a la vertu de rabatre la force du venin. Les Taupinambous succent même les parties malades, bien qu'il n'y ait point de playe. Ce qui se fait aussi quelquefois en la Floride. Et les Turcs lors qu'il leur survient quelque défluction, & quelque douleur, ou à la teste ou sur quelque autre partie du corps, brulenr la partie qui souffre.

Lescarbot, & de Latet.

De Lery chap. 20. Linscot, chap. 1. Voyage de Villamont liv. 3.

Quelques uns des Peuples Barbares, ont de bien plus étranges remedes dans leurs maladies, comme il se peut voir chez les Historiens. Ainsi on dit que les Indiens de Mechoacham & de Tabasco en la nouvelle Espagne, pour se guerir de la fievre, se jettent tous nuds dans la riviere pensant y noyer cette maladie. En quoy pour l'ordinaire ils reüsissent fort mal. Une action à peu près semblable s'est veuë chez les Caraïbes. Car Monsieur du Montel y trouva un jour un vieillard qui se l'avoit la teste à une fontaine extremement froide. Et luy en ayant demandé la cause, le bon homme luy répondit : Compere, c'est pour me guérir : car ie suis *mouche* c'est à dire beaucoup enrhumé. Le Gentil-homme ne se put empescher d'en rire : mais plutôt il en eut pitié, croyant qu'il y en avoit assez pour perdre le pauvre vieillard. Et cependant contre toutes les régles de nôtre Medicine, cét étrange remede luy succeda heureusement. Car nôtre Gentil-homme le rencontra le lendemain, gaillard & dispos, & délivré tout à fait de son rhume. Et le Sauvage ne manqua pas de s'en vanter, & de railler nôtre François de sa vaine pitié du jour précedent.

Les Caraïbes sont extrémement jalous de leurs secrets en la Medecine, sur tout leurs femmes qui sont fort intelligentes en toutes ces cures; & pour quoy que ce pust estre, ils n'ont encore voulu communiquer aus Chrétiens les remedes souverains qu'ils ont contre la blessure des fléches enpoisonnées. Mais ils ne refusent pas de les visiter & de les traiter quand ils ont besoin de leur secours : au contraire ils s'y portent alégrement, & de tres-franche volonté. Ainsi un personnage de qualité d'entre nos François ayant été mordu dangereusement par un serpent, en a été heureusement guery par leur moyen. En quoy certes ils sont bien differens de ces brutaus de Guinois & du Sumatrans, qui n'ont aucune compassion de leurs propres malades, les abondonnant comme de pauvres bestes. Mais l'ancien Peuple de la Province de Babylone prenoit un interest si particulier dans toutes les maladies, que les malades y étoient mis en place publique, & chacun leur devoit enseigner le remede, dont il avoit fait l'experience sur luy-même. Ceus qui ont fait voyage à Cam-

Relation des Hollandois & de Vincent le Blanc. 1. part. chap. 14.

Herodote liv. 1.

Cambaya, diſent, qu'il y a même un Hoſpital pour traiter les oiſeaus malades.

Quand les remedes ordinaires dont ſe ſervent nos Caraïbes en leur neceſſité, n'ont pas eu un tel ſuccés qu'ils s'étoyent promis, pour lors ils ont recours à leurs Boyez, c'eſt à dire à leurs Magiciens, qui contrefont auſſi les Medecins: & les ayant conviez de les venir viſiter, ils les conſultent ſur l'evenement de leurs maladies. Ces malheureus ſupports de l'Eſprit malin, ſe ſont aquis par leurs enchantemens, un tel credit parmy ces pauvres abuſez, qu'ils ſont reputez comme les arbitres de la vie & de la mort, & tellement redoutez à cauſe de leurs ſortileges, & de la vangeance qu'ils tirent de ceus qui les mépriſent, qu'il n'y a aucun de ce miſerable Peuple, qui ne tienne à gloire de rendre une deference & une obeïſſance aveugle à tous leurs avis.

Pour ce qui eſt des Ceremonies qu'ils obſervent en ces rencontres, nous les avons déja touchées en partie au Chapitre de leur Religion. Il faut avant toutes autres choſes, que la caſe en laquelle le Boyé doit entrer ſoit bien nettement preparée: que la petite table qu'ils nomment *Matoutou*, ſoit chargée de l'*Anakri* pour *Maboya*, c'eſt à dire d'une offrande de Caſſaue & d'Ouycou pour l'Eſprit malin: & même des premices de leurs jardins, ſi c'eſt la ſaiſon des fruits. Il faut auſſi qu'il y ait à l'un des bouts de la caſe, autant de petis ſieges, qu'il ſe doit trouver de perſonnes à cette deteſtable action.

Aprés ces preparatifs, le Boyé, qui ne fait jamais cette œuvre de tenebres que pendant la nuit, ayant fait ſoigneuſement éteindre tout le feu de la Caſe & des environs, entre dans cette obſcurité, & ayant trouvé ſa place à l'ayde de la foible lueur d'un bou de Tabac allumé qu'il tient en ſa main, il pronōce d'abord quelques paroles Barbares; il frappe en ſuitte de ſon pied gauche la terre à pluſieurs repriſes, & ayant mis en ſa bouche le bout de Tabac qu'il portoit en ſa main, il ſouffle cinq ou ſix fois en haut la fumée qui en ſort, puis froiſſant entre ſes main le bout de Tabac, il l'eparpille en l'air. Et alors le Diable qu'il a evoqué par ces ſingeries, ébranlant d'une furieuſe ſecouſſe le faiſte de la Caſe, ou excitant quelque autre bruit

bruit épouvantable, comparoit aussi-tôt, & répond distinctement à toutes les demandes, qui luy sont faites par le Boyé.

Si le Diable assure, que la maladie de celuy pour lequel il est consulté, n'est pas mortelle: pour lors le Boyé & le Fantôme qui l'accompagne, s'approchent du malade pour l'asseurer qu'il sera bien-tôt guery : & pour l'entretenir dans cette esperance, ils touchent doucement les parties les plus douloureuses de son corps, & les ayant un peu pressées, ils feignent d'en faire sortir des épines, des os brisez, des éclats de bois & de pierre, qui étoyent, à ce que disent ces malheureus Medecins, la cause de son mal. Ils humectent aussi quelquefois de leur haleine la partie debile, & l'ayant succée à plusieurs reprises, ils persuadent au patient, qu'ils ont par ce moyen attiré tout le venin qui étoit en son corps, & qui le tenoit en langueur. Enfin pour la clôture de tout cet abominable mystere, ils frottent tout le corps du malade avec le suc du fruit de *Iunipa*, qui le teint d'un brun fort obscur, qui est comme la marque & le seau de sa guerison.

Celuy qui croit d'avoir été guery par un si damnable moyen, a coûtume de faire en reconnoissance un grande festin, auquel le Boyé tient le premier rang entre les conviez. Il ne doit pas aussi oublier l'*Anakri* pour le Diable, qui ne manque pas de s'y trouver. Mais si le Boyé a recüeilly de la communication qu'il a eu avec son Demon, que la maladie est à la mort, il se contente de consoler le malade, en luy disant, que son Dieu, ou pour mieus dire son Diable familier, ayant pitié de luy, le veut enmener en sa Compagnie, pour estre delivré de toutes ses infirmitez.

Elian.l.3. c.38.

Certains Peuples, ne pouvans supporter l'ennuy & les incommoditez d'une trop caduque vieillesse, avoient acoutumé de chasser avec un verre de Ciguë leur ame qui croupissoit trop long tems à leur gré, dans leur miserable corps. Et quelques autres au rapport de Pline, étant las de vivre, se precipitoient en la mer. Mais en d'autres pais, les enfans n'attendoient pas que leurs Peres étant parvenus à un grand âge, fissent cette execution. Car on dit que par une Loy publique, ils en étoient les parricides & les bourreaus. Et le Soleil

Liv.4. chap. 12. Elian, l.4. c.1.

éclaire

Chap. 24 DES ILES ANTILLES. 509

éclaire encore aujourdh'uy dans quelques Provinces de la Floride, des maudites creatures, qui par une espece de religion & de pieté, assomment leurs Peres parvenus à la caducité, comme des personnes inutiles en ce monde, & qui sont à charge à eus-mêmes.

Mais quelque avancée que puisse estre la vieillesse chez nos Caraïbes, les enfans ne s'ennuyent pas de voir leur Peres & leurs Meres en cet état. Il est vray, que quelques Caraïbes ont autrefois avancé la mort de leurs parens, & ont tué leurs Peres & leurs Meres, croyant faire une bonne œuvre, & leur rendre un office charitable, en les delivrant de beaucoup d'incommoditez & d'ennuis, que traine aprés soy la vieillesse. Un vieus Capitaine que nos François nommoient *le Pilote*, se glorifioit d'avoir rendu ce detestable service à plusieurs de ses ancêtres. Mais premierement les Caraïbes ne pratiquoient cette inhumanité qu'envers ceus qui le desiroient ainsi pour être delivrez des miseres de cette vie: & ce n'étoit, que pour aquiescer aus prieres instantes de ceus qui étoient las de vivre, qu'ils en usoient de la sorte. De plus, cette Barbarie n'a jamais été universellement reçeuë parmy eus: & les plus sages l'ont à present en detestation, & entretiennent leurs Peres & leurs Meres jusques au dernier periode de leur vie, avec tous les soins, & tous les témoignages d'amitié, d'honneur & de respect que l'on pourroit attendre d'une nation, qui n'a point d'autre lumiere pour se conduire que celle d'une nature corrompuë. Ils supportent patiemment leurs defauts & les chagrins de leur vieillesse: ne se lassent point de les servir, & le plus qu'il leur est possible, se tiennent prés d'eus pour les divertir comme nos François l'ont veu en quelques unes de leurs Iles. Ce qui ne merite pas une petite loüange, si l'on considere que cela se fait chez des Barbares. Que si quelques uns d'entr'eus n'honorent pas ainsi leurs Peres & leurs Meres, ils ont degeneré de la vertu de leurs Ancêtres.

Mais quand aprés tous leurs soins & toutes leurs peines, ils viennent à perdre quelcun de leurs proches ou de leurs amis, ils font de grands cris & de grandes lamentations sur sa mort; Bien au contraire des anciens Traces, & des Habitans

Herodote, Liv. 5. & Filostrate en la vie d'Apollonius, li. 5. c. 1.

tans des Iles fortunées qui enfeveliſſoient leurs morts avec joye, danſes & chanſons, comme des perſonnes delivrées des miſeres de la vie humaine. Aprés que les Caraïbes ont arroſé le corps mort de leurs larmes, ils le lavent, le rougiſſent, luy frottent la teſte d'huile, luy peignent les cheveus, luy plient les jambes contre les cuiſſes, les coudes entre les jambes, & ils courbent le viſage ſur les mains, de ſorte que tout le corps eſt à peu prés en la même poſture, que l'enfant eſt dans le ventre de ſa Mere, & ils l'envelopent dans un lict neuf, attendant qu'ils le mettent en terre.

 Il s'eſt trouvé des Nations qui donnoient les rivieres aus corps morts, pour ſepulture ordinaire, comme quelques Ethiopiens. D'autres les jettoient aus oiſeaus & aus chiens, comme les Parthes, les Hircaniens & leurs ſemblables auſſi honneſtes gens que Diogene le Cynique. Quelques autres Peuples un peu moins inſenſez, les couvroient d'un monceau de pierres. On dit que quelques Africains les mettent en des vaiſſeaus de terre : & que d'autres les logent dans du verre. Heraclite, qui tenoit le feu pour le principe de toutes choſes, vouloit qu'on bruslaſt les corps, afin qu'ils retournaſſent à leur origine. Et cette coutume obſervée par les Romains durant pluſieurs Siecles, ſe pratique encore aujourd'huy chez divers Peuples de l'Orient. Mais Cyrus diſoit en mourant, qu'il n'y avoit rien de plus heureus, que d'eſtre au ſein de la terre, la Mere commune de tous les humains. Les premiers Romains étoient de cette opinion : car ils enterroiēt leurs morts. Et c'eſt auſſi de tant de pratiques differentes ſur ce ſujet, celle que l'on trouve en uſage chez les Caraïbes. Ils ne font pas leurs foſſes ſelon nôtre mode, mais ſemblables à celles des Turcs, des Breſiliens, & des Canadiens ; c'eſt à dire de la profondeur de quatre ou cinq pieds, ou environ de figure ronde, de la forme d'un tonneau : Et au bas ils mettent un petit ſiege, ſur lequel les parens & les amis du défunt aſſéent le corps, le laiſſant en la même poſture qu'ils luy ont donné incontinent aprés ſa mort.

 Ils font ordinairement la foſſe dans la caſe du defunt, ou s'ils l'enterrent ailleurs, ils font toujours un petit couvert ſur l'endroit ou le corps doit repoſer, & aprés l'avoir dévalé dans

Voyage de Drac, 2. partie.

Xenofon en ſa Cyropedie, liv. 8. Pline, l. 7. chap. 54.

cette

cette fosse, & l'avoir envelopé de son Amac, ils font un grand feu à l'entour, & tous les plus anciens tant hommes que femmes s'acroupissent sur leurs genous. Les hommes se placent derriere les femmes, & de tems en tems ils leur passent la main sur les bras pour les inciter à pleurer. Puis en chantant & pleurant ils disent tous d'une vois piteuse & lamentable. Hé pourquoy es tu mort? Tu avois tant de bon Manioc, de bonnes Patates, de bonnes Bananes, de bons Ananas. Tu étois aimé dans ta Famille, & l'on avoit tant de soin de ta personne. Hé pourquoy donc es tu mort? Pourquoy es tu mort? Si c'est un homme ils ajoutent. Tu étois si vaillant & si géncreus. Tu as renversé tant d'ennemis; tu tés signalé en tant de combats: Tu nous as fait manger tant d'Arouàgues: Hélas! qui nous defendra maintenant contre les Arouàgues? Hé pourquoy donc es tu mort? Pourquoy es tu mort. Et ils recommencent plusieurs fois la même chanson.

Les Toupinambous font à peu prés les mêmes lamentations sur les Tombeaus de leurs morts. Il est mort, disent *De Lery chap. 5.* ils, ce bon chasseur, & excellent pescheur, ce vaillant guerrier, ce brave mangeur de prisonniers, ce grand assommeur de Portugais, & de Margaiats, ce genereus defenseur de nôtre païs. Il est mort. Et ils repetent souvent le même refrein. Les Guinois demandent aussi à leurs morts, ce *Relation* qui les a obligez à mourir, & leur frottent le visage avec un *des Hollandois.* bouchon de paille pour les réveiller. Et Busbequius, dans *Livre 1.* la Relation de ses Ambassades en Turquie recite, que passant par un bourg de la Servie, nommé Yagodena, il entendit des femmes & des filles qui lamentant auprés d'un mort, luy disoient dans leurs chants funebres, comme s'il eut esté capable de les entendre. Qu'avons nous merité & qu'avons nous manqué de faire pour ton service, & pour ta consolation? Quel sujet de mécontentement as tu jamais eu contre nous, qui t'ait obligé de nous quiter, & de nous laisser ainsi miserables & desolées? Ce qui se rapporte en partie aus plaintes funebres de nos Caraïbes.

Le Vacarme, & les Hurlemens des Toupinambous & des Virginiens en semblables occasions dure ordinairement un mois.

mois. Les Peuples d'Egipte, faisoient durer leurs larmes soixante & dix jours. Et quelques Floridiens employent des vieilles pour pleurer le mort six mois entiers. Mais Lycurgue avoit limité le dueil à onze jours, & c'est à peu près le tems que prenoient autrefois nos Caraïbes pour pleurer le defunt, avant que de le couvrir de terre. Car durant l'espace de dix jours, ou environ, deus fois chaque jour les parens, & même les plus intimes amys venoient visiter le mort à sa fosse. Et ils aportoient toujours à boire & a manger à ce mort, luy disant à chaque fois. Hé pourquoy es tu mort? Pourquoy ne veus tu pas retourner en vie? Ne dis pas au moins que nous t'ayons refusé dequoy vivre. Car nous t'aportons à boire, & à manger. Et aprés qu'ils luy avoient fait cette belle exhortation, comme s'il l'eut dû entendre, ils luy laissoient sur le bord de la fosse les viandes & le bruvage jusques à l'autre visite, qu'ils les poussoient sur sa teste, puis qu'il ne daignoit pas avancer sa main pour en prendre.

Plutarque en la vie de Lycurgue.

Les Peruviens, les Bresiliens, les Canadiens, les Madagascarois, les Canariens, les Tartares, les Chinois, accompagnent aussi de quelques mets, les tombeaus où ils enterrent leurs proches. Et sans aller si loin, ne se fait il pas quelque chose de semblable parmy nous? Car on sert durant quelques jours les effigies de nos Roys & de nos Princes nouvellement morts, & on leur presente à boire & à manger comme si elles étoient vivantes: même jusqu'à faire devant elles, l'essay des viandes & du bruvage.

Voyez Acosta, de Lary Paul le Jeune, François Cauche, Thomas Nicole, Chez Bergeron, Carpin & Trigans.

Les Caraïbes de quelques Iles posent encore à present des viandes prés de la fosse du mort, mais ils ne le laissent pas un si long tems qu'ils faisoient autrefois sans le couvrir de terre. Car aprés que la chanson funebre est finie & que les femmes ont épuisé toutes leurs larmes, l'un des amis du defunt luy met une planche sur la teste, & les autres poussent peu à peu la terre avec les mains & remplissent la fosse. On brule aprés cela, tout ce qui apartenoit au mort.

Ils tuënt aussi quelquefois des Esclaves pour accompagner les Manes de leurs morts, & les aller servir en l'autre monde. Mais ces pauvres miserables, gagnent au pied quand leur maistre meurt, & se sauvent en quelque autre Ile. On conçoit

Acosta Histoire de la Chine, de Laet Garcilasse Pirard, Linscot & d'autres.

çoit une juste horreur au récit de ces inhumaines & Barbares funerailles, qui sont arrosées du sang des Esclaves, & de diverses autres personnes: & qui exposent en veuë de pauvres femmes égorgées, brulées, & enterrées toutes vives, pour aller en l'autre monde tenir compagnie à leurs maris, comme il s'en trouve des exemples chez diverses Nations. Mais nos Caraïbes se contentent en ces rencontres, de tuer les Esclaves du defunt, s'ils les peuvent atraper.

Il étoit defendu aux Lacedemoniens de rien enterrer avec les morts: mais le contraire s'est pratiqué, & se pratique encore aujourd'huy chez diverses Nations. Car sans parler de tant de choses precieuses que l'on faisoit consumer avec les corps qui passoient par le feu aprés leur mort, chez les anciens Romains, Macedoniens, Allemands, & autres Peuples: Nous lisons en l'Histoire de Josefe que le Roy Salomon enferma de grandes richesses avec le corps de David son Pere: Ainsi les Tartares mettent dans la tombe avec le mort, tout son or & son argent. Et les Bresiliens, les Virginiens, les Canadiens & plusieurs autres Sauvages, enterrent avec les corps les habits, les hardes & tout l'équipage des defunts. *Virgile, Arrian, Tacite. l. 7, c. 1. Carpin. De Lery Relation des Hollandois. De Lat & le Ieune.*

C'est aussi ce que les Caraïbes pratiquoient en leurs funerailles, avant qu'ils eussent communiqué avec les Chrétiens. Car à la derniere visite qu'ils venoient rendre au mort, ils aportoient tous les meubles qui luy avoient servy durant sa vie, assavoir, l'arc & les fléches, le Boutou, ou la Massuë, les Couronnes de plume, les pendans d'oreilles, les Colliers, les Bagues, les Brasselets, les paniers, les vaisseaus, & les autres choses qui étoient à son usage, ils enterroient le tout avec le mort, ou ils le brûloient sur la fosse. Mais à present ils sont devenus meilleurs menagers: Car les parens du defunt reservent tout cela, pour leur usage, ou bien ils en font present aus assistans, qui les conservent en memoire du defunt.

Apres que le corps est couvert de terre, les plus proches parens se coupent les cheveus, & jusnent rigoureusement, croyant que par là, ils en vivront & plus long tems & plus heureus. D'autres, quittent les Cases & la place où ils ont
enterré

enterré quelcun de leurs parens, & vont demeurer ailleurs. Quand le corps est à peu près pourry, ils font encore une assemblée, & après avoir visité & foulé aus pieds le sepulcre en soupirant, ils vont faire la débauche, & noyer leur douleur dans le Ouïcou. Ainsi la Ceremonie est achevée & l'on ne vient plus tourmenter ce pauvre corps.

Fin du second & dernier Livre de l'Histoire des Antilles.

VOCABULAIRE CARAÏBE.

Avertissement.

Quelques mots Caraïbes sont en usage parmy les Galibis du Cap de Nord. Voy. le Dictionnaire de Biet. Leurs langues sont semblables. Voy. la Relation du Voyage de Cayenne p. 151-194.
Voy. de Lery p. 306-318.

1. Nous marquons par des accens aigus les syllabes longues, & sur léquelles il faut appuyer. Et nous mettons de ces points sur plusieurs lettres, pour faire connoitre que celle qui précéde appartient à la syllabe d'auparavant, & ne se doit point du tout joindre en la prononciation avec la suivante. Comme lors qu'en François nous mettons deus points sur *loüange*, sur *loüër*, & sur quelques mots semblables.

2. Lors que le mot que nous couchons est celuy des hommes, nous le désignons par une H. Et lors que c'est celuy des femmes, nous le distinguons par une F.

3. Enfin, comme les mots de cette Langue sont difficiles à imprimer correctement, à ceus qui n'en ont pas la connoïssance par eus mémes, les Lecteurs sont suppliez d'attribuer à l'Imprimeur les fautes qui peut estre se trouveront icy en quelques endroits, comme il est presque impossible autrement.

I. LES PARTIES du CORPS HUMAIN.

Mon corps, *Nókobou.*
La graisse, *Takeúé.*
Ma peau, *Nóra.* Cela signifie en général tout ce qui sert de couverture.
Mes os, *Nábo.* Cela signifie aussi un *tendron.*
Les Caraïbes ne distinguent point les veines d'avec les nerfs, & ils les expriment par le mot de *Nillagra,* qui signifie, mes nerfs ou mes veines : comme *Lillagra* ses nerfs ou ses veines. Ils appellent encore ainsi les racines des arbres.
Mon sang, H. *Nitta.* F. *Nimoinalou.*
Mon poil, mes cheveus, *Nitibouri.*
Ma teste, *Nicheucke.*
Mes yeus, *Nákou.*
Ma prunelle, *Nákou-euke.* C'est à dire proprement, *Le noyau de mon œil.*
Ma paupiére, *Nakou-ora.* C'est à dire, *La peau de mon œil.*
Mon sourcil, *Nichikouchi.* Proprement, *Piéce d'œil.*
Mes cils, *Nákou-ïou.* proprement, *le poil de l'œil.*
Mon front, *Nérébé.*
Mon visage, *Nichibou.*
Mon nez, *Nichiri.*
Ma bouche, *Nióuma.*
Ma lévre, *Nioumárou.*
Ma dent, *Nári.*
Ma dent macheliére, *Nackeuke.*
Mes gencives, *Nári-aregrik.* proprement, *ce qui est contre mes dents.*
Mon oreille, *Narikaë.*
Mes temples, *Nouboyonbou.*
Mes joües, *Nitigné.*
Ma langue, *Ninigné.*
Mon menton, *Náriona.*
Ma mammelle, *Nouri.*
Ma poitrine, *Návokou.*
mon épaule, *nécké.*
mon bras, *nareuna.* Il signifie aussi une *aîle.*
mon coude, *neuguoumeuke.*
mes mains, *náucabo.*
mes doits, *noucabo-raün,* comme si vous desiez, *les petis, ou les enfans de ma main.*
mon pouce, *noucabo-iseignum.* Proprement, *ce qui est opposé aus doits.*
Le pouls, *Lóucabo ánichi,* c'est à dire proprement, *l'ame de la main.*
mon ongle, *nóubara.*
mon estomac, *nanichirokou.*
mon cœur, H. *nieuánni.* F. *nánichi.* Ce mot signifie aussi, *mon ame.*
mon poulmon, *woara.*
mon foye, *noubana.*
mes entrailles, *noulakaë.* Cela signi-

signifie aussi le *ventre*.
mes reins, *nanagané*.
mon costé, *nauba*.
La ratte, *couëmata*.
La vessie, *Ichikoulou akaë*.
mon nombril, *nárioma*.
Les parties naturelles de l'hõme, H. *Yaloukouli*, F. *Nehuera*.
Les parties naturelles de la femme, *Touloukou*.
mon derriere, *ndrioma-rokou*.
ma fesse, *niatta*.
ma cuisse, *nebouïk*.
mon genou, *nagagirik*.
mon jarret, *nichaouã-chaou-*.
ma jambe, *nourna*.
ma gréve, *nourna-aboulougou*.
ma jointure, *napataragoune*, c'est à dire, *une chose ajoutée*. Ce qu'ils appliquent aussi à une piéce que l'on met sur un habit.
ma cheville du pied, *noumour-gouti*.
mon pied, *nougouti*.
mon talon, *nougouti-ona*.
mes orteils, *nougouti-raïm*. C'est à dire proprement, *les petis du pied*.
La plante de mon pied, *nou-gouti-rokou*, proprement, *le dedans du pied*.

Comme ils ne disent presque jamais les noms indéfinis, surtout des parties du corps; mais qu'ils les restreignent à l'une des trois personnes, nous les avons mis icy à la premiére. Qui les voudra mettre aus autres, n'aura qu'à changer la premiére lettre à chaque mot : comme on le peut apprendre du Chapitre du Langage.

II. PARENTÉ & ALLIANCE.

Mon parent, H. *Nioumoulikou*, F. *Nitoucke*.
Mon mariage, *Youëlleteli*.
Mon mary, *Niraiti*.
Mon Pére. En parlant à luy, H. & F. *Bába*.
En parlant de luy, H. *Toumáan*, F. *noukóuchili*.
mon grand Pére, H. *Itámoulou*, F. *nàrgouti*.
Mon Oncle paternel. On l'apelle Pére, *Bába*. Et pour signifier le vray & propre Pére, quand on le veut distinguer expressément, on fait quelquefois cette addition, *Baba tinnaka*.
L'oncle maternel, H. *Yáo*, F. *Akátobou*.
mon fils, H. *Imákou, Imoulou, Yamoinri*, F. *Niráheu*.
mon petit fils, *Hibáli*. Lorsqu'il n'y en a qu'un. Mais lors qu'il y en a plusieurs, *Nibágnem*.

Mon

Mon frére ainé, H. *Hanhin*. F. *Niboukayem*.
Mon cadet, H. *Ouánöuë*, & *Ibiri*. C'est à dire proprement, *ma moitié*, F. *Namoulkem*.
Mon beau-frére, & mō Cousin de mére, H. *Ibámouï*, F. *Nikeliri*.
Le Cousin non marié à la Cousine, *Tapataganum*.
Mon Neveu, *Tanantiganè*.
Mon gendre, *Hibáli moukou*. C'est à dire, *qui fait des petis enfans*.
Ma femme, H. *Yenénery*. Les femmes disent, *Liáni*, sa femme.
Ma Mére, en parlant à elle, H. & F. *Bibi*, c'est aussi une exclamation.
En parlant d'elle, H. *Ichánum*. F. *Noukouchourou*.
Ma Belle-mére du second lit, *Noukóuchouroutení*.
Ma Belle-mére dōt j'ãy épousé la fille, *Imenouti*.
Ma grand'mére, H. *Innouti*. F. *Naguette*.
La tante maternelle s'apelle Mére, *Bibi*.
La paternelle, *Naheupouli*.
Ma fille, H. *Niananti*, F. *Nirahen*.
Ma Sœur, *Nitou*.
L'ainée, *Bibi-Ouánöuãn*.
La cadette, *Tamouléloũã*.
Bru, belle fille, & Niéce, *Nibaché*.
Ma Cousine, H. *Youëlléri*, c'est à dire, *Ma femme*, ou *ma promise*; parce que naturellement elles sont deuës pour femmes à leurs cousins. Les femmes disent *Youëllou*.
Les enfans des deus fréres, s'apellent *fréres* & *sœurs*: les enfans des deus sœurs, tout de même.

III. CONDITIONS & QUALITEZ.

UN homme, ou un masle, H. *Ouëkelli* : au pluriel, *Ouëkliem*, F. *Eyéri* : au pluriel, *Eyérium*.
Une femme, ou une femelle, H. *Ouëlle*: au pluriel, F. *Ouliem Inãrou* : au pluriel, *Innöyum*.
Un enfant, *Niankeïli*.
Un garçon, *Mouléke*.
Une fille, *Niankeïrou*.
Un petit garçon, *Ouëkelliraeu*. Proprement, *Vn petit masle*.
Une petite fille, *Ouëlle raeu*, Proprement, *Vne petite femelle*.
Un vieillard, *Ouãïáli*.
Un Pére de famille, *Tiouboutouli authe*.
Un veuf & une veuve, *Moincha*.
Un camarade, *banaré*.

Vocabulaire Caraïbe.

Un amy, H. *Ibaouänale*, F. *Nitignon*.
Un ennemy, H. *Etóutou*, F. *Akani*.
Un ennemy contrefait, *Etóutou noubi*. Ainsi nomment ils tous ceus de leurs ennemis qui sont vétus.
Sauvage, *Maron*. Les Caraïbes ne donnent ce nō qu'aus animaus & aus fruits Sauvages.
Habitant, *bonon*.
Insulaire, ou Habitant d'une Ile, *Oubao-bonon*.
Habitant de la terre ferme, *balouë-bonon*.
Homme de Mer, *balanaglé*. C'est ainsi qu'ils apellent les Chrétiens, parce qu'ils viennent de si loin par mer en leur païs.
Général d'armée navale, ou Amiral, *Nhalèné*.
Capitaine de vaisseau, *Tiouboutouli canaouä*.
Grand Capitaine, ou Général, *Ouboutou*, au pluriel, *Ouboutounum*.
Lieutenant, *Tiouboutoumali arici*. C'est à dire proprement, *la trace du Capitaine*, ou *ce qui paroit après luy*.
Soldat, ou guerrier, *Netoukouïti*.
Sentinelle, Espion, *Arikouti*, *Nábara*.
Mon prisonnier de guerre, *Niouïtouli*, *Njouëmakali*.
Celuy qui a la charge de recevoir les hôtes, *Njouäkaïti*.
Mon serviteur à gage, tel que les Chrétiens en ont, *Nabouyou*.
Serviteur esclave, *Tamon*.
Un chasseur *Ekerouti*.
Gras, *Tibouléli*.
Maigre, *Toulééli*.
Grand, *Mouchipééli*.
Gros, *Ouboutonti*.
Petit, *Nianti*, *Raeu*.
Chétif, *Pikenine*. En langage bâtard.
Haut, *Inōuti*.
Bas, *Onabouti*.
Profond, *Ouliliti*, *Anianliti*.
Large, *Taboubéreti*.
Long, *Mouchinagouti*.
Rond, *Chiririti*.
Quarré, *Patágouti*.
Beau, *Bouïtouti*.
Laid, *Nianti ichibou*.
Mol, *Nioulouti*.
Dur, *Téleti*.
Sec, *Ouărrou*, *Ouărrouti*.
Humide, *Kouchakouäli*.
Le chaud & le froid sont exprimez au titre IX.
Blanc, *Alouti*.
Noir, *Oúliti*.
Jaune, *Houëreti*.
Rouge, *Ponáti*.
Ils ne savent nommer que ces quatre couleurs-là, & ils y rapportent toutes les autres.

Larron, *Touálouti.*
Inceſtueux, *Kakouyoukouátiti.*
Adultére, *Oulimateti.*
Paillard, *Huéreti.*
Querelleus, *Oulibimekoali, Koauaïti.*
Traitre, *Nirobouteïti.*
Mauvais, *Oulibati, Nianouänti.*
Bon, *Iroponti.*
Sage, *Kanichicoti.*
Adroit, *Manigat.*
Fol, *Leuleuti ao*, ou, *Talouali ao.* C'eſt à dire proprement, *Qui n'a point de lumiere.*
Vaillant, *Ballinumpti.*
Poltron, *Abaouäti.*
Joyeus, *Aouërekoua liouani.*
Triſte, *Imouëmeti.*
Yvre, *Nitimaänti.*
Riche, *Katakobaïti.*
Pauvre, *Matakobaïti.*
Piquant, *Chouchouti.*
Mort, *Neketali.*

IV. ACTIONS. & PASSIONS.

IL ſe fie en luy, *Moingatteti loné.*
Atten moy, *Iacaba, Noubara.*
Eſpére. atten, *Alliré.*
Eſpére en luy, *Emenichiraba.*
Eſpérance, *Ementchira.*
Mon eſpérance, *Nemenichiraeu.*

Ma crainte, *Ninonnoubouli.*
Ma joye, H. *Naouëregon*, F. *Niouänni.*
Ma triſteſſe, *Nitikaboué.*
Il eſt né, *Emeïgnouäli.*
Sois le bien venu, *Halea tibou.*
J'ay faim, *Lamanatina.*
J'ay ſoif, *Nacrabatina.*
Donne moy à manger, ou, donne moy du pain, H. *Terebali üm boman*, F. *Nouboute üm boman.*
Donne moy à boire, *Natoni boman.*
Mange, à l'imperatif, *Baika.*
Manger, à l'infinitif, ce qùi eſt peu en uſage, *Aika.*
Je mange, *Naikiem.*
Boy, *Kouraba.*
Je bois, *Natiem, Natakayem:*
Je ſuis échauffé de boire, *Necharouätina.*
Vien icy, *Hac-yeté.*
Va t'en, *bayouboukaa:*
Parle, *Ariangaba.*
Je parle, *Nanangayem:*
Tay toy, *Maniba.*
Aſſieds toy, *Niouróuba:*
Couche toy par terre, *Raoignaba.*
Léve toy, *Aganekaba.*
Tien toy debout, *Raramaba.*
Regarde, *Arikaba.*
Ecoute, *Akambabaë.*
Flaire, *Irimichaba.*
Goutes-en, *Aochabaë.*
Touche le, *Kourouäbaë.*
Marche, *bayoubaka.*

Vocabulaire Caraïbe.

Je marche, *Nayoubákayem.*
Proméne toy, *Babáchiaka.*
Cours, *Hebemba.*
Danse, *babénaka.*
Je danse, *Nabinakayem.*
Saute, *Choubakouába.*
Je vay sauter, *Choubakouániabou.*
Ry, *béeryaka.*
Je ris, ou Je me réjouïs, *Naouërékoyem.*
Pleure, *Ayakouába.*
Dors, *baronka.*
Réveille toy, *Akakotouába.*
Veille, *Aromankaba.*
Travail, H. *Youätegmali.*
  F. *Noumaniklé.*
Repos, *Nemervoni.*
Combat, *Tibouikenoumali.*
Guerre, H. *Nainkoa.* F. *Nihuctoukouli.*
Paix, *Njuëmboulouli.*
Il est défait, *Niouëllemainsy.*
Il est vaincu, *Enepáli.*
Respire, *Aouraba banichi.* Cela veut dire proprement, *Raffraichy ton cœur.*
Souffle, *Phoubaë.*
Crache, *Chouëba.*
Tousse, *Hymba.*
Mouche toy, *Naïnraba.*
Excrémenter, *Houmoura.*
Lave toy, *Chibába.*
Arrose, *Touba boubara.*
Va baigner, *Akao bouka.*
Je nage, *Napouloukayem.*
Il nage bien, *Kapouloukatiti.*
Il a été noyé, *Chalalaali.*

Il a été étouffé, *Niarakenäli.*
Ouvre, *Talába.*
Ferme, *Tába.*
Cherche, *Aloukaba.*
Trouve, *Ibikouäbaë.*
Vole, *Hamamba.*
Tu tombes, *bátikeroyen.*
Perds le, *Aboulekouäbaë.*
Ven le, *Kebeciketabaë.*
Achéte, *Amouliakaba.*
Il traitte ou trafique, *baouánemeti.*
Va à la chasse, *Ekrekabouka.*
Ma chasse, *Nékeren.*
Il tire bien de l'arc, *Kachienratiti, boukatiti.*
Il tire bien de l'arquebuse, *Katouratiti.*
Va pescher du poisson, *Tikabouka authe.*
Je pesche, *Natiakayem.*
Ma pesche, *Natiakani.*
Il est arrivé au port, *Abourrikaali.*
Je chante en l'Eglise, *Nallalakayem.*
Je chante une chanson, *Naromankayem.*
Il est amoureus d'elle, il la caresse, *Ichoatoati tao.*
Baise-moy, *Chouba nioumoulougou.*
Je veus estre nommé: nomme moy, *Yetikleé yatek.*
Il l'aime, *Kinchinti loné, Tibouinati.*
Il le hait, *Yerekati loné.*
Querelle, *Liouëlébouli.*

Vuu Yvrog-

Yvrognerie, *Linětimali.*
Frappe, fouëtte, *Baikoâba.*
Fouët, *Abaichaglé.*
Bats-le, *Apparabaé.*
Egratigne, *Kiomba.*
Tuë le, *Chiouïbaé.*
Il se porte bien, *Atouattienli.*
Il est malade, *Nanégaëti, Nannêtëiti.*
Maladie, *Anek.*
Je m'a desorcelé, *Naraliatina.*
Je me vengeray, *Nibanébouï-batina.*
Vengeance, *Nayouïbanabouli.*
Il l'a mordu, *Kerrelialo.*
Il est blessé, *Niboukabouâli.*
Il vit encore, H. *Nouloukeïli,* F. *Kakékeïli.*
La vie, *Lakákechoui.*
Il est mort, H. *Aouééli, Nikotamaináli,* F. *Hilaali.*
La mort, *Lalouëne.*
Enterre le ; ce qui ne se dit, pas seulement de l'homme, mais en général de tout ce que l'on met en terre, comme d'une plante, *Bouambaé.*
Enterrement, *Tonamouli.*

V. MENAGE
&
TRAFIC.

UN Village, *Authe.*
Une maison publique, *Karbet.*
Une maison, H. *Toubana,* F. *Toubonoko.*
Un appenty, un couvert, ou un auvent, *Aïoupa.*
Un Jardin, *Maina.*
Mon jardin, H. *Imaïnali.* F. *Nicháli.*
Fosse à manioc, *Tomonak.*
Le toict, *Toubana ora.* Proprement, *Couverture de maison ou de case.*
Muraille ou palissade, *Koúrara.*
Plancher. Ils n'en ont point.
Planche, *Iboutou.*
Porte, *Béna.*
Fenétre, *Toullepen.* proprement, *un trou.*
Lict, H. *Amak* & *Akat.* F. *Nékera.*
Table, *Matóutou.*
Siége, *Haláheu.*
Cage, *Tonoulou-banna.*
Vaisseau, *Takaë.* Ce qui s'applique à tout.
Vaisselle de calabasse, *Couï.*
Moitié de Couï qui sert de plat, *Tauba.* Ce mot signifie proprement un *costé.*
Tasse à boire, *Ritta.*
Verre, flaçon, bouteille, *boutella,* de l'Espagnol.
Gril de bois, que d'autres Sauvages appellent Boucan, *Toula.*
Pot de fer, ou marmite, *touraë.*
Pot de terre, *Taumali akaë,* & *Canary.*
Chandelier, ou ce qui tient quel-

quelque chose, *Taketaklé.*
Chandelle, lampe, flambeau, *Touli*, c'est du sandal qui rend une gomme.
Mouchette, *Tachackoutaglé.*
Hameçon, *Keouë.*
Aiguilles, *Akoucha.*
Epingle, *Alopholer.*
Coffre, *Arka.*
Hotte, *Aláouäta, Catoli.*
Tamis, pour passer la farine du Manioc, & pour couler le Ouïcou, *Hibichet.*
Fine farine de Manioc, *Mouchache.*
Viande, chair *Tékeric.*
Du roty, *Aribelet, Achérouti.*
Une sauce, *Taomali,* ou *Taumali.*
Un hachis, *Nátara.*
Un festin, *Nátoni, Laupali, Eletoak.*
Du poison, H. *Tiboukoulou,* F. *Tibaukoura.*
Marchandise, *Eberitina.*
Marchand, *Baouänemoukou.*
Pirauge, ou grand vaisseau de Sauvages, *Canaouä.*
Petit vaisseau de Sauvages, que nous appellons Canot, *Coulsala.*
Navire, *Kanabire.* Cela vient sans doute de notre mot François, Corde, *Ibitarrou.*
Cable, *Kaboya.* C'est un mot qui sent le baragoin et qu'ils ont formé, sans doute, depuis qu'ils ont fréquenté avec les étrangers ; comme quelques uns des suivans.
Ancre, *Tichibani* & *Ankouroute.*
Couteau, *Couchique.*
Ciseaus, *Chirachi.*
Beaucoup, *Mouche.* Mot du langage corrompu.
Dix, *Chonnoúcabo raïm,* c'est à dire, *tous les doits de la main.*
Vint, *Chonnoucabo raïm. Chonnougouci raïm,* c'est à dire, *tous les doits de la main, & tous les orteils des pieds.*
Ils ne savent pas conter plus avant.
Voila ton lict, *bouëkra.*
Voila ton manger, *En yerébali.*
Voila ton bruvage, *en batoni.*
Grand mercy, ou bien, *Tao.*
Ouy, *Anhan.*
Non, *Ouà.*
Demain, *Alouka.*
Bon jour, *Mabouë.*
Adieu, *Huichan.*

VI. ORNEMENS & ARMES.

Babioles ou bagatelles en général, *Cacones.*
Couronne, *Tiamataboni.*
Bague, *Toukábouri.*
Collier, *Eneka.*
Mon collier, *Tenekali.*
Braceler, *Noúrnari.*

Pendant d'oreille, *Nerikaëla*.
Ceinture, *Ieconti*, ou *Niranvary*.
Brodequin, *Tichepoulou*.
Peigne de France, *baïna*. C'est nôtre mot en Baragoin.
Peigne de roseaus, *boulera*.
Mouchoir, *Naünraglé*.
Miroir, *Chibouchi*.
Epée, *Echoubára*.
Arquebuse, mousquet, *Rakábouchou*.
Pistolet, *Rakábouchou vacu*. Proprement, *petite arquebuse*, ou *petit mousquet*.
Canon, *Kaloon*.
Pique, Halebarde, *Ranicha*.
La pointe, H. *Lichibau*, F. *Laboulougou*.
Le milieu, *Lirana*.
Le bout, *Tioni*.
Un arc, H. *Oullaba*, F. *Chimala*. Ces deus mots signifient aussi un *Arbre*.
La corde de l'arc, *Ibitarrou*.
Des fléches, *Alouäni*, *bouleouä*, *Hippé*.
Massuë d'armes, dont les Sauvages se servent dans leurs combats au lieu d'épée, *bouttou*.

VII. ANIMAUS de terre, d'eau, ET D'AIR.

Chien, *Anly*.
Chienne, *Ouëllé anly*. Proprement, *femelle de chien*.
Pourceau, *bouïrokou*. Ils le nomment quelquefois aussi, *Coincoin*.
Guenon, ou barbuë, *Alouäta*.
Tortuë, *Catallou*: & en Baragoin, *Tortille*.
Gros lezard, *Ouáyamaka*, c'est le même que d'autres Indiens apellent *Iganas*.
Petit lezard, ou Gobe mouche, *Oulleouma*.
Rat, *Karattoni*.
Chat, *Méchou*.
Soldat ou escargot, *Makeré*.
Fourmis, *Hague*.
Ataignée, *Koulaëlé*.
Serpent, *Héhué*.
Couleuvre, *Couloubéra*. De l'Espagnol.
Scorpion, *Akourou*.
Poisson, *Authe*. Et en langage corrompu, *Pisket*.
Coquillage, Vignotage. Ils disent le poisson, & ils ajoutent, *Ora*; Comme qui diroit, *la coque*, ou *la couverture du poisson*. Ainsi, *Ouattabo-*

tabouï ora, c'est ce que nous apellons communément un *Lambis*.

Mousquite, ou espece de moucheron, *Aëtera*.

Autre espéce de moucherons, nommez communément *Maringoins*, & connus sous ce nom-là, *Malü Kalábala*. Qui ont les pieds blancs.

Mouche, *Huërê-buëré*.

Mouche luisante, *Cogouyou*, cela se rapporte au *Cocuyos* d'autres Indiens.

Oiseau, *Tónoulou*.

Coq-d'Inde, *Ouekelli pikaka*.

Poule d'Inde, *Ouëllé pikaka*.

Poule commune, *Kayou*.

Canne, *Kanarou*.

Oison, *Iriria*.

Perroquet, *Kouléhuec*.

Pigeon, *Ouâkoukouä*.

Tourte, *Oulleou*.

Perdrix, *Ouällami*.

Plume, *Toubanna*. C'est aussi une feüille.

Aile, ou bras, *Tarreunâ*.

Bec, ou bouche, *Tiouma*.

Pied ou patte, *Tôugouti*.

VIII. ARBRES & PLANTES.

Arbre, *Huëhuë*.
Plante, *Ninânteli*.

Fleur, *Illehuë*.

Fruit, ou graine, *Tün*.

Feüille, *Toubanna*. C'est aussi une *plume*.

Branche, *Touribouri*.

Epine, scion, *Huëhuë you*. Proprement, *le poil de l'arbre*, ou, *Huëhué akou* : comme si vous disiez, *Les yeux de l'arbre*.

Une Forest, *Arabou*.

Figues, *Backóukou*.

Ils nomment les Oranges & les Citrons comme nous, parce que ces fruits leur sont venus de l'Europe.

Cassier, ou Canificier, *Malimali*.

Cotton, *Manöulou*.

Cottonier, *Manöulou akecha*.

Raisinier, *Ouliem*.

Raquette, fruit ainsi nommé par les François, *Batta*.

Gros chardon, nommé Torche ou Cierge, *Akoulerou*.

Tabac, *Youli*.

Melon, *Battia*.

Pois ou féve, *Manconti*.

Canne, ou roseau, en général, *Mamboulou*, *Tikasket*.

Canne de Sucre, *Kaniche*.

Jus de Cannes, ou vin de Cannes, *Kanichira*.

Sucre, *Choucre*. C'est nôtre mot même, en Baragoin.

Une herbe, *Kalao*.

Racine à manger, *Torolé*.

IX. CHOSES ELEmentaires & inanimées.

LE Ciel, & une Neë, *Oubékou.*
Nuage blanc, *Allirou.*
Nuage noir, *Ouällion.*
Brouillart, *Kemerei.*
Etoille, *Oualoukouma.*
Soleil, H. *Huyeyou,* F. *Káchi.*
Lune, H. *Nonum,* ce qui signifie aussi la terre, F. *Káti.*
Journée, *Likuyseuli.*
Clarté & resplendeur, *Lalloukone.*
Lumiére, *Laguenani.*
Nuit, *Ariábou.*
Ténébres, *bourveli.*
Il est jour, *Haloukaali.*
Il est nuit, *boureokaali.*
Air, *Naouäraglé.*
Vent, *bebeité,* il signifie aussi l'*air* quelquefois.
Feu, *Ouättou.*
Cendre, *ballissi.*
Pluye, *Konóboui.*
Gresle, glace, neige. Ils ne les connoissent pas.
Hyver, leur est inconnu tout de même.
Eté, *Liromouli.*
Le froid, *Lamoyenli.*
Le chaud, *Loubacha.*
Le beau-tems, *Ieromonmééli.* ils l'appellent aussi du nom de l'Eté.
Il fait beau-tems, *Hueóumeti.*
Il fait mauvais-tems, *Yeheuméti.*
Tonnerre, *Ouälou ouyoulou.*

Le bruit du tonnerre, *Trirguetenni.*
Tempeste, *Youállou, bointara, Ourogan :* qui est le nom le plus commun.
Arc-en-ciel, *Alamoulou,* ou *Youlóuca;* comme qui diroit, *Plume,* ou *pannache de Dieu.*
Une montagne, *Ouëbo.*
Une vallée, *Taralironne.*
Le montant, *Tagreguin.*
Une plaine, *Liromonobou.*
Eau, riviére, *Tóna.*
Etang, *Taónaba.*
Source, fontaine, *Taboulikani.*
Puits, *Chiekáti.*
Ruisseau, *Tipouliri.*
Mer, H. *Balanna,* F. *Balaouá.*
Terre, H. *Nonum.* Cela signifie aussi la Lune, F. *Monä.*
Excrément, *Itika.*
Sable, *Sáccao.*
Chemin, *Ema.*
Pierre, *Tébou.*
Rocher, *Emétali.*
Ile, *Oubao.*
Terre ferme, on Continent, *balouë.*
Du bois, *Huéhué,* il signifie aussi un *Arbre.*
Du fer, *Crábou.*
De l'or & de l'argent, *boulâta.*
De l'airin, *Tialapirou.*
Du letton, *Kaouänam.*
Un trou, *Toullepen,* cela signifie aussi une *fenêtre.*
Une rade, *beya,* c'est le mot de *baye* un peu changé.

X. Cho-

X. CHOSES SPIRI-tuelles, ou de Religion.

L'Ame est exprimée par le même mot qui signifie le *cœur*. Voyez au titre des parties du corps humain.

Un Esprit, H. *Akambouë*, F. *Opoyem*. Ces noms sont généraus. C'est pourquoy ils s'appliquent parfois à l'Esprit de l'homme. Mais ils sont donnez en particulier aus bons esprits ; au moins que les Caraïbes estiment tels, & qui leur tiennent lieu de Dieus.

Bon esprit, qu'ils tiennent pour une Divinité, & dont chacun d'eus a le sien pour son Dieu en particulier, est aussi nommé, *Icheïri*, qui est le mot des hommes, & *Chemiin*, qui est celuy des femmes, & dont le pluriel est *Chemignum*. De sorte que ces mots répondent à celuy de *Dieu*, & des *Dieus*.

Mon bon esprit, ou, mon Dieu, H. *Icheïrikou*, F. *Néchemérakou*.

Esprit malin, ou Diable. Hômes & femmes l'appellent, *Maboya*, comme prononcent tous nos François : Mais les Caraïbes prononcent icy le B. un peu à l'Allemande, côme si nous écrivions, *Mapoya*.

Ils donnent aussi le nom de *Maboya* à de certains champignons, & à de certaines plantes de mavaise odeur.

Le Diable ou l'esprit malin est icy : Sauvons nous crainte de luy, *Maboya Kayeu-eu : Kaima loari*. Ils ont accoutumé de dire cela, lors qu'ils sentêt une mauvaise odeur.

Offrandes qu'ils font aus faus Dieus, ou aus Demons, *Anacri*.

Invocation, priére, cérémonie, adoration. Ils ne savent ce que c'est.

TABLE DES CHAPITRES & DES ARTICLES,

Du premier Livre de cette Histoire des Antilles.

CHAPITRE PREMIER.

DE la situation des Antilles en general: de la Temperature de l'air; de la nature du païs & des Peuples qui y habitent. Pag. 1

CHAPITRE II.

De chacune des Antilles en particulier. pag. 7

Article premier, de l'Ile de *Tabago*. 7
Article second, de l'Ile de la *Grenade*. 9
Article troisiéme, de l'Ile de *Bekia*. 10
Article quatriéme, de l'Ile de *Saint Vincent*. 10
Article cinquiéme, de l'Ile de *la Barboude*. 11
Article sixiéme, de l'Ile de *Sainte Lucie*. 12
Article settiéme, de l'Ile de *la Martinique*. 13

CHAPITRE III.

Des Iles Antilles qui s'étendent vers le Nord. pag. 20

Article premier, de l'Ile de *la Dominique*. 20
Article second, de l'Ile de *Marigalante*. 21
Article trosiéme, des Iles des *Saintes & des Oiseaux*. 22
Article quatriéme, de l'Ile de *la Desirade*. 23
Article cinquiéme, de l'Ile de *la Gardeloupe*. 23
Article sixiéme, de l'Ile d'*Antigoa*. 26
Article settiéme, de l'Ile de *Mont-serrat*. 27
Article huitiéme, de l'Ile de *la Barbade*, & de *la Redonde*. 27
Article neufiéme, de l'Ile de *Nieves*. 28

CHA-

TABLE.

CHAPITRE IV.

De l'Ile de Saint Christofle en particulier.   pag. 30

CHAPITRE V.

Des Iles de dessous le Vent.   pag. 40

Article premier, de l'Ile de Saint Eustache.   Pag. 40
Article second, de l'Ile de Saint Bartelemy.   42
Article troisiéme, de l'Ile de Saba.   43
Article quatriéme, de l'Ile de Saint Martin.   43
Article cinquiéme, de l'Ile de l'Anguille.   45
Article sixiéme, de l'Ile de Sombrere, d'Anegade & des Vierges.   45
Article settiéme, de l'Ile de Sainte Croix.   46

CHAPITRE VI.

Des Arbres qui croissent en ces Iles dont on peut manger le fruit.   pag. 47

Article premier, Des Orangers Grenadiers & Citroniers.   47
Article second, Du Goyavier.   48
Article trosiéme, Du Papayer.   49
Article quatriéme, Du Momin.   51
Article cinquiéme, Du Iunipa.   52
Article sixiéme, Du Raisinier.   53
Article settiéme, De l'Acajou.   54
Article huitiéme, Des prunes d'Icaque.   56
Article neufiéme, Des Prunes de Monbain.   57
Article dixiéme, Du Courbary.   58
Article onziéme, Du Figuier d'Inde.   58
Article douziéme, Du Cormier.   59
Article treiziéme, Du Palmiste Epineus.   60
Article quatorziéme, Du Halmiste franc.   61
Article quinziéme, Du Latanier.   64
Article seiziéme, Du Cocos & du Cacao.   65

Xxx   CHA-

TABLE.
CHAPITRE VII.

Des Arbres qui sont propres a bâtir: où qui servent à la Menuyserie: ou a la Teinture.   pag. 67

Article premier, *De deux sortes d'Acajou.*   67
Article second, *De l'Acomas.*   69
Article troisiéme, *Du bois de Rose.*   69
Article quatriéme, *Du bois d'Inde.*   71
Article cinquiéme, *De plusieurs bois rouges qui sont propres à bâtir, & des bois de fer.*   72
Article sixiéme, *De plusieurs Arbres dont le bois est propre à la Teinture.*   73
Article settiéme, *Du Roucou.*   74

CHAPITRE VIII.

Des Arbres qui sont utiles à la Medecine. Et de quelques autres dont les Habitans des Antilles peuvent tirer de grands avantages.   pag. 76

Article premie, *Du Cassier ou Canificier.*   77
Article second, *Des noix de Medecine.*   79
Article troisiéme, *Du bois de Canelle.*   80
Article quatriéme, *Du Cottonnier.*   81
Article cinquiéme, *Du Savonnier.*   82
Article sixiéme, *Du Paretuvier.*   82
Article settiéme, *Du Calebassier.*   83
Article huitiéme, *Du Mahot.*   85

CHAPITRE IX.

Des Arbrisseaux du païs qui portent des fruits, ou qui poussent des racines qui sont propres à la nourriture des Habitans, ou qui servent à d'autres usages.   pag. 87

Article premier, *Du Manioc.*   88
Articles second, *Du Ricinus ou Palma Christi.*   90
Article troisiéme, *Des Bananiers & Figuiers.*   90

TABLE.

Article quatriéme, *Du bois de Coral.*   93
Article cinquiéme, *Du Iasmin & du bois de chandelle.*   94

CHAPITRE X.

Des Plantes, Herbages, & Racines de la terres de Antilles.   94

Article premier, *De trois sorte des Pyman.*   95
Article second, *Du Tabac.*   96
Article troisiéme, *De l'Indigo.*   98
Article quatriéme, *Du Gingembre.*   99
Article cinquiéme, *Des Patates.*   100
Article sixiéme, *De l'Ananas.*   102
Article settiéme, *Des Cannes de Sucre.*   105

CHAPITRE XI.

De quelques autres rares productions de la terre des Antilles, & de plusieurs sortes de legumes, & de Fleurs qui y croissent.   pag. 107

Article premier, *Des Raquettes.*   107
Article second, *Du Cierge.*   109
Article troisiéme, *De plusieurs sorte de Lienes.*   109
Article quatriéme, *Des Herbes toujours vives.*   110
Article cinquiéme, *Des plantes sensibles.*   110
Article sixiéme, *De plusieurs sortes de Pois.*   112
Article settiéme, *Des Féves & Faseoles.*   113
Article huitiéme, *Des Plantes & Herbes qui peuvent avoir leur usage en la Medecine ou au menage.*   114
Article neufiéme, *Des Melons d'eau.*   115
Article dixiéme, *Des Lys des Antilles.*   116
Article onziéme, *De deus sortes de Fleurs de la Passion.*   117
Article douziéme, *De l'Herbe de Musc.*   120

CHAPIRTE XII.

De cinq sortes de bestes à quatre pieds, qu'on a trouvé dans ces Iles.   pag. 121

Article premier, *De l'Opassum.*   121
Article second, *Du Iavaris.*   122

TABLE.

Article troisiéme, *Du Tatou*. 123
Article quatriéme, *De l'Agouty*. 123
Article cinquiéme, *Des Rats musquez*. 124

CHAPITRE XIII.

Des Reptiles qui se voyent en ces Iles. pag. 126

Article premier, *De plusieurs especes de Serpens & des Couleuvres.* 126
Article second, *Des Lezars*. 128
Article troisiéme, *Des Anolis*. 130
Article quatriéme, *Des Roquets*. 131
Article cinquiéme, *Des Mabouias*. 131
Article sixiéme, *Des Goubes Mouches*. 132
Article settiéme, *Des Brochets de terre*. 133
Article huitiéme, *Des Scorpions & d'une autre espece de dangereus Reptiles.* 134

CHAPITRE XIV.

Des Insectes qui sont communs aus Antilles. pag. 136

Article premier, *Des Soldats & des Limaçons*. 136
Article second, *Des Mouches Lumineuses*. 138
Article troisiéme, *Des Falanges*. 141
Article quatriéme, *Des Millepieds*. 143
Article cinquiéme, *Des Araignées*. 143
Article sixiéme, *Du Tigre volant*. 144
Article settiéme, *Des Abeilles & de quelques autres Insectes*. 145

CHAPITRE XV.

Des Oiseaus les plus considerables des Antilles. pag. 147

Article premier, *Des Fregates*. 147
Articles second, *Des Fauves*. 148
Article troisiéme, *Des Aigrettes & de plusieurs autres Oiseaus de Mer & de Riviere*. 149
Article quatriéme, *Du Grand Gosier*. 149
Article cinquiéme, *Des Poules d'eau*. 150

Arti-

TABLE.

Article sixiéme, *Des Flammans*, 151
Article settiéme, *De l'Hirondelle de l'Amerique.* 152
Article huitiéme, *De plusieurs Oiseaus de Terre.* 153
Article neufiéme, *Des Arras.* 154
Article dixiéme, *Des Canides.* 155
Article onziéme, *Des Perroquets.* 157
Article douziéme, *Des Perriques.* 157
Article treiziéme, *Du Tremblo.* 158
Article quatorziéme, *Du Passereau de l'Amerique.* 158
Article quinziéme, *De l'Aigle d'Orinoque.* 159
Article seiziéme, *Du Mansfeny.* 159
Article dixsettiéme, *Du Colibry.* 160

CHAPITRE XVI.

Des Poissons de la Mer, & des Rivieres des Antilles. pag. 167

Article premier, *Des Poissons volans.* 167
article second, *Des Perroquets de Mer.* 169
article troisiéme, *De la Dorade.* 170
article quatriéme, *De la Bonite.* 171
article cinquiéme, *De l'Aiguille de Mer.* 171
article sixiéme, *De plusieurs autres poissons de la Mer & des Rivieres.* 172

CHAPITRE XVII.

Des Monstres Marins qui se trouvent en ces quartiers. pag. 174

article premier, *De l'Espadon.* 174
article second, *Des Marsoüins.* 175
article troisiéme, *Du Requiem.* 175
article quatriéme, *De la Remora.* 177
article cinquiéme, *Du Lamantin.* 178
article sixiéme, *Des Baleines & autres monstres de mer,* 179
article settiéme, *Des Diables de Mer.* 180
article huitiéme, *De la Becune.* 181
article neufiéme, *De la Becasse de Mer.* 182
article dixiéme, *De l'Herisson de Mer.* 182

TABLE.

CHAPITRE XVIII.

Description particuliere d'une Licorne de Mer, qui s'échoua à la rade de l'Ile de la Tortuë en l'an 1644. Avec un recit curieux par forme de comparaison & de digression agreable, touchant plusieurs belles & rares cornes qu'on a apportées, depuis peu du d'étroit de Danis : Et de la qualité de la Terre, & des Mœurs des Peuples, qui y habitent. pag. 134

CHAPITRE XIX.

Des Poissons couverts de Croutes Dures, au lieu de Peau, & d'écailles : de plusieurs rares Coquillages : & de quelques autres belles productions de la Mer, qui se trouvent aus costes des Antilles. pag. 205

article premier, *Des Homars.*		206
article second, *De l'Araignée de mer.*		206
article trosiéme, *Des Cancres.*		207
article quatriéme, *Du Burgau.*		207
article cinquiéme, *Du Casque.*		208
article sixiéme, *Du Lambis.*		208
article settiéme, *Des Porcelaines.*		209
article huitiéme, *Des Cornets de Mer.*		210
article neufiéme, *Des nacres de Perles.*		211
article dixiéme, *De plusieurs autres sortes de Coquillages.*		2 3
article onziéme, *D'un Coquillage couvert de notes de musique.*		214
article douziéme, *Des Pierres aus yeux.*		215
article treiziéme, *Des Pommes de Mer.*		217
article quatorziéme, *Des Etoiles de mer.*		117

arti-

TABLE.

article quinziéme, Des *Arbres de mer*. 218
article seiziéme, Des *Pannaches de mer*. 218

CHAPITRE XX.

De l'*Ambre-gris* : de son Origine & des marques de celuy qui est bon & sans mélange. pag. 220

CHAPITRE XXI.

De quelques *Animaux Amfibies* qui sont communs en ces Iles. pag. 225

article premier, Du *Crocodille*. 225
article second, Des *Tortuës franches*. 228
article troisiéme, Des *Tortuës qu'on appelle Caoüannes*. 231
article quatriéme, Des *Tortuës qu'on appelle Carets*. 211
article cinquiéme, De la façon qu'on pesche les *Tortuës*, & tous les autres gros Poissons des *Antilles*.
article sixiéme, Des *Tortuës de terre & d'eau douce*. 234

CHAPITRE XXII.

Contenant les descriptions particulieres de plusieurs sortes de Crabes qui se trouvent communement sur la terre des Antilles. pag. 237

article premier, Des *Crabes qu'on nomme Tourlourou*. 237
article second, Des *Crabes blanches*. 258
article troisiéme, Des *Crabes peintes*. 258

CHA-

TABLE.

CHAPITRE XXIII.

Des Tonnerres : des Tremblemens de Terre, & des Tempestes qui arrivent souvent en ces Iles. pag. 242

article premier, *Des Tonnerres.* 243
article second, *Des Tremblemens de terre.* 243
article troisiéme, *D'une Tempeste que les Insulaires appellent Ouragan.* 243

CHAPITRE XXIV.

De quelques autres incommoditez du païs, & des remedes qu'on y peut apporter. pag. 249

article premier, *Des Moustiques, & des Maringoins.* 249
article second, *Des Guespes & des Scorpions.* 250
article trosiéme, *Des Arbres de Mancenille.* 251
article quatriéme, *Des Poux de bois.* 254
article cinquiéme, *Des Ravets.* 255
article sixiéme, *Des Chiques.* 256
article settiéme, *Remedes contre la morsure des Serpens venimeux, & contre les autres poisons tant de la terre que de la mer des Antilles.* 258
article huitiéme, *De l'Ecume de mer.* 261
article neusiéme, *Des Rats qui sont communs en ces Iles.* 261

TABLE

Des Chapitres du second Livre de cette Histoire.

CHAPITRE PREMIER.

De l'Establissement des Habitans Estrangers dans les Iles de Saint Christofle, de Niéves, de la Gardeloupe, de la Martinique, & autres Iles Antilles.   pag. 265

CHAPITRE II.

De l'Establissement des François dans les Iles de Saint Bartelemy, de Saint Martin, & de Sainte Croix.   284

CHAPITRE III.

De l'affermissement de la Colonie Françoise de la Gardeloupe, par la paix qui fut faite avec les Caraïbes de la Dominique en l'an 1640.   291

CHAPITRE IV

Du Trafic & des occupations des Habitans Estrangers du païs : Et premierement de la culture & de la preparation du Tabac.   303

CHAPITRE V.

De la maniere de faire le Sucre, & de preparer le Gingembre, l'Indigo & le Cotton.   311

CHAPITRE VI.

Des Emplois les plus honorables des Habitans Estrangers des Antilles : de leurs Esclaves, & de leur Gouvernement.   318

CHAPITRE VII.

De l'Origine des Caraïbes Habitans naturels du Païs.   324

Yyy   CHA-

CHAPITRE VIII.

Digreßion de la Nature du Païs des Apalachites, de leurs mœurs, & de leur Religion ancienne & nouvelle. pag. 353

CHAPITRE IX.

Du Corps des Caraïbes & de leurs Ornemens. 370

CHAPITRE X.

Remarques sur la langue des Caraïbes. 392

CHAPITRE XI.

Du Naturel des Caraïbes, & de leurs mœurs. 400

CHAPIRTE XII.

De la simplicité naturelle des Caraïbes. 408

CHAPITRE XIII.

De ce qu'on peut nommer Religion parmy les Caraïbes. 413

CHAPITRE XIV.

Continuation de ce qu'on peut appeller Religion parmy les Caraïbes : de quelques unes de leurs Traditions : & du sentiment qu'ils ont de l'immortalité de l'ame. 423

CHAPITRE XV.

Des Habitations & du Ménage des Caraïbes. 433

CHAPITRE XVI.

Des Repas ordinaires des Caraïbas. 441

CHAPITRE XVII.

Des Occupations & des Divertissemens des Caraïbes. 450

CHAPITRE XVIII.

Du Traittement que les Caraïbes font à ceux qui les vont visiter.   pag. 457

CHAPITRE XIX.

De ce qui tient lieu de Police chez les Caraïbes.   463

CHAPITRE XX.

Des Guerres des Caraïbes.   469

CHAPITRE XXI.

Du Traittement que les Caraïbes font à leurs prisonniers de guerre.   480

CHAPITRE XXII.

Des Mariages des Caraïbes.   488

CHAPITRE XXIII.

De la Naissance & de l'Education des Enfans des Caraïbes. 494

CHAPITRE XXIV.

De l'Age ordinaire des Caraïbes, de leurs maladies, des Remedes dont ils se servent pour recouvrer la santé, de leur mort, & de leurs funerailles.   502

Fin de la Table des Chapitres de cette Histoire.

www.ingramcontent.com/pod-product-compliance
Lightning Source LLC
Chambersburg PA
CBHW070829230426
43667CB00011B/1734